ARCHIVES HISTORIQUES

DU POITOU

XXXI

POITIERS
SOCIÉTÉ FRANÇAISE D'IMPRIMERIE ET DE LIBRAIRIE
4 ET 6, RUE DE L'ÉPERON

1901

SOCIÉTÉ

DES

ARCHIVES HISTORIQUES

DU POITOU

ARCHIVES HISTORIQUES

DU POITOU

XXXI

POITIERS
SOCIÉTÉ FRANÇAISE D'IMPRIMERIE ET DE LIBRAIRIE

4 ET 6, RUE DE L'ÉPERON

1901

LISTE GÉNÉRALE

DES MEMBRES

DE LA SOCIÉTÉ DES ARCHIVES HISTORIQUES DU POITOU

ANNÉE 1900.

Membres titulaires :

MM.

ARNAULDET (Th.), ancien bibliothécaire de la ville de Niort, à Paris.
BARBAUD, archiviste de la Vendée, à la Roche-sur-Yon.
BARDET (V.), attaché à l'Inspection du chemin de fer d'Orléans, à Poitiers.
BARBIER (Alfred), ancien vice-président du conseil de préfecture, à Poitiers.
BARTHÉLEMY (A. DE), membre de l'Institut, à Paris.
BEAUCHET-FILLEAU (Paul), à Chef-Boutonne.
BLANCHARD (R.), membre de la Société des bibliophiles bretons, à Nantes.
BONNET (E.), professeur à la Faculté de Droit, conseiller général des Deux-Sèvres, à Poitiers.
BOURALIÈRE (A. DE LA), ancien président de la Société des Antiquaires de l'Ouest, à Poitiers.
CESBRON (E.), ancien notaire, à Poitiers.
CHAMARD (DOM), prieur de l'abbaye de Ligugé.

MM.

Collon (l'abbé), chanoine honoraire, aumônier du pensionnat des Frères des écoles chrétienne, à Poitiers.

Delisle (L.), membre de l'Institut, à Paris.

Desaivre, docteur en médecine, ancien conseiller général des Deux-Sèvres, à Saint-Maxire (Deux-Sèvres).

Drouault (R.), receveur de l'enregistrement, à Saint-Sulpice-les-Feuilles (Haute-Vienne).

Frappier (P.), ancien secrétaire de la Société de Statistique des Deux-Sèvres, à Niort.

Ginot (Emile), bibliothécaire de la ville, à Poitiers.

Grandmaison (L. de), archiviste de l'Indre-et-Loire, à Tours.

Lelong, archiviste aux Archives Nationales, à Paris.

Marque (G. de la), à La Baron (Vienne).

Martinière (Jules Machet de la), archiviste de la Charente, à Angoulême.

Ménardière (de la), professeur à la Faculté de Droit, à Poitiers.

Musset (G.), bibliothécaire de la ville, à La Rochelle.

Richard (A.), archiviste de la Vienne, à Poitiers.

Richemond (L. de), archiviste de la Charente-Inférieure, à La Rochelle.

Saint-Saud (Cte de), à la Roche-Chalais (Dordogne).

Sauzé (Charles), ancien magistrat, à Paris.

Tranchant (Charles), ancien conseiller d'État, ancien conseiller général de la Vienne, à Paris.

Membres honoraires :

MM.

Babinet de Rencogne, à Angoulême.

Beauregard (H. de), député des Deux-Sèvres, au Deffend (Deux-Sèvres).

Bourloton (E.), à Paris.

Cars (Duc des), à Sourches (Sarthe).

MM.

CLISSON (l'abbé DE), à Poitiers.
DESMIER DE CHENON (Mis), à Domezac (Charente).
DUBEUGNON, professeur à la Faculté de Droit, à Poitiers.
DUCROCQ (Th.), doyen honoraire, professeur à la Faculté de Droit de Paris, correspondant de l'Institut, à Paris.
FONTAINES (Hubert DE), à Sérigné (Vendée).
FROMANTIN, administrateur de la Société Française d'imprimerie et de librairie, à Poitiers.
GUÉRIN (Paul), chef du secrétariat aux Archives Nationales, à Paris.
HORRIC DE LA MOTTE SAINT-GENIS (Mis), à Goursac (Charente).
HUBLIN (G.), notaire, ancien maire de Saint-Maixent, à Saint-Maixent.
LABBÉ (A.), à Châtellerault.
LAIZER (Cte DE), à Poitiers.
LA LANDE LAVAU SAINT-ÉTIENNE (Vte DE), à Neuvillars (Haute-Vienne).
LECOINTRE (Arsène), à Poitiers.
MOREAU (J.), à Loudun.
MORANVILLÉ (H.), à Paris.
ORFEUILLE (Cte R. D'), membre de la Société des Antiquaires de l'Ouest, à Versailles.
PAULZE D'IVOY (J.), à la Motte de Croutelle (Vienne).
SEGRÉTAIN (Léon), général de division, à Poitiers.
SURGÈRES (Mis DE), à Nantes.
TRÉMOILLE (Duc DE LA), membre de l'Institut, à Paris.
VERNOU-BONNEUIL (Mis DE), ancien capitaine breveté au 18e dragons, à Vouneuil-sous-Biard.

Bureau :

MM.

RICHARD, président.
DE LA BOURALIÈRE, secrétaire.

MM.

Bonnet, trésorier.
de Clisson, membre du Comité.
Desaivre, id.
Labbé, id.
de la Ménardière, id.

EXTRAIT

DES PROCÈS-VERBAUX DES SÉANCES DE LA SOCIÉTÉ DES ARCHIVES

PENDANT LES ANNÉES 1899 ET 1900.

Dans le cours de l'année 1899, la Société s'est réunie les 19 janvier, 20 avril, 20 juillet, 16 novembre, et pendant l'année 1900, les 18 janvier, 26 avril, 19 juillet et 15 novembre.

Elle a admis en 1899, comme membres titulaires, M. l'abbé Collon, aumônier du pensionnat des Frères de la doctrine chrétienne, à Poitiers, et M. Alfred Barbier, ancien vice-président du Conseil de préfecture de la Vienne, ancien président de la Société des Antiquaires de l'Ouest, à Poitiers, et en 1900, comme membres honoraires, M. Hubert de Fontaines, propriétaire à Sérigné, par Saint-Hilaire-des-Loges (Vendée), et M. le général de division Segrétain, à Poitiers.

Dans le courant de ces deux années, elle a perdu MM. de Sorbier de Pougnadoresse, Férand, et Louis Tribert, décédés en 1899, et Henri de la Rochebrochard, mort en 1900, qui tous, membres honoraires, n'avaient pas, en cette qualité, contribué personnellement aux travaux de la Société. Sont aussi décédés en 1900 deux membres titulaires, MM. de Chasteigner et Bonvallet, qui, sans avoir donné dans les volumes des Archives des travaux importants, ont apporté par leurs nombreuses communications un précieux contingent aux publications de la Société. En particulier M. Bonvallet, qui avait été d'abord désigné pour éditer les maintenues de noblesse de Quentin de Richebourg, s'occupait avec grand soin à recueillir les expéditions des maintenues de Barentin dont les minutes sont perdues.

Correspondance. — Lettres : de M. Bertrand de Broussillon, lequel signale à l'attention de la Société les copies de documents anciens faites par M. Marchegay, qui sont entrées à la Bibliothèque nationale, au fonds des nouvelles acquisitions ; — de M. de Surgères, qui fait remarquer que le catalogue des chevaliers de Malte du grand-prieuré d'Aquitaine se trouve à la Bibliothèque de l'Arsenal et non à la Bibliothèque nationale, et demande répit pour faire la publication de ce document ; — de M. le duc de la Trémoille, qui a consenti à confier au président de la Société le plus précieux volume de ses archives de famille, lequel contient entre autres le cartulaire de Saint-Michel de Thouars, que devait publier la Société et dont la copie était très incorrecte.

Communications. — Par M. Richard : documents divers extraits des minutes de notaires de Saint-Maixent, du XVIe siècle ; — par M. Drouault : acte de 1351 relatif à Saint-Michel de Thouars, réservé pour être joint à d'autres documents de même provenance qui viendront compléter la publication faite cette année ; — par M. Labbé : inventaire des meubles existant au château de Richelieu le 1er mars 1788, et des documents relatifs à l'île de Noirmoutier et à la famille de Salagnac, de 1438 à 1559 ; ces diverses pièces rentreront dans la composition du tome XXXI.

Décisions. — La fin de la correspondance de Catherine de Médicis devant être incessamment mise au jour par M. Baguenault de Puchesse, il ne sera pas donné suite au projet de publication des lettres de cette reine des années 1582 et 1583, communiquées par M. Sauzé ; celles-ci seront remplacées par les documents sur Noirmoutier et Richelieu présentés par M. Labbé.

La Société a envoyé à l'Exposition universelle de 1900 les volumes qu'elle a publiés depuis 1889, il lui a été décerné à cette occasion une médaille d'argent.

Le tome XXXII contiendra la suite des extraits du Trésor des chartes, relevés par M. Guérin.

Lors de la réunion de la Société Bibliographique qui a eu lieu à Poitiers en novembre 1900, M. de la Bouralière a fait un rapport intéressant sur les travaux de la Société des Archives.

Publications. — La Société ayant fait paraître deux volumes en 1899, les tomes XXIX et XXX, il ne sera pas, pour des raisons budgétaires, publié d'autre volume en 1900 ; le tome XXXI paraîtra en 1901.

Renouvellement du Bureau. — Le bureau de l'année 1899 a été composé comme celui de 1898.

A la séance du 15 novembre 1900 ont été élus : MM. RICHARD, président; DE LA BOURALIÈRE, secrétaire ; BONNET, trésorier ; DESAIVRE, DE LA MÉNARDIÈRE, DE CLISSON, LABBÉ, membres du Conseil.

AVANT-PROPOS

Les documents publiés dans ce volume et compris entre les années 1206-1788 sont d'une variété incontestable. La Société des Archives du Poitou les a choisis parmi ceux qu'elle avait en ce moment à sa disposition et qui ont paru lui offrir une garantie certaine d'exactitude, en même temps qu'un intérêt réel pour l'histoire de notre province. Tout en poursuivant son œuvre avec un zèle soutenu et une persévérance que justifie le succès de ses efforts, notre Société est loin d'avoir épuisé les archives publiques et privées qu'elle exploite depuis trente ans sous la direction attentive de son érudit président, M. Alfred Richard, archiviste du département de la Vienne. Excitée par sa vive impulsion, la Compagnie, en habile ouvrière, creuse sans cesse de nouvelles mines pour y recueillir de nouveaux trésors. — Initié depuis peu aux travaux de cette Société éminemment poitevine, j'ai collaboré, non sans hésiter, à la publication du trente-unième volume d'une collection recherchée par les savants, que les travailleurs exploitent, et qui est consultée par le monde érudit aussi bien en France qu'à l'étranger. On y saisit à pleines mains des enseignements, des faits, des dates, tirés de textes curieux sauvés de l'oubli et de la destruction. Il ne reste plus qu'à les employer en les rattachant au sujet qu'on traite. Donc cette savante entreprise de diffusion scientifique est aussi méritoire que son but est élevé.

Je ne saurais omettre les membres de la Société qui ont bien voulu apporter à son dernier volume le contingent de leurs textes, et il me sera permis, en outre, d'ajouter à ces textes les explications qui guideront le lecteur dans ses appréciations : ces liminaires ne sont autre chose qu'un *Avant-propos*.

Tout d'abord figure le nom de M. Bélisaire Ledain, dont la vie, ardente au travail, avait accumulé sur les rayons de sa bibliothèque, *select* comme on dirait aujourd'hui, le produit abondant de ses recherches. Les chartriers avaient pour lui un grand attrait et, en paléographe expérimenté, il en tirait un merveilleux parti. Aussi combien ses monographies sont nourries et bourrées de science ! Si la providence lui avait ménagé des jours trop tôt ravis à la science et à sa famille, il eût encore augmenté la liste de ses publications, toutes marquées au coin d'une exactitude rare et d'un jugement solide. Rendant hommage à la mémoire de ce regretté confrère, la Société publie aujourd'hui le *Cartulaire de l'Aumônerie de Saint-Michel de Thouars* [1]. Ce travail d'érudition, que l'auteur n'avait pas eu le temps de revoir, a été complété par son ami M. Alfred Richard. Les textes latins remontent aux premières années du treizième siècle et atteignent, mais non sans lacunes, le dix-huitième. — Les luttes d'un établissement hospitalier enrichi par la piété de nombreux donateurs, protégé par les vicomtes de Thouars, modifié dans son but, atteint dans son organisation primordiale, soumis aux exigences des temps et enfin à celles du progrès moderne, offre un intérêt réel, un peu rétrospectif, si on étudie à fond le chartrier dont M. le duc de la Trémoille possède l'original.

La publication des *Rôles de Montres et Revues* [2], s'étendant de 1387 à 1673, fait suite au chartrier dont il vient d'être parlé. La Société a toujours accordé à ces sortes de documents l'importance qu'ils méritent à divers titres. Ainsi les généalogistes y ont souvent recours sans que nous puissions dire que leur science n'y est pas quelquefois mise en défaut. Ces rôles et montres n'en éclairent pas moins notre histoire nationale militaire, ils méritent d'être consultés.

La revue de la compagnie de M de Thors est la plus ancienne (13 août 1387). Alors règne en France l'infortuné Charles VI. Nous voyons figurer dans le texte Savary, Régnaut et Hugues de Vivonne, seigneurs de Thors par l alliance d'un de leurs ancêtres avec Eschive de Rochefort.

Le 11 décembre 1530, une revue est passée à Thouars de la compagnie de Monseigneur de Trémoille. Il s'agit de François, vicomte de Thouars, prince de Talmond, lieutenant général des provinces de Poitou, Saintonge, la Rochelle, etc., mort en 1541 ; il avait pour lieutenant Claude de Beauvillier, de la Maison de Saint-Aignan.

Le 9 octobre 1548, la compagnie du duc de Montpensier est passée en revue a Aujac-sur-Charente Louis II de Bourbon, duc de Montpensier, souverain de Dombes, prince de la Roche-sur-Yon, né à Moulins le 10 janvier 1513, était fils de Louis Ier de Bourbon, mort vers 1520. Le 26 février 1539, il rendit hommage à François Ier « à cause de sa terre de Champigny sur Veude, laquelle dépendait du château de Chinon » (Arch. nat. P. 13, n° 4431). Pen-

---

1. Pages 1 à 81.
2. Pages 81 à 116.

dant les guerres civiles, Louis II soumit les places rebelles du Poitou et détruisit le château de Lusignan. Les protestants avaient en lui un terrible adversaire Il mourut dans son château de Champigny-sur-Veude, près Richelieu, cette petite ville qui sortit d'un seul jet de la puissante volonté du cardinal de ce nom. Son fils Francois eut le duché de Châtellerault de 1583 à 1592. — Louis II de Bourbon avait pour lieutenant Jean de Bueil, seigneur des Fontaines, et pour enseigne Claude de Rochechouart, l'un et l'autre de la vieille noblesse française.

Le rôle de la montre et revue faite à Châtellerault le 4 août 1603 nous révèle un personnage qui n'est pas sans notoriété dans le Haut Poitou, celui de Hector de Préau, gouverneur de la susdite ville de 1589 à 1616. Il était protestant et investi de la confiance de Henri IV. Les annales châtelleraudaises n'ont pas oublié ce capitaine qui contribua par son intrépidité et sa décision à la défaite des ligueurs commandés par le vicomte de la Guierche, le 6 février 1592, à Isle près Cenon, non loin de Châtellerault. Georges de Villequier, qui n'avait pu délivrer son père enfermé dans son château de la Guierche, se noya dans la Vienne en fuyant les armes victorieuses d'Abain et de Préau, fidèles et zélés défenseurs de la cause de Henri IV, c'est-à-dire des Royalistes.

Un document curieux à la date du 11 mars 1598, Maximilien de Béthune, baron de Rosny, étant surintendant des finances, nous dévoile les violences auxquelles les receveurs des deniers de l'Etat étaient exposés quand ils résistaient aux volontés de certains officiers du roi. De Préau, alors gouverneur de Châtellerault, y est mis en cause. Nous ne saurions laisser échapper ce texte que nous donnons intégralement ici. « Lecture faite au conseil des lettres requises par M. Ysaac Breton, receveur des aydes, tailles, taillon et équivallens de Chastellerault pour vallider les payements par luy faictz à plusieurs et diverses fois, par force et par rupture de ses coffres de la somme de dix sept mille deux cens trente un escuz quarante quatre solz six deniers, au sieur de Préaulx, commandant en ladite ville, et veu les actes et procès verbaux de l'emprisonnement dudit Breton et rupture desdits coffres, avec les requestes par luy présentées aux trésoriers généraux de France à Poitiers, de l'ordonnance desquelz ledict Breton a continué ladicte recette, le Roy, en son Conseil, a ordonné et ordonne que lesdictes lettres de vallidation seront expédiées. » (Bibl. nat. f. Fr. ms. 18162, f° 124 v° et 125 r°.) Rosny devait fermer les yeux sur les actes blâmables de son coreligionnaire, Hector de Préau. Il est utile toutefois d'exposer en quelques mots les circonstances qui semblent justifier le prélèvement opéré *manu militari* par le gouverneur de Châtellerault sur la caisse fracturée du receveur Isaac Breton. C'était quelques mois avant l'Edit de Nantes (31 avril

1598), et les protestants inquiets de l'avenir, mais voulant tirer de la situation qu'ils ne considéraient pas comme désespérée, les meilleures conditions possibles, s'étaient réunis à Châtellerault le 25 juin 1597. Il y avait donc à liquider les frais occasionnés par une assemblée très nombreuse, où se comptaient toutes les notabilités de la Réforme venant « prendre part aux graves délibérations qui devaient servir de base à la constitution définitive du calvinisme en France ». Le receveur ne voulant pas payer par un scrupule facile à comprendre, on força sa caisse.

Les autres montres et revues n'exigent aucune explication spéciale ; on y remarque toutefois les noms de Claude de Launay, sieur de Sérans, capitaine (Latillé en Poitou, 16 janvier 1622), — de Louis Dumont, sieur de Granché, aussi capitaine (Fromental en Limousin, 29 mai 1658), de François de Thollet, sieur de Beauchamp, commandant, d'un sergent, Jean Allenet des Essarts, et de onze soldats entretenus aux Sables-d'Olonne pour faciliter la levée des matelots et charpentiers de la marine.

M. P. Guérin, l'érudit et dévoué collaborateur de la Société des Archives du Poitou, a déjà fourni à ses publications un grand nombre de textes inédits tirés des Archives nationales. C'est un brillant foyer de lumière pour les historiens qui s'occupent des événements accomplis dans le Poitou sous le règne agité de Charles VII. Les notes substantielles dont le texte des *Lettres d'abolition de 1447* [1] est accompagné dénotent chez leur auteur une connaissance approfondie des chroniques poitevines. Ces lettres d'abolition constatent et punissent les exactions, trop fréquentes alors dans l'administration des finances, la levée des impôts et la justice. Elles justifient amplement les sévérités du pouvoir royal à l'égard des agents infidèles ou prévaricateurs. Il y en avait chez nous comme dans les autres provinces. Maurice Claveurier, lieutenant-général de la sénéchaussée de Poitiers, est en tête, et à sa suite viennent douze officiers de finance ou de judicature dont on trouvera les noms aux pages 142 et 143. Les coupables étaient partout, en haut comme en bas de l'échelle sociale. Et s'il pouvait y avoir une circonstance atténuante à leurs malversations, elle viendrait de la faiblesse et de l'incurie du pouvoir royal, déjà épuisé par la guerre des Anglais qui se rallume en 1448. Les condamnations détaillées dans le compte du receveur Bastier s'élèvent à 21,649 livres, somme compensée, il est vrai, par les dépenses, mais la justice y trouvait une satisfaction nécessaire, et certes « les esleuz, commissaires, collecteurs et autres » furent trop heureux de se tirer à ce prix de ce mauvais pas.

---

1. Pages 117 à 181.

Les *Documents relatifs à Noirmoutiers* [1], et qui sont de simples quittances motivées, font connaître les noms des capitaines et lieutenants « du chastel et forteresse de ceste isle » : les Salagnac. seigneurs de la Roche-Gaudon en Berry [2], et les Boisé, seigneurs de Courcenay, originaires de la même province. L'île de Noirmoutiers était dans le domaine des la Trémoille. En 1438 il appartenait à Georges, le fameux ministre de Charles VII ; en 1452 à Louis Ier, père de Louis II, surnommé le *Chevalier sans reproche*.

Nous avons été heureux d'offrir à la Société le texte inédit et complet des *Statuts de la Faculté des Arts de l'Université de Poitiers* [3]. C'est une page instructive de plus ajoutée à l'histoire de notre cité, qui n'a cessé d'être un foyer intellectuel sans défaillance. Toujours en avant ! -- c'est ainsi que nous marchons. Et c'est justement en étudiant de près les textes scolastiques du quinzième siècle qu'on comprend mieux l'immense progrès accompli de nos jours, tout en rendant justice aux vieux auteurs qui dans leurs livres parlaient aussi bien le latin que le grec. Mais le mouvement intellectuel qui s'est produit du seizième au vingtième siècle laisse dans un lointain imperceptible et nébuleux le *Trivium* et le *Quadrivium* de l'antique Université de Paris.

L'introduction qui précède le texte des statuts primitifs nous dispenserait ici de plus longs développements, si nous n'avions à préciser un point resté indécis. Les dix-huit premiers articles du texte latin empruntés aux statuts primitifs seraient antérieurs à l'assemblée du 3 avril 1484 En effet, dans cette assemblée qualifiée première (*Tempus prioris congregationis generalis*, article XXI), il n'est pas question des textes précédents. On ne s'y est occupé que du règlement à rédiger *pro ordine licenciandorum* et, dans cette assemblée, la Faculté s'est bornée à confier à plusieurs de ses membres le soin de rédiger les statuts sur ce point et de présenter le résultat de leur travail à une réunion fixée au 5 avril suivant. Ayant dit, à la page 198, que les statuts primitifs étaient du 3 avril 1484, une rectification s'imposait à cet égard ; c'est fait.

Les *Lettres de François de Rochechouart* [4] ont été commentées par le publicateur lui-même, M. Léo Desaivre. Maître d'un sujet qu'il avait approfondi et étudié avec sa conscience habituelle, il

---

1. Pages 182 à 189.
2. Le 16 février 1478, Philippe de Commines, seigneur de Talmond et d'Argenton, sénéchal de Poitou, accordait des Lettres de sauvegarde à Philibert de Salagnac et à sa famille.
3. Pages 190 à 245.
4. Pages 246 à 270.

serait difficile d'ajouter quelque chose de nouveau aux détails généalogiques dans lesquels l'auteur s'est mû avec une parfaite aisance. François de Rochechouart appartenait à la branche des seigneurs de Champdeniers. On trouve dans Moréri une notice historique précise sur ce personnage dont la correspondance remonte aux règnes de Louis XII et de François Ier.

L'*Anoblissement de la maison des Giraudières*, près Châtellerault, est du 16 décembre 1619 [1].

Ce document copié sur l'original nous apprend que la terre des Giraudières fut rehaussée dans la hiérarchie féodale en faveur de « noble homme, maistre Guillaume Lucas, licencié en loix par le Chapitre de l'église collégiale de Notre-Dame de Châtellerault ». On peut se demander en vertu de quel texte du droit coutumier en matière féodale les chanoines de la collégiale précitée, toutpuissants qu'ils fussent, accomplirent cet acte rentrant dans les attributions royales. Il est vrai que l'hôtel des Giraudières dépendait du fief de Neuville, dont les susdits chanoines étaient seigneurs depuis 1430. Enfin, lors de l'érection des bénéfices en fiefs qui donnaient aux possesseurs la souveraineté, le clergé exerça toutes les prérogatives attachées aux terres nobles.

La *Lettre de Camus de Pontcarré au ministre de Villeroy* [2] remonte à l'année 1586, époque de la guerre dite des *Trois Henri* : Henri III, Henri, roi de Navarre, Henri, duc de Guise. Les royalistes, les huguenots, les ligueurs sont en présence et se disputent le pouvoir qui restera bientôt aux premiers.

Nicolas de Neufville, seigneur de Villeroy, était alors secrétaire d'Etat et dès 1567 très en faveur auprès de Charles IX. En 1588 il tomba en disgrâce, mais le roi Henri IV le rétablit dans ses hautes fonctions, bien qu'il se fût compromis avec les ligueurs ; il rendit même à Louis XIII des services signalés. Quant à Geoffroy Camus, seigneur de Pontcarré et de Torci, on le trouve maître des requêtes en 1573 et chargé de plusieurs négociations importantes. C'est au cours d'une mission que lui avait confiée Villeroy qu'il devint le prisonnier de Henri de Navarre et fut conduit devant lui à Bergerac. Le futur roi de France, dans un entretien avec Camus de Pontcarré, qu'il traite avec sa bonhomie railleuse, nous donne à penser que la lettre confiée à Voisin et qu'il consent enfin à parcourir, avait pour objet de faciliter un rapprochement avec Henri III, dans l'intérêt de la sûreté de l'Etat et aussi de la religion catholique que le Navarrais était sollicité

---

1. Pages 271 à 274.
2. Pages 275 à 280.

d'embrasser. Ce document est une page d'histoire suggestive, qui nécessiterait de longs commentaires, inutiles ici.

La Société doit à M. Pierre Charreyron, descendant par les femmes des Blacwood, un document ayant pour titre : *Liquidation du douaire de la reine Marie Stuart* [1]. Ce texte est encore plus curieux par les personnages qu'il met en relief que par les intérêts privés qui y sont débattus.

En effet, Jacques VI, roi d'Ecosse, fils de Henri Darnley et de l'infortunée Marie, dont il était « le vrai et légitime héritier », avait chargé en 1602 un conseiller au présidial de Poitiers, de recueillir, en qualité de procureur général, les épaves de l'héritage de sa mère, victime en 1587 de la haine et de la cruauté de la reine Elisabeth. Ce magistrat était Adam Blacwood, troisième fils de Guillaume, ce dernier issu lui-même d'une noble famille écossaise. Les *Souvenirs de l'alliance entre la France et l'Ecosse dans l'histoire du Poitou*, discours prononcé en 1898 à la séance ordinaire de la Société des Antiquaires de l'Ouest par notre distingué confrère, M. de La Ménardière, contiennent des pages intéressantes sur les Blacwood. Marie Stuart, alors douairière du Poitou qu'elle possédait par engagement, avait fait nommer Adam conseiller au présidial de Poitiers ; il y entra en 1602, devint échevin de la ville et mourut en 1613. Par une procuration datée de Poitiers le 22 août 1607, Adam se substitua son neveu Jacques Blacwood, alors avocat au Parlement de Paris et que nous trouvons conseiller au présidial de Poitiers de 1615 à 1623, à l'effet de continuer la liquidation à laquelle il avait déjà apporté un utile concours, malgré son âge avancé. Les détails contenus dans les procédures suivies contre les débiteurs sont d'un ordre intime que nous négligerons ici. Mais nous ne saurions finir sans nous arrêter aux points culminants d'un document où se rencontrent les noms du roi d'Ecosse, Jacques VI, de Jacques Elphinstone, son secrétaire d'Etat, de Ludovic, duc de Lenox, comte de Dernelie, auquel le roi céda en 1604 ses droits à la succession de sa mère, circonstance qui souleva des difficultés entre Adam Blacwood et le donataire. Toutefois, il intervint en 1611 un accord par lequel le neveu d'Adam, Jacques et le duc de Lenox devaient se partager les recettes par moitié. Ainsi se termina le différend, sans omettre de constater que les frais de la liquidation absorbèrent en grande partie les sommes péniblement recouvrées.

Le consciencieux préambule généalogique dont M. Arthur Labbé a fait précéder *l'Etat des chemins et châteaux du Poitou*

---

1. Pages 281 à 308.

dressé en 1611 par l'architecte du roi, René Androuet Du Cerceau [1], nous dispenserait de revenir sur ce document, si nous n'avions à insister sur son importance. C'est qu'il constate les efforts tentés au début du dix-septième siècle pour l'amélioration des voies publiques et l'entretien des châteaux fortifiés du domaine royal. Le côté important et tangible de la question est surtout là. L'institution de la charge de Grand-Voyer en la personne de Sully (1599) ouvrit aux travaux des ponts et des grands chemins, trop longtemps négligés pendant les guerres de Religion, une ère de prospérité qui se généralisa dans toutes les provinces. Les successeurs de Henri IV continuèrent l'œuvre que le grand prince avait commencée. L'agriculture, le commerce, la défense du pays exigeaient qu'il en fût ainsi, et on consacra à la voirie des sommes considérables sous la direction d'habiles ingénieurs. Les développements généalogiques dans lesquels le publicateur a cru devoir entrer rattachent d'une manière exacte et certaine la famille Androuet Du Cerceau à Châtellerault, où elle était venue s'implanter dès 1594 dans la personne de Charles qui acheva le beau pont de cette ville. M. Labbé indique avec sa précision habituelle les alliances que les filles de René y contractèrent. Il n'eut pas de garçons pour y perpétuer son nom.

La *Lettre du roi autorisant le changement d'un grand chemin dans la paroisse de Saint-Laurent-de-Ceris* [2], bien qu'elle soit isolée, est une preuve certaine de la tutelle directe que le gouvernement de Louis XIII, comme celui de Henri IV, entendait exercer sur la voirie pour la sécurité des voyageurs et la facilité de la circulation. L'autorisation accordée au sieur de Lescours est subordonnée au consentement des populations de la Péruse et de Verteuil. Plus nous avancerons, plus l'État interviendra dans les travaux des chemins publics qui, sous Louis XIV et Louis XV, furent particulièrement encouragés.

Le *Mémoire de Gabriel de Chasteaubriand, sgr des Roches-Baritault, contre Villemontée, intendant du Poitou* [3], est de 1643. Il a été également fourni par M. Arthur Labbé. Les termes dont se sert le lieutenant-général du Bas-Poitou sont violents et empreints d'une exagération évidente ; il règne dans cette dénonciation bien caractérisée une aigreur que des motifs graves ont dû faire naître. Villemontée, maître des requêtes, puis conseiller d'État, avait eu l'oreille de la cour et la confiance successive des cardinaux-ministres Richelieu et Mazarin. Gentilhomme prodigue,

---

1. 309 à 392.
2. Pages 392 à 394.
3. Pages 394 à 401.

ami du plaisir, mais doué de capacités administratives supérieures, il a pu, dans l'exercice de ses hautes fonctions touchant à la justice, à la police et aux finances, tolérer des abus, froisser des intérêts. Toutefois, son adversaire se serait plu à aggraver des actes blâmables sans en administrer les preuves. Ne voyons-nous pas tous les jours les accusations les plus odieuses s'évanouir devant la réalité des faits ? L'histoire de l'intendance de Villemontée à la Rochelle, en Poitou et ailleurs suffirait pour justifier l'opinion que nous exprimons. Nous ne connaissons pas d'ailleurs la réponse du commissaire départi, fort empêtré à cette époque dans les troubles du Bas-Poitou ; elle eût rendu le Mémoire des Roches Baritault bien plus compréhensible. Dans la correspondance relative aux provinces d'Aunis, Saintonge et Angoumois, échangée entre Villemontée, le chancelier Séguier et autres, publiée par M. Henri Renaud dans les Archives historiques des susdites provinces, on trouve à l'année 1643 des détails précis sur les troubles survenus dans ces contrées. Il est difficile de croire que Villemontée fut disgracié sur les plaintes du lieutenant-général du Bas-Poitou, mais tout donne à penser que des chagrins intimes de famille dont il ne put se consoler malgré les exhortations de son ami Guez de Balzac [1], l'éloignèrent de l'administration provinciale. C'est d'ailleurs en 1643 qu'il fut nommé conseiller d'Etat. Cependant il est un fait incontestable à la charge de notre intendant, c'est que s'il ne fut pas coupable « de tremper ses mains impures, sanglantes et funestes dans des actions déshonnêtes et dans le sang par des assassinats, et dans la ruine des familles par des brigandages », il fut extrêmement léger dans la vie privée, ainsi que sa femme, Philippe de la Barre. Là des Roches-Baritault aurait frappé juste, et si nous lisons, bien qu'avec défiance, *les Historiettes de Tallemant des Réaux*, nous y trouvons racontées avec une certaine pointe de malice les aventures galantes de Villemontée étroitement liées à celles de mesdemoiselles de Chémerault et de Bussy. Donc, sur ce point, le médisant auteur n'aurait rien inventé, mais peut-être embelli les faits relevés en 1643 par Gabriel de Chasteaubriand. Ces divers personnages étaient contemporains. Et voici l'épilogue : l'épouse de l'intendant s'étant retirée dans un couvent en 1641, Louis XIII nomma Villemontée à l'évêché de Saint-Malo. C'est peut-être le dernier exemple en France d'un évêque marié ; aussi le pape fit-il des difficultés.

Nous avons fait précéder les textes d'*Un Synode en Haut-Poitou* [2]

---

1. De l'Académie française, né à Angoulême.
2. Pages 402 à 426.

et de l'intéressant *Voyage de Maximilien Aubéry à la cour de Louis XIV* [1] des explications qui nous ont paru indispensables pour éclairer ces documents ; nous n'y reviendrons pas.

Le *Procès-verbal d'une séance du consistoire tenu à Châtellerault le 11 février 1685* [2] caractérise à merveille l'antagonisme religieux qui existait en ce moment entre les catholiques et les calvinistes de la petite ville ; il a en outre une affinité évidente avec le synode de 1663 et le voyage à la cour de Maximilien Aubéry. Ces textes se complètent et s'expliquent. Ce sont les épisodes successifs de la lutte des réformés cherchant à conserver tout au moins les libertés qu'on leur enlève par raison d'Etat, mais les guerres intestines commencées sous Charles IX allaient cesser faute de combattants. Nous rappellerons incidemment les noms des Intendants qui furent tour à tour envoyés dans le Poitou pour y surveiller les protestants et mettre un frein à leur zèle trop ardent. Le but politique se mêlait à la question religieuse. Au nombre de ces commissaires départis dont l'autorité était absolue comme celle du gouvernement royal, on compte : Rouillé Ducoudray, Hue de Miroménil, René de Marillac, Lamoignon de Bâville et enfin Foucault dont l'administration dura de 1685 à 1689.

Au consistoire de 1685, le sénéchal de Châtellerault qui assiste à la séance maltraite fort ses adversaires. « Ils ont eut le malheur d'estre nés, d'avoir été élevés dans une religion contraire à celle de l'auguste et invincible monarque » qui règne sur la France. A la sévérité de ces paroles sans mesure, le ministre Benjamin Brissac [3] proteste du respect de ses coreligionnaires à l'égard du sénéchal et de leur dévouement au roi. Par une citation adroite mais fort rétrospective il cherche à calmer son irritation en flattant son amour-propre. Nous reviendrons tout à l'heure sur ce point.

Le sénéchal n'est pas identifié dans le texte du procès-verbal ; quel était-il ? Il y a eu, si on en croit l'abbé Lalanne [4], trois lieutenants de robe longue du nom de Fumée. Celui auquel fait allusion le rédacteur du procès-verbal serait, d'après M. Labbé, Claude Fumée, lieutenant-général de la sénéchaussée de Châtellerault de 1663 à 1710.

Enfin, le pasteur Du Vignau, qui évoque le souvenir d'un per-

---

1. Pages 430 à 471.
2. Pages 472 à 476.
3. Il était pasteur de Châtellerault à l'époque où cette église fut interdite. N'ayant pas voulu se convertir et quitter le royaume, on l'enferma à la Bastille. Après en être sorti il s'expatria. Sa femme Suzanne Catillon finit par abjurer, puis elle se réfugia en Hollande et se réconcilia avec l'église protestante. Le père de Suzanne, Jean Catillon, était intendant des biens de Monsieur, « en considération qu'il était bon catholique. »
4. *Histoire de Châtellerault*, t. II, p. 413.

sonnage innommé, semble désigner le fils d'Adam Ier Fumée, médecin et conseiller du roi, dont il est question dans les *Procédures politiques du règne de Louis XII*. Ce fils, Adam II, fut conseiller au Parlement de Paris en 1492, maître des requêtes en 1494, et commis pour tenir le sceau aux Grands Jours de Poitiers en 1531 et 1533.

Le manuscrit ayant pour titre *Etat des meubles qui existent dans le château de Richelieu au 1er mars 1788* [1] a été communiqué par M. Arthur Labbé. C'est un document très curieux et dans un ordre d'idées tout à fait artistique, si on se reporte à la longue énumération des objets précieux que renfermait le château de Richelieu et que le Cardinal et ses successeurs y avaient accumulés. Commencée en 1626, cette splendide demeure ne fut achevée qu'en 1660 par Jean de Wignerod, duc de Richelieu. A ce moment la ville et le château, nés d'une conception grandiose et d'une volonté sans obstacles, étaient dans toute leur magnificence. Il semblait qu'une fée, en frappant de sa baguette magique les plaines sablonneuses de l'antique paroisse de Braye baignées par le Mable, en avait fait surgir et le petit Versailles d'Armand du Plessis et la ville coquette, à l'aspect guindé et rectiligne du siècle de Louis XIII. Ce n'est pas ici le lieu d'insister sur ce sujet déjà traité par divers écrivains, au nombre desquels Dussieux : *Le Cardinal de Richelieu*, et l'abbé L. Bosseboeuf, qui a doté la Société archéologique de Touraine de sa belle *Histoire de Richelieu et des environs*, publiée en 1890. L'un et l'autre de ces ouvrages très documentés rappellent dans quelles circonstances s'accomplit la dispersion des mille curiosités accumulées par le Cardinal dans son château, dont les plans avaient été conçus par le célèbre architecte Jacques Le Mercier.

L'énumération du mobilier de cette résidence presque royale, statues, peintures, tapisseries, etc., aussi sommaire qu'elle soit et malgré les incorrections d'un scribe ignorant, permet cependant de remonter à l'origine des objets, de les identifier et d'en fixer la valeur. On peut d'ailleurs consulter sur le sujet, outre les auteurs déjà cités, les écrits de Lenoir, *Description des monuments de sculpture* (an X) ; — E. Bonnafé, *Recherches sur les collections de Richelieu* (1883) ; — de Boislile, *les Collections de sculpture du Cardinal de Richelieu* ; et ne pas négliger de lire la monographie très étudiée de Mr A. Tornezy : *Richelieu, le Château, la Ville*. (*Paysages et monuments du Poitou* de Robuchon, livraison sur le Loudunais [2].)

---

1. Pages 477 à 565.
2. Pages 62 à 69.

Indépendamment des statues et bustes, tous en marbre, que le Cardinal avait fait venir d'Italie, les nombreux appartements du château étaient garnis de tapisseries des plus célèbres manufactures : de Flandre, des Gobelins, de Bergame, etc., sans compter les autres étoffes de prix et les tapis de Turquie.

Parmi les tableaux inventoriés nous citerons : deux toiles représentant l'un la *Samaritaine*, l'autre une *Madeleine*, — un portrait d'*Antoine Du Plessis, dit le Moine*, — un autre de *François Du Plessis*, — ceux de *Marie-Thérèse de Vignerot*, seconde duchesse d'Aiguillon, — de *Marie-Madeleine de Vignerot*, première duchesse d'Aiguillon, — d'*Elisabeth-Sophie de Lorraine*, princesse de Guise, — du *Cardinal de Richelieu*, — de *saint Sébastien*, — une *Vierge à l'Enfant Jésus et saint Jean-Baptiste*, — *Le Jugement universel*, — une *Nuit*, — une *Invocation à la Vierge* et une *Descente de Croix*, — une peinture sur bois représentant *J.-C. revêtu d'un manteau de pourpre*, — *Psyché et l'Amour*, — les *Forces* (sic) *d'Hercule*, — le *Combat de Naples*, — la *Ville de Marseille*, — une *Vierge à l'Enfant Jésus*, — un *Portrait en grand du Cardinal duc de Richelieu*, — une *Sainte Famille*, — *Saint François dans le désert*, — le *Portrait de Louis XI*, — *Lucrèce*.

Cette sorte de catalogue, où les sommaires désignations de son primitif auteur ont été respectées, est loin de représenter toutes les richesses picturales qui embellissaient avec une profusion royale les appartements du château aux plafonds ruisselants d'or, aux lambris d'une élégance sobre mais raffinée. Il y avait, en outre, de nombreux portraits négligés par l'inventaire: — C'était un véritable musée.

Nous devons aussi signaler à l'attention des curieux quelques-unes des tapisseries existant encore en 1788. Telles sont plusieurs pièces de Flandre à grands personnages enrichies des armes du Cardinal ou de sa famille. — les *Fureurs de Rolland*, — sept pièces des Gobelins : *Histoire de Diane*, — les tentures de Bruxelles : *la Guerre de Troye*, dans l'appartement du roi.

Le blason des Du Plessis de Richelieu est le suivant : d'argent à trois chevrons brisés de gueules. Nous en avons constaté la représentation sur une élégante bordure de tapisseries de haute lisse à grands personnages. A la Révolution, ces emblèmes, portant ombrage, furent dissimulés sous une couche de peinture où s'étale, peint en grisaille, un faisceau de licteur.

Dans la bibliothèque on comptait trois cent soixante-seize volumes estimés 1160 livres.

On voyait encore en 1788 dans la cour du donjon huit canons sur leurs affûts, deux aux armes du Cardinal, les six autres à celles d'Angleterre. Que sont-ils devenus ?

Nous rechercherons, enfin, dans quelles circonstances le document publié a été rédigé. En mars 1788, le duc de Richelieu, Louis-François-Armand de Wignerod du Plessis, maréchal de France, existait encore et il ne décéda que le 17 août suivant, à quatre-vingt-douze ans. La vieillesse prolongée de ce grand seigneur avait suivi une existence toute semée d'orages, de prodigalités, et « ses folies l'avaient fait enfermer trois fois à la Bastille ». Le petit-neveu ne se souciait guère des belles collections du grand-oncle le cardinal et il avait vendu de nombreux objets d'art pour payer ses créanciers; d'autres servaient à l'ornement de ses hôtels à Paris. C'est donc quelques mois avant la mort du maréchal que fut rédigé l'inventaire dont M. Labbé a pris la copie. Dans quel but aurait-il été dressé, si ce n'est pour un intérêt successoral, et particulièrement pour celui de son fils, Louis-Joseph-Antoine, lieutenant-général des armées du roi et premier gentilhomme de sa chambre. Il serait aussi possible qu'on ait voulu sauvegarder les droits des nombreux créanciers qui avaient facilité les prodigalités du maréchal.

Les richesses mobilières et artistiques du château de Richelieu ont été disséminées par-ci et par-là. Le musée des Antiquaires de l'Ouest possède la statue de Louis XIII de Berthelot, mutilée mais qui a grand air. Dans notre département, quelques amateurs fort éclairés ont pieusement recueilli les débris des riches collections qui furent confisquées à la Révolution. En 1800, le gouvernement s'empara des statues, bustes, tableaux et de la fameuse table de mosaïque. En 1801, le duc de Richelieu rentra en France, vendit son domaine et ce qu'il contenait à la bande noire, et les démolisseurs commencèrent leur œuvre de sauvage destruction. C'est l'agonie de cette demeure royale que Richelieu ne vit que deux fois à peine, en 1627 et en 1632.

Tels sont les commentaires que nous ont inspirés les documents publiés par la Société des Archives du Poitou dans son XXXI° volume; ils se prêtent dans leur ensemble aux études les plus variées.

Alfred Barbier.

CARTULAIRE ET CHARTES

DE

L'AUMONERIE DE SAINT-MICHEL DE THOUARS

En publiant le Cartulaire de l'*Aumônerie de Saint-Michel de Thouars*, la Société des Archives historiques du Poitou rend un nouvel hommage à la mémoire de Bélisaire Ledain, ce regretté confrère, ce travailleur infatigable qui a consacré une vie trop courte aux nobles études de l'histoire et de l'archéologie. Il a transcrit de sa main les chartes qui vont suivre, et si le temps ne lui avait pas été fatalement mesuré, il en aurait encore grossi et complété l'ensemble. Dans ces chartes, les noms de personnes, les lieux, les dates abondent. Elles continuent la série précieuse des documents de même nature publiés par notre Société, qui sont une mine inépuisable livrée au public savant.

La liste des vicomtes de Thouars est connue. Elle a été publiée dans les *Mémoires des Antiquaires de l'Ouest* (T. XXIX-1864), en même temps qu'elle était l'objet d'une notice substantielle et très documentée due à la plume de M. Hugues Imbert.

En ce qui concerne particulièrement notre cartulaire, qui commence à l'année 1206, alors qu'Aimery VII était vicomte (1173-1226), on y voit encore figurer Guy Ier (1234-1242), Guy II (1274-1306), Louis Ier (1333-1370), autant de protecteurs de l'Aumônerie de Saint-Michel.

Louis d'Amboise, vicomte de Thouars de 1426 à 1469, fut obligé en 1459 de rappeler au prieur de la Maison-Dieu de Saint-Michel que ni lui ni ses frères ne remplissaient les devoirs et les obligations de leur fondation. Aussi la charte n° LVI est-elle une des plus intéressantes du recueil.

Le dernier texte imprimé est de 1776 (1ᵉʳ novembre), et ceux qui le précèdent remontant à 1744 nous font assister à la décadence, ou pour mieux dire à la transformation de l'Aumônerie de Saint-Michel de Thouars. En effet, l'hôpital du prieuré fut supprimé par arrêt du Conseil d'Etat du 23 janvier 1725 et réuni à celui de Poitiers.

Il ne faudrait pas rechercher dans ces chartes, en dehors de l'intérêt particulier qu'elles offrent pour l'établissement hospitalier auquel elles se rapportent, des faits nouveaux et saillants de nature à éclairer l'histoire politique ou militaire des vicomtes de Thouars. Elles rappellent et précisent les dons abondants des âmes pieuses qui voulaient assurer ainsi leur salut. L'idée religieuse y domine sans autre préoccupation.

Cette publication comprend deux séries distinctes de documents : 1° le cartulaire de l'Aumônerie de Saint-Michel de Thouars; 2° des actes provenant du même fonds. Les uns et les autres font partie du chartrier de Thouars, propriété de M. le duc de la Trémoille, qui les avait mis il y a quelques années à la disposition de M. Ledain, et qui a bien voulu à nouveau se dessaisir pendant quelques jours du précieux volume qui les contient, pour permettre à M. Richard de revoir le texte sur les originaux et de les compléter par quelques adjonctions provenant d'omissions faites par M. Ledain qui n'avait pas tout d'abord destiné ses copies à une publication.

C'est ainsi qu'au lieu de maintenir au cartulaire, suivant les traditions de la Société des Archives, sa disposition primitive, d'après laquelle les actes sont groupés selon les lieux qu'ils intéressent, il le transcrivit dans un ordre rigoureusement chronologique, en faisant précéder chaque acte d'un sommaire en français. Nous avons respecté le travail de notre regretté confrère. Mais il nous a paru bon d'établir ici un tableau de concordance entre le rang donné aux actes dans notre publication et celui qu'ils occupent dans le cartulaire qui, de la sorte, se trouvera intégralement reconstitué.

Ce document reproduit 48 actes qui s'étendent entre les années 1206 et 1253 ; c'est vers cette dernière époque qu'il a dû être rédigé ou tout le moins avant 1274, date du premier texte de l'Aumônerie étranger au cartulaire, qui ait été conservé dans les archives de Thouars Il se compose de deux cahiers de format in-4°, d'une belle écriture, avec titres à l'encre rouge ; un certain nombre de fautes échappées au copiste ont été l'objet de corrections contemporaines interlinéaires. De l'acte qui termine le deuxième cahier, on n'a que les premières lignes ; il y avait donc, à tout le moins, un troisième cahier qui est perdu.

Malgré la lacune qu'il présente, ce cartulaire est, par son âge et son importance, un des joyaux du chartrier de M. le duc de la Trémoille.

TABLEAU DE CONCORDANCE ENTRE LE CARTULAIRE
ET LE TEXTE IMPRIMÉ.

I — 5	XIII — 6	XXV — 13	XXXVII — 40
II — 2	XIV — 4	XXVI — 26	XXXVIII — 29
III — 1	XV — 7	XXVII — 11	XXXIX — 47
IV — 15	XVI — 3	XXVIII — 9	XL — 42
V — 32	XVII — 45	XXIX — 8	XLI — 34
VI — 36	XVIII — 31	XXX — 22	XLII — 44
VII — 18	XIX — 30	XXXI — 21	XLIII — 41
VIII — 12	XX — 19	XXXII — 23	XXIV — 43
IX — 17	XXI — 10	XXXIII — 25	XLV — 39
X — 27	XXII — 14	XXXIV — 24	XLVI — 46
XI — 33	XXIII — 20	XXXV — 35	XLVII — 38
XII — 16	XXIV — 28	XXXVI — 37	XLVIII — 48

ALFRED BARBIER.

CARTULAIRE

DE

L'AUMONERIE DE SAINT-MICHEL DE THOUARS

I.

Aimeri, vicomte de Thouars, ayant transporté dans un autre lieu plus éloigné l'Aumônerie de Thouars qui était trop rapprochée des fossés de la ville dont elle gênait la défense, lui abandonne André Gaydon et ses héritiers, c'est-à-dire les devoirs féodaux qu'ils devaient aux vicomtes et qui appartiendront désormais à ladite aumônerie[1].

1206.

De heredibus Andree Gaidon.

Aymericus, vicecomes Thoarcii, omnibus ad quos littere presentes pervenerunt salutem et dilectionem. Noverint universi quod cum domus helemosinaria juxta fossetum castri mei de Thoarcio fundata fortitudini ejusdem castri mei nimis propinqua esset et vicina mihi et meis plurimum posset nocere et hostibus meis e contrario si forte de foris advenirent juvamen exhibere, habito tamen consilio cum fidelibus meis, tam clericis quam laicis, a loco illo in quo erat sita eam feci removeri et strata pauperum inter quos Christus requiescit evertere non fui veritus ut assultus hostium de nuda platea facilius quam de edificio sustinere et a nobis longius repellere possemus. Verumptamen sciens ego me Christum in hoc et in multis aliis non

---

[1]. Voir D. Fonteneau, XXVI, 233.

minimum set plurimum ostendisse, a voluntatem et peticionem fratrum ejusdem domus dedi eis Andream Gaydun cum heredibus et rebus suis, liberum et quietum ab omni terreno servicio quod ad me pertineat et eis in perpetuam helemosinam concessi et in perpetuam libertatem. Ipsi vero sui gratia mecum misericorditer agentes a dampno et delicto eversionis sepedicte domus in quantum ad eos pertinuit me absolverunt. Et ut hoc in posterum firmum permaneret et inconcussum cartam presentem sigilli mei testimonio feci confirmari. Datum apud Thoarcium anno Domini M° CC° VI°.

II

Aimeri, vicomte de Thouars, abandonne à l'aumônerie de Saint-Michel de Thouars Jean et Guillaume Rousseau frères et leurs héritiers, c'est-à-dire leurs services, francs de tous devoirs féodaux envers les vicomtes.

7 décembre 1211.

De burlandis

Aymericus, vicecomes Thoarcii, omnibus presentes litteras inspecturis salutem in Domino. Noscat universitas vestra quod ego dedi Deo et Beate Marie et domui helemosinarie Sancti Michaelis de Thoarcio Johannem Rossellum et Willelmum fratrem suum et heredes eorum pro amore Dei et pro salute anime mee et parentum meorum, immunes a venda et pedagio et ab omni cosdusma et servicio preter eschogatam. Hujus rei testes sunt Durandus magister scolarum beati Hylarii Pictavensis, Jobertus prior ejusdem domus helemosinarie, Willelmus capellanus, magister Reginaudus sacerdos, Raginaldus de Suschaio, magister Hugo Kalo senescallus, David de Curia, Briendus, Willelmus de Parisius, Johannes de Andegavis et plures alii. Actum est hoc anno ab Incarnacione Domini M° CC° XI°, mense decembris, in crastinum beati Nicholai, in camera mea apud Thoarcium. Ut hoc firmum et inconcussum permaneat in perpetuum sigilli mei munimine roboravi.

III

Donation à l'aumônerie de Thouars par Jean Daniel de ce qu'il tenait à Magé de Guillaume Séchon, et cession à la même aumônerie par Guillaume Séchon de ce qu'il possédait audit Magé, moyennant cinquante-cinq sous, pour lui et ses enfants Guy et Aimeri.

Vers 1220.

De terris de Mage.

Ne gestarum rerum memoria processu temporum evanescat et pereat, discretorum nostrorum prudentia solet eos per litteras eternare. Cognoscat ergo presens etas et sciat postera quod Johannes Danihelis dedit helemosinarie beati Michaelis de Thoarcio cum sua matre, ejusdem domus consorore, hoc quod habebat apud Mage a Willelmo Sechum. Post multum vero temporis ipse Willelmus Sechum pro redemptione anime sue et amicorum suorum dedit predicte domui integre quicquid habebat in prelocuto tenamento ad quatuor solidos censuales in festo sancti Medardi reddendos. Pro concessu et dono habuit supradictus W. Sechum triginta solidos et Guido, filius suus, quinque et Aymericus, filius ejus, viginti. Hujus concessionis testes sunt isti : Jobertus prior et sacerdos ejusdem domus, Johannes Danihel, Gorrichiumus sacerdos beati Lazari, Johannes de Farroles, Petrus Alarz, W. clericus, Alo senescallus Thoarcii, Johannes David, magister Mauricius, Gualterius Bareniarz et alii plures. Et ut hoc ratum et stabile permaneret presens scedula, ex consensu utriusque partis, sigillo C.[1], tunc temporis abbatis Sancti Launi et sigillo Alonis[2], senescalli Thoarcii, fuit sigillata.

---

1. Constant, abbé de Saint-Laon de Thouars de 1199 à 1223 (*Histoire de Thouars*, par Imbert, p. 58).
2. Alon, sénéchal de Thouars de 1219 à 1221 (*Idem*, p. 392).

IV

Donation de la terre du Pont de Taison faite à l'aumônerie de Thouars par Olivier Penet, chevalier.
1222.

De Ponte de Taisum.

Omnibus litteras istas inspecturis Oliverius Penet, miles, salutem in Domino. Noveritis quod ego dedi Deo et helemosinarie de Thoarcio terram illam de Ponto de Taissum que est ante terram quam Obertus, defunctus frater ejusdem helemosinarie, dedit dicte helemosinarie. Quod donum concessit dictus Oliverius miles pro remedio et salute anime [sue] in perpetuum anno Domini m° cc° xx° ii°.

V

Aimeri, vicomte de Thouars, donne à l'aumônerie de Saint-Michel de Thouars dix setiers de froment de rente sur le fromentage de Thouars.
19 mars 1226.

De frumentagio vicecomitis.

Universis presentes litteras inspecturis Aymericus, vice-comes Thoarcii, salutem in Domino. Noveritis quod ego, in ultima voluntate positus dedi, pro salute anime mee Deo et domui helemosinarie beati Michaelis de Thoarcio, decem sextaria frumenti in frumentagio meo apud Thoarcium, singulis annis reddenda in festo Omnium Sanctorum. Huic autem donationi interfuerunt dominus Willelmus Archiepiscopi dominus Partiniaci, Jodoinus de Blodio, Willelmus de Oyrum, Raginaldus de Berria, Aymericus de Lezegniaco, milites, Durandus magister scolarum beati Hylarii Pictavensis, magister Johannes Loelli, Willelmus capellanus noster canonicus Auree Vallis, magister Willelmus de Molem, clerici, Petrus de Molem, G. de Achaio et plures alii. Actum anno Domini m° cc° xx° v°, mense martii, sexta feria ante Annunciationem Beate Marie, apud Chesam.

VI

Donation de la dîme de Saint-Généroux, faite à l'aumônerie de Thouars par Renaud de Saint-Martin.

1226.

DE DECIMA S. GENEROSI.

Quum secundum transit et secundum advenit ex antiquorum prudenti prudentia sumus eruditi litterarum pagine commendare que posterorum nostrorum notitie memoriter observanda curamus transmittere. Noverint igitur universi tam futuri quam presentes quod Raginaldus de Sancto Martino dedit Deo et domui helemosinarie de Thoarcio decimam quam habebat apud Sanctum Generosum, pro anima sua et Audeardis filie sue et Savarici Mestiver mariti ejus. Huic donationi interfuerunt Hubertus prior et Jobertus et Raginaldus, sacerdotes, Symon Doboe· et plures alii. Actum anno Domini m° cc° xx° vi°.

VII

Donation d'un setier de froment de rente à Montreuil-Bellay, faite à l'aumônerie de Thouars par Audearde, femme de Pierre Achart.

Sans date [1].

Notum sit omnibus quod Aleardis uxor Petri Achart dedit Deo et domui helemosinarie Thoarcii, pro remedio anime sue et patris sui et matris sue, unum sextarium frumenti apud Mosterolium persolvendum annuatim. Hoc

---

1. Comme nous trouvons le nom de Joubert, prieur en 1211, 1219 et 1226, nous pensons que ce texte a sa place aux environs de ces dates.

concessit maritus suus et filius suus et frater suus, et prior Jobertus ipsius domus concessit spirituale beneficium et anniversarium annuatim celebrandum.

VIII

Donation de trois setiers de froment de rente, faite à l'aumônerie de Thouars par Aimeri de Vihiers, chevalier.

1230.

De defuncto Aymerico de Viher.

Universis Christi fidelibus presentes litteras inspecturis P., humilis archidiaconus Thoarcensis, salutem in eo sine quo non est salus. Noverit universitas vestra quod Aymericus de Viheriis, miles, in nostra presencia constitutus, dedit et concessit Deo et pauperibus domus helemosinarie de Thoarcio tria sextaria frumenti sita super campum Richart et super campum de Joit et super vineam que est juxta campum de Joit et super terram que est juxta terram Aimerici Bonet; que tria sextaria sunt de modiacione et sunt reddenda annuatim dicte domui in festo sancti Michaelis. Nos vero, ad majorem hujus rei certitudinem, ad peticionem utriusque partis presentibus litteris sigillum nostrum apposuimus in testimonium veritatis. Actum anno Domini m° cc° tricesimo.

IX

Donation d'une rente de quatre sous et deux deniers de cens sur des terres à la Noue de la Billaie et à la Touche de la Chapelle Gaudin, faite à l'aumônerie de Thouars par Marie Jaifard et Aimeri Garnier,

1230.

De Aymerico Garner de Capella Gaudini.

Universis presentes litteras inspecturis P., humilis archidiaconus de Thoarcio, salutem in auctore salutis. Noverit universitas vestra quod Maria Jaifarde in nostra presencia constituta, cum assensu et voluntate matris sue et Aymerici Garnerii fratris sui, dedit in puram helemosinam Deo et pauperibus domus helemosinarie de Thoarcio quatuor solidos et II denarios censuales reddendos annuatim dicte domui in festo Assumptionis Beate Marie ; qui quatuor solidi siti sunt in terram et pratum que sunt juxta la Noe de la Billaie, dicti duo denarii siti sunt supra quadam mineta terre quam P. Gortis tenet ab ipsa Maria apud Toscham que est in parrochia Capelle Gaudini. Nos vero ad peticionem utriusque partis priori dicte domus has nostras litteras contulimus ad majorem rei firmitatem et in testimonium veritatis, anno gracie M° CC° tricesimo.

X

Donation de sept setiers de blé, cinq prévendies de froment et neuf deniers de rente sur diverses terres, faite à l'aumônerie de Thouars par Aimeri de Vihiers, chevalier.

1230.

DE DEFUNCTO A. DE VIHERS.

Universis presentes litteras inspecturis P., humilis archidiaconus Thoarcensis, salutem in Domino. Noveritis quod Aymericus de Viers, miles, dedit et concessit Deo et pauperibus domus helemosinarie de Thoarcio pro remedio anime sue et parentum suorum in puram et perpetuam helemosinam duo sextaria frumenti de modiacione et quatuor denarios quos P. Jocelins debebat annuatim dicto Aymerico in festo beati Michaelis. Dedit eciam et concessit Deo et pauperibus dicte helemosinarie quinque prebendaria frumenti et duos denarios et obolum quos Maria la Borgnogne et Armandus Guorrichuns, gener suus, debebant de modiacione annuatim dicto Aymerico in festo supradicto. Preterea dedit eisdem duo sextaria siliginis et duos denarios quos Guibertus Crestiens debebat de modiacione annuatim eidem Aymerico in eodem festo et unam minam siliginis et unum denarium quem Theobaldus Lagode debebat eidem Aymerico de modiacione annuatim in dicto festo. Preterea dedit eisdem et concessit tria sextaria frumenti sita super campum Richart et super campum de Joit et super vineam que est juxta campum de Joit et super terram que est juxta terram Aymerici Bonet, que tria sextaria sunt de modiacione et sunt reddenda annuatim dicte domui in festo supradicto. In cujus rei testimonium presentibus litteris sigillum nostrum apposuimus. Datum anno Domini m° cc° xxx°.

XI

Donation d'une rente d'une mine de froment et de deux deniers de cens, faite à l'aumônerie de Thouars par Benoît du Luc.

8 janvier 1231.

De Benedicto de Luc.

Universis Christi fidelibus presentes litteras inspecturis, P., humilis archidiaconus Thoarcensis, salutem in auctore salutis. Noverit universitas vestra quod Benedictus de Luc confessus est coram nobis se dedisse Deo et pauperibus domus helemosinarie de Thoarcio, in puram helemosinam, unam minam frumenti et duos denarios censuales reddendos annuatim dicte domui in festo beati Michaelis, que mina frumenti cum dictis duobus denariis sita est in vinea quam Raginaldus Borreau tenebat ab ipso Benedicto. Nos vero, in cujus presencia dicta donatio facta fuit, presentibus litteris sigillum nostrum apposuimus in testimonium veritatis. Actum die mercurii proxima post Epiphaniam Domini, anno Domini m° cc° tricesimo.

XII

Donation faite à l'aumônerie de Thouars par Guillaume, sr de Saint-Mesmin, de son droit sur le moulin de Froidevau, moyennant trois sous de cens annuel.

1231.

DE FRIGIDA VALLE.

More fluentis aque currunt mortalia queque, ideoque notum fieri volumus futuris et presentibus quod vir nobilis Willelmus, dominus Sancti Maximini, dedit et concessit Deo et pauperibus helemosinarie de Thoarcio in puram helemosinam quicquid habebat in molendino Frigide Vallis ad tres solidos censuales reddendos in Nativitate Domini. Et ut hoc ratum et inconcussum perseveret in posterum cum sigilli sui munimine presentes litteras voluit sigillari. Testes autem qui hoc viderunt et audierunt sunt isti : Petrus de Chenis capellanus tunc temporis predicte domus, Gaufridus de Fenios clericus, Petrus Billette, Gaufridus de Capella, milites, Gaufridus Laurentii, Bernardus de Monte Bruni et Andreas filius ejus, Boninus Guegnars, Costantius, Petrus Megnem, Gaufridus Froger et plures alii. Actum anno Domini M° CC° XXX° primo.

XIII

Donation d'une rente de deux setiers de froment et de deux deniers de cens, faite à l'aumônerie de Thouars par Simon Aguillon pour la fondation d'un anniversaire.

1233.

DE SIMONE AGULLUN.

Universis Christi fidelibus presentes litteras inspecturis, P., humilis archidiaconus Thoarcensis, salutem in vero salutari. Noveritis quod Symon Agullun, pro salute anime sue et parentum suorum et pro anniversario suo annuatim celebrando in domo helemosinarie de Thoarcio, dedit et in puram perpetuam helemosinam concessit in manu nostra eidem domui helemosinarie unum sextarium frumenti in terra de la Quinteine et in vinea quam Andreas Pilepain tenet ab ipso et annuatim percipiendum, et alterum sextarium siliginis et duos denarios censuales quos reddet singulis annis in Assumptione Beate Marie Gaufridus Corquilleau supra prato suo de la Guorraudere quod tenebat a dicto S. ; supra quo prato eciam dictus Simon quicquid juris habebat vel habere debebat dedit et quiptavit in perpetuum dicte domui helemosinarie, quin eciam dictum G. priori prefate domus super hoc, ut dictum est, tradidit perpetuum servitorem. Et ut dicta helemosina firma et stabilis in posterum perseveret nos, de mandato et peticione dicti S. Agullun, dicte domui helemosinarie has nostras litteras concessimus in testimonium veritatis. Actum anno gracie M° CC° XXX° tercio.

XIV

Donation d'une rente d'un setier de froment sur la dîme de Brion tenue en fief de P. Billot, chevalier, faite à l'aumônerie de Thouars par Jean Rubeneau d'Etambe.

2 mai 1233.

De Johanne Rubenea.

Omnibus Christi fidelibus presentes litteras inspecturis, abbas Beati Launi de Thoarcio et conventus ejusdem loci salutem in Domino. Cum res acte mentis memoria labi possint de facili ab honesta virorum prudentia, ne labantur in posterum litterarum debent caractere confirmari. Notum sit igitur universis quod J. Rubeneaus de Estambe, in nostra presentia constitutus, concessit, legavit et dedit pro redemptione anime sue et parentum suorum Deo et pauperibus helemosinarie domus de Thoarcio unum sextarium frumenti in decima de Brium quam tenet et possidet in feodo P. Biloti, militis, reddendum in Assumptione Beate Marie Virginis annuatim et in perpetuum predicte domui quiete et libere, cum assensu et voluntate predicti P. Biloti, militis, de quo tenet decimam possidendum. Quod ut ratum maneat et stabile perseveret, litterarum nostrarum testimonio confirmamus et sigilli nostri munimine roboramus. Datum anno gracie M° CC° xxx° tercio, in vigilia Sancte Crucis de mayo.

XV

Guy, vicomte de Thouars, donne à l'aumônerie de Thouars la chapellenie de Passay, fondée par son père le vicomte Aimeri, à condition qu'il aura le droit de présentation du chapelain choisi parmi les frères de l'aumônerie.

1234.

DE CAPELLANIA DE PACHAY.

Universis Christi fidelibus presentem cartulam inspecturis, Guido, vicecomes Thoarcii, salutem in Domino. Noveritis quod cum bone memorie Aymericus, quondam vicecomes Thoarcii, pater meus, in quadam capellania a patre suo de propriis redditibus instituta et ab ipso Aymerico postea approbata quem nolebat et ubi nolebat poneret servitorem. Tandem ego Guido, ejusdem Aymerici filius et heres, in dicto vicecomitatu succedens eidem, usus consilio saniori anime mee et parentum meorum vivorum et mortuorum consulens animabus, dictam capellaniam domui helemosinarie de Thoarcio in perpetuum assignavi ut de fructibus inde perceptis possit commodius pauperibus et infirmis in eadem domo in posterum subveniri. Verumptamen in dicta capellania mihi tantum retinui ut unus ex fratribus ejusdem domus mihi et successoribus meis vicecomitibus Thoarcii in principio presentetur, qui dicte capellanie deserviet et missam cum horis cotidie si comode poterit celebrabit. Si vero quod absit de dicto fratre et capellanie servitore in fama publica pullulaverit vel si contigerit ipsum divinum officium indebite celebrare, vicecomes qui pro tempore erit istud priori dicte helemosinarie intimabit vel faciet intimari. Qui prior illo servitore amoto vicecomiti, quicumque fuerit ille, alium ex fratribus ejusdem domus tradet idoneum servitorem. Et ut hoc ratum et stabile perseveret presentem cartulam sigilli mei munimine roboravi in testimonium veritatis. Actum apud Thoarcium anno Domini M° CC° xxx° quarto.

XVI

Concession faite à l'aumônerie de Thouars, moyennant douze deniers de cens, par Albert des Champs, chevalier, de ce que Salomon de la Motte et Roland de Champigny tenaient de lui à Argentine, du consentement de ces derniers.

1234.

De rebus de Argentine.

Universis presentes litteras inspecturis Harbertus de Campis, miles, salutem in Domino. Noveritis quod ego Harbertus, ad petitionem Salomonis Mote et domini Rolandi de Champeniaco, concessi in puram helemosinam Deo et domui helemosinarie de Thoarcio omne hoc quod a me et ab antecessoribus meis possidebant apud Argentine, quiete et pacifice a modo possidendum, videlicet ad duodecim denarios censuales mihi vel mandato meo annuatim persolvendos et nisi ego vel mandatum meum inventi essemus dicti duodecim denarii redderentur annuatim die Veneris Adorati aut in octabis Pasche in hospitio Girardi de vico Sancti Johannis de Bona Valle. Et ad petitionem predictorum Salomonis et Rolandi de Champeniaco dedi dicte helemosinarie et pauperibus ejusdem loci meos patentes litteras sigilli mei munimine roboratas in testimonium veritatis. Actum anno Domini M° CC° xxx° quarto.

XVII

Donation faite à l'aumônerie de Thouars par Foulques Chabot, chevalier, de son droit sur le moulin de Froidevau, moyennant trois sous de cens annuel.

Janvier 1235.

De eodem.

Universis presentes litteras inspecturis Fulco Chaboz, miles, salutem in Domino. Noveritis quod ego dedi et concessi cum assensu et voluntate Guidonis, nepotis mei, pro remedio anime mee et parentum meorum, in puram et perpetuam helemosinam Deo et pauperibus domus helemosinarie de Thoarcio quicquid juris habebam in molendino de Freide Vau cum exclusa, ad tres solidos censuales mihi et heredibus meis in perpetuum reddendos annuatim in Nathali Domini si querantur. Et ut hoc donum ratum et stabile perseveret nobilis vir Gaufridus, dominus Argentonii, senescallus Thoarcensis feodatus, ad peticionem meam et dicti Guidonis, nepotis mei, presentibus litteris sigillum suum apposuit in testimonium veritatis. Qui dominus Argentonii, senescallus Thoarcensis feodatus, ad preces meas et de mandato meo et sepedicti Guidonis nepotis mei promisit dictam helemosinam dictis Deo et pauperibus guarire et custodire. Actum anno Domini m° cc° xxx° quarto, mense januarii.

XVIII

Donation faite à l'aumônerie de Thouars par Guillaume, fils d'Alfred, sr de Châteaumur, de diverses terres et d'une maison à Mauzé près l'église, que Pierre Gadus, chapelain, tenait de lui.

1235.

De rebus de Mause in feodo filii Affredi.

Universis presentes litteras inspecturis Willelmus, filius Affredi, dominus de Castromurio, salutem in Domino. Ex insignuatione presentium universorum singularitati innotescat quod nos, pietatis intuitu pro redemptione anime nostre et parentum nostrorum, dedimus et concessimus in puram et perpetuam helemosinam Deo et pauperibus domus helemosinarie de Thoarcio omnia quecumque Petrus Gaduz, capellanus, solebat tenere de nobis apud Mauseium, videlicet totam terram pertinentem ad harbergamentum quod situm est juxta ecclesiam Sancti Petri de Mauseio, predicto harbergamento solummodo nobis et heredibus nostris retento, scilicet pratum quod est ad rupem Lamberti et etiam terram de Ulmo Benedicti ad quartam partem et ad decimam et parvum campum de juxta Ulmo ad decimam et ad terragium, terram etiam que sita est ad Veteres Noas similiter et ad decimam et ad terragium, alia vero terra tota est propria et immunis, vineiam que est supra Jaiam prope vicum Sancti Jacobi, et tres denarios censuales assitos super domum Millexendis Pauverde reddendos ab eodem et ab heredibus suis dicte helemosinarie annuatim. Predicta vero omnia possidebit Egidius de Oseio, vita sibi comite, a priore et fratribus dicte helemosinarie et reddet eisdem de predictis annuatim duo sextaria frumenti in festo sancti Michaelis. Post ejus decessum omnia predicta redibunt ad dictam helemosinariam sine aliqua reclamatione a nobis vel ab heredibus nostris seu ab heredibus dicti Egidii facienda, et eadem prior et fratres quiete et pacifice in perpetuum possidebunt. Et ut hoc ratum et firmum haberetur, presentibus litteris sigillum nostrum apposuimus in testimonium veritatis, anno Domini M° CC° XXX° quinto.

XIX

Donation d'une dîme sur des vignes près de l'aumônerie et de la dîme de Sossais, faite à ladite aumônerie de Thouars par Renaud Rocher, chevalier, pour la fondation d'une chapellenie dans cette aumônerie.
1235.

De decima Rag. Rocher.

Omnibus innotescat presentes litteras inspecturis quod

ego Raginaldus Rochers, miles, pro salute anime mee et parentum meorum do et assigno Deo et helemosinarie de Thoarcio quicquid juris habeo tam in decima quam in vineis que sunt a tallea versus dictam helemosinariam sicut continetur inter viam que ducit ad Landam et viam que ducit ad Cloadium. Preterea do et assigno dicte helemosinarie quicquid juris habeo in parva decima, que dicitur decima de Socaio et in alia parva decima, excepta decima vini que est inter Sanctam Virganam et Thoarcium, sicut consuevit accipi et dividi inter me et Gaufridum Barbe militem. Et omnia hec predicta dedi et assignavi ad constituendam capellaniam unam in dicta helemosinaria, in honore Beate Marie Virginis, in cujus festis sollempnibus missa celebrabitur ordinata si poterit commode fieri. In cujus rei testimonium sigillum P. Herberti, tunc temporis archidiaconi Thoarcensis, presentes volui litteras sigillari. Actum anno Domini M° CC° XXX° quinto.

XX

Donation d'une rente de trois mines de froment sur la dime de Brion, faite à l'aumônerie de Thouars par Jean Rubeneau.

8 janvier 1237.

De eodem.

Universis presentes litteras inspecturis P., humilis archidiaconus Thoarcensis, salutem in Domino. Noverit universitas vestra quod Johannes Rubeneia, pro salute anime sue et parentum suorum fidelium, dedit et in puram et perpetuam helemosinam concessit Deo et Beate Marie et priori helemosinarie Sancti Michaelis de Thoarcio et pauperibus ejusdem loci tres minas frumenti ad mensuram Thoarcii in decima sua de Brium, singulis annis infra festum beati Michaelis percipiendas. Et ut dicta helemosina firma et stabilis perseveret in posterum nos, de peticione et mandato predicti Johannis, priori et pauperibus dicte helemosinarie presentes litteras concessimus in testimonium veritatis. Actum coram nobis apud Thoarcium die jovis proxima post Epyphaniam Domini, anno gracie m° cc° xxx° sexto.

XXI

Transaction entre l'aumônerie de Saint-Michel de Thouars et Guillaume Ripeing, au sujet de terres aux Bruyères, dans le fief dudit Guillaume, moyennant trois setiers de froment de rente en faveur de l'aumônerie.

1236.

De Guillelmo Ripeing.

Universis Christi fidelibus presentes litteras inspecturis P., humilis archidiaconus Thoarcensis, salutem in Domino. Noverit universitas vestra quod cum quedam contentio verteretur inter priorem helemosinarie Sancti Michaelis de Thoarcio et Hamelinam Lardoyne, sororem ejusdem loci, et fratres ejusdem helemosinarie ratione predicte Hameline ex una parte, et Willelmum Ripeing, ex altera, supra terris quas supradicta A. possidebat in feodo dicti Willelmi-Ripeing, scilicet in Brueriis domum, tandem pacificatum fuit in presencia nostra inter ipsos in hunc modum : quod dicte terre remanent predicto Willelmo Ripeing et heredibus suis in perpetuum pacifice et quiete ; ita tamen quod dictus Willelmus Ripeing et heredes sui tenentur reddere tria sextaria frumenti annui et perpetui redditus dicte helemosinarie ad mensuram Thoarcii in festo beati Michaelis, sita in tenemento dicti Willelmi Ripeing quod ab Aimerico Morin, milite, possidet, scilicet super duas pecias terre sitas prope Laubepin et super terram suam de Lacu aus Alorens et super terram suam de Chirum et super minetam terre que est prope lo Chirum. Si vero contigerit quod predictus Willelmus Ripeng vel heredes sui tria predicta sextaria ad predictum terminum non reddiderint, dictus prior et dicti fratres dicte helemosinarie super terris in quibus situm est dictum frumentum se poterint vindicare et si voluerint prenominatas terras in perpetuum possidere, et hoc ex pacto facto de dicto Willelmo Ripeing dicto priori et fratres dicte helemosinarie, et ad peticionem predictorum fecimus presentes litteras sigilli nostri munimine roborari. Actum anno Domini M° CC° XXX° sexto.

XXII

Donation d'un setier de froment de rente, faite à l'aumônerie de Thouars par Pétronille la Borduille sur le ténement qu'elle tient de Geoffroi Savari, chevalier.

1236.

Universis presentes litteras inspecturis P., humilis archidiaconus Thoarcensis, salutem in Domino. Universitati vestre notum facimus quod Petronilla la Borduille, pro salute anime sue, assignavit coram nobis in puram et perpetuam helemosinam domui helemosinarie de Thoarcio unum sextarium frumenti, situm in suo herbergamento et in omni tenemento quod tenet a Gaufrido Savarici, milite, annuatim in festo beati Michaelis percipendum. Et ut dicta helemosina firma et stabilis in perpetuum perseveret, nos, de mandato et voluntate dicte Petronille, prefate domui helemosinarie de Thoarcio presentes litteras concessimus in testimonium veritatis. Actum anno Domini M° CC° XXX° sexto.

XXIII

Donation d'un setier de froment de rente, faite à l'aumônerie de Thouars par Marguerite la Calabre et son fils Philippe, sur des terres à Lernay, dans le fief de T. de Montfaucon, chevalier.

11 janvier 1238.

S. DE LA CALABRE.

Universis Christi fidelibus presentes litteras inspecturis P., humilis archidiaconus Thoarcensis, salutem in vero salutari. Universitati vestre notum facimus quod Margarita la Calabre, vidua, et Philippus, filius suus, in presencia nostra constituti, pro salute animarum suarum et pro salute anime patris dicti Philippi, dederunt et in puram helemosinam concesserunt Deo et Beate Marie, pauperibus et fratribus domus helemosinarie de Thoarcio unum sextarium frumenti ad mensuram Thoarcii super omnibus terris suis que sunt apud Lernayum, site in feodo T. de Monte Falconis, militis, annis singulis percipiendum infra festum beati Michaelis. Et ut dicta helemosina firma et stabilis in posterum permaneat, nos ad mandatum et peticionem dictorum M. et filii sui memorate domui helemosinarie et rectoribus suis nostras presentes litteras concessimus nostri sigilli munimine roboratas in testimonium veritatis. Datum ii^a feria post Epyphaniam Domini, anno gracie M° CC° XXX° septimo.

XXIV

Pierre, archidiacre de Thouars, reconnaît qu'il n'a point de droit de gîte et de procuration dans l'aumônerie de Thouars.

11 janvier 1238.

De procuracione archidiaconi.

Universis Christi fidelibus presentes litteras inspecturis P., humilis archidiaconus Thoarcensis, salutem in vero salutari. Universitati vestre notum facimus quod si aliquando comedimus vel jacuimus in domo helemosinarie de Thoarcio, non hoc fecimus racione procurationis nobis illuc debite cum nullam procurationem ibi prorsus ex debito habeamus, set tantummodo ex mera gracia invitati. In cujus rei testimonium eidem domui et rectoribus suis presentes nostras litteras duximus concedendas. Datum ii^a feria post Epiphaniam Domini, anno gracie M° CC° XXX° septimo.

XXV

Donation d'un setier de froment de rente sur des terres à Lernay, faite par Gautier Graterie à l'aumônerie de Thouars.

12 janvier 1238.

De Galterio Gratereie.

Universis presentes litteras inspecturis P., humilis archidiaconus Thoarcensis, salutem in auctore salutis. Noveritis quod die martis proxima post Epyphaniam Domini, constitutus in nostra presencia apud Thoarcium, Galterius Gratereie dedit priori et fratribus helemosinarie de Thoarcio et pauperibus ejusdem loci unum sextarium frumenti annui redditus et perpetui redditus ad mensuram Thoarcii super rebus suis hereditariis sitis apud villam de Lernaio et circa, ad festum beati Michaelis annis singulis percipiendum in helemosinam perpetuam et puram. Et ut hoc firmum et stabile in posterum permaneat, nos, ad peticionem dicti Galterii dictis priori et fratribus et pauperibus, nostras dedimus patentes litteras sigilli nostri munimine roboratas in testimonium veritatis. Datum in vigilia beati Hylarii, anno gracie m° cc° xxx° septimo.

XXVI

Donation d'un setier de froment de rente sur la dime de Brion et d'une pièce de terre, faite à l'aumônerie de Thouars par Hilaire Grenet.

20 octobre 1238.

De Hylario Grenet.

Universis Christi fidelibus presentes litteras inspecturis, P., humilis archidiaconus Thoarcensis, salutem in Domino. Universitati vestre notum facimus quod Hylarius Gresnet, pro salute patris sui et matris sue, assignavit coram nobis in puram et perpetuam helemosinam domui helemosinarie de Thoarcio unum sextarium frumenti situm in decima de Brium, annuatim in festo sancti Michaelis percipiendum. Preterea dedit idem Hylarius Gresnet predicte helemosinarie quandam peciam terre sitam prope ulmum Richardi, que pecia terre vulgaliter nuncupatur campus de Longua Fossa, in puram et perpetuam helemosinam, pro salute anime sue, et de dictis legatis observandis obligavit se et sua, et se et heredes suos perpetuos constituit garitores. Et ut hec firma et stabilia in perpetuum perseverent, nos de mandato et voluntate dicti Hylarii prefate domui helemosinarie et fratribus ejusdem loci presentes litteras dedimus in testimonium veritatis. Actum die mercurii post festum sancti Luce euvangeliste, anno Domini м° cc° xxx° octavo.

XXVII

Aimeri Morin, chevalier, et Guillaume, son fils, reconnaissent que l'aumônerie de Thouars tient d'eux, moyennant douze deniers de service annuel et dix sous de morte-main, une chapellenie située dans la paroisse de Saint-Léger de Montbrun, donnée jadis à l'aumônerie par Hervé le Chasseur, qui la tenait aussi d'eux.

Avril 1238.

De terris de Vereres.

Universis presentes litteras inspecturis Aymericus Morin, miles, salutem in Domino. Noveritis quod prior et fratres helemosinarie Sancti Michaelis de Thoarcio habent et possident et habebunt et possidebunt in perpetuum quiete et pacifice et eorum successores a me et a meis heredibus sive successoribus quamdam capellaniam sitam in parrochia de Monte Bruni, in terris, pratis, vineis et nemoribus, quam Herveus Venator quondam dedit et concessit dicte helemosinarie in helemosinam puram et perpetuam et videlicet tempore quo dictus Herveus dictas res a me habebat et quiete et pacifice possidebat sine contradictione vel recla-

matione aliqua a me vel a meis heredibus sive successoribus facienda, verumptamen tenentur predicti prior et
fratres et eorum successores reddere apud Thoarcium mihi
et meis heredibus duodecim denarios servicii annis singulis in festo Assumptionis Beate Marie et decem solidos
pro placito de mortua manu quando illo contigerit evenire,
videlicet in mutatione prioris sine collecta et sine aliqua alia
costuma et sine exactione et sine augmentatione aliqua in
predictis decem solidis pro placito de mortua manu et duodecim denariis servitii a me vel a meis heredibus sive successoribus facienda. Verumptamen dicti prior et fratres
tenentur mihi reddere collectam de mortua manu quando
illam de jure contigerit evenire. Hec autem omnia voluit et
concessit Willelmus Morins, miles, filius meus primogenitus,
et ut hec firmissima maneant et quieta ego, de consensu et
voluntate dicti Willelmi filii mei, dedi dictis priori et fratribus presentes litteras sigillo meo sigillatas in testimonium veritatis. Datum apud Thoarcium, regnante
Guidone, vicecomite Thoarcii, Lodovico rege Francorum
imperium gubernante, anno Domini M° CC° XXX° octavo,
mense aprilis.

XXVIII

Donation de six sexterées de terre près de Magé et de neuf deniers de cens, faite à l'aumônerie de Saint-Michel de Thouars par Geoffroi d'Etambe, chanoine de Saint-Laon de Thouars.

3 janvier 1240.

De terris de Mage.

Universis presentes litteras inspecturis, abbas et conventus
Sancti Launi de Thoarcio salutem in Domino. Noveritis
quod Gaufridus de Estambe, presbiter, concanonicus noster,
in nostra presentia constitutus dedit et concessit, pro redemptione anime sue et parentum suorum, helemosinarie
Sancti Michaelis de Thoarcio et fratribus ejusdem loci sex

sextariatas terre sitas circa villam de Mage et eciam novem denarios censuales annui redditus assitos super quodam orto quod Willelmus Huchum tenebat ab ipso et omnia que dictus Gaufredus habebat et possidebat jure hereditario circa dictam villam. Hec autem omnia concessit Clemencia, relicta Odri Herberti de Sancto Cyrico, matertera dicti Gaufridi. Et de hiis fideliter observandis tam dictus Gaufridus quam dicta Clementia prestiterunt corporalia juramenta. Nos vero predictam donationem concessimus, confitentes predictos census et terras ex parte nostra quiptas et liberas esse penitus et immunes, concedentes et promittentes nos contra dictam helemosinam et fratres nullam in posterum movere super hiis questionem. Et de hiis dedimus dicte helemosinarie et fratribus presentes litteras sigillo nostri capituli sigillatas ad peticionem dictorum Gaufridi et Clemencie in testimonium veritatis. Datum die martis post Circoncisionem Domini, anno gracie m° cc° xxx° nono.

XXIX

Donation de deux setiers de froment de rente sur des terres près du Bouchet et de Bilazay, dans le fief de Jean Benavent, clerc, faite par Jean Brisson à l'aumônerie de Saint-Michel de Thouars, du consentement dudit Jean Lemavent.

3 mars 1240.

De Aymerico Brichum.

Universis presentes litteras inspecturis Johannes Beinavent, clericus, salutem in Domino. Noveritis quod Johannes Brichun et Aymericus, filius ejus, homines mei, cum assensu et voluntate mea et concessu dederunt et concesserunt coram me helemosinarie et fratribus Sancti Michaelis de Thoarcio duo sextaria frumenti ad mensuram Thoarcii, in helemosinam puram et perpetuam, reddenda singulis annis in dicta helemosinaria in festo sancti Michaelis, que sextaria assita sunt supra duabus peciis terre sitis juxta villam de Bochet, in exitu versus villam de Bilazaio, in feodo meo. Si vero dicta duo sextaria singulis annis dicte helemosinarie predictis loco et termino comode non reddantur, predicte pecie terre eidem helemosinarie in perpetuum quipte et libere salvis tamen meis terragiis remanebunt, et de hoc dedi eisdem helemosinarie et fratribus presentes litteras ad peticionem dicti Johannis et Aymerici sigillo meo proprio sigillatas et ad majorem firmitatem abbas Sancti Launi de Thoarcio, ad peticionem dictorum Johannis et Aymerici et meam, presentibus litteris sigillum suum apposuit in testimonium veritatis. Datum die sabbati post festum sancti Albini, anno Domini M° CC° XXX° nono.

XXX

Donation de pièces de terre près de Lernay, de prés dans la prairie de Saint-Aubin près des églises de Lernay, de trois setiers de froment de rente et de six deniers de cens sur les Vignaus, faite à l'aumônerie de Thouars par Renaud et Geoffroi de Montfort, pour l'augmentation de la chapellenie fondée par feu Renaud Racher, chevalier, leur oncle.
9 mars 1240.

Johannes, Dei gratia Pictavensis episcopus, G. decanus et capitulum ejusdem ecclesie, universis presentes litteras inspecturis salutem in Domino. Noverit universitas vestra quod Raginaldus de Monteforti, valetus, in nostra presentia constitutus, cum assensu et voluntate Gaufridi de Monteforti, fratris sui, pro remedio anime sue parentumque suorum dedit et concessit domui helemosinarie Sancti Michaelis de Thoarcio, in helemosinam puram et perpetuam, ad augmentum cujusdam capellanie quem ibidem dicitur constituisse Reginaudus Racher, miles defunctus, quondam avunculus dictorum Reginaudi et Gaufridi de Monteforti, quatuor pecias terre sitas prope villam de Lernaio, quarum una vulgaliter vocatur campus de Vilaene et alia campus de la Font Chandelee, alia campus de Marien et alia campus de super Veterem Fontem et tria sextaria frumenti ad mensuram Thoarcii et sex denarios censuales, sita super terris que vulgaliter dicuntur les Vignaus, quas ab eodem Raginaldo de Monteforti tenebant li Neiraut de Lernaio ad dictam modiacionem et censum, et etiam quicquid juris habebat dictus Reginaudus de Monteforti in predictis terris ; predicta vero tria sextaria frumenti et predicti sex denarii censuales debent reddi singulis annis apud Thoarcium in predicta domo helemosinaria in festo beati Michaelis. Dedit eciam et concessit idem Reginaudus, cum assensu et voluntate predicti Gaufridi, fratris sui, dicte domui helemosinarie in puram et perpetuam helemosinam unam minam frumenti et duos denarios censuales, que mina et predicti duo denarii assiti sunt super terris quas ab eodem tenebat La Eraude de Bauge, et debent reddi in festo beati Michaelis singulis annis in dicta domo helemosinaria et eciam tria quarteria pratorum sita in praeria Sancti Albini prope ecclesias de Lenaio, quorum unum vulgaliter dicitur pratum de Exitu Vadi, aliud Insula Renardi et aliud Dimidium Jugerum de Senderio. Concessit eciam dictus Reginaudus de Monteforti guarire et defendere dicte domui helemosinarie res supra nominatas. In cujus rei testimonium nos, ad peticionem dictorum Reginaudi et Gaufridi de Monteforti, presenti cartule sigillum nostrum duximus apponendum. Datum die veneris post diem dominicam qua cantatur *Invocavit me*, anno Domini millesimo cc°xxx° nono.

XXXI

Donation de trois setiers de froment de rente et de six deniers de cens sur les Vignaus, d'une mine de froment et d'un pré dans la prairie de Saint-Aubin près des églises de Lernay, faite par Renaud et Geoffroi de Montfort, pour l'augmentation de la chapellenie fondée par feu Renaud Racher, chevalier, leur oncle, dans l'aumônerie de Thouars.

16 mars 1240.

De Lernay.

Universis presentes litteras inspecturis, Beate Marie de Campo Bono et de Sede Brignon abbates, salutem in Domino. Noverit universitas vestra quod Raginaldus de

Monte Forti, vasletus, in nostra presentia constitutus, cum assensu et voluntate Gaufridi de Monteforti, fratris sui, pro remedio anime sue parentumque suorum dedit et concessit domui helemosinarie Sancti Michaelis de Thoarcio, in helemosinam puram et perpetuam, ad augmentum cujusdam capellanie quam ibidem dicitur constituisse Raginaldus Racher, miles defunctus, quondam avunculus dictorum Raginaldi et Gaufridi de Monteforti, tria sextaria frumenti ad mensuram Thoarcii et sex denarios censuales assita supra terris que vulgariter dicuntur les Vigneaus, quas ab eodem Raginaldo de Monteforti tenebant li Neiraut de Lernai ad dictam modiacionem et censum, et quicquid juris habebat in predictis terris et etiam unam minam frumenti et duos denarios censuales, que mina et duo denarii assiti sunt supra terris quas ab eodem Reginaldo tenebat Lairaude de Bauge, et debent reddi singulis annis in festo sancti Michaelis apud Thoarcium in dicta helemosinaria tam dicta mina cum duobus denariis censualibus quam dicta tria sextaria frumenti et dicti sex denarii censuales, et etiam unam petiam prati sitam in praeria Sancti Albini prope ecclesias de Lenaio, quod pratum vulgariter dicitur Insula Renardi. In cujus rei testimonium nos, ad peticionem dictorum Raginaldi et Gaufridi de Monteforti, presenti cartule sigilla nostra duximus apponenda. Datum apud Thoarcium die veneris proxima post dominicam qua cantatur *Reminiscere*, anno Domini м° cc° xxx° nono.

XXXII

Guy, vicomte de Thouars, concède à l'aumônerie de Saint-Michel de Thouars la moitié des terres de Lernay qui sera tenue de lui et de ses successeurs ; il lui concède aussi ce qu'elle possédait et tenait de Renaud de Montfort et de Renaud Prévost, dont les fiefs sont dans sa mouvance.

1240.

De rebus de Lernay.

Universis presentes litteras inspecturis Guido, vicecomes

Thoarcii, salutem in Domino. Noveritis quod nos, pro redemptione anime nostre et uxoris et puerorum nostrorum sive liberorum, dedimus et concessimus in puram et perpetuam helemosinam Deo et priori et fratribus domus helemosinarie Sancti Michaelis de Thoarcio medietatem terrarum et rerum de Lernaio quas defunctus Brientius Faber solebat tenere et explectare ex dono bone memorie Aymerici, quondam vicecomitis Thoarcii, patris nostri, tenendam et explectandam ab ipsis sine contradictione aliqua a nobis vel ab heredibus nostris ulterius facienda, et in testimonium veritatis dedimus dictis priori et fratribus presentes litteras sigillo nostro confirmatas. Preterea nos, pro amore Dei et pro redemptione anime nostre et parentum nostrorum, assensimus et concessimus dicte helemosinarie et priori et fratribus ejusdem loci omnia et singula que tenebant et possidebant et quocumque modo habebant a Raginaldo de Monteforti, valeto, moventia a feodo Raginaldi prepositi, quod feodum dictus Raginaldus a nobis tenebat, habenda et possidenda ab ipsis in perpetuum sine contradictione aliqua a nobis vel ab heredibus nostris sive successoribus facienda. Huic autem assensui et consensui interfuerunt dicti Raginaldus de Monteforti et Raginaldus prepositi qui hoc voluerunt et concesserunt, P. Alardi rector tunc temporis dicte helemosinarie, Raymundus de Cepeya miles, magister Aymericus Froaudi et plures alii. Datum anno Domini M° CC° XL°.

XXXIII

Confirmation par Aimeri, sr d'Argenton, chevalier, de la donation du quart du droit de vente du pain à Thouars, droit qui dépend de son fief, faite à l'aumônerie de Saint-Michel de Thouars par feu Daniel Lerber, bourgeois de Thouars.

Décembre 1241.

DE VENDA PANIS FENESTRARUM.

Universis presentes litteras inspecturis Aymericus, dominus Argentonii, miles, salutem in Domino. Noveritis quod cum Danihel Lerber, quondam burgensis de Thoarcio defunctus, concesserit et dederit in helemosinam puram et perpetuam helemosinarie Sancti Michaelis de Thoarcio et priori et fratribus et pauperibus ejusdem loci quartam partem vende panis fenestrarum Thoarcii, quam vendam idem Danihel emerat ab Aymerico de Viers, milite defuncto, de assensu et voluntate nostra, que etiam venda est de feodo nostro. Nos, pro salute anime nostre et parentum nostrorum et intuitu pietatis, dictam donationem et helemosinam predicte vende volumus et concessimus dicte helemosinarie et priori et fratribus et pauperibus ejusdem loci habendam, tenendam et explectandam in perpetuum quiete, libere et pacifice sine contradictione aliqua et sine servicio aliquo et sine exactione et redevancia aliqua vel costuma nobis vel heredibus nostris sive successoribus in posterum facienda qualibet aliqua ratione. In cujus rei testimonium nos eisdem presentes dedimus litteras sigillo nostro sigillatas. Actum anno Domini M° CC° XL° primo, mense decembris.

XXXIV

Donation de deux setiers de froment de rente sur des terres près Etambe et Magé, faite par Renaud Ragot à l'aumônerie de Saint-Michel de Thouars.

1245.

DE RAGINALDO RAGOT.

Universis presentes litteras inspecturis J., decanus Thoarcii, salutem in Domino. Noveritis quod Raginaudus Raguot, in nostra presentia constitutus, pro remedio anime sue et parentum suorum et pro anniversario suo singulis annis faciendo, dedit et concessit in helemosinam perpetuam domui helemosinarie Sancti Michaelis de Thoarcio et pauperibus ejusdem loci, duo sextaria frumenti ad mensuram Thoarcii, assita super tribus peciabus terrarum circa villam de Traube, quarum una vulgaliter vocatur campus Robini et alia campus de super campum Robini et alia campus prope vineam Mage ; predicta vero duo sextaria frumenti debebunt reddi a dicto Raginaudo Raguot vel ab heredibus suis singulis annis in predicta helemosinaria priori et fratribus ejusdem loci in festo sancti Michaelis. Concessit eciam idem Raginaudus guarire et defendere dicte domui helemosinarie res superius nominatas et se et suos perpetuos constituit guaritores heredes, ita tamen quod dicta helemosinaria et predicti prior et fratres non percipient nec habebunt nisi unum sextarium frumenti de predictis duobus sextariis quamdiu dictus Raginaudus vixerit. Post mortem vero dicti Raginaudi dicta helemosinaria et dicti prior et fratres percipient et habebunt singulis annis integre dicta duo sextaria frumenti die et loco superius nominatis. Si vero duo sextaria frumenti non redderentur dictus Raginaudus voluit et concessit quod predicte terre remaneant in puram helemosinam dicte helemosinarie sine contradictione aliqua ab ipso Raginaudo vel heredibus suis sive successoribus suis in posterum, facienda qualibet aliqua ratione. In cujus rei testimonium nos dicte domui helemosinarie et pauperibus ejusdem loci ad peticionem ejusdem Raginaudi presentes dedimus litteras sigillo nostro sigillatas. Datum anno Domini M° CC° XL° quinto.

XXXV

Donation de trois setiers de froment de rente sur la dîme d'Oiron, faite par Pierre d'Orbé à l'aumônerie de Saint-Michel de Thouars.

1245.

De Petro Dorbe.

Universis presentes litteras inspecturis J., decanus Thoarcii, salutem in Domino. Noveritis quod Petrus d'Orbe, in nostra presencia constitutus, pro remedio anime sue et parentum suorum dedit et concessit in helemosinam perpetuam domui helemosinarie Sancti Michaelis de Thoarcio et pauperibus ejusdem loci tria sextaria frumenti ad mensuram Thoarcii, assita super partem suam quam habet et habere debet in decima d'Oyrum, quam decimam dictus Petrus d'Orbe tenet de Landri Valin. Predicta vero tria sextaria frumenti debent reddi a dicto Petro d'Orbe et heredibus suis singulis annis in predicta helemosinaria priori et fratribus ejusdem loci in festo beati Michaelis. Concesserunt eciam dictus Petrus d'Orbe et G. frater ejus et dictus Landrius Valins guarire et defendere dicte domui helemosinarie predicta tria sextaria frumenti et se et suos heredes perpetuos constituerunt guaritores et de hiis omnibus observandis coram nobis fidem prestiterunt corporalem. In cujus rei testimonium nos, dicte domui helemosinarie et pauperibus ejusdem loci ad peticionem dictorum Petri d'Orbe et G. fratris ejus et Landri Valin, presentes dedimus litteras sigillo nostro sigillatas. Datum anno Domini m° cc° xl° quinto.

XXXVI

Adam, vicomte de Melun, sʳ de Montreuil-Bellay, abandonne à l'aumônerie de Thouars tous ses droits féodaux, sauf la viguerie et la souveraineté sur diverses terres appartenant à ladite aumônerie et situées près de Lernay, dans le fief de Renaud de Montfort, chevalier.

Juin 1245.

De rebus de Lernai.

Universis presentes litteras inspecturis Adam, vicecomes Meleduni, dominus Monsterolii Berlai, salutem in Domino. Noveritis quod cum prior, fratres et pauperes domus helemosinarie de Thoarcio haberent, tenerent et possiderent nomine dicte helemosinarie in feodis Raginaldi de Monteforti, militis, quinque pecias terre sitas prope villam de Lernai quarum una vulgaliter vocatur Campus de Vileine in quo continentur sex sextariate terre, alia Campus de la Funz Chaudele in quo continentur undecim sextariate terre, alia Campus de Lescoingsonee in quo continentur septem prebendariate terre, et alia Lesrungnaus supra quibus assita sunt tria sextaria frumenti et sex denarii censuales, et alia campus de Larizillun in quo continentur quinque prebenderiate terre, et alia tres pecias terre sitas prope la Giraudere, quarum una vulgaliter vocatur Campus Mitaine in quo continentur due sextariate terre, et alie due vocantur Campi de Lespere Charseau in quibus continentur due sextariate terre, et sunt predicte sextariate ad mensuram Thoarcii et etiam tria quarteria pratorum sita in praeria Sancti Albini prope ecclesias de Lenaio quorum unum vulgaliter dicitur Pratum de Exitu vadi, aliud Insula Renardi et aliud Dimidium jugerum de Senderio, que prata sita sunt in feodis nostris et etiam predicte terre site sunt in feodis nostris pro parte Andegavensi. Nos, pro remedio anime nostre et parentum nostrorum, concessimus et quiptavimus Deo et helemosinarie predicte priori, fratribus pauperibusque ejusdem loci omnia predicta habenda et possidenda in pepetuum quiete, libere et pacifice sine contradictione et reclamatione aliqua a nobis vel a nostris heredibus sive successoribus in predictis rebus in posterum facienda et sine servicio, sine redevantia et sine costuma nobis vel nostris de predictis in posterum inpendenda. Retenta tamen vigeria et alto dominio nobis et heredibus nostris sive successoribus supra rebus superius nominatis. Si vero contigerit aliquos homines in predictis rebus esse mansionarios nos perciperemus ab ipsis hominibus costumas et redevantias nostras secundum consuetudinem patrie. In cujus rei testimonium nos predictis helemosinarie, priori, fratribus et pauperibus ejusdem loci presentes dedimus litteras sigillo nostro sigillatas. Datum mense junii, anno Domini M° CC° XL° quinto.

XXXVII

Testament de Barthélemy du Chêne, prêtre, par lequel il donne à l'aumônerie de Saint-Michel de Thouars trois setiers de seigle et six deniers de cens de rente sur des terres à la Cumbenbelin et fait d'autres dispositions en faveur de ses parents.

5 janvier 1246.

De Bartholomeo confratre nostro presbitero.

In nomine Domini nostri Jhesu Christi. Ego Bartholomeus de Chaenie, presbiter, testamentum meum faciens de rebus meis ordino in hunc modum. Do, leguo helemosinarie de Thoarcio in helemosinam puram et perpetuam tria sextaria siliginis et sex denarios censuales, que sextaria et quos denarios habeo annui redditus super quibusdam terris sitis a la Cumbenbelim et circa, quas tenet a me relicta Michaelis Audren ad dictam modiacionem et concessum. Do eciam, leguo dicte helemosinarie omnem potestatem et omne dominium quod habebam vel habere poteram in dictis terris et modiacione et censu. Insuper volo et precipio quod omnia prata et pasticia que habeo in riparia de Toer remaneant Andree Ripaut, cognato meo, in perpetuum libere et quieta, excepto prato de fonte de Chaenie quem vendidi Raginaldo Doridice. Item quipto et concedo Raginaldo Raguot, avunculo meo, quamdam peciam terre quam habeo ad Novellas de Brium, ita tamen quod dictus Raginaldus non veniat contra donacionem et assignacionem duorum sextariorum frumenti que idem Raginaldus dedit et assignavit helemosinarie de Thoarcio supradicte. Si vero dictus Raginaldus vel heredes sui contra hec venirent, volo et precipio quod dicta pecia terre dicte helemosinarie remaneat libera in perpetuum et quieta. In cujus rei testimonium presenti cedule sigillum Jodoini, decani Thoarcii, feci apponi. Datum die veneris post Epiphaniam Domini anno gracie M° CC° XL° quinto.

XXXVIII

Donation de deux setiers de froment de rente sur les terres de Liguz, faite par Guillaume Gorin à l'aumônerie de Saint-Michel de Thouars.

16 novembre 1246.

De Guillelmo Gorin.

Universis presentes litteras inspecturis Jodoinus, humilis decanus Thoarcii, salutem in Domino. Noveritis quod Willemus Guorins, in nostra presentia constitutus, dedit et concessit in puram et perpetuam helemosinam, pro remedio anime sue et parentum suorum, Deo et pauperibus helemosinarie Sancti Michaelis de Thoarcio et rectori et fratribus ejusdem loci duo sextaria frumenti annui redditus, sita supra terris de Liguz, quas terras G. Bruneas et heredes sui tenent a dicto Willelmo Guorin, habenda et possidenda quiete, libere et pacifice in perpetuum a dictis rectore et fratribus sine contradictione aliqua a dicto Willelmo Gorin vel a dicto G. Brunea et heredibus sive successoribus eorumdem facienda. Dicta vero duo sextaria frumenti tenentur reddere singulis annis in festo sancti Michaelis in helemosinaria supradicta dictus G. Bruneas et heredes sive successores sui, fide ab ipso G. Bruneas prestita corporali, quod ipse vel heredes sive successores sui contra donationem dictorum duorum sextariorum frumenti qualibet aliqua ratione non venirent. Preterea dictus Willelmus Gorin promisit et concessit, fide prestita corporali in manu nostra, quod ipse et heredes sui sive successores sui guarirent et defenderent ab omnibus et erga omnes dictis G. Brunea et heredibus sive successoribus suis dictas terras in perpetuum et dictis rectori et fratribus dicta duo sextaria frumenti sita super terris superius nominatis, ita quod si propter defectum guarimenti a dicto Willelmo Guorin vel heredibus suis sive successoribus faciendi ipsos contigerit aliqua dampna sustinere vel expensas facere, tenebuntur dictus Willelmus Guorin et heredes sive successores sui eisdem illa dampna et expensas reddere et integre emendare. Datum die veneris post festum beati Martini hyemalis, mense novembris, anno Domini m° cc° xl° sexto.

XXXIX

Pierre Renaud de Sazay et Aimeri Moins d'Oiron, reconnaissent devoir deux setiers de froment de rente à l'aumônerie de Saint-Michel de Thouars pour Durand, d'Oiron, sur des terres qu'ils tiennent dudit Durand.

Novembre 1247.

De Durando Doyrum.

Universis presentes litteras inspecturis Jodoynus, humilis decanus Thoarcii, salutem in Domino. Noveritis quod Petrus Renaus de Sazay et Aymericus Miuns d'Oyrum vel heredes sive successores eorum tenentur reddere singulis annis in perpetuum, pro Durando d'Oyrum, Deo et helemosinarie Sancti Michaelis de Thoarcio et pauperibus ejusdem loci duo sextaria frumenti annui et perpetui redditus ad mensuram Thoarcii, videlicet Petrus Renaus tres minas frumenti sitas supra terris suis de Vulles Cheres, et Aymericus Miuns unam minam sitam supra Campo Recund, oquas etiam terras et quem campum dicti Petrus Renaus et Aymericus Miuns tenent et possident a dicto Durando. Dictum vero bladum debet reddi singulis annis in perpetuum a dictis Petro Renaus et Aymerico Miun vel heredibus sive successoribus eorumdem in festo sancti Michaelis in helemosinaria supradicta, sine contradictione vel reclamatione aliqua a dictis Durando d'Oyrum, Petro Renaus et Aymerico Miun vel eorum heredibus sive successoribus in posterum facienda. Preterea pepigit et concessit dictus Durandus guarire et defendere dicte helemosinarie dicta duo sextaria frumenti in perpetuum et dictis hominibus dictas terras

fide sua in manu nostra prestita corporali. Et ut hoc ratum
et stabile perseveret presentibus litteris sigillum nostrum
apposuimus in testimonium veritatis. Datum anno Domini
m° cc° xl° septimo, mense novembris.

XL

Donation de deux setiers de froment de rente sur des terres à La Perrière, faite par Guillaume Ripein à l'aumônerie de Saint-Michel de Thouars.
1247.

De Guillelmo Ripeing.

Universis Christi fidelibus presentes litteras inspecturis
Petrus Vitalis, decanus Thoarcii, salutem in Domino. Noveritis quod Willelmus Ripeins, cum assensu et spontanea
voluntate uxoris sue, pro remedio anime sue et parentum
suorum, dedit et concessit in puram et perpetuam helemosinam Deo et domui helemosinarie Sancti Michaelis de
Thoarcio et rectori et fratribus ejusdem loci duo sextaria
frumenti ad mensuram Thoarcii, annui et perpetui redditus,
sita supra quadam pecia terre que est apud Clayre et super
alia pecia terre que est apud La Peyrere, in quibus duabus
peciis terre continentur due sexteriate terre, habenda et
possidenda et reddenda singulis annis in perpetuum in
festo sancti Michaelis in helemosinaria supra dicta a dicto
Willelmo et uxore sua vel eorum heredibus predictis rectori et fratribus seu suis successoribus, sine contradictione
vel reclamatione aliqua a dicto Willelmo vel uxore sua vel eorum heredibus seu successoribus suis in posterum facienda.
Hanc autem donationem et concessionem promiserunt
et concesserunt dicti Willelmus et uxor sua guarire et
defendere ab omnibus et erga omnes et se non venire
contra fide eorumdem, in manu nostra prestita corporali,
et eciam constituerunt se et suos heredes perpetuos guaritores. Ita quod si propter defectum guarimenti ab ipsis

faciendi dicti rector et fratres vel eorum successores aliqua dampna sustinerent vel expensas facerent tenerentur eisdem illa dampna et expensas reddere et integre emendare. Preterea si pro aliqua necessitate contigerit dictum Willelmum vel uxorem suam vel heredes ipsorum dictas duas pecias terre vendere, ille qui ipsas emeret vel eciam quicumque teneret et explectaret teneantur reddere annuatim dicta duo sextaria frumenti in festo sancti Michaelis in helemosinaria supradicta prout superius est expressum. Et ut hoc ratum et stabile in perpetuum perseveret et ne dictus Willelmus vel uxor sua vel heredes seu successores sui a dicta donacione et concessione possint de cetero resilire presentibus litteris ad petitionem utriusque partis sigillum nostrum apposuimus in testimonium veritatis. Datum anno Domini M° CC° XL° septimo.

XLI

Donation de deux setiers de froment de rente sur un champ situé devant l'église de Saint-Martin de Mâcon, faite par Aimeri Bados à l'aumônerie de Saint-Michel de Thouars.

27 mars 1249.

De Aymerico Bados.

Universis presentes litteras inspecturis vel audituris Petrus Vitalis, humilis decanus Thoarcii, salutem in Domino. Noveritis quod Aymericus Bados coram nobis constitutus, pro remedio anime sue et parentum suorum, dedit et concessit in puram et perpetuam helemosinam Deo et pauperibus domus helemosinarie Sancti Michaelis de Thoarcio duo sextaria frumenti ad mensuram Thoarcii sita super quodam campo sito ante ecclesiam Sancti Martini de Machum, quem campum dictus Aymericus Bados emit a Petro de Achayo; que duo sextaria frumenti tenentur reddere singulis annis in festo sancti Michaelis in helemosinaria supradicta Aymericus Prepositi de Mahie et heredes sive successores sui, qui dictum campum tenent, possident et explectant ad perpetuitatem a dicto Aymerico Bados. Et si dictum campum ad heredes dicti Aymerici Bados redire contigerit dicti heredes vel quicumque dictum campum explectabunt tenebuntur dicta duo sextaria frumenti reddere prout superius est expressum. Et ne hanc donationem et concessionem possint dicti Aymericus Bados et Aymericus Prepositi vel heredes sive successores eorumdem de cetero violare, nos ad peticionem utriusque partis presentibus litteris sigillum nostrum apposuimus in testimonium veritatis. Datum die sabbati ante Ramos palmarum, anno Domini M° CC° XL^{mo} IX°, mense martii.

XLII

Donation de deux setiers de froment de rente sur des terres près Sainte-Verge, de trois prévenderées de terre et de certains autres droits, faite par Pierre et Guillaume du Sault à l'aumônerie de Saint-Michel de Thouars.

28 mars 1250.

De P. de Saltu.

Universis presentes litteras inspecturis vel audituris Petrus Vitalis, decanus Thoarcii, salutem in Domino. Noveritis quod Petrus de Saltu et Willelmus, frater suus, cum assensu et spontanea voluntate uxoris ejusdem Petri, dederunt et concesserunt in puram et perpetuam helemosinam Deo et pauperibus helemosinarie Sancti Michaelis de Thoarcio duo sextaria frumenti ad mensuram Thoarcii, sita super terris suis de la Pere Arsent sitis inter Sanctam Virganam et viam que ducit de Thoarcio apud Mosterolium Berlay, reddenda singulis annis a supradictis Petro et Willelmo et heredibus seu successoribus eorumdem in festo sancti Michaelis in helemosinaria supradicta sine contradictione ab eisdem vel reclamacione aliqua in posterum facienda. Dederunt eciam et concesserunt dicti Petrus et Willelmus, cum assensu et voluntate uxoris ejusdem Petri, dictis pauperibus dicte helemosinarie Sancti Michaelis de Thoarcio tres prebendariatas terre sitas ante vineam Quatros, habendas et excolendas et explectandas quipte, libere et pacifice a rectore et fratribus dicte helemosinarie sine contradictione a supradictis Petro et Willelmo et heredibus seu successoribus suis vel reclamatione aliqua in posterum facienda. Dederunt eciam et concesserunt dicti Petrus et Willelmus cum voluntate uxoris ejusdem Petri omne jus et dominium quod habebant et habere poterant et debebant in campo de Lessart o Berger, quod dicti rector et fratres dicte helemosinarie de Thoarcio tenebant ab eisdem Petro et Willelmo. Dederunt eciam et concesserunt dicti Petrus et Willelmus quicquid habebant in campo quem Gregorius Sancte Virgane tenebat ab eisdem supradicto campo contiguo. Has autem donationes concesserunt dicti Petrus et Willelmus et uxor ejusdem Petri, fide prestita corporali inviolabiliter observare. Et ut hoc robur obtineat firmitatis, ad peticionem utriusque partis, presentibus litteris sigillum nostrum apposuimus in testimonium veritatis. Datum in crastino Resurrectionis Domini, anno Domini m° cc° quinquagesimo.

XLIII

Hommage plain rendu par Pierre, recteur de l'aumônerie de Saint-Michel de Thouars, à Jean Borsard, chevalier, pour le sixième du droit de vente du pain à Thouars, à 18 deniers de service annuel et 15 sous de morte-main à mutation de recteur.

Juillet 1251.

De venda panis fenestrarum.

Universis presentes litteras inspecturis vel audituris Petrus Vitalis humilis decanus Thoarcii, salutem in Domino. Noveritis quod Johannes Borsardi, miles, cum assensu et voluntate Theophanie, uxoris sue, recepit Petrum rectorem domus helemosinarie Sancti Michaelis Thoarcii in hominem planum de tribus partibus medietatis vende panis fenestrarum de Thoarcio et circa, ad decem et octo denarios de servicio dicto Johanni Borsardi et dicte Theophanie uxori sue vel heredibus ex ipsa procreandis sive successoribus suis annuatim in Ramis palmarum a rectore et fratribus dicte domus helemosinarie vel eorumdem successoribus persolvendos, et ad quindecim solidos pro placito de mortua manu quando illud contigerit evenire, videlicet ad mutacionem rectoris domus helemosinarie supradicte, sine exactione, augmentacione, redevancia, costuma vel aliquo alio servicio dictis Johanni et Theophanie, uxori sue, vel heredibus ejusdem Theophanie sive successoribus in dictis decem et octo denariis de servitio et dictis quindecim solidis pro placito de mortua manu, prout superius est expressum, a predictis rectore et fratribus vel eorumdem successoribus in posterum faciendo, salvis tamen suis legitimis tailleis secundum usum et consuetudinem Thoarcensium. Et hec omnia et singula promiserunt et concesserunt dicti Johannes et Theophania, uxor sua, pro se et heredibus successoribusque suis inviolabiliter observare et se non venire contra, nec facere vel procurare per se vel per alios quod in contrarium quis veniret, fide in manu nostra prestita corporali. Et ut hoc firmius habeatur presentibus litteris ad peticionem utriusque partis sigillum nostrum apposuimus in testimonium veritatis. Datum anno Domini M° CC° L^{mo} primo, mense julii.

XLIV

Confirmation par Guillaume Ragot, prêtre, d'une donation de deux setiers de froment de rente faite par feu Renaud Ragot son frère à l'aumônerie de Saint-Michel, sur des terres près Etambe et Magé, et donation d'un autre setier de rente à la même aumônerie sur des terres près Etambe.

11 avril 1251.

De Guillelmo Ragot.

Universis presentes litteras inspecturis vel audituris Petrus Vitalis, humilis decanus Thoarcii, salutem in Domino. Noveritis quod cum Raginaudus Raguot, modo defunctus intuitu pietatis et pro remedio anime sue et parentum suorum dedisset et concessisset in helemosinam puram et perpetuam Deo et pauperibus domus helemosinarie Sancti Michaelis de Thoarcio et rectori et fratribus ejusdem loci duo sextaria frumenti ad mensuram Thoarcii, annui et perpetui redditus, sita super tribus peciis terrarum circa villam de Tanbe, quarum una vulgaliter vocatur Campus Robini et alia campus desuper campum Robini et alia campus prope vineam Mage, prout in litteris Jodoini de Coet, predecessoris nostri, vidimus contineri. Willelmus Raguot, presbiter, frater dicti Raginaldi, succedens jure hereditario in bonis dicti defuncti, donationem et concessionem dictorum duorum sextariorum frumenti annui et perpetui redditus voluit et concessit et promisit pro se et heredibus suis se non venire contra qualibet aliqua ratione. Preterea dedit et concessit dictus Willelmus Raguot, presbiter, in helemosinam puram et perpetuam Deo et pauperibus dicte helemosinarie, pro remedio anime sue et parentum suorum, unum sextarium frumenti annui et perpetui redditus situm supra una pecia terre contigua campo Fabri de Tanbe, prope dictas tres pecias terre, via que ducit a Thoarcio apud Tanbe media inter ipsas. Dictum vero sextarium frumenti cum aliis duobus sextariis frumenti supradictis debent reddi singulis annis in perpetuum in festo sancti Michaelis rectori et fratribus helemosinarie supradicte a dicto Willelmo Ragot et ab heredibus seu successoribus suis sine contradictione vel reclamatione aliqua ab ipsis facienda. Et nisi reddentur dicta tria sextaria frumenti prout superius est expressum, voluit et concessit dictus Willelmus bona fide, pro se et heredibus suis, quod dicte terre remaneant quipte et pacifice, sine contradictione aliqua ab ipsis facienda, dictis rectori et fratribus et eorumdem successoribus ad suam voluntatem omni modo faciendam. Et ut hoc firmum et stabile in perpetuum perseveret presentibus litteris sigillum nostrum apposuimus in testimonium veritatis. Datum die martis post Ramos palmarum, anno Domini M° CC° L°^{mo} primo.

XLV

Aimeri d'Argenton, s^r d'Argenton, fils de Geoffroi, renonce en faveur de l'aumônerie de Saint-Michel de Thouars à tous les droits et services féodaux auxquels il prétendait sur la bourgeoisie de feu Jean Moreau, d'Argenton, située sur la rivière près d'Argenton.

23 décembre 1252.

Universis presentes litteras inspecturis et audituris Aymericus, dominus de Argentonio, miles, salutem in Domino. Noveritis quod cum contentio verteretur inter nos, ex una parte, et rectorem et fratres domus elemosinarie Sancti Michaelis de Thoarcio, ex altera, super eo scilicet quod nos petebamus in burgensia defuncti Johannis Morelli de Argentonio et in pertinenciis ejusdem burgensie, ad dictam domum elemosinarie pertinentibus ratione Petri Morelli clerici confratris dicte domus helemosinarie liberi et heredis dicti defuncti Johannis Morelli, byennium, eschaugatam, rufagium sive festagium et alia servicia sicut in aliis burgensiis castellanie Argentonii habebamus. Tandem inquisita super hoc veritate et cognito quod dictus Johannes Morelli defunctus vel heredes sui sive successores non tenebantur reddere Gaufrido, quondam patri nostro, domino de Argentonio, nec predecessoribus nostris nominata servicia vel alia ratione burgensie supradicte, de bonorum virorum consilio inter nos amicabiliter intervenit compositio in hunc modum, quod nos pro remedio anime nostre et parentum nostrorum abrenunciavimus omni peticioni, juri et dominio quod in dicta burgensia nos habere dicebamus qualibet aliqua ratione, quipptavimus etiam et in pace omnino dimisimus rectori et fratribus dicte domus helemosinarie et eorumdem successoribus quandam domum de eadem burgensia, sitam in ripparia prope Argentonium, et homines etiam quoscumque in dicta domo stare mansionarie contigerit, quiptos, liberos et inmunes ab omni servicio, taillea, redevantia vel costuma que ad nos pertineant sine contradictione, contentione vel reclamacione aliqua a nobis vel a nostris heredibus sive successoribus super premissis in posterum facienda, salvo tamen jure si aliquod fuerit alieno. Quod ut hoc ratum et inconcussum permaneat in futurum dictis rectori et fratribus et eorumdem successoribus presentes dedimus litteras sigilli nostri munimine roboratas. Datum die lune ante Nativitatem Domini anno ejusdem M° CC° L^{mo} secundo.

XLVI

Donation d'un setier de froment de rente faite à l'aumônerie de Saint-Michel de Thouars par Durand, d'Oiron, sur ses terres situées entre Brie et l'église de Bilazay.

Avril 1253.

Universis Christi fidelibus presentes litteras inspecturis vel audituris Johannes de Maissime, vicarius Thoarcii, eternam in Domino salutem. Noveritis quod Durandus d'Oyrum, coram nobis in jure constitutus, dedit pura et irrevocabili donatione inter vivos et se dedisse et concessisse recognovit in puram et perpetuam helemosinam Deo et pauperibus domus helemosinarie Beati Michaelis de Thoarcio, rectori et fratribus ejusdem loci et eorumdem successoribus ad perpetuitatem, unum sextarium frumenti ad mensuram Thoarcii, annui et perpetui redditus, situm supra terris dicti Durandi existentibus inter Brie et ecclesiam de Bilazai, reddendum singulis annis in festo sancti Michaelis dictis rectori et fratribus in perpetuum et successoribus eorumdum a Michaele Podros vel heredibus sive successoribus ejusdem, quem Michaelem dictus Durandus jostavit cum dictis rectore et fratribus de dicto sextario frumenti eisdem ab eodem Michaele vel heredibus sive successoribus suis persolvendo in perpetuum prout superius est expressum. Dictus vero Michael, in jure coram nobis constitutus obligavit se et omnia bona sua ad hec fideliter prosequenda et se, suos heredes sive successores seu quoscumque alios ab eo causam habentes, dicti sextarii frumenti annui et perpetui redditus, ut dictum est, perpetuos constituit redditores. Preterea confessus est coram nobis dictus Durandus dictam donationem et concessionem esse bonam, ratam et firmam et a se ipso libere et spontanee esse factam et promisit et concessit eandem firmam tenere et inviolabiliter observare et se non venire contra nec facere vel procurare per se vel per alios quod in contrarium sub aliquo ingenio veniatur fide sua in manu nostra corporali. Item abrenuntiaverunt dictus Durandus d'Oyrum et dictus Michael Podros, spontanei non coacti, omni exceptioni et rationi et omni juri scripto et non scripto tam canonico quam civili et omnibus juris et legum auxiliis et beneficiis, si quis sibi vel suis possent competere et aliis nocere ad dictam donacionem et concessionem in nutum revocandam et beneficio restitutionis in integrum et omnibus aliis que ab ipsis possent opponi contra formam sive substantiam presentium litterarum. Item voluerunt et concesserunt coram nobis dicti Durandus et Michael Podros quod nisi dictum sextarium frumenti annui et perpetui redditus, ut dictum est, reddetur, dicti rector et fratres vel eorum successores super dictis terris possent se, sine alia justicia, vindicare et easdem in manibus suis suscipere et habere, vel tantum de eis quod de dicto sextario frumenti in perpetuum se tenerent integre et plenarie propagatis sine contradictione, contentione vel reclamatione aliqua a dictis Durando et Michaele vel eorum heredibus sive successoribus in posterum super premissis omnibus et singulis, facienda qualibet aliqua ratione. Quare nos scilicet dictus Johannes, gerentes generaliter in omnibus et singulis vices Petri decani

Thoarcii, predictos Durandum et Michaelem et heredes sive successores suos in predictis observandis diffinitive sententiam ferendo in scripto condempnavimus. In cujus rei testimonium presentibus litteris ad peticionem partium sigillum dicti decani dignum duximus apponendum. Datum apud Thoarcium, anno Domini m° cc° quinquagesimo tercio, mense aprilis.

XLVII

Donation de deux setiers de froment de rente sur le champ clos des Roches-Engraille et des droits de propriété sur une vigne près la croix Bertet et sur un champ aux Noues-Goincelin, près la Gosselinière, faite par Pierre du Sault à l'aumônerie de Saint-Michel de Thouars.

Mai 1253.

S. de P. de Saltu.

Universis presentes litteras inspecturis vel audituris Johannes de Massime, clericus, tunc temporis vicarius Thoarcii, eternam in Domino salutem. Noveritis quod Petrus de Saltu, in jure coram nobis constitutus, de assensu et voluntate spontanea Agnetis uxoris sue dedit et concessit in perpetuum et se dedisse et concessisse recognovit in puram et perpetuam helemosinam Deo et pauperibus domus helemosinarie beati Michaelis de Thoarcio et rectori et fratribus ejusdem loci, duo sextaria frumenti ad mensuram Thoarcii, annui et perpetui redditus, sita supra quodam campo qui vulgaliter vocatur Campus clausus de Rochis Engraille, reddenda singulis annis in festo sancti Michaelis in helemosinaria supradicta dictis rectori et fratribus et successoribus eorumdem sine contradictione, contencione vel reclamacione aliqua a dicto Petro de Saltu vel heredibus sive successoribus suis super predictis de cetero facienda. Item recognovit dictus Petrus coram nobis se dedisse et concessisse et dedit modo preditco dictis rectori et fratribus et eorumdem successoribus seu quibuscumque aliis ab eisdem causam habentibus et habituris omne jus et dominium, omnem potestatem, actionem et racionem et omnem proprietatem et quicquid juris et dominii habebat vel habere poterat et debebat quocumque racione in omnibus et singulis inferius subnotatis, videlicet in quadam vinea sita prope Crucem Bertet existentem in via que ducit a Thoarcio apud Lozi et in quodam campo sito apud les Noes Goincelin prope viam que ducit a Sancta Virgana apud la Goincelinere et in campo eciam Symonis Aguillum sito ab oppositis ante dictum alium campum. Hiis autem donacionibus et concessionibus assensum suum prebuit et consensum dicta Agnes, uxor dicti Petri, et juravit spontanea non coacta, tactis sacrosanctis euvangeliis, se in contrarium non venire nec ratione dotis nec racione donacionis propter nuptias nec qualibet aliqua racione, nec facere vel procurare per se vel per alios quod in contrarium sub aliquo ingenio veniatur. Item obligaverunt dictus Petrus et dicta Agnes, uxor sua, spontane, non coacti, se et omnia bona sua ad hec omnia et singula garienda et defendenda dictis rectori et fratribus et successoribus suis seu quibuscumque aliis ab eis causam habentibus et habituris ab omnibus et contra omnes, et se et suos heredes sive successores constituerunt perpetuos guaritores, abrenuntiantes omni exceptioni et rationi et consuetudini et omni juri scripto et non scripto tam canonico quam civili et omnibus juris et legum auxiliis et beneficiis, si quis sibi vel heredibus suis successoribusque suis possent competere ad predictas donaciones et concessiones ab ipsis libere et sponctanee factas in iratum revocandas, et beneficio restitutionis in integrum et quod ipsi vel heredes seu successores sui et alii ab eisdem causam habentes et habituri non possint dicere predictas donaciones et concessiones esse factas sine justa causa, et omnibus aliis que ab ipsis possent opponi contra formam sive substantiam presentium litterarum. Quare nos scilicet dictus Johannes, gerentes vices Petri decani Thoarcii, dictum Petrum de Saltu et dictam

Agnetem uxorem suam et heredes sive successores suos in predictis inviolabiliter observandis legendo in scriptis per diffinitivam sentenciam condempnavimus. In cujus rei testimonium presentibus litteris ad peticionem partium sigillum dicti Petri decani duximus apponendum. Datum anno Domini m° cc° quinquagesimo tercio, mense maii.

XLVIII

De Benedicto, Gaufrido et A. de Luc [1].

Universis presentes litteras inspecturis P., decanus Thoarcii, salutem in Domino. Noveritis quod cum Gaufridus de Luc, pater Haymerici de Luc, dedisset et concessisset annuatim in puram (*la fin manque*).

CHARTES ET PIÈCES DIVERSES

I

Promesse faite par Guillaume Louel, de Vérines, de garantir à Armenjone sœur de Guillaume Viaire, ce qu'elle a acquis de Marguerite la Calabresse. (Orig., parch., chartrier de Thouars.)

Mai 1235.

Universis presentes licteras inspecturis Willelmus Loelli, de Veirines, salutem in Domino. Noveritis quod cum Margarita la Calebresse teneretur reddere singulis annis Armenjoni, sorori Willelmi Viaire, clerici, viii° sextaria bladi, partim frumenti, partim siliginis, pro dote predicte Arrmenjoti, competente super terris omnibus quas predicta Margarita apud Lernai et apud Pachai possidebat et habebat, tandem Margarita Calebresse vendidit predicte

---

1. D'après une indication marginale du xv⁰ siècle, on voit que cet acte intéressait des terres sises dans la paroisse de Brion.

Armenjoti, sorori Willelmi Viaire, clerici, et heredibus suis, ad eorum beneplacitum faciendum, cum assensu et voluntate filii sui et filiarum suarum, totam terram quam habebat apud Pachaium, exceptis duobus sextariatis quas habet Peregrinus de Thoarcio. Vendidit eciam unum sextarium frumenti et duos denarios quos habebat in vineis dos Neirauz apud Lernaium et tres pecias terre quas excolebat a predicta Margarita Calabreas de Lernai nepos dictorum Neirauz. Istam vero vendicionem factam de consensu et voluntate mea de cujus feodo predicta movent, teneor garire dicte Armenjoti et heredibus suis ad duodecim denarios censuales mihi et heredibus meis annuatim in festo Penthecostes. Et quia sigillum non habebam, sigillo domini decani Thoarcii ad peticionem parcium volui et pecii presentem cartulam sigillari, anno ab Incarnacione Domini M° CC° XXX° quinto, mense maii.

II

Guy, vicomte de Thouars, confirme l'aumônerie de Saint-Michel dans la possession de tous les biens qu'elle détient dans l'étendue de la châtellenie de Thouars. (Orig., parch., chartrier de Thouars.)

30 septembre 1274.

Universis presentes litteras inspecturis Guido, vicecomes Thoarcii, tunc temporis valetus, salutem in Domino. Noveritis quod nos, pro nobis et heredibus et successoribus nostris, concessimus et etiam concedimus et confirmamus rectori et fratribus domus elemosinarie Sancti Michaelis de Thoarcio et eorumdem successoribus quod ipsi teneant, habeant et possideant et quasi possideant et explectent ad perpetuitatem omnia ea et singula que ipsi tenuerunt, habuerunt et explectaverunt et possiderunt vel quasi possiderunt in domo elemosinarie predicte et in castellaria et territorio Thoarcensi quoquo tempore usque ad datam presentium litterarum. In cujus rei testimonium et munimen dedimus dictis rectori et fratribus presentes litteras sigillo nostro sigillatas. Datum die dominica post festum beati Michaelis anno Domini M° CC° LXX^{mo} quarto.

III.

Louis, vicomte de Thouars, remet à l'aumônerie ou Maison-Dieu de Saint-Michel de Thouars une rente qu'elle lui devait, consistant en cinq setiers de froment, à raison de certaines choses qu'elle tenait de Jeanne de Beaussay, jadis vicomtesse, et de Guyot son fils, dont ledit vicomte Louis a hérité. (Orig., jadis scellé sur simple queue, chartrier de Thouars.)

10 novembre 1360.

Copie. Sachent tous que comme nous Louis, viconte de Thouarz, seigneur de Thalemont, fussens tenus aus prieur et frerez de la Maison Dieu de Saint Michel de Thouarz en douze sexters de froment de rende à nostre mesure de Thouarz chacun an en chacune feste de saint Michel deux sexters et en chacune feste de Toussains diz sexters, si comme ils nous ont acertenné par lettres, et les diz prieur et freres nous fussent tenuz en cinq sexters de froment de rende à notre dite mesure pour raison de certaennes choses qu'ilz tenet, lesquelz ilz solent paier à nostre chere tante Johanne de Baussay, jadis vicontesse de Thouarz[1] et à Guyart de Thouars, son fil[2], à nous avenuz par la mort deulz ou autrement. Nous les diz prieur et frerez avons quipté et quiptons perpetuellement pour nous et pour noz hers et successeurs des diz cinq sexters de froment de rende qu'ilz nous deveit et les choses à ce tenuez pour demorer quiptez et en rabat de cinq sexters de froment de rende de la somme des diz douze sexters de froment de rende en quoi nous leur estions tenuz et leur promectons rendre desorez en avant sept sexters de froment de rende chacun an en chacune feste de Toussains dessusdiz residuz de la somme

---

1. Jeanne de Beaussay, veuve de Hugues II, vicomte de Thouars, mort le 11 mai 1333.
2. Guyart mourut à la bataille de Crécy (26 août 1346).

dessusdite, ausquelx choses dessus dites et chacunes d'elles faire, tenir et enteriner nous obligeons nous et nos hers et successeurs et touz et chacuns noz biens presens et avenir, mandons et commandons à notre recepveur qui est et qui sera au temps avenir qu'il tienge quipte les diz prieur et frerez des diz cinq sexters de froment de rende desorez en avant et de tout le temps passé et leur paie les diz sept sexters de froment de rende chacun an en chacune feste dessus dite en prenant copie de ces lettres, et nous le promettons pour nous et pour les noz aloer à noz comptes et tenir quipte et volons qu'il soit aloé aus comptez de nos hers et successeurs en temps avenir. Donné tesmoing notre seel le samedi avant la Toussains l'an mil ccc sexante. Donné par copie souz le contreseel establi auz contraiz en la chastellenie de Thouarz le mardi empres oictaves de Toussains l'an mil ccc sexante. BORNISEAS, collation faicte.

IV

Guy de Voulort, chevalier, seigneur de Meules, reçoit l'hommage du prieur de Saint-Michel de Thouars pour une partie de la Poitevinière donnée audit prieur par Guillaume Guérin. (Chartrier de Thouars, pièce analysée.)

19 septembre 1391.

Guy de Voulort, chevalier, s^r de Meules, d'une part et Jean Paennot, prêtre, procureur des prieur et frères de la Maison Dieu ou prieuré de Saint-Michel près Thouars, Guillaume Guérin fils de feu Jean Guérin de Thouars et Gilet Vermeil, administrateur de Guillaume et Colas Vermeil fils du dit Gilet et de sa femme, sœur du dit Guillaume Guérin, d'autre part : Comme à cause de la seigneurie de Meules, le dit feu Guérin tenoit par foi et hommage du dit chevalier, la Poicteviniere pres de Thouars, apres le trépas duquel les dits Guérin et Vermeil disoient qu'ils avoient fait partage de la succession et le dit Guillaume

Guérin avoit fait hommage au dit chevalier et depuis avoit fait division et transport universel de tous ses biens aux prieur et freres de la Maison Dieu de Saint Michel et pour cause de ce transport le procureur du dit prieuré et Maison Dieu offroit faire le dit hommage de la Poicteviniere au dit Guy pour la partie échue au dit Guillaume Guérin, auquel hommage le dit Guy l'a reçu, et pour cause de l'indemnité et du devoir avenu au dit Guy, chevalier, le procureur du prieuré a payé au dit Guy 25 livres..... Passé sous le seel aux contrats de Thouars, le 19 septembre 1391, présents : Huet de Voulort, écuyer, Jehan Colas, Jacques Tuet.

V

Pétronille, abbesse de Saint-Jean de Bonneval, nomme Jean de Beaulieu prieur de l'aumônerie de Saint-Michel hors les murs de Thouars, en remplacement de feu Pierre Jamelot, prêtre. (Pièce originale en partie effacée, chartrier de Thouars.)

4 juin 1399.

Petronilla, miseracione divina humilis abbatissa monasterii sanctorum Johannis et Andree ordinis sancti Benedicti Pictavensis diocesis, dilecto..... Johanni..... salutem. Cum prioratus seu elemosinaria sita extra muros castri Thouarcii vulgaliter nuncupata elemosinaria Sancti Michaelis vacare...
... per obitum defuncti domini Petri Jameloti presbiteri, ultimi et immediati ejusdem elemosinarie elemosinarii seu prioris cujusquidem....... ad nos prefatam abbatissam collacio et provisio pleno jure noscantur pertinere ipsam elemosinariam seu prioratum sic vacantem....... omnibus juribus et pertinenciis suis universis melioribus modo et forma quibus possumus eidem Johanni de Beaviler ad hoc ydoneum....... sciencia et prudencia sumus debite informata et quod gratenter et liberaliter acceptans....... seu prioratum et ipsius bona utiliter regere et gubernare in persona Johannis Charloti clerici, procuratoris Johannis de

Beaviler....... acceptans pro dicto Johanne de Beaviler et ejus nomine confirmavimus et donavimus et eidem elemosinaria seu prioratu providemus....... et per nostri annuli tradicionem investimus, salvo in omnibus jure nostro et quolibet alieno; ipse vero Johannes Charloti procurator....... Johannis de Beaviler nobis juravit ad sancta Dei evangelia, tacto libro, quod nobis et successoribus nostris erit obediens et fidelis, bona, jura, libertates....... elemosinarie pro posse servabit nec ea alienabit et alienata si que sunt ad jus et proprietatem dicte elemosinarie seu prioratus....... proventus, redditus et emolumenta in usu miserabilium personarum et necessitatibus dicte elemosinarie seu prioratus dispensabit ibidemque deserviet seu deservire faciet....... in divinis aliaque debite pro posse faciet...., hactenus per predecessores suos elemosinarios seu priores dicte elemosinarie seu prioratus est assuetum....... ipsum Johannem de Beaviler in persona predicti procuratoris sui in realem et corporalem possessionem predicte elemosinarie seu prioratus jura que....... et singula facienda que circa habuerunt neccessaria et ut est moris fieri assuetum dominum Johannem de Re, presbiterum, et omnes et singulos ecclesiarum rectores....... Pictavensis, Malleacensis et Lucionensis et eorum quemlibet in solidum nostros commissarios deputavimus et eisdem et eorum cuilibet in solidum supra premissis et singulis....... omnes et singulos quorum interest et interesse potest et poterit in futurum, requirentes quatinus in elemosinarium seu priorem dicti loci....... benigniter admittant et ipsi tanquam priori seu elemosinario dicti loci obediant et de fructibus, proventibus et emolumentis ejusdem eidem respondeant....... faciant ab aliis responderi alias quod faciant circa hoc neccessaria prout est in talibus facere assuetum; in quorum omnium fidem ac plenarium testimonium sigillum nostrum hiis presentibus duximus apponendum una cum subscriptione notarii publici infrascripti.

Datum et actum in hospicio nostro de Faya Abbatisse, quarta die mensis jugnii, hora prime vel circa, anno ab Incarnacione Domini millesimo ccc° nonagesimo nono, indicione septima, ab electione domini Benedicti..... in ipsam electi anno quinto, presentibus ad hoc Ludovico Foucher, Johanne de Granges, Johanne Joslain, scutifferis, domino Johanne Baron et domino Petro Raouglaton, presbiteris, ad premissa specialiter vocatis et rogatis.

Et ego Symon de Barro, auctoritate imperiali publicus notarius, premissa collacione provisione investitura ..... ac omnibus et singulis suprascriptis..... interfui....... signoque meo publiquo quo in officio notoriatus utor hic manu mea subscripsi et signavi una cum sigillo dicte domine abbatisse, rogatus et requisitus in fidem et testimonium premissarum.

VI

Pierre d'Amboise, vicomte de Thouars, accorde à la Maison-Dieu de Saint-Michel de Thouars l'amortissement de toutes les acquisitions faites par elle depuis quarante ans dans la vicomté de Thouars, moyennant la fondation de quatre anniversaires ; il reconnaît que ladite Maison-Dieu a droit à une rente de sept setiers de froment sur les moulins du vicomte. (Original, parch., chartrier de Thouars.)

11 juillet 1413.

Pierre, sire d'Amboise, vicomte de Thouars, comte de Bennon, seigneur de Thalemonde, à tous ceulx qui ces presentes lettres verront et erront, salut en Dieu pardurable. Par inspiracion divine impetrée par creature humaine de vraie perfection par le moyen de la tres haulte reigne glorieuse seant ou tres sainct throne en la presence de la tres saincte Trinité, aornée de toute gloire d'avoir cognoissance d'eslire le bien et lesser le mal en abaissant du tout le grant felon et tres mauvais orgueil enraciné d'envie que Lucifer acompaigné de ses adherens saterlites entreprist la hault, dont il tribucha et chey

confusement en enfer ou il est et sera perpetuellement
tormenté en tormentant les dampnez sans fin, sans jamais
retourner au haut siege qu'il occuppa par aucun temps,
en vraie consideracion que Monseigneur sainct Michel,
archange, se tint tres vray et tres parfet, digne obeissant
par sa saincte humilité à Dieu le tout puissant, et ainsi
que par la tres saincte Escripture est traicté que quant
le tres doulz benoist fils Dieu vouldra descendre de son
tres hault ciel ou il siet en gloire pour faire le separement
des creatures humaines ou tres grant jour merveilleux
et expaontable, ledit archange viendra devant appeller
(*un mot effacé*) ceulx qui dorment en la pouldre de la
terre pour comparoir en personne et chacun prandre
selon ce qu'il aura deservi, nous ledit sire vicomte et
comte dessusdit, desirant de tout notre esperit estre du
nombre des sauvez à la dextre partie, soubz le conduict
dudit archange que faire ne se puit que par impetrer grace,
et que premerement ne conviegne avoir et parfaire ce que
portet les deux principaulx commandemens de la loy :
premer amer, craindre, servir et honnorer Dieu le tres
puissant de tout son cuer, de toute son ame et de toutes
ses vertuz, second aymer son presme comme soy, qui
donnet parfection de prandre et accepter les sept vertus
divines en delaissent les sept pechez mortelx, de vraie-
ment et divinement croire la foy catholique, en acom-
plissant les sept euvres de miséricorde : Voulans estre et
demourer, ès prieres, oraisons et biensfaits perpetuels de
l'oustel, Maison Dieu et prieuré de Sainct Michel pres de
nostre ville de Thouars, et afin que le divin service et aliment des pouvres messagers de Dieu passens, reposans et
trepassans par le dit houstel et Maison Dieu puissent plus
dignement et veritablement estre faict, celebré et parfait et
l'oustel et maisons estre soustenuz, inclinant à la priere et
requeste de tres honneste personne noble homme messire
Ytier de Martrueil, licencié en droit canon et civil, maistre

prieur du dit houstel et des freres servans Dieu en icelluy houstel et Maison Dieu, à iceulx prieur et freres et leurs successeurs avons afranchi et amorti et par ces presentes afranchissons et amortissons par nous et les nostres touz et chascuns les acquests, dons, legats ou aumosnes qu'ils pouhent avoir fait et leurs predecesseurs ou dit houstel depuys quarante ans en ça et deparavant les commandemens et injunxions à eulx faits par nos juges de les mettre hors de leur main, soient iceulx acquests nobles ou non nobles, pour demourer au dit houstel et maison Dieu et non autrement en quelconques fiefs, jurisdictions nos subgiectes qu'il zaient esté faitz en nostre dominacion, chastellenie et vicomté de Thouars, à les tenir à perpetuité pour eulx et leurs successeurs prieur et servans Dieu en dit moustier, quictes, frans et exunez d'en faire à jamais à nous ou nos successeurs finance, devoir ou trehu quelconque par droit de indampnité ne autrement, à quelque titre, raison ou maniere que ceu soit, reservé et retenu es chouses et chacunes par nous ainxi amorties, à nous et nos successeurs vicomtes, nostre justice et jurisdicion haulte, moienne et basse telles que de par avant les y avions. Et que si les dits maistre, prieur et frerez particulerement ou ensemble alienoient ou mectoient en main seculière aucunes d'icelles chouses, ceulx qui par leurs transports les auroient les tiendront noz subgiètes, comme elles estoient par avant cest present amortissement en tous cas, et ce faisant les diz maistre, prieur et freres servans Dieu en dit houstel, recordans que pieuse et meritoire chouse est prier Dieu pour les ames de tous féaulx deffuncts, nous ont donné et octroié pour eulx et leurs successeurs perpetuels quatre anniversaires solemnez estre celebrez en la chappelle du dit houstel par chescun an perpetuellement por le salu de nostre ame et des ames de nos predecesseurs trespassez, successeurs à venir et de touz féaulx deffuncts par eulx et leurs successeurs estre faitz et dignement celebrez, à touz jours mais, le premier anniversaire le premier lundi de l'Avent, le second le premier jour de caresme, le tiers le mercredi emprès Pasques, le quart le mercredi emprès la feste de la Penthecouste, chacun anniversaire de vigile de mors de neuf lecçons et neuf pseaulmes à haute voix et deux basses messes et une haulte de *Requiem*, à laquelle messe haulte les deux chapellains qui auront celebré feront l'un le diaque et l'autre le soubz diaque et offerra le diaque en la commémoracion des mors à la dicte messe cinq deniers de la monoie qui pour lors aura cours, lesquelx cinq deners le chappelain qui aura célébré la dicte haulte messe donnera par sa main à cinq pouvres en la remembrance des cinq playes qui furent faictes au benoist Jhesu Christ quant il fut crucifié en l'arbre de la croix pour la rédempcion de l'umain lignage. Et affin que nous sire vicomte et comte dessus nommé puissons au salu de nostre ame, des ames de nos antecesseurs et successeurs à venir vicomtes et de tous féaulx deffuncts en grace divine accepter et valablement comprandre le service divin ci dessus octroié, nous avons voulu, consenti et octroié et par noz successeurs voulons, consentons et octroions, ce mectant du tout en la main de Dieu, que les diz maistre, prieur et freres celebrant le service divin en dit houstel et Maison Dieu acquièrent et puissent valablement acquerir en nostre dicte chastellenie, vicomté et seignorie de Thouars sexante livres de rente en telles possessions, rentes, seignories et domaynes, féodées ou non féodées, que faire le porront en oultre les dictes chouses par nous dessus amorties, à les tenir à perpetuité pareillement amorties sans ce que jamès par nous ou noz successeurs à venir ilz puissent estre contrains à les mectre hors de leur main ne en faire composicion, finance quelle que soit par droit de indampnité ne autrement, retenu sur icelles chouses à nous et noz successeurs nostre justice et juridicion en et partout, et que s'il avenoit que d'icelles chouses ainsi acquises ilz meissent aucune chouse en main seculière pour y demourer à perpetuité, icelles chouses demorront en touz cas soit en homaige ou autrement noz subgiectes ainxi qu'elles estoient de par avant. Et quant est à sept sexters de froment de rente demandés par les diz prieur et freres servans Dieu au dit houstel et Maison Dieu de Saint Michel assis, comme par lettres nous est apparu, sur nos molins de Thouars appelez les Molins le Vicomte, dont ilz disoient avoir esté despointez d'estre paiéz depuis le trépassement de nostre feue tante vicomtesse derniere trespassée, qui se montet quinze années ou environ, avons esté d'accort et assentement nous et les diz prieur et freres chappelains servans Dieu on dit houstel et Maison Dieu que ils joiront doresenavant de la dite rente par la main de nostre receveur de Thouars en l'assiete dessus dicte, quictes des arrerages recompensez à touz les fruiz que nous leur pourions demander qu'ilz avoient levé, pris et emporté par dessus notre main empres les commandemens et injunxions à eulx faitz. Si mandons à noz seneschal, chastellain, procureur et receveur de Thouars qui à presens sont et à ceulx qui par le temps à venir seront, comme à chacun d'eulx appartiendra, qu'ilz ne contraignent ne molestent les diz prieur et freres servans Dieu on dit houstel et maison Dieu de Saint Michel au préjudice du contenu de ces presentes, mais les en laissent joir et user paisiblement en les mectent hors de touz procès, saucun en est meu pour occasion de ce, et aussi à vous dit receveur que la dite rente vous paiez et delivrez par chacun an ausdiz prieur, frères ès termes et par la maniere acoustumée, et par rapportant copie par une foiz de la clause touchant la dite rente contenue en ces présentes avecq quictance ou descharge suffisant des diz prieur et freres nous voulons vous estre desduit et rabatu ce que paié en aurez par les auditeurs de nos comptes sans aucun contredit, car ainsi l'avons volu et octroyé, voulons et octroions, sans ce que par cest notre don, consentement et octroy soit aucunement derogé aus dons et octroys à eulx faiz par nos antecesseurs, et que toutes ces chouses soient tenues fermes et agréables et establez à touz

jours nous en avons donné aus diz prieur et freres servans
Dieu en dit houstel et Maison Dieu ces presentes seellées de
notre propre seel, lesquelles nous voulons et declairons par
nous et les nostres à perpetuité valoir et sortir leur plener
effect en touz poins et articles, tout ainsi que si nous les
avions passées en main de notaires en la court du Roy.
Donné et fait à Thouars le xi° jour du moys de juillet l'an
mil quatre cens et treze.

Maye, par commandement de monseigneur.

(Débris de sceau en cire jaune sur lacs de soie aux armes de Thouars.)

VII

Prestation de serment faite à sept heures du matin, entre les mains du patriarche d'Antioche, évêque de Poitiers, par Guillaume Joubert, aumônier de l'Aumônerie ou Maison-Dieu de Thouars, pour cette aumônerie dont ledit évêque l'a pourvu. Fait en l'église de Saint-Laon de Thouars, en présence de Pierre, abbé d'Airvault, de Pierre Confolant, chanoine de l'Église de Poitiers, et de plusieurs autres personnes, et reçu par Yves Synonys, chanoine de Poitiers, notaire public, qui a signé l'acte. (Orig., parch., chartrier de Thouars, acte analysé.)

29 août 1450.

VIII

Accord intervenu entre le vicomte de Thouars, le prieur et les frères de la Maison-Dieu de Saint-Michel, pour la desserte de cet établissement. (Pièce analysée d'après un vidimus de 1647, chartrier de Thouars.)

31 octobre 1459.

Sachent tous que, comme débat fut mu et pendant entre
le procureur de Louis d'Amboise, vicomte de Thouars, comte
de Benon, s' de Talmond, demandeur, et l'aumonier prieur
et frères de la Maison Dieu de Sainct-Michel près Thouars,
défendeurs, pour cause de ce que le procureur du dit seigneur disoit la dite Maison Dieu avoir été fondée et dotée
par les prédécesseurs du dit seigneur, vicomtes de Thouars,
de plusieurs domaines et de belle église et chapelle et de
maisons pour recueillir les pauvres du dit Thouars et envi-

ron qu'autrement, pour lequel service divin chaque jour le prieur et aumonier devoit avoir avec lui jusqu'à huit chapelains et deux clergeons pour célébrer, comme dans églises collégiales, et devoit avoir et tenir douze lits garnis de linge, couvertes et autres choses pour recevoir en la dite Maison Dieu et hopital tous pauvres y affluants et demandant herberger et y avoir personnes suffisantes pour les panser, alimenter et guérir les choses nécessaires et mesmement panser les malades qui y surviennent, et aussi devoit le dit prieur et aumônier donner l'aumône au dit lieu par chaque jour à tous pauvres demandant l'aumône au dit lieu ; et quand ils cessent d'accomplir ces choses le vicomte est en possession de les y contraindre par ses officiers de Thouars par la saisie de la temporalité de la dite Maison Dieu, et de ce avoit joui le dit vicomte par cent ans et plus. Mais le prieur et aumônier actuel, depuis quelque temps, ne tenoit que trois ou quatre chapelains qui ne faisoient point le service divin suivant qu'ils le devoient mais seulement à certaines festes, et aussi il n'y avoit pas dans la Maison Dieu le nombre de lits voulu pour les pauvres, ni bien entretenus, et quoique les dits prieur et frères fussent tenus loger tous pauvres et fussent les biens de la maison ordonnés pour ce faire et par espécial pour nourrir les pauvres enfants orphelins qui n'ont aveu de père ou de mère et autres qui n'ont père et mère, néanmoins les dits prieur et frères faisoient le contraire et refusoient les pauvres et ceux qu'ils recevoient étoient maltraités, et naguère ils avoient refusé deux petits enfants apportés et nés d'une jeune fille de Pampoy, idiote et n'ayant ni père ni mère, dont les dits prieur et frères étoient amendables et devoient être contraints par les officiers du seigneur à faire les choses susdites, et à défaut de ce, pouvoit le dit vicomte y pourvoir et faire visitation tant de la mauvaise administration des pauvres que des biens de la dite Maison Dieu. Disoit le di' procureur que depuis quelque temps la temporalité de la dite maison avoit été maltraitée, que les réparations avoient été mal faites telles que ès vignes et maisons, que les fruits avoient été vendus avant d'être cueillis, que l'argent avoit été emporté, tellement que le blé et vin étoient faillis en la dite maison dès environ la fête de Noel dernière et n'avoient les chapelains à vivre sinon au jour le jour, parquoi aucuns d'eux avoient laissé la maison et ainsi que les pauvres et malades n'y pouvoient guère être bien reçus ni gouvernés ; et aussi que le prieur faisoit les arrentements et baillettes des biens de la Maison Dieu sans appeler les chapelains et compagnons. Et pour y mettre ordre, le dit procureur avoit mis en procès les dits prieur et frères. Par les dits prieur et frères étoit dit qu'ils avoient bien fait leur devoir et offroient de le faire, reconnaissant la dite Maison Dieu être de la fondation ancienne des vicomtes et avoir été augmentée par plusieurs habitants de Thouars et environs et aussi par plusieurs chapelains de la dite maison qui avoient donné pour l'aliment des pauvres des biens en la châtellenie de Thouars, lesquels avoient été amortis par les prédécesseurs du vicomte. Et disoit le dit prieur qu'il n'y avoit point un nombre fixe de chapelains jusqu'à huit et n'y avoit point eu de clergeons, mais seulement y avoit eu soit trois soit quatre chapelains qui avoient célébré le service divin en la chapelle de Saint-Michel suivant qu'ils y sont tenus, savoir les dimanches et fêtes de Noel, Pasques, Ascension, Pentecoste, Saint Jean et les quatre festes de Nostre Dame et les octaves des susdites festes,... et aussi appert qu'il n'est point de mémoire qu'il y eut si grand nombre de chapelains, combien que le dit prieur y tienne cinq chapelains et lui fait sixiesme, ce qui suffit bien, et offroit montrer par lettres ou autrement que anciennement n'y avoit que trois ou quatre chapelains et que la maison ne pouvoit en loger plus. Quant aux pauvres le prieur avoit toujours fait son devoir, avoit hébergé les dits pauvres, donné l'aumône, pansé les malades et aussi les orphelins apportés à la dite maison qu'il avoit nourris jusqu'à ce qu'il se fut enquis des père et mère, mais n'est pas tenu de les nourrir quand les parents ont de quoi le faire. Et est bien d'accord que le vicomte usast de la visitation de la dite maison, et concluoit que le procès étoit sans cause. Pour ce, les parties établies en droit en la cour de Poitiers et en la cour de Thouars, savoir Richard Estivale, procureur du vicomte à Thouars, et Guillaume Joubert, licencié ès loix et bachelier en droit, aumosnier et prieur de la Maison Dieu, Jean Goupil, Guillaume Fleury, Etienne Dugué, Jean Gamage, Louis Bisseuil, prêtres chapelains, frères de la dite maison, ont fait la transaction suivante : Il y aura six chapelains plus le prieur qui feront le service divin ci-dessus en la dite chapelle ; si l'un vient à mourir, le prieur et ses autres frères en nommeront un en chapitre et ne pourra le faire le prieur sans le consentement des autres frères ; les chapelains seront de la châtellenie ou vicomté de Thouars ; le prieur ne pourra ôter un chapelain sans le consentement du chapitre ni sans cause suffisante ; ils recevront et soigneront les pauvres au dit lieu et tiendront bien garnis douze lits, ils panseront les malades et recevront les orphelins sans père et mère avoués qu'ils nourriront jusqu'à ce qu'ils puissent gagner leur vie ; le prieur ne pourra seul faire bailler et arrenter les biens du dit prieuré sinon en chapitre et à la pluralité des voix. Sur quoi la saisie a été levée. Les officiers du seigneur pourront visiter la maison. Fait le dernier jour d'octobre 1459. Signé Portier et Laurens.

IX

Déclaration faite par François de Saint-Avy, prêtre, protonotaire apostolique, qu'il accepte de reconnaître qu'il a été élu prieur aumônier de Saint-Michel de Thouars par les chapelains de cette aumônerie, sans que cet acte soit contraire aux provisions de ce bénéfice dont il a été pourvu en cour de Rome. (Pièce analysée, chartrier de Thouars.)

21 novembre 1518.

Anno 1518, die vigesimo primo novembris, magister

Johannes de Sancto Avito, procurator Johannis Tranchant, Johannis Mesnard, Ludovici Rezay, Roberti Macoin, Johannis Hardy et Francisci Quesreulx, confratrum prioratus seu elemosinarie Sancti Michaelis extra opidum de Thouarcio, electorum Francisci de Saint Avy, presbiteri, Sanctæ Sedis apostolice protonotarii, in priorem elemosinarium ipsius prioratus Sancti Michaelis electi, quiquidem Johannes de Sancto Avito, nomine procuratoris predictorum eligentium, electionem per prefatos de persona dicti de Saint Avy in priorem et elemosinarium dicti prioratus electi, factam et celebratam, eidem domino electo notificant ipsum requirendo gratiam dictam electionem factam acceptare eidemque suum consensum prebere vellet. Quiquidem dominus electus electioni de se facta consentire se duxit prout et consensu humiliter ac illam acceptam de jure potuit et voluit et sibi promissum est, cum protestacione tamen per ipsum facta quod per acceptacionem et consensum prestacionis non intendit discedere a jure in dicto prioratu sibi quesito vigore provisionis per dominum nostrum papam ad nominacionem nostri Francorum regis, insequendo concordata inter eosdem nostrum papam et nostrum regem super hiis factam et in questum dictum beneficium esset comprehensum sub dictum concordatum ; de quibus premissis electus et eligentium procurator requisierunt a me notario infrascripto instrumentum sibi fieri et dari, quod concessi. Acta fuerunt hæc in prioratu Sancti Johannis de Mouladerio, membri dependentis a monasterio Sancti Gilberti, Premonstrensis ordinis, Claromentensis diocesis, sub anno predicto. Bernard.

X

Cession de rentes foncières et autres faite par les chapelains de Saint-Michel de Thouars à Pierre Laurens, sieur de Belleville. (Chartrier de Thouars, pièce analysée.)

20 février 1543.

Maitre Jehan de Saint Avy, licencié ès droits, protonotaire du Saint-Siège, abbé commendataire de Notre-Dame des Pierres et prieur de Saint-Michel les Thouars, et Jehan Tranchant, Jean Hardy, François Quéreux, Jacques Poquereau, Antoine Solas et Mathias Bodet, frères, compagnons et chapelains du dit prieuré de Saint-Michel, assemblés en chapitre, ont cédé à maitre Pierre Laurens, écuyer, s^r de Belleville et de Liniers, demeurant à Thouars, une rente de 5 setiers froment et 2 setiers seigle et 2 deniers de cens par chaque setier, à eux dûe par le dit Laurens et autres pour raison de certains héritages au village de Belleville, plus une rente de 6 boisseaux froment et un denier de cens à eux due par le dit Laurens et autres pour 60 journaux de vignes sis en Puychault, plus un setier froment, plus 2 boisseaux pour certains lieux près Vitray, plus..... En contréchange desquelles le dit Laurens leur cède le quart complans sur quatre seterées de vignes près le clou de saint Michel, tenant au chemin des Ladres à Pompay, plus le quart complans des fruits de quinze boissellées de vignes situées à la Croix blanche près le chemin de Belleville à Pompay, plus ses droits sur cinq journaux de vignes nouvellement plantées en Thenge... Fait et passé au dit lieu de Saint-Michel le 20 février 1542.

XI

Ajournement des chapelains de Saint-Michel pour produire leurs pièces relativement à l'édit du roi sur les aumôneries. (Chartrier de Thouars, pièce analysée.)

16 avril 1546.

Aujourdhuy, le procureur du roi comparant par maistres Françoys Porcheron et Philippes Arembert a faict appeler les prieur, chappellains et colliège du prieuré ou aulmosnerye de Sainct Michel lez Thouars, adjournez suyvant l'édict du roy et ordonnance de la court de parlement, touchant le faict des aulmonereyes, lesqueulx ont comparu savoir : le prieur par maistre Jehan Bouchet et les dits chappellains et colliège par maistre Mathias Bodet, l'ung des chappellains, fondé de procuracion spécialle en date du deuxiesme jour de ce présent moys d'avril, signée Hardy, de mandato capituli et scellée, lequel pour satisfaire à l'appoinctement par nous donné a mys par devers nous en ung sac ung papier couvert de parchemyn contenant quatre cayers qu'il dict estre le papier des revenu et charges du dit prieuré ou aulmosnerye, l'arrêt duquel est en date du quinziesme jour de ce présent moys d'apvril, signé Tranchant, Hardy, Solas, Quesreux, Poquereau et Bodet avecques douze autres pièces en papier qu'il dict contenir le revenu du dit prieuré ou aulmosnerye et légatz faictz à iceluy prieuré avec l'inventaire des dites pièces, avons appoincté que ces pièces seront communiquées au procureur du roy pour y dire ce que bon luy semblera, et a ledit Bodet esleu domicille en l'hostel du dit Bouchet pour recevoir tous adjournemens et assignacions en la matière requis et nécessaires. Donné et faict en la court ordinaire de la séneschaussée de Poictou tenue à Poictiers par nous Françoys Doyneau, lieutenant général, le vendredy seiziesme jour d'apvril l'an mil cinq cens quarante et six. Robin.

XII

Mémoire pour Gabriel de Mosnier de la Génessie, prêtre, chanoine du Mans, prieur commendataire du prieuré Saint-Michel-lez-Thouars, demandeur, contre Guillaume Missé, Gilles Gaudin, Pierre Pignon, Louis Aubry, Urbain de la Haye et Pierre Courtois, prêtres, chapelains de ce prieuré, défendeurs. (Pièce analysée.)

1744.

Le prieur était jadis élu par les six chapelains jusqu'au concordat de Léon X et François Ier, qui mit en commende les abbayes et prieurés de fondation royale. Le prieuré de Saint-Michel fut dans ce cas et le roi y nomma. Ce prieur est le seul administrateur du prieuré qui est un bénéfice en titre. Il nomme aux places de chapelains ; ceux-ci sont tenus à y faire l'office divin suivant certaine manière, à veiller sur les pauvres malades, les soigner. Le prieur avait le droit de leur donner des statuts. Les statuts de 1521 règlent le service divin, la nourriture, les gages des chapelains de 10 livres, etc. Les chapelains intentèrent un procès à leur prieur en 1549, en se fondant sur une transaction de 1459 entre Louis d'Amboise, vicomte de Thouars, et le prieur ; mais un arrêt du Conseil, du 29 juillet 1549, maintint le prieur en sa possession du prieuré comme auparavant et un procès-verbal du 29 septembre fit reconnaître en détail tous les droits du prieur sur les chapelains. Ceux-ci secouèrent le joug de la résidence et de la vie commune vers 1570, sous prétexte des guerres de religion, mais continuèrent le soin des malades et le service divin. Ils reçurent alors des pensions des fermiers du prieuré, au lieu de leur logement et nourriture. En 1605, les chapelains intentèrent procès au prieur Pignon, disant qu'il n'y avait pas de lieu pour le service, mais seulement une chambre, que l'aumônerie n'avait plus de lits pour les pauvres, qu'ils devaient par les statuts être nourris en mense commune sans pensions. Le prieur répondait que les chapelains ne voulaient point au fond revenir à la mense commune, que d'ailleurs les bâtiments avaient été ruinés par le capitaine Broifieux qui y mit le feu et ruina les vignes, et même par les chapelains ; qu'il avait fait réparer une partie des lieux où se faisait le service et remettre les vignes ; qu'ainsi ils devaient retrancher de leurs pensions. Sur ce, sentence de la sénéchaussée de Poitiers du 29 mars 1695 ordonnant visite des lieux et que les chapelains auraient 100 livres de pension, plus le blé et le vin de la dernière ferme, autrement bail serait fait. Appel et arrêt du Parlement, du 15 juin 1606, confirmant la sentence, si mieux n'aime le prieur nourrir les chapelains en mense commune. Le prieur paya les pensions. Les chapelains, quoique ne demeurant plus au prieuré, faisaient le service divin et avaient soin des pauvres de l'hôpital. En 1622 ils contestèrent au prieur le droit de conférer seul les places de chapelains, mais qu'ils avaient droit d'y élire, suivant la transaction de 1459. Arrêt du conseil du 8 août 1622 maintenant le prieur dans son droit. Les statuts de 1521 furent renouvelés en 1664 par l'abbé de Mousseaux, alors prieur. Quelque temps avant 1713, les chapelains, profitant de l'absence des prieurs, surtout de celle de feu s^r de Galesson, se relâchèrent de leurs devoirs, mais le s^r de la Génessie, pourvu par le roi du prieuré en 1713, s'attacha à rétablir l'office divin. L'évêque de Poitiers, sur la demande des parties, fit entre elles un concordat le 12 septembre 1714, dont le prieur exigea l'exécution, ce qui lui attira la haine des chapelains et des excès indignes, enfin réglés par une transaction de 1728. L'hôpital du prieuré, où depuis longtemps se commettaient des actes abominables de la part des mendiants et vagabonds, d'après une lettre de l'évêque de 1705, fut supprimé par arrêt du conseil d'Etat du 23 janvier 1725 et réuni à l'hôpital de Poitiers. L'intendant de la province, le 31 janvier 1726, chargea le prieuré de Saint-Michel de payer à l'hôpital de Poitiers une rente de 75 livres, moyennant quoi il serait déchargé de l'hospitalité. Depuis 1740, les chapelains cessèrent presque le service divin au prieuré, tellement que le prieur, Mr de la Génessie, eut recours au Conseil en 1744.

(Extrait d'un mémoire imprimé en 1744 chez Le Breton, rue de la Harpe, à Paris.)

XIII

et mémoire des chapelains de Saint-Michel au duc de la Trémoille.
(Pièces analysées, chartrier de Thouars.)
26 juillet 1765.

L'église de Saint-Michel près Thouars est desservie par six prêtres dont quatre sont chanoines de votre château.

Le roi vient de nommer à ce prieuré M. Le Mée, chanoine de Chartres et chapelain de Mad. la Dauphine. Cet abbé est venu à Thouars pour s'arranger avec les héritiers de son prédécesseur. Informé que vos ancêtres sont fondateurs de son prieuré, il s'est proposé, de concert avec ses chapelains, de transférer, sous votre bon plaisir, l'office de cette église en celle de votre château et d'y porter le revenu des chapelains, qui est de 1200 livres, et il étoit aussi disposé à y joindre sa mense prieurale de 1500 livres, sans les obstacles de M. de Beaupreau qui veut faire porter le total à l'Hôtel-Dieu. Nous pensons que vous ne consentiriez pas à ce que l'on portât ailleurs qu'en votre église des biens dont vous avez doté le prieuré de Saint-Michel. Nous sommes surpris, sans blâmer son zèle, de voir M. de Beaupreau plus porté pour l'hôpital qui est suffisamment doté que pour votre chapitre que vous protégez. Il y a environ trente ans, feu M. le duc avait le projet que l'on avait formé de réunir à votre chapitre les places de l'abbaye de Chambon et il avait ordonné de suivre l'affaire qui manqua à cause de quelques difficultés. Nous espérons que vous ordonnerez de suivre de près la présente réunion qui est facile, car les parties sont d'accord, et M. de Beaupreau abandonnerait son système. Les chapelains de Saint-Michel vous laisseraient la nomination de leurs places qui sont bénéfices en titre, étant résignables en cour de Rome... Signée des six chapelains.

Mémoire des chapelains de Saint-Michel au duc de la Trémoille.

L'église du prieuré royal de Saint-Michel de Thouars étoit dans l'origine une aumônerie et Maison-Dieu fondée par les vicomtes pour les pèlerins, malades, orphelins et les aumônes. Il y avait des prêtres appelés, donnés ou oblats, chargés du spirituel et de la régie de tous les biens. Actuellement il y a six chapelains, sans le prieur, qui n'y fait aucun office ; ils n'ont jamais été réguliers ni moines, ni

avant ni depuis le concordat ; les guerres de la Ligue et
ses dévastations ayant déconcerté cette communauté, elle
cessa d'être sur le même pied ; la vie commune a été
convertie en une pension, en exécution d'un arrêt de la
Cour de 1606 ; l'aumônerie même a été séparée du bénéfice, en sorte qu'il n'est plus resté que le service à célébrer,
service semblable à celui d'une église collégiale. C'est donc
sans fondement qu'on regarde les chapellenies comme des
places claustrales. Les chapellenies de Saint-Michel sont de
vrais bénéfices comme la place du prieur. On voit dans des
provisions du 5 avril 1583 le sieur de La Ville s'intituler
« prior prioratus sæcularis Sancti Michaelis ». Ce n'est qu'en
1682 que les prieurs ont pris pour la première fois la qualité de prieurs commendataires. M. de Beaupreau voudrait
transférer à l'Hôtel-Dieu de cette ville le service et le
revenu des chapellenies de Saint-Michel peut-être même
à la maison de la Providence, dont il s'est établi l'administrateur. Il avance que les chapellenies de Saint-Michel
sont des places claustrales et sont le patrimoine des pauvres.
Cette prétention ne peut se soutenir. 1° Quand les aumônes
léguées par divers particuliers des environs de Thouars
furent portées à l'hôpital général de Poitiers en vertu d'une
déclaration du roi, le prieur de Saint-Michel fut le seul qui
fut condamné à y porter 75 liv. de rente qu'il a toujours
continué d'y payer, d'où il suit que la mense prieurale est
plus spécialement la portion des pauvres que les chapellenies
qu'elle ne toucha pas. 2° Les places de Saint-Michel sont
des bénéfices et il conviendrait de les joindre à des places
ecclésiastiques plutôt qu'à des hôpitaux où elles s'étein-
draient. L'Hôtel-Dieu de Thouars est suffisamment doté ; si
le procureur ducal travaillait à y réunir les aumônes portées
à Poitiers, on ne pourrait que le louer, et il mériterait les
suffrages de ses concitoyens s'il abandonnait le système
d'ériger en hôpital la maison de la Providence qui n'a aucun fonds ; il y a trente ans, on en fit en vain la tentative.

Il y a en outre à Thouars un bureau de la Miséricorde tenu par les dames de la ville avec deux ecclésiastiques pour directeurs ; il y a des fonds et des rentes pour les pauvres. Il n'y a pas nécessité de multiplier ici les hôpitaux. M. de La Caussade, évêque de Poitiers, transféré à Meaux, avait entrepris de réunir à son petit séminaire les places monacales de l'abbaye de Chambon ; le conseil du duc s'y opposa parce que les ducs sont fondateurs de cette abbaye. Par ces considérations l'abbé Le Mée, prieur, et les chapelains de Saint-Michel se sont déterminés à transférer, avec votre agrément, le revenu et leurs places dans l'église de votre château. C'est ce que nous demandons à Votre Altesse d'accélérer... Signé de six chapelains.

Mémoire de la maison de la Providence à Thouars, du 14 septembre 1765.

Cette maison remonte à 40 ou 50 ans et doit sa naissance à M. Aveline, prieur curé de Saint-Laon, pour faire un asile aux vieillards pauvres. Au moyen des aumônes recueillies par quelques personnes charitables, on bâtit les bâtiments actuels et même une chapelle dédiée à saint Louis. Marie Caffin fut la première qui devint supérieure. Quelques années après, des personnes proposèrent de demander des lettres patentes pour en faire un hôpital, mais la plupart des habitans s'y opposèrent avec raison, car multiplier les hôpitaux, c'est multiplier les pauvres. A Marie Caffin succéda Mlle des Hayes qui distribua aux pauvres une bonne partie de son patrimoine ; il entra dans cette maison des pauvres de tout âge et même des pensionnaires ; on y fait des quêtes et cela, avec le travail, soutient la maison. Quand ce n'est pas suffisant, le bureau de la Miséricorde vient au secours. Pour la maison de la Charité, on ignore si elle prête du secours aux pauvres de la Providence ; on sait seulement qu'elle fait des contrats de constitution de l'excédent de ses revenus. Mlle des Hayes étant âgée se retira à la Charité où elle mourut. M. de Beaupreau, qui s'est établi, on ne sait comment, l'administrateur de la Providence, y a fait venir deux filles de Saint-Thomas de Villeneuve pour gouverner les pauvres. M. de la Génessie, prieur de Saint-Michel, dont il est receveur, lui abandonne en partie le revenu de sa mense prieurale pour les pauvres de la Providence ; cette ressource vient de lui manquer par la mort de ce prieur en février 1765. M. de Beaupreau, se trouvant par suite dans l'embarras, demande la réunion des chapellenies de Saint-Michel, mais aucun des chapelains n'est disposé à être porté ni à la Charité ni à la maison de la Providence. Dès lors que ces places sont des bénéfices, il serait plus convenable de les réunir à une église séculière telle que la sainte chapelle du château. L'abbé Le Mée, prieur de Saint-Michel, le désire. Si on ne veut pas accepter l'offre de ce prieur et de ses chapelains, ils resteront dans leur église de Saint-Michel. On peut prouver qu'il a été remis à M. Menaut, administrateur de la Providence, 1453 l. 9 d. venant de la vente des meubles et des arrérages des pensions militaires de feu M. de la Casinière. M. de la Génessie a laissé plusieurs valeurs à M. de Beaupreau pour la Providence. Avant l'établissement de la Providence à Thouars, le bureau de la Miséricorde recevait toutes les aumônes et les distribuait aux pauvres par l'intermediaire des dames et de deux ecclésiastiques qui en sont les directeurs, savoir le prieur de Saint-Laon et un prêtre commis par l'évêque. Mais un zèle mal entendu fit entreprendre à M. Aveline et quelques dévotes les bâtiments ci-dessus, ce qui a préjudicié au bureau de la Miséricorde et aux pauvres. Il serait à souhaiter qu'on le rétablît en son ancien état. Il n'est guère possible qu'on suive le même plan dans la maison de la Providence. On ne prétend pas pourtant censurer ceux qui l'administrent.

Pièces remises à M. du Mesnil à Thouars, en septembre dernier, pour les communiquer à Leurs Altesses.

XIV

Lettre du receveur des chapelains de Saint-Michel adressée à M. du Mesnil, intendant général de M. le duc de la Trémoille.

19 juin 1772.

Nous vous donnons avis que l'évêque de Poitiers procède à l'anéantissement des six titres ecclésiastiques de l'église Saint-Michel fondée par les anciens vicomtes de Thouars, sans respect pour les droits de Son Altesse. On soupçonnait que le prieur de cette église, qui s'était ménagé l'agrément du prélat, travaillait à ce projet, mais aujourd'hui la suppression du revenu temporel des bénéfices de Saint-Michel est décidée pour Saint-Médard, le brevet est expédié. Cette église d'ailleurs est suffisamment ornée, elle est cependant interdite parce que le Saint ciboire a été volé la nuit du 15 au 16 du mois passé. Sa Grandeur a-t-elle pu pour cela traiter si rigoureusement une église consacrée au service divin depuis des siècles ? Un canoniste le déciderait. Si Son Altesse ne se presse de traverser l'opération, l'ouvrage paraît bientôt à sa fin. Les bénéfices de Saint-Michel sont d'une grande ressource surtout pour nous chanoines du château. Dans tous les temps nous avons trouvé dans l'église de Saint-Michel un petit revenu qui les dédommageait. Nous sommes cinq dans cette position, y compris M. de La Loye, notre trésorier. Après l'anéantissement de Saint-Michel, plus d'espoir pour notre chapitre. Nous serons heureux si Son Altesse, fondée sur ses droits et la déclaration du roi, voulait conserver des titres fondés par ses auteurs. Vous nous permettrez de vous faire passer un mémoire.

Morilet, prêtre, chanoine, receveur et procureur des chapelains de Saint-Michel.

Thouars, 19 juin 1772.

XV

Projets d'accords de Claude Lemée, prieur de Saint-Michel, avec l'évêque de Poitiers, du 7 mars 1773, et avec les chapelains de l'aumônerie, du 1ᵉʳ juillet de la même année, au sujet de la suppression de cet établissement.

Je, soussigné, prieur de l'hôpital et aumônerie de Saint-Michel les Thouars, dont la maison a été détruite et supprimée par arrêt du conseil du roi de 1725 et de 1766, consens que l'évêque de Poitiers réunisse les six places de chapelains, frères condamnés, à la maison et hôpital de la Providence, pour jouir du revenu après l'extinction entière des susdits chapelains qui sont à la nomination du prieur, et alors le bénéfice qui est prieuré consistorial sera chargé de donner annuellement 600 livres au dit hôpital de la Providence qui n'a aucun revenu, et en outre 200 livres pour l'acquit d'une messe quotidienne qui sera dite dans la chapelle de la Providence. Fait à Versailles, ce 7 mars 1773. Le Mée, prieur.

Le 1ᵉʳ juillet 1773, entre Augustin Claude Lemée, prêtre, docteur, chapelain de la comtesse de Provence, chanoine de Chartres et prieur de Saint-Michel, d'une part, et Urbain-Nicolas de La Haye, prêtre, trésorier du chapitre de Notre-Dame du château de Thouars, Jacques Cochard, François Chachereau de la Sorinière, Laurent Redon des Huberts, Pierre-Michel Marillet et Pierre Quétin, tous prêtres, chapelains de la chapelle du prieuré de Saint-Michel, d'autre part ; le prieur, par transaction, promet de payer aux chapelains à chacun 75 livres au lieu de 50 qu'ils recevaient pour leur tenir lieu des six barriques de vin qu'ils réclamaient, de même que les six septiers de blé et 100 livres en argent, et de payer à leur acquit les décimes ordinaires. Les chapelains abandonnent au prieur la rente foncière de 24 livres qu'il s'était obligé de leur payer par acte du 27 mai 1769...

Passé à Thouars, hôtel de Mᵉ Jérôme Villeneau, avocat ducal du siège de cette ville, et en présence de Pierre-Joseph Redon, procureur ducal au dit siège et maire de Thouars.

XVI

Projet de règlement proposé par le procureur général pour le bureau de l'aumônerie de Saint-Michel établie en la ville de Thouars, en faveur des pauvres enfants orphelins de la ville.

1ᵉʳ novembre 1776.

Lettres patentes du roi Louis XVI du 1ᵉʳ novembre 1776 affectant les biens de l'aumônerie de Saint-Michel à la subsistance des enfants orphelins pauvres de Thouars et lieux adjacents ; lettres obtenues par Marie-Victoire-Hortense de la Tour d'Auvergne, duchesse douairière de la Trémouille. Le bureau sera composé du maire, des curés, du procureur ducal, du subdélégué et trois notables habitants nommés par l'assemblée générale des habitants. Office perpétuel institué pour le roi dans l'église de l'aumônerie.

XVII

Mémoire d'un avocat de Paris pour les habitants de Thouars contre l'abbé Le Mée, prieur-aumônier de Saint-Michel.

27 juillet 1773.

On se plaint de ce que l'hospitalité due pour les fondations n'y est plus exercée depuis longtemps.

Lettres de Charles VII, d'août 1459, sur la demande du vicomte de Thouars qui avait fait saisir les biens de l'aumônerie qui ne recevait plus les pauvres et même les maltraitait ; le roi ordonne au sénéchal de Poitou de faire régir l'aumônerie et d'y faire alimenter les pauvres. — Le sénéchal le fait exécuter le 20 septembre 1459. — L'aumônier transige avec le vicomte le 6 oct. 1459, et s'engage à observer les charges anciennes et entretenir douze lits et recevoir les orphelins, etc.

Lettres patentes de 1695 unissant la maladrerie de Saint-Lazare à l'hôpital Saint-Michel pour les pauvres.

L'union de Saint-Michel à l'hôpital de Poitiers, faite sous M. de la Génessie, prieur, moyennant une rente de 75 livres, est illégale et dérisoire ; on doit y rétablir l'hospitalité et y appliquer les revenus donnés dès l'origine dans ce seul but par de nombreux donateurs.

16 décembre 1445.

Lettres de sauvegarde en faveur du prieuré, maison-Dieu ou aumônerie de Saint-Michel près Thouars, accordées par Charles VII à Chinon, le 16 décembre 1445. Lettres publiées en plein marché de Thouars, le 24 décembre suivant, par Jean Cornu, sergent du roi, à la requête de Jean Fourchaut, prêtre, aumônier de l'Hôtel-Dieu ou aumônerie de Saint-Michel, près Thouars.

Mai 1478.

Guillaume Jousbert, prêtre licencié en lois, prieur aumônier du prieuré de la maison-Dieu de Saint-Michel près Thouars.

26 juin 1497.

Maître René du Bellay, prieur aumônier de Saint-Michel, fait hommage pour raison de choses à Orbé, à Pierre de Velort, éc., s^r de la Chapelle-Berlouyn et de Meules.

1582.

Prise de possession du dit prieuré, le 2 juin 1582, par Pierre de La Ville, chanoine et prieur de Saint-Michel, pourvu par le pape Grégoire XIII en 1581.

1583.

Prise de possession du prieuré de Saint-Michel de Thouars par Antoine Leblanc, pourvu par lettres de commende du pape Grégoire XIII de 1583, faite le 23 avril 1583.

29 novembre 1599.

Le roi, voulant gratifier M. de la Trémoille, lui a fait don du prieuré et aumônerie de Saint-Michel les Thouars, vacant par la mort d'Antoine Leblanc, dernier possesseur d'icelui, pour en faire pourvoir telle personne capable que ledit de la Trémoille nommera à Sa Majesté, à laquelle elle veut que toutes provisions, pour ce nécessaires, lui soient expédiées. Le présent brevet signé du roi Henry et Potier.

1600.

Bulle du pape accordant en commende le prieuré de Saint-Michel de Thouars à Pierre Chauveau, clerc de Paris, nommé par le roi, donnée à Rome en 1600, le 14 des calendes d'octobre, enregistrée au greffe royal des insinuations ecclésiastiques du Poitou, à Poitiers, le 4 février 1601. — Prise de possession le 13 décembre 1600.

12 avril 1603.

Arrêt du Parlement, du 12 avril 1603, ordonnant que délivrance sera faite à Pierre Chauveau, prieur de l'aumônerie de Saint-Michel, appelant, des deniers et fruits dudit prieuré arrêtés. à la requête de Antoine Grateau, écolier de l'Université de Poitiers, se disant prieur dudit prieuré, intimé, sur le fermier du temporel dudit prieuré.

29 janvier 1607.

Mathurin Ragot, François Duvergier, André Billot, Nicolas Rouleau, Laurent Fillolleau, Nicolas Testefolle, prêtres et chapelains du prieuré et aumônerie de Saint-Michel lès Thouars, d'une part, et Pierre Cavolleau et René Civray, procureurs au siège de Thouars, fermiers dudit prieuré, d'autre part. Lesdits fermiers ont promis et s'obligent à payer par année à chacun desdits chapelains, pour leur nourriture, vestiaire et autres choses leur appartenant à cause de leurs prébendes ou chapellenies, la somme de 100 livres tournois en argent, 6 douzaines de froment, trois pipes de vin blanc. Le présent marché fait pour six ans. Fait à Thouars en la maison où pend pour enseigne le Cheval Blanc, le 29 janvier 1607.

1728-1733.

Lettres patentes de 1695 donnant à l'hôpital Saint-Michel les biens de la maladrerie de Saint-Lazare. — En 1728, le prieur traita avec l'hôpital de Poitiers, s'obligeant à lui payer 75 livres par an, et se libérant ainsi de ses obligations et reprenant la disposition de son revenu qui est environ 3000 livres, provenant d'objets donnés originairement aux pauvres de l'aumônerie ; on publia que c'était en vertu d'un arrêt du Conseil d'Etat. Depuis, le prieur a fait démolir les bâtiments de l'hospitalité, dont on ne voit plus de vestiges. L'hospitalité a été exercée jusque vers 1733, comme le prouve l'existence d'un chirurgien, concierge, apothicaire, garde-malade, salle des hommes, salle des femmes, registre de sépulture. L'évêque transféra le service fondé à Saint-Michel dans le petit hôpital de Thouars.

1756.

La Cour de Parlement, sans s'arrêter à la demande de Gabriel de Mosnier, sr de la Génessie, chanoine du Mans, prieur commendataire de Saint-Michel lès Thouars, du 23 mars 1751, et n'ayant égard à celle de François Chachereau de la Sorinière, prêtre, pourvu en cour de Rome d'une place de compagnon chapelain dudit prieuré, portée en sa requête du 24 février 1756, dit qu'il n'y a abus et maintient ledit Chachereau en possession de sa place et bénéfice de chapelain de Saint-Michel, fait défense au s' de la Génessie de l'y troubler. — Donné le 13 avril 1756.

Après 1765.

De la Haie, Gaudin, Cochard et Aubry, chanoines de la Sainte-Chapelle du château ; Rambaud, chanoine de Saint-Pierre, et Chachereau, tous chapelains de l'aumônerie de Saint-Michel, dans un faubourg et hors les murs de Thouars, dans leur lettre au duc de la Trémoille, ont dit que Mr Lemée convient que son prieuré de Saint-Michel est de la fondation des ducs de Thouars et que le sr de Beaupréau a fait des obstacles pour écarter les bonnes dispositions du prieur pour le chapitre du château. Le sr de Beaupréau voudrait que ce fût vrai; mais, depuis plus de 35 ans qu'il a eu les titres de Saint-Michel et depuis 20 ans ceux des archives du duché, il n'a pu voir aucun titre de ce fait qu'une transaction de 1459 qui n'a eu aucune exécution, que le prieur et les chapelains ont contestée pour ce fait de fondation. Ils nieraient pour le soutien de leurs places monacales. Leurs prédécesseurs vivaient modestement pour soulager les pauvres ; aujourd'hui ils avancent tout pour dépouiller les pauvres. Depuis le concordat de Léon X, le roi a toujours nommé les prieurs. Le duc n'y a jamais nommé avant le concordat. Les domaines du prieuré et aumônerie relèvent de divers seigneurs jusqu'à celui de Montreuil-Bellay. Le s^r de Beaupréau soutient que les chapelains mentent ; il lutte pour la subsistance de 30 pauvres qui n'ont que 37 livres par an, contre six prêtres dont le moindre a 700 livres de revenu et qui veulent le patrimoine des pauvres. Il soutient que Mr Lemée, prieur, arriva à Thouars en juillet 1765, qu'il visita Beaupréau, lui donna une lettre de Mr Mesnil pour la réunion projetée et autorisée de la duchesse douairière. Lemée se prêta à tout. Beaupréau en parla à deux des chapelains, qui y applaudirent. Lemée et Beaupréau firent le canevas du placet au roi pour la réunion. Mais un chapelain manœuvra et entraîna ses confrères ; ils projetèrent la lettre écrite le 26 au duc Dès décembre 1764, Beaupréau avait écrit, en faveur des pauvres de la Maison de la Providence, à la duchesse douairière qui lui dit que Mesnil viendrait à Thouars en septembre. Le prieur de Saint-Michel étant mort en février 1765, Beaupréau écrivit à la duchesse pour solliciter du roi la réunion. Lemée, nommé, fut prévenu de s'arranger avec la duchesse, ce qu'il fit, et ensuite avec Beaupréau. Lors les chapelains ne savaient rien. Il y avait plus de six ans que Beaupréau travaillait à la réunion pour les pauvres ; donc ce n'est pas lui qui a fait obstacle à la nouvelle idée des chapelains, mais bien eux qui en forgent contre la bonne volonté de la duchesse. Il en est de même de ce qu'on suppose de Lemée, qui a proposé la réunion au chapitre du château : son projet pour les pauvres y est contraire. Ils disent que l'hôpital est suffisamment doté ; s'ils entendent l'Hôtel-Dieu, il a 2400 l. de revenu, ce qui est peu ; mais ils ne nomment pas la Providence, qui a 30 pauvres et 37 livres de revenu. Le grand moyen des chapelains est que les biens de Saint-Michel sont ecclésiastiques, et qu'ils ne peuvent rentrer que dans des églises fondées. Mais ces biens sont destinés aux pauvres. Si le roi, pour le bon ordre, a fait fermer les maisons hospitalières pour cause de vagabondage, les chapelains sont-ils dégagés de leurs obligations primitives ? Le roi a réuni les revenus aux pauvres des hôpitaux les plus proches ; l'aumônier, les chapelains, le service y ont été aussi de droit portés. Ce sont donc les chapelains qui s'opposent aux bonnes intentions de Beaupréau. Les rois ont ôté aux ecclésiastiques le gouvernement des biens des pauvres qu'ils avaient autrefois, parce qu'ils les appliquaient à leur profit ; ils ont ordonné qu'ils seraient administrés par des laïcs solvables, délaissant une pension aux titulaires. Voilà la position de l'aumônier et des chapelains de Saint-Michel. Les ordonnances et édits ont réuni les aumôneries aux hôpitaux. Reprochera-t-on à Beaupréau, qui a l'honneur d'avoir à Thouars l'exécution de ces lois, d'avoir négligé leur effet ? Le titulaire de Saint-Michel était très âgé, mort à 83 ans, et il donnait toujours, par Beaupréau, aux pauvres de la Providence unie à l'hôpital, et a laissé deux ans tous les revenus de l'aumônerie. Devait-on inquiéter un tel ecclésiastique, qui avait consenti à la réunion que Beaupréau demande ? Le but de la maison de Saint-Michel était de soulager les pauvres ; cela doit être encore aujourd'hui, suivant l'intention des fondateurs et la volonté des rois. Il sera juste de laisser à l'aumônier et aux six chapelains des pensions viagères relativement aux revenus et services qu'ils rendent aux pauvres des deux maisons de l'Hôtel-Dieu et hôpital ou maison de la Providence unies.

1772.

L'an 1772, le 18 août, à la requête de Jean-Bretagne-Charles Godefroy, duc de la Trémouille et de Thouars, demeurant à Paris, en son hôtel, rue Sainte-Avoye, par. de Saint-Méry, et en son château de Thouars, par. Notre-Dame-du-Château, j'ai, Henri Pouet, premier huissier au siège royal des dépôts à sel de Thouars, signifié à M. l'abbé Lemée, prieur commendataire de Saint-Michel, demeurant à Versailles, en parlant, au lieu dudit prieuré de Saint-Michel-lez-Thouars, à Pierre Drochain, métayer, demeurant audit prieuré, par. de Saint-Médard, avec injonction de le faire savoir au s^r Caffin, fermier, et ledit Caffin à M. l'abbé, que le duc de la Trémouille, comme fondateur dudit prieuré et chapellenies de Saint-Michel et comme seigneur haut justicier, s'oppose à toutes réunions, translations et suppressions desdits prieuré et chapellenies qui pourraient être faites par ledit prieur, chapelains ou autrement, jusqu'à ce qu'il en ait été ordonné contradictoirement avec M. le duc, déclarant qu'en cas de réunion, translation, suppression, il entend rentrer dans les biens-fonds donnés par ses prédécesseurs pour la fondation du prieuré de Saint-Michel.

27 juillet 1773.

Le conseil soussigné, qui a vu le mémoire à consulter, estime qu'il n'a pas pu dépendre du prieur de Saint-Michel de Thouars de supprimer par son fait l'hospitalité qui devait être exercée dans ce prieuré et de se décharger de ses obligations moyennant une modique redevance de 75 livres qu'il paie à l'hôpital de Poitiers. La fondation d'un hôpital, étant faite dans l'intérêt général, doit toujours subsister. De là les lois données pour le maintien des hôpitaux, et notamment la déclaration du 24 août 1693, enregistrée en 1696, faite pour empêcher les usurpations et la mauvaise administration des biens des pauvres, souvent divertis à d'autres usages, et ordonnant de rétablir l'hospitalité dans tous les hôpitaux, ou de les unir à d'autres, ordonnant de n'avoir aucun égard aux provisions en titre de bénéfices des hôpitaux, etc.

Il est donc facile de voir ce que l'on doit penser de l'entreprise du prieur de Saint-Michel de Thouars. Cette maison est un hôpital ; cela est établi par la transaction du 6 octobre 1459. L'hospitalité à Saint-Michel peut être encore rétablie, ainsi que l'annonce le mémoire, par le fait qu'il y a toujours eu jusque vers 1734 des registres pour les pauvres qui décédaient dans l'hôpital, un chirurgien, un apothicaire, un garde-malade et un concierge. Les biens d'une maladrerie de Saint-Lazare, donnés en 1695 à cette maison, montrent encore que c'est un établissement destiné aux pauvres. Il faut que le prieur établisse l'existence de son titre par la volonté du fondateur. En tous cas, il n'a pas pu tourner à son profit les revenus de l'hôpital, qu'il était seulement chargé d'administrer pour les pauvres. Le traité fait par le prieur avec l'hôpital de Poitiers pour recevoir les pauvres de Thouars moyennant 75 livres ne peut pas subsister, à raison de la modicité de la somme et de la distance. D'ailleurs ce traité est nul, parce qu'il a été fait de l'autorité privée du prieur ; on peut forcer le prieur à rétablir l'hospitalité dans son prieuré de Saint-Michel. Le duc de la Trémouille a le droit d'agir pour cela contre lui, comme fondateur. Les habitants de Thouars ont aussi intérêt et qualité pour l'actionner dans ce but.

La demande contre le prieur sera portée devant le juge royal et tendra à ce qu'il soit condamné à rétablir les bâtiments nécessaires pour l'hospitalité qu'il sera tenu d'y exercer. Un arrêt du conseil qui aurait supprimé l'hospitalité à Saint-Michel n'aurait même pas pu déroger aux prescriptions de la déclaration de 1693. Si les revenus de Saint-Michel sont insuffisants pour l'hospitalité, cela ne donne pas le droit au prieur d'en disposer arbitrairement; les biens de cet hôpital doivent alors être unis à quelque autre, et si l'union doit avoir lieu, c'est sans doute au profit de l'hôpital déjà établi à Thouars. Si l'on a des projets de translation ou de suppression des chapelains, la demande qui sera formée contre le prieur pour le rétablissement de l'hospitalité suspendra toute autre contestation. Le rétablissement de l'hospitalité à Saint-Michel ou l'union des biens de cette maison à un autre établissement destiné sur les lieux au soulagement des pauvres est le premier objet dont on doit s'occuper, parce que c'est le plus utile aux habitants de Thouars.

Délibéré à Paris, le 27 juillet 1773.

ROLES DE MONTRES ET REVUES

1387-1673.

I

1ᵉʳ août 1387.

La reveue de monsʳ de Thors, chevaler baneret, de neuf chevalers bachelers et de cinquante escuiers de sa compaignie, receue à Poitiers le premer jour d'aoust, l'an mil ccc iiij^{xx} et sept.

Premièrement :

Ledit Monsʳ de Thors,
Monsʳ Savary de Vivonne,
Monsʳ Regnaut de Vivonne,
Monsʳ Hugues de Vivonne,
Monsʳ Jehan de Thorsay,
Monsʳ Hubert Rataut,
Monsʳ Jehan de Brueilh,
Monsʳ Pierre Cramaut,
Monsʳ Hugues de Culoigne,
Monsʳ Jehan Dargenton,
    chevalers bachelers.

Escuiers :

Guillaume de Vivonne,
Savary de Vivonne,
Guillaume Rataut,
Huguet Rataut,
Raoulent de Riswic,
Giouffroy Odemer,
Hannequin Greneil,
Morisse du Bourc,
Jouen Jolin,
Loys du Plesix,
Jehan Briffaut,
Jehan Bardou,
Poiçonnet de Beaumont,
Pierre Lasne,
Jaquemin Caval,
Guillaume Robert,
Jehan de Leffre,

Guillaume Girart,	Guillaume des Frans,
Jouen Girart,	Perrot de Ville,
Jehan Sanglier,	Odebert de Pennevère,
Eliot du Boys,	Perrot Chapelonnère,
Le Bastart de Cliçon,	Jehan Pastux,
Regnaut de Marconay,	Jehan des Bruières,
Jehan de Coustaux,	Blas de La Motte,
Oudinet de Verbeil,	Guiot Fédiq,
Perrot de Villedon,	Jordin du Brueil,
Gallehaust de Ploel,	Emery de Buzay,
Philippon Genvre,	Guillaume de Lebercez,
Jouen Genvre,	Jordain de Montagu,
Robinet Vorain,	Sauvaige Berlant,
Jehan de Faure,	Guillaume Dorlain,
Guillaume Poreart,	Raymon Regnier,
Jehan Gorant,	Olmiant de Marsillac.
Guillaume Jouvre,	

II

11 décembre 1530.

Roolle de la monstre et reveue faicte à Thouars le unziesme jour de décembre, l'an mil cinq cens et trente, de dix neuf hommes d'armes et quarente archiers du nombre de vingt lances fournies des ordonnnances du roy nostre syre, estans soubz la charge et conduicte de monseigneur de La Trémoille, leur cappitaine, sa personne y comprinse, par nous Hector Davaillolles, chevalier, seigneur de Roncée, commissaire ordinaire de la guerre, commis et ordonné à faire lad. monstre et reveue, icelle servant à l'acquict de maistre Georges Hervoct, conseiller du roy, nostred. s^{gr} et trésorier de ses guerres, pour le quartier d'octobre, novembre et décembre mil cinq cens et vingt neuf, desquelz hommes d'armes et archiers les noms et surnoms s'ensuyvent,

Et premièrement :

Hommes d'armes :

Mon^{gr} de la Trémoille, cappitaine.
Claude de Beauvilliers, lieutenant.
Claude de Brandon, enseigne.
Jaques de la Brosse, guidon.

René de Moussy,
Thomas de Chargé,
Jahan du Quesne,
Méry de Loubbes,
Loys Demons,
Jehan Hiongue dit Blandinière,
Jahan de Sallebert,
Jaques de Barbezières,
Loys de Mauléon,
Anthoine de Brassac dit Marilhac,
Jaques de Fougères,
Loys Rapy,
David Barbe dit du Chay,
Jehan de Bourget,
Eustace de Moussy.

Cathelin de La Terre,
Anthoine Bonneau,
Pierre Marcenay,
Jehan du Havre,
Loys de Sanctore,
Pierre Le Moyne,
Denis Mareschal,
Jahan Rytat,
Léonnard du Clau,
Pierre du Poyrier,
Rolland de Haulteville,
Dimanche Philibart,
André Martinave,
Pierre Darpageon,
Gilles de la Berlandière,
Pierre de Chargé,
Francoys de Poix,
Jehan de Lancyère,
Francois Calandreau,

Archiers :

Jehan de la Mothe,
Arnoul Najot,
Guillaume de Mouceaulx,
Pierre Desguilly,
Denis de Changy,
Octovien Vallin,
Jaques Chou,
Jehannot de Crémilles,

Pierre Le Roy,
André Atton,
Jouachin Charbonneau,
Francoys de Bailieu,
Guichard Mailliet,
René de La Tremblaye,
Jouachin de Moussy,
Révérend de la Tour,

Guy Massoteau, Baltazar de Renynville,
Toussainct de Nuchatain, Robert Durantin.
Gilbert de Valloré,

Nous, Hector Davaillolles, chevalier, seigneur de Roncée, commissaire dessusnommé, certiffions à messeigneurs les gens des comptes du roy, nostre syre, à Paris et autres qu'il appartiendra, avoir veu et visité par forme de monstre et reveue tous les dessusnommez et escriptz, dix neuf hommes d'armes et quarente archiers du nombre de vingt lances fournies des ordonnances du roy nostred. seigneur, estant soubz la charge et conduicte de monseigneur de la Trémoille, leur cappitaine, sa personne y comprinse, lesquelz nous avons trouvez en bon et suffisant estat et habillement de guerre pour suivre led. seigneur on faict de ses guerres et partout ailleurs où il luy plaira; cappables d'avoir, prandre et recevoir les gaiges et soulde à eulx ordonnez par led. seigneur pour le quartier d'octobre, novembre et décembre mil cinq cens et vingt neuf. En tesmoing de ce, nous avons signé ce présent roolle de nostre main et faict sceller du scel de noz armes les jours et ans dessusd. — DAVAILLOLLES.

ci les armes du commissaire des guerres sur timbre sec.

III

9 octobre 1548.

Roolle de la monstre et reveue faicte en armes à Anjac sur Charante en Poictou, le neuvième jour d'octobre l'an mil cinq cens quarante huict, de trente et neuf hommes d'armes et soixante archers du nombre de quarante lances fournyes des ordonnances du roy nostre sire estans soubz la charge de monseigneur le duc de Montpensier leur cappitaine sa personne y comprise, par nous, Hector Davaillolles s^r de Roncée, commissaire ordinaire des guerres commis et ordonné à faire la dicte monstre et reveue suyvant laquelle le paiement a esté faict ausdicts hommes d'armes et archers de leurs gaiges et soulde des quartiers d'octobre, novembre, décembre, janvier, février et mars mil cinq cens quarante sept derniers passez par Charles Crestart, payeur de la dicte compaignie pour servir à l'acquict de M⁰ Nicolas de Troyes, conseiller du roy nostredict seigneur et trésorier ordinaire de ses guerres. Des quelz hommes d'armes et archers les noms et surnoms s'ensuyvent,

Et premièrement :

Hommes d'armes appoinctez :

Monseigneur de Montpensier, cappitaine.
Jehan de Bueil s^r de Fontaines, lieutenant.
Claude de Rochechouart, enseigne.
Charles d'Ailly, guydon.
François de Villefavard, maréchal des logis.

Hommes d'armes à la grant paye :

Francois Tartarin,
Jacques de Laugère dict Poumerie,
Robert Leschamps,
Antoine du Chiron,
Jehan Coigne,
Robert du Mosnart dict Desplatz,
Joachim de Montdion,
Pierre de Vaucelles,
Bertrand Coigne,
Anthoine de Riz.

Hommes d'armes à la petite paye :

Nicolas Pinart dict Lors,
Charles de Guillochet,
Ambroys de la Roussière,
François Forestier,
Gabriel de la Boissière,
Michel Médart,
René de Vaucelles,
Christofle du Clou,
Anthoine Franc,
Anthoine d'Alloigny,
Jehan Esniart de la Roche aus Enfans,
Pierre le Febre,
Cenallerie et Méry de Martigny,
Charles de Folleville,

Jehan de Preaulx,
Pierre Chardon,
Charles de Grassay pour III mois xv jours,
Lyenard de la Goutte Bernard pour le reste,
Mery Guynot,
Francois de Canteleu,
Estienne de la Loue,
Jehan de Varennes,
Ysambert de Ballen,
Anthoine de Boussonnal,
Hérard du Vouhet.

Archers à la grant paye :

Symon de S_t Sulpice,
François Léal dict l'aisné Lacombe,
Anthoine des Roches,
Pierre de Pringy,
Pierre de la Leuf dict Beauregard,
René Boissart,
Arnoul de la Maisonneufve,
Jacques Charles pour II mois xv jours,
Claude de Renedelle pour II mois xv jours,
Pierre de Petitmont l'aisné,
Gilles de Boussonval,
Jacques de Laugère le jeune,
Pierre de Petitmont le jeune,
Jacques de Brocq,
Joachin de Vaucelles,
Francois Barreau dict la Coste,
Loys de Celles,
Loys Lucas,
Loys Léal dict les Loges,
Joseph Gontier,
Nicolas de la Roussière,
Olivier Girard,
Loys Léal,
Lyénard de Villefavard,
Loys Pauloys,
Lazare de Bragny,
Lyénard de la Goutte Bernard pour III mois xv jours,
Francois du Mosnart pour le reste,
Fiacre Savatte,
Jehan Destouches,
Charles de Patry,
Jehan de Jullan,
Jehan Larcher,
Jehan de la Roche Aymon,
Colas de Bridiers,
Gabriel des Forges,
Francois du Molin,
Loys de Boismorin,
Francois du Ballen,
René de Rivau,
Jehan des Roches.

Archers à la petite paye :

- Germain de Vaugolloir pour ii mois xv jours,
- Mathieu et Anthoiné Desmoulins,
- Floridas de Crémille,
- François de Corbon dict S¹ Légier pour ii mois xv jours.
- Francois Leschamps,
- Jehan de la Gaultrye,
- Jacques de Vérines,
- Morice du Mont,
- Gabriel de Fougères et Gilbert de Montgilbert,
- Pierre de S¹ Père,
- François du Mosnart et Jehan Guyot dict Asnières pour iii mois xv jours.
- Le dict Asnières pour le reste,
- François de Bracque,
- Hugues d'Asse,
- Philippes de la Losse,
- Pierre Foucher,
- Urban Gerbelot,
- André Vacher,
- Jehan du Bouchet,
- Anthoine de Sᵗᵉ Fere,
- Fédéric de Boismorin.

Nous, Hector Davailloles sʳ de Roncée, commissaire dessus nommé, certiffions à messʳˢ les gens des comptes du roy nostre sire à Paris et autres qu'il appartiendra avoir veu et visité par forme de monstre et reveue tous les dessus dicts trente et neuf hommes d'armes et soixante archers du nombre de quarante lances fournies des ordonnances du roy nostre sire estans soubz la charge et conduicte de monseigneur le duc de Montpensier leur cappitaine, sa personne y comprise, dont en y a dix hommes d'armes et quarante archers à la grant paye qui est de vingt livres tournois pour chacun homme d'armes et dix livres tournois pour chacun archer par mois, et le reste des dicts hommes d'armes et archers à la petite paye qui est de quinze livres tournois pour chacun homme d'armes et sept livres dix sols tournois pour chacun archer aussi par mois, ausquelz après que les avons trouvez en bon et suffisant estat et habillement de guerre pour servir ledict sire au faict d'icelle partout où il luy plaira les employer et d'iceulx prins et receu le serment en tel cas requis et acoustumé, avons faict payer, bailler et délivrer les gaiges et soulde à eulx ordonnez par le dict sire pour les quartiers d'octobre, novembre et décembre et janvier, février et mars mil cinq cens quarante sept dernier passez. En tesmoing de ce nous avons signé ce présent roolle de nostre main et faict sceller du scel de nos armes les an et jour dessusdicts. — H. Davaillolles.

IV

8-11 juin 1568.

Roolle de la monstre et reveue faicte à Poictiers, le huictiesme jour de juing l'an mil cinq cens soixante huict, de cent hommes de guerre à pied soubz la charge et conduicte de René de la Haye, s^{gr} de la Bordelière, leur cappitaine, sa personne y comprise, estans pour le service du roy en ce païs de Poictou pour la garde, seureté et deffence d'iceluy. Par nous,........ de Chissé, commissaire, et Jehan Bouchet, contrerolleur extraordinaire des guerres à ce commis et depputé par monseigneur le conte du Lude, chevalier de l'ordre du Roy et lieutenant général pour Sa Majesté en ses païs et comté de Poictou, icelluy servant à l'acquit de Me Jhérosme de Bragelongne, conseiller du roy et trésorier de l'extraordinaire de ses guerres, pour le paiement faict ausdicts cent hommes de guerre, et ce pour leurs gaiges, solde, estatz, appoinctemens et entretennemens du mois de may dernier passé, desquels cent hommes les noms et surnoms ensuyvent :

René de la Haye, capitaine.
La Salle, lieutenant.
La Jarrye, enseigne.
Lagarenne, sergent.
Jehan La Roq, tabourin.
Chanteloup, phiffre.
Pierre de la Court, fourrier.

Aultres gens de guerre :

Coiron,
Ambrois le Père,
Pierre Colet,
Symon de Villars,
Jehan le père,
Jehan de la Fère,
Phillippes Mestivier,
René Tormyneau,
Pierre Archart,
Philippes Lelong,
Laurent Faydi,
La Barre,
Saint Roch,
Estienne Laiguille,
Jehan le Père,
Pierre Borreau,
Jehan Cherilliet,
Jehan de la Vigne,
Cosme Regnault,
François Semet,
Anthoyne Gaudry,
Estienne Robert.
XXIX.

Loïs Régnard,
Claude Joubert,
Jehan Moreau,
Martin Bugeau,
Martin Lentfrais,
Beaumont,
Jacques Olyvier,
François de la Fougère,
Jhérosme Lucet,

Pierre Guerry,
Jehan Mynereau,
Ardouyn Bergny,
Mathurin Saillard,
Joseph Prévost,
Hugues Pouvereau,
Chamarrier,
Loys Genest,
Jacques Talleuson,
La Dousche,
Gabriel Joy,
Lynant,
Jehan Albert,
Jehan Besson,
Ozias de la Court,
René Pelletier,
Colas Fazelleau,
François Roullet,
Estienne Romant,
Jehan Dumyer,
Mochon,
De la Ra,
Montagre,
Pierre Micheau,
Jehan Guerry,
Denys Boismorant,
Plantadin,
Marenier,
Dupont.
XXXVIII.

Sauge,
Certon,

de Bresse,
La Mothe,
La Daury,
La Pontif,
La Fontaine,
Jacques Gallyer,
Sieur de Lagnier,
Jehan Bourdier,
Mathurin Gentin,
Denys Gautier,
Lagerye,
Fougromyer,
Loys Rousseau,
Claude Caillau,
François Goullard,
Jehan Seguin,
Guy Roux,

Alexandre Gadifer,
Jehan Arneille,
Jehan Bernard,
Michel de Monthomery,
Jehan de la Lande,
Michau Dabain,
Estienne Vessien,
Lyon Dabain,
Jacques Verdeil,
Bessoudon,
Colas Regnard,
Jehan Normant,
Mathurin Paien,
Anthym Manant,
Jehan Poinstou.
xxxiiii.

Nombre total desdits gens de guerre c hommes.

Nous, René de La Haye, s^{gr} de la Bordelière, cappitaine de cent hommes de guerre à pied estans pour le service du Roy en ce pais de Poictou, certiffions à tous qu'il appartiendra avoir presenté en bataille les dicts cent hommes de guerre à pied cy dessus escriptz et nommez aux commissaire et contrerolleur soubzsignez pour en faire la monstre et reveue pour le moys de may dernier passé, et nous   de Chissé commissaire extraordinaire des guerres certiffions à messeigneurs les gens des comptes du Roy nostre sire à Paris et autres qu'il appartiendra avoir veu et visité par forme de monstre et reveue les dicts cent hommes de guerre à pied soubz la charge du dict cappitaine de la Haye et après les avoir trouvez en bon équippaige de guerre pour faire service au roy, et diceulx prins et receu le serment acoustumé, nous avons faict paier, bailler, délivrer comptant par M. Jhérosme de

Bragelongne, conseiller du roy et trésorier de l'extraordinaire de ses guerres ou son commis en ce païs de Poictou. Asscavoir, au cappitaine c livres, au lieutenant L livres, à l'enseigne xxx livres, au sergent xx livres tournoys, aux tabourins, phiffre et fourrier chacun xii livres, aux deux caporaux chacun xviii livres, à douze portans corceletz chacun x livres et à lxxix portans morions chacun x livres, revenant ensemble lesdictes sommes à la somme de douze cent quatre vingt deux livres tournoys à eulx ordonnée par le roy. Pour leurs gaiges, soldes, estatz et appoinctements du mois de may dernier passé. Et, en la présence de moy Jehan Bouchet, contrerolleur extraordinaire des guerres, tous les dessus nommez et escriptz cent hommes de guerre à pied ont confessé avoir eu et receu comptant de M° Jhérosme de Bragelongne, conseiller du roy et trésorier de l'extraordinaire de ses guerres ou son commis en ce pays de Poictou, la somme de unze cent quatre vingt deux livres tournois pour leurs gaiges et soldes du dict moys de may dernier passé, laquelle somme leur a esté payée comptant en testons xi^c xl livres, et dont ils et chacun d'eulx se sont tenus et tiennent contens et bien paiez et en ont quicté et quictent le dict de Bragelongne trésorier susdict et tous autres. En tesmoing de ce nous avons signé ce présent roolle de notre main à Poictiers le unziesme jour de juing l'an mil cinq cens soixante huict. — René de la Haye. de Chissé. — J. Bouchet.

Cote au dos : Gens de pied : le cappitaine Bourdillière c hommes.

May 1568, xi^c iiii^{xx} xx ii livres.

V

27 septembre 1570.

Roole de la montre et reveue faicte à Drye, en Poictou, le xxviime jour de septembre, l'an mil v^c soixante dix, du nombre de huict vingtz seize hommes de guerre à pied, françoys, du régiment du sieur de Sarlaboy soubz la charge du cappitaine Phorien, sa personne y comprinse, par nous, Adrian Quéraut, sieur du Croteau, commissaire extraordinaire des guerres, et maistre Jahan Moreau, contrerolleur extraordinaire d'icelles, commis et députez par monseigneur le comte du Lude, chevalier de l'ordre du Roy conseiller en son conseil privé, gouverneur et lieutenant général pour Sa Majesté en ses païs et conté de Poitou, à faire la dicte monstre et reveue, icelluy roolle servant à l'acquict de Me Loyz Le Fèvre, conseiller du roy, trésorier de l'extraordinaire de ses guerres pour ung mois entier, commençant le vingt septiesme septembre mv^c soixante dix, et finissant le vingt septième jour d'octobre ensuivant audit an, desquelz viii^{xx} xvi hommes de guerre à pied françois les noms et surnoms ensuivent.

Premièrement :

Forien (de), cappitaine,
Nicolas Cousin, lieutenant,
Nicolas (de), enseigne,
Jehan Citien, sergent,
Jehan Supply, sergent,
Jehan Levesque,
Loys Le Moyne,
Jacques Martin,
Jehan de la Foultre,
Jehan Escuyer,
Jehan Belliart,
Anthoine Le Moine,
Paul Dumas,
Vincent Alibert,
Carrière,
Pierre de Lespine,
Pierre Ortolan,

Gille de la Tour,
Jehan de Fieve,
Bernard Collaret,
Pierre de Vonally,
Bernard Briault,
Martin Rigault,
Jehan de Mornas,
Lerori,
Nicolas de Bruno,
Pasquier Courtois,
Jahan de Chartres,
Jehan de Mesreaulx,
Pierre Blaget,
Jehan Vilar,
Claude Melin,
Anthoine Mynote,
Jehan Rolland,

Deschamps,
Loys Tornemyne,
Anthoine Doban,
Pierre le More,
François Montrorut,
Simon Charron,
Jacques Dubois,
Jehan Vilain,
Pierre Darles,
Jehan Garnier,
Denis Leclerc,
Guillaume Combe,
Jahan Fabre,
Pierre du Bourg,
Anthoine Prade,
Jehan Gogier,
Grégoire Bernard,
Claude de Combretz,
Bernard Garenne,
Pierre Chauvereau,
François Austron,
Charles Gouverneur,
Barthelemy Richard,
Jehan Collas,
Nicolas Charpentier,
Loys Ganne,
Georges Musset,
Estienne Brouillard,
François Blondeau,
Guillaume de la Croys,
Henry Forgues,
Estienne de Soisons,
Hector de Haumont,
Jehan Delier,
Regnaut de Sainct Martin,
Claude Marchant,
François de Millyan,
Girard Le Noir,
Oudin Laurans,
Robert,
Jehan Prévost,
Nicolas Fouillon,
Jehan Hazard,
Renault Laizard,
Jehan Herau,
François Savart,
Pierre Pastor,
Pierre Lymbart,
Guillaume Chodrier,
Jehan   ,
Jehan   ,
Robert Desprez,
Jehan Billart,
François de la Haye,
Bernard Desteve,
Claude Guillaume,
Jehan Delaussin,
Leger Maignan,
Guillaume Bestogans,
Anthoyne Prevost (ou Pierrot),
Jacques Fourreau,
Nicolas Gougereau,
Jehan Leclercq,
Anthoine Moulac,
Jehan Lepetit,
Pierre de Fleur,
Jehan Forzy,
Odart Valard,
Georges Raimbault,

Daniel Spire,
Symon Sangterre,
Jehan Soullé,
Jehan Laulnois,
Jehan Tronchou,
André Regnard,
Jehan Baudiet,
Pierre Duprès,
Pierre de Verdun,
Pierre Léonard,
Loys de la Fosse,
Charles Couvorrat,
Bertrand Malet,
Jude Le Coq,
Marin Charly,
Pierre Lye,
Bastien Colle,
François Le Clert,
Pierre Florent,
François Brun,
Jehan Noel,
Jehan Blotin,
Pierre Duval,
Gillet Hugo,
Pierre de la Haye,
Philippart Forget,
René Baudry,
Pierre Pinon,
Jehan Laudrion,
Denis Mareschal,
Maurice Duchastelet,
Charles Bonnet,
Loys Barbier,
Jehan Catien le jeune,
Pierre Brenet,

Guy de la Fontaine,
Anthoine Magnard,
Philippart de la Treille,
Baptiste de Mondragon,
Philippart Prou,
Jehan Chenu,
Jehan du Bois,
Michel Carbon,
Jehan de Durant,
Vilain Michiel,
Jehan ,
Jacques Thierry,
Anthoine Roullet,
Gaspart Goubert,
Jacques de la Fosse,
Denis du Ratz (ou du Retz),
Poncelet Chetemps,
Jacques Valo,
Germain Fournier,
Bernard la Rocque,
Jehan de la Place,
Gaillard Poussier,
Jehan Pineau,
Jehan Cubuin,
André Corme,
Martin Pascal,
Pierre Gaultier,
Martin Lambert,
Nicolas Le Fèvre,
Margarit Chevalier,
Jehan de Paris,
Pierre Verdon,
Claude du Vair,
Loys des Molins,
Jehan de Gonzague,

Philippart Rigault,   René Le Roy.
Anthoyne Portau,

Nombre total des dicts hommes cydessus, comprins le cappitaine et officiers de ladicte compagnie vııı^{xx} xvı.

Nous, Nicolas Cousin, lieutenant d'une bande de deux cens hommes de guerre à pied françois du régiment du sieur de Sarlaboy, soubz la charge du cappitaine Forien et Adrien Quéraut sieur du Croteau, commissaire extraordinaire des guerres, et Me Jehan Moreau contrerolleur aussi extraordinaire d'icelles, certiffions à messieurs les gens des comptes du Roy nostre sire, à Paris, et à tous aultres qu'il appartiendra ce qui sensuict, savoir est : nous Nicolas Cousin, lieutenant susdit, avoir présenté à ses monstre et reveue qui s'est faicte de la dicte compagnie pour ledict mois commençant ledict vingt septiesme jour de septembre mil cincq cens soixante dix et finissant le vingt septiesme jour d'octobre ensuivant on dict an, le nombre dessus de huict vingtz seize hommes de guerre à pied françois, en ce la personne dudict cappitaine Forien, la nostre, porteur d'enseigne et aultres officiers y comprins. Nous, Adrian Quéraut s^r du Croteau, commissaire susdict, avons veu et visité par forme de monstre contenant icellui nombre de vııı^{xx} xvı hommes de guerre pour faire service à Sa Majesté et d'iceulx avoir prins et receu le serment en tel cas requis et accoustumé, leur avoir faict payer, bailler et deslivrer comptant par Me Loys Lefèvre, conseiller dudict sire et trésorier de l'extraordinaire de ses guerres, la somme de dix huit cens quatre vingtz douze livres tournois en testons à xıı sols pièce et à eulx ordonnées pour leurs gaiges, solde, estatz et appoinctemens d'un mois entier commençant le vingt septiesme jour de septembre et finissant le vingt septiesme jour d'octobre ensuivant mv^c soixante dix qui est assavoir au dict cappitaine cvı livres, à son lieutenant lvı livres, à son enseigne xxxvı livres, à deux sergens à chascun xx livres, à ung fourrier, deux tabourins et ung phifre, à chacun xii livres, à quatre caporaulx armez de corseletz à chacun xviii livres, à quatre lanspesades à chacun xvi livres, à quatre aultres à chacun xv livres, à deux aultres à chacun xiiii livres, à vingt cinq harquebuziers morionnez à chacun x livres, à vingt aultres portans morions à chascun viii livres, à quatorze portant picques à chascun vii livres. Montant et revenant le paiement des dicts viii^{xx} xvi hommes à la raison des appointemens susdicts la dicte somme de xviii^c iiii^{xxii} xii livres tournois. Et moy, Jehan Moreau, conseiller susdict, certiffie la somme dessus dicte de xviii^c iiii^{xxii} xii livres avoir esté fournie, paiée, baillée et délivrée comptant en nostre présence par le dict Me Loys Le Fèvre, trésorier extraordinaire susdict, ou son commis aus dicts viii^{xx} xvi hommes de guerre à pied, françois. De laquelle somme de xviii^c iiii^{xxii} xii livres, tous et chascun d'eulx particulièrement se sont tenuz et tiennent pour comptant et bien payez et en ont quicté et quictent ledict Le Fèvre, trésorier susdict, et tous aultres. En tesmoing de ce, nous, lieutenant, commissaires et contrerolleur dessusdicts, avons signé le présent roolle à Drye en Poictou, le vingt septiesme jour de septembre l'an mil cinq cens soixante dix. — N. Cousin. — Adrian Queraut. — Moreau.

Cote au dos : Cap^e Forian, xxviie septembre, finissant le xxviie octobre 1570. viii^{xx} xvi hommes, xviii^c iiii^{xxii} xii livres.

VI

26 janvier 1574.

Roolle de la monstre et reveue faicte en armes, à Mouilleron en Poictou, le vingt sixiesme jour de janvier, l'an mil cinq cens soixante et quatorze, de vingt quatre hommes d'armes et trente cinq archers du nombre de cinquante lances, reduites à trente, des ordonnances du roy estans soubz la charge et conduicte de monsieur de Jarnac, chevalier de l'ordre, leur cappitaine, sa personne et celles de ses lieutenans, guydon et maréchal des logis y comprises, par nous, Esmé le Prestre, s^r du Gast, commissaire ordinaire des guerres et Louys Joubert, notaire juré de la court des baronnies de Vouvant, Mervant et Mouilleron appellé pour en l'absence de Me Jehan Rocque, contrerolleur ordinaire de ses guerres, commis et depputé avec nous à faire lad. montre et reveue ; icelluy roolle servant à l'acquict de Me Estienne Galinet, conseiller dud. s^{gr} et trésorier de l'ordinaire de sesd. guerres, pour le quartier d'octobre, novembre et décembre dernier passé, suyvant le paiement qui en a esté faict par Jaques Le Tourneur, paieur de lad. compaignie ausd. chefz, hommes d'armes et archers dont les noms et surnoms ensuyvent.

Premièrement :

Monsieur de Jarnac, cap^{ne}, passé par montre faicte du Roy et attestation de malladie cy rendues avec sa quictance montant cinq cens cinquante livres tournois : assavoir, iiii^c l. tz. pour son estat de cap^{ne} et c l. pour sa place d'homme d'armes dud. quartier d'octobre, novembre et décembre, la quelle quictance et le présent roolle ne servent que pour ung mesme acquit. Pour ce cy lad. somme de. . . . . v^{c}LIX l.

Léonor Chabot, ch^{er} s^{gr} de Moulien en Xaintonge et y demeurant, présent. Payé par sa quictance cy rendue, montant deux cens soixante deux livres dix solz tourn., assavoir, viii^{xx} ii l. t. pour son estat de lieutenant et c l. pour sa place d'homme d'armes dud. quartier, lad. quictance et ce présent roolle ne servant que pour un acquit, cy . . . . ii^{c}LXII l. t.

Jaques de Savignat et de Beauregard,

guydon, dem¹ à Sainct Prye, en Lymosin, passé après avoir présenté armes et chevaulx, par attestation de malladye cy rendue avec sa quictance, montant deux cens livres tourn., pour les estat et place d'homme d'armes du quartier dessusd., ladicte quictance et ce présent roolle servant pour ung seul acquit. Pour ce cy lad. somme de. . . . ıı^c l.

François d'Arciaque et de Belleveue, en Xainctonge et y demeurant, maréchal des logis présent. Payé par sa quictance, montant six vingtz dix sept livres du solz t. pour ses estat et place d'homme d'armes, icelle quictance et ce présent roolle servant pour ung seul acquit, cy. . . . . vı^{xx} xvıı l. t.

Hommes d'armes :

Audet de la Mothe, s^r dud. lieu en Xainctonge et y demeurant, présent. . . . . c l.

Jehan Gravier, s^r de la Garde près Fronsac et y demeurant, présent. . . . . c l.

Patris Andouyn, s^r de la Gastaudière en Périgort et y dem^t, présent. . . . . c l.

Pierre Doinex, s^r dud. lieu en Armagnac et y demeurant, présent. . . . . c l.

Charles Darciaque, s^r de Chambeclane en Xainctonge et y demeurant, présent. . . . . . . c l.

Michel de Pressac, s^r de la Chaize en Angoulmoys et y demeurant, présent. . . . . c l.

Bernard de la Badye, s^r du Mesnapié en Xainctonge et y demeurant, présent. . . . . c l.

Hubert Audureau, s^r de Lucher et y demeurant près Jarnac, présent. . . . . c l.

François de Mauvresin, s^r dud. lieu, demeurant à Perluchat, présent. . . . . c l.

Louys Andouyn, s^r de la Bernadière en Poictou et y demeurant, présent. . . . . c l.

Jehan Grain le jeune, s^{gr} de Vallette en Périgort et y demeurant, présent.. . . . . c l.

Jehan de la Touche, s^{gr} de Cressac et y demeurant, présent. . . . . c l.

Jehan du Maigny, s^r de Cousturier et y demeurant, en Poictou, présent. . . . . c l.

Nicolas de Bonnefoy, s^{gr} de Bertauville, demeurant à Antignac, présent. . . . . c l.

Jehan Grain l'aisné, s^r de la Barde en Xainctonge et y demeurant, présent. . . . . c l.

François de Lattre, s^r de Mallemont en Angoulmois et y demeurant, présent. . . . . c l.

Anthoine Gaudin, s^r de Lignières en Poictou et y demeurant, présent. . . . . c l.

Arnault des Champs, s^{gr} dud. lieu en Xainctonge et y demeurant, présent. . . . . c l.

Pierre de la Faye, s^r de Toucherolle en Poictou et y demeurant, présent. . . . . c l.

Jehan de la Faye, demeurant aud. lieu de Toucherolle, présent. . . . . c l.

Archers :

Jehan Biault, s^r de Champlong en Xainctonge et y demeurant, présent. . . . . L l.

Jehan de Lattre, s^r du Bouchereau, demeurant à Macqueville en Xainctonge, présent. . . . . . L l.

Jaques Touchet, s^{gr} de la Salle, demeurant à Jarnac, présent. . . . . L. l.

Mathurin Pigeat, s^r de la Costière, en Lymosin, et y dem^t, présent. . . . . L. l.

Martin Vallet, demeurant à Palluau en Périgort, présent. . . . . L. l.

Bonadventure du Mayne, trompette, demeurant
à Moulien, en Xainctonge, présent. . . . . L. l.

Arthus de la Chaulme, s^r dud. lieu, en Poictou
et y dem^t, présent. . . . . L. l.

Nicolas Grost, fourrier, demourant à Barbezieulx,
présent. . . . . L. l.

Jehan Despouges, s^r de la Richardie en Périgort
et y dem^t, présent. . . . . L. l.

Jehan Le Riche, s^r de   en Angoulmois
et y dem^t, présent. . . . . L. l.

Jehan Desmier, s^r de la Tour Blanche, demourant à Moulien, présent. . . . . L. l.

Arnault Morin, demourant à Coustras, près
Abourné, présent. . . . . L. l.

Arnault Gervain, s^r de   en Angoulmois,
présent. . . . . L. l.

Gabriel de Chergé, s^r de Fleuret, près le Port de
Pilles et y dem^t, présent. . . . . L. l.

Pierre Pabon, s^r de Ponac, en Xainctonge et y
dem^t, présent. . . . . L. l.

Benoist Mathon, demourant à la Rochelle, présent. L. l.

Robert Conradin, demourant à Pierrepausne en
Angoulmois, présent. . . . . L. l.

Claude Fauguenet, dict La Faye, demourant à
Jarnac, présent. . . . . L. l.

Gaspard Domex, dem. aud. Jarnac, présent. . . L. l.

Guillaume de la Brouhe, s^r de la Feulletière en
Xainctonge et y dem^t, présent. . . . . L. l.

Gaspard de Saulx et de la Tour Blanche, dem. à
Mollidans, en Angoulmois, présent. . . . . L. l.

Balthazard d'Aujac et dud. lieu en Angoulmois et
y dem^t, présent. . . . . L. l.

Jehan d'Aujac, demourant aud. lieu, présent. . L. l.

Jehan Pepin, s^r de Frédauville, dem. à Arciaque
en Xainctonge, présent. . . . . L. l.

François de la Croix, demourant à Moulien, présent. . . . . L. l.

Louys Aubert, s^r de Bardon en Xainctonge et y dem^t, présent. . . . . , ... L. l.

Simon Arthus, s^r de la Vallée en Xainctonge et y dem^t, présent. . . . . L. l.

Jehan de la Rocheviron, dem. aux Touches en Périgort, présent. . . . . L. l.

Joseph Chevalin, m^{al} de forge, demourant à Moulien, présent. . . . . L. l.

Estienne Piphon, demourant à la Rochelle, présent. . . . . L. l.

Gaston de Bosmesgat, s^r de la Combe, demourant à la Roche Challais en Xainctonge, présent. L. l.

Léon Daulaigne, s^r dud. lieu en Périgort, présent. L. l.

Thomas de Serzay, s^{gr} du lieu en Xainctonge, présent. . . . . L. l.

Jacques de Voulon, s^{gr} du lieu du Brueil, demeurant à Salligny en Poictou, présent. . . . . L. l.

François du Rousseau, demourant à Mombron, en Angoulmois, présent. . . . . L. l.

Nombre desd. hommes d'armes, conprins les chefs, xxiiii, et desd. archiers xxxv. — Le paiement desquelz monte, compris les estatz desd. chefs, la somme de quatre mille neuf cens livres tourn. et les deniers revenans bons au roy, douze cens livres tournois.

Nous, Léonor Chabot, chevalier, s^{gr} de Moulien, lieutenant d'une compagnie de cinquante lances réduictes à trente des ordonnances du roy, estans soubz la charge et conduicte de monsieur de Jarnac, nostre cappitaine, Esmé le Prestre, s^r du Gast, commissaire ordinaire des guerres, et Louys Joubert, notaire juré en la court des baronnies de Vouvant, Mervant et Mouilleron, appellé pour et en l'absence de Me Jehan Rocque, contrerolleur ordinaire de sesd.

guerres, depputé à faire la montre de lad. compaignie, certiffions à nossieurs des comptes du roy, nostred.. s^{gr}, à Paris, et autres qu'il appartiendra, assavoir, nous, lieutenant, avoir présenté ausd. commissaire et contrerolleur tous les dessus nommez et escriptz, vingt quatre hommes d'armes et trente cinq archers, compris mond. sieur de Jarnac, nostre personne et celles des guydon et maréchal des logis ; sçavoir est mond.. s^{gr} de Jarnac pour montre faicte du roy et actestation de malladye, led. guydon par actestation de malladye seullement. Et le surplus présens en personne, montez et armez en équipaige suffisant de faire service au roy au faict de sesd. guerres et partout ailleurs où il luy plaira de les employer ; nous commissaire les avoir veuz et visitez par forme de montre et reveue en armes, et après que nous les avons trouvez en bon et suffisant estat et équipaige de guerre pour servir Sa Majesté on faict d'icelles, prins et receu d'eulx le serment en tel cas requis et accoustumé, nous les avons faict paier de leurs gaiges, souldes et estatz du quartier d'octobre, novembre et décembre dernier passé à la raison selon et ainsy qu'il est porté cydevant, et moy notaire et contrerolleur susd. avoir assisté à lad. montre, faict et dressé les roolles et deniers revenans bons au roy sur icelle, et tous ensemble certiffions que en noz présentes, les dessusd. vingt quatre hommes d'armes et trente cinq archers, compris lesd. chefz et membres ont esté paiez de leurs gaiges, soldes et estatz dud. quartier d'octobre, novembre et décembre dernier passé par les mains de Jaques Le Tenneur, paieur de lad. compaignie, en l'acquit de Me Estienne Galinet, conseiller du roy et trésorier ordinaire de sesd. guerres : assavoir aud. s^{gr} de Jarnac ès mains du porteur de sa quittance v^{c}L lt. pour son estat et place d'homme d'armes ; à nous, lieutenant en noz mains IIILXII l. x s. t. aussy pour nostre estat et place ; aud. guydon II^c l. t. pour semblable ès mains du porteur de sa quic-

tance ; au maréchal des logis vi^{xx}xvii l. t. pour mesme cause entre sesd. mains ; à chacun desd. hommes d'armes c l. t. et à chacun de sesd. archiers l. l. t. aussy en leurs mains, montant et revenant led. paiement faict en testons et xii^{ains}, à la somme de quatre mil neuf cens livres torn., de laquelle ils et chacun d'eux particulièrement se sont tenus pour contens et bien paiez et en ont quicté et quictent le roy, lesd. s^{rs} Estienne Galinet, trésorier, Jaques Le Tenneur, paieur et tous autres. En tesmoing de ce, nous avons signé ce présent roolle de nos seings, et avec nous led. Le Tenneur, paieur, et scellé des sceaulx de nous, lieutenant et commissaire à Mouilleron, le vingt sixiesme jour de janvier, l'an mil cinq cens soixante et quatorze.
— Léonor Chabot — Le Prestre. — Le Tenneur. — Jousbert.

VII

21 juin 1583.

Roolle des vingt hommes gens de guerre, ordonnez par le roy à monsieur le conte du Lude, gouverneur et lieutenant général pour Sa Majesté au pays de Poictou, pour sa garde ordinaire conduictz et commandez par le s^r de La Blouère, leur cappitaine, desquelz monstre a esté faitte à Nyort, en Poictou, le vingt ungiesme jour de juin mil cinq cens quatre vingtz troys, par nous Mathurin Le Vasseur, s^r de Mortesve, commissaire, et Michel Maillard, contrerolleur extraordinaire des guerres pour le quartier d'avril, may et présent moys de juin, on dict an, dont les noms ensuyvent :

Premièrement :

Anthoyne Chasteigner, s^r de la Blouère, cappitaine,
Bernard de Lagarde,   Jehan Dasparut,
Jehan de Laillet,   Philippe Dupin.

Mathurin Gruau,	Pierre de Lamothe,
Bastien Bourgouyn,	Vincent Barrault,
Jacques Cerlluau,	Claude Guillier,
Nicollas Baillaut,	Hubert Bodris,
Loys Dumortier,	Jehan Nailler,
Pierre Joly,	Laurent Dubouchet,
Noel Brion,	Bonnadventure Loulleau,
Anthoyne Dupré,	Pierre Ayrault.

Nombre xxi, comprins le cappitaine.

Nous, Anthoine Chateigner, s^r de la Blouère, cappitaine de la garde de Monsieur le conte du Ludde, certiffions à tous qu'il appartiendra avoir cejourdhuy présanté en bataille les vingt hommes cy dessus escriptz et nommez par ce présent roolle à Mathurin Le Vasseur, s^r de Mortesve et Michel Maillard, commissaire et contrerolleur extraordinaire des guerres, ordonnez par mondict s^r le conte pour faire monstre d'iceulx, et nous susdicts commissaires les avoir trouvez armez, équippez et en estat suffisant pour faire service au roy, au moyen de quoy après avoyr tant du dict cappitaine que des dicts vingt hommes gens de guerre, prins et receu le serment en tel cas réquis et acoustumé, leur avoir ordonné payement estre faict en nostre présence de leur solde, estatz et appoinctemens à eulx deuz pour le quartier d'avril, may et présent moys de juin, par Me René Rousseau, conseiller du roy, trésorier provincial de l'extraordinaire des guerres en Poictou, pour et à l'acquit de Me Anthoine Dechaulmes, aussi conseiller du roy et trésorier de l'extraordinaire des guerres : sçavoir, au dict cappitaine la somme de cincquante escuz et à chascun des dicts vingt soldats vingt escuz, montant et revenant le dict payement pour le dict quartier à la somme de quatre cens cincquante escuz sol, et nous contrerolleur susdit, avoir dressé le présent roolle et assisté à voir faire les monstre et payement susdit ausd. cappitaine et vingt hommes de guerre cy dessus, lesquelz en présence du dict cappitaine, du dict s^r de Mortesve, commissaire, et de nous ont esté particulièrement paiés dont chacun d'eulz sest tenu et tient pour bien comptant et satisfait et en ont quitté et quittent le roy, ledict Dechaulmes trésorier, Rousseau et tous aultres. En tesmoing de quoy nous avons signé le présent roolle à Nyort le vingt ungiesme jour de juin, l'an mil cinq cens quatre ving et troys. — ANTOINE CHATEIGNER. — MATEURIN LEVASSEUR. — MAILLARD.

VIII

4 août 1603.

Roolle de la monstre et reveue faicte d'une compaignie de trante cinq hommes de guerre, arcquebusiers à pied, tenant garnison pour le service du roy en la ville de Chastelleraud soubs la charge du sieur de Préau, leur cappitaine, sa personne y comprinse, icelluy servant à l'acquit et descharge de Me Jehan Fabry, conseiller du roy et trésorier général de l'extraordinaire de ses guerres pour le payement faict par Me Pierre de Tremblay, trésorier provincial d'icelles en Poictou, de leurs gaiges, solde, estats et appoinctemens de deux mois de la présente année commençans le dixneufiesme jour de avril, suivant l'estat du roy desquelz les noms et surnoms ensuivent :

Premièrement :

Hector de Préau, cappitaine,
Jehan Groussin, dict la Soulleure, lieutenant,
Jehan Dulac, enseigne,
Jacques de Labadie, sergent,
Jehan Baron, sergent,
Pierre Vaudois, tambour,
Henry Pierre, fiffre,

Jehan Audevaulx,
Fiacre Loreille,
Mathurin Moherac,
Thénesime Grandin,
Jehan Dandesan,
Paul Tarines,
Gaspard du Moullin,
Simon Tourte,
Jehan Audeau,
Pierre Mesneau,
René Senault,
Jehan Poullain,
Charles Pichard,
Denis Laselve,
Jehan Berniger,
Jehan Boncours,
Jacques Touffu,
Jacques Darchois,
Estienne Maccaroy,
Benjamin Laurendois,
Pierre Lusset,
Mathurin Lardillon,
André Boissiève,
Charles du Ruau,
David Moyneteau,
Jehan Fortin,
Anthoine Jahan,
Michel Arnault.

Nombre : xxxv hommes.

Nous, Hector de Préau, cappitaine commandant aux trente cinq hommes de guerre à pied, tenant garnison pour le roy en sa ville de Chastellerault, Jehan Pavillon et François Collon, commissaire et contrôleur ordinaires des guerres, certiffions à nosseigneurs des comptes et tous autres qu'il appartiendra ce qui s'ensuit : assavoir, nous, dit de Préau cappitaine, avoir mis en bataille et présenté en armes auxd. commissaire et contrôleur en bon estat de guerre le nombre de trente cinq hommes harcquebusiers à pied cy dessus escripts, nostre personne y comprise pour d'iceux faire monstre et reveue, et nousd. commissaire [et] contrôleur les avoir veuz et visitez par forme de monstre et reveue, iceux trouvé en bon estat et équipaige de guerre pour leur service au roy et d'iceux prins et receu le serment en tel cas requis et accoustumé, après lequel nous avons ordonné payement leur estre faict par M⁰ Pierre du Tremblay, trésorier provincial de l'extraordinaire des guerres en Poictou, à l'acquit de M⁰ Jehan Fabry, conseiller du roy et trésorier général d'icelles, de

leurs soldes et appointemens de deux mois de lad. année dernière vi^e deux, composez de xxxvi jours
à raison des appointemens qui ensuivent, assavoir : aud. s^r de Préau, cappitaine pour lesd. deux mois à raison de cvi l. chascun, ij^cxii l.; au lieutenant, à raison de lvi l. chascun, cxii l.; à l'enseigne, à raison de xxxvi l. chascun, lxxii l.; à deux sergens, à raison de xxv l. chascun, c l. t.; à ung fourrier, un tambour et ung fiffre, à raison de xii l. chascun, lxxii l.; à deux capporaulx à raison de xvi chascun, liiii l.; et à vingt trois arquebuziers à raison de x l. chascun, iiii^clx l. montans et revenans lesd. appoinctemens ensemble à la somme de unze cent soixante huict livres tournoiz pour lesd. deux mois les quelz appareus ont estez en la présence de nousd. contrôleur susdit, paiez ausd. gens de guerre pareillement à chacun d'eux par led. du Tremblay, dont et ung et chascun d'eux se sont tenus comptans, satisfaictz et bien paiés et ont quicté et quictent le roy, lesd. Fabry et du Tremblay et tous aultres. En tesmoing de quoy nous avons signé ce présent roolle aud. Chastellerault, le quatriesme jour de aoust mil six cens trois. — Preau. — Pavillon. — Collon.

IX

16 janvier 1622.

Roole de la monstre et reveue faicte en armes en une place proche le bourg de Latillé, près Poictiers, le seiziesme jour de janvier mil six cent vingt et deux, de iiii^xx dix hommes de guerre à pied françois, du nombre d'une compagnie de cent hommes du régiment de Navarre estant pour le service du roy au dict bourg de Latillé, près Poictiers, soubz la charge du sieur de Sérans, leur cappitaine, sa personne, celles des lieutenant, enseigne et officiers comprises au dict nombre de iiii^xx dix, par nous, Nicollas Thierry, commissaire ordinaire des guerres, et Jehan

Charron, controlleur ordinaire d'icelles à ce commis et depputez. Icelluy roole servant à l'acquit de M° Simon Collon, conseiller du roy et trésorier général de l'extraordinaire des guerres, pour le paiement par luy faict par les mains de son commis ausdicts gens de guerre pour leurs soldes et entretennement du ix° mois de l'année vi°xxi, composé de xxxvi jours, commancé le xix° octobre dernier et finy le xxiii° de novembre ensuivant. Desquelz gens de guerre les noms et surnoms ensuivent :

Premièrement :

Claude de Launoy, sieur de Sérans, cappitaine,
Phelippes de Launoy, sieur du Mesnil, lieutenant,
Jehan de Luxembourg, sieur de la Chappelle, enseigne,
Girard Double, sergent,
Alexandre Allet, sergent,
Jehan Augrand, fourrier,
Claude Barbier, tambour,
Jehan Petit, fifre,

Louis Ferré,	Toussainctz Richard,
Guillaume Foucques,	Lucas Lebœuf,
François Pasty,	René Guilloteau,
Pierre Frondefer,	François Cochard,
Gabriel Dommault,	Anthoine Hardevilles,
Cathelin Thomas,	Jehan Thouaille,
Mathieu Chesneau,	Pierre Gasselin,
Mathieu de Dray,	Louis Dochy,
François du Verger,	Anthoine de Fricourt,
Jean Bourgeois,	Nicolas Varé,
Anthoine Darguinière,	Pierre Boullies,
Jehan Brault,	Jehan Aude,
Raymond Ray,	Jacques Descourtilz,
Jean de Villiers,	Guillaume Cany,
Jacques Le Roux,	Adrian Choppard,

Leonnard de Mauge,
Jacques Taffin,
Jean Desmarets,
Fiacre Godard,
Georges Hardeville,
Jean Rozier,
Anthoine du Pont,
Guillaume Ferret,
Marin Le Febvre,
Noel Beaurepaire,
Robert Sincenel,
Jehan Carbonne,
Louis Fougeron,
Pierre Silvain,
Nicolas Pasquier,
Nouel Guillot,
Jehan Bourgeois,
Jehan Le Baillif,
Anthoine Favard,
Marin Vionne,
Abraham Moutier,
Phelippes Régnault,
Macé Le Liepvre,
Marin Champion,
Jean Drouet,
Florent Lambert,

Pierre Trouvé,
Jehan Rousset,
Bastien Courtois,
François Babin,
Pierre Mesgret,
Pierre Massy,
Louis Lerpinière,
Blaise Estienne,
Pierre Boullay,
Mathurin Robert,
François Pochon,
Noel Guillot,
Jean Négrault,
François Brossard,
Jehan Ruault,
Pierre Baret,
Jehan Herbert,
François Texier,
Louis Guérin,
Martin Cagny,
Noel Pinardière,
François du Mont,
Estienne Martin,
Jacques Martin,
Adrian Lambert,
Jacques Denis,

Nous, Claude de Launoy, sieur de Sérans, cappitaine d'une compagnie de cent hommes de guerre à pied françois, du régiment de Navarre, estant pour le service du roy au bourg de Latillé, près Poictiers; Nicolas Thierry, commissaire ordinaire des guerres, et Jehan Charron, controlleur ordinaire d'icelles, certiffions au Roy, nosseigneurs des comptes et tous aultres qu'il appartiendra ce qui sensuict : Sçavoir, nous dict cappitaine avoir ce jourdhuy mis et présenté en bataille, en une place proche ledit bourg de Latillé, aux commissaire et controlleur des guerres à ce commis et depputez, quatre vingtz dix hommes de guerre du nombre de cent dont la dicte compagnie est composée, nostre personne, celles des lieutenant, enseigne et officiers d'icelle comprises au dict nombre de IIII^{xx} dix tous en bon estat et suffisant esquippage de guerre pour faire service à Sa dicte Majesté. Nous, dict Thierry, commissaire susdict, avoir iceuxdicts quatre vingt dix hommes de guerre veuz et visitez par forme de monstre et reveue auxquelz après les avoir trouvez en bon estat et suffisant esquippage de guerre pour faire service à Sa dicte Majesté et d'eux pris et receu le serment au cas requis et accoustumé, nous leur avons faict paier, bailler et dellivrer comptant par Me Simon Collon, conseiller du roy et trésorier général de l'extraordinaire des guerres, par les mains de son commis, la somme de quinze cens dix livres tournois pour leurs soldes et entretenemens du IXme mois de monstre de l'année VI^{c}XXI composé de XXXVI jours commancé le XIX^{mo} jour d'octobre dernier, et a finy le XXIII novembre ensuivant, conformément à l'estat de Sa Majesté à raison des appoinctemens qui ensuivent : assavoir, au dict cappitaine VII^{xx} X livres, au lieutenant LX livres, à l'enseigne XLV livres, à deux sergents chacun XXV livres, L livres, à un fourrier, un tambour et un fifre, chacun douze livres, XXXVI livres, à trois capporaux armez de corcelets, chacun XVIII livres, LIII livres, à trois lanspesades, aussy armez de corcelets, chacun XV livres, XLV livres, à trois autres portans mousquets, chacun XIIII livres, XLII livres ; à douze mousquetaires, chacun XIII livres, VII^{xx}XVI livres, à vingt piquiers aussy armez de corcelets, chacun XIII livres, II$_c$IX livres, à huict autres chacun XII livres, IIII^{xx}XVI livres, et à trente trois harquebuziers, chacun XII livres, III^{c}IIII^{xx}XVI livres. Et encores audict cappitaine pour les dix paies pour cent de douze livres chacune à luy accordée par Sa Majesté pour appoincter les plus apparentz de sa dicte compagnie vi^{xx} livres. Montans et revenant les dicts appoinctements ensemble par le menu pour le dict mois à la dicte première somme de quinze cens dix livres. Et moy, dict Charron, conseiller susdict, avoir assisté à la dicte monstre et icelle dicte somme de quinze cens dix livres en ma présence veu paier comptant par le dict sieur Collon, trésorier général susdict, par les mains de son dict commis aus dictz gens de guerre, à chacun d'eux particulièrement selon les appoinctements ci dessus en pièces de seize sols et autre monnoie pour leurs soldes et entretenement du dict mois, composé, commancé et finy comme dict est. Dont ils et chacun d'eux se sont tenuz pour bien paiez et en ont quitté et quittent le dict sieur Collon, son dict commis et tous autres. En tesmoing de quoy nous dict cappitaine, commissaire et controlleur, avons signé le présent roole de nostre main, au dict bourg de Latillé, le seizième jour de janvier mil six centz vingt et deux. *Signé :* X. DE LANNOY. — SERANS. — THIERRY, comm^{re}. — CHARRON.

X

29 mai 1658.

Roole de la monstre et reveue faicte en un champ, proche la ville de Fromental, le vingt neufviesme jour de may mille six cent cinquante huict, par les sieurs Érard et Daussy, commissaire et controlleur des guerres, à une compagnie de vingt hommes de guerre, harquebuziers à cheval dictz carabins, servans de gardes près la personne de M^r de St Germain Beaupré, gouverneur et lieutenant général pour le Roy, soubz la charge du s^r Dumont de Granché, leur cappitaine, sa personne, celles de ses lieutenant, cornette présentes et comprises [en] icelluy roolle servant à l'acquict de Me Guillaume Charron, conseiller du

Roy et trésorier général de l'extraordinaire des guerres ei cavalerie légère, pour le payement à eux faict par les mains de son commis au susdit lieu, les dicts jour et an de leurs solde et entretenemens de neuf mois de monstre faisans trois quartiers de l'année 1657, desquelz gens de guerre les noms et surnoms ensuivent.

Premièrement :

Louis Dumont, s^r de Granché, cappitaine,
George de Gratin, lieutenant,
François de Chastillon, cornete.

Carabins :

Jean du Fresne,
Simon Perrotin,
Antoine Duval,
Jacques Duclos,
André Vallière,
Jean Dumoulin,
Antoine Fossoyer,
Gilles Barbet,
Antoine la Forest,

Gilles Forestier,
Guillaume Langlade,
Germain Bertier,
André Coquille,
Thomas Vinsade,
Estienne Fortier,
Jean Ourlier,
Gilles Perret.

Nombre : xx hommes.

Nous, Louis Dumont s^r de Granché, cappitaine d'une compagnie de carabins à cheval, servans de gardes près la personne de monsieur le marquis de St Germain de Beaupré, commissaire et controlleur des guerres soubzsignez, certiffions au Roy, nosseigneurs des comptes et tous autres qu'il appartiendra ce qui ensuit : sçavoir est, nous, dict cappitaine, avoir cejourdhuy mis en bataille, en un champ proche la ville de Fromental, et présenté au susdit commissaire et controolleur des guerres le nombre de vingt hommes de guerre harquebusiers à cheval, dictz carabins, desnommez et escriptz au présent roolle, nostre personne, celles de nos lieutenant et cornette présentes et comprises, tous en bons suffisant estat et esquipage de guerre, d'armes et chevaux pour faire service à Sa Majesté qui en ont faict la monstre et reveue, et nous ont cejourd'huy faict payer de nos soldes et entretenemens de neuf mois de monstre faisant trois quartiers de l'année 1657. Nous, dict commissaire des guerres, avoir cejourd'huy au susdict lieu veu et visitté par forme de monstre et reveue les dictz vingt hommes de guerre à cheval, dictz carabins, desnommez et escriptz au présent roolle, qui nous y ont esté présentez en bataille par leur dict cappitaine, sa personne, celles de ses lieutenant et cornette présentes et comprises, ausquelz, après les avoir trouvez en bon et suffisant estat et esquipage de guerre pour faire service à Sa Majesté et d'iceux pris et receu le serment en tel cas requis et accoustumé, leur avons cejourd'huy faict payer, bailler et dellivrer comptant en nostre présence par M⁰ Guillaume Charron, conseiller du Roy et trésorier general de l'extraordinaire des guerres et cavalerie légère, par les mains de son commis, la somme de six mil cinq cens soixante une livres à eux ordonnée pour leurs soldes et entretenemens de neuf mois de monstre faisans trois quartiers de l'année 1657, à raison des appoinctemens par mois qui ensuivent : assavoir, au cappitaine vi^{xx} livres tournois, au lieutenant iiii^{xx} x livres t^s, au cornette lx livres t^s, et à dix sept carabins chacun xxvii livres t^s iiii^c lix livres t^s, montans et revenans les dicts appoinctemens ensemble par mois à vii^c xxix livres et pour les dictz neuf mois à la dicte première somme de vi^m v^c lxi livres t^s ; et moy, dict controlleur, avoir assisté à la dicte monstre, reveue et payement susdict à eux faict en ma présence par ledict s^r Charron par les mains de son dict commis, en louis d'argent et douzains pour leurs soldes et entretenemens des dicts neuf mois. Dont ilz et chacun d'eulx particulièrement se sont tenus et tiennent pour contens, bien payez, en ont quitté et quittent le dict s^r Charron et tous autres. En tesmoing de quoy nous dict, cappitaine, commissaire et controlleur des guerres, avons signé le présent roolle en la dicte ville de Fromental, le vingt neufviesme jour de may M VIe cinquante huict. — Louis Dumont, sieur de Granché. Erard de Bellecourt. Daussy.

Au dos : J'ay fourny ce rolle, ce que je certifie véritable. Henry Foucault Sain Germain.

XI

31 décembre 1673.

Roolle de la monstre et reveue faitte en la grande place, audevant du chasteau de la Chaume, d'un commandant, un sergent et unze soldats entretenus aux Sables d'Ollonne pour faciliter la levée des matelots et charpentiers pour le service du Roy en la marine, dont les noms et surnoms ensuivent :

Premièrement :

François de Tholet, s^r de Beauchamp, commandant,
Jean Allenet des Essars, sergent,
Jean Montron d^t la Vrignaye, soldat,
Paul Pinson d^t St Hermine,
Pierre Camus dict Morinière,
Jean Grondin dict la Fleur,
Henry Febvre dict la Fontaine,
Jean Auriou dict Le Prince,
Paul Prévost dict Maisonneuve,
Jean Broucard dict La Pierre,
Eustache Favereau dict St Jean,
Jacques Jouy dict la Rencontre,
Pierre Brossard dict la Haye.

Nombre treize hommes.

Nous, François de Tholet, s^r de Beauchamp, commandant susdict, Nicolas de Mauclerc et... Patoulet, commissaire et controlleur de la marine au département du port de Rochefort, certiffions au Roy, nosseigneurs des comptes et tous autres qu'il appartiendra ce qui ensuit, sçavoir : moy dict Beauchamp avoir cejourdhuy représenté aus dicts s^{rs} commissaire et controlleur de la marine, les douze soldats desnommez et escripts au présent roolle, estant assemblés et soubs les armes dans la grande place, au devant du château de la Chaume, proche les Sables d'Olonne, pour d'iceux estre par eux faict monstre et reveue, leur ordonner payement des douze mois de la présente année de leur solde et entretien. Nous, dit commissaire, avoir veu en la dicte place, au devant du dict château de La Chaume, les treize hommes desnommés et escripts au présent roolle, sçavoir : un commandant, un sergent et onze soldats entretenus aus dicts Sables d'Olonne pour faciliter la levée des matelots et charpentiers pour le service du Roy en la marine estans assemblés soubs les armes, ausquels après les avoir trouvé tous en bon estat, bien armés et munitionnés et d'iceux pris et receu le serment en tel cas requis et accoustumé, avoir fait paier, bailler et délivrer comptant par Me Ollivier Subleau, trésorier général de la marine, par les mains de son commis, la somme de dix sept cens soixante dix livres pour leur soldes et entretien, pendant les douze mois de la présente année, à raison de cinquante livres pour le dit commandant, quinze livres pour le sergent et sept livres dix sols pour chacun des soldats par mois. Et moy, controlleur susdict, avoir assisté à la monstre et reveue des dicts treize hommes desnommés et escripts au présent roolle, et au payement qui leur a esté faict en ma présence par le dit s^r Subleau, trésorier susdict, par les mains de son commis, de ladicte somme de sept cent soixante dix livres en louis d'or, d'argent et monnoye, pour leur solde et entretien pendant les douze mois de la présente année, à la susdicte raison de cinquante livres pour le commandant, quinze livres pour le sergent et sept livres dix sols pour chacun des dicts soldats, par mois, dont ils se sont tenus pour contens et en ont quicté le dict s^r trésorier général et tous autres. En tesmoing de quoy nous avons ensemble signé le présent roolle au dict chasteau de la Chaume, le dernier jour de décembre M VIe soixante treize. — THOLET DE BEAUCHAMP. PATOULET. DE MAUCLERC.

Les rôles N^{os} I et III sont publiés d'après des copies fournies par M. de la Boutetière, sans indication de provenance, et collationnées par M. Rédet.

Les N^{os} V et XI ont été fournis par M. Louis de la Rochebrochard et ne portent pas d'indication de provenance.

Les N°s II, VI et VII sont des pièces originales en parchemin, conservées aux archives de la Vienne, série F 1. Le n° II est scellé du sceau plaqué sur papier d'Hector Davailloles, écartelé aux 1 et 4 de..... et aux 2 et 3 de trois fasces ondées. Au N° VI sont attachés deux sceaux plaqués sur papier, l'un de Léonor Chabot, portant trois chabots, 2 et 1, l'autre d'Esme Le Prestre, dont l'écu porte un chevron accompagné de 3 molettes d'éperon, 2 et 1, et une licorne en chef.

Les N°s IV, VII, IX et X sont des pièces originales en parchemin, conservées aux archives des Deux-Sèvre.

LETTRES D'ABOLITION

de 1447.

On ne saurait séparer l'intéressant document que nous publions ici des lettres d'abolition données aux Montils-lès-Tours, au mois de mars 1447 n. s., imprimées dans l'un de nos précédents volumes (t. XXIX, p. 413-418). Elles en sont la préface et le commentaire. Pendant la période si profondément troublée des commencements du règne de Charles VII, de graves abus avaient été commis en Poitou, dans l'administration des finances et de la justice. Quand le calme fut rétabli, on voulut réprimer et punir les exactions, les prévarications et les excès de tout genre, dont l'énumération détaillée se trouve dans les lettres que nous venons de rappeler. Une enquête fut décidée et commencée ; mais les plaintes étaient si générales contre les officiers et commissaires royaux, et le nombre des coupables si élevé, que l'on jugea plus sage, plus expéditif et moins coûteux de procéder par voie de composition avec ceux qui tombaient sous le coup de poursuites judiciaires. Ces derniers qui, de leur côté, avaient tout à gagner à cette combinaison, n'hésitèrent pas à consentir au paiement d'une somme de dix-huit mille livres, représentant pour chacun une cotisation relativement minime, en échange de laquelle ils obtenaient l'assurance formelle de n'être plus jamais troublés dans la jouissance de leurs gains, même les plus illicites.

Voici d'abord la description du document et un court sommaire des diverses parties du compte de cette amende et des pièces qui le précèdent. Le tout est compris en un cahier grand in-quarto de trente-sept feuillets de vélin, dont le premier, le dixième et le dernier sont restés blancs. A chaque page on a laissé, en haut et en bas, à gauche et à droite, des marges d'une grande largeur, où sont notées les observations des maîtres et correcteurs de la Chambre des comptes. En tête du cahier, sont transcrites des lettres patentes datées du Bois-Sire-Amé, le 24 mai 1447, instituant Guillaume Gouge de Charpaignes, évêque de Poitiers, Jean Rabateau, président au Parlement et Jean Bureau, trésorier de France, en qualité de commissaires du roi pour procéder à la répartition de l'amende entre « tous les délinquans, crimineulx et malfaicteurs dudit païs de Poictou, en ayant regard à leurs facultez et puissance, et aussi aux crimes, deliz, abus et malefices par eulx commis et perpetuez, le fort portant le foible, *sans aucunement y comprandre le pauvre peuple non coulpable d'iceulx crimes, abuz et malefices.* » A cet égard, ces lettres sont l'interprétation de l'abolition de mars 1447. Elles font connaître en outre que Jean Bureau avait été envoyé d'abord en Poitou, avec mission de procéder à une enquête approfondie sur les excès et malversations des officiers royaux, que ses recherches avaient été suspendues et des négociations entamées pour terminer cette affaire par une composition amiable.

Viennent ensuite des lettres de Charles VII données à Bourges le 28 septembre 1447, ratifiant tout ce qui avait été fait en cette matière par le trésorier Jean Bureau, en l'absence de l'évêque de Poitiers et de Jean Rabateau, le plus souvent empêchés, et par ses délégués ; des lettres du 1er juin de la même année, par lesquelles les trois commissaires du roi nomment Jean Bastier receveur des 18.000 livres, conformément au pouvoir qu'ils en avaient reçu ; des lettres patentés datées des Montils-lès-Tours, le 25 février 1448 n. s., ordonnant qu'une somme de 8.000 livres, faisant partie de ladite composition, remise, en vertu d'ordres réguliers, par ledit Bastier, entre les mains de Jean de Xaincoins, receveur des finances, soit allouée à la dépense de son compte, bien que sa commission portât qu'il verserait les deniers de sa recette au changeur du Trésor.

Au fol. 11 commence le compte proprement dit. Dans un premier chapitre se trouve une liste d'environ deux cents noms de commissaires des aides et tailles dans les diverses villes et châtellenies, convaincus d'avoir exigé des frais excessifs pour la levée des impositions, avec le chiffre de l'amende qui leur a été taxée. Les officiers du roi à Poitiers, au nombre de treize, Maurice Claveurier, lieutenant général de la sénéchaussée, en tête, viennent ensuite, avec des condamnations variant de 27 livres 10 sous à 275 livres, et s'élevant pour les treize à 1.118 livres 6 sous 8 deniers. D'autres taxes sont anonymes et mises sous la rubrique des habitants de telle ville et châtellenie en général (fol. 17 à 20). La recette se termine par une dernière liste de noms de personnes, au nombre de cent soixante, mais sans indication de qualité ni de demeure. Le total des taxes ainsi recueillies s'élève, non pas à 18.000 livres, mais à 21,649 livres 3 sous. Les feuillets 23 à 36 contiennent les dépenses du compte de Jean Bastier, et l'emploi des sommes reçues par lui. Sa dépense dépasse la recette de 85 livres 18 sous. Le compte ne fut clos et arrêté que le 8 juillet 1456.

Les renseignements géographiques fournis par ce document sont intéressants en ce qui touche l'étendue de la sénéchaussée de Poitou, au milieu du XVe siècle.

Les principaux personnages nommés dans le compte de Jean Bastier et dans les pièces annexes ont été l'objet d'éclaircissements et de notices en d'autres endroits de nos volumes (voy. particulièrement les tomes XXVI et XXIX) ; nous n'y reviendrons pas.

P. Guérin.

COMPTE D'UNE AMENDE DE DIX-HUIT MILLE LIVRES RÉPARTIE, DE LEUR CONSENTEMENT, MOYENNANT L'OCTROI DE LETTRES D'ABOLITION SUR LES OFFICIERS ET COMMISSAIRES ROYAUX EN POITOU, COUPABLES D'ABUS ET PRÉVARICATIONS DANS L'ADMINISTRATION DE LA JUSTICE ET DES FINANCES. (Archives nationales, KK. 337.)

Copie du vidimus des lettres du roy nostre sire, données au Bois-Sire-Amé, le xxiiiie jour de may l'an mil ccccxlvii, et de vérificacion de messeigneurs les trésoriers de France, adreçans à Monsr l'evesque de Poictiers, messeigneurs maistres Jehan Rabateau, président en la court de Parlement et Jehan Bureau, trésorier de France, par lesquelles, entre autres choses, ledit seigneur a voulu la somme de xviii^m livres tournois, à laquelle les gens du païs de Poictou ont composé avec icellui seigneur pour l'abolicion qu'il leur a octroyée de tous crimes, abuz, exactions, et malefices commis et perpétrez, ès temps passez, ou faict de ses finances, de justice et autrement, par ses officiers et autres, estre par les dessusdiz assise, imposée et esgalée, avec les fraiz raisonnables sur les malfaicteurs et delinquans d'icelluy pays de Poitou.

Item, par icelles lettres est donné povoir ausdiz commissaires de commettre à la recepte de ladicte composicion personne souffisant et ydoine.

Item, aussi leur est donné povoir, comme dessus, de tauxer à ceulx qui en besongneront pour le fait de ladicte composicion, pour chacune foiz, jusques à la somme de xxv. livres tournois pour chacune personne et au dessoubz. Duquel vidimus la teneur est tele :

A tous ceulx qui ces presentes verront et orront, Jehan Trenchant, bourgois de Poictiers, garde du seel establi audit lieu pour le roy nostre sire, salut. Savoir faisons que nous avons veu, et de mot à mot diligemment parleu, les lettres du roy nostredit seigneur, seellé en cere jaune à simple queue, saines et entières, desquelles la teneur s'ensuit :

Charles, par la grâce de Dieu, roy de France, à noz amez et féaulx conseillers l'evesque de Poictiers, maistre Jehan Rabateau, président en nostre court de Parlement, et Jehan Bureau, trésorier de France, salut et dilection. Comme pour occasion de plusieurs crimes, excès, déliz, abuz de justice et autres malefices faiz, commis et perpétrez en nostre païs de Poictou, tant par noz officiers que autres de nostredit païs, et aussi de plusieurs exactions faictes et exigées sur nostre peuple d'icellui païs par noz esleuz, commissaires, collecteurs et autres, soubz umbre de noz tailles, aides et autrement, nous eussions, puis naguères, envoyé par delà en nostredit païs, vous, trésorier, pour vous informer et enquerir desdiz crimes, excès, deliz, abuz, exactions et autres maléfices commis et perpetrez oudit païs, tant ou fait de noz finances que autrement, en faire les procès et corriger et pugnir les delinquans de telles pugnicions criminelles ou civiles que verriez au cas appartenir. Et, depuis, se soient traiz par devers nous les gens dudit pays, et nous aient remonstré les grans charges que nostredit païs a soustenu et souffert le temps passé et encores fait, tant à l'occasion de noz tailles, aides que autrement, en nous requérant et suppliant humblement qu'il nous pleust leur pardonner et quicter, remettre et abolir tous lesdiz crimes, abuz, exactions et malefices commis et perpétrez par les habitans de nostredit païs de Poictou. Ce que leur avons octroyé moyennant la somme de dix huit mil livres tournois, que pour ce ilz nous ont octroyé, et icelle somme avoir et prandre sur les crimineulx et délinquens estans oudit païs, et non autrement. Savoir faisons que nous, voulans icelle somme estre cueillie et levée sur les malfaicteurs, crimineulx et delinquens, sans y estre comprins nostre pauvre peuple qui n'est aucunement coulpable desdiz excès, crimes, abuz, deliz et malefices, confians à plain de voz sens, loyauté, preudommie et diligence[1], vous avons commis et commettons par ces présentes, et vous avons donné et donnons plain povoir, auctorité et mandement espécial de mettre, asseoir et imposer et esgaler icelle somme de xviii^m livres tournois, avecques les fraiz raisonnables, raisonnablement sur tous les délinquens et malfaicteurs dudit païs de Poictou, tant noz officiers que autres, en ayant regard à leurs facultez et puissances, et aussi aux crimes, déliz, abuz et malefices par eulx commis et perpétrez, et sur chacun d'eulx, le fort portant le feible, sans aucunement y comprandre le pauvre peuple non coulpable d'iceulx crimes, abuz et maléfices. Et ou cas que aucuns des délinquens et malfaicteurs ne vouldroient estre comprins soubz icelle abolicion et ilz estoient aucunement chargez et coulpables d'aucuns cas, abuz, crimes et malefices, nous voulons et vous mandons que, informacion précédant, vous cognoissez, décidez, sentenciez et determinez des cas et crimes dont ilz seront trouvez chargez et coulpables, en procédant à l'encontre d'eulx par voye ordinaire ou extraordinaire, et autrement, et de les pugnir et corriger, ainsi que verrez estre à faire par raison et justice, et que les cas le requerront, en leur faisant, se mestier est, du cas criminel civil, en contraignant ou faisant contraindre reaulment et de fait à paier les taux et amendes qui par vous seront tauxez et esgalées tous ceulx qu'il appartendra par raison, par toutes voies et manières et tout ainsi qu'il est acoustumé faire pour noz propres debtes, nonobstant quelxcons (*sic*) opposicions ou

---

1. (En marge, à cet endroit :) Collatio fit cum transcripto hic reddito.

appellacions faictes ou à faire, par lesquelles ne voulons estre differé en aucune manière ; de commettre à la recepte d'icelle somme de dix huit mil livres tournois aucune personne ydoine et solvable, qui en puisse et saiche rendre bon et loyal compte. Et pour ce qu'il est besoing envoyer par nostredit païs de Poictou commissaires et sergens pour enquerir et faire informacion sur lesdiz crimes, abuz, déliz, excès, exactions et malefices, et faire adjournemens, exécucions et exploiz, par quoy convendra faire plusieurs grans mises et despenses, nous avons donné et donnons povoir et commission de tauxer à ceulx que pour ce embesongnerez, jusques à la somme de xxv. livres tournois pour chacune personne et au dessoubz, et par chacune foiz que y envoyerez ; lesqueles tauxacions par vous ainsi faictes, voulons, en rapportant ces présentes ou vidimus d'icelles faiz soubz scel royal ou autre autentique, avec quictances souffisantes sur ce, de ceulx qui les auront receues et qui y auront besongné, estre allouées ès comptes dudit receveur, par noz amez et feaulx gens de noz comptes, ausquelz nous mandons que ainsi le facent sans aucune dificulté ou contredit. Mandons à tous noz justiciers, officiers et subgiez que à vous et à voz commis et députez en ceste partie, obéissent et entendent diligemment, et vous prestent et donnent confort, aide et prison, se mestier est, et par vous ou vosdiz commis et députez requis en sont, pourveu toutesvoyes que ces présentes soient expédiées et vérifiées par noz amez et féaulx conseillers les trésoriers de France. Donné au Bois-Sire-Amé, le xxiiiie jour de may l'an de grâce mil cccc. quarante sept, et de nostre règne le xxve.

Ainsi signées : Par le roy, les sires de Blainville et de Maupas et autres présens. E. Chevalier.

S'ensuit la teneur d'un exécutoire des trésoriers de France, atachée ausdictes lettres, saine et entière, soubz l'un de leurs signetz :

Les Trésoriers de France. Veues par nous les lettres du Roy nostre sire, ausqueles ces présentes sont atachées soubz l'un de noz signetz, par lesqueles ledit seigneur a commis et commect réverend père en Dieu Monsr l'évesque de Poictiers et maistres Jehan Rabateau, président en sa court de Parlement, et Jehan Bureau, l'un des trésoriers de France, pour asseoir, imposer et esgaler la somme de dix huit mil livres tournois octroyée audit seigneur par les gens du païs de Poictou, en faveur de l'abolicion par lui à eulx donnée de plusieurs crimes, abuz et maléfices, commis et perpétrez par les habitans dudit païs avecques les fraiz raisonnables, à estre faicte ladicte assiete sur les delinquens et malfaicteurs dudit païs, tant officiers royaulx que autres; et aussi a donné povoir ausdiz commissaires de commettre à la recepte d'icelle somme de xviii^m livres tournois aucune personne ydoine et solvable, et de tauxer jusques à la somme de xxv livres tournois et au dessoubz, à chacune foiz, par chacune des personnes qui par l'ordonnance desdiz commissaires sera embesongnée au fait de la dicte assiete, consentons, en tant que à nous est, l'entérinement et execucion des dictes lectres, tout ainsi et par la forme et manière que le Roy nostre sire le veult et mande par icelles. Donné soubz noz signetz, à Bourges, le premier jour de juing l'an mil cccc quarante et sept. Ainsi signée: P. Lé Roy.

En tesmoing de laquelle vision, inspection et lecture, nous dit Jehan, garde dudit scel, icellui scel, que nous gardons, à ce présent vidimus, à la féal relacion des notaires cy dessoubz escriptz, avons mis et apposé. Donné et fait le vime jour dudit mois de juing l'an mil cccc. quarante et sept. Ainsi signé P. Aumeli, pour vidimus collationné à l'original; P. Chabouril, pour vidimus collationné à l'original.

Copie du vidimus des lettres du Roy nostre sire, données à Bourges, le xxvııı° jour de septembre l'an mil cccc. quarante et sept, par lesquelles narracion [est] faicte, entre autres choses, que maistre Jehan Bureau, trésorier de France et l'un des commissaires en ceste partie, a aucunes foiz seul faiz et encommenciez plusieurs procès, et donné plusieurs sentences et appoinctemens touchant ladicte refformacion, sans ce que messeigneurs l'évesque de Poictiers et maistre Jehan Rabateau, président en la court de Parlement, semblablement commissaires sur ledit fait, y aient esté ; et aussi a commis icellui trésorier, pour et ou lieu de lui, plusieurs commissaires, pour acomplir et achever lesdiz procès ; le roy, nostre dit seigneur, a eu et a agréable tout ce que par icellui trésorier seul, et aussi par sesdiz commis, a esté jugié, sentencié et appoinctié touchant ladicte commission, et, en tant que besoing est, icellui le approuve et ratiffie par icelles lettres ; du vidimus desqueles la teneur s'ensuit :

A tous ceulx qui ces présentes lettres verront et orront, Jehan Trenchant, bourgois de Poictiers, garde du seel royal estably aux contraiz audit lieu pour le roy nostre sire, salut. Savoir faisons nous avoir veu et diligemment regardé et de mot à mot leu certaines lettres patentes du roy nostre sire, saines et entières, non viciées ne corrompues en aucune partie d'icelles, escriptes en parchemin, seellés en cire jaune et simple queue, desquelles la teneur s'ensuit :

Charles, par la grâce de Dieu Roy de France, à tous noz justiciers et officiers, ou à leurs lieuxtenans, salut. Comme puis naguères nous eussions envoyé nostre amé et feal conseiller et maistre de noz comptes, maistre Jehan Bureau, trésorier de France, en nostre païs de Poictou, soy informer de plusieurs crimes, excès, deliz, abuz de justice et autres maléfices, et aussi de plusieurs exactions faictes et exigées sur nostre peuple par noz officiers et autres de nostre dit païs de Poictou, où il a longuement besongné ; et depuis se feussent tirez devers nous les gens des trois estaz dudit païs, et après qu'ilz nous eurent remonstrées les charges de nostredit païs [1], eussions quicté et aboly tous lesdiz excès, crimes, abuz et déliz, par l'advis et délibération de nostre conseil, moyennant la somme de dix huit mile livres tournois, à quoy ilz composèrent à nous, pourveu que, s'aucuns estoient trouvez avoir receu, retenu ou exigé aucuns deniers à nous appartenans, ilz seroient tenuz les nous rendre et restituer. Pour laquelle somme mettre sus en nostredit païs, c'est assavoir sur les habitans dudit païs chargiez et coulpables desdiz excès et abuz, nous eussions commis et ordonnez noz amez et féaulx conseillers l'évesque de Poictiers, maistre Jehan Rabateau, président en nostre court de Parlement, et ledit maistre Jehan Bureau, en leur mandant que, ou cas que aucuns desdiz delinquens ne vouldroient estre comprins soubz ladicte abolicion, et ilz estoient aucunement trouvez chargez desdiz excès et abuz, informacion précédent, ilz congneussent des cas et sur ce procédassent contre lesdiz délinquans, par voye ordinaire ou extraordinaire et autrement, comme ils verroyent estre à faire. Lesquelx noz conseillers, en procédant à ladicte commission, ayent trouvez plusieurs dudit païs chargez desdiz excès, qu'ilz n'ont esté comprins soubz icelle abolicion ne contribué à ladicte somme de xviii^m livres tournois tant de noz officiers que autres, et aussi plusieurs autres avoir receu et retenu et exigé plusieurs sommes de deniers à nous appartenans, par quoy ayent procédé à l'encontre d'eulx et faiz leurs procès, et autres exploiz, ainsi que mandé leur estoit et par raison et justice appartenoit. Mais pour ce que icellui nostre conseiller, maistre Jehan Bureau, a aucunes foiz seul faiz et encommenciez plusieurs desdiz procès, faiz et données plusieurs sentences et ap-

---

1. Collatio fit cum transcripto hic reddito (*Note marginale*).

poinctemens, sans ce que lesdiz évesque et Rabateau y aient
esté, pour ce qu'ilz ne pevent aler ne voyaigier par ledit
païs, où il y convenoit besongner, et autrement, et aussi eust
commis, pour et en lieu de luy, plusieurs commissaires,
pour faire et acomplir les choses dessusdictes et achever
plusieurs procès par lui encommenciez, et lesquelx il n'a
peu ne peut achever, obstant ce que l'avons mandé venir
par devers nous pour noz besongnes et affaires, icellui nostre
conseiller doubte que, ou temps advenir, aucuns voulsissent
obicer contre les choses par lui ainsi faictes, et que à
ceste cause on lui en voulsist aucune chose demander;
en nous requérant nostre declaracion et provision sur ce.
Pour ce est-il que nous, ces choses considérées, entièrement
informez des sens, prudence, loyaulté et bonne diligence
dudit maistre Jehan Bureau, avons eu et avons
agréable tout ce que par lui a esté fait, jugié, appoincté,
sentencié ou autrement besongné, seul, et ses commis et
depputez, ès matières dessusdictes touchant ladicte commission,
et, en tant que mestier est, les avons ratiffiées et
approuvées, ratiffions et approuvons, et voulons icelles
estre d'autel valeur et effect et foy estre adjoustée, comme
se faictes avoient esté ou estoient par eulx trois ensemble,
sans ce que aucune chose lui en soit ou puisse estre imputée
ne demandée, ores ne ou temps avenir, ne à sesdiz commis,
en quelque manière que ce soit. Si vous mandons et commettons
par ces présentes que nostre dit conseiller et sesdiz
commis, et autres à qui ce pourra toucher, vous faictes
et souffrez joir et user paisiblement de nostre présente
grâce, déclaracion, ratifficacion et octroy. Car ainsi nous
plaist il estre fait. Et pour ce que de ces présentes on pourra
avoir à faire en plusieurs et divers lieux, voulons que au
vidimus d'icelles, fait soubz seel royal, foy soit adjoustée
comme à ce présent original. Donné à Bourges, le xxviii^a
jour de septembre l'an de grâce mil cccc. quarante et
sept, et de nostre règne le xxvme.

Ainsi signées : Par le roy, les sires de la Varenne, de Précigny et autres présens.

En tesmoing de laquelle vision et lecture, nousdit garde dudit scel, icellui à ce présent transcript ou vidimus avons mis et apposé. Donné et fait le xxiiiie jour de janvier l'an mil cccc. quarante et sept. Ainsi signé : J. Bastart, pour vidimus. Collation faicte à l'original.

Copie des lettres des commissaires dessus nommez, données le premier jour de juing l'an mil cccc. quarante et sept, par lesquelles, par vertu du povoir à eulx donné par le roy nostre sire, en ceste partie, ilz ont commis et ordonné Jehan Bastier à cueillir et recevoir les deniers venans de la dicte commission :

Guillaume, évesque de Poictiers, Jehan Rabateau, président en Parlement, et Jehan Bureau, trésorier de France, conseillers du roy nostre sire et ses commissaires en ceste partie, à Jehan Bastier salut. Comme le roy nostre dit seigneur, à la requeste des gens des trois estaz de ses païs et conté de Poictou, ait donné ses lettres d'abolicion generale aux manans et habitans èsdiz païs et conté de Poictou, de tous les cas, crimes, deliz, excès et maléfices par eulx faiz et commis le temps passé, dont mencion est faicte èsdictes lettres d'abolicion, moiennant la somme de xviii^m livres tournois, qu'ilz ont pour ceste cause octroyé audit seigneur. Pour laquelle mettre sus et imposer et esgaler sur ceulx qui ont delinqué, et qui se vouldront aidier de ladicte abolicion et estre conprins soubz icelle, ledit seigneur nous ait commis et ordonné par ses lettres patentes, données à Bourges ou mois de may derrenier passé, et par icelles nous ait donné povoir de commettre personne souffisante et solvable à cueillir, lever, recevoir et faire venir ens lesdiz deniers, et pour en rendre compte et reliqua où et quant il appartendra. Savoir faisons que nous, confians à plain de voz sens, loyauté, souffisance et bonne diligence, par vertu de nostredit povoir, vous avons commis et ordonné, commettons et ordonnons par ces présentes à cueillir, lever, recevoir, amasser et faire venir ens iceulx deniers, et pour les distribuer où il vous sera ordonné par descharge du trésor, et pour contraindre tous ceulx qui pour ce feront à contraindre [1], et qui vous seront baillez par escript par nous ou nosdiz commis et depputez en ceste partie, et qui voudront estre comprins soubz ladicte abolicion, et paier les sommes à quoy ilz auront composé et esté tauxez et imposez par nous ou nosdiz commis et députez, pour estre comprins en ladicte abolicion, par toutes voyes et manières deues et raisonnables, et ainsi qu'il est acoustumé de faire pour les propres debtes du roy, nostredit seigneur, nonobstant, opposicion ou appellacion quelxconques, pour lesquelles ne voulons iceulx deniers estre retardez. Si donnons en mandement par ces présentes, de par le roy, nostredit seigneur, et nous, à tous les justiciers, officiers et subgiez d'icellui seigneur que à vous, voz commis et depputez en ceste partie, obéissent et entendent diligemment et vous prestent et donnent conseil, confort, aide et prisons, se mestier est, et par vous ou vosdiz commis requis en sont. Donné soubz noz seaulx, le premier jour de juing l'an mil cccc. quarante et sept.

Ainsi signées : J. Trenchant, par commandement de mesdiz seigneurs.

Autre copie des lettres du roy nostre sire, adreçans à messeigneurs des comptes, données aux Montilz lez Tours, le xxve jour de février l'an mil cccc. xlvii., par lesquelles ledit seigneur a voulu et veult que la somme de viii^m livres tournois paiée par ledit receveur à maistre Jehan de Xaincoins, receveur général de toutes finances, et par vertu de

---

[1]. Collatio fit cum originalibus litteris hic redditis (*Note marginale*).

ses descharges faisans mencion par plusieurs et diverses personnes declairées èsdictes lettres, soit allouée en la despense de ce présent compte, sans difficulté, non obstant que ès lettres de commission d'icellui receveur soit contenu qu'il paiast les deniers de cestedicte recepte au changeur du trésor :

Charles, par la grâce de Dieu roy de France, à noz amez et féaulx gens de noz comptes, salut et dilection. Nostre bien amé Jehan Bastier, commis à recevoir la somme de xviii^m livres tournois à laquelle composèrent, l'année passée, les gens des trois estaz de nostre païs de Poictou, pour y faire cesser la refformation que paravant y avions ordonnée faire par nostre amé et féal conseiller et trésorier de France, maistre Jehan Bureau, sur plusieurs abuz, que on disoit avoir esté faiz par les gens de justice et autres dudit païs, nous a fait exposer que, par les descharges de nostre amé et féal conseiller et receveur général de toutes noz finances, maistre Jehan de Xaincoins, il a payé la somme de huit mille vint livres tournois aux personnes cy après nommées : c'est assavoir pour nostre très chier et très amé nepveu le duc d'Alençon, sur sa pension ii. m. livres tournois ; pour nostre amé et féal conseiller l'évesque de Maillezais [1], pour semblable, v^c livres tournois ; pour nostre amé et féal conseiller l'évesque de Magalonne, pour semblable, iii^c livres tournois ; pour nostre amé et féal conseiller et chambellan, le sire de Maillé, pour semblable, iii^c livres tournois ; pour nostre bien amé Jehan Berthelot, maistre de la chambre aux deniers de nostre très chière et très amée compaigne le royne, pour convertir ou fait de son office, iii^m livres tournois ; pour nostre chière et bien amée Jehanne de Tucé, dame de Saint Michiel, pour don à elle par nous fait, la somme de ii^c livres tournois ; pour noz bien amez

---

1. Collatio fit cum originalibus litteris hic redditis. (*Note marginale.*)

Jehan Savary, Guillaume Goupil et Jehan de Seuffrie, escuiers, pour don à eulx par nous fait vi^{xx} livres tournois; pour nostre chier et amé cousin Jehan de Lorraine, pour don à lui par nous fait vi^e livres tournois ; pour nostre chière et bien amée la dame de Chastillon, pareillement pour don par nous à elle fait, iie livres tournois; pour nostre amé et féal conseiller et chambellan le sire de Pressigny, pour don à lui fait, v^e livres tournois ; pour nostredit receveur général, pour semblable, iiie livres tournois; lesquelles sommes ledit suppliant a payées aux dessus nommez. Toutesvoyes, obstant ce que ledit exposant a pris sa commission de recepte dudit maistre Jehan Bureau, par laquelle il dit que ledit Bastier paye les deniers de sa recepte au changeur du trésor, et non adverty du contenu en sadicte commission, et que, par l'ordonnance de nous et dudit receveur général, il a payées lesdictes sommes et pris lesdictes descharges, néantmoins, les trésoriers de France veulent dire que les deniers venans de ladicte reformacion sont des deniers de nostre demaine, et par ainsi se doivent distribuer par descharge de nostre changeur du trésor, et non pas par descharge de nostredit receveur général, — lesquelles difficultez encores en teles choses n'ont point esté decidées par les gens de nostre conseil, — ce nonobstant il doubte que faciez dificulté de lui alouer ladicte somme de viii^{x}xx. livres tournois, par lui ainsi paiée, en son compte, qui seroit en son très grand grief, prejudice et dommaige, et pourroit plus estre, se par nous ne lui estoit sur ce pourveu de nostre gracieux et convenable remède, requérant humblement icellui. Pour quoy, nous, ces choses considérées et mesmement que desdictes sommes nostredit receveur général fait recepte en ses comptes, et icelles sommes ont esté distribuées par nostre ordonnance, et lesdictes parties mises ou roole de nostredit receveur général, lequel a esté signé de nostre main, et que en ce nous n'avons aucun intérest ne dommaige, ne autre aussi, vous mandons et

— 131 —

expressement enjoingnons que lesdictes descharges, ainsi levées de nostredit receveur général, vous allouez ès comptes et rabatez de la recepte dudit exposant, tout ainsi et par la forme et manière que s'ilz eussent esté levées de nostredit changeur du trésor, sans en ce faire aucune difficulté. Car ainsi nous plaist il et voulons estre fait, et audit exposant l'avons octroyé et octroyons de grâce especial par ces présentes. Donné aux Montilz lès Tours, le xxvme jour de février l'an de grâce mil cccc. quarante et sept, et de nostre règne le xxvime.

Ainsi signées : Par le roy, vous et autres présens. K. Chaligaut.

Compte de Jehan Bastier [1], commis par messieurs l'evesque de Poictiers, maistres Jehan Rabateau, président en Parlement, et Jehan Bureau, conseiller maistre des comptes du roy nostre sire et tresorier de France, commissaires et ayans povoir à ce de par ledit seigneur, à cueillir, recevoir et faire venir ens les deniers de certaine abolicion générale ou lieu de la refformacion mise sus ou pays de Poictou, en l'an mil cccc. quarante six, sur les manans et habitans oudit pays de Poictou, ou lieu de laquelle refformacion, et pour obtenir icelle abolicion de tous crimes, delictz, excès et maléfices, commis et perpétrez par pluseurs delinquans dudit païs, de tout le temps passé jusques audit an cccc. xlvi, tant en fait et abuz de justice que gouvernement de finances et autrement, avoit et a esté

---

1. [A la marge, en haut de la page, on lit :]
Compotus Johannis Bastier, commissi ad recipiendos denarios certe abolicionis generalis, loco refformacionis inposite in patria Pictavensi anno m. cccc. xlvi, super quosdam manentes et habitantes dicte patrie, prout infra.
Pro camera. — Littere hujus compoti ponuntur in saco tailliarum et subsidiorum camere lingue occitane, incepto ad sanctum Joannem m. cccc. l. quinto.
Traditus ad burellum per Guillelmum Buignetier, procuratorem hujus receptorie, die iiii^{ta} maii m^o cccc^o lvi^{to}.

composé avec le roy, nostre dit seigneur, à la somme de
xviii. m. livres tournois, à esgaler sur iceulx habitans, avec
les fraiz raisonnables, qui vouldront joyr et eulx aider d'i-
celle abolicion et y estre comprins ; — des recepte et despense faictes par iceluy commis à cause dudit fait ; — le
dit compte rendu à court par Guillaume Le Buignetier, procureur d'iceluy Jehan Bastier, souffisamment fondé quant
à ce de procuration, cy pareillement rendue [1].

Et est assavoir que ledit commis a faicte la recepte ensuivant et cy après déclairée, après ce que les composicions et condempnacions sur ce avoient esté faictes par
lesdiz commissaires et autres ayans semblable povoir en
ceste partie, selon la declaracion qui bailliée luy a esté par
lesdiz commissaires, en ensuivant le contenu tant ès lettres
royaulx que d'iceulx commissaires, incorporées au com-
mancement de cedit compte, ladicte déclaracion signée
des seingz manuelz d'un chacun desdiz commissaires qui
ont faictes icelles composicions, assietes et condempnacions, chacun en son regard [2].

Et premièrement

Recepte des composicions et condempnacions faictes
par ledit maistre Jehan Bureau, conseillier maistre des
comptes du roy nostre sire et trésorier de France, commis

---

1. [En marge à cet endroit :] *Dictum procuratorium redditur hic.*
2. [*Autre note marginale.*] Loquitur quoniam, licet hujusmodi littere hujus commissi receptoris eciam et commissio commissariorum registrantur in principio hujus compoti, verumptamen littere abolicionis de qua infra, eciam et in commissione, de quibus in eisdem fit mencio, non hic redduntur, que valde necessarie sunt ad verifficacionem hujusmodi recepte, eciam et expense. Quapropter habeatur dicta abbolicio aut vidimus earumdém in forma, maxime quoniam in litteris confirmacionis gestorum per magistrum Johannem Bureau expresse habentur verba que sequuntur : *Pourveu que, s'aucuns estoient trouvez avoir receu, retenu ou exigé aucuns deniers à nous appartenans, ilz seroient tenus les nous rendre et restituer.* Quare habeantur dicte littere, ut supra.
[Au-dessous :] Attulit transcriptum earumdem positum in fine ligacie litterarum presentis compoti.

par le roy, nostre dit seigneur, comme dessus, au fait de ladicte refformacion, tant sur pluseurs commissaires de tailles que autres personnes cy après declairées, ainsi que par ung cayer de parchemin contenant quatre fueilletz, dont les trois et demi sont escriptz et en la fin signé dudit maistre Jehan Bureau[1], cy rendu et servant pour tout ce chappitre, appert.

De Jaques Brun, Denis Durandeau et Jehan Viaut, commissaires en la ville et chastellenie de Frontenay le Conte, de pluseurs tailles, pour avoir exigé et prins fraiz excessif en levant lesdictes tailles. vi^{xx} vi. liv. t.

De Jehan Boelesve et Raoulet Coursier, commissaires en la ville et chastellenie de Poictiers, pour semblable cause. . . . . l. l. t.

De André Boisier et ledit Coursier, commissaires en ladicte ville et chastellenie de Poictiers, pour semblable cause. . . . . xxx. l. t.

De Jehan Charpentier et Jehan Rozet, commissaires en la ville et chastellenie de Saint Savin, pour semblable cause. . . . . xiii. l. t.

De Mathelin Soutinier, commissaire en la ville et chastellenie du Blanc de certain aide, pour semblable. . . . vii. l. t.

De Jehan Faure et Guillon Carronneau, commissaires en la ville et chastellenie de Saint Benoist du Sault, pour semblable. . . . . xxii. l. iii. s. t.

De Guillaume Mareschal et les au-

---

1. Per quaternum de quo in textu, signatum à magistro Johanno Bureau, magistro compotorum regis, thesaurario Francie ac altero commissario hujus refformacionis. (*Note marginale.*)

tres, commissaires de la ville, chastellenie et ysle de Maillezais, pour semblable. . . . . xx. l. t.

De Jehan Basty et Colin Ribaut, commissaires en la ville et chastellenie de Montmorillon, pour semblable cause. x. l. t.

De Pierre de Varennes, commissaire audit lieu, pour semblable. . . . . x. l. t.

De Jehan Clauset et Pierre de Ré, commissaires en la ville et chastellenie de Melle, pour semblable. . . . . xvi. l. t.

De Jehan Tourraut et Guillon Carronneau, commissaires en la ville et chastellenie de Saint Benoist du Saut, pour semblable. . . . . x. l. t.

De Jehan Maussion et Jehan Rolland, commissaires en la ville et chastellenie d'Argenton, et leurs compaignons, pour semblable. . . . . . vi. l. t.

De Jehan Chabout et Jehan Marandeau, commissaires audit lieu d'Argenton, et Jehan Richart, pour semblable. xviii. l. t.

De Jehan Mulot et Jehan Roux, commissaires à Bersuire, pour semblable. . x. l. t.

De Simon de Jenoilhac et Jehan Vignerot, commissaires en ladicte ville et chastellenie de Bersuire, pour semblable. . . . . xxx. l. t.

De Jehan Boullereau et Méry Carreau, commissaires en la ville et chastellenie de Mortaigne, pour semblable. xx. l. t.

De Colas Olivier et les autres, commissaires en la ville et chastellenie de Partenay, pour semblable. . . . . xxx. l. t.

De Jaques Guillon, Loys Joanin et

Jehan Gervezeau, commissaires en la ville et chastellenie de Vouvant et Mervant, pour semblable. . . . . . . xv. l. t.

De Guillaume Dubois et Guillaume [blanc], commissaires en la ville et chastellenie de Saint Loup, pour semblable. xx. l. t.

De Jehan Bellineau et Pierre Margot, commissaires en la ville et chastellenie d'Ervau, pour semblable. . . . . . ix. l. t.

De Jehan Moriz, commissaire en la ville et chastellenie de Lussac, pour semblable. . . . . vi. l. t.

De Colas Chessé, commissaire en la ville et chastellenie de Mortaigne, pour semblable. . . . . xxx. l. t.

De Colas Roigne, commissaire en la ville et chastellenie de Sainct Maixant, pour semblable. . . . . xxx. l. t.

De Guillaume Raoul, commissaire en la ville et chastellenie dudit Saint Maixent, pour semblable cause. . . . xxx. l. t.

De Jehan Boutet et Bernard Valleron, commissaires en la ville et chastellenie de Luzignen, pour semblable. . . . x. l. t.

De sire Hugues Foulchier, commissaire en la ville de Nyort, pour semblable x. l. t.

De Pierre Franchin et Durant, commissaires en la ville et chastellenie de Bennez, pour semblable. . . . . xvi. l. t.

De Pierre Viander, commissaire en la ville et chastellenie de Prahec, pour semblable. . . . . iiii. l. t.

De Jehan Le Sor et Jehan Remoulu, commissaires en la ville et chastellenie de Chizet, pour semblable. . . . . x. l. t.

De Pierre du Peyré et Guillaume Roy, commissaires en la ville et chastellenie de la Mothe, pour semblable. . . . LXX. solz t.

Dudit Pierre du Peyré et Poictevin, commissaires en ladicte ville et chastellenie de la Mothe. . . . . . . XII. l. t.

De Jehan et Guillaume Poictevins, commissaires en ladicte ville et chastellenie de la Mothe, pour semblable. IX. l. t.

De Jehan Renou et Colas Ordonneau, commissaires en la ville et chastellenie de Paluau, pour semblable. VI. l. t.

De Jehan Cheblanc, commissaire en la ville et chastellenie de Chizet, pour semblable. . . . . VIII. l. t.

De Jehan Merlet et Salemon, commissaires en la ville et chastellenie d'Aunay, pour semblable. . . . . . LX. s. t.

De Jehan Sauvaige et Pierre Sabron, commissaires en la ville et chastellenie d'Aunay, pour semblable. . . . . XL. s. t.

De Ythier Belabre, commissaire en la ville et chastellenie de Civray, pour semblable cause. . . . . . . LX. s. t.

De Berthomé Guillon, Jehan Moyrat et Jehan Tendron, commsssaires en ladicte ville et chastellenie de Civray. IX. l. t.

De Thomas Poyraut et Jehan Sermenton, commissaires de Chiefvoultonne, pour semblable cause. . . . XII. l. VII. s. VI. d. t.

De Guillaume Joyeux, commissaire de Civray, pour semblable. . . . XX. l. t.

De Jehan Berthomier, commissaire en la ville et chastellenie de Civray, pour semblable. . . . . LX. s. t.

De Guillaume Joubert, Guillaume Rousseau et Guillaume Brethet, commissaires en la ville et chastellenie de Villeneufve, pour semblable. . . . LX. s. t.

De Jehan Branchu et Anthoine Moreau, commissaires en la ville de Vivonne, pour semblable. . . . . . . XL. s. t.

De Jehan Chambret, commissaire en la ville et chastellenie de Thouars, pour semblable. . . . . C. s. t.

De Jehan Gendrot et Jehan de Lavau, commissaires en ladicte ville et chastellenie de Thouars, pour semblable. . . . . XX. l. t.

De Guillaume Bourreau et Guillaume Cocheteau, commissaires en la ville de Pousauges, pour semblable. . . . . X. l. t.

De Pierre Caillonneau et Guillaume Roy, commissaires en ladicte ville et chastellenie de Pousauges, pour semblable. . . . . VIII. l. t.

De Pierre Souchart, Colas Massolin et Valentin Léonart, commissaires en ladicte ville et chastellenie de Pousauges, pour semblable. . . . . . VIII. l.

De Jomelin Dourat, Jehan Queraut, Jehan Fouquault, Jehan Barberet, commissaires en la ville et chastellenie de l'Isle Jourdain, pour semblable. . . VIII. l. v. s. t.

De Jehan Touleau et Jehan de Lavau, commissaires en la ville et chastellenie de Thouars, pour semblable. . XX. l. t.

De Guillaume Thures, Estienne Gendret, commissaires en la ville et chastellenie de Couhé, pour semblable. . LX. s. t.

De Pierre Gentilz et Jehan Boulye, commissaires en la ville et chastellenie de Couhé, pour semblable. . . . . LX. s. t.

De Pierre Le Bascle et Jehan Le Jay, commissaires à Chasteaumur, pour semblable cause. . . . . x. l. t.

De Jehan Le Jay, André Bougaut, Mery Persenne et Jehan Baraut, commissaires en ladicte ville et chastellenie de Chasteaumur, pour semblable. x. l. t.

De Jehan Brun, Jehan Guérin, commissaires en la ville et chastellenie de Lezay, pour semblable. . . . . . LX. s. t.

De Jehan Roux et Pierre Giraut, commissaires en la ville et chastellenie de Lezay, pour semblable. . . . . LX. s. t.

De Michelet Ribier et Thomas Bignet, commissaires en la ville et chastellenie de Chastelachier pour semblable. . LV. s. t.

De Emery Corbeau, Pierre Pretere, Colas Couillaut et Pierre Couillaut, commissaires en la ville et chastellenie de Mauleon, pour semblable. . . . xv. l. t.

De Pierre Maingny, Pierre Pradeau et Guillaume de La Tousche, commissaires en la ville et chastellenie de Charroux, pour semblable. . . . . xvIII. l. t.

De Raoulet Rollant, Simon Compain, Jehan Bardolin et Jehan Georgon, commissaires en la ville et chastellenie de Sainct Germain, pour semblable. . x. l. t.

De Guillaume Guérin, Jamet Jobin, commissaires en la ville et chastellenie de la Forest sur Sèvre, pour semblable vIII. l. t.

De Jehan Cholet, Thomin Goujaut,

Jehan Colet et Esmar de Ré, commissaires en la ville et chastellenie de Melle, pour semblable. . . . . . . x. l. t.

De Jehan Marchant et Rainlant (sic) Paincuit, commissaires en ladicte ville et chastellenie de Melle. . . . . . . xii. l. t.

De Pierre Roder, Pierre Rondeau et Pierre Daniel, commissaires en la ville et chastellenie de Gençay, pour semblable. . . . . xiii. l. xv s. t.

De Jehan Benot, Mathé Raboton, Perrot Martineau, André Nainot, Guillaume Butaut et Pierre Dousset, commissaires en la ville et chastellenie de Sainct Michiel en Lair, pour semblable. x. l. t.

De Colas Basti et Guillaume Eraudeau, commissaires en la ville et chastellenie de Marueil, pour semblable. . xviii. l. t.

De André Jagain, Pierre Guiart, Jehan Caillen, Guillaume Micheau et Jacques Forget, commissaires en la ville et chastellenie de la Mothe-Achart, pour semblable. . . . . xiiii. l. t.

De Jehan et Jehan (sic) Cicoteaulx, commissaires en la ville et chastellenie de Mouchamp, pour semblable. . . c. s. t.

De Jehan Chassay et ses compaignons, commissaires en la ville et chastellenie de Puy Beliart, pour semblable. vi. l. t.

De Jehan Bareteau, Guillaume Groulon, Jehan Trouillart l'ainsné et Jehan le jeune, et Colas Cornillart, commissaires en la ville et chastellenie de [la] Cheze le Viconte, pour semblable. . vi. l. t.

De Jehan Renou, Pierre Cartaneau et

Jehan Martineau, commissaires en la ville et chastellenie de Thiffauges, pour semblable . . . . xv. l. t.

De Pierre Boucher, Regnault Guignart, Vincent Guion et autres, commissaires en la ville et chastellenie de Lusson, pour semblable. . . . . xxv. l. t.

De Estienne de Rolins et Pierre Famie, commissaires en la ville et chastellenie des Essars, pour semblable. . xi. l. t.

De Jehan Charlot, Mathelin Poyraut, Jaques Violeau, Jehan Marchant, clerc, Guillaume Bourguegnon et les autres commissaires en la ville et chastellenie d'Aulonne, pour semblable. . . . xv. l. t.

De Phelipon Bourry, Guillaume Dormillon, Mathurin Guignart, Jehan Morin et Jehan Sautereau, commissaires en la ville et chastellenie de Jart, pour semblable cause. . . . . . xi. l. t.

De Estienne Salaut, Estienne Gaulthier et Jehan Coillon et Mathé Bournoys, commissaires en la ville et chastellenie de Beauvoir sur mer, pour semblable . . . . xv. l. t.

De Jehan Gaulthier, Estienne Salaut, Jehan Veillon et Jehan Soulart, commissaires en ladicte ville et chastellenie de Beauvoir sur mer, pour semblable. x. l. t.

De Jehan Veillasseur, Estienne Bourceau, Estienne Loubeau et Jehan Rolant, commissaires en la ville et chastellenie de Commiquiers, pour semblable. xv. l. t.

De Jehan Caudin, François Augereau et Jehan Collinet, commissaires

en la ville et chastellenie de Rye, pour
semblable . . . . vi. l. t.

De Guillaume Crochier, François
Augereau et Jehan Colinet, commissaires en la ville et chastellenie de Rie,
pour semblable. . . . . iiii. l. t.

De Michau Perault et les autres
commissaires en la ville et chastellenie
de Aspremond, pour semblable. . . xv. l. t.

De Jehan Gaborin, Pierre Pelisson,
Jamet Mesma et les autres commis-
saires de la ville et chastellenie de
Thalemond, pour semblable. . . . xxv. l. t.

De Guillaume Barbiere, Jehan
Aymont, Estienne Marchandeau et
Pierre Peyraut, commissaires en la
ville et chastellenie de Peyroulx, pour
semblable . . . . x. l. t.

De Jehan Ferrant et Pierre Celleber-
teau, commissaires en la ville et chastellenie de Champaigné, pour semblable
cause. . . . . viii. l. t.

De Anthoine du Laurier, bastart du
Lorier, pour certains crimes et délitz,
abuz et maléfices par lui commis et
perpétrez . . . . c. l. t.

De Guillaume Morellon, du Blanc [1],
pour semblable cause. . . . . . . c. l. t.

---

[1]. Loquitur super istis duobus partibus et consimilibus, quia non dicitur quod fuerint commissarii seu colectores tailliarum aut subsidiorum, et tamen commissio principaliter, que dirigitur commissariis hujus refformationis, videtur facta fuisse causa exactionum et abusuum factorum per receptores, ellectos, commissarios, electores et alios officiarios recepte; quare videtur quod deberet exprimi causa dicte composicionis, et consimiliter de consimilibus. — Ordinacione dominorum habeatur registrum in forma, signatum per commissarios, pro veriffìcacione ampliori recepte presentis compoti. (*Annotation marginale.*)

De Jacques Lodant, de Saint Hermine, commissaire en la dicte ville et chastellenie de Saint Hermine, pour avoir prins et exigé trop fraiz. . . xv. l. t.

Summa : xiii^c lxvi. l. v. s. vi. d. t.

AUTRE RECEPTE contenue en la fin et ou derrenier fueillet du dessusdit cayer rendu et servant cy dessus, et pour cestedite recepte ensuivant faicte soubz les noms des officiers et autres de la ville de Poictiers qui avoient composé avec les dessusdiz commissaires [1], signée comme dessus par mondict s^r le trésorier, maistre Jehan Bureau, commissaire dessus nommé, et baillée à recevoir par cedict commis et receveur en la manière qui s'ensuit :

Et premièrement

De maistre Morice Claveurier, lieutenant de Poictou. . . . . iiii^{xx} vii. l. x. s. t.

De Jamet Germain [2], demourant audit lieu. . . . . ii^c lxxv. l. t.

De maistre Jehan Besuchet, receveur ordinaire de Poictou. . . . vi^{xx} xvii. l. x. s. t.

De maistre Jehan Barbe, advocat du roy nostre sire en Poictou . . xxvii. l. x. s. t.

De maistre Guillaume Rouillé, procureur des fiefz en Poictou. . lv. l. t.

De Gieffroy Du Bec, esleu du roy nostre sire en Poictou, sur le fait des aides. . . . . vi^{xx} xv. l. t.

De maistre Jehan Bernard, procureur pour le roy sur le fait desdictes aides. . . . . xxvii. l. x. s. t.

---

1. Per quaternum ut supra. (*Note marginale.*)
2. *Sic. Corr.* « Gervain ».

De maistre Jehan Mouraut, esleu
en Poictou. . . . . XL. l. t.

De Henry Blandin, esleu en Poictou. . . . . LXVI. l. XIII. s. IIII. d. t.

De Jehan Pasquier, greffier de Poictou sur le fait desdictes aides. . LX. l. t.

De sire Guillaume Claveurier, l'un des esleuz en Poictou. . . . XL. l. t.

De Jehan Chevredens, procureur du roy en Poictou. . . . . . LXVI. l. XIII. d. IIII. d. t.

De maistre Jehan Arembert, conseiller du roy en Poictou. . . . C. l. t.

Summa : XIe· XVIII. l. VI. s. VIII. d. t.

AUTRE RECEPTE des composicions, condempnacions et assietes, faictes tant par maistres Jehan Mérichon, conseiller du roy nostre sire, Gieffroy Du Bec, esleu pour ledict seigneur en Poictou, Pierre de Roussy, licencié en loix, que autres commissaires cy après nommez, sur le fait de la composicion dudit pays, selon le contenu en ung quayer de parchemin contenant huit fueilletz, dont les quatre et demi sont escriptz, cy rendu et servant pour ce chapitre et pour les autres quatre chapitres de recepte prochains ensuivans desdiz autres commissaires en ceste partie signé d'eulx [1], chacun en son regard, baillées à recevoir comme dessus à cedit commis et receveur :

---

1. Per quaternum signatum a nominatis in textu, qui videatur, quoniam de eorum commissione non constat. Eciam composiciones per eos facte et que infra subsequenter describuntur, videntur esse contra mentem regis et contra tenorem abolicionis, que videtur duntaxat et solummodo intelligi debere de singularibus personis, commissariis, colectoribus, electis, receptoribus et aliis qui in suis officiis et administracionibus crimina, delicta et abusus commiserunt et paccarunt. Amplius continetur in eadem abolicione quod populus Pictavensis in se nullatemus comprehendatur. — Eapropter, ordinacione dominorum, habeantur commissio et abolicio de quibus supra, infra festum O[mnium] S[anctorum] proxime venturum, sub pena decem marcharum argenti regi applicandarum.
Attulit, et ponitur in fine ligacie litterarum presentis compoti. (*Annotations marginales*.)

Et premièrement

Des habitans de la ville et chastellenie de Fontenay le Conte, la somme de. . . . .   M. l. t.

Des habitans de l'isle, terre et chastellenie de Maillezais, la somme de.   c. l. t.

Des habitans de la ville et chastellenie de Tallemont, la somme de. .   II^c l. t.

Des habitans de la chastellenie et terre de Brandois, la somme de. .   c. l. t.

Des habitans de la ville et chastellenie de Peiroux, la somme de. .   c. l. t.

Des habitans de la ville et chastellenie d'Ollonne, la somme de. .   CL. l. t.

Des habitans de la ville et chastellenie de la Mothe Achart, la somme de. . . . .   CL. l. t.

Des habitans de la terre de Jart, la somme de. . . . .   XXX. l. t.

Des habitans de la ville et chastellenie de Saint Hermine, la somme de . . . .   II^cXXX. l. t.

Des habitans de la ville et chastellenie de la Chesze le Viconte, la somme de. . . . .   L. l. t.

Des habitans de la ville et chastellenie de Mareuil, la somme de. .   III^c l. t.

Des habitans de la chastellenie de la Greve, la somme de. . . . .   XX. l. t.

Des habitans de la ville et chastellenie de Luçon. . . . .   III^c XV. l. t.

Des habitans de la terre et chastellenie de Puybeliart, Chantonnay et Lerbergement, la somme de. . .   CX. l. t.

Des habitans de la terre et chastellenie de Mouchamp, la somme de   xl. l. t.

Des habitans de la ville et chastellenie de Saint Michiel en Lair, la
somme de. . . . .   l. l. t.

Des habitans de la ville et chastellenie de Champeigné, la somme de.   lii. l. t.

                Summa : $n^m ix^c iiii^{xx}$ xvii. l. t.

Autre recepte des composicions faictes par maistres Jehan Chevredens, procureur du roy, Henry Blandin, esleu pour ledit seigneur en Poictou, et Jehan Benetz[1], licencié en loix, commissaires pour la cause et ainsi que au prochain chapitre cy dessus est dit :

Des habitans de la ville, parroisse
et terre de Saint Mesmin, la somme de   xl. l. t.

Des habitans de la ville et chastellenie de Thouars, la somme de. . .   m. l. t.

Des habitans de Saint Lou et du
Fief Franc, la somme de. . . . . n^c l. t.

Des habitans de la ville et chastel-
lenie d'Oirevau, la somme de. . . vi^{xx} l. t.

Des habitans de la ville et chastellenie de Berssuyre, la somme de. . v^c l. t.

Des habitans de la chastellenie de
Saint Aubin du Plain, la somme de   xx. l. t.

Des habitans de la chastellenie de
la Fourest sur Foyennée, la somme de   xl. l. t.

Des habitans de la chastellenie de
Lauge-Fougerouse et de Chante-
merle, la somme de. . . . . .   xxx. l. t.

---

1. Non constat de eorum commissione, ut supra.
Habeatur commissio, ut supra.
Attulit positam in fine ligacie presentis compoti. (*Notes marginales.*)

Des habitans de la ville et chastellenie d'Argenton, la somme de. . . vi^{xx} l. t.

Des habitans de la terre de Breuil de Puigny, la somme de. . . . . vi. l. t.

Des habitans de la terre de Saint Pol près Pousauges et la Flocelière xxx. l. t.

Des habitans de la ville et chastellenie de Pousauges, la somme de. . ii^c iiii^{xx} i. l. t.

Des habitans de la ville et chastellenie de Mortaigne, la somme de. . iiii^c l. t.

Des habitans de la ville et chastellenie de Maulleon, la somme de. . ii^c l. t.

Des habitans de la terre de Serisay, la somme de. . . . . x. l. t.

Des habitans de la chastellenie de Chasteaumur, le Fief l'Evesque et les Deffans, la somme de. . . . . ii^c l. t.

Des habitans de la terre de Sauzay, la somme de. . . . . xx. l. t.

Des habitans de la ville et chastellenie de Exars, la somme de. . . vii^{xx}xv. l. xvii. s. vi. d. t.

Des habitans de la ville et chastellenie de Parluyau, la somme de. . vii^{xx} xii. l. x. s. t.

Des habitans de la ville et chastellenie de Montagu, la somme de. . iiii^c l. t.

Des habitans de la ville et chastellenie de Thiffauges. . . . . . ix^{xx} iiii. l. t.

Des habitans de la parroisse de Saint Porchaire, la somme de. . . xx. l. t.

Des habitans de la terre de Compost, la somme de. . . . . . xx. l. t.

Des habitans des ville et chastellenie de Rochesservière, la somme de. . . . . iiii^{xx} l. t.

Des habitans de la ville et chastellenie de Beauvoir sur mer et la Ganasche. . . . . IIIe l. t.

Des habitans de la ville et chastellenie de Bournezeaux, la somme de LX. l. t.

Des habitans de l'isle de Noirmoustier, la somme de. . . . . c. l. t.

Des habitans de la ville et chastellenie d'Aspremont, la somme de. . . VIII^{xx} l. t.

Des habitans de la parroisse d'Aizenois, la somme de. . . . . . . CL. l. t.

Des habitans de la chastellenie de Commiquiers, la somme de. . . . CL. l. t.

Des habitans de l'isle de Rye, la somme de. . . , ... L. l. t.

Des habitans des Cousdries et Habites, la somme de. . . . . XXXVIII. l. t.

Summa: $V^m II^c$ XXXVII. l. VII. s. VI. d. t.

AUTRE RECEPTE faicte des composicions [par] maistres Jehan Le Baud, licencié, et Jaques Duflot, bachelier ès loix, avec eulx Jehan Trenchant, notaire, commissaires comme dessus, pour raison et ainsi que ès deux prochains précédens chapitres est contenu [1]. . .

Des habitans de la ville et chastellenie de Saint Maixant, la somme de. . . . . XIIe l. t.

Des habitans de la ville et chastellenie de Nyort, la somme de. . . VIII^c l. t.

Des habitans de la ville et chastellenie de Bennetz, la somme de. .. c. l. t.

Des habitans de la ville et chastellenie de Melle et Gascoignolle, la somme de. . . . . III^c XL. l. t.

---

1. Non constat de eorum commissione, ut supra.
Habeatur commissio, ut supra.
Attulit, ut supra. (*Notes marginales.*)

Des habitans de la ville et chastellenie de la Mothe Saint Eraye, la somme de. . . . . vii^{xx} x. l. t.

Des habitans de la ville et chastellenie de Partenay, Voulvent et Mairevant, la somme de. . . . xii^{c} l. t.

Des habitans de la ville et chastellenie de Prahec, la somme de . . cii. l. xii. s. vi. d. t.

Des habitans de la ville et chastellenie de Dompierre sur Voultonne, la somme de. . . . . xxxv. l. t.

Des habitans de la ville et chastellenie de Chisec, la somme de. . . ix^{xx} l. t.

Des habitans de la ville et chastellenie de Villeneufve la Contesse, la somme de. . . . . xl. l. t.

Des habitans de la ville et chastellenie de Fors, la somme de. . . xxiiii. l. t.

Des habitans de la ville et chastellenie de Garnac, la somme de. . lx. l. t.

Des habitans de la ville et chastellenie de Chevetonne, la somme de. . . . . iiii^{xx} l. t.

Des habitans de la ville et chastellenie de Aunay, la somme de. . . lxxv. l. t.

Des habitans de la ville et chastellenie de Marsillac, la somme de. . lviii. l. t.

Des habitans de Tusson, la somme de. . . . . xxx. l. t.

Des habitans de la ville et chastellenie de Champaigne Mouton, la somme de. . . . . xv. l. t.

Des habitans de Villefaignen, la somme de. . . . . x. l. t.

Summa : iiii^{m} iiii^{c} iiii^{xx} xix. l. xii. s. vi. d. t.

AUTRE RECEPTE des composicions et condempnacions faictes par maistres Guillaume de Culant, examinateur de par le roy nostre sire ou Chastellet de Paris, Mathurin Arembert, procureur dudit seigneur, et Mery Bouyer [1], esleu sur le fait des aides en Poictou, commissaires, et pour semblable cause que ès trois prochains précédens chapitres.

De la ville et viconté de Chasteaulerault, la somme de. . . . . . IX^c XLV. l. t.

De la ville et chastellenie de Chauvigny, la somme de. . . . . . VI^{xx} XI. l. x. s. t.

De la ville et chastellenie d'Angle, la somme de. . . . . XXX. l. t.

De la ville et chastellenie de Saint Savin, la somme de. . . . . IIII^{xx} XV. l. t.

De la terre de Bethines, la somme de . . . . XIII. l. t.

De la terre de Meigné et Ronnay, la somme de. . . . . . . XX. l. t.

De la ville et chastellenie du Blanc, la somme de. . . . . . . IIII^c L. l. t.

De la terre de Loteilli, la somme de . . . . XII. l. t.

De la ville et chastellenie de Saint Benoist du Sault, la somme de. . IIII^c l. t.

De la ville et village de Bourneuf, la somme de. . . . . . . IIIe l. t.

De la ville et village de Bridiers, la somme de. . . . . . . II^c l. t.

De la ville et chastellenie de Civray, la somme de. . . . . . IIII^c l. t.

---

1. Non constat de eorum commissione, ut supra.
Habeatur commissio, ut supra.
Attulit, ut prius. (*Notes marginales.*)

De la ville et terre de Vivonne, la somme de . . . .   IIII^{xx} l. t.

De la ville et terre de Champaigné Saint Ylaire, la somme de. . . .   xxx. l. t.

De la ville et terre de Rommaigne, la somme de. . . . . . .   xx. l. t.

De la parroisse et terre de Mauprevaire, la somme de. . . . .   xv. l. t.

De la ville et chastellenie de Coué, la somme de. . . . .   l. l. t.

De la ville et chastellenie de Mortemer, la somme de . . . . .   l. l. t.

De la ville et chastellenie de Lussac, la somme de . . . . . .   cl. l. t.

De la ville et chastellenie de Chastelarchier, la somme de. . .   lx. l. t.

De la terre des Carmes, la somme de   xv. l. t.

De la ville et chastellenie de Lesay, la somme de. . . . .   x. l. t.

De la ville et terre de Brigueil la Grève, la somme de. . . . .   x. l. t.

De la ville et terre de Saint Ventriguen, la somme de. . . . .   x. l. t.

De la ville et chastellenie de Charroux, la somme de. . . . . .   IIe l. t.

De la ville et chastellenie de Monstereul Bonyn, la somme de. .   IIII^c l. t.

De la ville et chastellenie de Lezignen, la somme de. . . . . .   II^c IIII^{xx} v. l. t.

De la parroisse d'Adrier, la somme de . . . .   xx. l. t.

De la ville et chastellenie de l'Isle Jourdain, la somme de . . .   IIII^{xx} l. t.

De la ville et chastellenie de Poictiers, la somme de. . . . . .   VIII^c xl. l. t.

Non comprins en ce les officiers qui paravant avoient composé avec les autres devant ditz commissaires.

De la ville et chastellenie de Saint Germain, la somme de . . . . . . iie l. t.

De la ville et chastellenie de Montmorillon, la somme de. . . . . . iie iiii^{xx} x. l. t.

De la ville et terre de Gensay, la somme de . . . . c. l. t.

De la terre de Selles Levesquault, la somme de. . . . . xx. l. t.

Summa : v^{m}ix^{e}lxi. l. x. s. t.

Autre recepte contenue en la fin du dessus dit cayer rendu et servant pour les prochains précédens quatre chapitres et cestui, baillée à recevoir et receuë, comme dessus est dit, par ce commis et receveur.

De sires Colin Martin, par la main de maistre Jehan Mérichon le jeune, la somme de xxxix. l. vii. s. vi. d. ; laquelle somme ledit Martin disoit avoir receue de plusieurs personnes, sans icelles déclarer à cedit commis ; et avoit icelle somme receue par le commandement dudit maistre Jehan Bureau devant nommé, ainçois que cedit receveur feust commis à la recepte de ladicte composicion. Pour ce . . . . xxxix. l. vii. s. vi. d. t.

De Nau Crouart, sergent, par la main de maistre Jehan Le Baud et André Bonnyn, c'est assavoir pour chacun x. l., pour semblable cause. Pour ce . . . . xx. l. t.

Summa : lix. l. vii. s. vi. d. t.

Autre recepte des composicions et condempnacions faictes à cause de la commission, dont ce présent compte fait mencion, tant par le dessus dit maistre Guillaume de Culant, examinateur ou Chastellet de Paris, que maistre Jehan Benetz, licencié en loix, depuis baillées à recevoir à cedit receveur et commis, par ung estroit et long cayer de parchemin contenant quatre fueilletz [1], dont les deux sont escriptz, et le tiers est signé dudit maistre Guillaume de Culant seulement, obstant le trespas dudit Benetz, lors et durant ladicte commission entrevenu, ainsi et comme il est plus à plain contenu oudit cayer cy rendu et servant pour tout ce chapitre.

De Jehan Bouchier.	xv. s. t.
De Anthoine Du Pays, dit Moreau.	xl. s. t.
De Jehan Branchu	iiii. l. t.
De Laurens Gastevin	xx. s. t.
De Michault Nolet	x. l. t.
De Guillaume Fradin	xl. s. t.
De Phelippon Ferruau.	xxx. s. t.
De Jehan Robinet et Jehan Sableau	xxx. s. t.
De Jehan Bonneteau.	vi. l. t.
De Maixent Gaulthereau.	iiii. l. t.
De Jehan Du Puy.	lx. s. t.
De Jehan Fourrer et Jehan Girault	vi. l. t.
De André Caillaut.	xxx. s. t.
De Huguet Brunet	xv. s. t.
De Jehan Braconnier	xxx. s. t.
De Jehan Thomas et Pierre Thibault	c. s. t.
De Pierre Gay	lxv. s. t.
De Martin Jourdain.	xl. s. t.

---

1. [*En marge* :] Per caternum de quo in textu. Tamen non constat de ejus commissione; eciam, ut videtur, deberet afferre certifficacio quod, in rotulis et quaterno superius declaratis, comprehenduntur partes emendarum refformationis. de qua supra.
Habeantur commissio et certifficacio de quibus supra, infra festum O[mnium] S[anctorum] proxime venturum, sub pena qua supra.
Constat et attulit, ut supra.

De Guillaume Belland. . . .	xl. s. t.
De Pierre Ripaut	lx. s. t.
De Anthoine Pannier	xl. s. t.
De Jehan Gastevin	xv. s. t.
De Pierre Josseaume	lx. s. t.
De Mathurin Barrois	c. s. t.
De André Babaud	lx. s. t.
De Jehan Mimaut	xxx. s. t.
De Jehan Persot.	xxx. s. t.
De Jehan Minart et Pierre Frerecheur	xl. s. t.
De Mathurin Peletier, par la main de Colin Martin.	xxx. l. t.
De Jehan Nau et Jehan Giffart. . .	xxx. s. t.
De Jehan Couraut et Jehan Mareschal	xl. s. t.
De André Tournois	xxx. s. t.
De Pierre Dordenne et Jehan Belin	vii. l. t.
De Guillaume Doulsin et Jehan Cousin.	lx. s. t.
De Jehan Damineau.	xxx. s. t.
De Jehan Guintart	lv. s. t.
De Anthoine Bardon.	xl. s. t.
De Jehan Jolain.	xl. s. t.
De Jehan Joly et Jehan Ravary. .	vi. l. t.
De Jehan Monart et Guillaume Guiot	viii. l. t.
De Pierre Giret	lx. s. t.
De Jehan Dru.	lx. s. t.
De Jehan Guynart et Jehan Fradet	c. s. t.
De Jehan Charrier	xxx. s. t.
De Jehan Gendron et Jehan Guichart	xx. s. t.
De André Texier.	iiii. l. t.
De Jehan Nainzereau	xv. s. t.

De Guillaume Jau. . . . . . . xii. s. vi. d. t.
De Jehan Sagaut. . . . . . vii. s. vi. d. t.
De Jehan Lombart et Jehan Roches lx. s. t.
De Thenot Chastain et Jehan Daniau . . . . xl. s. t.
De Jehan Barré, Jehan Fouchier, Jehan Blanchet, Huguet Caillau, Jehan Gervier et Jehan Bourdon. . xxx. s. t.
De Jehan Pascaut, Jehannot Sauvage et Huguet Charuau. . . . vi. l. t.
De Pierre Pineau et Jehan Baudoyn. . . . . xiii. l. t.
De Colin Baignaulx et Mathurin Garon. . . . . l. s. t.
De Jehan Ferrejau . . . . . xx. s. t.
De Jehan Richart . . . . . lx. s. t.
De Anthoine Guillot. . . . . lx. s. t.
De Jehan Audouy . . . . . lx. s. t.
De Jehan Courtois . . . . . lx. s. t.
De Pierre Gybouyn. . . . . lx. s. t.
De Jehan Nicolas. . . . . . lx. s. t.
De Jehan Berault. . . . . . lx. s. t.
De Mery Chartrer. . . . . . xxx. s. t.
De Jehan Maudine. . . . . xl. s. t.
De Jehan Robert. . . . . . lx. s. t.
De Jehan de Measnes . . . . xxx. s. t.
De Laurens de Berthenies. . . c. s. t.
De Pierre de Villeneufve. . . l. s. t.
De Jaques Saunyer. . . . . xl. s. t.
De Jehan Girault. . . . . . xv. s. t.
De Martin Bonhomme . . . . xl. s. t.
De Jehan Foulquet et Jehan Bouter. . . . . xl. s. t.
De Pierre Gardereau . . . . ix. l. t.
De Mery Vergeau. . . . . . lx. s. t.

De Pierre Girart. . . . . . . ix. l. t.
De Hugues Thibault et Guillaume Perrotin . . . . lx. s. t.
De Guillaume Bertrand et Jehan Gabouraud . . . . xxx. s. t.
De Jehan Gavin et Jehan Boutaut . vi. l. t.
De Thomas Viget. . . . . . . iiii. l. t.
De Jehan Choisy. . . . . . lx. s. t.
De Jehan Maudon et Mathurin Franchon. . . . . iiii. l. t.
De Jehan Vigean. . . . . . . xl. s. t.
De Pierre Berlant . . . . . . xxx. s. t.
De Jehan Perraut. . . . . . iiii. l. t.
De Jehan Abrioust . . . . . lx. s. t.
De Pierre Resonge. . . . . . xl. s. t.
De Jehan Rouillon . . . . . lxx. s. t.
De Lucas Gobet. . . . . . . vi. l. t.
De Jehan Sorin . . . . . . xxv. s. t.
De Pierre Droillaut et Jehan Vignault. . . . . xl. s. t.
De Jehan des Loges. . . . . xxx. s. t.
De Jehan Chauveau. . . . . xx. s. t.
De Hilleret Poupereau et Guillaume Pronon . . . . lxx. s. t.
De Laurens Bernard. . . . . xv. s. t.
De Estienne Saugeron, Jehan Vivier et Jehan Texier . . . . . iiii. l. t.
De Bernard de la Court et Jehan Bouguet . . . . liii. s. iiii. d. t.
De Jehan Darlon et Jehan de la Bousle . . . . xxv. s. t.
De Yvon Boulée et Jehan Pierre. lx. s. t.
De Jehan Couhault. . . . . x. s. t.
De Jehan Perroteau. . . . . xxx. s. t.
De Jehan Mireteau. . . . . xxx. s. t.

De Pierre Caillou et Anthoine Charpentier . . . . vi. l. t.
De Perrot Oliver . . , . . xx. s. t.
De Mathurin Peyrault et Jehan Chernu . . . . xxx. s. t.
De Jehan Ressonneau et Mery Grasset . . . . iiii. l. t.
De Jehan Crahaut et Hilleret Drouin . . . . lx. s. t.
De Perrotin Gay et Jehan Ylairon. lx. s. t.
De Simon Leizé et Mery de Boulie. lx. s. t.
De Jehan Moireau . . . . . c. s. t.
De Jehan Gaignart et Jehan Guillier . . . . viii. l. t.
De Jehan Gastineau. . . . . l. s. t.
De Pierre Chanu et Jehan Maconneau . . . . vi. l. t.
De Guillaume Noyraut et Jehan Coullaut et Anthoine Moyreau . . lx. s. t.
De Legier Marconnay . . . . xv. s. t.
De Thomas Guieteau . . . . xv. s. t.
De Morice Raoul. . . . . . l. s. t.
De Guillaume Aydouart. . . . xxx. s. t.
De Jamet Girier. . . . . . xxx. l. t.
De Huguet Gaulthereau et Pierre Chabrea . . . . xxx. s. t.

Summa : iiii^c ix. l. xiii. s. iiii. d. t.
Summa totalis recepte presentis compoti : xxi^m vi^c xlix. l. . iii. s. t.

DESPENSE DE CE PRESENT COMPTE

Et premièrement

Deniers baillez à officiers qui sont tenuz de compter.

Et est assavoir que le roy nostre sire, par ses lettres patentes données aux Montilz lez Tours, le xxvme jour de fevrier M.CCCC.XLVII, adreçans à nosseigneurs des Comptes [1], rendues et transcriptes au commencement de cedit compte, avoit et a voulu que les sommes paiées par cedit receveur à maistre Jehan de Xaincoins, receveur général de toutes finances tant en Languedoil comme en Languedoc, et par vertu des descharges qui seront rendues et dont cy après sera faicte mencion soient allouées sans difficulté, non obstant que icellui Jehan Bastier, receveur, par sa commission estoit chargié de paier et bailler les deniers de cestedicte recepte au changeur du trésor [du roy] nostre sire, à Paris, et par vertu des descharges dudit trésor et non ailleurs.

A maistre Jehan de Xaincoins, receveur général, la somme de vi^c livres tournois, par sa descharge escripte le xxvime jour de mars l'an mil cccc. XLVI, avant Pasques, par Jehan monsieur de Lorraine, pour don à lui fait par le roy, nostre dit seigneur, pour ce, par vertu de ladicte descharge cy rendue à court [2]. . . . . . vi^c l. t.

Audit de Xaincoins, la somme de ii^c l. t. par autre descharge escripte lesdictz jour et an, par Madamme de Chastillon, pour don à elle fait par ledit seigneur ; pour ce, par vertu de ladicte descharge cy rendue. . . . ii^c l. t.

---

1. [*En marge :*] Videatur.
2. [*En marge :*] Super dictum Xaincoins, ad computandum pro toto capitulo.

A lui, la somme de III^m l. t., par autre descharge escripte le XXme jour de may l'an mil CCCC. XLVII. par Jehan Berthelot, maistre de la chambre aux deniers de la royne, pour convertir, à cause de son office, en la despense ordinaire de ladicte dame, de ladicte année. Pour ce, par vertu de ladicte descharge cy rendue. . . . . . . III^m l. t.

A lui, la somme de VI^{xx} l. t., par autre descharge escripte le XIIme jour d'aoust audit an M. CCCC. XLVII, par Jehan Savary, Guillaume Goupil et Jehan Deseffrie, escuiers, pour don à eulx fait par le roy, nostre dit seigneur. Pour ce, par vertu de ladicte descharge cy rendue. . . . . . VI^{xx} l. t.

A lui, la somme de IIIe l. t., par autre sa descharge escripte le XXIXe jour dudit mois d'aoust oudit an M. CCCC. XLVII, par mons^r l'évesque de Magalonne, conseiller du roy, nostre dit seigneur, sur sa pension de ladicte année. Pour ce, par vertu de ladicte descharge cy rendue. . . . . . . IIIe l. t.

A lui, la somme de V^e l. t., par autre sa descharge escripte le VIIIe jour de septembre ou dit an CCCC. XLVII[1], par mons^r l'évesque de Maillezais, conseiller dudit seigneur, sur sa pension de ladicte année. Pour ce, par vertu de ladicte descharge cy rendue. . . V^e l. t.

---

1. Redduntur iste tres partes cum IIII^or precedentibus et proximis sequentibus simul accolatis per IX^m compotum dicti de Xaincoins anni CCCC. XLVII, et ibi continentur (?) f° XXXIII. (*Note marginale.*)

Audit de Xaincoins, la somme de
ii^c l. t., par autre sa descharge escripte le xiime jour dudit septembre ou dit an cccc. xlvii, par Jehanne de Tucé, dame de Saint Michiel, pour don à elle fait par le roy, nostredit seigneur. Pour ce, par vertu de ladicte descharge cy rendue. . . .   ii^c l. t.

A lui, la somme de iii^c l. t., par autre descharge escripte le xxme jour d'icellui septembre oudit cccc. xlvii, par le sire de Maillé, grant maistre d'ostel de la royne, à lui ordonnée par le roy, nostre dit seigneur, sur sa pension de la dicte année. Pour ce, par vertu de ladicte descharge cy rendue   iii^c l. t.

A lui, la somme de viii^c l. t., par autre descharge escripte le xxvime jour d'avril l'an mil cccc. xlviii[1], c'est assavoir par le sire de Pressigny, conseiller et chambellan du roy, nostre sire, v^c l. t., et par ledit Xaincoins, receveur général, iii^c l. t., pour don à eulx fait par le roy nostre dit seigneur. Pour ce, par vertu de ladicte descharge cy rendue. . . . . viii^c l. t.

Summa : vi^m xx. l. t.

AUTRES DENIERS PAIEZ AU TRÉSOR DU ROY NOSTRE SIRE A PARIS.

Audit trésor, la somme de l. l. t., par descharge escripte le derrenier jour de decembre l'an mil cccc. xlvii[2], comptant

---

1. Et iste viii^c l. t. per x^m compotum predicti Xaincoins finitum cccc. xlviii et continentur f^o xxxiii. (*Note marginale.*)
2. Cor^d in thesauro pro toto capitulo, et videantur iste xvi. prime

par maistre Estienne Chevalier, secrétaire du roy nostre sire, pour ses peine et sallaire d'avoir fait lettres d'abolicion des gens dudict pays de Poictou, ainsi que par roole dudit seigneur donné le vm₁₁₁ₑ jour dudit mois est plus à plain contenu. Pour ce, par vertu de ladicte descharge cy rendue à court.. . . . . L. l. t.

Audit trésor, la somme de iiii^{xx} x. l. t., par autre descharge desdiz jour et an, comptant, par maistre Hugues de Conzay, lieutenant du seneschal de Poictou, et Jehan Chevredens, procureur du roy nostre sire oudit païs de Poictou, pour la despense d'eulx et de xxx. hommes de guerre de une compaignie, pour mettre à execucion certaines lettres du roy nostredit seigneur, pour prandre prisonnier le cappitaine de Touffou et plusieurs autres dudit païs, qui avoient commis certains abuz et fait plusieurs entreprinses contre les subgiez du roy demourans ès marches du pays de Bretaigne, et pour metre la place de la Grève en l'obeissance dudit seigneur, comme plus à plain est contenu en son roole, donné le viiie jour dudit mois. Pour ce, par vertu de ladicte descharge cy rendue à court. . . . . iiii^{xx} x l. t.

---

exoneraciones thesauri, que non sunt ab altero thesaurario signate; tempore dictarum exoneracionum, ordinacio signature thesaurariorum nundum facta erat; quare trans[eatur]. (*Note marginale*).
Ista prima pars cum xv^{cim} sequentibus simul acolatis, ascendentibus insimul ad summam ix^m v$_c$ iiii^{xx} iii. l. t., redditur per compotum thesaurarii de termino Nativitatis Domini m° cccc° xlvii°, et ibi convertetur (?) in summa vii^m vi^c lxvi. l. viii. s. p., f° xxv°. (*Id.*)

Audit Trésor, la somme de iiii^{xx} x. l. t. par autre descharge dudit derrenier décembre oudit an, comptant, par maistre Loys Daniel, greffier de la commission de cestedicte recepte, Pierre Brulart et Laurens Cailleau, pour leurs peines et sallaires d'avoir minué et grossoyé, durant le temps de cestedicte commission, plusieurs informacions, et d'avoir extrait les charges desdictes informacions, et avec ce d'avoir pris et redigé par escript les depposicions d'aucuns delinquans dudit païs, ensemble d'avoir fait plusieurs autres escriptures servans au fait d'icelle commission, ainsi que plus à plein est contenu ou roole dessus dit. Pour ce, par vertu de ladicte descharge cy rendue . . . . iiii^{xx} x. l. t.

Audit Trésor, la somme de lxx. l. x. s. t., par autre descharge dudit derrenier septembre iiii^c xlvii, comptant, par Jehan Oudart, sergent d'armes du roy nostre sire, pour son sallaire d'avoir vacqué oudit païs de Poictou à faire plusieurs adjournemens, execucions et autres exploiz touchant le fait de ceste dicte recepte, par l'espace de iiii^{xx} xiiii. jours, comme plus à plain est contenu ou roole dudit sieur, du viiie jour d'icellui mois. Pour ce, par vertu de ladicte descharge cy rendue. . . . . lxx. l. x. s. t.

Audit Trésor, la somme de LX. l. t., par autre descharge dudit derrenier décembre oudit an CCCC. XLVII, comptant, par Jacques Mereau et Mery Boyer, pour avoir vacqué chacun d'eulx, par XXIIII. jours, ou fait de ladicte commission, comme plus à plain est contenu oudit roole. Pour ce, par vertu de ladicte descharge cy rendue. . . . . LX. l. t.

Audit Trésor, la somme de C. l. t. par autre descharge dudit derrenier jour de decembre M. CCCC. XLVII, comptant, par maistre Jehan Chevredens, procureur du roy nostre dit seigneur oudit païs de Poictou, pour avoir vacqué ou fait de cestedicte commission, tant à faire les informacions et autres, ou affaires neccessaires, contre aucuns délinquens demourans ès villes et chastellenies enclavées ou siège de Thouars, comme aussi pour avoir imposé et esgalé les habitans des villes et chastellenies dudit siège, comme plus à plain est contenu ou roole dudit seigneur, donné le VIIIe jour d'icellui mois. Pour ce, par vertu de ladicte descharge cy rendue à court. . . C. l. t.

Audit Trésor, la somme de II^c XXX. l. t., par autre descharge desdiz derrenier jour et an, comptant, c'est assavoir par maistre Jehan Lebaut, VII^{xx} x. l. t., et par maistre Jehan Trenchant et André Bonin, IIII^{xx} l. t., pour avoir vacqué à faire plusieurs informacions et composé les habitans des villes et chastellenies enclavées où siège de Saint Maixent, comme plus à plain est contenu oudit roole du roy. Pour ce, par vertu de ladicte descharge cy rendue . . . . II^c XXX. l. t.

Audit Trésor, la somme de II^c LXII. l. x. s. t., par autre descharge dudit derrenier décembre oudit an, comptant, par maistres Jehan Mérichon et Pierre de Roussy, c'est assavoir par ledit Mérichon II^c l. t., et par icellui de Roussy LXII. l. x. s. t., pour avoir assisté ou fait de ladicte commission et vacqué à faire certaines informacions contre aucuns delinquens des chastellenies de Fontenay le Comte et Tallemondois, et pour avoir composé avec les habitans desdictes chastellenies, comme plus au long est contenu en icellui roole. Pour ce, par vertu de ladicte descharge cy rendue . . . . . . II^c LXII. l. x. s. t.

Audit Trésor, la somme de III^c l. t., par autre dischargedu dit derrenier jour de décembre CCCC. XLVII, comptant, par mons^r l'evesque de Poictiers, l'un des commissaires sur le fait de la commission de cestedicte recepte, pour ses peines et sallaires d'avoir vacqué oudit fait, ainsi qu'il appert par icellui roole. Pour ce, par vertu de ladicte descharge cy rendue. . . . . III^c l. t.

Audit Trésor, la somme de vi^{xx} xvii. l. x. s. t., par autre descharge desdiz jour et an, comptant, par Jehan Punguet (*sic*), serviteur de mons^r le seneschal de Poictou, pour don à lui fait par le roy nostre dit seigneur, en faveur des bons services à lui faiz par ledit Pinguet, ou lieu de semblable somme que ledit seigneur lui avoit donnée à prandre sur la finance deue par Girard Alaire, le vielz, marchant d'Albigoiz, pour cause de la nobilitacion de sa personne, comme plus à plain est contenu en icellui roole. Pour ce, par vertu de ladicte descharge cy rendue. . . . . vi^{xx} xvii. l. x. s. t.

Audit Trésor, la somme de iiii^c xii. l. x. s. t., par autre descharge dudit derrenier jour de décembre cccc. xlvii, par messire Jehan Boniface, chevalier des parties d'Arragon, pour don à lui fait par le roy nostredit seigneur, pour soustenir son estat et faire certaines armes contre certains angloiz ès marches de Normandie, comme plus à plain est contenu oudit roole. Pour ce, par vertu de ladicte descharge cy rendue . . . iiii^c xii. l. x. s. t.

Audit Trésor, la somme de xiii^c l. t., par autre descharge desdiz jour et an, comptant, par mons^r maistre Jehan Bureau, conseiller dudit seigneur et tresorier de France; c'est assavoir iii^c l. t. pour don à lui

fait par ledit seigneur, et M. l. t.
sur ce qu'il lui est deu pour ses
voyaiges et chevauchées, à cause de
cestedicte commission et autrement,
faiz par l'espace de dix mois, commençans le xme jour de janvier
M. CCCC. XLVI, ainsi que le contient
plus à plain icellui roole. Pour ce,
par vertu de ladicte descharge cy
rendue . . . . xiii^c l.

Audit Trésor, la somme de iii^c l. t.
par autre descharge desdiz jour et an,
comptant, par Madame la duchesse
en Bavière [1], pour don à elle fait
par le roy, comme plus à plain est
contenu oudit roole dudit seigneur,
donné ledit viiie jour de décembre
l'an dessus dit M. CCCC. XLVII. Pour ce,
par vertu de ladicte descharge cy
rendue. . . . . iii^c l. t.

Audit Trésor, la somme de iii^c l. t.,
par autre descharge dudit derrenier
jour de décembre M. CCCC. XLVII,
comptant, par messire Phelippe de
Meleun, chevalier, seigneur de la
Borde, pour don à lui fait par le roy,
pour de mieulx en mieulx soustenir
ses vie et estat ou service dudit
seigneur, ainsi qu'il peut plus à plain
apparoir par ledit roole. Pour ce,

---

1. Catherine d'Alençon, fille de Pierre II comte d'Alençon, seconde femme de Louis comte palatin, duc en Bavière, dit le Barbu, frère d'Isabeau de Bavière, reine de France. Elle l'avait épousé, le 1er octobre 1413, étant veuve de Pierre de Navarre, comte de Mortain, et mourut le 25 juin 1462.

par vertu de la dicte descharge cy
rendue. . . . . IIIe l. t.

Audit Trésor, la somme de XIIIIe
l. t., par autre descharge desdiz jour
et an, comptant, par messire Pierre
de Breszé, chevalier, conseiller et
chambellan du roy, nostre dit
seigneur; c'est assavoir VIIIe l. t. que
ledit seigneur lui devoit, pour semblable somme à lui prestée par ledit
chevalier, pour aucunes fortiffica-
cions et réparacions par lui faictes
en la ville de Louviers en l'an mil
CCCC. XLVII, et VIe l. t. pour don que
ledit seigneur lui a fait, ainsi que
plus à plain est contenu oudit roole.
Pour ce, par vertu de ladicte des-
charge cy rendue . . . . XIIIIe l. t.

Audit Trésor, la somme de IIII^m
IIIIe IIII^{xx} l. t., par autre descharge
desdiz jour et an, comptant, par
Jaspar Bureau, maistre de l'artillerie
du roy; c'est assavoir, II^m c. l. t. pour
convertir ou fait de son office, et
II^m c. IIII^{xx} l. t., sur ce qu'il lui est
deu pour cause des ouvraiges et réparacions que ledit seigneur lui avoit
ordonné faire faire ès villes et chasteaulx de Tours, les Montilz, Razilly
et Chinon, et la somme de II^c l. t.
que cellui seigneur lui avoit ordonné
estre baillées pour faire certaines reparacions oudit lieu des Montilz, par
l'ordonnance de la royne, ainsi que
plus à plain est contenu oudit roole.

Pour ce, par vertu de ladicte descharge cy rendue . . . . . . IIII^m IIIIe IIII^{xx} l. t.

Audit Trésor, la somme de IIIIe l. t. par autre descharge escripte le derrenier jour d'avril l'an mil CCCC. XLVIII, comptant, par icellui Jehan Batier [1], pour tauxacion et ordonnance à lui faicte par le roy nostre sire et par le roole dessusdit, pour les causes bien amplement en icellui contenues. Pour ce, par vertu de ladicte descharge cy rendue . . . . . IIIIe l. t.

Audit Trésor, la somme de xx. l. t. par autre descharge du derrenier jour de may M. CCCC. XLVIII, comptant, par Robert Binet, pour tauxacion à lui faicte par le roy et son roole dessusdit. Pour ce, par vertu de ladicte descharge cy rendue. . . . . . xx. l. t.

Audit Trésor, la somme de XII. l. t., par autre descharge du derrenier jour de juing oudit an CCCC. XLVIII, comptant, par Jehan Pasler, sergent du roy nostre dit seigneur, par tauxacion à lui faicte par ledit seigneur ou roole dessusdit. Pour ce, par vertu de ladicte descharge cy rendue . . . XII. l. t.

Audit Trésor, la somme de XII. l. t. par autre descharge dudit derrenier juing CCCC. XLVIII, comptant, par Jehan Durant, sergent dudit seigneur,

---

1. Et ista pars cum VI. sequentibus simul accollatis, ascendentibus in universo V^c XXX. l. X. s. t., redduntur per compotum thesauri de termino sancti Johannis Baptiste M. CCCC. XLVIII, et ibi convertentur in summa IIII^c XXIIII. l. VIII. s. t., f° XXI verso. (*Note marginale.*)

pour tauxacion à lui faicte par icellui seigneur ou roole, dont dessus est touchié. Pour ce, par vertu de ladicte descharge cy rendue. . . . .   xii. l. t.

Audit Trésor, la somme de xii. l. t., par autre descharge dudit derrenier juing cccc. xlviii, comptant, par Jehan Leblanc, sergent royal, à lui tauxée par le roy, comme dessus. Pour ce, par vertu de ladicte descharge cy rendue. . . . .   xii. l. t.

Audit Trésor, la somme de xii. l. t. par autre descharge desdiz jour et an, comptant, par Pierre Lafons, autre sergent royal, par tauxacion à lui faicte comme dessus. Pour ce, par vertu de ladicte descharge cy rendue . . . .   xii. l. t.

A icellui Trésor, la somme de lxii. l. x. s. t., par autre descharge dudit derrenier juing cccc. xlviii, comptant, par Gieffroy Du Bec, esleu sur le fait des aides oudit païs de Poictou, par tauxacion à lui faicte par le roy oudit roole. Pour ce, par vertu de ladicte descharge cy rendue. . . . .   lxii. l. x. s. t.

Audit Trésor, la somme de iii^c l. t., par autre descharge du derrenier jour de juillet oudit an cccc. xlviii[1], comp-

---

1. Ista pars cum ix^{mo} sequentibus simul accolatis, ascendentibus insimul ad summam v^m c. iiii^{xx} iii. l. xvi s. iiii. d. t., redditur per compotum thesauri, pro parte termini Nativitatis Domini m.cccc.xlviii, scilicet pro mensibus jullii, augusti et septembris solum, et ibi convertetur (?) in summa iiii^m ix^c xvi. l. par., f° xvi^{to} verso.

tant, par messire Guillaume Juvenel des Ursins, chevalier, chancellier de France, pour don à luy faict par le roy nostre dit seigneur ou roole dessusdit. Pour ce, par vertu de ladicte descharge cy rendue. . . . . ɪɪɪᶜ l. t

A icellui Trésor, la somme de c. l. t., par autre descharge du derrenier jour d'aoust oudit an cccc. xlviii, comptant, par maistre Henry Blandin, esleu sur le fait des aides oudit païs de Poictou, par tauxacion à lui faicte par le roy nostredit seigneur ou roole dessus dit. Pour ce, par vertu de ladicte descharge cy rendue. . . c. l.t.

Item, plus audit Trésor, la somme de xx. l. t., par autre descharge du xᵐᵉ jour de septembre l'an dessusdit cccc. xlviii, comptant, par maistre Pierre Doriole, par tauxacion à lui faicte par le roy nostredit seigneur, pour les causes ou roole que dessus. Pour ce, par vertu de ladicte descharge cy rendue . . . . xx. l. t.

Audit Trésor, la somme de vɪᶜ l. t., par autre descharge du xxvɪɪɪᵉ jour dudit septembre oudit an m. cccc. xlviii, comptant, par maistre Jehan Rabateau, président en la court de Parlement, laquelle somme le roy nostre dit seigneur par icellui roole lui avoit ordonné estre payée sur sa pension de l'année cccc. xlvii. Pour ce, par vertu de ladicte descharge cy rendue . . . . vɪᶜ l. t.

Audit Trésor, par autre descharge d'icelui desdiz jour et an, montant à la somme de ix^c l. t., comptant, par maistre Guillaume de Culan, examinateur de par le roy en son Chastellet de Paris, pour tauxacion et ordonnance à luy faictes par ledit seigneur et par son roole du viiie decembre m.cccc.xlvii [1]; de laquelle descharge n'a esté paié par ledit Batier, ce présent commis, audit Me Guillaume de Culan que vii^c iiii^{xx} iii.l. ii.s. i. d. t. Pour ce, icy, par vertu d'icelle descharge cy rendue, seulement la dicte somme de . . . . vii^{c}iiii^{xx}iii.l.ii.s.i.d.t.

Audit Trésor, par autre descharge dudit xviiime septembre mil cccc. xlviii, comptant, par révérend père en Dieu mons^r l'arcevesque d'Aiz, par tauxacion et ordonnance à lui faictes par icellui seigneur, pour les causes contenues en son dit roole. Pour ce, par vertu de ladicte descharge cy rendue, la somme de . . . v^c l. l. t.

Audit Trésor, la somme ne ii^m l. t., par autre descharge dudit xviiie septembre l'an dessusdit cccc. xlviii, par mons^r le conte d'Alençon, par assignacion à lui faicte par le roy nostredit seigneur et sondit roole donné ledit viiime de décembre m. cccc. xlvii, sur sa pension dudit

---

1. Dicta exoneracio ascendit ix$c$ l. t., que hic implicatur pro dicta summa vii^c iiii^{xx} iii. l. ii. s. i. d. (*Note en marge.*)

an cccc. xlvii. Pour ce, par vertu de
ladicte descharge cy rendue. . . .   ii^m l. t.

Audit Trésor, la somme de c. l. t.,
par autre descharge du xviiie septembre cccc. xlviii. dessus dit, comptant, par maistre Mathurin Arembert,
licencié en loix, procureur dudit
seigneur oudit pays de Poictou, par
tauxacion à lui faicte par icellui
seigneur, pour les causes contenues
oudit roole. Pour ce, par vertu de
ladicte descharge cy rendue. . . .   c. l. t.

Audit Trésor, la somme de vi^c l. t.
par autre descharge desdiz jour et
an, comptant, par Pierre Botin et
Laurens Desnop, marchans de la
Rochelle, à eulx ordonnée par ledit
seigneur ou roole dessusdit, sur et
en deduction de la somme de ii^m
xlvi. l. xiii. s. t., en quoy icellui
seigneur estoit obligié envers eulx,
pour vendicion d'artillerie. Pour ce,
par vertu de ladicte descharge cy
rendue . . . .   vi^c l. t.

Audit Trésor, par autre descharge
du xixme jour dudit mois de septembre l'an que dessus cccc. xlviii [1],
montant à la somme de vi^{xx} livres
parisis, qui valent cl. l. t., comptant,
par Jehannete vefve de feu maistre
Jehan Bennetz, en son vivant licencié
en loix, par tauxacion faicte par le

---

1. Dicta exoneracio est de summa cl. l. t., hic solum implicata pro summa vi^{xx} x. l. xvi. s. iii. d. t. (*Note marginale.*)

roy nostre dit seigneur audit feu, pour les causes contenues ou roole dessusdit. Sur laquelle somme a esté payé seulement vi^{xx} x. l. xvi. s. iii. d. t. Pour ce, ycy, par vertu de la dicte descharge cy rendue. . . . . . vi^{xx} x. l. xvi. s. iii. d. t.

Audit Trésor, par autre descharge d'icelui donnée et escripte le viime jour de janvier mil cccc. liii, de la somme de iiie l. t.[1], sur ce que cest receveur avoit receu ou recevroit à cause de sa recepte de ladicte commission, comptant, par maistre Jehan Bureau, trésorier de France, sur ce qui lui estoit deu, à cause de ses voyages du temps precedent l'an cccc. xlix, comme il estoit contenu ou roole du roy nostre sire, donné le xxiiiime jour d'avril precedent icelle descharge et oudit an cccc. liii, cy rendue . . . . iiie l. t.

Summa : xv^m v^c iiii^{xx} xvii. l. viii. s. iiii. d. t.
Summa denariorum traditorum de quibus est computandum : xxi^m vi^c xvii. l. viii. s. iiii. d. t.

GAIGES D'OFFICIERS.

Audit receveur, pour ses peines, sallaires, fraiz et despens qu'il a euz et soustenuz à cueillir, recevoir et amasser les deniers de cestedicte recepte, lesquelz gaiges il prant ou chappitre precedent, par descharge du Tresor ; et pour ce icy. . . . . Neant.

---

1. Et iste iii^c l. t. reddentur per compotum thesauri, ad terminum S. Johannis Baptiste m. cccc. liiii, et ibi convertentur in summa iie xl. l. p., f^o xxi verso. (*Note marginale.*)

VOYAIGES ET TAUXACIONS.

A maistre Jehan Besuchet, notaire et secrétaire du roy nostre sire, la somme de xviii. l. t., à lui tauxée par maistre Jehan Bureau, conseiller maistre des comptes du roy nostre sire, tresorier de France et commissaire en ceste partie, pour ses fraiz et despenses d'avoir vacqué, par son ordonnance et commandement, ès villes de Lezignen, Civray et Poictiers, à l'examen de pluseurs personnes, qui avoient esté commissaires et collecteurs de tailles et autres subsides mis par ledit seigneur oudit païs de Poictou, et tout rapporté devers eulx, ainsi que enchargié avoit esté audit Besuchet, comme par lettres de tauxacion données soubz ses signet et seing manuel [1], le viiime jour de mars l'an mil cccc. xlvi. appert. Pour ce, par vertu d'icelles et de la quictance d'icellui Besuchet,
tout cy rendu à court. . . . . . xviii. l. t.

A maistre Colart, fourrier du roy, nostre dit seigneur, la somme de vi. l. t. à lui tauxée et ordonnée par mesdiz seigneurs les commissaires, pour certain voyaige qu'il avoit fait, partant de la ville de Tours par l'ordonnance dudit seigneur, lors estant aux Moultiz (*sic*) lez icelle ville, à aler devers mesdiz seigneurs à Poictiers, aporter lettres de par icellui seigneur, touchant le fait de cestedicte commission, et pour lui avoir rapporté response sur icelles, comme appert par lettres de tauxacion de mesdiz seigneurs de ce faictes

---

1. Per taxaciones de quibus in textu cum quictancia pro toto capitulo. (*Note en marge.*)

soubz leurs signetz, le xiiiie jour d'aoust m. cccc. xlvii. Pour ce, par vertu d'icelles et quictance, tout cy rendu. . . . . vi. l. t.

A Martin Legrant, homme d'armes, la somme de viii. l. t. à lui tauxée et ordonnée comme dessus, pour avoir esté, par l'ordonnance de mesdiz seigneurs, conduire en Tallemondois et ou païs d'environ certains sergens royaulx qui illec estoient envoyez pour faire aucuns exploiz touchant le fait de cestedicte commission ; ou quel voyaige, alant venant, sejournant et retournant, il avoit vacqué, lui iiime de gens de guerre, par l'espace de huit jours entiers. Pour ce, par vertu des lettres de tauxacion de mesdiz seigneurs, données le iiiime jour de décembre m. cccc. xlvii, et de la quictance dudit Martin Legrant, cy rendues à court. . . . . viii. l. t.

A Jehan Delage et Loys Chanu, clercs, la somme de xxiiii. l. t., c'est assavoir à chacun d'eulx xii. l. t., laquelle mesdiz seigneurs les commissaires leur ont tauxée et ordonnée pour leurs peines et salaires, d'avoir minuté et grossoyé plusieurs informacions, extrait les charges d'icelles, tant contre aucuns delinquans des pays de Touarçoys, Talmondois, comme d'ailleurs oudit païs de Poictou, et fait plusieurs escriptures par leur ordonnance touchant le fait de ladicte commission, comme appert par lettres de tauxacion de mesdiz seigneurs du viiie jour de janvier M. CCCC. XLVII, cy rendues. Pour ce, icy, par vertu d'icelles lettres avec quictance sur ce, tout cy rendu à court. . . . .   XXIIII. l. t.

A Jehan Soubaudin, chevaucheur de l'escuierie du roy nostre sire, la somme de VIII. l. v. s. t., laquelle mesdiz seigneurs lui ont tauxée et ordonnée pour avoir fait, par leur ordonnance, certains voyaiges ès pays de Tallemondoiz, Luçonnois et Touarçois, à porter lettres devers les commissaires qu'ilz avoient envoyez esdiz païs, pour les affaires de cestedicte commission, comme par les lettres de tauxacion de ce faictes, données soubz leurs signetz, le xiime jour de janvier l'an mil CCCC. XLVII, appert. Pour ce, par vertu d'icelles cy rendues, avec quictance.   VIII. l. v. s. t.

A Guillaume Le Bugnetier et Jehan Du Gard, clercs, la somme de x. l. t. à eulx tauxée par messieurs les trésoriers de France, et par leurs lettres données soubz leurs signetz, le xviime jour de juillet M. CCCC. XLVIII, pour les peines et labours qu'ilz avoient euz à plusieurs foiz et diverses intervales, à minuter et puis mettre au net, à leurs fraiz, plusieurs mémoires et advertissemens faiz par les officiers du roy nostre sire à

Paris, et par eulx envoyez vers icellui seigneur et messeigneurs de son Grant Conseil, sur plusieurs et diverses matières, pour le bien dudit seigneur, l'augmentacion de son domaine et autrement. Pour ce, par vertu desdictes lettres et quictance au dos escripte, cy rendues. . . . . x. l. t.

Summa viagiorum et taxacionum : LXXIIII. l. v. s. t.

AULTRE DESPENSE de plusieurs sommes payées par l'ordonnance des commissaires, ordonnez par le roy nostre sire à esgaler la somme de xviii^m l. t., dont ce présent compte fait mencion, pour les causes et aux personnes qui s'ensuivent. C'est assavoir :

A Huguet de Revers et Guillaume de Velut, sergens de la ville de Poictiers, la somme de LX. s. t. par egal porcion, pour leurs peines et salaires d'avoir esté par l'ordonnance desdiz commissaires, partans de la ville de Poictiers, à la Mesleroye en Poictou, prandre illec le capitaine dudit lieu et icellui amener devers iceulx commissaires audit lieu de Poictiers, pour certain delit par luy commis. Pour ce, par leur quictance du xxiiime jour d'avril l'an mil cccc. XLVIII, cy rendue à court. . . . . . LX. s. t.

A Jehan Le Blanc, chevaucheur de l'escuierie de monseigneur le Daulphin, la somme de LX. s. t. pour certain voyaige par lui fait, partant de devers lesdiz commissaires, de la dicte ville de Poictiers, à aler au Blanc en Berry, Saint Benoist du Sault et Bourgueneuf, porter lettres à certains commis envoyez de par lesdiz commissaires ausdiz lieux, pour le fait de ladicte commission, et

d'icelles devers eulx avoir rapporté
response. Pour ce, par quictance du
xviime jour de mars l'an mil cccc.
xlvii, cy rendue . . . .   lx. s. t.

A Jehan Manceau, messaigier de
pré demourant à Nyort en Poictou,
la somme de lv. s. t., pour deux
voyaiges par lui faiz par l'ordonnance
desdiz commissaires, c'est assavoir,
l'un partant de la ville de Saint
Maixent à aler devers mons^r l'evesque
de Poictiers, l'un desdiz commissaires, porter lettres pour le fait de
ladicte commission audit lieu de
Poictiers, et l'autre partant d'icellui
lieu de Poictiers, à aler à Vouvent
oudit païs de Poictou, porter autres
lettres de par iceulx commissaires
aux habitans dudit lieu, pour le fait
de leur composicion. Pour ce, icy,
par quictance du premier jour de
mars m. cccc. xlvii, cy rendue. . .   lv. s. t.

A Pierre Boucher, trompette, la
somme de cx. s. t., pour certain
voyaige par lui fait par l'ordonnance desdiz commissaires, partant
de ladicte ville de Nyort, à porter
lettres closes de par eulx au roy
nostre sire, lors estant aux Montilz
lez Tours, pour le fait de leur commission, et pour avoir rapporté response sur icelles. Pour ce, par
quictance du xxme jour de mars
m. cccc. xlvii. cy rendue. . . . .   cx. s. t.

A Jehan Hamelle, sergent royal, la

somme de L. s. t. pour certain voyaige par lui fait, partant de la ville de Poictiers, par l'ordonnance desdiz commissaires, à aler à Marueil en Poictou querir et prandre prisonnier ung nommé Colas Pereteau et icellui amener devers iceulx commissaires audit lieu de Poictiers, pour certains délitz par luy commis. Pour ce, par quictance du xvme jour d'icellui mois de mars oudit an CCCC. XLVII, cy rendue. . . . . L. s.t.

A Jehan Rivière, demourant en ladicte ville de Poictiers, la somme de C. XVI. s. VIII. d. t. pour perte d'or, à cause de l'emprunt de la somme de mil escuz qu'il avoit convenu hastivement emprunter, par l'ordonnance du roy nostre dit seigneur, pour bailler à Jaspar Bureau, maistre de l'artillerie dudit seigneur, sur les reparacions que icellui seigneur lui avoit ordonné faire faire ès chasteaulx de Chinon, Razilly et les Montilz lez Tours, pour ce bailliée audit Jehan Rivière, par l'ordonnance desdiz commissaires, ainsi qu'il appert par sa quictance du xxviime jour de fevrier oudit an M. CCCC. XLVII, cy rendue, la dicte somme de . . . CXVI s. VIII d. t.

A Jehan de Villers, sergent royal demourant audit lieu de Poictiers, la somme de VI. l. t., pour avoir, par l'ordonnance et commandement desdiz commissaires, esté au Blanc en

Berry et à Saint Benoist du Sault faire plusieurs adjournemens et autres esploiz de justice touchant le fait de ladicte commission. Pour ce, par sa quictance du xiiime jour dudit février oudit an mil cccc xlvii, cy rendue. . vi. l. t.

A Laurens Cailleau, clerc, la somme de vi. l. t. pour ung voyaige par luy fait de la ville de Sainct Maixent, devers le roy, nostre sire, pour le fait de ladicte composicion de Poictou et autres choses touchant le fait dudit seigneur, par l'ordonnance et commandement desdiz commissaires, et porter leurs lettres audit seigneur et rapporter de ce response. Pour ce, par quictance du xxme jour d'avril mil cccc. xlviii, cy rendue . . . . vi. l. t.

Lesquelles parties contenues en ung roole de parchemin, signé en la fin de mons^r le trésorier de France, maistre Jehan Bureau, montant ensemble de xxxiiii. l. xi. s. viii. d. t., ont esté tauxées et ordonnées aux dessus nommez pour les causes et ainsi que dit est, par iceulx commissaires ayans de ce povoir, par leurs lettres atachées soubz leurs signetz audit roole, données le xxme jour de fevrier mil cccc. xlvii [1]. Pour ce, par vertu desdiz roole et lettres d'atache

---

1. Per rotulum, mandatum commissariorum et quictancias de quibus in textu, hic reddita. (*Note en marge.*)

cy rendus à court, ensemble des quictances rendues sur chacune desdictes parties, est cy prise en despense la dicte somme de. . . . . xxxiiii.l.xi.s.viii.d.t.

Summa per se : xxxiiii.l. xi.s. viii.d.t.

DESPENSE COMMUNE.

A Jehan Bastier, ce present commis et receveur au fait de ladicte commission, dont ce dit compte fait mencion, pour avoir apporté de la ville de Nyort en Poictou[1], où il tient sa demourance, jusques en la ville de Paris, luy iiie à cheval, tous les acquictz servans à cedit compte, et avoir sejourné longuement pour en besongnier avec son procureur à drecer lesdiz acquitz et lettres, et mettre fourme et ordre à faire cedit compte pour le rendre ainsi qu'il appartient, et pour le retour d'icelui commis, s'il plaist à nosseigneurs des comptes, la somme de . . . . L. l. t.

A luy, pour avoir fait faire ung bureau à recevoir les deniers de ladicte commission, acheté papier à faire registre et journal tant de la recepte que despense de cedit compte, et autres menues choses neccessaires à ce, la somme de. . . . x. l. t.

A Guillaume Le Buignetier, procureur de cedit commis, pour la façon de cedit compte, contenant, y comprins le double, lxviii. fueilletz, à ii. s. t. pour chacun, valent la somme de . . . . vi l. xvi s. t.

---

1. Ordinetur per dominos.
Ordinatione dominorum nichil habeat de istis duobus partibus. (*Id.*)

A lui, pour sa vacacion tant à la
reddicion dudit present compte que
à la closture, et pour prendre les
arrestz d'iceluy [1], la somme de.. .   xl.s.t.

 Summa expense communis hujus compoti : viii.l.
[xvi. s. t.

 Summa totalis expense presentis compoti : xxi^m vii^e
[xxxv.l.i. s.t.

 Debentur receptori : iiii^{xx} v.l. xviii.s. t.

Presens compotus visus fuit ad Burellum et non clausus propter arresta superius non decisa, x^a die maii m. cccc. lvi° (a) [2].

Auditus et clausus ad Burellum, viii^a julii m° cccc lvi°.

---

1. Ordinatione dominorum habeat xl s. t. (*Note en marge.*)
2. Ces deux lignes sont biffées.

DOCUMENTS RELATIFS A NOIRMOUTIER [1].

I

Quittance donnée par Guillaume de Montjehan, chevalier, seigneur de Montjehan, capitaine du château de Noirmoutier, à Jehan de Salagnac, son lieutenant, de 100 réaux pour une année de gages de la ferme de la capitainerie de Noirmoutier.

5 février 1438, n. s.

Sachent touz que, je, Guillaume de Montjohan, chevaier, seigneur de Montjohan et cappitaine du chastel et forteresse de l'isle de Nermoustier, pour très noble et très puissant seigneur monseigneur de la Tremoille, de Sully, de Craon et dudit ysle de Nermoustier, cognois et confesse avoir heu de Jehan Salignac [2], escuier, mon lieutenant on dit lieu, le numbre et somme de cent reaulx d'or bons et de pois de France du coing du Roy, nostre sire, pour mes gaiges et prouffiz à moy dehuz à cause de madicte cappitennerie par ledit Salignac, mondit lieutenant, pour ung an entier commancent au seiziesme jour du mois d'octobre l'an mil ccccxxxvi et finissent au xvii du dit moys d'octobre, en cest present an mil ccccxxxvii. Item et auxi je, ledit chevalier, confesse avoir heu et receu du dit Salignac le numbre et somme de soixante livres monnaie tournois que ledit Salignac avoit receu pour et on nom de moy du

---

1. Ces pièces ont été communiquées par M. Arthur Labbé et transcrites sur les originaux en parchemin appartenant à M. Beaupoil, avocat à Châtellerault.
2. La généalogie des Salagnac, seigneurs de la Roche-Gaudon, a été donnée par La Thaumassière, dans son *Histoire du Berry* (p. 980). Jean de Salagnac était fils d'Hélion et père de Philibert; leurs armes étaient : *bandé d'or et de sinople de six pièces*. La Roche-Gaudon dépend de la commune de Chaillac, arrondissement du Blanc (Indre).

receveur dudit lieu de Nermoustier à cause d'une assignacion à moy faite et donnée par mondit seigneur sur ledit receveur et desquelles sommes je me tiens à bien content et paié et en quicte le dit Salignac sans james riens lui en demender, et mesmement et generaulment je, le dit chevalier, ay quicté et clamé, quicte par ces presentes le dit Salignac pour lui et ses hers de toutes sommes et numbres d'or et de monnaie et de toute autre action et demende personnelles touchant fait de meuble que je lui peusse faire et demender et en quoy il me povoit estre teneu tant à cause de mesdiz gaiges et prouffiz à moy dehuz à cause de madicte cappitennerie et pour la ferme d'icelle de tout le temps que en ay esté cappitenne que autrement par quittance generallement faicte et donnée de tout le temps passé jucques audit xvi jour du dit mois d'octobre en cedit present an mil cccc trente et sept, comme dit est. En tesmoing de ce, je, le dit chevalier, en ay donné audit Salignac ces presentes lettres de quictance signées de ma main et aussi signées à ma requeste des seings manuelx des notaires cy dessoubz escriptz et avecques ce seellées du seel establi aux contraz ondit ysle de Nermoustier pour mondit seigneur de la Tremoille. Ce fut fait et donné presens ad ce Jehan Boezeau, alias dit Maigner et Jehan Compaignon, le cincquiesme jour du moys de fevrier l'an mil cccc trente et sept. G. DENONT JOHAN. M. RIVAGER. J. GOHELYA, à la requeste du dit chevalier, presens lesd. tesmoings.

II

Quittance de Jacques de Boisé, commé fondé de procuration de Jean de Blanchefort, capitaine du château de Noirmoutier, à Jehan Salagnac, son lieutenant, et remise des clefs dudit château par ledit Salagnac.

2 novembre 1439.

Sachent tous que, je, Jacques de Boesé, escuier, seigneur

de Corsenay [1], pour et on nom de procureur de noble homme Jehan de Blanchefort, escuier, seigneur de Forras et cappitaine du chastel de l'isle de Nermoustier, ay quipté et clamé, quipte par ces presentes Jehan Saleignac, escuier, nagueres lieutenant dudit chastel dudit isle, de tous et chascuns les foys, sermens et promesses, en quoy icelluy Salignac me estoit tenu, juré et promis pour la garde de la dicte place et pour on nom du dit Blanchefort, cappitaine d'icelle, et l'en ay aujourduy deschargé et descharge par ces presentes de tout fays et charge de sermens et promesses en quoy il m'estoit tenu ondit nom et à cause de ladicte garde de ladicte place de tout le temps qu'il en a esté lieutenant et heu la garde on nom du dit Blanchefort, cappitaine d'icelle jusques à cest present jour, et est assavoir parce que icelluy Saleignac s'en est aujourduy bien et honnorablement deschargé et à son honneur par la reddicion des clefz que il m'a huy renddu on nom et comme procureur dudit cappitaine. Et lesquelles clefz et garde de ladicte place je ay aussi aujourduy baillé à autres la charge et garde pour le temps avenir. En tesmoing de ce, je, le dit Boesé, en ay donné au dit Saleignac ces presentes lettres signées à ma requeste des seings manuelx des notaires cy dessoubz escriptz le segond jour de novembre l'an mil cccc trente et neuf. J. FAUCONNEA. GOHELYA, signé à la requeste du dit Boisé, presens frere Raoul Feron, prieur des Icry, et messire Geoffroy Ferron, prebptre et autres.

---

1. La généalogie des Boisé, seigrs de Courcenay, se trouve dans La Thaumassière, *Histoire du Berry*, p. 615. Courcenay mouvait de la baronnie de Châteauroux. Jacques de Boisé, sieur de Courcenay, obtint permission de Mre Guy de Chauvigny, sgr de Châteauroux, de fortifier la maison de Courcenay, à la charge qu'elle lui serait jurable et rendable à volonté, par lettres du 28 juin 1437. Il contracta mariage avec Souveraine de Blanchefort, fille de Jean de Blanchefort, seigneur de Fourray et de Paudy.

III

Jean, bâtard de la Trémoille, seigneur de l'Hébergement et capitaine de l'île de Noirmoutier, pour le duc de la Trémoille, de Sully, de Craon et de Noirmoutier, nomme Jehan de Salagnac son lieutenant préposé à la garde de ladite place.

15 avril 1451.

Je, Jehan bastard de la Trimoille, seigneur de Labergement et cappitaine de l'isle de Nermoustier pour très noble et puissant seigneur monseigneur de la Trimoille, de Suly, de Craon et dudit ysle de Nermoutier, certiffie à tous comme emprès ce que noble homme Jehan Salignac, escuier, m'a fait le serment de bien et loyallement garder ladicte place du dit Nermoutier au prouffit de mondit seigneur et de moy et de non la bailler ne obeyr à autre personne que à la personne de mondit seigneur ou de moy comme cappitaine, que celuy Jehan de Salignac ay commis et commet mon lieutenant à la garde de ladicte place et ysle pour moy, et pour la garde et gaiges dudit Jehan de Salignac à yceluy ay donné, baillé et laissé tous et chascuns les prouffiz et emolumens des gués et regués appartenans à icelle cappitanerie et place sans aucune chose à moy d'iceulx gués, regués, ne prouffiz bailler reservez ne retenir et à iceluy Jehan de Salignac ay donne puissance toutalle de prandre les diz prouffiz dessus diz et d'iceulx bailler acquid aux personnes submiz à la garde de ladicte place sans riens jamais en demender audit Jehan de Salignac ne ausdiz subgiez. En tesmoing de verité je signe ces presentes de ma main et fait signer des saings des notaires si desoubz escriz le quinzeiesme jour d'avrilh l'an mil cccc cinquante et ung, et ad [ce] presens nobles hommes Le Galoys de Villiers, Pierre de Hannelle et Loys de Chazeray. LE BASTART DE LA TRÉMOILLE. BASTART, à la requeste dudit bastard. GAULTEREAU, à la requeste dudit bastart.

IV

Mandement au sénéchal de Poitou de veiller à ce que bonne garde soit faite dans la place et forteresse de Noirmoutier, afin de défendre cette île contre les attaques des Anglais et de garantir Louis de la Trémoille, seigneur de Noirmoutier, de tous dommages qui pourraient en résulter pour lui.

14 mars 1452, n. s.

Charles, par la grace de Dieu roy de France, au seneschal de Poictou ou à son lieutenant, salut. Umble supplicacion de nostre cher et feal cousin Loÿs, seigneur de la Trimoille, avons receue contenant que entre ses autres seigneuries il est seigneur de l'isle de Nermoustier, laquelle est environnée de mer de toutes pars, en laquelle a place forte où les manans et habitans d'icelle ont acoustumé eulx retraire avec leurs biens et y faire guet et garde, auquel lieu qui est environné de mer de toutes pars, comme dit est, pevent venir de jour et de nuyt noz anciens ennemys et adversaires les Angloys, lesquelz pevent submovoir la dicte isle et entrer dedans ladicte place forte par deffault de guet et garde en icelle, laquelle isle et forteresse d'icelle a esté le temps passé par la bonne diligence et soigneuse garde et resistance des cappitaines, officiers et subgectz de nostre dit cousin suppliant en nostre obbeissance, et combien que les manans et habitans dudit isle soient tenuz et ayent acoustumé d'ancienneté faire guet et garde en la place et forteresse dudit lieu de Nermoustier et qu'ilz ayent leur plus prompt retraict et reffuge, neantmoins nostre dit cousin doubte que soubz umbre des ordonnances par nous faictes sur le fait desdiz guetz lesdiz manans et habitans de ladicte isle délaissent et facent difficulté de faire guet et garde en ladicte place, ainsi qu'ilz avoient acoustumé d'ancienneté, et que à ceste cause ladicte place fust en péril d'estre prinse par noz diz ennemys dont grant dommaige et inconveniant s'en pourroit avenir à la chose publique de nostre païs de Poictou et autres de nostre royaume, près desquelz est assis ladicte isle, et on très grand grief, prejudice et dommaige dudit suppliant, se par nous ne luy estoit sur ce pourveu de remede convenable, si comme il dit requerant humblement sur ce nostre provision ; pour quoy nous, actendu ce que dit est, voulans pourveoir à la seurté et garde de ladicte place et autres de nostre royaume, vous mandons et pour ce que vous estes nostre plus prouchain juge de ladicte isle commettons par ces presentes que s'il vous appert que ladicte isle de Nermoustier soit assise sur pors de mer et en frontiere de noz diz ennemys et adversaires les Angloys, et que les diz manans et habitans de ladicte isle ayent acoustumé eulx retraire en la forteresse dudit lieu et y avoient leur plus prouchain retraict et reffuge et aussi qu'ils ayent acoustumé y faire guet et garde, vous ou cas dessus dit pourvoiez tellement à la garde et seurté de la dicte place et y faites faire et donnez telle provision du guet et garde que aucun inconveniant ou dommaige n'en adviengne à ladicte place ne à la chose publique du pays, en contraignant ou faisant contraindre à ce lesdiz manans et habitans de ladicte isle et touz autres qui pour ce seront à contraindre par toutes voyes et manieres deues et raisonnables. Car ainsi nous plaist il estre fait nonobstant quelxconques lettres subreptices impectrées ou à impectrer à ce contraires. Mandons et commandons à touz noz justiciers, officiers et subgectz que à toy, en ce faisant, obbéissent et entendent diligemment. Donné à Tours le xiiie jour de mars l'an de grace mil cccc cinquante et ung et de nostre regne le xxxme. Ainsi signé : Par le Roy, à la relacion du Conseil : Rogier.

<small>Le sceau royal de cire brune, qui était apposé sur ce parchemin, est en grande partie détruit : sur un fragment encore existant, on voit un semis de fleurs de lis et ces lettres dans l'exergue... ANCORVM.
Au dos on lit : Pour Monsr de la Trimoille.</small>

V

Lettres de sauvegarde en faveur de Philibert de Salagnac, écuyer, et de sa famille.

16 février 1478, n. s.

Phelipes de Commines, chevalier, seigneur d'Argenton et de Talmond, conseiller et chambellain du Roy nostre sire et son seneschal en Poictou [1], au premier sergent roial qui sur ce sera requis, salut. Receues avons les lettres du Roy nostredit seigneur, ausquelles ces présentes sont atachées soubz le seel aux contractz de ladicte senneschaucée, contenant sauvegarde impetrées, à nous baillées et presentées de la partie de Philebert de Salignac, escuier, par vertu desquelles et du pouvoir à nous donné par icelles, vous mandons en commectant si mestier est, nonobstant qu'il ne soit en son pouvoir office ou bailliage, que ladicte sauvegarde vous signiffiés et faictes assavoir à tous en general par cry public à jour de foyre et de marché plus proche du lieu et demourance du dit impetrant et deffendons à tous de par le dit seigneur et nous à certaines et grans peines au dit seigneur à applicquer qu'ilz ne meffacent ne facent mefaire audit impetrant ne à sa famille en aucune maniere. Et en signe d'icelle mectez et asseez les penonceaulx et bastons royaulx en et sur les maisons et autres possessions dudit impetrant, et les personnes dont ledit impetrant vous requiera avoir asseurté, adjournez les par devant nous, nostre lieutenant ou commis à certain jour et competans au lieu et siege de leur ressort pour illec la luy venir donner bonne et loial en forme de droit et procedder en oultre comme de raison. Donné et fait à Poictiers soubs le seel de la dicte seneschaucée le seziesme jour de fevrier l'an mil IIII^c soixante dix sept. Prevost.

---

[1]. Louis XI l'avait nommé son sénéchal en Poitou par lettres du 24 novembre 1476.

VI

Marguerite de Naillac, veuve de Georges de Salagnac, tant pour elle que pour ses enfants mineurs, et Balthazar de Salignac comparaissent au ban et arrière-ban du Poitou, comme tenant chacun pour moitié la seigneurie de Rochegaudon, située dans la paroisse de Chaillac et du ressort de Montmorillon.

18 novembre 1569.

Aujourdhuy, à la convocation et assemblée generalle des nobles et aultres subjectz au ban et arriere ban de ce païs et comté de Poictou, damoiselle Marguerite de Naillac, vefve de deffunct Georges de Sallignac, en son vivant escuyer, seigneur de Roche Gaudon, demourant en la parroisse de Chaillac, resssort de Montmorillon, tant en son nom que comme tutrice naturelle des enfans dudict feu Georges de Sallignac et d'elle, et Baltazar de Sallignac, escuyer, seigneur de la dicte seigneurie de Roche Gaudon et y demourant en la parroisse de Chaillac, se sont comparuz par maistre Mathurin Faulcon, lequel par vertu de procurations spécialles desdiz de Naillac et de Sallignac du douziesme jour de ce moys, signées Fortin et Marion et encore l'une d'icelles B. de Sallignac, a dict que ladicte de Naillac èsdiz noms tient la moictié dudict lieu noble de Roche Gaudon et que. ledict Baltazar de Sallignac tient l'houstel noble et l'autre moictié de ladicte maison de Roche Gaudon et que le total de la dicte maison vault quinze livres tournoys de rente ou revenu annuel, à laquelle raison lesdiz de Naillac et de Sallignac offrent contribuer aux diz ban et arriere ban ce qu'il appartiendra par raison suyvant les ordonnances du Roy. Dont il a requis acte qui luy a esté octroyé pour luy valloir et servir èsdiz noms ce que de raison sans prejudice des conclusions et protestations du procureur du Roy. Faict au greffe de la court ordinaire de la seneschaulcée de Poictou à Poictiers, le dix huitiesme jour de novembre l'an mil cinq cens soixante neuf. MATHÉ, commis du greffier. Collation est faicte.

LES STATUTS DE LA FACULTÉ DES ARTS

DE L'UNIVERSITÉ DE POITIERS

1484-1488-1494.

I

Nous publions, d'après un manuscrit original, sauvé tout au moins de l'oubli, le texte complet des *Statuts de la Faculté des Arts* de l'Université de Poitiers, remontant à la fin du quinzième siècle. S'il n'était pas tout à fait inconnu de certains auteurs poitevins qui l'ont cité dans leurs écrits, il est utile de faire remarquer ici qu'ils n'en ont donné que des extraits ou des analyses ne permettant pas d'apprécier la valeur du précieux document dont il s'agit. Un tel manuscrit venant en aide à l'histoire locale méritait davantage, sans que nous puissions indiquer les causes de son oubli et de sa longue disparition. — Le mal n'était pas irréparable, puisqu'il nous est permis de le réparer.

Notre parchemin est sur vélin et en très bon état de conservation, malgré ses quatre siècles d'existence ; il se compose de treize feuillets numérotés selon l'usage à cette époque sur le recto de chacun d'eux, ce qui fournit vingt-six pages de texte, comprenant quarante-six articles indiqués en chiffres financiers. La largeur du parchemin est de vingt-cinq centimètres, la hauteur de trente-un. La justification du texte est en largeur de quatorze centimètres, en hauteur de vingt. Les marges sont grandes et d'une égalité parfaite. Les titres ou sommaires des articles sont disposés en manchette à gauche des susdites marges, chargées en outre de quelques annotations, ainsi que celles de droite.

Ce manuscrit latin, de la fin du quinzième siècle, revêt tous les caractères de cette époque.

En effet, les abréviations y sont multipliées. L'écriture en est lourde mais régulière et très nette ; elle est du même scribe. Le *c* et le *t* se confondent ; l'*e* simple remplace toujours l'*œ* ou l'*æ*.

Le point rond (.) s'y met pour le point final, — les deux points (:) pour la virgule, — les barres inclinées (/) indiquent les pauses ou les parenthèses. On remarque les accents sur les *i*, employés du reste du onzième au quinzième siècle, particulièrement lorsqu'ils sont voisins des lettres *i, m, n, u,* ce qui sert à les distinguer. Les renvois sont ainsi représentés («). Cette ponctuation a été modifiée, ou pour mieux dire transformée afin de rendre le texte imprimé plus intelligible. Les chiffres contenus dans notre manuscrit sont de ceux qu'on est convenu d'appeler romano-gallicans.

A la suite des statuts complétés et terminés le 1er octobre 1494, se rencontrent d'autres textes fort intéressants qui, commençant en 1616, finissent en 1687. Il y a par conséquent une lacune très regrettable de cent vingt-deux ans laissant dans l'ombre les actes de la Faculté des Arts de Poitiers. Il semble difficile de la combler. Nous nous bornerons à dire ici que ce membre important de l'Université de Poitiers eut à lutter énergiquement contre des prétentions qui visaient ses privilèges en attaquant son autonomie parfaitement établie aux débuts de sa création [1].

---

1. Le texte sans date qui va suivre est la reproduction d'un feuillet manuscrit du dix-huitième siècle tiré de nos papiers. Son auteur était sans doute quelque dignitaire de l'Université. Les détails contenus dans la dissertation et qui a pour titre *Recherches de la médecine*, nous ont paru avoir un certain intérêt en ce qui regarde la Faculté des Arts. Toutefois, nous ne saurions nous rendre garant de l'exactitude de la thèse qu'on y soutient.

« Le premier article, le plus ancien des statuts de l'Université remontant à 1488, est conçu dans la forme qui suit :

« *Universitas Pictaviensis est composita ex quinque Facultatibus, directa et gubernata per duas Facultates et quatuor Nationes. Una per Facultatem artium et Theologie, cui adjungitur Facultas medicine, ac per Nationes Francie, Aquitanie, Biturie et Turonie, in quibus quatuor nationibus due Facultates, juri canonici et civili, sunt divise ; in qua sunt Doctores, Magistri, Licenciati, Baccalaurei et Scholes* [1] ». D'où il résulte que mal à propos les docteurs en droit veulent tenir la seconde place dans l'Université, puisque le Statut attribue la première place à la Faculté des Arts. « *Videlicet per Facultatem artium et theologie, cui adjungitur Facultas medicine* »; c'est peut-être sur ce fondement que les légistes et les médecins se meslent et opinent alternativement dans les assemblées de l'Université.

On ne voit point qu'aucun légiste ait été pourvu et fait les fonctions de procureur de nation depuis l'année 1488, qui est la plus ancienne époque des statuts de l'Université, jusques en l'année 1572, depuis ladite année jusques en 1585 et du depuis 1585 jusqu'en 1673. Lesdites charges de procureurs de nation ont été toujours remplies par des licenciés avocats et à leur deffault, par des docteurs en théologie, en médecine et arts, et jamais par les docteurs en droit. Du depuis 1588 par Agenor Moricet, docteur en théologie, par Coytard, docteur et doyen de la Faculté de médecine, par Legendre, docteur ès arts et principal du collège De Agialaci, par Joussant, scribe général de l'Université.

« Ce n'est que depuis l'année 1673 que les légistes se sont ingérés dans les fonctions de procureurs des nations, et que les docteurs des autres facultés attentives à leurs intérêts ont souffert qu'ils en prissent les droits et les honneurs. J'ay ouï dire que c'est pour jouir sans contestation de l'office de procureur de nation que la Faculté de médecine leur disputoit, qu'ils pas-

1. Tome III de l'*Histoire des Universités françaises*, p. 330. — 1488. — Extraits des *Statuts de l'Université de Poitiers.*

C'est ainsi que, le 8 août 1616, un procès s'éleva entre le trésorier de Saint-Hilaire-le-Grand, Jacques Garnier, abbé de Bonnevaux, grand vicaire et auditeur du cardinal de Sourdis, archevêque de Bordeaux, et le doyen de la Faculté des Arts au sujet de la collation des grades, qui, jusqu'alors, avait appartenu à cette dernière. Les Pères du collège de la Société de Jésus se trouvaient mêlés à cette difficulté, mais avec des intentions plus conciliantes que celles du chapitre de Saint-Hilaire. Après avoir beaucoup discouru sur leur différend, les parties finirent par s'entendre et signèrent une transaction à la date précitée du 8 août 1616. Cette pièce intéressante dont nous donnons le texte à la suite des Statuts, est un épisode et une révélation sur les luttes que pendant plus d'un siècle la Faculté des Arts eut à soutenir contre les adversaires de ses privilèges qu'elle voulait conserver intacts. Dans la transaction interviennent Jean-Jacques Garnier, trésorier de Saint-Hilaire, chancelier de l'Université, Michel Legendre, doyen de la Faculté des Arts, Pierre Gouillaud, principal de Montanaris, Guillaume Piry, régent au collège de Puygarreau, Pierre Hénin, principal du collège des Deux-Frères, Jean Martinon, représentant Jacques Lépaulard, recteur des Jésuites de Poitiers, etc. Ces noms étaient à relever.

II

L'Université de Poitiers, on le sait, a été fondée en 1432, sous le règne de Charles VII. Elle comprenait cinq Facultés : Théologie, Arts, Médecine, Droit canon, Droit civil. Chacune d'elles avait des statuts qui sont en partie connus ; seuls, ceux de la Faculté des Arts ne l'étaient qu'imparfaitement, si on en juge par les extraits tronqués qui, jusqu'à ce jour, ont été reproduits dans les diverses publications sur l'Université de Poitiers. En général elles n'ont été que des essais différant à peine les uns des autres, tout en se prêtant un mutuel appui. Suivre pas à pas la vie intellectuelle, fertile en épisodes, de notre antique Université depuis sa fondation est une tâche à accomplir, et si elle ne l'a pas encore été, il faudrait moins s'en prendre aux auteurs qui ont étudié cette longue et intéressante période de notre histoire locale qu'à l'insuf-

---

sèrent un concordat avec les médecins par lequel ils reconnaissent qu'ils se doivent mesler avec eux et opiner alternativement dans toutes les marches et assemblées de l'Université.

« Les messagers étoient autrefois élus par les écoliers de leurs diocèses, et ils étoient présentés à l'Université qui prenoit d'eux fort peu de chose. *Unum aureum*, souvent rien ; il y a plusieurs pièces dans nos registres par lesquelles ce fait paroît être incontestable. »

fisance des textes dont ils disposaient. Rien ne peut y suppléer et certains points obscurs ne seront dissipés qu'à l'aide de documents originaux, contemporains des faits qu'ils relatent S'il en existe encore, la patience des érudits couronnée par quelque découverte heureuse les fera revivre.

En 1862, un conseiller à la Cour, M. Pilotelle, a écrit dans les Mémoires de la Société des Antiquaires de l'Ouest[1] un essai historique sur l'ancienne Université de Poitiers. Ce travail, encouragé en haut lieu, parut sous les auspices de M. Ménard, autrefois proviseur du collège royal, l'auteur étant décédé. De nombreux documents avaient été recueillis et mis en ordre, mais, ainsi qu'il arrive presque toujours, beaucoup de vieux textes et par cela même très intéressants, relatifs à notre Université et à ses Facultés, étaient disparus. Des lacunes s'imposaient, il fallut les subir. Toutefois, l'étude de M. Pilotelle est méthodique, consciencieuse, relativement documentée. Il a donné tout ce qu'il avait, en même temps que certains détails très instructifs. L'auteur ne pouvait s'expliquer sur les statuts de la Faculté des Arts, puisqu'il ne les connaissait pas; il en cite toutefois les articles 1, 3, 42, 45, qui, vérification faite, sont en parfaite concordance avec notre manuscrit. Du reste, l'auteur poitevin de 1862 a beaucoup emprunté aux *Souvenirs de l'ancienne Université de Poitiers*, dus à la plume élégante et caustique d'un recteur en retraite de l'académie, M. de la Liborlière, publiés en 1846[2]. Au début de sa très intéressante dissertation, véritable étude des mœurs, l'auteur s'exprime ainsi : « L'Université de Poitiers se composait jadis des quatre Facultés de théologie, de droit, de médecine et des arts. Cette dernière, qui tenait la place de nos Facultés actuelles des sciences et des lettres, était, moins rigoureusement qu'aujourd'hui, la porte des trois autres. Il fallait, pour recueillir tous les avantages possibles des études en théologie, en droit et en médecine, être ce qu'on nommait alors maître ès arts, et maintenant bachelier ès sciences ou ès lettres. » — Enfin il y a dans le travail de M. Pilotelle l'intention évidente de planter les jalons d'une histoire générale de l'Université de Poitiers. Il reste tant de choses à en dire, car elle a participé aux émotions patriotiques et au développement moral, scientifique et littéraire du pays poitevin et de sa capitale. Enfin, cette antique Université n'a-t-elle pas reconnu et pressenti dans la délivrance de ses diplômes le génie naissant du philosophe René Descartes et d'autres hommes illustres qui ont jeté leur éclat sur notre province ? Et oublie-

---

1. Tome XXVII, p. 251.
2. *Vieux Souvenirs du Poitiers d'avant 1789*, suivis de notices spéciales sur la Grand'gueule et l'ancienne Université de Poitiers. La lecture des 230 pages de ce petit livre est d'un véritable attrait. L'esprit, l'érudition et les recherches y abondent.

rions-nous que, « trente-neuf ans avant Descartes, un autre philosophe, François Bacon, était venu aussi étudier à Poitiers »[1] ?

Après Pilotelle, M. Marcel Fournier a écrit, dans l'*Histoire des Statuts et privilèges des Universités françaises depuis leur fondation jusqu'en 1789*, celle de Poitiers. Le savant professeur a réuni dans quatre gros volumes bourrés de textes et de notes, publiés de 1890 à 1894, les renseignements qu'il a pu trouver sur les *Studium* de la vieille France universitaire. L'ouvrage ne serait pas terminé. Dans le tome III, on peut consulter les documents relatifs à l'Université de Poitiers. Mais il se rencontre dans ce beau travail, fruit de recherches considérables, des lacunes indépendantes de la volonté de l'auteur. De même que Pilotelle, il n'a pu les éviter. Si la Faculté des Arts n'y occupe qu'une petite place, on ajoutera maintenant à son histoire le texte des Statuts originaux que la *Société des Archives* publie aujourd'hui. L'importance de ce document n'échappera à personne et, en l'éditant, nous n'avons d'autre mérite que celui de l'avoir trouvé. Dans l'ouvrage de M. Marcel Fournier, il y a peu de documents sur les Facultés des Arts. Cependant nous devons signaler les statuts de celle de l'Université de Caen (1441-1443), t. III, p. 179, qui furent revisés en 1495 (même tome, p. 253). Ces documents n'ont dans leur rédaction qu'une parenté éloignée avec nos textes de 1494, bien qu'ils touchent à un mode d'enseignement similaire. De là il faudrait conclure que les statuts poitevins sont particuliers dans leur rédaction et tout à fait appropriés aux méthodes d'un enseignement local léguées par la tradition et l'expérience. Chez les Frères-Prêcheurs, aux Jacobins, se tenaient les assemblées générales de la Faculté des Arts, sous la présidence du doyen ; les Grandes-Écoles étaient le centre des études. On parle encore dans ces statuts des habitudes des étudiants du quinzième siècle, qui ne différaient pas beaucoup de celles du vingtième. Une sève exubérante et généreuse a été et sera toujours l'apanage de la jeunesse.

III

Mais revenons aux textes qui régissaient notre Faculté des Arts et passons brièvement en revue chacune de leurs dispositions, tout en essayant d'en rendre la physionomie.

---

[1]. *Deux étudiants de l'Université de Poitiers, François Bacon et René Descartes*, par M. Beaussire (Mém. Ant. de l'Ouest, t. XXXII, 1re partie, p. 65). — Descartes, *diocesis Pictaviensis*, avait été reçu *baccalaureus in utroque jure*, le 10 novembre 1616.

Les statuts de la Faculté des Arts de Poitiers se composent de quarante-six articles, dont le premier, sous le titre : *Prohemium*, sert d'introduction et indique en termes généraux le but auquel ils visent : l'enseignement de la philosophie morale, qui doit fortifier les maîtres et les élèves dans la pratique de la vertu, en observant les statuts que, depuis son origine, l'Université et les membres qui la composent ont le droit de formuler en vue de favoriser le bien et de réprimer les vices : *Bonitas regulati et mensurati ex conformitate sue regule oritur.*

On professait dans les écoles de la Faculté des Arts la grammaire, la logique, la philosophie et la métaphysique.

Il y avait, dans chaque maison enseignante ou collège, des maîtres, régents ou lecteurs au nombre de cinq. Les cours étaient ouverts le 10 octobre de chaque année, le lendemain de la fête de saint Denis. Ces règles étaient observées depuis la fondation de l'Université, et il n'y était dérogé qu'en cas de fléau contagieux, comme la peste ou autres empêchements majeurs.

Les déterminances (programmes) des bacheliers et les épreuves à subir par les licenciés devaient être fixées avant la fête de la Nativité ou immédiatement après. Elles donnaient lieu à certaines redevances en argent, en gants, en dîners. Les épreuves étaient subies dans les salles des Grandes-Ecoles. Les bacheliers admis aux examens de la licence entraient à sept heures du matin dans les écoles, où ils trouvaient le maître chargé des épreuves de la licence. Nous ne pouvons entrer ici dans certains détails secondaires, sur lesquels on sera fixé après avoir lu l'article 2 des statuts : *De determinantia, — de responsionibus tentativis.*

Il ne devait y avoir que huit aspirants au baccalauréat pour un régent et une chaire. Les régents déterminaient eux-mêmes les questions de morale à poser.

Relativement aux candidats à la licence, ils ne pouvaient être plus de six pour la même chaire, et ils avaient à répondre à l'ensemble du programme ; n'étaient-ils que quatre, trois ou même deux, on leur posait deux questions seulement. La maîtrise des licenciés était soumise à ces règles.

Un grand nombre de bacheliers, ayant achevé vers Noël les cours pour la licence, étaient ajournés à Pâques, et dans l'intervalle, dissipaient l'argent nécessaire à l'obtention de leur grade. Pour obvier à cet inconvénient, il est décidé que les examens de la licence commenceront après la fête de saint Hilaire (14 janvier) ; que les étudiants choisiront le temps de leur maîtrise.

Les aspirants au baccalauréat et à la licence devaient produire un certificat de leur régent *capital* et du lecteur de l'éthique attestant pour les premiers qu'ils avaient entendu et étudié toute la Logique d'Aristote, ainsi que les deux premiers livres de la Physique; pour les seconds, qu'ils avaient suivi assidûment le cours complet des Arts. Les candidats au baccalauréat payaient quarante-cinq sous, plus quarante sous pour les leçons et les bourses et douze sous et demi pour les témoins et les cédules. Les aspirants à la licence devaient pour les leçons du cours trente sous tournois, quatre livres et vingt sous pour la lecture du texte de la Métaphysique. On remettait aux uns et aux autres cinq sous destinés au bedeau. Enfin, pour célébrer leur maîtrise, les licenciés payaient à leurs régents supérieurs, selon l'ancien usage, trois écus d'or pour frais d'un repas et achat d'un manteau.

Les examinateurs des bacheliers étaient pris dans chaque maison ou collège, et les candidats proclamés, soit de plein droit, soit par bienveillance, après avoir fourni les preuves d'une science suffisante. L'inadmissibilité était l'objet d'une décision de la Faculté.

De plus, les bacheliers étaient tenus de répondre publiquement en s'interrogeant eux-mêmes et deux par deux à une question sur la logique et sur la physique.

En vertu de cette règle que toutes les maisons enseignantes étaient égales entre elles, et pour éviter des rivalités fâcheuses, il était établi un roulement annuel pour le fonctionnement des examinateurs. Deux étaient choisis par la Faculté, deux autres par le chancelier de l'Université; de telle sorte que tous les régents ou les maîtres jouissaient de cette prérogative.

Après avoir été soumis par quatre examinateurs à des épreuves sérieuses, les candidats à la licence étaient appelés par le bedeau dans leur ordre de mérite; ils recevaient alors des mains du chancelier la robe, qu'ils portaient jusqu'à la proclamation de leur licence, mais non sur la rue.

Ces formalités réglementaires accomplies, il était procédé au second examen dit de Faculté par des examinateurs que le régent *capital* désignait. Les étudiants qui avaient reçu la robe comparaissaient ensemble à cette épreuve. Après quoi le chancelier leur indiquait le jour et l'heure de la proclamation des licenciés.

L'humeur vagabonde et inconstante des étudiants les portait quelquefois à changer de maison sans motifs sérieux; il en naissait des difficultés que les statuts cherchent à atténuer. En conséquence, il était interdit à ces « gyrovagues » de quitter les régents dont ils étaient les élèves, et ils ne pouvaient être reçus dans d'autres maisons sans apporter un certificat constatant qu'ils étaient libres de tout engagement envers leurs premiers régents.

Les droits à payer pour les examens aux maîtres et autres officiers de la Faculté par les bacheliers, les licenciés et les maîtres étaient soigneusement réglés par les articles 15, 16 et 17. Les bedeaux des cinq facultés conduisaient solennellement avec leurs masses les licenciés de l'église de Saint-Pierre à celle de Saint-Hilaire.

Il était défendu de conférer pendant le cours d'une année au même candidat les deux grades de bachelier et de licencié.

L'article 19 indique les règles à suivre pour la promotion des bacheliers et des licenciés et, à ce propos, confirme en assemblée générale, au couvent des Frères-Prêcheurs, les dispositions des statuts du 3 avril 1484. Il n'est pas indifférent de connaître les noms des dignitaires de la Faculté des Arts à cette époque reculée : Laurent Dubois, chanoine de l'église de Poitiers, doyen, — Nicolas Richard, — Pierre Mosnier, — Pierre Foucaud, — Pierre Desmons, — Jacques Piry (du Poirier?), — Pierre Sarra, — Antoine de Chatres (*de Castra*), — Simon Maillebœuf, — Antoine de Cessac, — Antoine Gauthier, — Barthélemy Desmaisons, — Jean de Angialaci, — Jacques Savary, — Foucault Mosnier et plusieurs autres, dit le texte.

Par cette assemblée, objet spécial de l'article vingtième, et sur le rapport de quatre de ses membres les plus compétents, il est décidé que les bacheliers seront promus à la licence selon l'ordre de leur ancienneté, réglé d'après leur inscription sur les registres du bedeau, qu'ils soient gradués de l'année ou des années précédentes, « le tout pour que la paix règne et se conserve maintenant et toujours parmi les régents de la Faculté ». — L'ordre à suivre dans les promotions avait été la cause d'abus et de graves difficultés.

Nous avons déjà signalé et nous ferons remarquer encore dans ces statuts révélateurs certaines dispositions ayant un cachet d'originalité typique qui ne saurait échapper au lecteur. Ainsi, dans l'article vingt-quatrième, on y exprime cette pensée, qui d'ailleurs n'est pas neuve, que la véritable noblesse est l'expression de la vertu et de la science dont elle découle. Et on en tire cette conséquence que, d'après l'antique coutume de l'Université, « ceux qui sont vraiment nobles, tenant haut leur état et leur rang, vivant noblement et prouvant leur origine par leurs actes, feront à part et seuls leur déterminance, leurs réponses et leur maîtrise ». — C'était bien là un privilège, mais compensé par le paiement de « doubles droits aux dignitaires de la Faculté ». Toutefois, selon l'usage en vigueur dans les Facultés de droit, chaque étudiant noble était libre de s'adjoindre un maître ès arts, qui était promu en même temps à la licence ; alors il payait pour ce dernier. Une louable pensée de confraternité ressort de cette disposition. Les étudiants se destinant aux ordres, ceux déjà revêtus de dignités ecclésiastiques et les chanoines des cathédrales avaient aussi un droit de préférence et étaient reçus après les nobles. Nous ne supposons pas que les membres de la cléricature fussent soumis aux doubles droits ; les statuts ne parlent pas de cette obligation. — Le métier des armes et les exercices violents avaient plus de charmes pour la jeunesse remuante du quinzième siècle que l'étude pacifique et monotone de la grammaire et de la philosophie scolastique d'Aristote. Aussi croyait-on devoir offrir aux étudiants nobles des privilèges et des facilités de nature à les entraîner dans la voie sérieuse d'une éducation morale et littéraire qui les rendrait dignes de la caste à laquelle ils appartenaient.

Les articles dont l'analyse précède avaient été empruntés, nous l'avons dit plus haut, aux statuts primitifs du 3 avril 1484, confirmés en assemblée générale du 5 du même mois et de la même année, maître Laurent Dubois, chanoine de l'Église de Poitiers, étant le doyen de la Faculté, sous l'approbation du chancelier et du vice-chancelier de l'Université.

IV

Toutefois, d'autres articles vinrent s'ajouter à ceux de 1484 ; nous allons les parcourir rapidement.

Un étudiant qui a suivi les cours de logique et de philosophie, s'il ne se présente pas en temps voulu pour être gradué, doit payer pour tout quartier quelconque dix sous tournois, autrement les régents, faute de ressources et tombant dans l'indigence, laisseraient leurs maisons « *vacuas et desolatas* ». « Il nous est ordonné de vivre du travail de nos mains », a dit le Psalmiste ; et d'un autre côté il est recommandé de recueillir de la semence des bienfaits spirituels les biens temporels nécessaires à la vie.

Il est difficile et il serait trop long de suivre pas à pas, dans leurs détails intimes et typiques, les articles des statuts de la Faculté des Arts, d'autant qu'ils se présentent quelquefois en exprimant la même pensée ou les mêmes règles sous des formes différentes. Mais le but élevé que les maîtres chrétiens se sont proposé vis-à-vis de leurs écoliers est de les maintenir par des exhortations sérieuses et multipliées dans la pratique d'une vie morale et régulière et à les pousser à des études assidues, profitables et bien réglementées. Le dévouement des officiers de la Faculté des Arts, et nous ajouterons des autres facultés, était à l'abri de tout esprit de lucre. Les écoliers, pauvres en général, ne versaient, pour suivre les cours et obtenir les grades, que des droits minimes, suffisant à peine à l'existence modeste et retirée de leurs maîtres.

Les régents supérieurs trouvaient dans la lecture de l'Ethique la source de quelques revenus ; aussi chacun d'eux jouissait-il de cet avantage par rang d'ancienneté.

L'enseignement de la morale était donné aux jours de fêtes de l'année, à l'exception de celles qui suivent : la Toussaint, Noël, la Passion, Pâques, l'Ascension, la Pentecôte et l'Assomption. Les sonneurs de l'Université annonçaient cette lecture à grand renfort de cloches, et le bedeau, la masse au poing, conduisait le lecteur aux Grandes-Écoles où se réunissaient les étudiants.

Dans la hiérarchie du personnel des Facultés, le bedeau n'était pas, ainsi qu'on pourrait le croire, un agent vulgaire et sans instruction. Les régents le choisissaient ; il devait être sûr et avisé, « sachant très bien écrire, lire, comprendre et parler le latin ». Avec l'aide de ce bagage scientifique, il était capable de rédiger tous les actes de la Faculté. Sur l'ordre du doyen, il convoquait les maîtres aux réunions ; il était de service auprès du recteur ; il assistait à toutes les messes et assemblées de l'Université.

Le doyen, choisi par les maîtres et les régents, devait être idoine, c'est-à-dire propre... à tout et être déjà attaché à l'Université. Il présidait les assemblées plénières, « *et juxta conclusa et deliberata, ad majorem et saniorem partem concludere.* »

Le recteur, « *pro turno Facultatis artium* », était élu parmi les régents en exercice dans la Faculté et conformément aux statuts approuvés par l'Université.

Les régents supérieurs distribuaient des gants aux étudiants, la chaire étant tendue en rouge, les susdits régents au complet. Les bedeaux des cinq Facultés : théologie, arts, médecine, droit canon et droit civil, le surveillant des Grandes-Ecoles et le sonneur de l'Université recevaient le même honneur s'ils avaient bien accompli les devoirs de leurs charges. Un semblable mode était adopté pour la distribution des manteaux de la maîtrise aux licenciés, auxquels on faisait un cortège d'honneur des Grandes-Ecoles à leur maison et réciproquement. A cette occasion solennelle, des dîners étaient offerts et les nobles invités à se montrer larges et généreux lors de leur déterminance et de leur maîtrise. — Ces vieux usages, destinés à stimuler le zèle et à encourager les efforts de chacun, avaient un cachet d'originalité qu'on ne saurait trop faire ressortir ici.

A l'époque de la fête de l'Épiphanie, on avait l'habitude, dans les réunions familiales, de partager un gâteau renfermant une fève dissimulée avec soin. Celui à qui elle tombait était proclamé roi. Dans ces conditions, il n'y avait aucun inconvénient à permettre aux collèges de l'Université de raviver le souvenir de cette fête, « pour la plus grande joie du peuple », mais il était entendu que la gaieté serait discrète et de bon aloi. Ici le rédacteur des statuts, voulant donner à ses enseignements une plus grande virtualité, invoque l'autorité classique de Valérius et d'Aristote pour exprimer cette pensée éternellement vraie que l'exagération et l'abus des distractions, aussi légitimes qu'elles soient, engendrent presque toujours des excès blâmables. En effet, voici ce qui arrivait : « pendant l'octave de l'Épiphanie, les écoliers abandonnaient leurs études, organisant des mascarades inconvenantes et des danses échevelées jusque dans les faubourgs de la ville, s'exposant ainsi à des maladies ou des fatigues qui les rendaient incapables d'un travail sérieux, sans compter les prodigalités dont la bourse de leurs parents avait à souffrir, vendant même leurs livres et leurs vêtements ». Quels remèdes apporter à ces écarts d'une jeunesse pleine de sève, d'autant plus turbulente qu'elle avait été plus laborieuse ? Le vertueux Sénèque, dans son traité *De Moribus*, viendra au secours des maîtres d'une jeunesse qu'ils veulent refréner, mais non sans indulgence. « A l'avenir, les rois figurés de la fève cesseront de chevaucher à travers la ville et de stationner devant les habitations ; — les danses et les cortèges de mascarades sont interdits. » Néanmoins, il était permis à chaque collège de proclamer un roi de la fève en célébrant les fêtes avec la plus grande modération pendant le jour, le lendemain et le surlendemain de l'Épiphanie.

Lorsque s'accomplissaient les actes publics et solennels de la Faculté des Arts de l'Université, le doyen et les régents devaient revêtir la *cappa*. Cette obligation était de rigueur. A la mort du doyen, ce vêtement appartenait au bedeau.

Les dispositions statutaires dont l'analyse précède furent approuvées en séance plénière tenue dans la maison conventuelle des Frères-Prêcheurs de Poitiers, le 9 octobre 1488, sous la présidence de Laurent Dubois, doyen de la Faculté des Arts, avec l'assistance du recteur de l'Université, Antoine de Cessac, Jean Vincent, Jacques Poirier, Pierre Durand, Jean Gironnet [1], Simon Richardon, Jean Durand, Barthélemy de Manse, Jean de Agialiaci, Jean Guillon dit Joyeux, Nicolas Pommier, Simon Ferrier, Antoine Dufort et Guidon des Vallées, tous régents de la Faculté.

V

Six ans plus tard, le 1er octobre 1494, une assemblée générale eut lieu également chez les Frères-Prêcheurs, sous la pré-

---

1. « Le 17 novembre 1498, fut enterré à l'église Jehan Gironnet, docteur en théologie, demeurant au logis des Escoles. » *Reg. ob. de Ste-Opportune de Poitiers*.

sidence du doyen, Laurent Dubois, seigneur de Prisec, Michel Desmaisons étant alors recteur de l'Université de Poitiers. Nous ne pouvons négliger de faire connaître, dans ce préambule, les noms des régents qui assistèrent à cette assemblée consacrée à compléter par des dispositions additionnelles les statuts déjà en vigueur de la Faculté des Arts de Poitiers : Pierre Durand, autrement dit Desmons, professeur d'écriture sacrée, Pierre Dubourg, Antoine de Cessac, Jean de Agialaci, Jean Durand, autrement Desmons, Jean Guillon dit Joyeux, Foucauld Mosnier, Simon Ferrier, Laurent Dufour, Antoine Gironnet, Antoine Desjardins, Jean Charretier, Mathurin Millet, Laurent Lavallée, Simon Rouillard, Benoît Coussiron, Antoine Declide, Jean de Bussières, Léonard Durand, Pierre Gauvain, tous régents dans la Faculté.

A cette assemblée, le doyen insiste particulièrement sur la nécessité de mettre un terme aux difficultés incessantes soulevées par le tour annuel de la lecture de l'Éthique entre les régents des différentes maisons, en tenant compte de leur rang d'ancienneté. Les anciens règlements sur ce point étaient tombés en désuétude et il importait de les faire revivre pour entretenir entre les susdits régents la concorde et une bienveillance mutuelle. Après en avoir mûrement délibéré, on arrête ainsi qu'il suit le tour de lecture dans les sept collèges de la Faculté des Arts :

En 1494, dans le collège de Sainte-Marthe, dirigé par maître Antoine Gironnet[1] ;

En 1495, dans la maison principale de Saint-Savin, appartenant à Michel Desmaisons et Simon Ferrier[2] ;

En 1496, dans le collège des maîtres Jean Joyeux et Jean Charretier, autrement dit Pierre de Lautiers ;

En 1497, dans le collège de maître Jean Durand, *aliàs* Desmons, appelé vulgairement la Vicane[3] ;

En 1598, dans la maison pédagogiale du révérend Père et maître, Laurent Dubois, doyen de la Faculté ;

---

1. Rue du Collège, où se trouvaient une aumônerie et une chapelle de ce nom ; auprès d'elles existait en 1494 le collège de Sainte-Marthe, qui « n'aurait été définitivement organisé qu'en 1522 par fondation d'Antoine Gironnet, docteur régent de la Faculté des Arts, et de Théobalde de Girault, son épouse. »

2. Autrement dit le collège de Agialaci, fondé par Pierre de Sacierge, évêque de Luçon, était situé vers le bas de la Grand'Rue, paroisse de Saint-Savin.

3. Nous savons que les assemblées générales de la Faculté des Arts se tenaient dans le couvent des Jacobins. « Ces religieux s'étaient établis à Poitiers de 1207 à 1222 sur des terrains que Philippe, doyen de l'église cathédrale, leur abandonna, avec l'église Saint-Christophe, et des treilles ou vignes d'une étendue considérable, qui étaient aux environs, auxquelles il joignit plus tard la vigne de *la Vicane*, située près de leur couvent, et la maison même que, pour être à leur proximité, il avait fait bâtir pour lui sur le terrain qu'il leur avait accordé. » — Telle est l'origine du nom du collège où maître Jean Durand enseignait en 1497. (V. *Mém. Ant. de l'Ouest*, 1862, p. 276.)

En 1499, dans le collège de Puygarreau, appartenant à maître Antoine de Cessac [1] ;

Enfin en 1500, dans la maison collégiale de la Sérenne, tenue par maître Simon Richardon [2].

Tel était l'ordre rigoureux à observer entre les régents pour la lecture des textes de l'Ethique, un des plus importants enseignements de la Faculté des Arts, qui commençait à la fête de saint Denis (10 octobre). Jusqu'à Pâques cette lecture avait lieu à sept heures du matin ; pendant l'été à six heures.

Tous les étudiants, sans exception, étaient obligés d'assister à la lecture de l'Ethique. Pour bien marquer l'importance de ce devoir et le respect qu'il devait inspirer, chaque régent y conduisait en groupe ses élèves. Pendant la lecture, aucun autre cours, quel qu'il fût, ne pouvait avoir lieu. La glose ou explication des textes était professée les jours de fêtes, dans l'après-midi.

Les statuts dont l'analyse précède, furent approuvés le 1er octobre 1494 et scellés par les officiers de la Faculté des Arts réunis en assemblée générale, sous la présidence du doyen, Laurent Dubois, sieur de Prisec, assisté de P. Durand, *aliàs* Dumont, Etienne *de Lateria*, Antoine de Châtres, A. de Cessac, Dubourg, Gauthier, d'Agialaci, Joyeux, Pornin, Gironnet, Desjardins, Ferrier, Cherve, Hervé, de Rochais, Desmaisons, Charretier, Rouillard, de la Contamine, de Agia, Durand, Ducroc, *aliàs* d'Aserete, P. Gauvain, Millet, La Clye, Dufour, Merlin.

VI

Tel est l'aperçu général, trop court pour être complet, que nous avons cru nécessaire de donner sur les statuts de la Faculté des Arts de l'Université de Poitiers, rédigés à la fin du quinzième siècle, tout en empruntant à des textes plus anciens qu'ils faisaient revivre ou complétaient. Cet aperçu n'est pas une traduction, mais un pâle reflet du texte latin.

Nous ne saurions nous flatter d'avoir mis en lumière tous les points intéressants qui ressortent du vieux manuscrit que la Société des Archives a trouvé digne de ses publications, mais c'est le cas de dire avec elle : *Ne peream unus, multiplex renascor*.

Nous avons fait suivre les statuts de 1494 du texte également inédit des lettres de maître ès arts accordées le 4 mars 1495 à un

---

1. Fondé en 1478 par Françoise Gillier, dame de Puygarreau, veuve de Jean Bardin, conseiller au Parlement.
2. Fondée en 1461 par Etienne Benez, chanoine et chantre de Saint-Hilaire, elle était probablement dans le quartier Saint-Hilaire.

certain Pierre Macé, du diocèse de Limoges. Les documents de cette nature et de cette époque reculée sont assez rares et encore plus inconnus. Ils appellent l'attention des érudits. D'un autre coté, la pièce originale empruntée aux archives de la Vienne (D, 1) a une affinité parfaite avec les statuts, puisqu'elle est postérieure de quelques mois seulement à leur mise en vigueur.

Alfred BARBIER.

TEXTE

DES

STATUTS DE LA FACULTÉ DES ARTS

D'APRÈS LE MANUSCRIT ORIGINAL.

Prohemium statutorum artium facultatis.

Quoniam liberalium disciplinarum professores et alumni, exactis studiorum laboribus, honestum vigilantius nitantur excolere, bonum eo certarum artium utilitatibus prestantius quo finis media : et portus incertas quorumdam activorum negociationes antecellere comprobatur, opere praetium esse, et sibi plurimum conducere videtur ut legem statuant qua vivendi formula, a preceptoribus in discipulos, majoribus in posteros, derivetur ; cujus castigatione bona procurentur et vitia corripiantur : que nonnunquam, recte agendi norma tabescente, obrepere humanas que subvertere mentes visa sunt, ut enim est Philosophi sententia, bonitas regulati et mensurati ex conformitate sue regule oritur ; quia igitur a primeva hujus famosissime universitatis Pictavensis fondatione, jus sua condendi statuta cuilibet facultati et nationi concessum ac distributum fuerit ; ea propter, nos decanus et facultas artium liberalium, generalis studii Pictavensis in unum optime congregati et eo jure freti, cupientes, propulsatis viciis, virtutes inserere, excessus et mores infectos corrigere, controversias et lites dirimere, ac suppositis ejusdem facultatis utilius in futurum pro viribus consulere; statuimus, ordinamus ac decernimus sequentia statuta in nostra artium facultate inviolabiliter observanda, ut etiam plurimum ab antiquo fuerunt observata.

I

Numerus regentium collegialium. — De incohatione lecturarum.

Et quia bonam capitis dispositionem membris optime suffragari dinoscimus, statuimus inprimis, quod magistri regentes et legentes, qui in qualibet domo pedagogiali et collegiata, quinque dumtaxat et non plures esse poterunt ad exercitium grammatice, logice, philozophie et metaphisice incohabunt suas lectiones respective singulis annis in crastino Beati Dionisii prout ab exordio universitatis perutiliter et laudabiliter in hec usque tempora extitit observatum. Et hoc cessante impedimento quum si interveniret pestis aut alia causa impediens, possent prefati regentes, alia oportuna tempestate, hujusmodi suarum lecturarum initia celebrare.

II

De determinantia. — De responsionibus tentativis. — De hora qua intrabunt scolam respondentes.

Item, et tenebuntur prefati regentes determinantias suorum baccalariandorum et responsiones licenciandorum celebrare infra et ante festum Nativitatis Domini Salvatoris inmediate subsequens. Et dabit quilibet determinans, in hujusmodi sua determinantia, pro gantis magistrorum, suo capitali regenti summam trigenta solidorum turonentium. Et respondentes, pro prandio eorum regentium, pro dicta responsione, seu generali tentativa, quilibet viginti quinque solidorum turonentium dumtaxat que equivalebit duabus responsionibus hactenus observatis, in qua unicum fiet solemne prandium loco duorum prandiorum observatorum. Que generalis et publica responsio Magnis fiet in scolis, seu ordinariis predicte universitatis : ubi dicti respondentes de assuetis quilibet tenebantur respondere questionibus. Quo facto a secundis erunt absoluti et a summa viginti quinque solidorum restantium de summa quinquaginta solidorum turonentium quam primitus, pro dictis duabus responsionibus a tempore et mantea pretense constitutionis, tenebantur persolvere. Et intrabunt dicti respondentes baccalarii scolas septima seu ordinaria hora de mane cum magistro dictis respondentibus licenciandis cathedrante : in quibus tentativis questionibus antiquiores magistri arguendi locum junioribus poterunt magistris prebere.

III
De numero determinantium in cathedra.

Item, et quia, sucrescentibus sumptibus, equm est proventus augeri cumque augmentatus fuerit numerus regentium quibus expedit gantos distribuere, statuimus : quod octo baccalariandi simul, si tot fuerint apud regentem suum in eadem cathedra nec plures, suas poterunt determinare morales questiones, non obstante contraria consuetudine seu usu de majore aut minore numero alias et diversis temporibus observato.

IV
Sex respondentes licenciandi peractam faciunt cathedram.

Item, et quoad respondentes, moti eadem ratione qua prius, statuimus : quorum in eadem cathedra poterunt simul respondere sex licenciandi quilibet de assuetis questionibus. Si autem fuerint tantum tres, vel quatuor, seu in minori numero, similiter de duabus ; et hoc semel dumtaxat, ut latius dictum est prius. Et idem modus observabitur in magisterio licenciatorum.

V
De licencie et magisterii tempore et apertione examinis. — De baccalariandorum examine et tempore.

Et quoniam is qui operam artium studio impendunt statuta quoque ad consequendum gradum in eis tempora peregerunt non sunt eorum cum dispendio debiti graduum honores diferendi, cumque baccalarii dicte facultatis artium libros omnes et singulos quos sue licencie gradus audiri expetit, circa festum Nativitatis Domini, integre audiverint et suum cursum consummaverint, sitque eis grave nimis tempus expectando pascale, quas habent pecunias, adipiscendis gradibus deputatas, usus in alios consuevere et tamdem honoribus vacuos ad propria redire ; justum etiam sit ut qui vineam domini coluerint suo tempore uvas colligant ; qui insuper multi baccalarii, ad gradum licencie in liberalibus scientiis proxime dispositi, retrahuntur ab eadem, maxime propter hoc quod anno sue licencie et sui magisterii non valent privilegio nominationum universitatis juxta et secundum formam pragmatice xanctionis gaudere, ob posteriotatem sui gradus, respectu congregationis in qua distribuuntur prelibate nominationes, nec valent sequentem annum expectare, ymo affecti penuria sine gradu compelluntur abire, qua ex re aliud incommodum suis regentibus, dicto cancellario et toti universitati emergere videtur, qui debitis emolumentis ejusdem licencie privantur, et sua intencione frustrantur, statuimus ea propter et ordinamus quod perpetuo de cetero in futurum statim post festum Beati Hyllarii aperietur examen licenciandorum in dicta facultate, aut saltem tanto tempore ante Quadragesimam quod possint eorum licencie ante inicium Quadragesime celebrari. Postea vero cum voluerint magisterium suscipient ut debiti honores non remorentur et libere possint dictarum nominationum privilegio anno sue licencie gaudere, et sic universitati et sibi commodum afferre. Baccalariandi tamen suo tempore Quadragesimati, ut solitum est, examinabuntur et gradum recipient. Et licenciabuntur omnes licenciandi ejusdem anni simul et semel, eadem die et hora, nec fient eodem anno plures licencie in dicta facultate.

VI

Super quo fiet examen baccalariandorum. — De solutione pecuniarum in acquisi[ci]one suorum graduum.

Item, nec recipientur baccalariandi et licenciandi ad examen nisi secum deferant cedulas suorum capitantium regentium et lectoris ethicorum quibus insinuabitur baccalariandos logicam Aristotelis integre cum duobus primis phisicorum codicibus audivisse, licenciandos vero plene cursum artium assiduis lecturarum auditionibus consummasse. Et ut dicti capitales comode valeant onera suarum domorum supportare suosque subregentes nutrire et stipendiare, tenebuntur baccalariandi suis capitalibus regentibus solvere quilibet quadraginta quinque solidos usuales turonenses pro tempore, quadraginta pro bursis, et duodecim solidos cum medio pro testibus et cedulis. Licenciandi vero, pro tempore tringinta solidos, quatuor libras pro bursis, pro textu methaphisice viginti solidos, prout ab antiquo hactenus extitit observatum. Remictentur tamen de predictis summis cuilibet baccalariando pro juribus sui examinis et bidelli quinque solidi, et licenciandis pro suo magno examine totidem. Licenciati autem, pro suo magisterio celebrando, persolvent suis predictis capitalibus regentibus pro prandio et birris, ut moris est usitati, quilibet tres scutos auri.

VII

De receptione examinatorum.

Item, et ad celebrandum examen dictorum baccalariandorum assumentur tentatores de qualibet domo, unus juxta voluntatem capitalium regentium : qui si quidem temptatores, finito examine, hujus modi examinatos incerto numero habebunt, in generali congregatione que super hoc postea celebrabitur, tempus, mores, sufficientiam illorum in scientia exponere, ut exinde per facultatem approbentur, de jure, vel de gratia ; aut, si qui fuerint indigni, reprobentur juxta relationem dictorum tentatorum et determinationem facultatis.

VIII

De disputationibus baccalariorum.

Item, et predicti examinati jam per eorum receptionem baccalarii effecti et creati, tenebuntur inter se publice respondere quilibet de duabus questionibus : altera scilicet logicali et altera psisicali. Et poterit unus alteri presidere. Alias in papiro bidelli ut baccalarii non inscribentur nec recipientur ad dictas disputationes sine cedulis suorum capitalium regentium.

IX

De electione tentatorum. — De electione tentatorum loco domini vicecancellarii.

Et quoniam, ex Philozopho, quinto Ethicorum, in communitatibus et politiis quibus dominantur plures equales, honorum ac commoditatum distributiones fieri oportet, juxta et secundum equalitatem arismetice proportionis, que si defuerit oriuntur accusationes et rixe ; cumque singule domus collegiate et pedagogice equaliter facultati preesse ac prodesse noscantur et possint, et ob id, debeant, presertim in his que sunt communia honorum ac premiorum, paritate gaudere ; quia ex incerto facultatis hucusque procedendi ritu, in deputatione temptatorum, pro celebratione examinis suorum licenciandorum, plurime rixe, inimicitie, emulationes, detractiones et injurie orte sunt, et in dies oriuntur inter dictas domos, magistros et scolares illarum, eo quod nonnulli eorum in justis stipulationibus aut favoribus sepius assumuntur, ad dictum examen celebrandum, aliis postpositis et spretis, quibus si quidem controversiis perperam Deus offenditur, consciencie maculantur, et non numquam odio firmati animorum rancores perpetuantur, tantis malis obviare cupientes ne ulteriorem progressum habeant, et ut equalia merita equalium personarum equis premiis et honorum portionibus juxta et secundum veram distributivam justiciam compensentur; statuimus et ordinamus procedendum, in dicto certamine, ex nunc perpetuo in futurum, modo qui sequitur: videlicet quod facultas deputabit, singulis annis, ad dictum examen suorum licenciandorum celebrandum, duos de duabus domibus, secundum turnum et ordinem ipsarum domorum. Dominus autem cancellarius, jus habens deputandi alios duos, qui singulas domos equaliter sine personarum acceptione, debet honorare, rogabitur per facultatem ut illos vicissim et secundum turnum domorum assumat: sic videlicet quod hi duo qui hoc anno extiterint per facultatem deputati, aut alii de hisdem domibus, non poterunt per eamdem iterum deputari anno futuro proximo nec alio sequenti, donec et quousque fuerit turnus domorum completus et unusquisque suo honore potitus. Similiter hi duo qui hoc anno fuerint per nostrum cancellarium aut ejus vicecancellarium ad ipsum examen celebrandum assumpti, aut aliis de eisdem domibus proximo anno non assumentur. Quod si illos proximo anno et continuo dictus cancellarius aut ejus vicecancellarius ad idem vocare aut assumere temptaverit, non acceptabunt nec acceptare poterunt. Verum allegando sese anno precedente inmediate dicto honore potitos excusari poterunt, rogando et interpellando ut de aliis domibus assumat vicissim : et per ordinem, quousque fuerit turnus ipsarum domorum integre revolutus. Inchoabitur autem predictus ordo, seu modus procedendi, et praticari incipiet, tam ex parte facultatis quam dicti cancellarii, anno proximo Domini millesimo quadringentesimo octuagesimo nono, in hiis domibus que hoc anno dicto examini non intersunt, seu que tardius et annis remotioribus interfuerunt. Poterunt tamen capitales et subregentes singularum domorum suo loco et turno indifferenter eligi et assumi. Si quis autem regentium aut aliorum facultas magistrorum huic ordinationi et statuto equissimo, quoquo pacto, contravenire presumpserit, aut aliter contra prelibatam procedendi formam locum in dicto examine occupare temptaverit, fidem quam in sua promotione facultati sponte promisit violasse et notam perjurii ipso facto sese incurrisse cognoscat. Et ne contingat errare in dicto processu et ordine, tenebitur bidellus quolibet anno inscribere tentatores qui dicto examini intererunt et anno postea sequenti in congregatione super dictorum temptatorum deputatione celebranda referre. -

X

De tempore quo examinati ad licenciam tenebuntur capas deferre.

Item, et qui quatuor sic electi, sive assumpti, ut prefertur, cum cancelario aut alio per eum loco sui deputato, habebunt dictos licenciatos de scientia, moribus et tempore examinare debite ; quibus sic examinatis ab eodem cancellario ordine suo per bidellum vocati capabuntur. Et capas, usque ad diem licencie inclusive, honeste incedendo et villam non exeundo, defferre tenebuntur.

XI

De parvo examine licenciandorum.

Item, et ipsis, sicut prefertur, capatis fiet congregatio in facultate super apertione secundi examinis quod dicitur facultatis. In quo assumentur tentatores qualibet de domo, unus quem volet mittere capitalis. Et tenebuntur omnes hujusmodi capati quolibet die simul quoad juvaverit in eodem comparere.

XII

De postulatione licencie.

Item, quod eodem secundo examine consummato, tenebuntur dicti tentatores cancellarium vel vicecancellarium adire, et ab eo diei et hore licentie assignationem postulare et impetrare.

XIII

De inconstantia scolarium. — Scedula certificatoria cap. regentis necessaria.

Item, et quia nonnulli scolarium inconstantes et vagi sepenumero cupiunt regentes et domos permutare et ab altera in alteram, pro sua voluntate et inconstantia commigrare, magis quam ex causa legitima : unde renasci mala plurima conspiciuntur : utputa scandalum, dedecus, et incommodum priorum regentium, lites et controversie inter domos et regentes, discipline corruptio, et interdum pecuniarum et temporis inutilis expositio : prohibemus in posterum talia fieri, ut pax, amor, concordia et unio, inter regentes et scolares observetur. Statuimus et ordinamus ne tales girovagi et schalares, potiusquam scolares : sive sint commensales, sive artiste, sive etiam martineti seu gradati, postquam scolares alicujus capitalis fuerint, apud alios capitales non admictantur sine cedula certificatoria de plena solutione et satisfactione facta prioribus regentibus.

XIV

De pena scolarium discurrentium.

Et si contingat dictos scolares sic inconstantes, seu eorum aliquem, his infectis, in alia domo recipi, quod, ut prius, districte fieri prohibemus, postquam compertum habebit ille capitalis ad cujus auditorium sese posterius contulerint, illum seu illos alterius fuisse et esse domus scolarem seu scolares, nisi illum seu illos ad priorem regentem remiserit, aut saltem eidem satisfacere et ab eodem quictanciam obtinere procuraverit, scolares illi nec sub eo tempus acquirent; nec emolumentis illorum gaudebit, nec ejus scolares censebuntur, sed prioris regentis qui jura scolaritatis ab illis eo usque exigere poterit quoad sibi satisfecerint, etiam pro tempore quo apud alium actu residentes fuerint. Tamen tenebitur quictanciam dare ejus regens; ea petita et satisfactione facta ad plenum.

XV

De debitis decano, tentatoribus et bidello, ratione examinis baccalariandorum.

Item, et quia dignus est mercennarius mercede sua, quilibet baccalariandus in suo examine exsolvet temptatoribus ejusdem, summam triginta denariorum ; bidello vero in determinantia decem denarios ; in examine, decem denarios. In responsione suarum conclusionum logicalium et phisicalium de quibus, post eorum approbationem et receptionem, seriatim et publice invicem respondebunt, tres solidos quatuor denarios turonenses : et quindecim denarios decano dicte facultatis qui tenebuntur cum dictis sallariis licteram baccalariatus cuilibet baccalario conferre, scilicet bidellus scribere, signare et expedire ; et decanus sigillare, nichil aliud exigendo.

XVI

De licenciandis quid persolvere debent suis tentatoribus, decano et bidello. — Honorarium dignum de bidellis.

Licenciandi autem, in suo magno et primo examine, temptatoribus eorum persolvent quilibet quinque solidos turonenses : et decano facultatis triginta denarios pro sigillo littere magisterii : quam postea, suscepto magisterio, sigillare tenebitur sine pluri emolumento. In secundo vero examine, quod dicitur facultatis, solvet quilibet licenciandus temptatoribus triginta denarios. Bidello facultatis, in qualibet responsione, decem denarios si divisim, aut viginti denarios si simul, eodem die, de duabus questionibus responderint. In die autem licencie quinque solidos turonenses et decem denarios pro juramento. Die etiam magisterii pro juramento, decem denarios. Bidellis vero aliarum quatuor facultatum, scilicet theologie, medicine, canonum et legum, dabunt omnes licenciandi simul, die sue licencie, summam tredecim solidorum quatuor denariorum, dummodo illos ab ecclesia Sancti Petri ad ecclesiam Beati Hilarii habituati, ut decet, cum massis, illos conduxerint. Alias nichil exigere poterunt dicti bidelli a prefatis licenciandis. Quorum si aliquis, aut aliqui predictorum quatuor bidellorum eidem actui defecerit seu defecerint, alii qui presentes intererunt pro quota recipiant, videlicet tres solidos quatuor denarios, nec poterunt exigere portionem absentium bidellorum a predictis licenciandis.

XVII

De solutione textus ethicorum lecture et cui.

Item, et lectori per facultatem electo et recepto ad exercicium lecture textus ethicorum publice, apud Magnas Scolas, singulis festis diebus, persolvet quilibet ad gradum baccalariatus promovendus, cujus etiam lecturas frequentare et continuare tenebitur, septem solidos sex denarios. Similiter baccalarii ad gradum licentie promovendi, septem solidos sex denarios. Hoc tamen inter licenciandos et baccalariandos intererit quod baccalariandi persolvent lectori illius anni quo promovebuntur, et cujus lectiones actu audiunt. Licenciandi vero quicumque, sive fuerint baccalarii ejusdem anni, sive diversorum qui simul in licencia ejusdem anni erunt, persolvent dictam summam septem solidorum sex denariorum : lectori ethicorum anni immediate precedentis. Et si cuique fuerit facta gratia ut extra tempus statutum ad baccalariatum promoveatur, quod tamen fieri prohibemus, nisi cum causa magna, ille persolvet textum ethicorum legenti eo tempore quo promovebitur.

XVIII

Duo gradus artium simul eadem die non conceduntur.

Item, et ne facultas, suos nimium promovendo graduandos, et debitam gravitatem obmictendo, nota afficiatur, et vulgo rumoris prestet materiam, ut annis superioribus contigit, statuimus et districte prohibemus : ne quis inposterum cujuscumque status aut condicionis existat, etiam quantumcumque doctus, illa patiatur gratia ut, eodem anno, ad utrumque gradum baccalariatus et licencie promoveatur, nec aliquis pro ea re supplicans exaudietur.

XIX

De titulorum collatione.

Item, et ordinabuntur baccalariandi et licenciandi dicte facultatis in suis promotionibus, juxta et secundum formam statutorum jamdudum per facultatem cum vicecancellario universitatis conditorum et approbatorum. Poterunt tamen tentatores licenciandorum titulos, pro sufficientia et meritis eorum, illis assignare et distribuere, quemadmodum jam praticatum extitit et in jurium facultatibus observatur. Tenor autem statutorum sequitur et est talis.

XX

Tempus prioris congregationis generalis facultatis artium. — De ordine licenciandorum.

Hac die tercia mensis aprilis, anno Domini millesimo quadringentesimo octuagesimo quarto, hora secunda post meridiem, celebrata fuit generalis congregatio in artium facultate, in domo Fratrum Predicatorum Pictavis, in qua quidem presidebat reverendus pater et dominus magister Laurentius de Bosco, canonicus ecclesie Pictavis et ejusdem facultatis decanus : congregatis in unum et presentibus tunc ibidem dominis et magistris Nicolao Richardi, Laurentio de Bosco, Petro Mosnier, Petro Foucaudi, Petro de Monte, Jacobo Piry, Petro Sarra, Johanne Gironnetti, Anthonio de Castra, Symonne Maillebovis, Anthonio de Cessaco, Anthonio Galteri, Bartholomeo de Manso, Johanne de Angialaci, Jacobo Savari, Foucaldo Mosnier, cum pluribus aliis in eadem facultate regentibus, ubi per dictum dominum decanum, inter cetera, unus articulus extitit in medium deductus : qui honestatem, commodum et utilitatem dicte facultatis plurimum concernere videbatur. Videlicet, quod cum annis singulis oriretur rixalis et discordia inter magistros regentes ejusdem facultatis, propter ordinem suorum licenciandorum, in dicta artium facultate secundum merita et demerita eorumdem, esset bonum et honestum, ad extirpendas et penitus removendas hujus modi rixas, lites et controversias a dicta facultate, et ad beneficium pacis obtinendum et amicitiam generandam et conservandam inter magistros et regentes ejusdem facultatis, quempiam alium invenire ritum seu modum procedendi in dicto ordine licenciandorum, in predicta artium facultate aut alias de oportuno remedio providere et, preallegatis malis mediis, honestis et utilibus obviare. Quibus omnibus et singulis sic eleganter et diserte per prefatum dominum decanum in medium deductis post maturas deliberationes singulorum magistrorum predictorum, extitit advisatum : quod propter causas et rationes superius positas et allegatas, et alias quamplurimas per ipsos assignatas, esset maxime conveniens, honestum et utile ut ordinarentur prefati baccalarii in artibus licenciandi de cetero in futurum, juxta et secundum suas antiquitates, nemine ad hoc discrepante, ymmo omnibus hoc maxime affectantibus, approbantibus et laudantibus. Sed de modo procedendi fuerunt varie opiniones subtiles et profunde in ea re ymaginantes. Tandem vero pro hujus modi opinionum varietate recoligenda, ac in bonam unitatem reducenda, extiterunt in dicta congregatione per deliberationem ejusdem facultatis deputati : venerabiles viri magistri Petrus Mosnier, Petrus de Lozelergio alias Foucaudi, Petrus de Monte et Johannes Gironneti, alias de Pressaco, quibus exitit injunctum quathinus post recolecta vota magistrorum singulorum qui tunc in dicta congregatione deliberaverant, haberent domini deputati in hujusmodi antiquitates licenciandorum in dicta facultate pro futuris temporibus advisare, et modum procedendi meliorem, faciliorem et utiliorem elicere, illum inscriptis redigere, et die lune proxima que erit quinta ejusdem mensis et anni, in facie ejusdem facultatis referre, cui si quidem rei, seu negocio, prefati domini deputati diligenter et actente operam dederunt, et modo qui sequitur facultati die et hora illis assignata retulerunt.

XXI

De antiquitate licenciandorum.

Pro ordine baccalariorum licenciandorum in nostra facultate artium, ex nunc pro futuris temporibus, statuitur et ordinatur : quod baccalarii in eadem facultate licenciabuntur, de cetero perpetuo in futurum, juxta et secundum suas antiquitates. Et accipietur dicta antiquitas secundum prioritatem matricule ipsorum baccalariorum in papiro bidelli. Ita, qui prius inscripti, seu inmatriculati comperientur in dicta papiro bidelli, priores erunt in ordine licencie, sive sint ejusdem anni, sive diversorum, ut pax et amicicia inter magistros regentes ejusdem facultatis perpetuo in futurum inviolata conservetur, et omnis machinatio seu mali occasio in contrarium abiciatur.

XXII

De immatriculatione per bidellum facienda.

Item, et quia prelibatum statutum potissime intelligitur quoad eos qui jam gradum baccalariatus, in dicta facultate sive hoc anno, sive aliis prioribus, sunt adepti; ut idem consimiliter in futuris baccalariandis seu licenciandis ordo servetur, statuitur et ordinatur : quod ex nunc et deinceps, pro sequentibus annis, quod studentes in dicta facultate artium volentes ad gradum in eadem promoveri, a tempore quo incipiunt audire Logicam Aristotelis, cum cedulis manibus suorum regentium signatis, quibus sine fraude dicti regentes fidem facient de hujusmodi sua scolaritate, et vera librorum auditione. Accedent ad bidellum facultatis qui illorum nomina habebit inscribere et inmatriculare in sua papiro, eo tempore et ordine quo ad ipsum accedent et cum hoc habebit dictus bidellus cedulis dictorum regentium signatis suum signum apponere, quo etiam fidem faciet de dicta receptione et inmatriculatione, de die et hora illius. Itaquod, qui prius dicti bidelli adibit presentiam, prius ejus intrabit domum, et prius postulabit, sic inmatriculari ut premissum est, prius per eumdem bidellum recipietur et inmatriculabitur. Et erit forma dicti bidelli in signando dictas cedulas magistrorum : talis receptus est die quo supra, hora sexta, septima, vel octava, recta de mane, vel prima, secunda, tercia et quarta recta post meridiem. Et consequenter signabit suo signo manuali dictam cedulam. Que quidem cedula sic manu regentis et bidelli signata, manebit apud scolarem sic inmatriculatum et inscriptum, ut quilibet dictorum scolarium sine fraude valeat et possit, tempore sue licencie, promptam facere fidem de hujusmodi sua antiquitate per dictam cedulam, sic ut prefertur, cum bidelli matricula convenientem. Et poterit dicta inmatriculatio, ut dictum est, omni tempore, ad fidelem fieri relationem dictorum regentium. Quo tamen ad tempus auditionis librorum ad gradum baccalariatus aut licencie in dicta facultate recipiendum requisitorum, nullus habebitur respectus ad datam dicte inmatriculationis, sed ut solitum est, stabitur omnino, quoad hoc, cedulis suorum regentium directis tentatoribus pro tempore constitutionis. Scolares vero non graduati, nunc actualiter in dicta facultate studentes, post hujusmodi statutorum promulgationem suam, cum voluerint, mediis premissis, procurent fieri inmatriculationem. Futuri vero scolares, cum venient et actualiter in dicta facultate studere incipient, consimiliter, juxta consilium et directionem suorum regentium, et hoc fideliter et sine fraude.

XXIII

De extraneorum receptione baccalariorum.

Item, et ut scolares per amplius ad nostram universitatem et artium facultatem affluant, et, modis honestis, licitis et possibilibus, actrahantur et alliciantur ; quoad baccalarios aliarum universitatum, si qui supervenerint ad licencie gradum in hac universitate et artium facultate suscipiendum, statuitur ut sequitur : et primo, qui per facultatem admictentur, ut subsequitur, cum cedulis suorum regentium quos in hac universitate et artium facultate elegerint, quibus etiam, sine fraude, de eorum scolaritate et actuali librorum auditione impromptu facient apparere, ad bidellum accedent per quem, ut premissum est, inmatriculabuntur et ordine sue matricule licenciabuntur.

XXIV

De nobilium licentia.

Insuper, quia nobilitas a virtutibus et scientiis ortum habuisse perhibetur, justum et equum dicte facultati visum est et fuit : ut vere nobiles, statum nobilium tenentes, juxta et secundum universitatis jamdudum conditum statutum, qui videlicet nobiliter vixerint, et actus suos in dicta facultate nobiliter excercuerint et peregerint, sic quod soli suas fecerint determinationes, responsiones et magisterium, et duplicia denaria decano, suis regentibus et bidello persolverint, preponentur aliis omnibus in dicto licencie ordine. Hoc tamen actento et adjecto : quod, ut moris est, in facultatibus jurium, poterunt alium quem voluerint secum habere in omnibus artibus ad eumdem licencie gradum simul cum eis suscipiendum, pro quo plene et integre satisfacient, solvendo hujusmodi duplicia denaria seu salaria. Ceterum, si plures nobiles simul et eodem tempore in licencia eadem concurrentes supervenerint, ceteris paribus, observabitur sue immatriculationis ordo. Post quos nobiles venient immediate ordinandi, in dignitate seu dignitatibus ecclesiasticis constituti, et ecclesiarum cathedralium canonici, si qui fuerint, dummodo actus suos, quemadmodum prefati nobiles, nobiliter excercuerint.

XXV

De potestate tentatorum.

Item, et ne virtutum et scientiarum merita obscuris tenebris penitus condita lateant, statuit artium dicta veneranda facultas : quod non obstante hac dicta per antiquitates procedendi forma dabuntur prefatis licenciandis, a dominis tentatoribus, pro tempore, in dictam facultatem constitutis et deputatis tituli, juxta et secundum singulorum merita et demerita. Qui etiam potestatem habebunt probandi et reprobandi, chifrandi et acceptandi, prorogandi seu remictendi examinatos per ipsos, prout ante hujusmodi condita statuta habebant et observabant.

CONCLUSIO FACULTATIS SUPER DICTIS ARTICULIS.

XXVI

De confirmatione statuti licenciandorum secundum antiquitates.

Hac die quinta mensis aprilis, anno Domini millesimo quadringentesimo octuagesimo quarto, hora secunda post meridiem, in domo Fratrum Predicatorum Pictavis, celebrata fuit generalis congregatio in facultate artium, super confirmatione articulorum supra scriptorum et designatorum sive statutorum, super quibus omnibus et singulis extitit conclusum per reverendum patrem et dominum magistrum Laurentium de Bosco, ecclesie Pictavis canonicum et ejusdem facultatis decanum, et hoc de consensu et beneplacito reverendi patris et domini, domini cancellarii seu vicecancellarii ejus, qui expressum ad hoc prebuit consensum, ut super his aliquis convenienter modus reperiretur : videlicet, quod predicta statuta de ordinatione baccalariorum in facultate artium ordinandorum in sua licencia, juxta eorumdem antiquitates, omnia et singula prout superius sunt inscripta, observabuntur perpetuo in futurum, nemine ad hoc contradicente. Immo, omnibus dominis et magistris hic tunc ad hoc specialiter convocatis et congregatis videlicet : Nycolao Richardi, Johanne Rouaudi, Johanne de Molendinis, Laurentio de Bosco, Anthonio Prepositi, Petro Mosnier, Johanne Pulcripili, Petro Foucaudi, Jacobo Piri, Petro de Monte, Petro

Sarra, alias Bastier, Johanne Gironneti, alias de Pressaco, Anthonio de Castra, Bartholomeo de Manso, Johanne Deagialaci, Foucaldo Mosnier et pluribus in eadem facultate actu regentibus hoc specialiter affectantibus, laudantibus, confirmantibus, ratifficantibus et approbantibus.

XXVII

De solutione temporis.

Item, quia juxta Psalmistam, labores manuum manducare jubemur, et per apostolum ex semine spiritualium temporalia metere ; cum ex antiquo statuto facultatis, caveatur ut quilibet scolaris auditor logice seu philozophie Aristotelis, qui ad gradum in eadem facultate suo tempore dedignatur promoveri, regenti suo pro quadrante quolibet summam decem solidorum turonensium exsolvat, ne ipsi capitales regentes, penuria rei familiaris vexati, cogantur exercicium decadere, aut regentiam capitalem, ut interdum accidit, penitus deserere, domos vacuas et desolatas relinquere, et sic reipublice damnosam plurimum incommoditatem afferre, prefatum statutum approbamus et conprobamus, et quathenus opus est, de novo statuimus et decernimus perpetuo in futurum, ut equissimum, observandum.

XXVIII

De tempore acquisito regentibus in scolaribus suis post tres dies continuos.

Item, et censebuntur scolares illius regentis capitalis cujus domum et lecturas per tres dies continuos frequentaverint. Quod si postmodum evolaverint, et apud alium, seu alios, capitalem, seu capitales, commigraverint, pro quadrante uno, illi capitali, exsolvere tenebuntur cujus auditorio tribus continuis diebus interfuerint.

XXIX

De scolaribus discurrentibus promovendis.

Item, et si baccalariandus aut licenciandus quispiam, decursis et auditis apud capitalem unum exactis respective ad suum gradum codicibus, divagando, aut ex causa, vel occasione quacumque, apud alium capitalem regentem sese contulerit, si ad gradum sibi debitum respective promoveri curaverit apud priorem regentem sub quo tempus acquisivit et libros integre audivit, non alibi promovebitur, cui jura sui gradus respective plene solvere tenebitur. Secundus autem capitalis nichil penitus dedictis juribus exigere poterit. Pro assumptis tamen laboribus equum salarium, si voluerit, exposcet. Quod si predictus promovendus, libros ad pretensum gradum exactos, divisim apud dictos capitales regentes, aut plures audierit, jura sui gradus pro rata temporis illis partietur : et si gratia aliqua de dicto tempore intervenerit, ad divisionem temporis distribuetur.

XXX

De turno lecture ethicorum secundum antiqua statuta.

Item, et quia lectura textus ethicorum, ab olim, per turnum, capitalibus regentibus distributa fuit, in subsidium eorum, non parvorum onerum, qui suas manutenendo domos, subregentes alendo et stipendiando fuerint progressi ; cumque prior sit, in hujusmodi supportandis oneribus, qui prior capitalem regentium inceptaverit ; equum est, ut ordo hujuscemodi lecture ordinem capitalis regentis imitetur, ita quod eamdem lecturam prior assequatur qui prior regentis capitalis extiterit. Qua de re, predictum statutum et morem hactenus observatum approbamus, et in quantum expedire videtur, de novo statuimus et ordinamus : quod si contigerit aliquem de novo capitalem erigere domum, quo tempore lector ethicorum suam incohaverit lecturam, puta in festo Beati Dyonisii, aut alio, occurrente causa, turno distributionis ejusdem lecture per singulas domos integre revoluto, ille qui sic noviter domum erexerit, cum ethicorum lectore qui simul cum eo erigente domum suam lecturam ethicorum inchoaverit, antecedet. Et prius in alio turno eandem ethicorum lecturam assequetur. Et idem erit si infra festum Annunciationis Dominice inmediate subsequens ille domum erexerit. Secus autem si, tribus post mensibus elapsis, domum erigat, quia, in hoc casu, dictus lector, turno revoluto, iterum dictam lecturam prius assequetur.

XXXI

De collegio noviter facto.

Item, domus capitalis et regens capitalis simul incipiunt simulque esse desinunt ; nec poterunt subregentes alicujus capitalis eo decedente, aut regentiam deserente, ejus capitalitatem continuare. Sed dicetur, si quis capitalis illius postmodum effectus fuerit, domus nova et capitalis novus. Et idem judicium erit de prioribus collegiatarum et capitalibus pedagogialium.

XXXII

De lectura ethicorum : quo tempore et quibus diebus, et quibus non.

Item, et tenebuntur lectores ethicorum singulis festis diebus sui anni legere, octo dumtaxat exceptis, scilicet festo Omnium Sanctorum, Nativitatis Domini, Passionis Domini, Pasche, Ascencionis, Panthecostes et Assumptionis Beate Marie. Et tenebuntur, pro hujusmodi lectura ethicorum, pulsatores universitatis campane, omni die legibili, solemniter pulsare, uti ex conclusione universitatis astricti sunt. Magistri autem regentes, in suis domibus collegiatis, illa hora non legent, ut liberius scolares lecture ethicorum admodum fructuose et utili valeant interesse. Quam nisi continuarent, poterunt a gradu pro illo anno repelli, aut aliter per facultatem mulctari. Bidellus autem facultatis tenebitur dictum lectorem cum virga, seu quocumque die legibili, ad Magnas Scolas conducere, ubi ab exordio universitatis dicta lectura fuit instituta et ordinata.

XXXIII

De vita et honestate scolarium et graduatorum.

Item, cum facultas artium sit in humilitate et honestate fundata, ortamur studentes in eadem quathinus honeste habituati, ut decet incedant : non comati, nec crispati, non superbi nec elati ; sed humiles, mansueti majoribus et preceptoribus semper obedientes et obsequiosi. Exortamur etiam specialiter licenciatos et magistros, postquam dictos gradus in hac facultate adepti fuerint, quathinus ob sui gradus dignitatem et honestatem, et, ut a ceteris non graduatis et disparibus differentes appareant, ut depositis pileis per villam honeste capucia defferrant. Quare si secus fecerint, ad congregationes et honores facultatis non admictantur. Quo vero ad alia moralia statuta, tenebuntur nostri scolares sese conformare statutis moralibus et aliis totius universitatis jam dudum confectis, que in generali congregatione, quater in anno, publice, circa principium cujuslibet quadrantis, leguntur. Ad que illos referri volumus et secundum ea vivere jubemus.

XXXIV

Si duo actus solemnes eadem fieri possint.

Item, et ut facultas copiosius unita honestius resplendeat, prohibemus duos actus generales et solemnes, simul et eodem die, in hac nostra facultate, fieri. Poterunt tamen determinancie baccalariandorum, aut responsiones licenciandorum, si quando temporis brevitas accomodaverit et fieri compulerit, plures eodem die et horis diversis, de mane scilicet et post prandium celebrari.

XXXV

De electione bidelli et munere.

Item, ad officium bidellatus, quotienscumque vacaverit, erit in electione omnium et singulorum regentium dicte facultatis artium. Qui debite vocati et congregati, semoto omnium favore tenebuntur, ad dictum officium exercendum, virum aliquem providum eligere, qui optime scribere, legere, latinum loqui, et intelligere noverit, ut acta, gesta, et conclusa per facultatem reportare, et inscriptis redigere valeat et possit. Cujus officium est ad jussum decani magistros ad congregationes vocare, rectori pro facultate artium assumpto inservire, singulis actibus, ut prelibatum est, comparere, generalibus congregationibus et missis universitatis interesse, et cetera omnia et singula suo officio incumbentia excercere.

XXXVI

De electione decani. — Officium decani.

Item, et officium decanatus facultatis, quotienscumque vacaverit, erit in electione magistrorum regentium qui tenebuntur antiquiorem actu regentem et ydoneum in decanum eligere. Cujus est officium magistros ad congregationes per bidellum convocare, in eisdem presidere, et juxta conclusa et deliberata, ad majorem et saniorem partem vocum, concludere.

XXXVII
De electione rectoris.

Item, et rector, pro turno facultatis artium, eligatur de actu in eadem regentibus, juxta et secundum formam statutorum universitatis super electione et confirmatione rectorum ejusdem universitatis, tam in nationibus quam in facultatibus ab eadem universitate, confectorum et approbatorum.

XXXVIII
De distributione gantorum et birrorum.

Item, et tenebuntur regentes capitales distribuere gantos in determinantia suorum scolarium, maxime quando cathedra erit perfecta, omnibus regentibus presentibus, aliis non regentibus conferre erit sue liberalitatis, non neccessitatis. Bidelli autem quinque facultatum, scilicet theologie, artium, medicine, canonum, et legum, et non plures, si presentes fuerint, gantos recipient. Custos etiam scolarum, si fuerit actus in Magnis Scolis, gantos habebit. Et similiter pulsator campane universitatis, si pro lectura textus ethicorum et solemnibus actibus facultatis, ut decet, pulsaverit. Et idem modus observabitur conformiter in distributione birrorum magisterii. Monemus tamen ex honestate, cum celebrabitur magisterium licenciatorum unius domus, quathenus dignentur regentes aliarum domorum, aut saltem de qualibet alia domo unus, illos sociare, et decorare a domo ad scolas et e contra a scolis ad domum. Et ita sibi invicem mutuo et reciproce honorem rependeant.

XXXIX
De quantitate distribuendorum et numero gantorum et birrorum in magisteriis et determinanciis.

Item, et quia, in distributione gantorum cum celebrantur determinantie, et birrorum in magisteriis, incertitudo eorum quibus respective expedit gantos et birros distribuere nonnunquam parit rumorem et murmurationem, inter magistros regentes ; quamobrem plurimum conducere videtur ipsis regentibus novisse numerum recipientium, dictos honores et modum certum in talibus procedendi, statuimus et ordinamus : quod pro unico determinante, si solus fuerit, distribuet suus capitalis uni regenti de qualibet domo par unum gantorum alborum, et pro duobus duo paria duobus regentibus, pro tribus, tria, pro quatuor, quatuor. Et similiter, si fuerint quinque, sex, septem, vel octo determinantes, etiam si fuerint in numero minori, dummodo sint plures quam quatuor.

XL

De birris. — De non regentibus.

Consimiliter, in distributione birrorum pro magisteriis, pro uno magistrando, distribuetur prandium sine birro; pro duobus birrus uni et prandium uni de qualibet domo ; et pro uno tantum magistrando, birrus unus uni regenti, de quolibet collegio, aut prandium, ut dictum est, uni ; pro tribus birri duobus et prandium uni ; pro quatuor birri tribus et prandium duobus ; pro quinque birri quatuor et prandium tribus ; quoniam vero fuerit cathedra ex senario numero perfecta vocabuntur omnes regentes indistincte ad birros et prandium ; et hoc ex honestate, quamvis raro vel nuncquam contingat ultra duos de eadem domo prandium acceptare. Nobiles tamen qui supradictos actus nobiliter celebrare voluerint, tenebuntur, supra id quod dictum est, liberaliter elargiri, tam in sua determinantia quam in magisterio. Non regentibus autem dicta honorum muniscula contribuere erit non necessitatis, sed liberalitatis ipsorum capitalium regentium, dum modo fuerint cum capuciis decenter habituati. Alias nolumus illos honoribus facultatis gaudere, ut supra diximus.

XLI

De festo regum.

Licet Epiphania Domini, quos Reges appellant, devotius et sancte a Cristianis triplici misterio celebretur, videlicet, Christi adoratione, baptismi sanctificatione, et aquarum in vinum mirabili mutatione; solite que fuerunt singule familie, seu communitates domestice, ob id potissimum, fortuito seu casuali fabe eventu, in panis distributione tipicum, sive figurativum regulum constituere, presertim in universitatibus domus collegiate et pedagogice, ad dicte festivitatis memoriam et populi recreationem, quod utique rationabiliter fieri et permicti videtur, dum modo eutrapellie medietas observetur; quia tamen parvula initia, ut inquit Valerius, superfluum peperisse sepius visa sunt incrementum et excessum, qui omnis vituperabilis est, ut vult Aristoteles, et luculenter ostendit nostrorum juvenum experientia qui dictam solemnitatem in octavum ut ultra diem prorogantes, tripudia et coreas superfluas et inanes vagando et deducendo per vicos miserabiliter studium abdicant, non nunquam algoribus et variis egritudinum langoribus plectuntur, pecunias proprias et alienas, suis invitis parentibus, inutiliter expendunt, plerumque impignoratis aut prorsus venditis codicibus, vestibus, mesti postac deplorare coguntur, parentes et preceptores hiis et aliis malis similibus perverse tristicia afficiunt; tantis ea propter superfluitatibus obviare cupientes, nec ritum funditus extirpare, sed eutrapellie medium conjectando excessus moderari volentes, qui semper mali sunt aut nichil prosunt, ut ait Seneca, De Moribus; statuimus et ordinamus: quod, de cetero in futurum, predicti reges tipici, seu figurativi, non equitabunt per villam, et domos, nec coreas et tripudia, larvatis vultibus, deducent. Suis tamen in edibus respective constitutis regibus, poterunt dicta festalia moderate peragere, tribus dumtaxat continuis diebus et non ultra, scilicet, dicti festi, crastino et procrastino. Poterunt etiam scolares diversarum domorum, aut aliqui eorum, se invicem respective et amicabiliter visitare, et moralitales seriosas mixtis jocalibus mutuis visitationibus interserere, sine tamen regum equitatu, sumptuosis coreis et tripudiis, ceterisque talium superfluitatibus.

XLII

De capis regentium capitalium.

Item, et quia facultas plurimum decoratur ex habundantia et multitudine capatorum regentium, in actibus maxime generalibus et publicis tam facultatis quam universitatis, ad quos celebrandos etiam necessarie sunt, statuimus : quod omnes regentes, qui actu nunc sunt et capas magnas non habent, tenebuntur habere quilibet unam, infra proximam congregationem Sancti Thome de Aquino. Ceteri vero regentes, qui capitales domos in posterum noviter erigent, infra annum, à tempore sue erectionis computando, capas habebunt.

XLIII

De capa decani post ipsius mortem.

Item, et quia jamdudum defuncto, bone memorie viro magistro Johanne Militis, quem altercaretur bidellus artium facultatis de magna capa ejusdem Militis, quam sibi spectare allegabat, extitit advisatum et conclusum : quod dictus bidellus, post decessum decani facultatis predicte, capam ejusdem decani dumtaxat haberet. Qui decanus tenebitur, infra tres menses inmediate sequentes post suam electionem, capam habere. Alias juribus decanatus non gaudebit. Et non capas ceterorum regentium que pro honore debent in facultate semper haberi a magistris regentibus et precipue capitalibus, eamdem conclusionem seu statutum approbamus et confirmamus. Et quathenus opus est de novo statuimus et ordinamus firmiter observandum deinceps et in evum.

XLIV

Conclusio.

Acta conclusa et approbata fuerunt hec in congregatione generali per nos, decanum, et facultatem supradictam, apud Predicatores solemniter celebrata, die nona mensis octobris, anno Domini millesimo quadringentesimo octuagesimo octavo, presentibus, consentientibus, ratificantibus et approbantibus circumspectis dominis et magistris : Anthonio de Cessaco, tunc rectore universitatis, Laurentio de Bosco, Johanne Vincentii, Jacobo Piri, Petro Durandi, Johanne Gironeti, Symone Richardonis, Johanne Durandi, Bartholomeo de Manso, Johanne de Agialaci, Johanne Guillon, alias Jocoso, Nycolao Pomerii, Symone Ferrier, Anthonio Fortis et Guidone de Valibus, in eadem facultate actu regentibus.

FINIS.

XLV

De ordine et turno lecture textus ethicorum noviter posito.

Insuper, die prima mensis octobris, anno Domini millesimo quadringentesimo nonagesimo quarto, hora prima ipsius diei post meridiem, celebrata fuit generalis congregatio facultatis artium, in domo conventuali Fratrum Predicatorum Pictavis. In quaquidem congregatione presidebat reverendus pater et dominus magister Laurentius de Bosco, dominus de Prisec, ejusdem facultatis decanus, congregatis ibidem in unum reverendis patribus et dominis magistris Michaele de Domibus, tunc universitatis Pictavensis rectore, Petro Durandi, alias de Monte, in sacra pagina professore, presentibus etiam dominis et magistris Petro de Borco, Anthonio de Cessaco, Johanne de Agialaci, Johanne Durandi, alias de Monte, Johanne Guillon, alias Jocoso, Foucaldo Mosnier, Symone Ferreri, Laurentio Fourneli, Anthonio Gironneti, Anthonio Hortes, Johanne Charreteri, Mathurino Milleti, Laurentio de Valle, Symone Rouillardi, Benedicto Coussiron, Anthonio de Clyda, Johanne de Busseria, Leonardo Durandi, Petro Gauvaing, omnibus actu in eadem facultate regentibus, ubi, per dictum dominum decanum, inter articulos in medium adductos, unus extitit articulus per eum deductus, qui plurimum utilitatem, comodum, concordiam ipsius facultatis, regentium honestatem et ipsorum benivolentiam, concernere videbatur. Videlicet quod, cum a pluribus annis retroactis, annuatim oriretur pro ut presencialiter oriebatur, lis et discordia inter magistros regentes ejusdem facultatis, maxime capitales, propter annualem textus ethicorum lecturam, et illius lecture domorum turnum, ex et pro eo quod, a pauco tempore effluxo, quam plurime ipsorum regentium domus de novo quo ad capitales forent innovate et erecte ; ea de re annualis ordo et turnus domorum ipsius lecture textus ethicorum, inter ipsos capitales, ordine hactenus statutorum predicte facultatis posito, minime foret observatus, in grande ipsius facultatis prejudicium ; et quod bonum esset utile et honestum, ad extirpandas et penitus removendas hujus modi controversias a dicta facultate, nec non ad beneficium pacis obtinendum et amiciciam conservandam inter regentes predicte facultatis, bonum in dicto ordine adinvenire ritum, seu in hujusmodi negocio procedendi modum, et alias de remedio providere honesto et oportuno, preallegatis autem rebus illicitis, mediis honestis et utilibus obviare. Quibus omnibus et singulis sic facunde per prefatum dominum decanum in medium deductis, post maturas singulorum magistrorum predictorum deliberationes, extitit deliberatum propter causas et rationes superius positas, et alias quamplurimas per ipsos assignatas, animos ipsorum commoventes. Et ut, maxime a cetero, amor, pax, concordia et unio, inviolabiliter perpectuo, inter ipsos capitales magistros observetur et cum effectu nutriri possit et adaugeri, ac etiam in evum conservari, pro dictarum litium et controversiarum extirpatione, ordo lecture ipsius ethicorum textus, et turnus, a modo in hunc, ut sequitur, modum inter prefatos capitales regentes, observabitur : primo in presenti anno, in beati Dyonisii proximo festo intranti, secundum cursum temporis prius positum, et pro primo ordine seu turno noviter posito in domo pedagogiali seu collegiali Sancte Marthe, magistro Anthonio Gironeti pertinente, incohabitur. Deinde, anno secundo immediate sequente Domini millesimo quadringintesimo nonagesimo quinto, in collegio seu pedagogiali domo domini de Sancto Savino, in qua domo capitalem tenent regentiam magistri Michael de Domibus et Symon Ferreri. Tercio insuper anno, ordinem prehabitum observando, in collegio magistrorum Johannis Jocosi et Johannis Charretier, alias dicto magistri Petri Latiere. Postea anno quarto in collegio magistri Johannis Durandi, alias de Monte, vulgaliter dicto la Vicanne. Quinto autem anno in domo pedagogiali reverendi patris et domini magistri Laurentii de Bosco, ejusdem facultatis decani. Postremo, anno sexto in collegio Podiogarelli, magistro Anthonio de Cessaco pertinenti. Eamdem et finaliter in domo collegiali de Serenna, magistro Symoni Richardonis spectante. Et sic ordinatim reciproce pretensa lectura regressibili continuabitur ordine. Qui quidem ordo secundum turnum prepositum inter capitales regentes, veneranda artium facultas, ex nunc, prout ex tunc, sub penis perjurii et prestiti juramenti, tempore futuro inviolabiliter et integre, ordinavit et statuit observari. Ex inde sic ordinatum et inter predictos regentes conclusum : quod, si aliquis in predicta artium facultate regens, noviter, seu de novo domum regentie construeret novam, seu erigeret, ad ipsius ethicorum lecture textus, octavus in ordine et non alias reciperetur, et si aliqui regentium predictorum capitalium, casu fortuito contingente, domum in qua presincialiter residet et regentiam suam exercet cogeretur dimictere, aliamque novam regentie domum erigere, dum tamen continue, in predicta artium facultate regentiam debite suam exercuerit, sine temporis intervallo, in detrimentum aut prejudicium predictorum sibi minime evenire poterit, quin suis in loco et ordine, textus ethicorum lecturam, anno sibi revoluto quiete et pacifice obtinere valuerit, suum observando ordinem secundum turnum prius positum.

XLVI

De lectura textus ethicorum.

Item, et quia difficultas, in opere virtutis, ex assuesatione viciorum provenit, et male habituatum, suis in mandatorum regulis, magistro Johanne de Jersonio inquiente, proficere nescit, et ultima felicitas hominis, ex Philozopho, suo decimo Ethicorum libro asserente, in optima operatione consistit ; qua de re, veneranda artium facultas, suos volens, moribus et virtutibus erigere alumnos, que via tutior et securior inter mortales dicitur, statuit. et ordinavit : quod de cetero, a Beati Dyonisii proximo festo, anno Domini millesimo quadringentesimo nonagesimo quarto, singulis diebus dominicis, ac in aliis solemnibus festis quibus est assuetum, usque ad festum Pasche, hora septima inclusive, a festo autem ipsius Pasche exclusive, usque ad dicte ethicorum textus lecture consummationem, omni tempore estivali, sexta hora de mane ordinaria dictorum temporum, in Magnis ejusdem universitatis Scolis, per magistrum capitalem aut unum suorum regentium, anno illo, turnum ipsius lecture textus ethicorum habentem, ordinarie legetur. In qua morali lectura, omnes scolares in predicta artium facultate studentes, ac in eadem baccalariatus, licencie, vel magisterii gradus, aut unum illorum graduum obtinere et acquirere volentes, ut perfectius scienciis, moribus et virtutibus decorentur et adornentur, nisi causa illos excuset justa et legitima, sub prestiti juramenti pena, adesse tenebuntur. Et ut ad hoc facilius possint commoveri ; de honestate non de neccessitate, unus regentium collegialium de qualibet domo, suos associabit aut associare et conducere scolares poterit, et ibidem propter ipsius lecture textus ethicorum decorationem interesse, in illa autem hora ordinaria ipsius lecture, a cetero, nulli magistrorum regentium, estivo et hyemali temporibus, dictorum festorum, ethicorum glosarium, aut aliorum philozophie librorum aliquam non facient lecturam. Ymmo in dicta artium facultate tunc omnes ordinarie et extraordinarie cessabunt lecture. Moralem autem glosarum ethicorum lecturam, hora ordinaria assueta, post solitam meridianam lecturam, a modo et in futurum, illis in diebus festivis transtulit, ordinavit et transposuit.

Et ut omnia et singula supradicta firmiora habeantur et fuerint, in veritatis approbationem et roboris firmitatem, et ut plena fides adhibeatur, nos, decanus predicte artium facultatis, signum nostrum manuale bidelli nostri, nec non omnium et singulorum magistrorum regentium in predicta artium facultate hic dignum duximus apponendum. Videlicet die prima mensis octobris, anno Domini millesimo quadringintesimo nonagesimo quarto, ut latius continetur in xlv° articulo presentium.

L. De Bosco, artium decanus. — P. Durandi, *alias* de Monte.— Stephanus de Latiera. — Anthonius de Castra. — A. de Cessaco. — J. Durandi, *alias* de Monte. — P. de Borco.

— S. Galterii. — J. de Agialaci. — J. Jocosi. — Pornii. — A. Gironnet. — A. Hortes. — L. Ferrier. — Cherue. — J. de Rochayo. — M. de Domibus. — J. Charretier. — S. Rouillard. — J. de Contamyna. — A. de Agia. — L. Durandi. — de Croco, *alias* de Asoreto. — P. Gauvaing. — M. Millet. — de la Clye. — de Valle. — L. Fourneli. — J. Merlin.

LETTRES DE MAITRE ÈS ARTS [1]

4 mars 1495 (n. s.).

Universis et singulis, presentes licteras inspecturis et audituris, Decanus singulique Magistri venerande Facultatis artium famose Universitatis pictaviensis, salutem in eo qui est omnium scientiarum atque virtutum fons et origo. Cum universi, non solum divine regis præcepto verum etiam naturali equitate sint astricti, ut verum et fidele testimonium perhibeant veritati, multo magis convenit ut liberalium artium professores, qui veritatem de rerum naturis scrutantur, et in alia alios instruunt et informant, ut nec favore aut alia quacumque occasione declinent a rectitudine veritatis. Igitur non solum fama referente, sed ipsius rei evidentia declarante quia nobis legitime constitit atque constat quod dilectum nostrum Petrus Mace, Lemovicensis diocesis, in artibus licentiatus, vita, moribus et scientia commendabilis, gradum magisterii in dicta Facultate artium, secundum ejusdem facultatis statuta, debitis et rigorosis examinibus precedentibus, anno Domini millesimo quadringentesimo nonagesimo quarto, die quarta mensis martii, juxta et secundum ordinem quod ad ipsum gradum licentie vocatus extitis, legitime fuit adeptus, volens propterea testimonium perhibere veritati hec omnibus quorum interest aut interesse poterit, notum facimus et tenore presentium attestamur. In cujus rei testimonium has presentes litteras sigillo dicte facultatis et signo manuali bidelli ejusdem sigillatas et signatas, eidem Mace petenti, die et anno premissis concessimus.

---

1. Orig., parch., Archives de la Vienne, D 1.

De mandato domini decani et magistrorum predictorum.
J. Demaza.

Au verso le sceau plaqué de la Faculté des Arts. On y voit au centre, dans un encadrement quadrilobé, le buste archaïque de Minerve, dont le profi lse dessine sous un casque empanaché ; de chaque côté de la tête une étoile ; autour l'exergue suivante : SIGILLUM FACULTATIS ARTIUM PICTAVIENSIS.

Dans un travail très étudié sur pièces d'archives [1], M. Alfred Richard a donné le dessin des divers sceaux de l'Université de Poitiers; celui de la Faculté des Arts y figure (au bas de la planche I, à droite). — Enfin, il est à remarquer que les armes de la Faculté des Arts de Poitiers n'ont pas varié depuis le quinzième siècle et qu'elles ont conservé, sur des pièces relativement modernes, leur caractère antique.

---

1. *Bulletin de la Société des Ant. de l'Ouest*, 1er trimestre de 1897.

TRANSACTION ENTRE LES PÈRES DE LA COMPAGNIE DE JÉSUS, LE TRÉSORIER DE SAINT-HILAIRE-LE-GRAND ET LA FACULTÉ DES ARTS POUR LA COLLATION DES GRADES (8 août 1616).

« Sur les procès qui estoyent en crainte de mouvoir entre révérend Jacques Garnier, trézorier de Saint Hillaire le Grand de Poictiers, abbé de Bonnevaud, grand vicaire et auditeur général de Monseigneur le cardinal de Sourdis, archevesque de Bordeaux ès eveschez de Poictiers, Angoullesme, Maillezaizs et Luçon et messieurs les doyen et faculté des artz de l'université dud. Poictiers et encores les pères de la Compagnie de Jésus du collège dud. Poictiers, uniz et incorporez en lad. université, pour raison de ce que ledict sieur révérend trézorier soustenoit que à cause de sa qualité de trézorier il est chancellier de lad. université et en cette quallité a droict de donner les degrez de doctorande, licence, bachellerye, maistres ès artz et autres degrez qui ne se peuvent commenter aulcuns actes en toutes facultez sans son consentement et qu'il aye baillé jour certain suyvant la bulle de notre St Père le Pape Eugène, ce qui a esté toujours gardé et observé et particullièrement tant que ses prédécesseurs trezoriers ont résidé sur les lieux et pour avoir cy davant Mre Robert Poictevin, trezorier, avoir esté troublé en ceste possession immémoriale de donner le lieu et l'heure pour les disputtes et tentatives en la faculté des artz par deffunct Mre Millitis et autres qui auroyent entrepris de donner des degrez aux artz au préjudice dud. Poictevin, trezorier qui soustenoit lui appartenir plain droict de nommer deulx tantateurs des nations de France et Berry, et la faculté des artz luy debvoit présenter deulx aultres tantateurs des nations de Touraine et Acquitaine qui luy debvoyent estre présens et que on ne pouvoit sans son consantement et hors sa présence et de son vice chancelier faire procedder à aulcune tantative ou examen ou donner aulcuns licence, degrez, chapron, chappes ny bonnet et bénédiction et aulcuns droictz despendans de sad. charge ; que néanlmoings, il a esté adverty que au préjudice de la fondation de lad. université par nostre Sainct Père le Pape et de Sa Majesté, despuis peu on a entrepris de faire procedder aux disputtes et tentatives de plusieurs escolliers en la faculté des artz sans qu'il aye nommé aulcuns tantateurs, ny qu'il luy en aye esté présenté par lad. faculté ny qu'il aie donné lieu ny heure et mesme qu'on veult donner les degrez et chappes en son absence et sans son consantemant qui est une entreprinse manifeste sur son authorité et ses droictz, et contre les bulles de Sa Sainteté et lettres de Sa Majesté pour la création de lad. université, pour raison desquels troubles en sad. charge et droictz, il entendoit se pourvoir par davant nos seigneurs de la Court de Parlement affin d'estre maintenu en sad. charge et droictz ; et par lesd. doyen et faculté des artz a esté dict qu'ilz n'avoyent jamais entendu ny entendoyent troubler et empescher le révérend trézorier en la charge de chancellier ny contrevenir à la fondation de lad. université et n'avoir jamais entrepris ny voulloir entreprendre sur ce qui est de sa charge de chancelier, mais qu'ilz estoyent en bonne et vallable possession de plus de trante, quarante, soixante ans, et de tout temps immémorial de examiner, interroger, bailler les degrez de maistres ès artz, bonnet et bénédiction sans que led. chancelier ou son vice chancelier ayant esté présens, ny qu'on leur aye demendé aulcune permission ny tantateurs de sa part, sans que jamais aulcun préceddans trézorier se soit pleinst de cette forme et façon de donner les degrez et que estans en une aussi longue pocession en laquelle ilz ont dignement usé sans qu'il y en aye jamais lieu aulcune pleinte ny donné que à personnes capables, il est mal à propos aud. trézorier de les voulloir aujourd'huy troubler en une sy longue possession, il y est et non recepvable et mal fondé et néanlmoings ils n'ont aulcunement donné lieu, heure, ny tantateurs pour l'examen de ceulx qui se présentent pour recepvoir les degrez; se santans suffisans et capables et en pocession de faire led. examen sans nommer ne apeller d'aultres tantateurs qui rendoit encores led. trézorier plus mal fondé à faire la présente compleinte et conclure contre eulx. Et par lesdictz pères du collège de la société de Jésus à Poictiers esté dict qu'estans unis et incorporez à l'Université dud. lieu et même en la Faculté des artz, leur intancion a tousjours esté et est encores de suyvre les statutz des universitez auxquelles ils sont incorporés, suyvant l'acte de leur réception en icelle et que pour eulx ilz n'ont jamais entendu ny entendent contrevenir soit à la bulle de Nostre Sainct Père le Pape Eugène et à l'édict de Sa Majesté portant la création de lad. Université, ny aux droictz dud. chancelier, ny pareillement à ceulx desd. Doyen et Faculté des artz et que s'ilz avoyent proceddé aud. examen sça esté pour ne sçavoir ce qui estoit tant des droictz dud. chancelier, ny de lad. faculté, lesquelz ils n'avoyent troublé ny entendu troubler en iceulx et pryoient lesd. trézorier, doyen et Faculté des artz de se trouver jeudy prochain, unziesme de ce moys, à une heure après midy à l'acte général qui se fera en leur collège pour juger de la capacité et incapacité de ceulx qui se présentent pour estre graduez en lad. Faculté, donner le bonnet et bénédiction suyvant la fondation et statutz de la Faculté des artz à tel jour, lieu et heure qu'il sera advisé par lesd. trézorier, doyen et faculté, et ainsy tant s'en fault que on puisse prétendre qu'ilz ayent faict aulcune chose contre les droictz desd. trézoriers, doyen et faculté des artz, qu'ilz en seroyent très marrys estant contre leur intantion et profession. Soustenu au contraire par lesd. trézorier, doyen et Faculté des artz. Et sur ce les partyes estoyent en danger d'entrer en invollution de procès pour évister ausquelz, nourrir paix et amityé entr'elles comme il appartient à personnes de leur rang, quallité et profession ont par l'advis de conseil chevy et composé en la forme et manière qui sensuit. Pour ce est il que par-davant les notaires du Roy à Poictiers ont comparuz led. révérend Jean Jacques Garnier, trézorier et chancelier de lad. Université, et messieurs vénérables Mre Michel Le Gendre, doyen de lad. Faculté des artz et chanoyne de l'église de Poictiers, vénérable Mre Pierre Gouillaud, principal de Montanaryse, grand hebdomadier en l'église St Hillaire le Grand de Poictiers, Mre Guillaume Piry, licentyé ès droictz, principal et actuellement régent au collège de Puygarreau dud. Poictiers, et Mre Pierre Henin, licentyé ès droictz et principal du collège des Deux Frères *allias* de St-Pierre et révérend père Jehan Martinon, prestre de la compagnie de Jésus, au nom et comme représentant le Père Préfet dud. collège des Pères jésuites, professeur de la philosophie aud. collège, assistant à la présente transaction par le commendemant du révérend Père Jacques Lespaulard, recteur dud. collège, et ausquelz pères dud. collège led. Père Jehan Martinon a promis faire ratisfier le contenu en ces présentes dans deux moys ces présentes néanlmoings tenans, se sont toutes lesd. partyes convenues et accordées en la forme et manière qui sensuit : c'est assavoir que pour parvenir ausd. degrez de bachelliers et maistrize des artz, prendre chapes et chaprons fourrez auparavant que procedder à l'examen de ceulx qui prétendent lesd. degrez, led. trézorier nommera deux tantateurs, l'ung des collèges de Puygarreau St Pierre et aultres sy aulcuns sont, et l'ung du collège des Pères Jésuistes, et lesd. doyen et faculté des artz, l'ung desd. collèges et ung aultre soit du collège des Pères Jésuites ou aultre tel qu'ilz adviseront bon estre, et néanlmoings sera le jour, lieu et heure pris de l'examen dud. trézorier et chancellier, par lesd. tentateurs. Et néanlmoings du consentemant dud. trézorier chancellier et desd. doyen et Faculté des artz et pères de la société de Jésus, a esté accordé que le lieu de l'examen sera au collège ou celuy ou ceulx qui vouldront estre graduez auront faict leur cours en philosophie, et ne se pourra donner le bonnet, bénédiction et chappes ou chapron fourré que en la présence dud. chancelier, vice chancelier, doyen de la Faculté des artz ou plus antien de lad. faculté en son absence ; sçavoir pour ceulx qui le vouldront avoir publicquemant qu'ilz respondront le jour et heure qui aura esté pris comme dict est cy dessus en la présence dud. chancelier, doyen de la faculté et tantateurs pourront messieurs desd. aultres facultez y assister, sy bon leur semble.

Et le lendemain dud. examen, à l'heure qui sera dicte par lesd. chancelier et doyen, comme dict est, seront conduictz lesd. désirans d'estre graduez en solempnité despuis le collège auquel aura esté faict led. examen jusques en l'église de St Hillaire pour recepvoir du doyen de lad. faculté le bonnet et bénédiction dud. chancellier en la forme qui s'ensuict.

Sçavoir que lesd. désirans lesd. degrez seront présentez par l'ung de la Faculté qui les certisfiera susfisans et capables dud. degré et ayant esté receuz par led. chancelier, doyen et Faculté, se mettront lesd. désirans les degrez de genoux et feront proffession de foy entre les mains dud. trézorier chancelier.

Et ce faict, leur sera le bonnet donné par ledict doyen de la Faculté qu'il présentera par après aud. chancelier pour recepvoir de luy l'anneau, chapron et bénédiction.

La quelle bénédiction receue, monteront lesd. nouvellement graduez en chaire, diront chacun une sentence et la dernière action de grâces.

Apprès la quelle action de grâces parachevée, seront lesd. graduez reconduitz au collège en solempnité pour y faire les actions de grâces accoustumées et le jour ensuyvant pourront faire lesd. graduez une leçon en classe.

Sans que néanlgmoings lesd. trézorier, chancelier ou son vice chancelier, puissent prétendre aulcun droict pour la nomination, assistance ausd. actés et bénédiction que une payre de gantz et dix solz pour le bastonnier et celuy qui sonnera la cloche lors de l'arrivée et retour desdictz graduez.

Et pour les droictz de Messieurs de la Faculté des artz que chaicun de ceulx qui prendra lesd. degrez publicquement comme dict est payera la somme de deulx escuz en quartz et chalcun desd. sieurs de la Faculté une payre de gantz.

Et pour les bedeaux généraulx : théologie, droict canon, civil et médecine auront pour leur assistance la somme de vingt solz.

Tout ce que dessus a esté respectivement accepté par lesd. Révérend trézorier, doyen et suppost de lad. Faculté et Révérand père Jehan Martinon ond. nom et ce en présence et du consentement de Révérend Jacques Rabereul, recteur de lad. Université et à ce faire et entretenir ont donné et juré leur foy, obligé et ypothecqué sçavoir, led. s^r Martinon ondict nom le revenu et temporel de leurd. collège et les aultres establys tous et chaicuns leurs biens, meubles et immeubles présens et futurs dont de leur consentement et requeste ilz ont esté jugez et condempnez par le jugement et condempnation de lad. cour au pouvoir et juridiction de laquelle ils se sont supposez et soubsmiz quant à ce. Faict et passé aud. Poictiers aud. collège des Pères Jésuites le huictiesme jour d'aougst après midy, l'an mil six centz seze, ainsi signé en la minute demeurée par devers Doré, l'ung desd. notaires, J. Garnier, Rabereul, recteur, M. Legendre, decanus, P. Gouillaud, principal susd. G. Piry, principal susd., P. Henin et Martinon.

Aubineau, not^{re}. Doré, not^{re} royal.

8 Août 1618.

Aujourd'huy, par davant les notaires du Roy à Poictiers soubzsignez, a esté personnelleman estably en droict Révérend père Jacques Lespaulard, recteur du collège des Pères Jésuites establis en cette ville de Poictiers, faisant pour tout le corps dud. collège, lequel après avoir heu lecture de mot à mot par l'ung desd. notaires, l'aultre présent, du contract et transaction des aultres partz passé entre Révérend Jacques Garnier, trézorier de St Hillaire le Grand, de ceste ville, chancelier de l'Université d'icelle, et Messieurs les maistres ez artz en lad. Université et encores entre Révérend père Jehan Martinon, prestre de la Compagnie de Jésus, représentant le père préfect dud. ordre d'une et d'aultre part en datte du huitiesme d'aougst MVI^c seze contract et transaction, dict et déclairé bien sçavoir et entendre et l'a ratisfié et approuvé pour tout le corps dud. collège, et par ces présentes l'a rastifié et approuvé, veult et consent ond. nom qu'il sorte son plein et entier effet en tous et chaicuns ses pointz, comme sy présent et establly tout led. corps dud. collège à l'entretenement du quel et contenu en ces présentes stipulées et acceptées par nousd. notaires pour les partyes absentes, led. sieur Lespaulard a donné et juré sa foy, obligé et ypotecqué le revenu et temporel dud. collège dont de son consentement et requeste il a esté jugé et condempné par lad. court quand à ce. Faict et passé aud. collège le huictiesme jour d'aougst, après midy, l'an mil six cent dix huict; ainsi signé en la minute demeurée par devers l'ung des notaires : Jacques Lespaulard.

AUBINEAU, not. r. — DORÉ, not. roy., est signé AUBINEAU.

LETTRES DE FRANÇOIS DE ROCHECHOUART.

I

De Jean de Rochechouart, chevalier, commandeur de Strasbourg, chambellan de Louis XI, gouverneur de Tonnay-Charente, mort en 1484 à son château de Javarzay[1], et de Anne de Chaunay, décédée au même lieu dès 1478, naquit en 1450 François de Rochechouart, seigneur après son père de Chandenier[2], Javarzay et la Mothe de Bauçay, en Loudunais, qui s'unit le 2 novembre 1478 à Blanche d'Aumont, fille de feu Jacques d'Aumont, jadis chambellan de Philippe le Bon, duc de Bourgogne, et de Catherine d'Estrabonne, alors remariée à Hector de Rochechouart.

Blanche avait deux frères : Jean d'Aumont, baron de Couches, d'Estrabonne et de Nolay, époux de Françoise de Maillé, et Ferry d'Aumont, époux de Françoise de Ferrières. Le partage des biens de Jacques d'Aumont n'étant point encore fait, l'épouse de François de Rochechouart fut dotée par sa mère et par ses deux frères. Jean et Ferry d'Aumont procédèrent seuls à ce partage en 1482. Le seigneur de Chandenier jugeant alors, sans doute avec raison, sa femme lésée dans ses droits, intenta un procès à ses beaux-frères et, le 30 mars 1493, Charles VIII annulait l'acte de constitution de dot[3]. Après de nouveaux arrangements, Blanche d'Aumont obtint les seigneuries de St-Amand et du Vau d'Esguillon en Puisaye.

François de Rochechouart fut chambellan du duc d'Orléans et le suivit en Italie, comme en témoigne le paiement à lui fait par ce prince à Asti, le 5 juin 1495, de 200 écus d'or « pour ses sallères et dépens qu'il a faiz durant sept mois et sept jours qu'il à vacqué par son commandement à suivre le roy durant la conqueste de son royaume de Naples[4] ».

---

1. Près Chef-Boutonne (Deux-Sèvres).
2. Aujourd'hui Champdeniers, chef-lieu de canton, arrondissement de Niort (Deux-Sèvres). Champdeniers donna son nom à cette branche de la famille de Rochechouart. On écrivait alors Chandenier. François de Rochechouart, comme son père et les aînés de sa postérité, fut appelé *Chandenier*.
3. Bibl. nat., mss. fr. anc. fonds 5477-20, fol. 23.
4. Cat. de la vente des autographes du baron de Joursanvault, n° 591.

Au retour, Charles VIII l'employa en Normandie, où il dirigea les travaux de fortification de plusieurs places, et le nomma chambellan.

Sous Louis XII, il devint sénéchal de Toulouse et grand maître des eaux et forêts du Languedoc.

L'extinction des vicomtes de Rochechouart faisait du S$_{gr}$ de Chandenier le chef de cette famille. On croit que Louis XI n'avait pas été étranger au mariage d'Anne de Rochechouart, héritière de la vicomté, avec Jean de Pontville qui fut le premier des Rochechouart-Pontville [1]. Le 15 octobre 1499, Jean de Pontville, v^{te} de Rochechouart, et François de Pontville, v^{te} de Breuilhois, son père, constituaient une rente de 200 écus d'or au soleil, assignée sur la seigneurie de Tonnay-Charente, à François de Rochechouart et à sa femme, dont ce dernier autorisa l'amortissement le 28 décembre de la même année. On s'est demandé si le sieur de Pontville ne payait point ainsi au chef de la famille le droit de s'appeler désormais Rochechouart-Pontville et de mettre sur son blason, à la place d'honneur, les armes de cette antique maison [2].

En 1506, Chandenier [3] représentait le roi de France près de l'empereur Maximilien. Il prit part, l'année suivante, à l'expédition envoyée contre les Génois révoltés, ce qui lui valut le gouvernement de Gênes au mois d'octobre 1508. Il sut se maintenir dans ce poste difficile jusqu'au 20 juillet 1512, époque à laquelle une nouvelle sédition l'obligea de revenir en France.

Leurs relations semblent cependant avoir été quelque temps fort cordiales, si l'on en juge par le don à lui fait par les Génois de quatre statues [4]. On voit encore dans la chapelle du château de la Mothe-Chandenier [5] une madone en marbre blanc portant une inscription qui rappelle cette origine.

Le 19 mai 1515, François Ier donnait à Chandenier le gouvernement de la Rochelle et du pays d'Aunis, qu'il devait conserver jusqu'à la fin de sa vie [6]. Quelques mois plus tard, il suivait le roi, nous ne savons à quel titre, en Italie, et combattait à Marignan [7]. Le 18 octobre, le roi l'envoyait de Milan à Venise traiter

---

1. Voy. une lettre adressée par le v^{te} de Rochechouart-Pontville à Dom Fonteneau, page 905 du t. LVIII du *fonds Dom Fonteneau*, à la bibliothèque de Poitiers.
2. Général Cte de Rochechouart, *Hist. de la maison de Rochechouart*.
3. Voy. note 2 de la page ci-contre.
4. Léonard Frizon : *Motha Candeneria carmen*.
5. La Mothe de Bauçay prit des Rochechouart-Chandenier cet autre nom qu'elle a conservé.
6. Il eut pour successeur Charles Chabot, baron de Jarnac, qui reçut le 3 août 1531, à Fontainebleau, provisions pour être payé des gages et droits de sa charge de gouverneur et capitaine de la Rochelle, depuis la mort du s^r de Chandenier jusqu'au jour de son institution audit office. *Cat. des actes de François Ier*, 4210, t. II, p. 73.
7. 13-14 septembre 1515.

avec la seigneurie. Il se vit encore chargé de diverses missions diplomatiques à Bruxelles, puis en Angleterre où il accompagna l'amiral Bonnivet en 1518[1]. Le 26 juin 1521, son beau-frère Jean d'Aumont lui vendait moyennant 600¹ une rente de 40¹ sur Jars, domaine appartenant alors à Guillaume de Rochechouart, sgr de Jars et de Bréviande, neveu du cessionnaire.

En 1529, le sgr de Chandenier recevait l'ordre de convoquer la noblesse de son gouvernement d'Aunis pour la faire contribuer à la rançon du roi qui taxait ses gentilshommes au dixième de leur revenu.

François de Rochechouart mourut à Javarzay le 4 décembre 1530 et Blanche d'Aumont le 6 du même mois. Un seul tombeau réunit leurs cendres dans l'église de Javarzay.

II

C'est à ce sgr qu'il faut attribuer la destruction des absides romanes de l'église de Champdeniers et la construction du chevet encore existant, dans les dernières années du XVe siècle. Au mois de mai 1491, il obtenait de Charles VIII des lettres d'érection ou de confirmation de cette terre en châtellenie et en faisait dresser le papier censaire en 1494. Après l'église de Champdeniers, celle de Javarzay subit des transformations identiques.

Comme la plupart des gentilshommes français qui guerroyaient de l'autre côté des Alpes, François de Rochechouart apprit en Italie à aimer les arts et les constructions somptueuses. Les architectes de la Touraine jouissaient alors d'une grande faveur ; ce fut par l'un d'eux, nommé Alexandre Robin, qu'il fit rebâtir son vieux manoir de Javarzay, peu après son expulsion de Gênes. Le Dr Giraudet dit que les travaux commencèrent en 1514[2] ; cependant une lettre que nous croyons pouvoir sûrement dater du 1er novembre 1513, nous montre la construction du nouveau castel déjà en cours d'exécution.

On sait encore qu'un splendide manuscrit à miniatures de la traduction de Tite-Live, par le poitevin Pierre Bercheure, a appartenu au sgr de Chandenier, et le soin qu'il prit de faire peindre.

---

1. *Journal d'un bourgeois de Paris sous François Ier*.
2. *Les Artistes Tourangeaux*, 1885, p. 350. Il n'est pas absolument prouvé qu'il se soit agi du *château* dans le traité passé au commencement de 1514 par François de Rochechouart avec Alexandre Robin, où il est simplement parlé d'un édifice à Javarzay. Le Dr Giraudet ne cite point d'autre château bâti par Robin, et l'on sait que vers le même temps François de Rochechouart se fit construire un mausolée dans l'église de Javarzay, travail mieux en rapport avec les aptitudes de l'*engraveur* Robin. Il y a enfin les travaux de l'église de Javarzay dont nous venons de parler ci-dessus.

son chiffre et ses armes sur la miniature du frontispice semblerait prouver qu'il ne fut pas le seul. Ce précieux manuscrit vint plus tard au surintendant Fouquet, passa ensuite à la Sorbonne et est entré finalement à la bibliothèque nationale [1].

Blanche d'Aumont partageait les goûts artistiques de son époux ; elle attachait à son service un peintre nommé Laurent Rembert, qu'elle chargeait de la décoration de l'oratoire de la Mothe-de-Bauçay et auquel elle assignait, le 10 août 1528, une rente de 37^l sur son domaine de Bonnières [2]. B. Fillon, à qui nous devons ce renseignement, s'est demandé si cette dame n'avait point appelé à Champdeniers le peintre-verrier Pierre de l'Apostolle. Gabrielle de Bourbon, dame de la Trémoille, commanda à ce dernier artiste, en 1509, plusieurs vitraux destinés à la Ste-Chapelle de son château de Thouars.

Blanche d'Aumont donna le jour à douze enfants, dont l'énumération nous paraît inutile, vu que les lettres paternelles ne nous entretiennent que de deux de ses fils et de deux de ses filles.

L'aîné de tous, Christophe, né à la Mothe le 17 décembre 1486, connu du vivant de ses auteurs sous le nom de La Mothe, fut après son père s^{gr} de Chandenier, Javarzay et la Mothe-de-Bauçay, et épousa Suzanne de Blézy, le 8 octobre 1508, et le 7 octobre 1526, Madeleine de Vienne. Il suivit son père dans l'expédition de Naples, l'accompagna à Gênes et fut blessé à la bataille de Pavie. Il figure en 1549 au nombre des chevaliers envoyés par le roi aux États de Bourgogne ; on croit qu'il mourut vers cette époque. L'autre fils dont il est parlé, Antoine, né vers 1490, devint s^{gr} de St-Amand en Puisaye, s'unit à Catherine de Faudoas-Barbazan, le 25 octobre 1517, et devint la tige des marquis de Faudoas. Sénéchal de Toulouse et d'Albigeois, gouverneur de Lomagne et de Rivière-Verdun, capitaine de cinquante hommes d'armes, lieutenant-général du roi en Languedoc en 1536, il fut blessé à la bataille de Cerisoles en 1544.

Les deux filles mentionnées sont : Jeanne, née à la Mothe le 8 mai 1493, mariée en septembre 1512 à Georges Damas, s^{gr} de Marcilly et de Thianges, auquel elle apporta les terres d'Yvoi et de Malvoisine, et Françoise, née à St-Amand le 4 octobre 1500, morte vers 1515, élevée à la cour près sa tante Françoise de Maillé, dame d'Aumont.

---

1. Vallet de Viriville : *Notice sur le surintendant Fouquet.*
2. B. Fillon : *Poitou et Vendée*, Pierre de l'Apostolle, peintre-verrier à Champdeniers.

III

Les neuf lettres que nous publions figurent sous le n° 3925 de l'ancien fonds français à la bibliothèque nationale ; elles sont adressées par François de Rochechouart à son beau-frère Jean d'Aumont et à sa femme Françoise de Maillé.

Jean d'Aumont avait été nommé en 1498 lieutenant-général au gouvernement de Bourgogne ; le P. Anselme lui attribue encore diverses autres fonctions dont il se serait acquitté avec zèle, sans les indiquer aucunement ; il paraît être décédé en 1521, au mois d'août, laissant trois fils : l'aîné et le dernier portaient le prénom de Pierre et le second celui de Félix. Pierre le jeune, sgr d'Estrabonne, hérita de ses deux frères morts sans enfants. Françoise de Maillé survécut à son époux ; elle était issue d'Hardouin IX de Maillé, sgr de *Frontenay-l'Abattu*, et il semblerait qu'elle ait porté avant et depuis son mariage le titre de dame de Frontenay. Nous ne saurions expliquer autrement le nom de dame d'Aumont de Frontané que portent la plupart des lettres à elle adressées par son beau-frère, car Frontenay-l'Abattu ne lui appartint jamais, et on ne lui voit attribuer aucune autre seigneurie désignée sous ce nom de Frontenay, commun à plusieurs terres, de même que son mari n'est jamais appelé d'Aumont de *Frontané*.

C'est uniquement sans doute en témoignage d'estime et d'affection que Chandenier lui donne deux fois, après la mort de Jean d'Aumont, la qualification de *grant cousine* qui, prise à la lettre, n'a rien d'exact.

Françoise de Maillé fut dame d'honneur de Marie d'Angleterre, épousée par le roi Louis XII moins d'un an avant sa mort. Le dernier des enfants de François de Rochechouart était cette fille née à Saint-Amand, le 4 octobre 1500, et nommée au baptême Françoise, ce qui porterait à croire que l'épouse de Jean d'Aumont fut sa marraine ; la bonne tante ne possédait d'ailleurs, comme nous l'avons vu, que des fils, d'où lui vint peut-être le désir de prendre près d'elle la petite Françoise. Elle l'emmena à la cour ; Françoise de Rochechouart accompagnait sa tante lorsqu'elle alla à Boulogne au-devant de la dernière épouse de Louis XII ; elle mourut peu après.

Nous croyons que Françoise de Maillé devint, à l'avènement de François Ier, dame d'honneur de la nouvelle reine Claude de France, fille de Louis XII et d'Anne de Bretagne, morte en 1524. On ne voit pas bien autrement quelle pourrait être cette *maitresse* de la dame d'Aumont dont il est question dans une lettre de Chandenier.

Ferry, second frère de Blanche d'Aumont, n'eut que des filles : Anne l'aînée, qualifiée dame d'Aumont, épousa Claude de Montmorency, s^{gr} de Fosseux, en 1522, et mourut en 1559 ; la puînée Louise, dame de Chars, s'unit en premières noces à François, s^{gr} de Rouville, et ensuite à Jacques d'Archiac ; la troisième enfin, Jeanne, fut aussi mariée deux fois : à Gaspard de Vienne, puis à Philibert, S$_{gr}$ de Sassenage.

Nous avons passé en revue les principaux personnages dont il est parlé dans les lettres de François de Rochechouart. Il s'y montre non moins attentionné aux intérêts et à l'avancement des parents de sa femme qu'à ses propres affaires. On remarque avec un peu de surprise qu'une véritable intimité existait alors entre les beaux-frères jadis divisés par le procès relatif à la dot de Blanche d'Aumont.

Les récits de la bataille de Marignan et de l'ambassade de Venise sont d'un grand intérêt. Aucune lettre ne porte la mention de l'année ; nous croyons avoir pu, presque toujours et non sans peine, la déterminer d'une façon certaine. Cette correspondance est trop disparate pour se prêter à l'analyse ; d'amples notes suppléeront à ce que nous avons pu omettre dans ce long préambule.

Léo Desaivre.

LETTRES

DE FRANÇOIS DE ROCHECHOUART.

I

Lettre de François de Rochechouart, s^r de Chandenier, à Monsr d'Aumont, mon frère. (Bibl. nat., mss. fr. anc. fonds 3925-71, fol. 91.)

Blois, 11 décembre. — (Vers 1512.)

Mon frère, depuis que le Roy est arrivé à Tours, j'ay receu de vous trois ou quatre paires de lectres ausquelles je vous ay tousjours fait responce fors à celles que m'a baillées l'esleu de Dijon et si Glaude de Piry vient comme le m'avez escript il sera receu ainsy que je crois que vous l'entendez. Monseigneur de Nevers[1] vint au soir tout tart ; aujourduy je luy bailleray les lectres que luy avez escriptes. Je bailleray les aultres à tous ceulx à qui les escripvez et au Roy premièrement à qui je dis ce que m'avez escript de la garde du Roy des Romains de laquelle il ne tient grant compte[2]. Vostre pension ne sera pourtant appetissée, mès tenez vous sûr que vous, ne autre, ne l'ara creue. J'ay rompu le coup de René Darsse[3] touchant Frontenay l'Abatu et croy que vous l'arez quoy qu'il tarde pour douze mille escuz, ou anvirons pour treze, faictes provision d'argent. J'ay mis en termes au dit René

---

1. Charles de Clèves, c^{te} de Nevers.
2. François de Rochechouart avait été ambassadeur près de l'empereur Maximilien en 1506.
3. Sans doute un fils de Charles de Brémond, s^{gr} d'Ars.

d'avoir Baussay qui est de plus grant valleur que l'autre et est après, mès maistre Flormant Robertet[1] m'a dit qu'il n'a pas bien souvenance du commandement que le Roy vous fit du don des ventes et honneurs du dit Frontenay l'abatu, mès il me semble que vous en avez retiré quelque chose. Par escript mandez moy ce qu'il en est. Et à Dieu, mon frère, à qui je prie, mon frère, de tout mon cuer qu'il vous doint ce que désirez. A Blois, le xie de décembre. De ce que me mandez que tout yra bien et qui soyt comme me montré faire, je lé. trop fais jusques ysy, ne ne me chost guère comme il en aille. Le Roy comme je croy ne esloignera de Pacques ce quartier; nos Alemins[2] sont dépêchés et onst alongé la trêve jusques à la fin de juing et croy véritablement que au plésir de Dieu quelque bonne peiz se trouvera qui est tout ce que désire[3].

Vostre tout bon frère.

F. DE ROCHECHOUART.

---

1. Florimond Robertet, baron d'Alluie, secrétaire d'État.
2. Alemans.
3. Frontenay-l'Abattu ou Frontenay-Rohan-Rohan, aujourd'hui chef-lieu de canton de l'arrondissement de Niort (Deux-Sèvres), avait appartenu à Hardouin IX de Maillé, époux d'Antoinette de Chauvigny, mort après 1487. En vertu d'un partage fait en 1490 entre leurs enfants, Frontenay-l'Abattu passa à son fils puîné Hardouin X, qui eut aussi les seigneuries de Benais et de la Forêt d'Estampes, et du chef de sa femme, Françoise de la Tour-Landry, fut baron de Saint-Chartier, de Châteauroux et de la Châtre.

Ledit Hardouin X était frère de Françoise de Maillé, épouse de Jean d'Aumont ; il mourut le 25 janvier 1524, laissant des enfants qui ne furent pas seigneurs de Frontenay-l'Abattu. Cependant cette seigneurie ne paraît pas avoir été achetée par Jean d'Aumont ; nous croyons qu'elle le fut par Pierre, v^{te} de Rohan, maréchal de Gié, mort en 1513, car Pierre de Rohan, son fils puîné, qui épousa en 1517 sa cousine, Anne de Rohan, était s^{gr} de Frontenay-l'Abattu, qui devait rester longtemps dans cette famille dont il prit son nouveau nom de Frontenay-Rohan-Rohan.

II

Lettre de François de Rochechouart, sgr de Chandenier, à Mme d'Aumont de Frontané [1]. (Bibl. nat., mss. fr. anc. fonds 3925-116, fol. 149.)

St-Amand, 1er novembre [1513].

Madame, j'ay tant faict par mes journées que j'aryvé hyer séans et si vous volez savoir la cause de ma longue demoure à Javarzay mon bastiment y a bien aydé d'un costé [2], mais les principales causes sont deux procès nouveaulx que la gouvernante de Lymosin m'a commanché depuis qu'elle en avoit perdu deux autres contre moy ausquelz j'ai donné telle provision que je croy qu'elle y gaignera aussi peu que aux autres. Monsieur de Tonnay-Botonne [3] a ung arrest contre Monsieur de Cursay [4] de la sixiesme partie de ce qu'il a vaillant et de deux mil quatre cens frans d'arriérés en quoy le dit de Cursay a esté condampné des levées qu'il en a faites depuis le procès in-

---

1. Frontenay-l'Abattu, ce nom venait à Françoise de Maillé, femme de Jean d'Aumont, de son père Hardouin IX de Maillé, sgr de Frontenay-l'Abattu. Cette terre passa par partage en 1490 à Hardouin X de Maillé, frère de Françoise de Maillé. Voy. la note qui précède.

2. Nous avons vu, p. 248, n. 2, que le traité de François de Rochechouart avec l'architecte Robin ne date que du commencement de 1514. D'après le P. Anselme, Méry Acarie, sgr de Crézannes en Poitou, marié en janvier 1496 à Andrée de Rochechouart, héritière du Bourdet, mourut en 1513 (le Dict. des fam. du Poitou le fait même mourir au mois de juillet 1511). Acarie était par sa femme le neveu breton de l'auteur de cette lettre. C'est le neveu dont il sera parlé ci-après, car il ne peut être question de son fils Charles, sgr du Bourdet, alors âgé de 16 ans au plus, ni du dernier Rochechouart du Bourdet, Bonaventure, frère de ladite Andrée, décédé en 1508. On verra enfin que cette lettre ne peut être antérieure à la naissance d'un fils issu du mariage de Jeanne de Rochechouart et de Georges Damas, sgr de Marcilly, contracté en septembre 1512, c'est-à-dire à 1513.
Ainsi, à moins d'une erreur du P. Anselme, cette lettre ne peut être postérieure à 1513, et l'on voit qu'à sa date la construction du château paraît déjà commencée; elle serait dès lors antérieure d'un an au traité mentionné par le Dr Giraudet, qui pourrait se rapporter, comme nous l'avons déjà dit, à un autre bâtiment, église, tombeau, etc.

3. François de Maumont, sgr de Tonnay-Boutonne.

4. Louis Odart, sgr de Cursay et de St-Marçolle, épousa Marguerite d'Estampes; mort vers 1515. Le 20 décembre 1498, ledit Odart, se portant fort pour sa mère, avait constitué une rente au profit de François de Rochechouart, sgr de Chandenier. (P. Anselme.)

tempté ¹, veullent prendre ceste sixiesme partie et ses deux mil IIII^c frans sur les deux cent vingt cinq livres de rente que j'ay sur le dit sieur de Cursay et sur bien trois mil cinq cens frans d'arrièré qu'il me doibt comme sur le demourant, de quoy il a fallu que j'aye pourveu avant mon partement en façon que je croy que le dit de Tonnay-Botonne n'aura rien sur ma part. Les sieurs de chappitre de Poictiers et moy avyons proces, plus de XII ou XV ans a, ensemble et avoit esté ordonné par la court que ung commissaire viendroit pour faire signer de nos dits différans. Et pour que les dits de Chapitre avoient obtenu lectres royaulx pour dire cas nouveaulx je m'atendoient qu'ilz n'y deussent besongner jusques à ce caresme qui vient et quant les dits de Chappitre seurent que je m'en voloyt venir à la fin d'aoust derrenier passé pensans me trouver au despourveu et que je fusse party de là, amenèrent le dit commissaire besongner en l'anqueste, qui estoit Monsieur Chaslet et son adjoinct qui ont demouré bien quinze jours au dict Javarzay à y vacquer. Et vous assure qu'il m'a covsté tant au commissaire, advocatz et procureur que en peyment de tesmoings, cent je ne scay combien d'escuz. Mais aussi a t-il esté besongné si amplement que j'espère avant qu'il soit St André la court en aura dit ce qui luy semblera. J'envoyerai à ceste St Martin devers mon conseil à Paris pour sçavoir s'il sera besoing que je y aille ou non. Après avoir faict tout cela mon nepveu du Bourdet ² vint vers moy au dit Javarzay pour

---

1. Cela n'empêcha pas le s^r de Tonnay-Boutonne de devenir plus tard tuteur de François Odart, s^{gr} de Cursay et de St-Marçolle, fils de Louis, encore mineur en 1518, année où François de Maumont prend ce titre. (P. Anselme.)

2. D'après le P. Anselme, la branche des Rochechouart du Bourdet s'éteignit en 1508 en la personne de Bonaventure de Rochechouart, mort sans enfants de Madeleine d'Azay, dont les biens passèrent à Andrée de Rochechouart, sœur de Bonaventure, épouse de Méry Acarie, s^{gr} de Crézannes en Poitou, mort en 1513, et qui mourut elle-même en 1522. Méry Acarie était ainsi devenu par sa femme s^{gr} du Bourdet et le neveu breton de François de Rochechouart.

IIII^{xx} v l. t. de rente qu'il me doibt en deniers contens et trois muytz et demy de froment de rente chascun an renduz et prometz des dits v^m escuz et les arrérages de vingt années et plus qui se montent sans le principal plus de IIII^m v^c l. ts. Il a parlé à moy en si grande humilité que je luy ay dit qu'il me baille ma rente se tant d'argent que de blé en bonne assiete selon qu'elle est contenue par les vendicions que son grand père[1] en a faict à ceulx qui la m'ont baillée[2], à Charroux ou au Bourdet auquel qu'il vouldra des deux. Et en ce faisant je luy donnay les arrérages qui n'est pas petit présent. Il m'a promis de se rendre icy à moy à ceste St-Martin pour y besongner et faire une fin s'il le faut. Il s'en trouvera bien s'il y ferme. Je vous promectz par ma foy que j'en auray tout au long ce qu'il m'en appartient. Monsieur de Joinville qui est celuy qui a faict mectre Charroux[3], Fontmorreau[4] et le Bourdet[5] en criées est merveilleusement long à leur faire hayder mais si le s^r de Bordes[6] tarde à venir, si mon dit s^r de Joinville ne veult poursuir, je le priray de me subroger en son lieu car j'en feray meilleure dilligence que luy. Je vous dis, Madame, les raisons qui m'ont si longuement tenu en Poictou et m'ont gardé de vous aller veoir en Bourgongne[7]. Vous voyez la saison où nous sommes qui n'est pas bien convenable pour charier gens de mon aaige, toutes foys si mon allée vous servoit comme je croy que non, veu que mon filz

---

1. Geoffroy de Rochechouart, s^{gr} du Bourdet et d'Yvoi, épousa Isabeau Brachet, dont il eut les seigneuries de Charrost et de Fontmoreau et testa en 1462.
2. Nous pensons que cette rente est la garantie d'un prêt fait à Geoffroy de Rochechouart, s^{gr} du Bourdet, par son frère Jean de Rochechouart, s^{gr} de Chandenier, père de François auteur de cette lettre. (P. Anselme.)
3. Charrost en Berry.
4. Fontmoreau en Berry.
5. Le Bourdet en Périgord.
6. Pour du Bourdet.
7. Jean d'Aumont, baron de Couches, d'Estrabonne et de Nolay, époux de Françoise de Maillé, destinataire de cette lettre, avait été nommé en 1498 lieutenant-général au gouvernement de Bourgogne, où se trouvaient la plupart de ses domaines.

dë la Mothe[1] et mes nepveux[2] sont en Ytallie, la St André passée, je prendroye tousjours l'avanture de vous aller veoir ce que je ne feroys pour guières de gens, car je vous promects ma foy que j'ay mis douze jours à venir de Javarsay, quant encores suis-je si las que je ne me puis ayder. Je respontz à Monsieur de Marcilly[3] qu'il m'amieyne ma fille droictement veoir leur petit filz qui faict grant chère afin que si volez que j'aille vers vous et je me trouve en estat de le povoir faire qu'il me guyde jusques à Coulches. Vostre receveur de Chateauroux[4] m'avoit baillé lectres pour vous envoyer, mais je les renvoye à Messire Jehan Carreau qui m'escript qu'il seroit aujourd'huy de retour devers vous. Je sçay bien que je vous suis bien redevable pour le faict de ma fille[5] de beaucoup de choses, mais tout se poyra ensemble. Cependant, Madame, je me recommande tousjours à vostre bonne grâce et prie à Dieu

---

1. Christophe de Rochechouart, s[gr] de Chandenier et de la Mothe-de-Bauçay après son père, alors connu sous le nom de La Mothe, épousa : 1° Suzanne de Blézy, 2° Madeleine de Vienne, mort. vers 1549.

2. Il s'agit sans doute des neveux de Blanche d'Aumont, sa femme, fils de Jean d'Aumont, baron de Couches, et de Françoise de Maillé : 1° Pierre d'Aumont, plus tard s[gr] de Couches et de Nolay, époux d'Anne de la Baume ; 2° Félix, plus tard seigneur de Châteauroux en partie, non marié ; 3° Pierre dit le jeune, alors sans doute trop jeune pour servir, épousa Françoise de Sully.

3. Georges Damas, s[gr] de Marcilly, époux de Jeanne de Rochechouart depuis le mois de septembre 1512.

4. Cette seigneurie appartenait en partie à Hardouin de Maillé, s[gr] de Frontenay-l'Abattu, Renais et la forêt d'Estampes, frère de la destinataire de la lettre, époux de Françoise de la Tour-Landry, mort le 25 janvier 1524.

5. Françoise de Rochechouart, née à Saint-Amand le 4 octobre 1500, fut élevée à la cour auprès de Françoise de Maillé, sa tante, dame d'Aumont, qu'elle accompagna en 1514 lorsqu'elle fut à Boulogne pour être la dame d'honneur de la nouvelle reine de France, Marie d'Angleterre ; elle mourut peu après. (Père Anselme.) Louis XII mourut au commencement de 1515; Marie repassa en Angleterre, épousa le duc de Suffolk et mourut en 1534.

Nous croyons que l'épouse de Jean d'Aumont devint, à l'avènement de François Ier, dame d'honneur de la nouvelle reine, Claude de France, fille de Louis XII, qui mourut à Blois en 1524.

Nous avons déjà dit que Françoise de Maillé était femme de Jean d'Aumont, frère de Blanche d'Aumont, femme de François de Rochechouart, s[gr] de Chandenier.

qui vous doint santé et bonne vie. De S¹-Amand ¹, le premier jour de novembre.

Le plus que tout vostre grant cousin.

F. DE ROCHECHOUART.

III

Lettre de François de Rochechouart, sr de Chandenier, à Monsieur d'Aumont, mon frère ². (Bibl. nat., mss. fr. anc. fonds 3925-69, fol. 87.)

Au camp de Marignan, 13 septembre 1515 ³.

Mon frère, j'ay différé à souvent vous escripre parce que vous n'aviez pas mes lettres, et aussi par ma foy je ne vous eusse sçeu escripre que toutes mensonges, car je vous adverty que dès l'eure que nous eusmes mys le pié en Lombardie je n'euz une seulle espérance que nous fussions duc de Millan, jusques à aujourdhuy qu'il a pleu à Dieu nous donner victoyre de la plus aigre bataille qui je croy fut jamais combatue en la Crestienté, car elle est combatue dès hier mydy qu'il partirent de Millan XXVII ou XXVIII [mille] Suysses qui envoyèrent quéryr l'escarmouche au gré de nostre avant garde; je jure que nous montasmes à ceste heure là tous à cheval, et n'y eust celluy qui ne se mist en l'estat ou il vouloit combattre et nous sommes partiz aujourdhuy qui n'ait esté entre dix et unze. Le gros combat du soyr à nostre advantgarde, à nostre artillerie et aux lansquenetz jusques à dix heures de nuyt que la lune se coucha, jamais ne veistes faire de si grosses charges ne d'un cousté que d'autre, ni de si grosses reppoussées. Quant il ne fut plus de lune chascun demoura sur le lieu sans se retirer, et

---

1. En Puisaye (Nivernais), aujourd'hui chef-lieu de canton de la Nièvre.
2. C'est-à-dire beau-frère. Cette lettre est évidemment adressée à Jean d'Aumont, baron de Couches, d'Estrabonne et de Nolay, époux de Françoise de Maillé, frère de Blanche d'Aumont, femme de François de Rochechouart, auteur de la lettre. On ne se douterait guère, à l'intimité qui régnait alors entre les deux maisons, du procès survenu jadis entre Blanche d'Aumont et son mari d'une part, ses frères Jean et Ferry d'Aumont et leur mère, Catherine d'Estrabonne, de l'autre.
3. Cette date du 13 est erronée ; la lettre ne fut écrite que le 14 septembre.

toute nostre gensdarmerye à cheval sans bouger d'un lieu.
Dès que l'aube du jour a paru, le combat a recommencé de
tel sorte qu'il n'y a advantgarde de bataille, ne arrièregarde
qui n'ait combatu l'espace de troys grandes heures de
renc, de tel sorte qu'il n'y a homme quelconque quy n'ayt
thué ou blessé ou que luy ou son cheval ne l'ayt esté s'il
n'a tenu en luy. J'ay veu cela parmy des Suisses aussi
hardiz hommes que j'en veiz oncques pouinct et des nostres d'aussi foybles de cuer que j'en veiz oncques pouinct,
nous avons congnié environ neuf heures que la force nous
demouroit et que noz ennemys se sont mys presque de
tous pointz en desrot, non pas que jamais on les ayt sceu
avoir, ne feussent ilz que xxv ou xxx^m, à force de coupz
de gros combat et de quatre foys autant de gens qu'ilz
estoient, et croyez une chose que je vous diray qui est vray
comme l'esvangille, que je vous jure Dieu et ma part de
Paradys, que je n'ay veu de jour ung plus gaillard homme
de quelque estat ou condicion qu'il soit de contenance de
parolle ne d'effait que Monseigneur, car toute la nuyt il a
esté armé de tout son harnoys sans qu'il y en fallut une
boucle et a tins toute son arrièregarde en la meilleur
ordre que cappitaine qui y fust. Et quand est venu au
donner dedens, je vous jure Dieu, ne ma part de paradis,
que ce a esté le premier en une grosse trouppe de picques
et qu'il n'y en a pas heu une douzaine qui l'ayt suivy et en
marchant il disoit à tout le monde : Souveigné vous chascun
de vostre dame car au reguard de moy je n'obliray point
la mienne et à la longueur de troys picques des ennemys. Il
avoit l'espée en la main et cryoit Sainte-Gemme tant qu'il
povoit qui est une damoyselle qui est à Amboyse de quoy il
fait semblant d'estre amoureux[1]. Monsieur de la Trémoille

---

1. L'une des trois filles de Charles du Bouchet, chev., sgr de Sainte-
Gemme et de Jeanne du Bellay, ou Françoise, fille du même et de
Madeleine de Fonsèque, laquelle, par la suite, se trouva être la belle-
sœur de Mme de Châteaubriant, l'amie de François Ier.

et autres qui estoient avecques le Roy m'ont dit qu'il a fait merveilles de bien conduyre ses affaires et de bien combatre encoures mieulx. Et encores voy que voz nepveuz [1] de Rochebaron [2], ne sont ne morts, ne blessez. Je croy bien que ouy leurs chevaulx, Monsieur de Bussy d'Amboysse est mort et Messieurs d'Ymberkourt et de Piry ne vallent guères mieulx et tout plain d'autres blessez. Je vous asseure mon frère que qui cerchera bien en nostre environ on trouvera que nous n'avons pas heu à faire à gens de petit cuer. Je n'ay loyssyr de rescripre à Messieurs les Gouverneurs Jehan Gruyer et de Vete, montrez leur ces lettres par lesquelles ilz trouveront que je me recommande à vous et à eulx cent mille foys et prie à Dieu, mon frère, qu'il vous done à soy vos désires. Escript au camp à VII mille de Millan, le XIIIe jour de septembre. Le prince de Thalmon est blessé en troys ou quatre lieux au visaige et au col mais ha grâce à Dieu on espère qu'il n'aura point de danger [3]. Mohy qui estoit varleztz tranchans ne fut veu depuys Arpayo.

Le tout jours tout vostre bon frère.

F. DE ROCHECHOUART.

Recommandez moy à Monsieur le premier Président et à Monsieur Billon et lui dictes que maintenant il aura son office et qu'il ne demourera guères à estre mandé par le Roy.

Je croy qu'il est mort des Suysses bien XXII mille et des

---

1. Nous pensons qu'il s'agit de deux des fils de l'auteur de la lettre : Christophe, né à la Mothe-de-Beauçay le 17 septembre 1486, s^{gr} de Chandenier, Javarzay et la Mothe-de-Beauçay, après son père, époux de Suzanne de Blézy, fait prisonnier à Pavie, connu du vivant de son père sous le nom de La Mothe ; et Antoine, s^{gr} de St-Amand, époux de Catherine de Faudoas-Barbazan, blessé à Cérisoles, ou peut-être Jacques, né en 1491, mort sans alliance.
2. La seigneurie de la Rochebaron passa plus tard à la famille d'Aumont. Peut-être s'agit-il ici de Claude de Chalençon, chev., baron de Rochebaron et de Montauroux.
3. On sait que le prince de Talmont mourut quelques heures plus tard.

nostres bien IIII mille. Et depuis ces lectres escriptes, on m'a dit que Monsieur d'Ymbercourt est mort et on ne treuve point le comte de Sancerre [1].

IV

Lettre de François de Rochechouart, s^r de Chandenier, à Monsieur d'Aumont, mon frère. (Bibl. nat., mss. franc. anc. fonds 3925-68, fol. 86.)

Pavie, 5 octobre 1515.

Mon frère, hier fut faicte la composition du chasteau de Millan qui est telle comme j'ai peu entendre par quelques ungs que Maximilian [2] se mect entre les mains du Roy, qui veult estre d'église et prometz le Roy luy donner xxxv mille ducatz de bénéfices au royaulme de France et de le faire de cardinal et jusques qu'il l'ayt pourveu des dits xxxv mille ducatz, il les luy fera de pension, et au pris qu'il luy baillera les bénéfices il diminera la ditte pension, et luy donne cent mil escuz une fois payez, de quoy on luy en baille xxx^m contans, de quoy il a baillé vi^m aux Suysses qui estoient avecques luy au chasteau. Il rend par le marché le chasteau de Crémonne entre les mains du Roy et devez savoyr que de cestuy là et de celluy de Millan y a que d'artillerye et de munitions pour (*passage déchiré*) mille francs vaillant. L'appoinctement du Pape et du Roy est faict et ne sommes pas hors d'espoyr de le faire aux Suysses. Dedans deuz ou trois jours nous irons dans Millan. Dites à Monsieur Billon que son affaire ne demourra point par faulte d'estre sollicitée. Et à Dieu, mon frère, ce que désirez. Escript à Pavye, à haste, le vendredy v^e jour d'octobre.

Monseigneur est survenu en faisant ces lettres qui

---

1. Charles de Beuil, c^{te} de Sancerre, fut tué à Marignan.
2. Maximilien Sforza, duc de Milan, reçut en effet une pension du roi ; il mourut à Paris en 1530.

m'a donné charge vous fere ses recommandations. Aussi Monsr de Nancey [1].

Le tout jours vostre bon frère.

F. Rochechouart.

V

Lettre de François de Rochechouart, s^r de Chandenier, à Monsieur d'Aumont, mon frère. (Bibl. nat., mss. fr. anc. fonds 3925-70, fol. 89.)

Venise, 4 novembre 1515.

Mon frère, A mon partement de Millan, qui fut aujourdhuy ce XVII jour, vous feiz savoyr [2] comme le Roy m'envoyoist en ceste ville devers la Seigneurie où je suis venu par eau au long du Pau de Pavye, jusques dens ce lougiez où j'ay demouré huit jours à ce faire. Et devez savoyr que la dicte Seigneurie a fait à Monsr de la Vernode et au parsus de la compaignie et à moy tout l'honneur et bonne chère que possible a esté et envoyèrent par mer pour ce que nous y venions grant force barques et gros nombre de gens de bien dedens, au devant de nous; nous feumes harangués et présentés bouquetz et toutes ces belles choses et nous conduysirent et amenèrent à force trompetes, tabourins et haults ménestriers jusques dedens nostre lougiez que nous trouvasmes bien tappissés. Le lendemain de nostre arrivée, qui fut demain aura huit jours, nous fusmes présenter nos lectres à la dite Seigneurie que nous trouvasmes en bon ordre et grant triumphe, qui pareillement nous firent tout honneur que possible estoit, et depuis ont continué toutes les foys que sommes allez vers eulx et souvent nous envoyèrent veoir jusques en nostre lougiez. L'on me dist à Millan, au partir que je feiz du Roy, que je ne demeureroye icy que

---

1. Philippe de Lenoncourt, s^{gr} de Loches, Cnaufour, Marolles et Bueil, mort vers 1518.
2. Cette lettre ne nous est pas parvenue.

quinze jours. Il y en aura demain huit que je y suis. Les autres huit achevez je verray ce qu'on me dira, et si le Roy s'en alloit en France, tenez vous seur que je ne demeureray guères à aller après, mais se ne sera pas en poste car la Seigneurie d'icy, qui est tant saige, ne le conseilleroit pas mais le plus à mon ayse que je pourray. Mon frère, depuis que je suis icy j'ay receu deux paires de lectres de vous, les unes de xve d'octobre, les autres de xxiiie par lesquelles m'escripvez des nouvelles de voz voysins, de quoy je vous mercye et de l'offre que vous faictes à ma fille, vostre niepce [1], si elle veult aller à Coulches [2], de voz biens et de la conduite de voz gens. Je ne fays point de doubte que l'empereur, ne les Suysses, ne soyent plus envenymez contre nous qu'ilz ne furent oncques, mais nous nous sommes bien gardés d'eulx en la plus grant gloyre et force qu'ilz furent jamais en l'ayde de Dieu, encoures ferons nous bien. Pourtant si je suis icy, je ne lairray à vous escripre et adresseray mes lectres au contrerolleur des chevaulcheurs qui ne fauldra à les vous faire tenyr, parquoy je vous prye me faire responce et faire faire mes recommandations à Monsieur le gouverneur d'Orléans et luy dire que ce pendant que les monts seront entre vous deux et moy il n'est possible de besongner en l'affaire que vous savez, mais moy retourné par de là, il congnoystra le vouloir que je y ay. Je remercye Monsieur de Chastre [3] de ses recommandations et vous prye les luy rendre en double de ma part. Je vous adverty que tant que le Roy sera en Ytalye que je me trouve très bien icy mais quand il s'en ira je ne demourray guères après et vous le tenez seur.

---

1. Jeanne de Rochechouart, née à la Mothe le 8 mai 1593, mariée en septembre 1512 à Georges Damas, s^{gr} de Marcilly et de Thianges, auquel elle apporta Yvoi et Malvoisine.

2. Jean d'Aumont, destinataire de cette lettre, était baron de Couches en Bourgogne, aujourd'hui chef-lieu de canton de Saône-et-Loire.

3. Sans doute Hardouin de Maillé, baron de Châteauroux et de la Châtre, mort le 25 janvier 1524, beau-frère du destinataire de la lettre.

Je croy que vostre nepveu Anthoine [1] sera lieutenant de Monsieur de Longueville ; au regard de ce que m'avez escript de Christophle [2], je ne vouldroye point que cela fut arrivé, car vous congnoissez l'homme à qui il fauldroit qu'il eust affaire et les grosses mises en quoy il fauldroyt qu'il se fourrast, qui seroit pour achever de le destruyre ; qui est tout ce que je vous sauroys dire pour ceste heure fors requérir Dieu, mon frère, qu'il vous donne ce que désirez. De Venise, le IIIIᵉ jour de novembre.

Le tout jours tout vostre frère.

DE ROCHECHOUART.

VI

Lettre de François de Rochechouart, sʳ de Chandenier, à Monsieur d'Aumont, mon frère. (Bibl. nat., mss. fr. anc. fonds 3925-72, fol. 92.)

Baugé, 14 février [1520 ou 1521].

Mon frère, J'arrivoy lungdi dernier en cours où suis venu pour mes propres affaires qui ne sont pas grans et iceux vuydés m'en retourneray à Javarsay où j'ay laissé dame Gradet et ses cris et incontinent après Pasques m'en iray à Saint Amand pour besongner avecques mes voysins ainsi que m'avez rescript de Cosne. J'obtiendray avant que partir d'icy le mandement de chancelier et le mandement que le baillif m'a escript qu'il fault avoir pour ceste matière et vous mercie tousjours des belles offres que me faictes. Au parsus, mon frère, hier le Roy me dist qu'il vous avoit escript pour l'abbaye Saincte Soine [3] en la faveur de Monsieur l'abbé de Montieramer [4] et me commanda

---

1. Antoine, plus tard sᵍʳ de Sᵗ-Amand, son fils, tige des marquis de Faudoas-Barbazan.
2. Christophe, plus tard sᵍʳ de Chandenier, etc., fils aîné, alors connu sous le nom de La Mothe.
3. Aujourd'hui Sᵗ-Seine-l'Abbaye, ch.-l. de canton, arrondissement de Dijon (Côte-d'Or), près des sources de la Seine.
4. Aujourd'hui ch.-l. de canton, arrondᵗ de Vassy (Hᵗᵉ-Marne), Sᵗ-Seine et Mantiérander étaient deux abbayes de bénédictins.
On voit dans le *Gallia* que L. Claude de Louvain, grand aumônier de

vous escripre de rechef que lui tenissiez la main en tout ce qu'il vous seroit possible, et de ma part, mon frère, je vous prie que ainsi le veillez faire, car vous savez que mon dit sieur l'abbé le vault. Il est de voz parens et tousjours luy et les siens se sont monstrez de mes amys. Je croy que sans vous en requérir que y avez bonne affection, mès la paour que j'ay que son cas n'avienne ainsi qu'il le désire me semont de ce faire. Je verray Madame d'Aumont[1] à Amboise en m'en allant à Bloys, et aujourduy ay parlé à ung des gens de Madame d'Engolesme qui partit hier d'Amboise qui m'a dit qu'elle fait grant chière et le Camus avec. Je prie Dieu, mon frère, qu'il vous doint à vous et à elle tout ce que désirez. Escript à Baugé, ce XIIII° de février.

Le tout jours vostre frère.

F. DE ROCHECHOUART.

VII

Lettre de François de Rochechouart à Mme ma grant cousine, Madame d'Aumont [2]. (Bibl. nat., mss. fr. anc. fonds 3925-119, fol. 153.)

Javarzay [3], 25 août. — (Vers 1521.)

Madame, J'ay aujourduy sceu la nouvelle qui nous sceust advenir à vous et à moy qui autant nous a despleu,

---

France, évêque de Soissons, abbé de St-Seine, mourut en 1520. La lettre est donc de 1520 ou tout au plus de 1521, année dans laquelle Jean d'Aumont, destinataire de la lettre, nous paraît être mort. La vacance de St-Seine fut peut-être assez longue, car le *Gallia* n'indique qu'en 1526 le nouvel abbé, Jean de Fay. Nous ne savons si ce personnage était antérieurement abbé de Montiérander.

1. Françoise de Maillé, épouse de Jean d'Aumont, destinataire de la lettre. La dame d'Aumont avait été dame d'honneur de la dernière femme de Louis XII. Nous croyons qu'elle était alors dame d'honneur de Claude de France, première femme de François Ier, morte à Blois en 1524.

2. Françoise de Maillé, veuve de Jean d'Aumont.

3. Près de Chef-Boutonne (Deux-Sèvres).

qui est le trespas de feu mon frère[1] dont nostre Seigneur par sa saincte grâce veuille avoir l'âme. Mais, Madame, ce sont choses à quoy il n'y a point de remeydes puisque c'est la volonté de Dieu. Il fault prier et faire prier Dieu pour luy, ce que je suys seur que saurez bien faire et acomplir ce qu'il aura ordonné par son testament. Voz ennemys en procès s'efforceront de vous vouloir tourmenter à quoy vous fault deffendre vertement et garder qu'ilz ne vous y treuvent esbahie. Vous avez Messieurs de Venyers, de Drée et Messire Jehan Carreau qui entendent voz procès jusques au bout et ne fauldront en riens, car ils sont gens de bien. Aussi, Madame, je suys d'advis que les appellez et tous les autres serviteurs de feu mon frère dont Dieu ayt l'âme que congnoissez saiges et pour vous faire secours. Et de ma part, Madame, ce qui sera en mon povoir soyez seure que je feray pour vous et pour voz enfans tout autant que je voudroys faire pour myens propres. Et dès demain fusse monté à cheval pour m'en aller devers vous ne fust que je m'en suys venu de Xaintes où j'estoye allé par le commandement du Roy, sans congié disant que je me trouvoye mal et vendredi au soir, j'euz lectres de Monsieur l'admiral pour m'en retourner incontinent à la Rochelle pour mectre sus des navyres pour garder ceulx qui porteront des vivres à Bayonne que les Espaignols ne les emmeynent et je me suys excusé disant que je suis si mal de ma personne que je ne sauroye aller à une lieux d'icy et l'ay prié de me descharger de ma commission et la bailler à ung aultre. J'en doys avoir responce dedans sabmedy au soir esquelle vous feray sçavoir incontinent, ou s'il m'est possible, la vous yray dire de bouche. Cependant, Madame, je me recommande tousjours à vostre bonne grâce et vous prie et

---

1. Jean d'Aumont, époux de la destinataire de la lettre. La date de sa mort n'est pas connue ; il semblerait qu'il soit décédé au moment de la campagne de l'amiral Bonnivet contre l'Espagne, dans laquelle il prit Fontarabie.

requiers que prenez le conseil pour vous que sauriez donner à ung aultre et pensez le dommaige que ce seroit à voz enfans[1] s'ilz vous perdoient à ceste heure, lesquels vous trouverez saiges et bons et bien obéissans. Au plaisir nostre Seigneur auquel je prie, Madame, qu'il luy plaise vous bien réconfortier et donner entièrement ce que bien luy sauriez soubhaicter. A Javarzay, le xxve jour d'aoust.

Le plus que tout vostre grand cousin.

DE ROCHECHOUART.

VIII

Lettre de François de Rochechouart à ma grant cousine Madame d'Aumont de Frontané. (Bibl. nat., mss. fr. anc. fonds 3925-120, fol. 155.)

Javarzay, 23 octobre [1521].

Madame, Je me recommande à vostre bonne grâce tant et de si bon cuer que je puys. J'ay receu voz lectres du xixe de ce moys par lesquelles congnoys que vous et mes nepveux estes guériz de voz fieuvres dont je suis très ayse et ferez très bien d'envoyer à Paris, à ceste Sainct-Martin, pour pourvoyre à vos affaires, mais je ne suis pas d'advys que envoyez mon nepveu d'Estrabonne[2] devers Monsieur l'admyral[3] pour deux raysons, la première s'est qu'il luy est très nécessaire de se bien guéryr car les maladies de ceste année sont coustumyères de reschoer par faulte de se garder alors qu'on pense bien estre guéry, qui est pire que la pre-

---

1. Nous avons vu que trois fils étaient issus du mariage de Jean d'Aumont et de Françoise de Maillé, contracté en 1480 : 1° Pierre, s^{gr} de Couches et de Nolay, qui épousa en 1526 Anne de la Baume ; 2° Félix, s^{gr} de Châteauroux en partie, sans alliance ; 3° Pierre dit le jeune, s^{gr} d'Estrabonne, qui épousa Françoise de Sully en 1527 et hérita de ses frères morts sans enfants.
2. Pierre d'Aumont le jeune, s^{gr} d'Estrabonne, fils de feu Jean, baron de Couches, d'Estrabonne et de Nolay, et de Françoise de Maillé, destinataire de cette lettre.
3. Guillaume Gouffier de Bonnivet, amiral de France, prit Fontarabie le 18 octobre 1521.

mière foys. L'autre rayson est que aujourdhuy j'ay heu lectres de vos nepveux [1], qui sont avec Monsieur l'admyral, comme le xix° de ce moys ils sont entrez dans Fontarabye [2] par composition que les Espagnols ont fait avec mon dit s' l'admyral [3], leurs bagues saulves, après touteffoys avoir heu ung gros assault. Et si mon dit nepveu y alloit à ceste heure l'en porroyt dire qu'il y va quant tout est fait, qui m'a fait vous envoyer ce porteur exprès vous en divertyr. Et par la première poste en escriprez à (*passage déchiré*) mesmes feray l'excuse qui est très raysonnable à mon dit s' l'admyral qui doyt passer icy à son retour. Ma femme a esté guérye de sa fieuvre, mais aujourduy est le deuxiesme accez qu'elle la reprinse plus fort que devant. Au fait de moy, mes jambes ne me firent jamais la moictyé de douleur qu'elles me font et y a quinze jours que je ne bouge du lict. Aujourduy je me suis voulu mectre sur une chayre où je n'ay seu guères demourer qu'il n'ayt fallu retourner au lict. J'espère faire tant à l'ayde [de Dieu] que dans ce Noël pourrez aller en court et passerez par [chez] vous. Et alors vous et moy regarderons à pourvoyre à ce qui nous sera possible. Cependant vous prye me faire savoir de voz nouvelles par tous ceulx qui viendront. Requérant Dieu qu'il vous doint, Madame, bonne vie. Escript de Javarzay, le xxiii° jour d'octobre.

Madame, après avoir veu la lectre qui estoyt à la queue de l'autre, ay fait ce que m'avez escript.

Le plus que tout vostre chier cousin.

F. DE ROCHECHOUART.

---

[1]. Christophe-Antoine et Jacques de Rochechouart, fils de l'auteur de la lettre.
[2]. 19 octobre 1521, ce qui permet de dater cette lettre.
[3]. La veille 18 octobre 1521.

IX

Lettre de François de Rochechouart, sʳ de Chandenier, à Madame d'Aumont de Frontané. (Bibl. nat., mss. fr. anc. fonds 3925-117, fol. 151.)

Paris, le 16 mai — (1524 ?).

Madame, J'ay receu aujourduy vostre lettre du xiiiᵉ de ce moys par laquelle dictes que Madame vostre maistresse a été ung peu malade [1] ; il me desplaist et je pry Dieu qu'il lui donne senté et à tous ceulx qui en ont besoing et à vous le parsus de voz désirs.

Madame, je voy bien que vous avez envye de savoir de mon estat ; j'ay esté malade et non pas tant que beaucoup de gens cuydoyent car j'ay esté bien secoureu de médecins, et n'eust esté cela, je vous asseure que j'eusse esté en dangier d'avoir beaucoup de mal ; mais la grâce à nostre Seigneur, je vous promectz par ma foy que je n'ay pour ceste heure ung seul mal ne de cuer, ne de teste, ne de ventre, ny un seul brin de fieuvre. Les médecins m'ont donné congié passé à trois jours, et m'en ont tenu dix ou douze gourmé si estroict que je n'avoys par jour que choppine de vin à la mesure de Paris et choppine d'eau et dragmes à belles cuillérées autant de l'un que de l'autre, maintenant ils m'ont remis à six cuillérées de vins et à trois d'eau à chascune foiz que je bois. Dedans deux jours, je feray ce qu'il me plaira. J'ay mon congié du Roy et espère partir pour m'en aller à Sᵗ-Amand au plus tard jeudy et n'y seray que dix ou douze jours que m'en iray à la Mothe par eau et vous voiray en passant à Tours. Je vous advertiz que mes nepveuz [2] sont gens de bien et par ma foy

---

1. Nous croyons qu'il s'agit de Claude de France, première femme de François Iᵉʳ, morte en 1524 ; peut-être est-il fait ici allusion à la maladie qui devait l'emporter ; cette supposition permettrait alors de dater cette lettre de 1524.
2. Enfants de la destinataire de la lettre.

je vous cuyde dire vray, mon nepveu Glaude [1] a coureu souvent la lance, je vous diz si bien, que si son harnois eust rien valleu j'eusse esté d'advis qu'il eust couru à la jouxte auveques le Roy. Je ne sauroye plus que vous dire sinon prier Dieu, Madame, qu'il vous doint le parfaict de vos désirs. Escript à Paris ce XVI may.

Le plus que vostre grant cousin.

F. DE ROCHECHOUART.

---

[1]. Claude de Montmorency, s^{gr} de Fosseux, fils de Roland de Montmorency, s^{gr} de Fosseux, et de Louise d'Orgemont, avait épousé en décembre 1522 Anne d'Aumont, dame d'Aumont, de Méru, de Thury et de Crèvecœur, fille aînée de Ferry d'Aumont, s^{gr} d'Aumont, de Méru et de Chars, frère de Blanche d'Aumont, épouse du s^{gr} de Champdenier, dont ledit Claude était en conséquence le neveu par alliance.

ANOBLISSEMENT DE LA MAISON DES GIRAUDIÈRES [1]

PRÈS CHATELLERAULT.

16 décembre 1619.

Nous, les doyen, chanoines et chappitre de l'église collegial et sécullière de Nostre Dame de Chastelleraud, diocèse de Poictiers, assemblez au son de la cloche en la manière acoustumée en nostre chappitre huy célébré pour tracter des affaires et négoces de ladite église : à tous ceulx qui ces présantes lettres verront salut. Sçavoir faisons que aujourduy est venu pardevers nous ondit chappitre, noble homme maistre Guillaume Lucas, licencié en loix, seigneur des Giraudières, sises près ceste ville de Chastelleraud en la parroisse d'Ingrande lequel nous a exposé comme ainsi soit, qu'il ait faict faire ung beau grant logis ondit lieu bien sumptueulx et magniffiecque, lequel lieu avec les choses circumvoisines sont de gros revenu et que ledit exposant soit et est né et extraict de noble lignée et nous a requis et supplié que nostre plaisir fust anoblir à perpétuité ledit hostel et ses appartenances ensemble autres lieux qui furent feu Perrin Saulnier quil tient de nous et de nostre dicte église à cause de nostre fief de Neufville au devoir annuel, sçavoir est ledit lieu des Giraudières de quatre solz obole de cens et quatorze boiceaulx de froment de rente foncière d'une part, et de deux solz sept deniers tournoys aussi de cens et sept boiceaulx de froment,

---

1. *Les Giraudières*, m. r. c^{ne} d'Ingrande. — *Les Giraudères*, 1425 (cure d'Ingrande). — *Les Girauldières* 1482 (Seigneurie de la Roche-Posay, 1). *Dict. top. Rédet.*
Ce texte pris sur l'original a été communiqué en 1888 à la Société par notre regretté confrère M. le comte Alexis de Chasteigner, alors propriétaire des Giraudières.

ung chappon et une géline, le tout de rente foncière au lieu dudit feu Saulnier d'autre part, payables lesdits cens le dimanche d'amprès la myaoust et lesdites rentes au terme Sainct Michel et muer ledit cencif seüllement à hommaige ou autre devoir noble, et nous ait dit ledit exposant que en ce faisant seroit tousjours de plus en plus tenu et obligé à ladite église que aussi à nous et à noz successeurs à l'advenir. Pour ce est il que nous inclinans à ladite supplicacion et requeste dudit Lucas expousant et pour les bons et agréables services que ledit Lucas nous a faictz à noz affaires et espérons quil nous face à l'advenir, et pour et afin que de plus grant vouloir et affection il entretienne ledit hostel des Giraudières en augmentacion et auctorité de nostre jurisdicion, icelluy hostel des Giraudières et ses appartenances comme dessus est dit mouvant de nous à cause dudit fief de Neufville, pour les causes susdites, et autres à ce nous mouvant, avons anobly et anoblissons à perpétuité par ces présentes, voulu et voulons que désormais ledit Lucas, les siens et ayans cause de luy, tiennent perpétuellement de nous et de ladite église à foy et hommaige lige au devoir de vingt solz tournoys à nous payables à la recepte de nostre dicte église doresnavant de tiers an en tiers an et une paire de gans blancs à mutacion de homme et au devoir de rachapt si et quand il escherra selon la coustume du pays. Et lequel hommaige ledit Lucas nous a promis et sera tenu faire et les siens à muance de homme, et payer ledit devoir avec lesdits quatorze boisceaulx de froment d'une part; et sept boiceaulx de froment, ung chappon et une géline, le tout de rente foncière d'autre part avec autres devoirs à nous deuz par ledit Lucas par chascun an ès termes qui sont deuz oultre ledit devoir noble et tout ainsi qu'il appert et est contenu par certaine transaction et appoinctement faict entre nous et ledit Lucas, le vingtiesme jour d'octobre l'an mil cincq cens et dix sept; et à la faculté de pouvoir bailler par ledit Lucas par assiete ung septier de froment de rente foncière en l'ung de noz fiefz pour lesditz quatorze boiceaulx de froment de rente susdit et ainsi que contenu est en ladite transaction et appoinctement sans à icelluy aucunement desroger quant ès devoirs y contenuz en quelque manière que ce soit. Et a, icelluy Lucas, faict ledit hommaige et serment de féaulté en tel cas requis et accoustumés en personne de nous dit, Lebeau doyen susdit président on dit chappitre. Auquel hommaige l'avons receu sauf nostre droit et de l'aultruy et à payer ledit devoir de vingt solz tournoys et gans susd. promys, bailler et rendre son adveuf et dénombrement dedans ung moys prochainement venant, et est dit et accordé entre nous et ledit Lucas et de son consentement qu'il, les siens susd. et d'eulx ayant cause ne pourront adjouster ne comprandre en l'advenir audit adveuf les acquestz qu'ilz pourront faire ondit fief de Neufville ou autres fiefz appartenans à ladite église mais suyverront le contenu audit premier adveu. En tesmoing desquelles choses nous avons faict signer ces présentes de nostre auctorité et commandement à nostre scribe ; et scellé du scel de nostre dit chappitre le vendredy seiziesme jour de décembre, l'an mil cincq cens et dix neuf. CORNU.

Scriba fecit de consensu confratrum meorum concanonicorum.

Scel du chapitre de Notre-Dame de Châtellerault.

Au dos :

Lettres de l'anoblissement des Giraudières (du temps); autre cote (du XVIIe siècle), annoblissement des Girodières en l'an 1519, inventaire A.

Avis sur la question de sçavoir si la maison des Giraudières relève noblement ou roturièrement de Mrs de Nostre Dame.

La maison des Giraudières a esté anoblie en faveur d'un nommé Guillaume Lucas par M^{rs} du chapitre de

Nostre Dame de Chastellerault, à foy et hommage lige, au devoir de 20 s. de tiers en tiers an, d'une paire de gans blancqs à mutacion d'homme et au devoir de rachapt sy et quand il eschera selon la coustume du pays, par un tiltre passé en l'an 1549, le seizième décembre.

« Et le quinzième jour de mars 1653 a esté receue par les M^{rs} du chapitre une déclaration roturière présentée par Françoise Foureau, veuve de feu Nicolas Grimaudet, vivant receveur des tailles à Chastellerault, qui n'a point esté blasmée jusqu'à présent.

« La maison est tombée en quenouille par le deceds de ladite Grimaudet ou plustot par un partage provisionnel et délaissement qu'elle a fait de son vivant et en cest esgard ils prétendent le rachapt et nous à nous en desfendre sur ceste dernière déclaracion qui a esté rendue il y a plus de 22 ans sans estre blasmée, sçavoir si elle est soutenable. »

(Cet avis serait de 1675 ?)

LETTRE DE CAMUS DE PONTCARRÉ A M. DE VILLEROY,
CONSEILLER D'ÉTAT ET PREMIER SECRÉTAIRE DU ROI.
(Bibl. de l'Institut, fonds Godefroy, vol. 261, f° 72.)[1].

Monsieur, Je vous escrivis le ıı et ııı avec une despêche de Monseigneur du Maine, despuis par ung courrier que ledit s^r despecha et encores par le secrétaire de monsieur de Lenglée, et ma dernière a esté de Potensac le xııe par laquelle vous advertissois comme j'avoys espérance de pouvoir bientost veoir le prisonnier de l'affaire que sçavez par le moien du porteur ce que pensant faire mardy 15 de ce moys à Var (sic) à la Réolle pour veoir avec les consuls et principaulx marchands de laditte ville d'accorder avec ceulx pour fournir promptement cent pipes de blé pour l'armée, suivant ce que monsieur le Mareschal de Matignon m'avoit escrit le soir précédent à Coderot ou estois logé, mon malheur voulut que fuz arresté prez Gironde, ou est un passage de la rivière de Drot [2], par dix ou douze hommes de cheval, lesquelz je pensois estre de nostre armée, parce qu'ilz avoient des croix blanches, qui furent encore suivis de plus de quarante autres commandez par le cappitaine Melon auquel m'estant rendu, il me mena assez diligemment à Montségur. La bordée fut même un peu rude mesmes pour mes gens qui perdirent leurs armes et plusieurs petites commodités de voiage. Et de moy oultre la despence qu'ay eu qui n'estime rien auprès de la paine, je fuz plus de deux jours à me remettre estant telles rencontres fascheuses à gens de ma nature. Mais patience, ce sont des fruictz de la guerre. Dudit Montségur je fus

---

1. Ce texte a été communiqué par M. Léo Desaivre.
2. Dropt, rivière ayant sa source au-dessus du village de Capdrol (Dordogne).

mené à Ste Foy, le jour mesme par ledit sieur Melon, d'ou le roy de Navarre ayant esté adverty de ma prise, il envoya le sieur de Chouppes pour me mener vers luy à Bergerac où fuz conduit le lendemain par ledit sieur de Chouppes qui me reçut des mains du dit Melon et me presenta audit sieur roy de Navarre qui me reçut avec assez bon visage, me disant qu'estoys son prisonnier et qu'il avoit bien sceu nostre partement de Bourdeaux, et m'avoit faict guider, me disant que se on ne m'eust amené vers luy que ne le fusse venu treuver, et m'ayant enquis de plusieurs particularitez me donna en guarde à deux gentilzhommes de sa maison. Voila comme suys esté traité quelque chose que ledit sieur roy de Navarre eust commandé à ce qu'il me dit qu'on ne me fist aulcun fascheux traictement ny aux miens. Ledit jour, ledit sieur roy de Navarre ne me voulut aulcunement ouyr, ains voulant aller soupper me remict au lendemain, me donnant congé de m'en aller en mon logis avec ceux auxquelz il m'avoit donné en garde, et moy que se doubtant à peu prez de ce dont luy avoys à parler parce qu'il en avoit peu à prendre du porteur il chercha de ce défaire de moy. Le lendemain je me présente et tous les jours, le suppliant me faire ce bien de m'ouyr, et mesme de veoir la lectre que luy voulois présenter du Voisin, laquelle comme je vous ay escrit j'ay treuvé encores entre les mains du beau frère ne l'ayant ozé présenter. Enfin ce jourdhuy de luy mesmes il ma donné heure à ceste aprèsdisner, et m'ayant retenu fut en sa chambre. L'ay en premier bien supplyé d'ouyr la lecture dudit Voisin, laquelle il a voulu luy mesme prendre la paine de lire tout hault en ma présence. Puis m'a donné fort bonne audiance en tout ce que luy ay voulu dire et remonstrer. Sur quoy il ma répondu que tout ce qui estoit contenu en laditte lettre et ce que luy avoys dict n'estoit qu'un mesme langaige qu'on luy avoit fait souvent tenir. Et ce que l'on lui avoit mandé de Paris qu'il pensoit qu'on luy avoit faict envoyer qu'il m'a faict communiquer et dont vous envoye coppie. Que ce qu'il avoit en plus singulière recommandation estoit sa conscience et son honneur qu'il vouloit sur toutes choses conserver, que ce que l'on vouloit à présent l'entretenir en quelque ouverture de paix estoit pour luy empescher le secours des Alemans. Et pour avoir quelque moien et prétexte pour les destourner de l'assister, leur faisant entendre que l'on estoit en quelque pourparler et espérance de paix. Que sur l'assurance qu'on luy avoit cy devant donné qu'il ne se feroit et accorderoit rien à son préjudice affin de l'empescher de se préparer et armer, il avoit esté en très grand hazart et grandement surpris et ceux de son party, tellement qu'à présent ayant cogneu combien de mal ilz en avoient souffert pour avoir esté ses ennemys suportés et favorisés à son prejudice leur ayant les armes esté mises en main et donné toute authorité pour le miner et mesmes esté envoyés en son gouvernement où en premier lieu ilz n'ont attaqué que deux de ses maisons de Montignac et de Ste Bazille, qu'il seroit estimé trop failly de cueur s'il ne s'en resentoit entre ses dits ennemys, puis qu'a présent il est sur le point d'en avoir le moien, lequel il ne désirera jamais avoir pour l'emploier en préjudice de l'obéissance qu'il doibt au roy. Mais bien pour résister à ses ennemys et pouvoir les empescher qu'ilz nepu issent comme ilz ont faict destourner par la craincte de leurs armes et pratiques la bonne volonté de Sa Majesté envers luy et troubler la seureté et repos de cest Estat. Et m'a aussi dict qu'à présent il ne me pouvoit résouldre d'aulcune asseurée réponse sur ce que luy ay remonstré et faict entendre ne sur la lectre dudict Voisin qu'il n'aye veu et communiqué avec Monseigneur de Montpensier et aultres princes du sang, des quelz il a receu nouvelles asseurées qu'ilz sont accheminez pour se venir joindre à luy affin de s'opposer tous ensemble à la ruine que leurs ennemys ont conjuré contre eux et leur maison. Voila Monsieur ce que pour ce coup j'en ay peu tirer, vous asseurant que n'ay rien oublié à luy dire et remonstrer, n'ayant voulu prendre la commodité de monsieur de Saillart, gentilhomme qui est à monsieur de la Vauguion et qui est venu par deça pour ses affaires sans vous en advertir, et vous dire qu'il me semble qu'il seroit fort à propos que par dela on advisat à tous les moiens possibles pour faire connaitre à Messeigneurs les Princes que leur bien, grandeur et repos est de faire que ledit sieur roy de Navarre suive et embrase le bon et salutaire conseil qui luy est donné. De ma part je n'obmettray aulcun soing et vigilance que par tous moiens je ne luy représente le tort qu'il se fait et le hazart auquel il se met s'il contrainct le Roy de penser par aultres moiens à la seureté et conservation de cest Estat, et aux catholicques de n'avoir plus aucune espérance en luy et attendray ce qui me sera commandé, et si jugeriés à propos que temporise jusques à ce qu'il soit joingt avec ses princes, voyant toujours ce que pourray profficter et advancer dont il ne me reste guières d'espérance. Je ne veux oublier que ledit roy sieur roy de Navarre m'a dict quil n'avoit donné aulcune charge à Salettes de dire ce qu'il a dict touchant la Royne mère du Roy, que Sa Majesté m'avoit commandé faire entendre audit s^r roy de Navarre, ains au contraire monstre désirer sa bonne grace, car pour et m'a dict fort en secret me disant n'en avoir parlé qu'à une seulle personne que croy estre le Clerc que l'on luy avoit tenu propoz de faire quelque poursuitte à Rome pour le séparer d'avec sa femme pour faire le mariage avec Madame la Princesse de Lorrayne, ce qu'il m'a voulu monstrer que pour l'amour de l'homme que entendez quil sçayt l'aimer et affectionner et l'avoir fort bien nourrie il trouveroit bon et espéreroit avoir enfant. C'est à peu prez les termes que le parent ma tenus que vous ay bien succinctement voulu représenter, n'ayant le loisir de vous en faire plus long discours pour la haste de ce porteur qui part demain de grand matin. Encores que seront choses malaysées et impossibles, toutesfoys j'ay pensé estre de mon debvoir de vous escrire tout, et rien taire car vous sçaurez très bien faire proffict consernant vostre serviteur lequel aussi vous supplie avoir pitié de luy, car je suys du tout sans moien m'ayant monsieur Cognart traicté comme vous ay escrit et sans monsieur de Gourgues jestois fort empesché. Jay esté contrainct nonobstant ma nécessité advancer au porteur cinquante escuz, lequel doict avoir faict le voyage exprès en ce pays. Il mérite et sert en ce qu'il peult, s'il vous plaisoit nous faire accorder quelque chose je luy en feray telle part qu'ordonneriez. Il demanderoit deux ou trois cens escuz et fauldroit si le treuves bon que ce fut par rescription de monsieur Castille à son commis à Bourdeaux, car autrement il ny a aulcun moien de moy oultre la despence qui est au double dans ce pais pour la nécessité et cherté des vivres avec la perte qu'ay faict j'ay supporté beaucoup de frais à conduire l'affaire que sçavez et à contenter ceux qui m'ont pris prisonnier et amené en ce lieu desquelz il oultre fallu payer leurs despens. Toutesfois je vous supplie Monsieur ne prendre à importunité ce que vous en escris et croire que tant qu'auray de crédit et moiens, que ne les espargnerays jamays, finissant pour estre desja une heure apres minuit, vous suppliant que ceste soit s'il vous plaict commune à l'amy n'ayant loisir de luy escrire pour ce coup, dont il m'excusera sil luy plaist, vous présentant à tous deux mes très humbles recommandations à voz bonnes grâces, suppliant Dieu vous donner,

Monsieur, en parfaicte santé très longue vie.

De Bergerac, le xx° apvril 1586. Vostre très humble et très affectionné obligé serviteur. CAMUS[1].

Le parent ne s'est peu garder de communiquer l'affaire à plusieurs qui me faict craindre que le Gascon et Flament

---

1. Camus de Pontcarré.

ne soient advertys de la façon de procéder. J'y faitz ce que je puis, mais vous cognoissez trop mieux l'humeur et avoys jusques icy le tout très bien conduict.

J'escris ung petit mot à ma femme affin que sur le bruict qui pourra courir, elle ne soit en paine de moy. Je vous envoyeray ung de mes gens exprès si veoy que puisse advancer quelque aultre chose.

Le prompt partement de ce porteur faict qu'il ne m'a esté possible réduire en chiffre ma lettre, laquelle j'espère n'aura hazart parce que a passeport de tous et qu'il va par des maisons de gentilhommes qui luy donnent seure adresse.

Au dos est écrit :

Monsieur, Monsieur de Villeroy, conseiller du Roy en son conseil privé et d'Estat et premier secretaire des commandements de Sa Majesté.

LIQUIDATION DU DOUAIRE

DE LA REINE MARIE STUART [1]

1602-1612.

1

Expédition authentique de la procuration donnée à Edimbourg, à la date du 1ᵉʳ août 1602, par Jacques VI, roi d'Écosse, (plus tard Jacques Iᵉʳ d'Angleterre) à Adam Blacvod, conseiller au Présidial de Poitiers, à l'effet de faire rentrer toutes les sommes restées dues au douaire de la reine Marie en Poitou — signée Jacobus — et lettres patentes signées de Henri IV et datées du 25 janvier 1603, pour rendre exécutoire en France cette procuration.

1ᵉʳ août 1602.

Jacques, par la grâce de Dieu roy d'Escosse, à tous ceux qui ces présentes lettres verront, salut. Sçavoir faisons que pour l'assurance que nous avons de la probité, fidellité de notre cher et bien amé Mʳᵉ Adam Blacvod, conseiller au siège présidial de Poictiers et pour le louable rapport qui faict nous a esté du long et fidèle service par luy faict à très illustre princesse Marye de bonne mémoire, Royne d'Escosse, douairière de France, comtesse de Poictou, notre très chère dame et mère, nous avons créé, institué, et ordonné et par ces présentes créons, instituons et ordonnons iceluy Blacvod, notre vray et légitime procureur,

---

1. Cet ensemble de documents, extraits de papiers de la famille de Blackwood ou Blacvod, a été communiqué par Mʳ Pierre Charreyron, bâtonnier de l'ordre des avocats près la Cour d'appel de Limoges et descendant de cette famille par Marie-Thérèse de Blacvod, qui épousa en 1796 Philippe Bellin de la Boutaudière.

acteur, facteur et spécial négotiateur, en luy donnant, octroyant et commettant plein entier pouvoir et spécial mandement d'exiger, lever et recevoir en notre nom, comme vray et légitime héritier de la dame royne d'Escosse, comtesse de Poictou, tous et chacun des proffits, debvoirs, esmolument, arreraiges et fermes, accidents, parties casuelles et généralement tous et chacun des revenus ou restes dudit comté de Poictou, tant en domaine et propriété que casualités dues et échues à ladicte dame de son vivant, par quelques personnes et de quelque quallité qu'elles puyssent être, qui aient jouy, possédé et exploité le dit domaine et...... lesdites casualités, poursuivre les tenanciers de ses terres, poursuivre les trésoriers et receveurs de ladite dame ou autres par eux compris et ordonnés à recevoir les choses susdites, et généralement tous ceux qui ont été ou sont obligés au paiement d'iceulx depuis le temps que madicte dame et mère a esté saisie et pourveue dudit comté sellon les lois et coustumes du royaulme de France, de plaider devant tous juges, contester, cause poursuivre, procedder selon les lois et coustumes du royaulme de France, contre les détempteurs, possesseurs de ces profits, debvoirs et casualités, obtenir sentences, jugements et arrêts et si besoing est appeler d'iceulx, faire rendre compte aux trésoriers, receveurs et toutes autres personnes quelconques des sommes de deniers par eux receues, de bailler quittance et acquits de sommes qui luy seront payées, de transiger et composer de tous procès et différends comme bon luy semblera. Et en tout ce que dessus et en toutes autres choses concernans les dettes actives de ladicte dame aux pays et conté de Poictou, avons donné et octroyé, donnons et octroyons audit Blacvod pleine et entière puissance et authorité de créer et constituer ung ou plusieurs substituts ayant mesme pouvoir que lui ou limité, comme il trouvera expédient, et génerallement de faire gérer et négottier toutes choses en ces susdits comme il appartient à ung procureur général ou spécial ou qui lui puissent appartenir par les lois et coustumes de France ou que nous mesme pourrions faire, si présent en personne y étions. Promectant avoir pour agréable, ferme et stable tout ce que notre procureur ou spécial négotiateur trouvera bon être faict ès choses susdictes, pourveu touteffois que Blacvod, notre procureur susdict, rende compte des choses par luy esçeues à notre cher et bien amé conseiller, Mre Jacques Elphinstone, notre secrétaire d'Estat, et lui paye le rellicquat en temps et lieu et lorsque par luy sera requis et sommé de ce faire. Néantmoins desduicts les frais et mises faictes pour le recouvrement de ses debtes avec ung présent honneste à lever par dessus la juste récompense tant de la peine par lui prinse en l'exécution de la procuration que pour les bons services par luy faicts à notre très chère et très amée dame et mère, non seulement sa vie durant, mais aussi depuis son décès. Lesquelles choses nous voullons être déduictes et allouées aud. Blacvod, procureur susdict, par notre secrétaire sur les sommes de deniers par luy recouvrées et receues. Et affin que toutes les choses susdictes soient bien asseurées, fermes et stables audit Blacvod et qu'il ne soit frustré de l'effect de notre bonne volonté, prions et supplions le roy de France, notre très cher frère, de vallider les présentes de son authorité et par l'attache de son scel royal et assurer notre procureur de l'effect de notre munificence et libéralité, en faisant omologuer, si besoing est, les présentes par ses officiers tant en son Parlement que en la Chambre des comptes et Cours des aydes. En tesmoing de quoy nous avons fait apposer notre grand sceau à ces présentes souscrites de notre main en notre ville d'Edimbourg le premier jour d'aoust de notre règne le trente cinq^{me} M VI^c deux. Et au dessoubs est escript Jacobus Rex. Et plus bas Elphinstone.

Scellées les présentes de cire à doubles queulx.

25 janvier 1603.

Henry, par la grâce de Dieu roy de France et de Navarre, à notre ami et féal conseiller en notre siège présidial de Poictiers, Mre Adam Blacvod, salut. Ayant veu les lettres patentes de notre très cher et très amé frère le roy d'Ecosse par lesquelles il vous faict et institue son agent et procureur spécial pour, en son nom et comme héritier et légitime successeur de deffuncte notre très chère et très amée feue la royne Marie d'Escosse, douairière de France et comtesse de Poictou sa mère, lever, exiger et recevoir tous et ung chacun des prouffits, debvoirs, émoluments, revenus tant ordinaires que casuels dudict comté de Poictou, eschus jusqu'au jour du décès de ladicte dame royne et délaissés à sa succession par lettres patentes du deffunct roy notre prédécesseur, que Dieu absolve, du seiziesme may mil cinq cent quatre vingt sept et attachées sous le contre scel de notre chancellerye, nous, pour satisfaire au désir et intention de notre très cher frère le roy d'Escosse en cet endroit, pour aultres causes et considérations..... (*illisible*), nous avons promis et promectons par ces présentes d'accepter ladicte charge et procuration et nous avons, en temps que besoin seraict, commis et commectons pour icelle effectuer et exécuter de point en point et selon sa forme et teneur. Mandons à nos amis et féaulx tenant notre cour du Parlement, Chambre des comptes, Cour des aydes à Paris et trésoriers généraulx de France et à ceux de nos justiciers et officiers qu'il appartiendra que de l'effect de ces présentes ils vous laissent... et souffrir jouir et à tous obéir et entendre aux choses touchant et concernant ladicte procuration. Car tel est notre plaisir, nonobstant quelconques ordonnances, défenses et lettres à ce contraires. Donné à Paris, le vingt cinquiesme jour de janvier, l'an de grâce mil six cent et trois, de notre règne le quatorziesme. Signé Henry et plus bas : Par le roy, Forget, et scellé d'un grand scel de cire jaulne.

Collation faicte sur l'original et à l'instant rendu par les notaires du roy notre sire en son Chastellet de Paris soussignés, l'an mil six cent trois, le vingt septiesme jour de febvrier. Aussy signé : BARBOREAU et BOUVRY.

A. BLACVOD pour approbation du signé des notaires ci dessus nommés.

II

Expédition authentique de la donation, datée de Withehall le 20 décembre 1604, par laquelle Jacques, roi de la Grande-Bretagne, (Jacques VI d'Écosse et Jacques Ier d'Angleterre), cède à son cousin Ludovic duc de Lenox, comte de Dernelie, tout ce qui reste dû au douaire de la reine Marie en France. — Par cet acte, le roi de la Grande-Bretagne révoque toutes les procurations antérieures.

20 décembre 1604.

Jacques par la grâce de Dieu roy de la Grande Bretaigne, et à tous ceux à qui il appartient, salut. Sachent tous ceux qui ces présentes lettres verront ou oyront que pour diverses considérations nous avons donné et donnons par ces présentes à notre bien amé et asseuré cousin et cons^{er} Ludovic duc de Lenox, conte de Dernelie, seigneur de Methuch, Aubigny, Tourboullon et autres, toutes et chacune des sommes en deniers et droits quelconques qui étoient deues au royaulme de France à très haulte et très excellente princesse, feue de bonne mémoire, Madame Marie notre mère, quand elle vivoit, par la grâce de Dieu, royne d'Ecosse, douairière de France à cause de son douaire, apanage, pension ou autre voie quelconque dans le royaulme de France qui luy ont esté ordonnées en vertu de ses premières nopces, avec le très chrestien roy François second de ce nom et qui à présent nous appartiennent comme à l'héritier et successeur légitime de notredicte feue mère. Nous avons faict et constitué de par ces présentes nos lettres, nous faisons et constituons notredict bien amé et féal cousin et cons[er] notre vray, légitime et irrévocable cessionnaire et procureur *in rem suam*, de toutes ces debtes et droits ci dessus spécifiés. Et d'autant que les debtes particulières nous sont incognues, nous voulons et entendons que cette notre générale disposition et don serve et aie la même force et effect comme si toutes étoient nommées et desclarées en particulier, cédons, transportons et transférons en la personne et au proffit de notre bien amé cousin et cons[er] tous les droicts et tittres que nous avons ou pourrons avoir à l'advenir sur toutes et chacune des personnes qui s'en meslent ou comme possesseurs de son douaire et droicts, ou comme constitués et establis par elle même ou par nous en quelque façon que ce soit avec pouvoir de substituer un ou plusieurs procureurs, de composer, transiger et accorder et de passer tous contrats, acquits et actes comme il luy playra; pareillement d'appeler et contraindre par voie de justice deue et raisonnable tous et chacun des autres procureurs cy devant constitués pour rendre compte de ce qu'ils ont cy devant géré et négottié en la poursuitte des sommes et en vertu de leurs procurations passées par nous et de luy faire le paiement des sommes qu'ils auront receues ou recepvront à l'advenir. Donnons pouvoir à notre bien amé cousin d'en passer toutes descharges et acquits que bon luy semblera qui vauldront autant tout compte faict que si nous eussions receu paiement actuel des sommes et donné la descharge ou acquit ou nostre trésorier et secrétaire. Finalement nous entendons qu'il fasse tout en ces affaires avec pareille puissance et authorité que nous mêmes ou nos procureurs pourront faire en ce cas et en tout ce qui en dépendra. Révoquant, cassant et annulant, comme de présent par ces présentes nous révoquons, cassons et annulons toutes et chacune des aultres procurations, mandement et pouvoir donné par nous à quelque aultre que ce soit, promettant de ratifier et avoir pour agréable tout ce que notre bien amé cousin et cons^r fera et négotiera en l'affaire susdite. Donné sous notre privé sceau en notre palais de Wittehall le vingtiesme jour de décembre l'an de grâce mil six cent quatre et de notre règne le second en Angleterre et trente septiesme en Ecosse. Et au dessoubs est escrit : *Per signaturam manu S. D. N. Regia suprascriptam necnon manibus duorum Cancellarii secretarii collatoria generalia et Thesaurarii deputati subscriptam.*

Et plus bas est escript : Lettre d'assignation de Ludovic, duc de Lenox, scellé du privé sceau d'Angleterre de cire rouge et verte.

III

Reconnaissance par laquelle Philippe Courtil, ci-devant receveur du domaine de Vermandois et resté redevable pour l'année 1561 de 420 livres envers le roi d'Angleterre, avoue à Jacques Blacvod, procureur substitué d'Adam Blacvod, procureur général du roi d'Angleterre, n'avoir versé que 300 livres au lieu de 420 livres et avoir transigé à ce chiffre.

Paris, 12 mai 1606.

Je, soussigné, recognais, confesse et... par le compte que j'ay rendu à Mr Jacques Blacvod ad^{at} en Parlement, procureur substitué de Mr Adam Blacvod, procureur général du roy d'Angleterre et d'Ecosse de la recette du domaine de Vermandois pour une année finie au jour de la Saint Jean Baptiste mil cinq cens soixante un, je suis demeuré redevable envers ledict roy d'Angleterre de la somme de quatre cents vingt deux livres... que Mr Jacques Blacvod m'a baillé quittance par devant Me Charles Saulnier, notaire roial, le sixiesme may dernier par laquelle il recognaist avoir reçu de moi la somme de quatre cent vingt livres de laquelle il... me faire tenir quitte envers le susdit roy d'Angleterre et tous aultres. Néantmoins la vérité est telle que je n'ai point payé ni délivré audit s^r Blacvod la somme de quatre cent vingt livres et ce d'aultant que nous avions transigé et accordé ensemble à la somme de iii^c ll. auparavant l'examen de mon compte et m'avoit ledit Blacvod promis de me tenir quitte et remettre de ce que je pourrois devoir par dessus la somme de trois cent livres, et reconnais que ledit Blacvod m'a passé ladicte quittance faisant mention de quatre cent vingt livres à ma privée requeste et pour me faire plaisir et, en tesmoing de ce, j'ai signé la présente, ce douziesme may mil six cent dix. Signé : COURTIL.

Aujourd'hui, en la chambre des notaires soussignés, noble homme Mr Philippe Courtil... en l'élection de Laon, cy devant receveur du domaine de Vermandois, demeurant à Laon, estant de présent à Paris, a recognu, confessé et signé de sa main propre le contenu ci dessus escript et promet entretenir, promettant et obligeant les siens.

Passé à Paris en l'étude des notaires soussignés, l'an mil six cent six, le douziesme may avant midy. Signé : NOURRY, JULLIEN, COURTIL.

IV

Accord sous seing privé, daté à Poitiers du 20 mai 1606, conclu entre Adam Blacvod et le sieur Gorrand, à raison des sommes restées dues de 1581 à 1586 au douaire de la reine Marie par le fermier du domaine de Fontenay-le-Comte, Gorrand agissant comme représentant du fermier Martin Moreau, décédé.

26 mai 1606.

Aujourdhui, vingt sixième jour du may mil six cent six, Adam de Blacvod, conseiller du roy, juge magistrat au siège présidial de cette ville de Poictiers, au nom et comme procureur fondé de procuration spéciale du roy d'Ecosse, fils et héritier de très illustre princesse Marie de bonne mémoire vivante, royne d'Escosse, douérière de France, comtesse de Poictou, passée à Edimbourg le premier jour d'août mil six cent deux, signée Jacobus et plus bas Elphinstone, scellée de cire rouge à double queue, vallidée et octorisée ladicte procuration des lettres du roy de France et de Navarre, donnée à Paris le vingt cinquiesme jour de janvier mil six cent trois, signée Henry, plus bas par le roy Forget, scellées du grand scel de cire jaulne. Et encore en mon nom privé et en chacun d'iceux seul pour le tout. Et Jehan Gorrand aussi con^{er} de Sa Majesté, con^{er} ordinaire provincial des guerres en Poictou, demeurant à Poictiers, à cause de damoiselle Marguerite Moreau vivante ma femme, héritière de feu Mre Martin Moreau, vivant receveur des domaines du roy en Poictou, et dame Catherine de Gonnor sa femme, le dict Martin Moreau fermier du domaine de Fontenay le Conte pour cinq années commençant au jour Saint Jehan mil cinq cent quatre vingt en finissant à pareil jour mil cinq cent quatre vingt six, avons sur les différends qui estoient et sont en cours judiciaires pendant en la cour du Parlement de Paris, sçavoir : c'est que moy de Blacvod par vertu de ma susdicte procuration poursuis le dict Gorrand comme père et loial administrateur de damoiselle Marguerite Gorrand sa fille et celle de la susdicte feue Moreau aux fins de paiement de la somme de dix huit cent escus, revenant à la somme de cinq mil quatre cent livres en laquelle ledict Gorrand est obligé envers nous à cause du paiement non faict par ledict feu Moreau du prix de la ferme du domaine de Fontenay duquel il estoit fermier comme dict est et qui reste à payer du prix d'icelle. Et moy Gorrand, que je soubtenois... devoir être renvoyé de la demande, fins et conclusions et que tant s'en fault que le dict Blacvod fust bien fondé à demander ladicte somme restant à payer du prix de ladicte ferme; que au contraire je prétendois avoir répétition de plusieurs sommes (*manuscrit déchiré à cet endroit*) sans avoir jouy des choses contenues ès et pour les empeschements qui lui auroient été causés au moyen des guerres civiles et contagion grande qui estoient à l'année quatre vingt cinq et six au pays et conté de Poictou et principalement en la ville et lieux circumvoisins de Fontenay. Sur quoy, considérant les jugemens des hommes être doubteux et pour le désir de bien de paix avons fini et composé, finissons et composons des procès et différends ainsi que s'en suit, sçavoir : Est que moy s^r Blacvod au nom et comme procureur susdit et par vertu du pouvoir qui m'est baillé par le roy d'Escosse selon et suivant ce qu'il est porté par ladicte procuration, et encore en mon nom privé comme dict est, ay quitté et quitte ledit Gorrand de tous les droits, noms, raisons et actions que je pouvois avoir prétendu à l'encontre de luy. Pour raison du prix de la ferme de Fontenay, pour ce qui restoit à payer d'icelle par ledict feu Martin Moreau, à quoy ledict Gorrand pouvoit être tenu comme héritier en partie à cause de sadicte fille desdicts Moreau et de Gonnor que de tous les dépens, dommages et intérests tant jugés qu'à juger soit à Paris ou ailleurs et généralement de tout ce que je lui pourrois et eusse pu lui demander, à ces noms et pour raison et en conséquence d'icelles tant en principal qu'accessoires; et ce moiennant la somme de douze cent livres en laquelle j'ai finy et composé avec le dict Gorrand, suivant et au désir de ma susdicte procuration. Laquelle somme de xiie ll. ledict Gorrand m'a aujourdhui baillé et paié comptant réaulment et de faict, et de laquelle je l'ai quitté et quitte (*illisible*). Et promets le faire tenir quitte envers et contre tous. Et est dict expressément accordé aussi entre nous que au cas que moy de Blacvod obtinsse arrest à mon profit en la cour de Parlement à l'encontre des autres héritiers dudict feu Mre Martin Moreau en l'instance qui est pendante entre moy et cesdicts héritiers pour raison de ce qui reste à paier de ladicte ferme et que me feust adjugé contre... tout le moins jusques à la concurrence de la somme de... mil livres promets moy dict Blacvod ès noms rendre audict Gorrand de ladicte somme de douze cents livres, qu'il m'a aujourdhui baillée la somme de trois cents livres. Car aultrement n'eust été faict le présent accord, lequel a par nous Blacvod et Gorrand été respectivement stipulé et accepté, promis et icelluy garder et accomplir, pour assurance de quoi avons chacun de nous retenu aultant du présent accord, pròmesse et quittance aussi de nous signé pour nous en servir et ayder au besoingt.

Faict à Poictiers, l'an et jour que dessus. — GORRAND.

V.

Procuration sous seing privé, écrite et signée de la main d'Adam Blacvod, datée de Poitiers le 22 août 1607, par laquelle A. Blacvod se substitue son neveu Jacques Blacvod, avocat au Parlement de Paris, pour la liquidation du douaire de la reine Marie en Poitou, Champagne et Picardie, et lui rend les pouvoirs qu'il lui avait précédemment retirés.

22 août 1607.

Je, soussigné, Mre Adam de Blacvod, con^{er} au siège présidial de Poitiers, procureur général du roy d'Angleterre et d'Ecosse pour lever les restes deus à la deffuncte royne d'Ecosse sa mère ès pays du Poictou, Champagne et Picardie, recognois et confesse avoir donné charge et mandement à Mre Jacques Blacvod, ad^{cat} en Parlement, mon nepveu, de poursuivre et solliciter les affaires de S. M. roy d'Angleterre en la mesme forme et manière qu'il les a poursuivies et sollicitées cydevant depuis quatre ans et ce, conformément à la procuration que je lui en avois passé par devant notaire dans ledict temps, laquelle demeurera avec sa force et vertu nonobstant la révocation d'icelle que j'avois depuis fait signifier audict de Blacvod mon nepveu le jour de septembre dernier, laquelle révocation demeurera nulle. En ce faisant pouvoir et sera loisible à mon nepveu de faire et négotier les affaires tout ainsi qu'il avisera être nécesssaire et expédient, faire des voyages ès pays de Champaigne, Picardie et ailleurs pour le recouvrement de ce qui est deu dans ces pays, ainsi qu'il devra être à faire des avances telles sommes que besoin sera pour la poursuitte des procès et affaires, desquelles fonds il se pourra rembourser sur les premiers deniers provenant des dictes affaires. Et oultre consens et accorde que de tout ce qui proviendra desdictes affaires de Picardie et Champaigne ou de la recherche de Mr Hardy ou des héritiers du feu s^r de Chaulnes, ledit de Blacvod mon nepveu prenne la moitié pour ses peines et salaires d'avoir vaqué aux affaires quatre ans et de ce qu'il y vacquera par cyaprès et pour les peines de son..... préalablement prises, il distrait sur ce qui proviendra desdictes affaires, tout ce qu'il aura advancé de frais pour la poursuitte desdictes affaires.

Et au cas qu'il conviendroit payer quelques menus gaiges d'officier de la feue royne d'Ecosse, ce qui aura été payé desdicts gaiges se prendra sur tout ce qui aura esté receu tant des affaires de Poictou que Champaigne et Picardie et aultres à proportion des sommes receues, comme aussy les frais des affaires de Poictou se prendront sur ce qui aura été receu de Poictou. Aussy consens et accorde que mon nepveu prenne part de moictié des dépens qui seront adjugés contre ceux de Champaigne et de Picardie, les héritiers du s^r de Chaulnes, Mr Charles Hardy et aultres.

Faict à Poictiers ce 22e jour d'avril 1607. — A. BLACVOD.

VI

Lettre de Cleland, procureur du duc de Lenox, à Adam Blacvod, au sujet de la protestation élevée par Adam Blacvod, procureur général pour la liquidation du douaire en vertu de la procuration de 1602, contre le don fait en 1604 au duc de Lenox de tout ce qui restait dû au douaire. — Cleland propose une transaction et soumet un projet d'accord. (Cette lettre n'est pas datée, mais est évidemment antérieure à la lettre suivante de 1611.)

Sur l'adresse on lit :
A Monsieur, Monsieur de Blacvod, conseiller au présidial de Poitiers.

MONSIEUR,

Nonobstant le peu d'estat que je voy que vous faictes de la lettre que monseigneur le duc de Lenox vous avoit écrit, de la procuration qu'il m'a passée avec des instructions particulières signées de sa main de poursuivre de tout son pouvoir toutes ces debtes et encore que vous m'avez défié en termes exprès de faire le pire que je pourray. Touteffois pour vous témoigner encore que je vous suis plus serviteur et affectionné que vous en croyez, je vous prie en ami et vous adjourne en partie par cellecy de donner meilleure ordre à vos affaires avant que de partir. N'irritez point ce bon seigneur ni ne faictes point si peu de cas des advertissements que je vous donne ny de faveur que je vous ai montrées et désire encore de vous témoigner plus par effect que par discours. Je ne désire aucunement de faire mon apprentissage de plaider ou de chicanerie contre vous. Je vous escry cecy afin de vous le dire mieux et pour vous en donner plus d'asseurance de ma bonne volonté. Les escrits, encore qu'ils ne sont que les ombres de nos paroles, ils demeurent partant et s'advouent toujours où les parolles se nient souvent et s'envolent avec le vent. Prenez le aussi que ne change le blanc en noir à l'exemple de Tamberlan en assiégeant quelque ville pour vous assurer, si vous me forcez de mettre le signal rouge ou d'entrer une fois en procès, qu'il n'y aura plus lieu de composition. Considérez donc bien ces articles et payez moi de raison s'ils ne vous agréent ou dressez en d'autres pour donner quelque satisfaction à ce seigneur qui s'asseuroit tant que vous n'eussiez disputé son droit et don comme vous faites. Et pour passer outre avec vous selon la charge et le pouvoir que j'ay de Son Excellence, advisez en avec vos amis ici, si vous voulez que je vous fasse passer votre simple procuration en pur don pour vous et les vôtres à jamais avec autant d'assurance que le roy ou lui vous puissent donner et que vous pouvez donner vous même, tant pour le passé que pour l'avenir, sans que vous n'en serez plus recherché d'eux ou d'aucun en leur nom. Ne méprisez point cette proposition et mes offres (car je vois plus loing en vos affaires que vous en pensez et vous proteste devant Dieu en saine confiance je ne souhaite point votre déplaisir ou votre perte mais plutôt de vous faire plaisir), aultrement, un coup encore je vous dénonce la tempête quand vous ne pourrez rappeler le beau temps. Sur l'envie que j'ai de vous persuader l'assurance de mon affection (sinon à cette heure étant préoccupé peut être de quelque information ou mauvaise opinion, au moins cy après) je n'espargnerai mes peines de vous aller trouver et d'en tirer une plus heureuse conclusion de votre bouche. Cependant que vous aurez bien advisé je vous baise les mains, come,

Monsieur, votre très humble serviteur. CLELAND.

Au verso.

Articles accordés entre maistre Adam Blacvod, conseiller au présidial de Poitiers, et M. Jacques Cleland, procureur spécialement fondé de monseigneur le duc de Lenox pour raison du don faict audit s^{ieur} duc des debtes et arrérages deues à la défunte reyne Marie d'Ecosse à cause de son douaire en France et des poursuites et recettes qu'a faict ou deubt faire le dict monsieur Blacvod suivant la charge qu'il a eu cydevant :

Premièrement a été accordé que le dit monsieur Blacvod ne levera ny ne fera recette aulcune desdites debtes et arrérages à l'advenir sans sur ce prendre d'advis dudit Cleland ou de son procureur.

Que s'il se présente aulcune des petites debtes deues par des particuliers, ils seront reçues à savoir la moitié par mons^r Blacvod et l'autre par Cleland qui en bailleront leur récépissé conjointement sans que les quittances signées de l'un d'eux puissent valoir qu'elles ne soient signées de l'autre ou de leurs constituts. Pour faire recherche desquelles debtes, à raison que l'argent que mons^r Blacvod a reçu cy devant, il sera tenu faire tous frais nécessaires jusques à ce qu'il soit par eux une some notable pour s'en rembourser.

Au regard des grandes debtes et assignations dudit douère de France, sur son épargne ou ailleurs, fournira et sera tenu ledit monsieur Blacvod mettre ès mains dudit Cleland tous mémoires et pièces justificatives d'icelles en lui baillant son récépissé, sans que mons^r Blacvod puisse prétendre auxdictes grandes sommes, aussy ne sera-t-il tenu faire aulcuns frais pour la poursuite du paiement d'icelles.

Et d'autant que les lettres patentes portant le don faict audict s^{ieur} duc de Lenox par le roy d'Ecosse ne sont de présent entre les mains de Cleland, iceluy sera tenu faire apparoistre icelles à monsieur Blacvod à Paris ou à M. Critton son gendre, dans la Saint Martin, autrement demeurent les articles cy dessus et se suivant nuls et de nul effect.

Promettant au surplus le dit Cleland faire tout son pouvoir envers led. s^{ieur} duc ou envers le secrétaire du roy, si besoin est, pour faire allouer à monsieur Blacvod la deppense qu'il a fait cydevant pour poursuivre lesdictes debtes, d'en faire clore le compte en tenant aussi état pour M. Blacvod de ce qu'il a reçu des debtes. En foy de quoy les parties susnommées ont stipulé et compté ces..... comme ils signent ces présentes.

Paris, etc.

VII

Lettre autographe du duc de Lenox à Adam Blacvod, datée de Witehall le 13 novembre 1611, par laquelle il lui propose de nouveau une transaction au sujet des recettes du douaire.

Sur l'adresse on lit :

A Monsieur, Monsieur Blacvod, conseiller au siège présidial de Poitiers. De Witehall, ce 13 de novembre l'an 1611.

Monsieur, votre nepveu m'a apporté une lettre de votre part par laquelle vous vous plaignez de ce que je prétends les restes deues à la feue royne d'Ecosse m'appartenir et me priez de me désister de la donation que Sa Majesté m'en a faicte.

Votre requeste ne me semble pas civile et ne sçay pas comment vous pouvez prétendre que Sa Majesté avoit entendu vous faire don de ces restes, vu que vous n'avez qu'une simple procuration pour en faire la poursuitte et recherche par laquelle seulement il vous a promis une « honneste récompense » pour les services que vous avez rendus à Sa Majesté et à la royne sa mère. J'en ay parlé à Sa Majesté qui a vu la lettre que votre nepveu lui a présentée de votre part, par laquelle vous le suppliez de vous faire don de ces restes ou limiter à quelque somme la récompense qu'il vous avoit promise. Pour le don, vous ne le debvez espérer puisque Sa Majesté m'en a gratifié, mais quant à la récompense que vous demandez, Sa Majesté a remis à ma discrétion de vous la limiter à quelque somme raisonnable. Pour cet effect j'ay demandé à votre nepveu quelles sommes vous avez reçeues par cy devant, lequel m'a dict qu'il estimoit que vous ne pouvez avoir reçeu que sept ou huit mille livres, lesquels vous auriez employées et en frais et despens. Ce que je n'ay pu croire et suis d'opinion que, venant à compte de la recepte et despence, malaisement pourriez-vous justifier l'employ de la moitié de cette somme. Néantmoins sur la prière et remontrances qui m'ont été faites par votre nepveu et pour le désir que j'ay de vous gratifier, sachant que vous et les vôtres avez toujours rendu bon service à Leurs Majestés : j'ay faict un accord avec votre nepveu par lequel je consens que les huict mille livres que vous pouvez avoir receu par cy devant vous demeurent pour tous les frais et despens que vous avez faicts jusques à présent ; et oultre je vous accorde le quart pour toutes les sômes que je recepvrai par cyaprès qui est beaucoup plus que Sa Majesté ne vous eut accordé pour votre récompense. Et aussy j'ai accordé à votre nepveu un aultre quart, tant pour la récompense que je lui avois promise de quelques services qu'il m'a cydevant rendus que en considération de la peine et diligence que j'espère qu'il prendra pour l'acheminement et avancement de ces affaires. Et ce à la charge que tous les frais et dépens qui se feront par cyaprès se prendront sur vos deux quarts et que la moitié que je me suis réservée me viendra franche et quitte. Aussy que vous ny votre nepveu ne ferez aulcun accord ni composition sans l'advis et consentement exprès de Monsr de Montete et de Mr Balindin, lesquels j'ai prié d'y avoir l'œil et de recepvoir la moitié que je me suis réservée. J'eusse pu traicter de ces restes avec beaucoup plus d'avantage et quelques uns étoient venus exprès pardeça qui m'offroient une somme notable pour leur faire cession de mes droicts et se chargeroient de vous contenter. A quoy je n'ay voulu entendre pour le respect de vos services et ceux de monsieur votre frère et pour l'asseurance que j'ay que, par votre travail et celuy de votre nepveu qui est instruict en ces affaires, vous pourrez acheminer le tout dans peu de temps à mon contentement. Attendant que je recognoisse les effects, je vous demeureray Monsr vostre affectioné amy, LENOX.

De Whitehall, ce 13e de novembre l'an 1611.

VIII

Expédition de l'accord signé à Londres, en l'hôtel du duc de Lenox, le 19 novembre 1611, entre le duc de Lenox et Jacques Blacvod, représentant son oncle Adam, relativement à la liquidation des recettes du douaire.

Ils conviennent de se partager ces recettes par moitié, Adam et Jacques Blacvod restant chargés de poursuivre les débiteurs en Poitou, Champagne et Picardie.

19 novembre 1611.

Sçachent tous ceux qui ces présentes verront que cejourdhuy neuviesme jour de novembre, l'an mil six cent onze stile d'Angleterre, et dix neuviesme jour de novembre stile de France, par devant moi Jean Emans, notaire et tabellion royal en la ville de Londres, par la majesté du roy admis et juré et en la présence des témoins cyaprès nommés, ont été présents en personnes très illlustre et puissant seigneur Ludovic duc de Lenox, conte de Dernelie, seigneur de Methuch et de Tourboullon et chevalier du très noble ordre de la Jarretière, conseiller du roy en ses conseils d'Estat et privé, son amiral et grand chambellan au royaulme d'Ecosse d'une part, et M. Jacques Blacvod, ad^{cat} en la cour de Parlement de Paris, tant en son nom que pour M. Adam Blacvod, conseiller au siège présidial de Poictiers, d'autre part, lesquels ont fait les accords et traités qui suivent. C'est assavoir que mondit seigneur le duc que par lettres scellées du scel privé de Sa Majesté en date du vingtiesme décembre mil six cent quatre, la dicte majesté lui ait fait don général de toutes les dettes, restes et droits qui sont deues au royaume de France à cause du douaire de la deffuncte royne d'Ecosse, douairière de France, sa très honorée dame et mère, et qu'au moyen de ladicte donation aulcun autre ne puisse rien prétendre èsdictes debtes et restes que monseigneur le duc. Néantmoins, mondit seigneur étant bien et deuement informé qu'auparavant la donation à lui faite par Sa Majesté des dictes debtes et restes, ladicte Majesté avoit donné une procuration à M. Adam Blacvod pour poursuivre et recevoir les restes, et par laquelle procuration il l'assuroit d'une honneste récompense pour les services par lui rendus à Sa Majesté et à la deffuncte royne sa mère, et désirant mondit seigneur effectuer et accomplir ladicte promesse suivant l'intention de sa majesté et aussi désirant gratifier Mre Jacques Blacvod et le récompenser des services qu'il lui a rendus par cydevant et espère qu'il lui rendra cyaprès. Pour ces causes mondit seigneur a déclaré et déclare par ces présentes qu'il a donné et donne par donation pure et irrévocable et en la même forme qu'il a don de Sa Majesté auxdicts M^{res} Adam et Jacques Blacvod oncle et neveu la moitié de toutes lesdictes debtes, restes et droicts qui sont dus ès pays de Poitou, Champagne et Picardie et autres lieux par les trésoriers de la deffuncte dame royne, receveurs du domaine, fermiers, exécuteurs de son testament et tous autres comptables et débiteurs, soit sommes liquides ou litigieuses et pour lesquelles il y a procès intentés ou à intenter, amendes, droicts seigneuriaux et autres casualités et généralement la moitié de toutes et chacune des sommes qui se recepvront de la poursuite et recherche desdictes dettes et restes à quelque somme que ladicte moitié puisse monter et revenir. Fors touteffois et excepté les debtes qui étaient deues à ladicte deffuncte dame royne d'Ecosse par la couronne de France pour arrérages de sa pension de vingt mille livres par an, de quelques non jouissances du conté de Senlis (?) et aultres domaines. Lesquelles dettes ne sont comprises en ladicte donation, ainsi monseigneur se les est réservées pour en faire poursuitte ainsi qu'il verra être à faire. Mais seullement monseigneur fait don auxdicts Blacvod de la moitié des dettes particulières cy dessus exprimées et de laquelle moitié il leur fait cession, transport et don en la même forme et manière qu'ils lui ont été cédées, transportées et données par Sa Majesté. Et pour faire la poursuite et recherche desdictes dettes et restes, mondit seigneur a constitué et constitue pour procureurs généraux et spéciaux lesdicts M^{res} Adam et Jacques Blacvod auxquels et à chacun d'eux, en cas de mort, absence et maladie de l'aultre, il donne tout pouvoir et mandement pour poursuivre, lever et recepvoir toutes les debtes et restes, faire toutes poursuites nécessaires, intenter tous procès, accorder, composer, transiger avec tous les débiteurs de toutes sommes qu'ils jugeront être expédient, bailler quittance et décharge, payer aux officiers et légataires de la deffunte dame royne leurs gages et legs, accorder et composer avec eux et généralement faire, gérer et négotier tout ce que des procureurs généraux peuvent faire et que monseigneur le duc pourroit faire si présent en personne étoit, déclarant qu'il aura pour agréable tout ce qui sera géré et négocié par eux. Toutefois a été accordé et arrêté entre les parties que lesdits M^{res} Adam et Jacques Blacvod ne pourront faire aulcun accord, transaction et composition avec les débiteurs desdictes dettes, et restes sinon par l'avis, autorité et consentement près de Montethe gentilhomme écossais et de M. Guillaume Balendin, et à peine de nullité desdicts accords et compositions et de tous dépens et dommages intérêts envers monseigneur le duc, ou l'un d'eux en cas d'absence ou empêchement de l'autre, ou aultres qu'il plaira à monseigneur de commettre par cyaprès du lieu desdicts sieurs de Monteth et Balendin. Aussy a été accordé que dans trois mois après le retour de Mre Jacques Blacvod en France, le s^r Blacvod sera tenu de fournir un état et déclaration par écrit aux s^{rs} de Monteth et Balendin de toutes les sommes qui auront été retirées (?) par ledit Mre Adam Blacvod ou autres, ayant charge de lui, des débiteurs des restes. Sur lesquelles sommes, le dit Mre Adam Blacvod prendra par préciput et hors part la somme de huict mille livres monnoie de France pour et au lieu de tous frais et despens, voyages et autres frais généralement quelconques par lui faicts et déboursés jusques au jour des présentes, et à la charge d'indemniser monseigneur le duc de tous les frais et dépens. Et ce qui restera, la somme de huict mille livres par lui préalablement prise, sera partagé et divisé entre monseigneur et lesdicts M^{res} Adam et Jacques Blacvod, sçavoir la moitié à monseigneur et l'autre moitié aux Blacvod par égale portion. Aussy seront tenus lesdicts Blacvod de rendre compte aux s^{rs} de Monthet et Balendin, de temps en temps et toutefois que par eux requis en seront, des sommes qui se recepvront par cyaprès et leur rapporter et faire apparoir des quittances des paiements qui seront par eux faicts aux officiers et légataires de la défuncte dame royne. Aussy a été accordé que toutes les sommes qui seront payées aux officiers et légataires de la dame royne se prendront sur le total de ce qui se recevra des dettes et restes. Et pour le regard des frais et dépens qui se feront par cyaprès, ils se prendront sur la moitié des Blacvod et monseigneur n'en sera tenu en aulcune façon. Aussi appartiendront auxdits Blacvod tous les dépens qui seront adjugés contre les débiteurs des restes et monseigneur n'y prendra aulcune part. Aussi par ces présentes mondit seigneur a approuvé et confirmé tout ce qui a esté cy devant fait, géré et négotié par lesdicts M^{res} Adam et Jacques Blacvod, en vertu des procurations que le Mre Adam Blacvod avoit de Sa Majesté. Et nommément, monseigneur a approuvé, ratifié et confirmé l'établissement de commission qui a été faite, à la poursuite desdits Blacvod, par lettres patentes du roy très chrétien de quelques commissaires choisis du corps de la Chambre des comptes de Paris, sçavoir : M. Olivier Le Febvre, président, MM. Germain Texier, Jean Chaillou, Larcher, maistres ordinaires en la Chambre, M. Claude le Régent, auditeur, et M. Lhuillier, procureur général en la Chambre, commis pour l'audition et appurement des comptes et autres affaires du douaire de la dame royne d'Ecosse, auxquels susdicts commissaires il donne tout pouvoir d'abondant de vaquer au fait de leur commission déclarant qu'il aura pour agréable tout ce qui sera par eux faict et géré, à la charge et condition que ledit Mre Jacques Blacvod recevra tous les deniers de la commission et généralement tous les deniers provenant desdictes dettes et restes. Et les ayant reçus et à mesure qu'il les recevra, il délivrera et baillera aux s^{rs} de Monteth et Balendin la moitié desdicts deniers appartenant à mondit seigneur, lesquels de Monthet et Balendin en bailleront quittance à Mre Jacques Blacvod. Et pour justifier de la donation des restes faicts à mondit seigneur par Sa Majesté, mondit seigneur a fait présentement bailler et delivrer à M^ro Jacques Blacvod copie collationnée par moy notaire susdict des lettres de la donation. Tout ce qui dessus a été consenty et accordé par monseigneur accepté et consenti par M^ro Jacques Blacvod tant pour luy que pour M^ro Adam Blacvod. Et a monseigneur promis sur sa foy et parolle avoir pour agréable, entretenir et observer le contenu de ces présentes de poinct en poinct, sans jamais y manquer. A la charge aussy et condition que lesdicts M^res Adam et Jacques Blacvod accompliront et entretiendront de leur part de point en point le contenu cydessus. En foi de quoy ont été faicts de ces présentes deux instruments et grosses de même teneur dont le seigneur duc a signé l'un de sa main et fait sceller de ses armes, lequel il a délivré comme son faict à M^ro Jacques Blacvod et led. Blacvod a signé et scellé l'autre, lequel il a délivré comme son faict au seigneur duc. Fait et passé à Londres les an et jour dessusdicts en l'hôtel de monseigneur le duc, en présence de Mr Richard Hadfox, écuyer, et Daniel Persons, secrétaire du seigneur duc, témoins à ce requis. Signé Lenox, Richard Hadfox écuyer et Daniel Persons, et scellé en placart de cire rouge. Et au-dessous est escrit : *In testimonium præmissarum ego notarius supranominatus præsens instrumentum signo meo manuali solito signavi. Requisitus Johannes Emans.* 1611.

Collation sur l'original et à l'instant rendu par les notaires et gardenottes du roy notre sire, soussignés, l'an mil six cent douze et vingt cinquième jour de l'année.

Suivent les deux signatures des notaires : FISHER, POUZZE ?

IX

Confirmation par Adam Blacvod devant notaires et en la cour du scel à Poitiers, le 4 avril 1612, de la transaction conclue par son neveu à Londres avec le duc de Lenox.

Sachent tous que en droict, ès la court du scel établi

aux contracts à Poictiers pour le roy notre sire, a esté présent et personnnellement establi et deuement soubmis noble homme Mre Adam Blacvod cons{er} du roy, juge magistrat au siège présidial et l'un des eschevins de ladicte ville et y demeurant, lequel a déclaré avoir eu communication de certain contract faict et passé en la ville de Londres en Angleterre entre hault et puissant seigneur Ludovic duc de Lenox, comte de Dernelie, etc., donnataire des rentes deubs à la deffuncte royne d'Ecosse, douairière de France et Mre Jacques Blacvod, ad{at} en la court de Parlement de Paris, stipulant tant pour soy que pour le sieur Mre Adam Blacvod, ledict contract en date du neuviesme jour de novembre stile d'Angleterre, dix neuviesme novembre stile de France, signé Emanns, notaire royal, duquel contract il a dict copie collationnée à l'original par Nourry et   , notaires au Chastellet de Paris, lui avoir été cidevant envoiée par le sieur Mre Jacques Blacvod son neveu, après avoir laquelle veue et considéré de poinct en poinct le sr Mre Adam Blacvod a déclaré qu'il accepte, tant pour lui que pour les siens à l'advenir, la donnation qui lui a été faitte par ledict contract par le sieur duc de Lenox, aux charges et conditions contenues dans ledict contract, lequel il promect tenir et observer de poinct en poinct toutes les clauses, charges et conditions portées par icelles suivant la forme et teneur, sans y contrevenir ni desroger en façon quelconque, et spécialement a promis de ne faire aulcun accord ni composition par cy-apprès avec aucun des débiteurs de la susdicte feue dame royne sinon par l'advis et consentement exprès de Mre de Montete gentilhomme écossais et M. Guillaume Balendin et de Mre Jacques Blacvod son nepveu, ainsi qu'il est porté par le susdit contract et sous les peines contenues en icelluy, et pour faire la poursuite de ces restes et exécuter le contract le dict Mre Adam Blacvod a donné et donne tout pouvoir et charge au dict Mre Jacques Blacvod son nepveu, à la charge toutesfois que ledict Mre Jacques Blacvod sera tenu de rendre compte audict Mre Adam Blacvod et après son déceds à ses hérittiers, et ce de temps en temps et touteffois que par eux en sera requis tant de ce qu'il aura géré ainsi que des sommes qu'il aura receues tant en vertu des jugemens de messieurs les commissaires députtés pour l'audition et appurement des comptes de ladicte feue dame royne que de celles à lui baillées et délivrées, le cart (quart) de ces sommes suivant et conformément audict contract, promettant ledict Mre Adam Blacvod avoir pour agréable tout ce qui sera géré et négotié par ledict M^er Jacques Blacvod, selon la teneur du dict contract, et ce soubs la foy, promesse et obligation de tous ses biens présents et avenir quelconques, dont de son consentement, volonté et à sa requeste il a esté jugé et condamné par le jugement et condamnation de ladicte court à la juridiction de laquelle il s'est supposé et soumis et ses biens quant à ce. Faict et passé au dict Poictiers en l'étude de l'ung de nous nottaires soubsignés, avant midy, le quatriesme jour d'apvril l'an mil six cent douze. Signé à la minute : A. BLACVOD.

Suivent les signatures des notaires. — BOUCHERON, TAPISSIER (?).

X

Expédition authentique de la transaction passée entre Jacques Blacvod au nom du roy d'Angleterre et les héritiers de Nicolas de la Marre, maistre queue de la Reine Marie, pour deux années de gages arriérés. — Transaction conclue à Paris le 4 juillet 1612.

Par devant les notaires et garde nottes du roy notre sire en son Chastellet de Paris soussignés, furent présents en lieu et personne Marie de la Marre, femme séparée de biens d'avec Nicolas Douin, marchand, demeurant à Fismes, et encore comme procuratrice et autorisée de sondict mari par procuration passée par devant Henry Blanchon et François Fleurot, notaires et tabellions royaux héréditaires au bailliage de Vitry, demeurant à Fismes, le vingt quatrième jour de juin dernier, signé Douin et Blanchon, ayant pouvoir et puissance par icelles de faire et passer ce qui ensuit comme il est apparu aux notaires soussignés. Laquelle procuration étant en parchemin est demeurée ès mains du sieur Jacques Blacvod cyaprès nommé. Ladicte de la Marre fille et seule héritière de deffunct Nicolas de la Marre, en son vivant maistre queue de feue très haute et très puissante princesse Marie Royne d'Ecosse, douairière de France d'une part, et noble homme Mr Jacques Blacvod, advocat en la cour de Parlement de Paris, y demeurant, rue du Mont Sainte Geneviève, commis par le roy de la Grande Bretagne, fils et seul héritier de ladicte dame Royne d'Ecosse pour faire la recette des restes qui lui sont deues en France à cause du douaire de ladicte feue dame Royne d'autre part.

Disant lesdictes parties èsdicts noms, la dame de la Marre qu'elle avoit cydevant presenté requeste à messieurs les commissaires députés pour l'audition et appurement des comptes des domaines délaissés en douaire à ladicte feue dame Royne d'Escosse tendante à fin d'avoir paiement de la somme de quatre vingt escus qui étoient dûs audict deffunct Nicolas de la Marre son père par la dicte feue Royne d'Escosse pour deux années de ses gaiges de maistre queux eschéant le dernier jour de décembre mil cinq cent quatre vingt sept et de la somme de mil livres tournois légués à la dicte Marie de la Marre et à déffuncte Antoinette de la Marre sa sœur, à laquelle ledict deffunct Nicolas de la Marre avoit succédé par ladicte deffuncte dame Royne d'Escosse par son testament et ordonnance de dernière volonté.

Laquelle requeste lesdits sieurs commissaires avoient ordonné estre communiquée à monsieur le procureur général en ladicte commission, ce qui avoit été fait, et

outre ledict Douin et Marie de la Marre faict procéder
par voie de saisie et arrest sur les restes et deniers apparteænant à ladicte feue Royne ès mains de Mr Jean Sobier,
fermier du domaine de Vitry le François et des héritiers
de feu Jehan Mordon, vivant receveur du domaine de
Poictou aux fins de paiement desquelles sommes elle concluoit et intérest d'icelles et despens desdicts saisies et
voyages faicts tant par ledict Douin son mari que par
elle en cette ville de Paris à diverses fois maistre Jacques
Blacvod ondict nom avoit dict sur les susdictes saisies faictes
à la requeste de Douin et de sa femme injurieuses et tor-
tionnaires comme faictes pour sommes non liquides et
pour lesquelles ils n'avoient aulcune obligation, sentence ny
condempnation à l'encontre dudit sieur de la Grande
Bretaigne et dudict Blacvod son procureur et commis, desquelles saisies ladicte de la Marre doibt les dépens et
dommages interêts, de mesme que des gaiges par elle
prétendument dues au deffunct de la Marre son père il
n'en est deue qu'une année au plus, vu que par les extraits
des pièces attachées à la requeste par elle présentée aux
dicts sieurs commissaires ci dessus mentionnés, il appert
que ledict sieur de la Marre avoit été payé de la somme
de quarante écus pour ses gaiges de l'année quatre vingt
six et pour le regard du legs de mille livres tournois prétendus
faicts par le testament de ladite feue dame Royne d'Ecosse
à ladicte de la Marre et Antoinette de la Marre sa sœur,
soutenoit ledit Blacvod en ce nom n'avoir fonds pour
acquitter ce dit legs et les autres legs portés par le testament et que pour avoir paiement d'icelluy elle doit s'adresser au s^r Roy de la Grande Bretaigne, héritier de ladicte dame feue Rayne vu mesmement qu'il a fait don de
tous ces restes deues en France à cause du douaire de ladicte feue Royne d'Ecosse. Tellement que les susdictes
parties estoient en voie d'entrer en grands   de
procès pour auxquels obvier et aux grands frais et despens

qui s'en fussent ensuivis ont transigé et accordé ensemblement en la forme et manière qui ensuit.

C'est assavoir : ladicte Marie de la Marre en ce nom de son bon gré et bonne volonté sans aulcune contraincte et, comme elle disoit, en la présence et assistance de Jean Douin, cousin de Nicolas Douin, mary de ladicte de la Marre, demeurant à Paris, rue des Francs Bourgeois, paroisse Saint Edouard, au logis de monsieur de Montigny, avoir composé, remis et quitté par ces présentes du tout à tousjour au sieur Blacvod, ondict nom, cy acceptant tant la susdite somme de quatre vingt écus sur ce qu'il en reste à payer que sur la somme de mil livres tournois dessus mentionnées, ensemble tout et chacun les despens, dommaiges et intérests qu'elle et son mari pourroient prétendre et demander et par eux faicts, faulte de paiement. Le tout moyennant la somme de neuf cent livres tournois que ladicte Marie de la Marre a confessé et confesse avoir eu et receu du dict Blacvod des deniers de la susdicte commission, laquelle somme lui a été baillée, payée, comptée, nombrée et delivrée, présents ès notaires soussignés, en doublons, ducats à deux têtes et aultres monnaies, le tout bon et ayant de présent cours, dont elle s'est tenue et tient pour contente bien payée et en a quitté et quitte le sieur Roy de la Grande Bretaigne, le s^r Blacvod et tous autres et en ce faisant, moyennant lesdictes présentes, ladicte de la Marre a donné et donne mainlevée des arrêts ci dessus mentionnés et autres généralement quelconques qui se pouvoient avoir été faictes à la requeste de ladicte de la Marre, et elle consent que les débiteurs vuident leurs mains et partant deschargés et que lesdictes saisies demeurent nulles, ensemble toutes autres proceddures faites pour raison d'icelles et exploits, desquelles saisies en ladicte requeste ci devant déclairée elle a présentement rendu et mis ès mains du Sr Blacvod ondict nom pour lui servir ce que de raison. Et protestations faictes par ledict sieur Blacvod en ce nom que le présent contrat accord et paiement fait avec la susdicte de la Marre ne puisse nuire ni préjudicier aux autres affaires du Roy de la Grande Bretaigne et faire approbation des comptes rendus par feu maistre Anthoine de Chaulnes, trésorier de ladicte feue Royne, dans lesquels les gaiges ont été passés et alloués et sans tirer à conséquence pour le regard des aultres officiers et légataires de ladicte dame Royne, déclarent avoir faict le présent contrat, accord et paiement en considération des bons et fidèles services que le deffunct Nicolas de la Marre, père de la susdicte Marie a rendus à ladicte deffuncte Royne jusques au jour de son décès. Ainsi a été accordé entre eux, promettant et obligeant chacun en droict soy.

Faict et passé en l'étude des notaires soussignés, l'an mil six cent douze, le quatrième jour de juillet, après midi, et ont les parties signé la minute des présentes.

Nous soussignés Paulin et Charles, l'an mil six cent douze le septiesme jour de juillet. Collationné, etc.

<small>Signé des notaires.</small>

ÉTAT DES CHEMINS

ET

CHATEAUX DU POITOU

DRESSÉ EN **1611**

PAR

René ANDROUET DU CERCEAU

ARCHITECTE ET INGÉNIEUR DU ROI A CHATELLERAULT

PUBLIÉ

PAR M. Arthur LABBÉ

INTRODUCTION

I

Les Archives départementales de la Vienne ne possèdent, en matière de voirie et de travaux publics, aucune pièce antérieure à l'année 1624. Le Mémoire qui fait l'objet de la présente publication, est donc le plus ancien document de ce genre qui soit parvenu jusqu'à nous, et les renseignements qu'il contient sont précieux pour la topographie du Poitou au commencement du dix-septième siècle.

Ce manuscrit, que le hasard nous a fait découvrir[1], se compose de 42 feuillets de papier grand format ; mais il est malheureusement incomplet. La première page est en partie déchirée, et la fin manque totalement. La date ayant disparu avec les premier et dernier feuillets, il nous aurait été difficile de préciser l'époque à laquelle cet état de lieux a été dressé, si nous n'avions trouvé aux Archives de la Vienne (E 2, 242) la commission spéciale donnée à cet effet par le duc de Sully, gouverneur du Poitou[2], à René Androuet du Cerceau, architecte et ingénieur du roi à Châtellerault. Cette pièce est ainsi conçue :

« Il est ordonné au sieur du Cerceau, architecte et ingénieur
« ordinaire du Roy, qu'en exécutant la commission que nous luy
« avons donnée pour dresser la Carte des lieux contenuz en son
« instruction, de faire un estat et procès-verbal des chemins, na-
« ture des terres, élévation de montagnes, chemins estroicts, répa-
« rations qui y sont faictes et celles qu'il seroit besoin pour la
« commodité publicque, à prendre depuis Chastellerault jusques
« à Poictiers, Lusignan, Saint-Maixant, Niort, Fontenay, Mareuil
« et Talmond, et particulariser les choses en sorte que sur ledict
« estact, qu'à ceste fin il nous envoira, nous puissions facilement
« ordonner ce qu'il sera besoin d'y faire.

---

1. Ce manuscrit a été trouvé parmi des papiers de famille appartenant à M. Rabeau, avoué à Châtellerault, qui a eu l'extrême obligeance de nous en laisser prendre copie. Nous sommes heureux de lui exprimer ici notre gratitude.
2. Sully fut gouverneur du Poitou de 1604 à 1616.

« Faict à Chastellerault, ce xxviii° novembre mil six cens
« unze.

« Ainsi signé : Le duc DE SULLY, et au-dessoubz, par comman-
« dement de mon dict seigneur, NICOLLAS. »

« Collation est faicte de la présente coppie à son original en
« papier trouvé et remis ès mains dudict sieur du Cerceau par
« nous notaires tabellions royaux et héréditaires on duché de
« Chastellerault, le deux^me jour de décembre mil six cens unze.

« Ainsi signé : ANDROUET. PRELIPPON n^re royal. DISSAUDEAU n^re
« royal. »

Le certificat suivant, qui porte la signature du marquis de
Rosny, se trouve dans le même dossier et a trait sans doute à la
même affaire :

« Le seigneur Marquis de Rosny, Grand Maistre de l'artillerie
« de France, etc...
« Certiffions à ceux qu'il appartiendra que René Androuet du
« Cerceau, demeurant à Chastelleraud, est Ingénieur ordinaire de
« l'artillerie. En tesmoing de quoy nous avons signé le présant
« certificat de nostre main, à iceluy faict mettre et apposer le
« cachet de noz armes et contresigner par nostre secrétaire.
« A Paris, le xxie jour d'avril mil six cens quinze. ROSNY. Par
« mondict seigneur, GILOT (?). »

René Androuet du Cerceau se mit en mesure d'exécuter les
ordres qu'il avait reçus. Suivant l'itinéraire qui lui avait été tracé,
il parcourut la province, constata avec soin l'état des chemins et
des châteaux domaniaux et fournit un devis détaillé des réparations qu'il était urgent de faire dans chaque endroit. Etant en résidence à Châtellerault, il débuta par cette ville et décrivit les travaux qui restaient à exécuter pour l'achèvement du pont, dont son
père avait été l'un des principaux architectes ; puis il visita le
portail de Sainte-Catherine, dont les tours avaient été fort endom-
magées par l'artillerie du duc d'Anjou lors du siège de 1569, et le
couvent des Minimes qui avait beaucoup souffert de l'incendie
allumé par les huguenots. Les routes qui se dirigent vers la Touraine, le Limousin et le Berry firent aussi l'objet d'un sérieux
examen de la part de notre ingénieur, qui de là se rendit à Poitiers, Lusignan, Saint-Maixent et Niort. A Lusignan, le château
avait été maintenu en état de défense ; mais les murailles du parc
présentaient de nombreuses brèches ou n'existaient pas dans certaines parties, et la dépense à faire de ce côté n'était pas évaluée

à moins de 7.200 livres. Les châteaux de Niort, de Maillezais et de Fontenay sont aussi décrits avec de grands détails, et la précision des renseignements qui nous sont fournis par l'auteur du Mémoire nous fait vivement regretter de ne pouvoir le suivre jusqu'au terme de son voyage. Si l'on se reporte à la nomenclature des lieux mentionnés dans l'ordonnance de Sully, il ne manquerait à notre manuscrit que les pages relatives à Mareuil et à Talmond. On verra, à la lecture de ce document, dans quel état d'abandon se trouvait le Poitou à la fin du règne de Henri IV, et l'on applaudira à l'initiative prise par le grand ministre pour améliorer la situation de notre province.

L'exécution de travaux aussi importants, à une époque où l'administration royale ne disposait que de ressources très limitées, demanda probablement plusieurs années et donna lieu à des malversations et à des procès. On trouve aux Archives de la Vienne (E 2, 242) un arrêt du Conseil du roi, en date du 5 septembre 1620, confirmant une sentence rendue par le sieur de Moricq, conseiller du roi, maître des requêtes de son hôtel, commissaire départi par Sa Majesté à la recherche des abus et malversations commis aux ponts, pavés, chaussées et autres ouvrages de la généralité de Poitiers, contre René Androuet du Cerceau. Celui-ci avait été condamné à restituer à Sa Majesté différentes sommes s'élevant ensemble à 2.540 livres, pour différences en moins dans le pavé compté aux lieux de la Bergerie, de la Vacherie, de Bellejouanne et de Villefontaine, situés dans la banlieue de Poitiers.

II

Aucune des généalogies de la famille du Cerceau, publiées avant ce jour[1], ne fait mention de René Androuet : ce qui a fait mettre en doute sa parenté avec le célèbre architecte de ce nom. Des documents tirés de dépôts publics et de papiers de famille qui nous ont été communiqués[2], vont nous permettre de suppléer à ce que ces généalogies ont d'incomplet.

D'un extrait de l'état civil des protestants de Châtellerault, conservé aux Archives de la Vienne (E* 651), il appert que René Androuet du Cerceau était fils de Charles Androuet du Cerceau et de Marguerite Reguin, *aliàs* Resnin. La date de sa naissance n'est pas

---

[1]. Bon de Geymuller, *Les du Cerceau, leur vie et leur œuvre*. Paris, 1887. — Berty, *Les Androuet du Cerceau et leur maison du Pré-aux-Clercs*. Paris. 1857. — Haag, *La France protestante*, 2e éd., 1876, *art.* Androuet.

[2]. Papiers communiqués par M. Rabeau, avoué à Châtellerault, allié à la famille Creuzé.

connue, mais on peut avec vraisemblance la fixer vers l'année 1580.

Charles Androuet était le 3e fils de Jacques Androuet du Cerceau, le premier et le plus illustre de cette dynastie d'architectes. S'il n'a pas la notoriété de ses frères, Jacques II et Baptiste, il exerça, comme eux, la profession d'architecte et d'ingénieur du roi. En 1580, on le trouve inscrit dans la maison du duc d'Anjou comme « vallet de garderobbe », et quelques années plus tard, il fut envoyé à Châtellerault comme « architecte et conducteur des ponts de pierre de cette ville ». Il occupa ce poste jusqu'en 1606, époque de sa mort. Il y a tout lieu de croire que son fils René lui succéda dans ses fonctions, puisqu'en 1611 nous le trouvons résidant à Châtellerault et que c'est en cette même qualité d'architecte et d'ingénieur ordinaire du roi qu'il fut chargé par Sully de dresser l'état des chemins et châteaux du Poitou. Les travaux du pont de Châtellerault n'étant pas terminés, les services d'un ingénieur du roi avaient encore leur raison d'être.

Nous ne savons rien du séjour de Charles Androuet à Châtellerault, si ce n'est qu'il dut contribuer pour une large part aux plans et à la construction du pont qui est encore aujourd'hui le plus bel ornement de cette ville : mais nous possédons beaucoup de renseignements sur son fils qui se fixa définitivement dans le Châtelleraudais. Son existence nous est révélée par bon nombre d'actes dans lesquels il a figuré.

Par contrat reçu par Duboys et Phelippon, notaires à Châtellerault, en date du 1er décembre 1611, René Androuet, désireux sans doute d'arrondir sa propriété, achetait de Jehan Aubouineau, meunier, un pré situé au lieu appelé les Rouches près la Caille, paroisse de Naintré, dans le voisinage de la Bonnalière. L'année suivante, le 1er août 1612, il épousait à Châtellerault Elisabeth Deslandes, fille de François Deslandes, riche marchand de cette ville, et de Marguerite Belon. Les conjoints, ainsi que leurs familles, appartenaient à la religion protestante. La future avait une dot de 4.500 livres en espèces.

De leur mariage naquirent au moins six filles : 1° Marguerite, baptisée le 3 septembre 1614, qui eut pour parrain François Deslandes, son grand-père maternel, et pour marraine Marguerite Reguin, veuve de Charles Androuet du Cerceau, sa grand'mère paternelle ; 2° Marie, baptisée le 6 juillet 1615, qui eut pour parrain Michel Berthon, conseiller du roi, élu, son oncle, et pour marraine Marie Androuet[1], fille de feu Charles Androuet, sieur du

---

1. Marie Androuet, sœur de René Androuet du Cerceau, était mariée à Jacques Chessé, de Châtellerault. (Aveu de Besse rendu en 1640 par Claude Durivau, sgr de la Chassagne, à messire César de Certany, sgr de la Barbelinière.)

Cerceau, sa tante ; 3° autre Marguerite, baptisée le 11 septembre 1616, qui eut pour parrain Abraham Deslandes, procureur, son oncle, et pour marraine Marguerite Belon, sa grand'mère; 4° Elisabeth, baptisée le 3 mai 1620, qui eut pour parrain Antoine Effroy, sieur de la Proutière, et pour marraine Marie Poisay, femme d'Abraham Deslandes; 5° autre Elisabeth, baptisée le 20 avril 1625, qui eut pour parrain Abraham Deslandes, procureur, et pour marraine Marguerite Deslandes, femme de Michel Berthon, élu ; 6° Jacqueline, baptisée le 18 octobre 1628, qui eut pour parrain Pierre Jouard, procureur au parlement, et pour marraine Jacqueline Fourreau, femme d'Isaac Deslandes, receveur des tailles.

De ces six enfants, tous nés à Châtellerault, deux seulement arrivèrent à l'âge adulte : Elisabeth, deuxième du nom, et Jacqueline. La première se maria le 28 avril 1641 avec Pierre Creuzé, orfèvre à Châtellerault, fils de Pierre Creuzé, aussi orfèvre, et de Anne Nepveu, et la seconde épousa le 21 juillet 1647 Daniel Gobert, avocat en parlement, fils de René Gobert, avocat à Poitiers, et de Jeanne Pain.

Le contrat de mariage de Pierre Creuzé et d'Elisabeth Androuet fut passé le 27 avril 1641 à Châtellerault, en la demeure du sieur du Cerceau, devant Duplex et Bodin, notaires. Il y est spécifié que le mariage devra être fait « selon les solennités de l'église dont les parties font profession », c'est-à-dire de l'église protestante. Le mariage fut célébré en effet le lendemain par le ministère de Mre Carré, pasteur en l'église réformée de Châtellerault[1]. Le futur époux apportait une dot de 6.000 livres en argent, à lui donnée par ses père et mère, un trousseau estimé 150 livres et une somme de 1.000 livres gagnée dans son commerce. Les père et mère de la future lui constituèrent également une dot de 6.000 livres, et pour la remplir de cette dot, lui firent l'abandon de deux propriétés rurales : les moulins de la Merveillère, maisons, terres, vignes, prés et tout ce qui en dépendait, avec droit de chasse dans la paroisse de Thuré où se trouvaient lesdits moulins, et la métairie de la Plante, située dans la même paroisse. Ils promettaient en outre « de vestir leur fille d'habitz nuptiaulx et de lui donner trousseau honneste, le tout scellon sa condition. »

L'accord ne dura pas longtemps entre les deux familles. Quel-

---

1. La famille Gobert était aussi protestante, et le mariage de Daniel Gobert avec Jacqueline Androuet eut lieu devant le ministre Jean Carré.
Sur le registre des religionnaires pour l'année 1671 nous avons relevé l'acte suivant, qui est relatif à la même famille : « Josué Gobert, fils de deffunct « Me Elie Gobert, banquier à Poitiers, et de Marie Ingrand, est décédé au « château de la Citière, paroisse de (Orches), le mercredy 13 mai 1671, « âgé d'environ 28 à 30 ans, et a été son corps amené en cette ville et en- « terré. » (Arch. municip. de Châtellerault, Reg. XXII.)

ques années après, les époux Creuzé, se trouvant lésés par une clause de leur contrat, prétendirent que les biens qui leur avaient été donnés ne représentaient, ni comme revenu, ni comme valeur vénale, la somme de 6.000 livres, mais bien à peine celle de 4.000, et attaquèrent le sieur du Cerceau en paiement de la rente de 300 livres promise. Des commissaires furent nommés de part et d'autre, et le 24 novembre 1646, le lieutenant général de la sénéchaussée de Châtellerault rendit une sentence, par laquelle les époux Androuët étaient condamnés à reprendre les biens qu'ils avaient donnés à leur fille par contrat de mariage et à bailler aux époux Creuzé une rente annuelle de 300 livres, et en plus une somme de 500 livres pour indemnité de jouissance depuis leur mariage jusqu'à ce jour. A la suite de cette condamnation, une transaction intervint entre les parties, et acte en fut dressé le 2 février 1651 devant les notaires Duplex et Bodin. Les époux Androuet firent abandon aux époux Creuzé, en déduction de leur créance, de la somme de 2.500 livres, prix de la vente des moulins de la Merveillère faite par eux à Gilles Frémond [1], et se libérèrent du surplus en délaissant à leurs gendre et fille, outre la métairie de la Plante, diverses pièces de terre et créances. Dans cette transaction, la métairie sise au village de la Plante et appelée la Cour-Boutault est amplement détaillée ; elle contenait, en dehors des bâtiments, environ 105 boisselées de terre.

Outre les propriétés dont il a été question, René Androuet possé-

---

[1]. Parmi les pièces dont il est fait mention dans la sentence du 24 novembre 1646, nous avons noté les suivantes :

1° Contrat de ferme du moulin de la Merveillère par Antoine Frémond à Pierre Allary et sa femme, en date du 11 mai 1598. (Massonneau, n^re.)

2° Contrat de visite dudit moulin à la requête dudit Frémond, en date du 8 juin 1601. (Chevallier, n^re.)

3° Décret fait et interposé en la cour de Châtellerault des biens de Antoine Frémond et Jehanne Gastineau, sa femme, adjugés au sieur du Cerceau, en date du 15 avril 1617. (B. Canche, greffier.)

4° Partage entre le sieur du Cerceau et Marie Androuet, sa sœur, en date du 13 avril 1619. (Massonneau et Martin, n^res).

5° Visite faite par Aymé Henry et François Manceau du moulin de la Merveillère à la requête de François Bourgine, meunier, en date du 25 juin 1630. (Bion, n^re à Thuré.)

6° Contrat de ferme par ledit sieur du Cerceau à Jacques Deméocq et sa femme du moulin de la Merveillère, granges, chambres et terres, en date du 3 juin 1631. (Massonneau, n^re.)

7° Actes de visite et appréciation dudit moulin, en date des 12 décembre 1633 et 30 juin 1639. (Bion, n^re à Thuré.)

8° Contrat de ferme du moulin de la Merveillère par ledit Pierre Creuzé à François Aubouineau et Marie Girault, sa femme, en date du 18 mai 1641. (Massonneau, n^re.)

On remarquera que le moulin de la Merveillère, qui appartenait à Antoine Frémond en 1598, et peut-être longtemps avant, et qui en 1617 fut adjugé à René Androuet du Cerceau par suite de la saisie des biens d'Antoine Frémond et de Jeanne Gastineau, sa femme, rentra vers 1650 en la possession de la famille Frémond par la vente qui en fut faite à Gilles Frémond par Androuet du Cerceau et sa femme.

dait la maison et métairie de la Bonnalière, dans la paroisse de Châteauneuf, faubourg de Châtellerault. Dans le contrat de mariage de sa fille Elisabeth (1641) il est qualifié : sieur du Cerceau et de la Bonnalière. Il se plaisait à agrandir par des acquisitions successives ce domaine où il résidait habituellement. Le 7 septembre 1635, il achetait d'Alexandre Pignon, marchand, demeurant en Châteauneuf, une pièce de terre en chènevière près Plettard [1], touchant aux terres dépendant de la Bonnalière.(Acte de Papillault et Rivière, notaires à Châteauneuf.) Il possédait aussi au village de la Maison-Hode, paroisse de Saint-Romain, une maison avec cour, bail, aisances, jardin et un grand clos de vigne renfermé de fossés de deux parts, le tout contenant 26 boisselées et quart, plus divers morceaux de terre au même lieu, d'une contenance d'environ 27 boisselées ; et le 13 février 1637, il assistait à la conférence tenue pour la freresche de ladite Maison-Hode, dépendant de la seigneurie de Saint-Romain au devoir de 8 boisseaux de froment, 2 chapons et 2 sols 6 deniers, le tout de cens et rente noble et féodale dus annuellement à la fête de Saint-Michel. La freresche entière se composait de 102 boisselées, 2 chaînées et un quart. René Androuet était un des principaux frerescheurs, et devait pour sa part 4 boisseaux, 3 écuellées de froment, et 13 sous 5 deniers pour les chapons et censif [2].

De son côté, Elisabeth Deslandes avait recueilli dans la succession de ses parents certains biens, savoir : la métairie de l'Eschenardrie, sise en la paroisse de Chenevelles, estimée 2496 livres 10 sols ; plusieurs maisons à Châtellerault, dont la principale était le Grand Logis, sis paroisse de Saint-Jean-Baptiste, joignant par le devant à la grande rue tendant des Petits-Bancs au carroy de Lange, d'autre à la petite rue ou ruette tendant du four des Mœurs à l'église de Saint-Jean-Baptiste, et d'autre à la rue tendant du Petit-Pont au carroy de Lange, estimées 3000 livres ; le fief du Puy-Raveau, autrement la Marquetrie, situé en la paroisse d'Orches, et diverses dîmes et rentes estimées ensemble 3304 livres ; soit en tout 8800 livres. (Partage des biens de François Deslandes et de Marguerite Belon, en date du 9 août 1644.) En outre, elle avait eu pour sa part, dans l'héritage d'Isaac Deslandes, son frère, décédé sans enfants, la somme de 5000 livres. (Transaction intervenue entre les héritiers d'Isaac Deslandes, receveur des tailles, et sa veuve Jacqueline Fourreau, en date du 31 juillet 1660, devant Billette et Dieulefit, notaires.)

A quelle époque Androuet du Cerceau cessa-t-il ses fonctions d'architecte et ingénieur du roi ? Nous ne pouvons le dire. Il

---

1. Piétard, commune de Châtellerault.
2. Papiers communiqués par M. Beaupoil, avocat à Châtellerault.

semble les avoir conservées pendant la plus grande partie de sa vie. Lorsqu'il fut parrain, le 29 avril 1643, du deuxième enfant de Pierre Creuzé, il est encore ainsi qualifié dans l'acte de baptême. Nous ignorons également la date exacte de sa mort; mais nous savons qu'il vivait en 1653, et qu'il n'existait plus en 1660.(Acte précité dans lequel comparut Elisabeth Deslandes, veuve de René Androuet.) Les registres protestants de Châtellerault ayant disparu, les recherches de ce côté sont impossibles. Il est très probable qu'il décéda à la Bonnalière.

Le 26 août 1653, par-devant Rivière et Contencin, notaires, Elisabeth Deslandes, se disant femme non commune en biens de René Androuet, sieur du Cerceau, et autorisée de son mari, procéda au partage de sa fortune entre ses deux filles, en présence de Pierre Creuzé le jeune, marchand à Châtellerault, et de Daniel Gobert, avocat au présidial de Poitiers, ses gendres. Par cet acte, elle abandonnait à ses enfants tous ses immeubles sous la réserve de l'usufruit; et pour le cas où elle viendrait à mourir avant son mari, elle obligeait ses filles « à laisser jouir son dit mari, sa vie durant, de la maison et métairie de la Bonnalière, à moins qu'il ne préférât se contenter d'une rente viagère de 250 livres, ainsi que cela avait été convenu et porté dans la donation pure et simple qu'elle lui avait faite. »

Les biens à partager furent divisés en deux lots. Le premier lot comprenait : 1° la maison sise à Châtellerault, paroisse de Saint-Jean-Baptiste, en laquelle les sieur et dame du Cerceau font leur demeure, avec toutes ses dépendances, ainsi que le tout a été acquis par défunts François Deslandes et Marguerite Belon, et est échu à la dame Androuet par suite du partage fait entre elle et ses cohéritiers par-devant le lieutenant général de Châtellerault le 9 août 1644, le dit logis estimé 2700 livres ; 2° le pré appelé le pré d'Anthoigné, au-dessous de l'Herse, contenant cinq journées de faucheur, estimé 800 livres ; 3° la quatrième partie par indivis de la dîme de Lesmé, qui se recueille en la paroisse d'Antran, et dont les trois quarts appartiennent au chapitre de Notre-Dame et au seigneur ou dame de la Barbelinière, ladite quatrième partie chargée de sa portion du gros dû au seigneur commandeur d'Auzon, estimée 700 livres ; 4° la huitième partie ou autre plus grand droit de la dîme de Remeneuil, qui se recueille en la paroisse dudit, les autres parties étant perçues par le seigneur de Remeneuil, à la charge de contribuer au gros dû pour le total de cette dîme, lesdites dîmes tenues et mouvantes du fief et seigneurie de la Martinière au devoir de 6 deniers de cens au terme de Saint-Michel, cette huitième partie estimée 200 livres ; 5° une rente foncière de 34 boisseaux de froment due par Jehan Daillé et Delafaye, à cause de certains domaines situés en la paroisse d'Asnières au terroir de Villaray, acquise du sieur du Soulcy, estimée 600 livres ; 6° une autre rente foncière de 43 livres 15 sols due par François Dieulefit l'aîné, à cause d'une maison sise au carroy Joyeux, paroisse de Notre-Dame, estimée 600 livres ; 7° le fief de Puyraveau, *aliàs* de la Marquetrie, situé paroisse d'Orches, tenu et mouvant du marquisat de Clairvaux à foi et hommage plein et au devoir de 3 sols 3 deniers à muance de seigneur et d'homme, et 3 sols 3 deniers aux loyaux aides, estimé 100 livres ; 8° la dîme des Aguillons, autrement la dîme de la Chevallerie, qui s'étend ès paroisses de Thuré et Avrigny-la-Touche, estimée 400 livres ; et un grand nombre d'autres rentes s'élevant ensemble à 1200 livres. L'estimation totale montait à la somme de 7300 livres ; il était en outre stipulé qu'en cas de prédécès de la dame Androuet, et si son mari optait pour la jouissance de la Bonnalière, celui des co-partageants auquel serait échu le premier lot, paierait à l'autre la somme de 182 livres 10 sols par an jusqu'à la mort dudit sieur Androuet.

Le second lot se composait seulement de la maison et métairie de la Bonnalière, sise en la paroisse de Saint-Jean-l'Evangéliste de Châteauneuf et autres paroisses, consistant en deux corps de logis, l'un pour le maître, couvert d'ardoises, et l'autre pour le métayer, couvert de tuiles, granges, cours, puits, étables, pressoirs, tonneaux, aisances et appartenances, avec deux grandes clôtures tenant ensemble, renfermées de murailles, contenant environ 30 boisselées, joignant d'une part au sentier tendant de Piétard à Besse, et d'autre par le haut au chemin tendant de Châtellerault à Clairvaux ; lesdites clôtures partie en vigne et fruitiers, partie en labour et jardinage. Le domaine de la Bonnalière, avec toutes les terres qui en dépendaient, était estimé 9500 livres. Le possesseur de ce lot devait faire à son co-partageant un retour de 1100 livres, moitié de la différence existant entre les deux lots. La Bonnalière échut ou plutôt fut attribuée aux époux Gobert. Mais Pierre Creuzé demanda, quelques années après, la rectification du partage du 26 août 1653, « comme ayant été fait sans commissaires et comprenant certaines rentes perdues et d'autres de peu de valeur. »

En conséquence, il fut procédé, le 2 mai 1671, devant les notaires Bruneau et Mérigot, à un nouveau partage entre Elisabeth Deslandes, veuve de René Androuet, Pierre Creuzé, sieur de Brenusson, et Elisabeth Androuet, sa femme, et Jacqueline Androuet, veuve de Daniel Gobert. Cette fois, deux commissaires furent nommés par les parties pour faire une estimation détaillée de tous les biens. Les lots furent composés à peu près de la même façon que lors du premier partage. Dans l'un se trouvait la métairie de la Bonnalière avec plusieurs rentes provenant d'aliénations faites par la veuve Gobert et la veuve Androuet; dans l'autre les maisons de ville et les dîmes et rentes qui furent reconnues bien assises. La Bonnalière demeura à la veuve Gobert, qui eut à payer à ses beau-frère et sœur la somme de 1571 livres 5 sols pour l'excédent de son lot. (Arch. de la Vienne, E 2, 242.)

Enfin, le 7 mai 1671, la veuve Androuet, ne pouvant plus, à cause de son grand âge, vaquer à ses affaires, délaissa à ses enfants le reste de sa fortune. La part revenant à chacune de ses filles s'éleva à la somme de 2436 livres 13 sols et 4 deniers, consistant en avances faites aux époux Creuzé et Gobert et en créances sur des particuliers.

Depuis le décès de son mari, la veuve Androuet avait continué à habiter la Bonnalière, n'ayant conservé à la ville qu'un appartement estimé 24 livres. Elle y mourut le 15 mars 1675, à l'âge de 82 ou 83 ans. Nous ignorons si sa fille Jacqueline lui survécut longtemps; mais la propriété de la Bonnalière resta, pendant de longues années encore, en la possession de la famille Gobert.

Son petit-fils, René Gobert, marié en premières noces à Marquise Berthon et en secondes noces à Judith Ingrand [1], y résidait, et, le 8 septembre 1692, il faisait baptiser en même temps dans l'église de Châteauneuf, sa paroisse, trois de ses enfants : Jean-Joseph, né le 16 août 1688; René-Antoine, né le 27 juin 1691, et Charles-Jacques, né le 27 août 1692. Les parrains furent : Jean Rasseteau, conseiller et avocat du roi à Châtellerault; Antoine Gilbert, procureur au présidial de Poitiers, et Charles-Jacques Beauvilain, écuyer, sieur du Vau, vice-sénéchal, prévôt provincial du duché de Châtellerault; les marraines : Marie Faulcon, épouse de M. de Besse, procureur du roi au bureau des finances à Poitiers; Claire Duplex, veuve du sieur Renault, et Marie Ragueneau.

En 1727, à la requête de Judith Ingrand, veuve de René Gobert, la maîtrise des eaux et forêts de Châtellerault ordonna d'informer

---

1. René Gobert avait épousé à Châtellerault, le 19 novembre 1681, Marquise Berthon, fille d'Aimé Berthon, sr de Renouard, et de Madeleine Berthon, et était remarié en 1685 à Judith Ingrand, fille de René Ingrand, sr de la Chaboissière, receveur des tailles du duché de Châtellerault. Outre les trois enfants ci-dessus nommés, il eut (de son second mariage : Jeanne-Judith, née le 18 avril 1686 ; René-Charles, né le 25 juin 1687, décédé le 30 octobre de la même année; René, né le 11 janvier 1690, tous baptisés dans l'église Saint-Jean-l'Évangéliste de Châtellerault.

Charles-Jacques Gobert, né à Châtellerault le 27 août 1692, devint en 1725 trésorier général des finances de la généralité de Poitiers. Il avait pris le nom de Gobert de Saint-Martin : il mourut le 23 janvier 1754. Son fils, Gobert du Censif, lui succéda dans ses fonctions. (Bonvallet, *Le bureau des finances de la généralité de Poitiers*, p. 348.)

René Gobert, sr de la Bonnalière, fit enregistrer son blason dans l'Armorial de 1696, au bureau de Poitiers. Ses armes étaient : « d'argent, à une bande de gueules. »

contre certains habitants du faubourg Châteauneuf qui avaient péché dans l'Envigne en face de la Bonnalière. La dame Gobert prétendait avoir seule le droit de pêcher dans cette rivière, entre le Moulin-Neuf et les murs de Piétard. (Arch. de la Vienne, B 143.) Le 31 mars 1751, l'intendant du Poitou, M. de Blossac, rendit une ordonnance qui déchargeait le sieur Gobert de Saint-Martin, trésorier de France à Poitiers, de la demande faite par Claude Verdavoine, fermier des aides, des droits d'inspecteur pour les vins et boissons façonnés par ledit sieur Gobert dans sa maison de la Bonnalière, paroisse de Saint-Jean-l'Évangéliste de Châtellerault, comme étant éloignée de plus de 500 toises. (Arch. mun. de Poitiers, S, carton 71, n° 1650.)

La Bonnalière a appartenu ensuite à Jacques Faulcon, puis à la famille Martineau. En 1868, elle a été vendue en détail : le logis principal a été acheté par M. Girault Rémi, propriétaire actuel. C'est une maison très simple, dont la façade a pour tout ornement trois lucarnes à fronton triangulaire, celle du milieu avec meneaux. Un ancien pigeonnier et de vastes servitudes encadrent la cour, qu'un chemin d'exploitation, récemment créé, a divisée en deux parties. Le jardin est limité d'un côté par l'Envigne : dans le haut, sur la lisière d'un bois situé le long de la route de Châtellerault à Clairvaux, sont enterrés M. Louis Martineau, ancien député, et sa première femme, née Papillault[1]. Ce bois, d'une contenance de 8 boisselées environ, a été distrait de la vente faite en 1868, et donné, en 1877, par Mme Jules Papillault à la cure de Saint-Jacques, à la charge d'en laisser jouir l'Orphelinat et d'entretenir les tombes de la famille Martineau.

L'autre fille de René Androuet et d'Elisabeth Deslandes, mariée à Pierre Creuzé, mourut à Brenusson[2], le 29 août 1694, à l'âge de 69 ans et demi, et y fut enterrée. Son mari était décédé à Châtellerault le 8 avril 1686, âgé de 70 ans, et avait été inhumé dans l'église Saint-Jacques. L'un et l'autre avaient fait abjuration : Pierre Creuzé le 17 juillet 1685, et Elisabeth Androuet le 15 octobre de la même année. Il est à croire que la conversion de cette dernière ne fut pas bien sincère, car l'acte de son décès ne figure ni sur le registre de la paroisse Saint-Jean-l'Evangéliste de Châtellerault ni sur celui de la paroisse de Thuré ; et voici ce qu'a écrit

---

1. Louis Martineau, ancien notaire, ex-député de la Vienne en 1831, est décédé à Châtellerault le 31 décembre 1852, à l'âge de 80 ans, et a été inhumé à la Bonnalière dans un caveau qu'il avait fait construire. Il avait épousé en 1799 en premières noces Marie Papillault, décédée à l'âge de 32 ans le 24 novembre 1812, et en secondes noces le 6 septembre 1814 Delphine Turquand. Cette dernière mourut le 27 avril 1863, âgée de 69 ans et demi, et fut enterrée à Châtellerault dans le cimetière Saint-Jacques. Il n'y a eu d'enfants ni du premier ni du second lit.

2. Brenusson ou Bernusson, hameau dont une partie est de la commune de Châtellerault, et l'autre de Thuré.

son fils dans un livre de famille que nous avons pu consulter :

« Le 29 août 1694, est décédée dame Elisabeth Androuet du Cerceau, ma mère et veuve de M. Pierre Creuzé de Brenusson, âgée de 69 ans passés du mois d'avril, bien disposée à la volonté du Seigneur. A été enterrée à Brenusson par Jacob Cousin, Michel Cousin et Jacob Jahan ; signé : Michel Cousin et Jacob Jahan ; a ledit Jacob Cousin déclaré ne sçavoir signer. Signé : Creuzé de la Touche. »

D'autre part, dans le compte des dépenses faites à l'occasion de la maladie et de la mort de sa mère, le même Creuzé de la Touche a porté une somme de 5 livres 5 sols « payée aux nommés Cousin père et fils et Jahan, pour façon du cercueil, la fosse et l'enterrement » ; il n'est question d'aucuns autres frais funéraires.

Du mariage de Pierre Creuzé et d'Elisabeth Androuet sont issus seize enfants, dont la plupart moururent en bas âge et dont trois seulement ont recueilli la succession de leurs père et mère. Ces trois survivants étaient : René Creuzé, sieur de la Marquetrie, Michel Creuzé de la Touche et François Creuzé de Brenusson.

III

Le manuscrit que nous avons eu entre les mains nous a paru être une copie ou plutôt le projet du Mémoire adressé au duc de Sully. Les fautes d'orthographe, que nous n'avons pas cru devoir corriger, y abondent. Nous n'y avons pas reconnu l'écriture d'Androuet du Cerceau, dont nous avons un spécimen dans une quittance écrite de sa main à la date du 12 février 1613 et relative à une somme de 2400 livres reçue de François Deslandes, son beau-père, à valoir sur la dot de sa femme. On possède aussi la signature de René Androuet, laquelle est apposée au bas de la copie notariée de sa commission qui existe aux Archives de la Vienne et dont nous avons donné le texte au début de cette introduction.

A. LABBÉ.

ÉTAT DES CHEMINS ET CHATEAUX
DU POITOU

PAR

René ANDROUET DU CERCEAU (1611)[1].

Je, René Androuet du Cerceau, Architecte et Ingénieur ordinaire du Roy, certiffye à Monseigneur le duc de Sully, pair et grand voyer de France et lieutenant général pour Sa Majesté en son pays de Hault et Bas Poictou, Chastelleraudais et Loudunois, que pour satisfaire aux commandemens à moy faictz par mondit duc et en exécutant la commission qu'il m'a donnée aux fins y contenues, je me suis transporté en toutes les parroisses, séneschaulcée de Chastellerault. . . . .
. . . .
part considéré et recueilly. . . . .
pour satisfaire à l'intention. . . . .
faict et luy ay repres. . . . .
dudict pays de Chastellerault. . . . . . .
madicte commission. . . . .
réparations. . . . .
ville de. . . . .

---

1. La première page de ce manuscrit a été en partie déchirée. J'en ai reproduit fidèlement tout ce qui restait : malheureusement ces fragments de phrases ne permettent pas de reconstituer entièrement le texte.

et ch. . . . .
comm. . . . .
   Le trant.. . . . .
ay veu et visité. . . . .
d'icelluy. . . . .
du. . . . .
parachèvement dudict pavillon, tant pour la massonerye à chaux et sable avecq les paremens de pierre de taille, ornemans de l'architecture, sellon qu'elle a esté cy-davant commencée, ensemble la charpante, couverture, pavé, blanchissemens, menuzerye, serrurye et vitres : tout ledict œuvre rendu, faict et parfaict, à faire et fournir de tous mathériaux, rendu la clef en la main, la somme de dix-huict mil livres, cy. . . . . xviii^m l.

. . . .
. aussy veu et visité le portail dudict Chastellerault
. . . Saincte Catherine où est la porte par où l'on sort de la ville pour aller à Paris, lequel ay trouvé tumber en totale ruine sy bien tost il n'y. . . . .
. . . . avoir esté les voultes du hault estage. . . . .
. . . . tous du costé à main droicte sortant. . . . .
. . . . à coups de canon pendant le. . . . .
lieu y a viron quarante ou. . . . .
. . . . n'y a esté faict aulcune. . . . .
du premier. . . . .
. . . . entièrement ruinées
. . . . costés dudict portail
. . . . de tumber et
. . . . totalle ruine d'icelluy
. . . . estage et celle du hault

. . . . ruines durant ledict siège
. . . . sur ledict portail de tous
. . . . ensemble couvrir lesd.
. . . . toise comme elle
. . . . machecoulis et parapet
. . . . taille comme aussy
le dedans de chascunes desdictes tours ung degré de pierre dure pour monster sur icelles tours, qui est aussy ruiné, et faire le tout de la dicte massonne à chaux et sable, faire des portes et fenestres de menuserye, partout où besoing sera, et vauldroict bien toutes les dictes réparations à faire et fournir et rendu les clefs en la main la somme de trois mil six cens livres, cy. . . III^m VI^c l.

Plus ay trouvé les ruhes du dict Chastellerault assès bien pavées et n'est besoing de réparation quant à présant.

I

Devis des réparations qui sont faictes et nécessaires à faire sur le grand chemin de Chastellerault jusques au Port de Pille, y comprins le pont dudict lieu à prendre depuis ledict pont jusques audict Chastellerault.

Premièrement me suis transporté dudict Chastellerault au lieu du bourg dudict Pille, où a esté de nouveau sur le port du dict lieu construict ung pont de bois sur la rivière de Creuse, ayant de longueur   toizes et de largeur quatorze piedz, et une chaussée et levée à chascun bout dudict pont ayant de longueur, sçavoir celle du costé du bourg de la Selle de soixante et dix toizes de pavé, revestue la longeur de soixante-trois toizes de murailles faicte à chaux et sable de deux piedz huict poulces d'épesseur au rais de chaussée, ayant de tallus et pantes par le bas huict poulces, couverte de pierre de taille qui a de largeur treze poulces, et celle qui est du costé dud. bourg

de Pille a de longeur cinquante toizes de pavé revestues
de vingtz-quatre toizes de muraille de chascun costé, de
mesme espesseur et façon que celle cy-dessus ; lesquelles
deux chaussées sont garnies de trois toizes en trois
toizes de chaînes de pierre de taille et boutices hérissonnée et grossoyée à chaux et sable, et ay trouvé que
s'il n'est promptement remédié à la réparation dudict
pont, il est en voye de se ruiner à cause des démolitions
qui sont advenues aux pilles et contrescarpes de pierre de
taille depuis l'année mil six cens huict jusques à présant,
causées par les grandes eaues, gellées et verglas qui ont faict
geller et gaster les pierres tandres desdictes pilles et contrescarpes qui y servent de paremens et qui sont dessus
les assiettes de pierre dure, et seroit nécessaire pour
obvier à la totalle ruine dudict pont revestir et resaper les
pilles d'icelluy pour le moings de huict assiettes de bonne
pierre dure oultre et par-dessus les assiettes de ladicte
pierre qui servent de fondemens pour résister aux gellées,
verglas et grandes eaues, et aussy metre des pierres tandres
en plusieurs lieux où les gellées les ont gastées, et coustra
bien la dicte réparation deux mil livres à faire et fournir.
Et aussy seroit nécessaire repaver en divers lieux sur les
chaussées dudict pont où le pavé est gasté, qui reviendroit bien tant en longeur que largeur au nombre de
soixantes toizes, vallant bien chascunes toizes cinquante
solz, qui seroit pour tout led. pavé la somme de cens
cinquante livres, et seroit pour le tout les réparations
dudict pont et chaussées mentionnée on présant article
la somme de deux mil cens cinquante livres, cy. II^m CL l.

Plus ay trouvé, depuis le bout dud. pont et chaussée cy-dessus vers Chastellerault, le chemin passant au travers
ledict bourg de Pille pavé de la longeur de trois cens
cinquante toizes sur la largeur de quinze piedz, auquel est
nécessaire refaire tant en longeur que largeur le nombre

de quinze toizes, qui vauldroict bien chascune cinquantes solz à faire et fournir, qui seroit pour tout la somme de trente-sept livres dix solz, cy. . . . . xxxvii l. x s.

Plus, à cens pas dudict pavé suivant led. chemin vers ledict Chastellerault, ay trouvé led. chemin pavé de la longeur de quatre cens cinquante toizes sur treze à quatorze piedz de large, au millieu duquel pavé y a ung petit arseau, nommé le Pas du Ruisseau, de la longeur de trois piedz et de haulteur de deux piedz ; lequel arseau il est nécessaire refaire à cause qu'il est entièrement ruiné, comme aussy est besoing refaire dudict pavé jusques au nombre de cinquantes toizes, qui vault bien à faire et fournir, tant ledict arseau que pavé, la somme de six vingts livres, cy. . . . . vi^{xx} l.

Plus viron quatre cens toizes du dict lieu cy-dessus allant vers led. Chastellerault passant au long d'un village nommé Coullombiers, ay trouvé le chemin audict lieu pavé de la longeur de trois cens toizes sur treze à quatorze piedz de large, lequel est gasté en plusieurs endroictz, et seroit besoing en refaire tant en longeur que largeur le nombre de soixante toizes, vallant chascune toizes cinquante solz, qui seroit pour tout la somme de cens cinquante livres, cy. . . . . cl l.

Plus, depuis led. pavé jusques au bourg des Hommes Sçainct-Martin, distant de viron cinq cens toizes de chemin, n'ay trouvé estre besoin d'aulcune réparation pour estre pays de sable, où le chemin est en tout temps assez bon.

Plus, au bout desdicts cinq cens toises et au bourg des Hommes Sçainct-Martin, ay trouvé le chemin pavé de la longeur de quatre cens toizes sur quize piedz de large, lequel est rompu en quelques endroictz, et seroit besoing en réparer et refaire jusques au nombre de cinquantes toizes tant en longeur que largeur, qui vaudroict bien à faire et fournir cinquante-cinq solz chascune toizes, qui seroit pour le tout la somme de cens trente-sept livres dix solz, cy. . . . . cxxxvii l. x s.

Plus au bourg de Bussière, distant dudict lieu cy-dessus de viron trois cens cinquante toizes, ay trouvé audict Bussière le chemin pavé de la longeur de deux cens quarente toizes, lequel est rompu en pleusieurs endroictz, et seroit nécessaire en paver jusques au nombre de trente-cinq toizes tant en longeur que largeur, et vauldroit bien chascune toize cinquante sols : par ce reviendroit le tout la somme de quatre-vingtz-sept livres dix solz, cy. . . . . iiii^{xx} vii l. x s.

Plus à viron quatre cens toizes dudict Bussière, tirant ledict chemin vers led. Chastellerault, ay trouvé icelluy pavé de la longeur de soixante et quinze toizes et n'a à présant besoing de réparation.

Plus ay passé au bourg de Dangé distant du pavé cy-dessus de viron deux cens toizes, où ay trouvé proche ledict bourg et allant dans icelluy le chemin pavé de la longeur de cens toizes sur quize piedz de large, auquel il n'est besoing de réparation, et seroit nécessaire continuer ledict pavé suivant le chemin passant au travers ledict bourg de la longeur de cens cinquante toizes pour aller joindre ung aultre pavé qui est au bout dudict bourg du costé vers Chastellerault, parce que entre lesdictz deux pavés il y a fort mauvais chemin qui est en terres fortes et où croupist des eaues qui rendent ledict chemin fort mauvais, et reviendra led. pavé au nombre de viron cens soixante-quize toizes tant en longeur que largeur, et vauldroit bien chascune toize à faire et fournir trois livres, qui seroit pour le tout la somme de mil cens vingtz-cinq livres ; et pour le régard du pavé cy-dessus dict estant au bout dudict bourg dudict costé de Chastellerault n'a besoin de réparation, par ce pour celluy qu'il est besoing faire, cy . . . . MCXXV l.

Plus ay passé l'espace de viron une lieue de chemin que j'ay trouvé assès bon pour estre en pays sablonneux et assès large, et n'est besoing d'aulcune réparation.

Plus à ung lieu qui est au droict d'une fosse nommée la Fosse-aux-Brodes, ay trouvé le chemin pavé en la longeur de trente-cinq toizes sur quize piedz de large, qui n'a besoing d'aulcune réparation.

Plus depuis led. lieu jusques au bourg d'Ingrande, ay passé viron demye-lieue de pays sablonneux, où ay trouvé le chemin assès bon et n'est besoing d'aulcune réparation.

Plus ay trouvé audict bourg d'Ingrande le chemin passant au travers et dehors icelluy pavé de la longeur de deux cens toizes faict de nouveau, où n'est besoing de réparation.

Plus ay passé viron demye-lieue du chemin que j'ay trouvé assès bon pour estre pays sablonneux et le chemin assès large, auquel n'est besoing de réparation.

Plus suivant led. chemin vers Chastellerault, ay trouvé la longeur de cinq cens toizes de chemin pavé qui commence à ung ruisseau et continue jusques à cens toizes oultre la Justice d'Ingrande du costé dudict Chastellerault, lequel pavé a quize piedz de large et est gasté en pleusieurs endroictz, qu'il seroit nécessaire refaire et repaver jusques à quarente toizes tant en longeur que largeur, qui vauldroit bien chascune toizes quarente-cinq solz à faire et fournir, qui seroit pour le tout la somme de quatre-vingtz-dix livres, cy . . . . IIII^{xx}X l.

Plus ay passé depuis le pavé cy-dessus jusques à une croix nommée la Croix des Aubues distant de viron ung grand quart de lieue, où j'ay trouvé le chemin assès bon pour estre en païs de varennes et terres sablonneuses où n'est besoing de réparation.

Plus depuis ladicte Croix des Aubues jusques au faulbourg de Sçaincte-Catherine dudict Chastellerault, ay trouvé le chemin pavé qui contient la longeur de sept cens cinquante toizes, qui est gasté en pleusieurs lieux, et seroit nécessaire en refaire et paver jusques au nombre de cens toizes tant en longeur que largeur, qui coustroit chascune toize à faire et fournir cinquante solz, qui seroit pour le tout la somme de deux cens cinquante livres, cy. . . . . II^c L l.

Plus passant par ledict faulxbourg de Sçaincte-Catherine, ay trouvé les rues d'icelluy assès bien pavées, sauf en quelques endroictz où seroit besoing aux particulliers habitans repaver chascun davant soy.

II

Devis des réparations faictes de nouveau et qui sont nécessaires à faire sur le grand chemin de Chastellerault à Anthougné.

Premièrement ay veu led. chemin par où on va dud. Chastellerault au bourg dudict Anthougné, où on tire la pierre tandre pour bastir, de laqueile a esté basty le pont, tous[1] et portaux dudict Chastellerault, lequel lieu d'Antougné est distant de lad. ville de viron ung grand quart de lieue, où ay trouvé ung vallon dans le roc au droict d'ung lieu nommé la Minne d'Or, proche le susdict faulbourg Sçaincte-Catherine, où led. chemin est pavé de la longeur de quarente-six toizes sur quize piedz de large, qui n'a besoing de réparation.

Plus ay trouvé depuis ledict pavé cy-dessus jusques audict lieu d'Anthougné le chemin fort mauvais, estans terres fortes, enfondrantes, où les charroix entrent en pleusieurs lieux jusques à l'aissieuil et ne s'en peuvent les chevaux et

---

1. *Sic* pour « tours ».

bœufs tirer que avecq beaucoup de paine, et seroit nécessaire pour la facillité et commodité des bastimens de Sa Majesté audict Chastellerault et bien du public paver led. chemin, qui contient bien cinq cens toizes de longeur sur quize piedz de large, qui reviendroit tant en longeur que largeur à douze cens cinquante toizes, qui coustroit bien chascune toize trois livres, qui seroit pour le tout la somme de trois mil sept cens cinquante livres, cy . . . . III^m VII^c L l.

III

Devis des réparations faictes et nécessaires à faire sur le chemin de Chastellerault à la Roche-de-Poulzay qui est le grand chemin pour aller en Berry.

Premièrement sortant dudict Chastellerault par la porte de Sçainct-Jacques, ay trouvé que le faulxbourg dud. lieu est assès bien pavé, fors en quelques endroictz où il seroit nécessaire ordonner aux habitans que chascun pavast davant soy.

Plus ay trouvé au lieu nommé Villevert, proche led. faulbourg, le chemin pavé de la longeur de quatre-vingts-neuf toizes sur douze piedz de large, où n'est besoing à présent de réparation.

Plus ay passé depuis led. lieu jusques à une maison nommée Couhe d'Asne, distant dud. Villevert de viron trois cens toizes, où ay trouvé le chemin assès bon estant en terres sablonneuses, et n'est besoing y faire de réparation.

Plus depuis le bout desdictes trois cens toizes de chemin cy-dessus ay trouvé ung fort mauvais chemin, qui est en terres graces, argilleuses et fort enfondrantes, où les chevaux et charrois ne peuvent passer que à grand paine, et seroit besoing paver icelluy de la longeur de cens cinquantes toizes sur quize piedz de large, lequel pavé est besoing qu'il aille prendre ung aultre pavé de nouveau faict à ung lieu nommé le Port-Pandu, et aura led. pavé tant en longeur que largeur trois cens soixante-quize toizes, qui vauldra bien chascune toize trois livres, qui sera pour le tout la somme de unze cens vingtz-cinq livres, cy. . . . . xie xxv l.

Plus ay veu au bout desdictes cens cinquante toizes contenues en l'article cy-dessus ledict lieu nommé, où ay trouvé deux cens quatoze toizes de chemin pavé sur douze piedz de large, fors en ung bout devers Chastellerault, où il y a la longeur de douze toises que on a laissé sans paver et où il seroit besoing faire une petite levée de lad. longeur et de haulteur deux piedz avecq deux petis ouveaux pour escouller les eaues qui croupissent audict lieu, et ay aussi trouvé led. pavé entièrement ruiné et gasté en pleusieurs lieux, qu'il seroit besoing refaire jusques au nombre de deux cens toizes tant en longeur que largeur y comprins ladicte levée, et vauldroit bien led. pavé à faire et fournir cinquante solz la toize, qui seroit pour le tout la somme de cinq cens livres, cy. . . . . . . v^e l.

Plus au bout dud. pavé cy-dessus y a ung très mauvais chemin en terres graces, argilleuses et blanchastres et fort enfondrantes, qu'il seroit besoing paver de la longeur de quatre-vingtz toizes sur douze piedz de large, et seroit tant en longeur que largeur le nombre de cens soixante toizes, qui vault bien chascune toize cinquante solz, qui est pour le tout la somme de quatre cens livres, cy. . . . iiiie l.

IV

Devis des réparations faictes et nécessaires à faire sur le chemin de Chastellerault à Targé.

Premièrement ay passé sortant du faulxbourg Sçainct-Jacques l'espace de demy-quart de lieue de chemin assès bon, où n'est besoing de réparation pour estre pays de sables et varennes.

Plus en ung lieu nommé Belhéan au coing d'une muraille y estant sur led. grand chemin, ay trouvé le chemin fort mauvais et enfondrant pour estre terre graces, argilleuses et fortes, et aussy que c'est ung font où croupist tant en temps d'hiver que esté des eaues qui dessandent d'une fontaine nommée Martinay, qui cause le chemin sy enfondrant que les chevaux, carroses et charrois n'en peuvent sortir et les carroses et charrois y enfondrent jusques à l'aissieul, seroit besoing pour le bien public y faire une levée de la longeur de trente toizes de long sur quize piedz de large et de haulteur deux piedz au plus hault avecq ung ouveau ayant ung pied en carré, et paver sur ladicte levée, qui reviendra au nombre de soixante et quinze toizes tant en longeur que largeur, et vauldra bien à faire et fournir tant ladicte levée que pavé chascune toize la somme de trois livres, qui seroit pour le tout la somme de deux cens vingtz-cinq livres, cy. . . . . II^c XXV l.

Plus à viron cens toizes dud. lieu au droict d'une maison nommée la Grégeaudière, ay trouvé ung chemin de la longueur de cinquante toizes en ung fons où les terres sont fortes, graces et argilleuses et bourbeuses, où est impossible aux carosses et chevaux passer que avecq beaucoup de paine, et seroit nécessaire le faire paver de ladicte longeur de cinquante toizes sur quize piedz de large, et reviendra tout ledict pavé au nombre de cens vingtz-cinq toizes, qui coustra bien chascune toize la somme de cinquante-cinq solz, qui sera pour le tout la somme de quatre cens douze livres, cy. . . . . IIII^c XII l.

Plus ay veu le lieu nommé les Planches de Targé, où à esté faict de nouveau une levée et chaussée de la longeur de quatre-vingtz toizes et de largeur de dix-huict piedz pavé tout le long sur douze piedz de large, aux deux boutz de laquelle y a deux petis pons de boys pour aigouster les eaues des marais qui sont autour et d'une petite rivière nommée la rivière du Donné, ayant lesd. deux pons chascun six piedz de large et sept piedz et demy de longeur et cinq piedz de haulteur, et n'ay trouvé aulcune réparation à faire tant esdictz pons que levée et pavé, mais seroit besoing continuer le pavé de lad. chaussée du costé vers Chastellerault de la longeur de cinquante toizes, parce que le chemin estant en terres graces, fortes et bourbeuses, il est bien difficille aux chevaux, carrosses et charrois y passer, ne pouvans mêmes carter à cause que les terres estant autour dud. chemin sont fortes, enfondrantes et marescageuses sans fons, et reviendroit led. pavé au nombre de cens vingtz-cinq toizes tant en longeur que largeur, qui coustra bien chascune toize cinquante-cinq solz, qui seroit pour le tout la somme de trois cens quatre-vingtz-une livres cinq solz, cy . . . . III^c IIII^{xx} I l. v s.

V

Devis des réparations qu'il est besoing faire sur le grand chemin de Chastellerault en Limousin et la Marche depuis ledict Chastellerault jusques à une lieue.

Premièrement ay passé l'espace de viron une lieue de chemin que j'ay trouvé assès bon pour estre situé en païs de sable et varennes, et n'y a besoing de réparation.

Plus ay veu et visité le lieu nommé le Gué de Landain à une lieue dudict Chastellerault, où ay trouvé le passage fort périlleux à cause de la grand quantité d'eaues qui y passe, auquel lieu seroit besoing et très nécessaire y faire une chaussée avecq quatre arcades en pierre de taille à chaux et sable, laquelle chaussée aura deux cens toizes de longeur et de largeur quatre toizes en son assiette sellon le plan que j'en ay cy-davant, dès le mois de septembre mil six cens unze, faict et dressé, qui a esté représanté à mondict seigneur, auquel a esté certiffyé que le passage dud. Gué de Landain est fort fréquant et néantmoing fort périlleux à cause du grant debort des eaues, dont bail au rabais a esté faict pardavant M⁰ Jacques Biesse, commis de mondict seigneur en l'élection dudict Chastellerault.

VI

Devis des réparations que les Religieux des Minimes de l'ordre de Sçainct-Françoys de Paulle m'ont monstré estre nécessaire à faire en leur couvant audict Chastellerault.

Premièrement qu'il est nécessaire repaver et racoustrer le vieil dortouer dudict couvant qui tombe en ruine à veue d'œil, lequel a treze toizes et ung pied de longeur et sept piedz et demy de haulteur, et est nécessaire refaire les cloisons d'entre les haultes chambres dudict dortouer avecq de bonne chantille et coulombage jusques au nombre de quize toizes, ensemble planchonner par-dessus et couvrir l'allée d'icelluy qui contient le nombre de treze toizes, et vauldra bien à faire et fournir toute ladicte réparation la somme de six vingtz quize livres, cy. . . . . VI^{xx} xv l.

Plus estre nécessaire faire racoustrer le lambris qui a esté brulé dans le cloistre dudict couvant pendans les guerres, laquelle réparation ay trouvé monter au nombre de dix-huict toizes de longeur sur huict piedz de large, qui reviendra tant en longeur que largeur au nombre de vingtz-quatre toizes, et fault que ledict lambris soit faict en rond comme celluy qui est aud. cloistre qui n'a esté gasté par le feu, et vauldra bien tout led. lambris à faire et fournir la somme de cens cinquante livres, cy. . . . . . cl l.

Plus parce que le viel dortouer n'est suffisant pour loger le nombre des religieux qu'ils y sont à présant, maintenant est nécessaire, toutes foys soubz le bon plaisir de mondict seigneur, en faire bastir et construire ung neuf composé de cinq chambres seullement de chascun costé, qui font dix en tout, et au-dessoubz d'icelles faire trois aultres, une pour servir de claustrable où ilz mettent leurs mallades avant les conduire à l'infirmerye, une pour servir de despance et une chambre d'hoste où ilz reçoipvent les religieux allant en obédience, lequel nouveau dortouer aura la longeur de unze toize et vingtz-trois piedz de largeur, et icelluy situer sur la gallerye qui regarde sur leur petit jardin, et affin que les murailles soient au niveau et à l'égal de celle du vieil dortouer auquel il sera joinct, est besoing qu'elle aye vingtz piedz de hault et d'épesseur deux piedz et demy dans terre et deux piedz hors terre, massonne à chaux et sable, le tout garny de cloisons, portes, fenestres, croisées et toutes les dictes murailles garnye ensemble la couverture de sollives, solliveaux et aultres choses requises pour la couverture dudict nouveau dortouer ; pour la réparation duquel et entre-deux des chambres fauldra cinquante toizes en carré de coullombages et chantilles, et pour couvrir l'allée et lesdictes chambres sera besoing de quarente-quatre toizes de planchon, et coustra la construction dudict nouveau dortouer, sellon ce que dessus, à faire et fournir la somme de neuf cens livres, cy. . . . . . ıx^e l.

Plus m'ont les dictz religieux dict qu'il est nécessaire disposer leur église pour y chanter journellement leur office et à ceste fin y faire des chaires de boys haultes et basses qui font deux rangs, jusques au nombre de vingtz-quatre qui est douze de chascun costé, sans comprandre les petites chaires basses pour seoir les novices faisans les petites offices, et icelles chaises acommoder et placer dans le cœur de ladicte église à ce qu'ilz puissent plus décemment chanter arternativement leurs offices et faire les fonctions et cérémonyes sellon profession, ordre et station ; ensemble faire renclore les deux chapelles qui sont dans la nef avecq des barreaux de bois tournés de la haulteur de dix piedz et six poulces d'épesseur, revenant lesdictz barreaux au nombre de dix-huict toizes, qui coustront avecq toutes les dictes chaises cy-dessus la somme de cens quatre-vingtz livres, cy. . . . . cIIII^{xx} l.

Plus qu'il est oultre nécessaire de faire dresser et construire en leur église ung grand autel pour y célébrer tous les jours la messe qui soit conduit de l'œuvre et élabouré ainsy qu'il convient, et vauldra bien ledict hostel douze cens livres, cy. . . . . XII^c l.

Plus m'ont aussy dict que leur nécessité ne leur permist, faisant recouvrir leur église, d'y faire dresser ung clocher, ainsy qu'il apartient et que c'est la praticque de tous leurs couvans, suplyent mondict seigneur leur donner moyen d'en faire ung de trente piedz de haulteur, pour lequel construire conviendroict deux sollives de trente piedz de longeur et ung pied de grosseur en carré, huict poteaux de dix-huict piedz de longeur et dix poulces de grosseur en carré, vingtz-quatre cheverons de trente piedz de longeur et six poulces par pied et cinq poulces par cime, deux cens toizes de repartissage pour faire les sablières, rouhes et aultres liaisons et contre alaetz pour soustenir led. clocher, une aiguille de trente-cinq piedz portant dix poulces en grosseur, quatre amoises pour amoiser ledict clocher qui soient de douze piedz de longeur et ung pied de largeur et de six poulces d'épesseur avec douze chevilles de fert pour aplicquer ausdictes amoises et cheverons, et coustra bien le tout ce que dessus à faire et fournir la somme de deux cens cinquante livres, cy. . . . . II^c L l.

VII

Devis des réparations faictes et à faire sur le grand chemin de Chastellerault à Poictiers, y comprins le faulxbourg de Chasteauneuf dudict Chastellerault.

Premièrement ay trouvé, partant dudict Chastellerault, qu'il est nécessaire faire une levée et pavé dessus depuis le bout du Pont du portal nouvellement construict vers le dict faulxbourg de Chasteauneuf jusques au pavé de la ruhe dudict faulxbourg, y ayant de distance douze toize de longeur qui n'a jamais esté pavé, est besoing que ladicte levée aye deux piedz de haulteur et de largeur de trois toizes, et se trouvera tant en longeur que largeur trente-six toizes, vallant bien chascune desdictes toizes tant de levée que pavé à faire et fournir trois livres dix sols, revenant le tout à la somme de cent vingtz-six livres, cy . . cxxvi l.

Plus, passant par ledict faulxbourg, ay trouvé qu'il est assez bien pavé fors en quelques lieux où il seroit besoing ordonner à chascun habitans qu'il eust à faire repaver davant soy, sauf en la grand ruhe d'icelluy faulxbourg où ay trouvé une place vague qui n'est pavée, où croupist de l'eaue qui cause mauvais chemin et passage de la longeur de dix toizes et largeur trois, estant ladicte place au-davant des logis de pauvres gans qui n'ont moyen la faire paver, et seroit besoing ordonner qu'elle le seroit au despans du Roy, et vauldroict bien la toize dudict pavé cinquante solz à faire et fournir ; il s'en trouve tant en largeur que longeur trente toizes, revenant le tout à la somme de soixante-quinze livres, cy. . . . . lxxv l.

Plus ay aussy trouvé qu'il seroit aussy nécessaire de continuer le pavé dudict faulxbourg jusques au pont d'Estrée, où passe la rivière apellée Lanvigne, y ayant de distance vingtz-cinq toizes, et y faire une levée de la haulteur de trois piedz pour venir au niveau dudict pont qui aye de large quize piedz, et paver sur lad. levée, qui seroit en tout tant longeur que largeur soixante-deux toizes tant de ladicte levée que pavé, qui coustroit à faire et fournir chascune toize quatre livres, qui est pour le tout la somme de deux cens quarente-huict livres. ii^c xlviii l.

Plus est aussy nécessaire paver au bout dud. pont

d'Estrée suivant ledict grand chemin de Poictiers de la longeur de vingtz toizes et largeur quize piedz, à cause que c'est ung mauvais chemin dont les charrois et chevaux ne se peuvent tirer, et se trouve tant en longeur que largeur cinquante toizes, vallant bien chascune desd. toizes cinquante-cinq solz, revenant le tout à la somme de cens trente-sept livres dix sols, cy. . . . . . cxxxvii l. x s.

Plus ay passé par la forest dudict Chastellerault, où ay trouvé le chemin assès bon et n'est nécesssaire y faire aulcune réparation, à cause que ce sont terres sablonneuses et varennes, et ledict chemin assès large jusques au droict d'une vigne qui se nomme Chillevert, distant dudict Chastellerault de deux lieues et demye, où ay trouvé qu'il est nécessaire paver la longeur de cens toizes et de largeur quize piedz pour se joindre jusques au pavé qui a esté faict de nouveau, à cause que ce sont terres graces et bourbeuses tirant sur l'argille et d'où les chevaux et charriotz ne se peuvent tirer, et se trouve tant en longeur que largeur deux cens cinquante toises, qui vallent bien à faire et fournir pour chascune toize trois livres, revenant le tout à la somme de sept cens cinquante livres, cy. . . viie L l.

Plus, au bout desdictz cens toizes cy-dessus, ay trouvé le pavé qui est faict de nouveau de la longeur de cinq cens toizes ayant quize piedz de large, lequel est gasté et rompu en pleusieurs endroictz, seroit besoing icelluy acommoder et refaire tant en longeur que largeur jusques au nombre de quatre-vingtz-dix toizes, qui vallent bien quarente-cinq solz la toize, revenant le tout à la somme de deux cens deux livres dix solz, cy. . . . . iie ii l. x s.

Plus ay passé par le bourg de la Tricherye, où ay trouvé qu'il seroit besoing paver la longeur de cens cinquante toizes de largeur quize piedz, qui font en tout tant en longeur que largeur trois cens soixante et quize toizes, à cause

que la ruhe et passage dudict lieu est fort mauvais, y ayant
de grandes pantes et ornières, et vault bien chascune toize
à faire et fournir trois livres cinq solz à cause que le pavé
se prand à une grande lieue dudict lieu et le sable difficille
à avoir, revenant le tout à la somme de mil deux cens
vingtz-sept livres dix solz, cy. : . . M II^c XXVII l. x s.

Plus, passant dudict bourg de la Tricherye à Longesve distant l'ung de l'aultre de demy-quart de lieue, où ay trouvé le chemin pavé long temps y a, qui n'a besoing d'aulcune réparation.

Plus, passant sur le pont dudict lieu de Longesve nouvellement basty, y ay trouvé qu'il a de longeur de pavé cent toizes et dix-huict piedz de large ou environ, et qu'il seroit nécessaire y relever et refaire en pleusieurs lieux dudict pavé tant en longeur que largeur jusques à trente toizes, qui est gasté par la grande quantité de charrois qui y passe journellement, comme aussy refaire et remettre en quelques lieux des tables de pierre de taille sur les parapels qui ont esté faictz aux deux costés dudict pont, à cause que les gellées et verglas les ont gastés, et vaudroit bien la toize dudict pavé à faire et fournir cinquante solz, et pour racommoder lesdictz parapels et remetre lesdictes tables dessus et grossoier et hérissonner et anduire tant lesdictz parapelz, arches et aultres endroictz que besoing sera audict pont la somme de soixante et quize livres, revenant le tout tant dudict pavé que aultre chose cy-dessus la somme de cens cinquante livres, cy. : . . . . CL l.

Plus ay passé dudict Longesve au lieu nommé Bois-Chapeau, distant dudict Longesve d'ung quard de lieue, où ay trouvé n'estre besoing y faire aulcune réparation, à cause qu'il est situé en sables et varennes et que le chemin y est tousjours assés bon.

Plus ay trouvé, passant dudict Bois-Chappeau à aller à Pied-Blanc et proche dudict Bois-Chappeau, la longeur de six vingtz toizes de pavé et de largeur quize piedz faict de nouveau, lequel n'a besoing à présant d'aulcune réparation, et seroit besoing continuer led. pavé jusques à celluy qui est au-dessoubz de la vallée de Pied-Blanc, y ayant de distance entre lesdictz deux pavés de cens cinquante toizes sur quize piedz de large, et vauldroit bien chascune toize quatre livres, à cause que le pavé se prend à plus d'une lieue dudict lieu et le sable à bien demye-lieue, et est nécessaire que ledict lieu soit pavé tant à cause que c'est ung très mauvais chemin que de la montée qui y est fort roide, où les chevaux et charrois enfondrent estant terre blanchastres, graces et bourbeuses, revenant tout led. pavé à trois cens soixante-quize toizes, qui vauldroict en tout la somme de mil cinq cens livres, cy. . . . . . mv^c l.

Plus, allant depuis ledict lieu de Pied-Blanc jusques près le bourg de Jaulnay, ay trouvé le chemin pavé de la longeur de viron mil toizes sur quize piedz de large et n'y ay trouvé besoing y rien réparer, et seroit besoing ordonner que les particulliers, à qui apartiennent les terres joignant ledict pavé, ne labourassent sy prest d'icelluy qu'ilz font et qu'ilz laissaissent six piedz de terre sans labourer de chascun costé pour garentir led. pavé de dépérissement, et oultre seroit nécessaire continuer led. pavé de la longeur de vingtz-cinq toizes pour aller dans led. bourg de Jaunay, où il croupist grande quantité d'eaue qui cause ung mauvais passage et grande fondrières où les chevaux et charrois ne peuvent passer, et vauldroit bien chascune toize dud. pavé trois livres quinze solz; revenant le tout tant en longeur que largeur au nombre de soixante-trois toizes, qui feroit le tout la somme de deux cens trente-six livres cinq solz, cy. . . ii^c xxxvi l. v s.

Plus, passant par ledict bourg de Jaunay contenant quelques trois cens toizes, ay trouvé le chemin assès bon pour estre ledict chemin ferré de roc n'ayant besoing d'aulcune réparation.

Plus ay passé au droict d'ung moullin nommé le moulin du Fort-Clan, proche ledict bourg de Jaunay, où ay trouvé depuis l'issue dudict bourg tirant droict le chemin de la poste la longeur de trois cens toizes de chemin fort mauvais, estant en terres graces, n'ayant nul fons, où les chevaux et charrois ne peuvent passer que à grand paine, seroit besoing y faire une levée de quize piedz de large et de hault ung pied et demy et paver dessus, et se trouve tant en longeur que largeur sept cens cinquantes toizes, qui vauldroict bien chascune toize tant à faire que fournir quatre livres, revenant le tout à la somme de trois mil livres, cy. . . . . III^m l.

Plus ay passé depuis led. bourg cy-dessus jusques au bourg de Jazeneuil où est la poste, où ay trouvé le chemin durant cinq cens toizes assès bon, et n'est besoing d'aulcune réparation.

Plus ay passé dudict lieu de Jazeneuil au bourg des Ances, où ay trouvé que le chemin est fort mauvais à cause que ce sont terres graces et fortes, et qu'il est nécessaire y faire une levée d'ung pied et demy de hault et quize piedz de large et paver dessus de longeur trois cens toizes, revenant tout ensemble tant en longeur que largeur à sept cens cinquante toizes à prendre depuis le pavé faict de nouveau du costé dudict bourg des Ances vers led. Jazeneuil, et vault bien chascune toize à faire et fournir trois livres dix solz, par ce coustroit le tout la somme de deux mil six cens vingtz-cinq livres, cy. . . . II^m VI^c XXV l.

Plus au bout des trois cens toizes du chemin cy-dessus qu'il fault paver, ay trouvé tirant audict bourg des Ances et contenant la ruhe d'icelluy bourg jusques au grand pont des Ances, ay trouvé deux cens toizes de long de pavé faict de nouveau, lequel est rompu et gasté en pleusieurs lieux, et est nécessaire y faire des réparations qui reviendront bien à la valleur tant en longeur que largeur au nombre de quarente toizes, vallant bien chascune toize trois livres, par ce pour le tout coustroit la somme de cent vingtz livres, cy. . . . . cxx l.

Plus ay passé sur le grand pont des Ances que ay trouvé avoir de longeur viron deux cens toizes qui n'a besoing d'aulcune réparation, à l'issue duquel du costé vers Poictiers seroit nécessaire continuer le pavé jusques à quarente toizes de longeur sur quize piedz de large, revenant toutes lesdictes toizes tant longeur que largeur à cens toizes, qui vallent bien chascune trois livres dix solz, par ce pour tout la somme de trois cens cinquante livres, cy. . III^c L l.

Plus, depuis ledict lieu cy-dessus jusques à une maison et renclos nommé La Follye, distant dudict pont des Ances de viron huit cens toizes de longeur, ay trouvé que audict lieu de la Follye il seroit besoing paver la longeur de deux cens trante toizes sur la largeur de quize piedz, à cause que le chemin est fort mauvais pour les terres graces et argilleuses qui n'ont point de fons et où les chevaux et charrois painent fort à sortir, qui seroit en tout tant en longeur que largeur cinq cens soixante-quize toizes, vallant bien chascune trois livres, par ce coustroit le tout la somme de mil six cens quatre-vingtz livres, cy. . MVI^c IIII^{xx} l.

Plus, depuis ledict lieu cy-dessus jusques à Poictiers, se trouve de distance de demye-lieue que j'ay trouvé pavée de nouveau, qui n'a besoing pour l'heure présante de réparation.

VIII

Devis des réparations qui sont nécessaires à faire en la ville de Poictiers.

Premièrement ay trouvé les ruhes de la dicte ville estre assès bien pavées et n'ont besoing de réparation, fors une ruhe prenant au Marché Vieil jusques à la porte de la Tranchée contenant de longeur mille toizes et de largeur vingtz-quatre piedz, où le pavé est rompu et gasté en pleusieurs endroictz faulte d'avoir esté entretenu, n'estant aux deux costés de ladicte ruhe que jardrinages et murailles de cloisons qui apartiennent à pleusieurs particulliers, et n'y a que quelques maisons où il réside de pauvres artisans qui n'ont moyen entretenir ledict pavé, et se trouve qu'il en fault repaver tant en longeur que largeur quatre cens toizes, vallant bien chascunes desdictes toizes trois livres dix solz tant à faire que fournir, par ce coustroit le tout la somme de mil quatre cens livres, cy . . . . м IIII^c l.

IX

Devis de ce qu'il est nécessaire faire sur le grand chemin de Poictiers à Limoges jusques à une lieue dudict Poictiers.

Premièrement me suis transporté de ladicte ville de Poictiers sur ledict grand chemin à aller d'icelle à Limoges et ay trouvé, sortant de ladicte ville ou faulxbourg nommé Maubrenage, ledict chemin estre situé en une montaigne de roches fors droictz et inacessible pour charrois et chevaux et fors difficille à paver à cause la grande quantité d'eaues qui abondent dans ledict chemin, y ayant pleusieurs aultres chemins qui se joignent à icelluy pour venir en ladicte ville de Poictiers au bout dudict faulxbourg et qui y aportent les eaues avec grande impétuosité de plus d'une lieue autour, qui cause que ledict chemin est en pleusieurs lieux tout gasté et creuzé encores que à pleusieurs fois il aye esté pavé, et seroit besoing, pour le rendre plus libre et accessible, le paver de la longeur de cens quatre-vingtz toises avecq des cartiers de roc taillés en fason de pierre de taille qui auront de longeur trois piedz et seront mis debout comme du pavé et auront lesdictz cartiers par le hault ung pied en carré, et les tailler en pante sellon le chemin et metre des terres et sable sellon la haulteur qu'il conviendra pour lad. pante dudict chemin pour tenir les cartiers, et les bien batre et affermir en façon de pavé et eslargir ledict chemin où besoing sera de quize piedz de large, et se trouve y avoir tant en longeur que largeur qu'il fault paver quatre cens cinquante toizes, vallant bien chascunes desdictes toizes douze livres, qui seroit pour tout la somme de cinq mil quatre cens livres, cy. . . . . v^m iiiie l.

Plus, suivant ledict grand chemin à ung lieu nommé le Pré Médard, distant d'une bonne demye-lieue dudict Poictiers, ay trouvé qu'il seroit nécessaire faire une levée de cens cinquante toizes de longeur et de deux piedz de haulteur et quize piedz de large, et paver dessus avecq deux petis ouvreaux pour escouller les eaues ayant d'ouverture chascun ung pied en carré, qui seroit en tout tant en longeur que largeur trois cens soixante et quize toizes, lequel lieu a esté cy-davant pavé, mais à cause qu'il n'a pas esté entretenu, l'abondance des eaues qui y croupissent l'ont tout gasté et l'ont rendu sy mauvais qu'il est impossible y passer que avecq beaucoup de paine avecq chevaux et charrois, et vauldroict bien ledict pavé et levée quatre livres la toize, qui seroit pour le tout la somme de mil cinq cens livres, cy. . . . . m v^e l.

X

Devis de ce qui a esté faict et qu'il fault faire sur le chemin de Poictiers à Croutelle.

Premièrement me suis transporté de ladicte ville de Poictiers sur ledict grand chemin à aller au bourg de Croustelle, qui est le chemin de Bourdeaux, sur lequel j'ay trouvé sortant de la porte de la Tranchée quatre cens toizes de pavé faict de nouveau de largeur de quize piedz, qu'il fault racoustrer en pleusieurs lieux jusques au nombre tant en longeur que largeur de deux cens toizes, à cause que led. pavé est assis sur une terre vaine qui n'est pas sollide, et estant ladicte refaicte il dura longuement et coustra chascunes desdictes toizes cinquante solz, par ce reviendra le tout la somme de cinq cens livres, cy.   vᶜ l.

Plus ay trouvé sur ledict chemin ung peu au-dellà une chapelle nommée Sçaint-Jacques, à ung quart de lieue dudict Poictiers, la longeur de deux cens soixante toizes de pavé faict de nouveau, et est besoing en refaire tant en longeur que largeur au nombre de cens toizes, et coustra chascune desd. toizes cinquante solz, qui sera pour tout deux cens cinquante livres, cy. . . . . IIᶜ L l.

Plus ay trouvé au lieu apellé la Croix du Bourdon, distant de viron demye-lieue dudict Poictiers, ung vallon auquel y a fort mauvais chemin, à cause qu'il y abondent beaucoup d'eaues que ne se peuvent escouller, et est nécessaire y faire une levée de la longeur de cens toizes qui aye de haulteur deux piedz et de largeur quize piedz, et paver dessus et y faire trois petis ouveaux de massonne d'ung pied en carré, et se trouve tant en longeur que largeur deux cens cinquante toizes, vallant bien à faire et fournir avecq ladicte levée et ouvreaux quatre livres dix solz chascune toize, qui seroit pour le tout la somme de unze cens vingtz-cinq livres, cy. . . . . xIᶜ xxv l.

Plus ay trouvé une chaussée et levée faicte de nouveau joignant le vieux pavé de Croustelle avecq deux petites arches de chascune deux piedz d'ouverture et autant de hault pour faire escouller les eaues, ayant ladicte chaussée et levée soixante et dix toizes de longeur et dix-sept piedz de large estant pavée par dessus à laquelle ne fault aulcune réparation.

Plus à viron trois quars de lieue dudict Poictiers, ay trouvé au droict d'une maison nommé Paillère un très mauvais chemin en terres fortes, graces et argilleuses n'ayant aulcun fons et où il s'aboutist quantité d'eaues sans se pouvoir escouller, qui cause ung très meschant chemin et dangereux passage, et seroit nécessaire paver ledict chemin de la longeur de deux cens toizes et de largeur de quize piedz, qui seroit en tout tant en longeur que largeur cinq cens toizes, qui vauldroit bien chascune toize trois livres cinq solz, revenant le tout à la somme de seize cens vingtz-cinq livres, cy. . . . . xvi^c xxv l.

Plus à une grande lieue de Poictiers, proche le bourg de Croutelle, ay trouvé la longeur de cens cinquante toizes de pavé sur quize piedz de large faict de neuf qui n'a besoing d'aulcune réparation, et seroit fort nécessaire continuer ledict pavé tirant vers ledict bourg de la longeur de soixante toizes, à cause que le chemin est sy mauvais qu'il est impossible aux chevaux et charrois y pouvoir passer pour estre la terre argilleuse et bourbeuse, et y auroit tant en longeur que largeur sept vingtz dix toizes et vauldroit bien la toize dudict pavé cinquante-cinq solz, par ce pour le tout reviendroit la somme de quatre cens douze livres dix solz, cy. . . . . iiii^c xii l. x s.

Plus à l'entrée dudict bourg de Croutelle, une lieue et demye dudict Poictiers, ay trouvé une vallée et rochers qui cause le chemin fort mauvais et droict où les chevaux, carosses, charrois et carriotz ne peuvent nullement aller ne venir, et seroit nécessaire y rompre et baisser le roc de la haulteur de trois piedz de profondeur et largeur de quize piedz et de longeur de dix toizes, et eslargir le chemin qui est au bout dudict roc de quatre piedz de chascun costé et de longeur de soixante toizes, à cause que les charrettes ne peuvent passer et que l'aissieuil touche ès costés dudict chemin, et vaudroict bien pour rompre ledict roc, eslargir ledict chemin que pour oster les terres, pierres et dellivres et les charrier ailleurs, la somme de quatre cens cinquante livres, cy. . . . . iiii^c l. l.

XI

Devis des réparations qui ont esté faictes et qu'il convient faire sur le chemin de Poictiers à Luzignan tant pavé que pons et chaussées.

Premièrement me suis transporté dudict lieu de Poictiers jusques à lieu apellé la Bergerye près la Chapelle Sçainct-Jacques, distant dudict Poictiers d'ung quart de lieue, où ay trouvé douze toizes de longeur de pavé faict de nouveau ayant de large quize piedz, et seroit besoing le continuer de cens cinquante toizes de longeur et seroit en tout tant en longeur que largeur quatre cens soixante et quize toizes oultre celluy jà faict, à cause que ce sont mauvais chemins, terres graces et enfondrantes, et vaudroict bien chascune toize trois livres dix solz, qui seroit pour le tout mil trois cens douze livres, cy. . M IIIe XII l.

Plus ay passé à ung lieu nommé Belle-Jouanne, distant dudict Poictiers de viron trois quars de lieue, où j'ay trouvé y avoir esté faict de nouveau une chaussée de longeur de quatre-vingt-six toizes et de haulteur trois piedz et largeur y comprins les murailles de chascun costé de dix-huict piedz, y ayant trois petis ouvreaux d'ung pied en carré pour escouller les eaues, estant ladicte chaussée pavée et en bon estat n'a besoing d'aulcune réparation, et seroit nécessaire pour le bien public à cause du mauvais chemin estant à l'issue d'icelle chaussée du costé dudict Luzignan de continuer ledict pavé de la longeur de quatre-vingtz-dix toizes, revenant en tout tant en longeur que largeur deux cens vingtz-cinq toizes, vallant bien chascune toize à faire et fournir la somme de trois livres dix solz, qui seroit pour le tout la somme de sept cens quatre-vingtz-sept livres dix solz, cy. . . . . VIIe IIII^{xx} VII l. x s.

Plus ay passé en ung lieu nommé la Petite Vacherie sur led. chemin, distant dudict Poictiers de viron une lieue, où ay trouvé qu'il seroit nécessaire faire une chaussée et levée et ung petit pont par le millieu où il fault une arche de trois piedz d'ouverture et trois et demy de haulteur pour couller les eaues, et faire deux murailles d'ung pied et demy d'épesseur aux deux costés de ladicte levée et paver par-dessus, ayant lesdicte levée et pont vingtz-cinq toizes et dix-huict piedz de largeur de dehors en dehors, revenant le tout à soixante et quize toises, vallant bien tant la massonnerye à chaux et sable, levée et pont à faire et fournir quatre cens cinquante livres, par ce, cy. . . . . iiii^c L l.

Plus ay passé à ung lieu nommé La Rourie, distant du lieu mentionné en l'article cy-dessus de viron soixante toizes, où j'ay trouvé ung fort mauvais chemin en terres blanches et crayeuses et bourbeuses, où les chevaux et charrois ne peuvent passer que avecq grand paine, et seroit besoing paver de la longeur de vingtz toizes et de largeur quize piedz, et se trouvera tant en longeur que largeur cinquante toizes, vallant bien chascune desd. toizes trois livres à faire et fournir, qui seroit pour le tout la somme de cens cinquante livres, cy. . . . . CL l.

Plus ay passé à ung lieu qui est au droict d'une maison nommée Chaulmond, distant de Poictiers d'une lieue et demye, où ay trouvé ung très mauvais chemin de longeur soixante toizes qui est en terre graces, argilleuses et enfondrantes, où les chevaux et charrois ne passent que avecq beaucoup de paine, et seroit nécessaire de paver de ladicte longeur de soixante toizes et de largeur de quinze piedz, revenant toutes lesdictes toizes tant en longeur que largeur à sept vingtz dix toizes, vallant chascune cinquante-cinq solz, qu'il seroit pour le tout la somme de quatre cens douze livres dix solz, cy. . . . . iiii^c xii l. x s.

Plus ay aussy passé par ung bourg nommé Vieille-Fontaine, distant de deux lieues de Poictiers, où ay trouvé soixantes toizes de pavé sur dix-huict piédz de large faict de nouveau avecq deux petis ouvreaux d'ung pied en carré où il ne fault aulcune réparation à présant, seroit bien nécessaire continuer ledict pavé vers Luzignan de la longeur de quarente toizes, à cause que c'est ung mauvais chemin et fondrière y estant les terres bourbeuses et où les eaues ne se peuvent escouller, et se trouve tant en longeur que largeur qu'il faudroit pavé six vingtz toises, qui vaudroict chascune toise trois livres, qui seroit pour le tout la somme de trois cens soixante livres, cy . . . . . III^c LX l.

Plus ay aussy passé depuis ledict lieu jusques proche à ung lieu nommé la Planche-à-Robin, distant dudict Vieille-Fontaine de une lieue, où ay trouvé que le chemin est assès bon pour estre pays de bois, brandes et terre sablonneuses et varennes, et ay trouvé qu'il n'est nécessaire d'aulcune réparation.

Plus audict lieu de la Planche-à-Robin, situé en un font distant de trois lieues de Poictiers, où ay trouvé ung pont, chaussée et levée faict et pavé de nouveau, ayant de longeur quarente toizes et de largeur de dehors en dehors dix-huict piedz avecq deux petites arches, l'une de trois piedz et l'aultre de cinq piedz d'ouverture et de haulteur cinq piedz, avecq deux petis parapels qui ont ung pied et demy de hault et treze piedz de longeur de chascun costé dud. pont, où il n'est besoing à présant d'aulcune réparation.

Plus ay passé viron demye-lieue de pays, où ay trouvé le chemin assès bon, parce que ce sont terres sablonneuses et varennes et pays de brandes et bois, où il n'est besoing de réparation.

Plus ay passé en ung lieu nommé la Vallée de Tourfort, distant de Luzignan d'une bonne demye-lieue, où ay trouvé le chemin estre fort mauvais de la longeur de vingtz-cinq toises, à cause que ce sont terres graces, argilleuses et ung fons où les eaues ne se peuvent escouller, et seroit nécessaire y faire une levée de ladicte longeur et de haulteur deux piedz et de large quize piedz et la paver dessus avecq deux petis ouvreaux de ung pied en carré chascun, et se trouveroit tant en longeur que largeur avoir soixante-trois toizes, vallant bien chascune desdictes toizes à faire et fournir quatre livres, qui seroit pour tout la somme de cens cinquante-deux livres, cy. . . . . CLII l.

Plus ay aussy passé à ung vallon nommé la desante de Genille ès colline de Luzignan, où ay trouvé la longeur de six vingtz toize de pavé sur quize piedz de large que a esté faict de nouveau, qui est gasté et dépavé en pleusieurs endroictz, et seroit nécessaire pour le repaver et refaire tant en longeur que largeur au nombre de quatre-vingtz toizes, qui vaudront bien chascune toize à faire et fournir quarente-cinq solz, qui seroit pour le tout la somme de cens quatre-vingtz-deux livres dix sols, cy. CIIII^{xx} II l. x s.

Plus ay passé au pont de Luzignan proche le lieu cy-dessus, lequel ay trouvé avoir de longeur deux cens vingtz-cinq toizes y comprins ses levées et de large dix-huit piedz de dehors en dehors, ayant trois grandes arches qui ont d'ouverture chascune de dix piedz et de haulteur sept à huict piedz jusques à l'eau, et des parapelz dessus de la longeur de unze toizes, et seroit nécessaire de repaver tant sur ledict pont que levée des deux bous en pleusieurs lieux où ledict pavé est rompu et gasté jusques au nombre tant en longeur que largeur de soixante-cinq toizes, qui vaudroient bien chascune quarente-cinq solz, et aussy faire remetre des tables de pierre dure sur lesdictz parapelz en pleusieurs endroictz, à cause que celles qui y estoient ont esté gettées en l'eaue, et fauldroict pour y obvier y metre des liens de fer qui joignent toutes lesdictes pierres ensemble, et coustroit bien le tout y comprins le pavé la somme de deux cens cinquante livres, cy. . . II^c L l.

Plus ay trouvé qu'il seroit nécessaire continuer le pavé dudict pont cy-dessus, tirant vers Luzignan, jusques à la longeur de deux cens toizes, à cause que c'est ung trèsmauvais chemin en bourbeux et terres graces, dont les chevaux et charrois ne se peuvent tirer, et se trouveroit tant en longeur que largeur cinq cens toizes, qui vaudront bien chascune toize à faire et fournir trois livres dix solz, qui seroit pour le tout la somme de mil six cens cinqante livres, cy. . . . . MVI^c L l.

XII

Devis des réparations que j'ay trouvé estre faictes de nouveau en la ville de Luzignan.

Premièrement me suis transporté ès prisons nouvellement basties en la haulte ville de Luzignan, où ay trouvé deux tous [1] faictes en fer de cheval qui ont de longeur en ung sans par le dedans de trois toizes et demye et de largeur seize piedz, ayant les dictes tours deux estage hors terre, et ay trouvé l'estage d'ambas unze piedz de hault et celluy d'en hault dix et les murailles ayant en quelque lieux deux piedz et demy et en aultres trois, et le portail qui est entre lesdictes tours pour monster en la ville y a deux toizes de largeur et de longeur vingt-ung pied, ausquelles dictes deux tours il n'y a qu'un planché faict d'aisses et les aultres estages n'ayant que des solliveaux sans aulcun planché, et sont icelles tours couvertes de tuille courbes en apenty et le portail garny de solliveaux sans aulcun planché dessus, et le comble de la cheurpenterye dudict portail est couvert de tuille platte n'y ayant pour montrer sur ledict portail et l'estages d'icelles tours que une petite avis de bois garnye de coullombages sans aultre garniture, desquelles prisons on m'a dict bail en avoir esté faict cy-davant au rabais.

---

1. *Sic* pour « tours ».

XIII

Devis des réparations que j'ay trouvées estre faictes et nécessaires à faire au parc dudict Luzignan.

Premièrement à l'entrée dudict parc au costé de la ville, ay veu une petite maison apellée la Vacherie de nouveau bastye et construicte, laquelle ay trouvé avoir . . . . de longeur de dehors en dehors et quatre de largeur et les murailles des costés avoir de haulteur depuis le rais de terre depuis l'entablement quatorze piedz et les aigulles des pignons quatre piedz et demy au-dessus, lesdictz entablemens avecq ung pignon estant par le millieu dudict bastiment faisant séparation de mesme haulteur que les deux aultres, et aussy dans ledict corps de logis du costé de la ville de Luzignan y a quatre portes, sçavoir deux dans la première face pour entrer dans ledict logis, et deux aultres dans la muraille qui faict la séparation, et aussy huict petites fenestres tant au premier que second estage avecq une cheminée en chascun estage en ung mesme tuiau, ay aussy trouvé deux sollives posée sans aultre cherpante fors quelques bois estant sur le lieu pour la faire.

Plus ay aussy trouvé, fort proche de ladicte maison cydessus pour entrer dans le parc, ung grand portail fort ruiné, auquel est nécessaire refaire et resaper les deux jambages et couverture, qui pourra bien couster cens cinquante livres, cy. . . . . CL l.

Plus ay veu tout autour les murailles dudict parc, où j'ay trouvé en pleusieurs lieux qu'il y en a esté refaict de neuf le nombre de longeur de cens vingtz-six toizes et demye sur la haulteur de dix piedz, et se trouve que pour renfermer ledict parc et refaire les grandes brèches qui sont ès murailles d'icelluy en fauldroit encores faire de longeur mil six cens cinquante-six toizes de pareille hauteur que celle cy-dessus, vallant bien chascune desdictes toizes quatre livres dix solz, qui seroit pour tout la somme de sept mil deux cens livres, cy . . . . vii^{m}ii^c l.

XIV

Devis de ce qui a esté faict et qu'il est nécessaire faire depuis Luzignan jusques à Sçainct-Maixant.

Premièrement est nécessaire paver depuis et au droict l'hostellerye de Sçainct-Jacques jusques à une fontaine nommée la Fons-de-Cé, où il y a de distance cens cinquante toizes de longeur sur quize piedz de large, qui reviendroit tant en longeur que largeur à trois cens soixante et quize toizes, vallant chascune toize trois livres dix solz, et reviendroict le tout à la somme de mil trois cens douze livres dix solz, cy . . . . miii^c xii l. x s.

Plus ay passé dudict lieu de la Fons-de-Cé, suivant le grand chemin dudict Luzignan à Sçainct-Maixant, ay trouvé que depuis ladicte Fons-de-Cé jusques à deux cens quarente toize plus oultre est besoing eslargir icelluy chemin de trois piedz de chascun costé, estant ledict chemin sy estroict que les charrois ne peuvent passer que avecq beaucoup de paine à cause qu'il est trop estroict, et oultre seroit nécessaire metre en pleusieurs endroictz des pierres et dellivres, plus rendre ledict chemin plus facile jusques au nombre de viron trois cens chartées, qui pourroit couster le tout, tant pour eslargir ledict chemin que pour metre lesdictes dellivres, la somme de quatre cens cinquante livres, cy. . . . . iiii^c l l.

Plus ay passé suivant led. chemin jusques proche le bourg de Rouilly, distant de Luzignan d'une lieue et demye, où ay trouvé de fort mauvais chemins pour estre les terres blanches et graces, où il est presque impossible pouvoir passer chevaux et charrois au temps d'hiver, et seroit besoing le paver de la longeur de deux cens quarente toizes et de large quize piedz, revenant le tout en longeur et largeur à cinq cens cinquante toizes, qui vauldroict bien chascune toize trois livres à faire et fournir, par ce coustroit le tout la somme de mil six cens cinquantes livres, cy. . . . . MVI^c L l.

Plus ay passé ledict bourg de Roully, auquel j'ay veu que chemin est assès bon durant icelluy bourg jusques à l'issue d'icelluy du costé dudict Sçaint-Maixant, où j'ay trouvé la longeur de deux cens cinquantes toizes de mauvais chemin, auquel il est presque imposible passer pour estre des terres graces, enfondrantes et bourbeuses, et seroit besoing en paver ladicte longeur sur la largeur de quize piedz, qui seroit pour tout six cens vingtz-cinq toizes, qui vault bien trois livres cinq solz, revenant le tout à la somme de deux mil trente-une livres cinq solz, cy. . . II^m XXXI l. v s.

Plus passant depuis ledict lieu cy-dessus jusques au droict d'ung village nommé Chaudron, distant dud. Roully de demye-lieue, ay trouvé que led. chemin jusques audict lieu de Chaudron n'a pas besoing quant à présent de réparation.

Plus estant au droict dudict lieu de Chaudron, ay trouvé la longeur de quatre-vingtz-dix toizes de très mauvais chemin de longeur de quatre-vingtz-dix toizes à cause que ce sont terres argilleuses, crayeuses et enfondrantes, et seroit besoing pour le bien public paver lad. longeur sur quize piedz de large, et reviendroit le tout à cens vingtz-cinq toizes, qui vaudroit chascune à faire et fournir trois livres, que seroit pour le tout la somme de six cens soixante et quize livres, cy. . . . . . . VI^c LXXV l.

Plus ay passé à viron ung demy-quart de lieue du lieu cy-dessus, où ay trouvé que le chemin est assès bon, fors en ung lieu qui est au droict d'ung bois nommé le Bois-

Grollier, où il y a ung fort mauvais chemin, à cause que ce sont terres argilleuses et plaines de sources d'eaues qui rendent le chemin enfondrant, et seroit besoing paver la longeur de cinquante toizes, et se trouveroit tant en longeur que largeur cens vingtz-cinq toizes, qui coustroit chascune toize trois livres cinq solz, revenant le tout à la somme de quatre cens six livres cinq solz, cy . . . IIIIe VI l. V s.

Plus ay aussy passé à ung lieu nommé la vallée du Pied-de-Chièvre, distant du lieu cy-dessus d'ung petit quart de lieue, où ay trouvé le chemin estre fort mauvais à cause des eaues qui s'y rendent et agouttes et ne peuvent escouller, seroit nécessaire y faire une levée d'ung pied et demy de hault et trente-cinq toizes de long de largeur de quize piedz et paver dessus, et se trouveroit tant en longeur que largeur quatre-vingtz-sept toizes et demye, qui vault bien trois livres dix solz la toize, et reviendroit le tout à la somme de trois cens six livres cinq solz, cy . IIIe VI l. V s.

Plus passant ung peu plus oultre ledict lieu cy-dessus de la longeur de viron trois cens toizes, ay trouvé ung pas et bourbis fort profont et enfondrant, et seroit nécessaire y faire ung pont, levée et chaussée de la longeur de vingtz toizes et de quatre piedz de hault par le millieu et audict millieu une arcade de pierre de taille de deux piedz et demy de large sur trois de hault, et paver dessus avecq des muraille à chaux et sable des deux costés pour tenir lesdictes levées et pont d'ung pied et demy d'épesseur, et vault bien la toize tant desdictes levée, pont et pavé cinq livres à faire et fournir, et se trouve le tout contenir tant en longeur que largeur cinquante toizes, revenant le tout ensemble à la somme de deux cens cinquante livres, cy. . II^c L l.

Plus ay passé au bourg de Soudan, où ay trouvé proche ledict bourg de cens vingtz-cinq toizes de chemin fort mauvais pour estre terres graces, froides et qui tiennent l'eau qui cause qu'elles sont enfondrantes, et seroit besoing la quantité dudict chemin cy-dessus sur quize piedz de large, qui seroit tant en longeur que largeur trois cens treze toizes, qui vallent bien chascune toize trois livres dix solz, qui seroit en tout à faire et fournir la somme de mil quatre-vingtz-quinze livres dix solz, cy. . . MIIII^{xx} xv l. x s.

Plus passant ledict bourg de Soudan, ay trouvé qu'il n'est besoing faire aulcune réparation au chemin, sinon quarente toize par-dellà, où j'ay trouvé le chemin estre très mauvais à cause que ce sont terres argilleuses et graces qui n'ont point de fons, où les chevaux et charrois ne peuvent passer, et est très nécessaire pour le rendre bon y faire une levée de la haulteur de deux piedz et de longeur deux cens cinquante toizes et de largeur quize piedz et paver par-dessus, et reviendroit en tout tant en longeur que largeur six cens vingtz-cinq toize, qui vault bien chascune toize trois livres dix solz, qui sera en tout tant à faire que fournir la somme de deux mil quatre-vingtz-une livres, cy. . . . . II^{m} IIII^{xx} 1 l.

Plus ay passé depuis ledict bourg de Soudan cy-dessus jusques à ung vallon nommé la colline de Sçainct-Maixant, distant l'ung de l'aultre d'une grande lieue, où ay trouvé le chemin assès bon et n'y avoir besoing de réparation pour estre le chemin assès large et peuvent les charrois et chevaux carter tant que bon leur semble.

Plus passant ladicte coulline de Sçainct-Maixant, ay trouvé qu'elle a esté aplanie et le roc avoir esté rompu de la longeur de soixante-dix toizes et de large dix-huict piedz, et au bout dict roc rompu ay trouvé la longeur de deux cens cinquante-trois toizes de pavé sur quize piedz de large qui a esté faict de nouveau, lequel est rompu et gasté en pleusieurs lieux, et seroit nécessaire en refaire tant en longeur que largeur jusques au nombre de cens toizes, qui coustroit chascune desdictes toizes à faire et fournir trois livres, par ce pour le tout la somme de trois cens livres, cy. ɪɪɪᶜ l.

Plus audict lieu ay trouvé qu'il est nécessaire de continuer ledict pavé cy-dessus de la longeur de quarente toize, à cause que le chemin y est sy mauvais que on n'y peult passer à cause des eaues qui dessandent de ladicte coulline qui y aporte quantité de limon et terres, et vault bien la toize trois livres dix solz à faire et fournir, qui seroit pour cens toize que contiendroit led. pavé tant en longeur que largeur la somme de trois cens cinquante livres, cy. . . . . ɪɪɪᶜ L l.

Plus ay passé au lieu où est situé la Malladrye de Sçainct-Maixant, proche dudict Sçainct-Maixant de demy-quart de lieue, ay trouvé ung pont de longeur de treize toizes et largeur sept piedz et de haulteur cinq piedz et demy avecq deux petites arcades qui ont chascune cinq piedz et demy de large et de haulteur quatre piedz et demy, et en allant vers ladicte ville de Sçainct-Maixant y continue une levée et chaussée de cens soixante et trois toizes de longeur et de haulteur trois piedz et largeur sept piedz et demy, revestue d'une petite muraille de chascun costé avecq huict petis ouveaux d'ung pied et demy chascun pour escouller les eaux, mais parce qu'elle n'est pavée, seroit fort nécessaire la faire paver tout au long, ce qui pourra couster chascune toize la somme de trois livres à faire et fournir, qui seroit pour les cens soixante-trois toizes qu'elle contient la somme de quatre cens quatre-vingtz-neuf livres, cy. . . . . ɪɪɪᶜ ɪɪɪɪˣˣ ɪx l.

Plus joignant la susdicte chaussée cy-dessus entre icelle et une chapelle nommée la chappelle de Grâce, ay trouvé ung pont faict de neuf ayant de longeur huict toizes et de large quize piedz de dehors en dehors sur la haulteur de huict piedz avecq quatre arches, ayant les deux du millieu chascune cinq piedz d'ouverture et de haulteur six piedz et demy et les deux des bous chascunes quatre piedz d'ouverture, estans les paremens desdictes arches de cartiers, et à chascun bout dud. pont y a une chaussée ayant de longeur vingtz-cinq toizes avecq deux parapelz de longeur huict toizes et haulteur ung pied et demy couvertz de table de pierre de taille, estant le pavé dudict pont rompu, gasté et depavé en pleusieurs lieux à cause de la grande quantité de charrois et chevaux qui y passent journellement dessus, et seroit besoing y refaire et repaver tant en longeur que largeur cinquante toizes, qui coustroient trois livres chascune toizes, qui est pour tout la somme de cens cinquante livres, cy. . . . . cl l.

Plus ay passé depuis ladicte chaussée et pont cy-dessus jusques à la ville de Sçainct-Maixant, où ay trouvé qu'il y a la longeur de cens cinquate toizes de très mauvais chemin, y ayans de grandes ornières, et ledict chemin fort rompu et entièrement gasté par la grande quantité de chevaux et charrois qui y passent, et seroit besoing le faire paver sur la largeur de quinze piedz, et se trouveroit en tout le nombre de trois cens soixante et quize toizes tant en longeur que largeur, qui coustroit chascune toize trois livres dix solz, par ce pour le tout la somme de mil trois cens douze livres dix solz, cy. . . . . . miii^e xii l. x s.

XV

Devis de l'estat des ruhes de Sçainct-Maixant et faulxbours d'icelle.

Ayant veu les ruhes de ladicte ville et fauxbourgs, les ay trouvées assès bien pavées sauf en quelques endroictz audavant des logis de quelques particulliers, ausquelz seroit besoing ordonner les faire paver chascun devant soy.

XVI

Devis des réparations qui sont faictes et qui sont nécessaires à faire sur le chemin depuis Sçainct-Maixant à Niort.

Premièrement sortant de ladicte ville de Sçainct-Maixant, ay trouvé proche de la porte de viron cens toizes ung chemin fort estroict en ung lieu profond passant au travers d'ung semetière, lequel il est nécessaire eslargir de quatre piedz de chascun costé durant la longeur de cens toizes et de la profondeur de six piedz, et coustra tant à eslargir que oster les dellivres et aplanir led. chemin la somme de deux cens cinquante livres, cy . . . iie l l.

Plus ay passé ung chemin fort mauvais et bourbeux pour estre en terres graces et fortes à viron cinquante toizes du semetière cy-dessus, où ay trouvé que pour faire ledict chemin bon et le rendre passable il y fauldroict faire une levée de trente toizes de long et de hault deux piedz et de large quize piedz et paver par dessus, et se trouve tant en longeur que largeur le nombre de soixante-quize toizes, qui vaudroit bien quatre livres cinq solz la toize, qui sera pour tout la somme de trois cens dix-neuf livres par ce, cy . . . . iiie xix l.

Plus ay passé viron une lieue de pays depuis le lieu mentionné en l'article cy-dessus jusques à une vallée nommée la vallée d'Azay, où durant led. chemin n'ay trouvé aulcune réparation à faire pour estre pays plat qui n'est subject aux eaux.

Plus estant audict lieu de la vallée d'Azay, ay trouvé y avoir ung très mauvais chemin de la longeur de quatre-vingtz toizes à cause qu'il y croupist grande quantité d'eaues lesquelles ne se peuvent escouller et qui détrempe les terres, de sorte qu'il n'y a moyen que les chevaux, charrois ne carosses y puissent passer et s'y en pert tous les ans, et seroit nécessaire y faire un pont de la longeur de trois toizes ayant deux arches de chascune trois piedz d'ouverture et trois et demy de hault, et ledict pont dix-huict piedz de large de dehors en dehors avecq deux parapelz de deux piedz de hault et dix-huict poulces d'épesseur couvers de table de pierre de taille avecq une chaussées de chascun costé de la longeur de quarente-cinq toizes garnyes des deux costés de murailles ayant d'épesseur vingtz poulces faictes à chaux et sable et le pont de mesme, et paver sur lesdictes levées et pont, le tout tant la massonne que pavé vault bien la somme de mil, six cens livres, cy.   MVI^e l.

Plus ay passé depuis ledict lieu cy-dessus viron une lieue de pays, où j'ay trouvé tout le chemin assès bon et qu'il n'est besoing d'aulcune réparation.

Plus ay aussy passé au droict d'ung lieu nommé Pied-Moreau, distant de Sçainct-Maixant de deux petites lieues, où j'ay trouvé la longeur de deux cens cinquante toizes de très mauvais chemin en terres graces, argilleuses et fort bourbeuses, où il est imposible que les charrois y puissent passer que à grand paine ne les chevaux tirer pour n'y avoir aulcun fons, et les charrettes y enfoncent jusques à l'aissieuil encores que le chemin soit assès large, et n'y a moyen le rendre bon s'il n'est pavé de ladicte longeur de deux cens cinquante toizes et de largeur quize piedz, et vaudra chascune desdictes toizes à faire et fournir trois livres dix solz, qui seroit pour six cens vingtz-cinq toizes que contiendroit led. pavé tant en longeur que largeur la somme de deux mil cens quatre-vingtz-sept livres dix solz, cy. . . . . II^m CIIII^{xx} VII l. x s.

Plus ay passé au lieu où est situé ung pont nommé le Pont-de-Vaux près d'Ille, distant dudict lieu nommé Pied-Moreau de demy-quart de lieue, où ay trouvé que au bout dudict pont vers Niort il est besoing eslargir le chemin en la longeur de soixante toizes de huict piedz de large et de profondeur dans le roc de douze piedz, et au bout dudict chemin vers ledict Niort y a ung mauvais chemin de terres grace et fortes dont les chevaux et charrois ne se peuvent tirer, et seroit besoing qu'il fust pavé de la longeur de six vingtz toizes sur la largeur de quize piedz, vallant chascune desdictes toizes à faire et fournir cinquante solz, qui feroit tant en longeur que largeur trois cens toizes qui reviendront à la somme de sept cens cinquante livres et pour l'eslargissement dudict chemin la somme de trois cens livres, qui est pour le tout la somme de mil cinquante livres, cy.   ML l.

Plus ay passé l'espace de une petite lieue de chemin, où n'ay trouvé aulcune réparation à faire pour estre le chemin assès bon.

Plus ay passé au bourg nommé La Villedieu sur ledict chemin de Sçainct-Maixant à Niort, où ay trouvé du costé dudict Sçainct-Maixant une chaussée et levée de la longeur de soixante-quinze toizes et de haulteur quatre piedz et de large quatre piedz avecq deux ouveaux de chascun deux piedz et demy en carré et deux murailles aux deux costés, pavé dessus, où il n'est besoing d'aulcune réparation.

Plus ay passé depuis ledict lieu de La Villedieu jusques au lieu nommé la Vallée d'Airon, distant de La Villedieu de viron ung quart de lieue, où ay trouvé estre nécessaire de faire une levée de quarente-cinq toizes de longeur et deux piedz de hault avec trois petis ouvreaux ayant un pied en carré pour escouller les eaues, ayant ladicte levée quize piedz de large et paver par-dessus, et se trouve tant en longeur que largeur cens douze toizes et demye, qui vault bien à faire et fournir trois livres cinq solz chascune toize, qui est pour le tout la somme de trois cens cinquante-cinq livres douze solz six deniers, cy.   III^c LV l. XII s. VI d.

Plus ay passé au gué et pont nommé Georgonne, distant du lieu cy-dessus d'ung quart de lieue, où ay trouvé que peu au-deçà dudict gué tirant vers Sçainct-Maixant y a ung chemin creux en une vallée de roc, qui est fort estroict, contenant de longeur cinquante toizes où les charrois et charrettes passent à grand paine, à cause que les deux bous de l'aissieuil touche des deux costés aux ornières, et parce qu'il est difficille pouvoir metre led. chemin en bon estact pour y passer librement sans faire de grands fraiz, seroit nécessaire destourner icelluy chemin à costé, et pour ce faire rompre la longeur de sept toizes de roc en la largeur de quize piedz et haulteur de trois piedz et aplanir ledict chemin où il faudra, ce qui pourra couster six vingtz livres, cy. . . . . vi^{xx} l.

Plus ay passé l'espace de viron une lieue du chemin depuis ledict gué de Georgonne jusques à Niort, où ay trouvé le chemin assès bon, sans qu'il soit besoing y faire aulcune réparation pour estre terre assès ferme de soy et le chemin assès large pour carter.

XVII
Devis des réparations qu'il est besoing faire tant en la ville que faulxbourgs de Niort.

Premièrement ay passé et veu les ruhes de ladicte ville et faulxbourgs que j'ay trouvées estre fort mal pavées en pleusieurs endroictz, et seroit besoing ordonner aux particulliers que chascun fist paver davant soy.

Plus ay trouvé une place davant la porte dudict chasteau, ayant tant en longeur que largeur vingtz-cinq toizes, qu'il seroit nécessaire paver à cause que ladicte place est bourbeuse et fort incommode tant de l'entrée que sortye dudict chasteau, et faudroit bien chascune toize à faire et fournir trois livres, qui feroit pour le tout la somme de soixante et quize livres, cy. . . . . LXXV l.

XVIII
Devis des réparations faictes de nouveau au chasteau de Niort.

Premièrement ay veu ledict chasteau où ay trouvé à

l'entrée d'icelluy deux pilles de pierre de taille faicte de nouveau ayant six piedz de haulteur et trois de long et deux d'épesseur.

Plus ay aussy veu le pallastrage aussy faicte de neuf de la seconde porte dudict chasteau sans aulcune cherpante, lequel est couvert de thuille courbe et qui passe sur ledict pallastrage.

Plus ay veu le coing de la maison de la Consiergerye proche de l'entrée dudict chasteau, lequel a esté resapé de la haulteur de cinq piedz et de trois piedz par ung costé et de deux piedz par l'aultre, faict à chaux et sable et de bonne pierre.

Plus suis allé à une tour proche la tour du Mère, laquelle a de large vingtz-ung pied de dedans en dedans, qui est couverte de neuf tant en cherpante que tuille courbe faicte en apenti.

Plus suis allé à la tour proche des Moullins du Roy, où ay trouvé une guéritte faicte de neuf ayant six piedz de long et trois de large, faicte à neuf de coullombage, garnye de bricque et couverte de tuille courbe.

Plus entre la tour de la Fontaine et la tour de Lespingalle, ay trouvé une brèche dans la muraille dudict chasteau de la longeur de seize piedz et haulteur douze piedz et d'épesseur trois piedz, qui a esté resapée avecq des cartiers de pierre de taille massonnée à chaux et sable.

Plus joignant ladicte tour de Lespingalle, ay trouvé quatre toizes de parapel faict de neuf sur la muraille dud. chasteau de la haulteur de six piedz et d'épesseur dix-huict poulces des cartiers faict à chaux et sable.

Plus sur ladicte tour de Lespingalle ay trouvé une guérite faicte de neuf couverte de tuille courbe, ayant lad. guérite de longeur six piedz en ung sans et sept en l'aultre.

Plus ay veu la muraille joignant ladicte tour allant joindre celle de la ville, laquelle on a rompue de la longeur de deux toizes exprès, à cause que on pourroit de la muraille de la ville entrer dans led. chasteau.

Plus au bout de ladicte muraille rompue, ay veu la longeur d'une toize et demye et de haulteur six piedz de massonne faicte de neuf ayant d'épesseur six piedz faicte en tallus pour empescher que on ne puissent venir des murailles de la ville dans led. chasteau.

Plus ay veu la tour de Pelle, où ay trouvé la valleur de cinq toizes de massonnerye en carré faict autour de ladicte tour par le hault, ayant ladicte massonnerye trois piedz faicte de cartiers à chaux et sable, et aussy ung petit degré pour monster sur le parapel de ladicte tour ayant dix piedz de haulteur et trois piedz de large, estant les marches de bonne pierre dure massonnée à chaux et sable.

Plus joignant ladicte tour de Pelle, ay veu ung resapement dans la muraille dudict chasteau de la longeur de quarente-deux toizes sur la haulteur de douze toizes faict de pierre de taille à chaux et sable.

Plus à la tour qui est vers Nostre-Dame ay trouvé ung escallier faict de neuf et le contremur pour tenir les terres qui sont dans ladicte tour, et au lieu de la guérite qui y estoit a esté faict ung parapel de cinq piedz de hault et d'épesseur   faict à chaux et sable ayant de longeur unze toize.

Plus à la tour qui est vers le logis du sieur de la Barberye ay trouvé une guérite faicte de neuf, qui a sept piedz en ung sans et cinq piedz en l'aultre et sept piedz de haulteur bien couverte, et aussy ay trouvé le long de la muraille de ladicte tour trois toizes de long de resapement sur douze piedz de haulteur et trois piedz et demy d'épesseur faict de cartiers à chaux et sable.

Plus sur la plateforme du dongon du chasteau ay trouvé qu'elle a esté couverte à neuf de cherpante et de tuille courbe.

XIX

Mémoire de la besoigne qui a esté faicte au chasteau de Niort qui n'est dans le bail.

Plus ay veu, entre la tour du Mère et l'aultre tour proche du costé de la ville, ung tallu faict de pierre de taille à chaux et sable de longeur de trois toizes et de haulteur huict piedz et d'épesseur cinq piedz et demy.

Plus ay veu ung escallier où il y a vingtz marches faict de neuf de pierre de taille de haulteur de dix piedz pour monster dans la tour proche celle du Mère au droict des Moullins avec une muraille de parapel contenant la valleur de deux toizes de long et haulteur six pieds et d'épesseur deux piedz faict de cartiers à chaux et sable.

Plus du costé de la rivière entre la tour du Moullin et la tour de Foucault, ay trouvé le parapel faict de neuf de pierre de taille à chaux et sable de longeur de six toizes quatre piedz et d'épesseur dix-huict poulces et haulteur dix piedz.

Plus sur le pont de Foucault, entre les deux tours, ay trouvé une guérite faicte de neuf, laquelle a de long neuf piedz et sept piedz de large et haulteur six piedz couverte de tuille courbe.

Plus ay veu les deux tours dudict pont de Foucault, où ay trouvé que on a resapé par le hault du marchepied d'icelles tours de haulteur trois piedz tout autour, dans l'une desquelles y a esté faict ung escallier à neuf de pierre de taille de la haulteur de neuf piedz.

Plus depuis lesdictes deux tours jusques à la tour de la Fontaine, ay trouvé le parapel faict de neuf de la longeur de six toizes quatre piedz sur la haulteur de dix piedz et dix-huict poulces d'épesseur.

Plus à la tour qui est vers le Jeu de Paulme, ay trouvé ung escallier faict de neuf de haulteur de dix piedz et trois piedz de large et aussy le parapel faict de neuf tout autour de ladicte tour de longeur de dix toizes et de haulteur cinq piedz et d'épesseur vingtz poulces.

Plus au bout de l'escurye estant en la court dudict chasteau, ay veu ung ralongement faict de neuf de longeur de vingtz-cinq piedz de chascun costé et le pignon ayant de largeur de dedans en dedans dix-neuf piedz et de hault vingtz-ung piedz, en ce comprins l'aiguille, ayant lesdictes murailles et pignon d'épesseur deux pieds et demy faict à chaux et sable, et se trouve en tout lesdictes murailles des costés et pignon en tout tant en longeur que largeur vingtz-cinq toizes.

XX

Devis des réparations qu'il est besoing faire audict chasteau de Niort.

Premièrement à l'entrée où est le portail pour aller dans ledict chasteau, il est besoing paver sur la voulte dudict portal, à cause qu'elle se ruine et gaste sy on n'y remédie promptement, et est nécessaire que ledict pavé soit de bonne pierre dure faict à chaux et sable et siment, et contient ladicte voulte tant en longeur que largeur vingtz toizes, vallant bien chascune toize à faire et fournir douze livres, qui feroit pour tout la somme de deux cens quarente livres, cy. . . . . II^c XL l.

Plus est nécessaire acommoder trois cheminées estant dans ledict portail, sçavoir deux au bas estage et l'aultre au hault, lesquelles ont grand besoing de réparation et sont prestes à se ruiner du tout, qui n'y remédira promptement, et aussy convient et est nécessaire faire audict portal et estages quatre fenestres de menuzerye, à sçavoir deux de cinq piedz de hault et trois piedz de large et les deux aultres d'ung pied et demy en carré chascune, et aussy faire une porte de menuzerye à la chambre où sont lesdictes voultes et cheminées, et aussy refaire une guérite qui est ruinée sur ledict portail, estans les bois d'icelle entièrement pourris, ayant en tout sans cinq piedz en carré et six de haulteur, et la couvrir de cherpante et tuille, et vault bien tant à racommoder lesdictes cheminées que faire les quatre fenestres, portes et guérite, la somme de deux cens vingtz livres, cy. . . . . IIe XX l.

Plus à l'entrée dudict chasteau à main gaulche où estoit antiennement les prisons, est nécessaire de resaper et refaire les coings des murailles de la haulteur de deux toizes et largeur de sept à huict piedz de bonne pierre dure et racommoder en pleusieurs endroictz desdictes prisons où les murailles sont gastées, et le tout faire à chaux et sable et semblablement resaper le fondement où il sera besoing, ce qui vault bien le tout ensemble à faire et fournir la somme de cens vingtz livres, cy. . . . . cxx l.

Plus est besoing paver lesdites prisons, où couchent de présant les soldatz de la garnison, de grand pavé de pierre de taille dure de la haulteur de trois toizes et demye en ung sans et trois toizes en l'aultre, revenant le tout à dix toizes et demye, vallant chascune toize à faire et fournir douze livres, qui seroit pour tout la somme de deux cens six livres, cy. . . . . II^c VI l.

Plus est nécessaire racoustrer la tour du Moullin et la planchonner et metre sept solliveaux de douze piedz de longeur et de six à sept poulces en carré et remassonner soubz lesdictz solliveaux, et fault quatre toizes de planches pour metre sur lesdictz solliveaux et recouvrir ladicte tour d'ardoize où il sera besoing, et vault bien toutes lesdictes réparations cy-dessus la somme de deux cens cinquante livres, cy. . . . . IIe L l.

Plus à la tour de la Fontaine est nécessaire de refaire environ quatre ou cinq tozes de murailles de long sur six piedz de hault tout autour de ladicte tour d'épesseur de deux piedz et recouvrir ladicte tour partout où il sera besoing, qui vault bien le tout la somme de cens livres, cy. . . . . c l.

Plus fault ellever la muraille qui est du costé du fort de Foucquault de quatre piedz et demy de pierre de taille dure à chaux et sable et d'épesseur vingtz poulces, prenant ladicte muraille depuis la tour de la Fontaine jusques à une petite guérite y ayant de distance vingtz toizes de longeur qu'il fault faire, et vault bien chascune toize la somme de quinze livres à cause que c'est un lieu fort difficille à porter les mathériaux, par ce coustroit le tout la somme de trois cens livres, cy. . . . . III^c l.

Plus est nécessaire rompre une muraille estans entre la guérite de la tour de Lespingalle et le fossé du chasteau, à cause que l'on pourroit par icelle monter de la ville dans ledict chasteau, d'aultant qu'elle traverse le fossé, et est lad. muraille qu'il fault rompre de longeur de six toizes et la baisser de huict piedz et y faire ung tallu de pierre dure de la haulteur desdictz huict piedz et qui soit le plus en pante que faire ce pourra, et coustra bien le tout tant à rompre que faire ledict tallus la somme de cens cinquante livres, cy. . . . . CL l.

Plus fault refaire tout à neuf la muraille de l'escurie qui est contre la tour du Moullin et resaper le pignon de la dicte escurye de la haulteur de vingtz piedz et les coings dudict pignon jusques au hault de la largeur d'une toize, ayant la muraille qu'il fault refaire de neuf six toizes de longeur et haulteur huict piedz et d'épesseur trois piedz et demy et le tout à chaux et sable, et aussy est besoing racoustrer en pleusieurs endroictz les murailles de ladicte escurye tant dedans que dehors, et se trouve en tout quize toizes, vallant à faire et fournir seize livres chascune, qui est pour tout deux cens quarente livres, cy. . . II^c XL l.

Plus fault refaire et remetre le premier pont qui est au bout du pont-levis qui sort du chasteau à aller au fort de Foucault, et pour cest effaict il y convient quize toize de madriers ayant d'épesseur ung poulce et demy, qui coustra chascune toize six livres, par ce pour le tout la somme de quatre-vingtz-dix livres, cy. . . . . $\mathrm{IIII^{xx}x}$ l.

Plus est besoing resaper et refaire deux pilliers de pierre de taille à chaux et sable qui sont dans la rivière, qui servent pour porter le deuxiesme pont à passer dudict chasteau au fort de Foucault, lesquelz pilliers sont près à tomber en totale ruine s'il n'y est bien tost pourveu, qui sont de haulteur de douze ou treize piedz et longeur de poincte en poincte neuf piedz et demy et d'épesseur six piedz, et fault faire le tout à chaux et sable, et vault bien à cause qu'il fault travailler en l'eaue la somme de cens cinquante livres, cy. . . . . CL l.

Plus fault refaire sur lesdictz deux pilliers cy-dessus, et pour cest effaict il convient oultre deux pièces de bois qui sont de reste du bois du vieil pont deux toizes et demye de madriers d'ung poulce et demy d'épesseur, et coustra bien la toize six livres, qui seroit pour tout la somme de quinze livres, cy. . . . . xv l.

Plus fault refaire ung pillier à chaux et sable, qui sy-davant s'est entièrement ruiné, de haulteur de douze piedz et largeur six piedz et longeur neuf piedz de pointe en poincte, et faire deux contrescarpes, l'une du costé du fort de Foucault et l'aultre du costé du chasteau joignant ung petit bocage joignant le boys de Foucault, ayant la mesme haulteur et longeur que ledict pillier et d'épesseur chascune quatre piedz et demy, le tout massonné à chaux et sable avecq le dedans de bon moillon et les paremens de pierre de taille tant dud. pillier que contrescarpes, et vaudroict bien le tout la somme de quatre cens cinquante livres, cy. . . . . $\mathrm{IIII^{c}L}$ l.

Plus pour faire le pont sur ledict pillier et contrescarpes pour aller du bois de Foucault dans le fort dudict Foucault, fault six pieces de bois de douze piedz de long sur dix poulces en carré et quatre toizes de madriers pour metre sur lesdictes pièces, vallant bien le tout ce que dessus à faire et fournir la somme de six vingtz livres, cy. . . . . vi^{xx} l.

XXI

Devis des réparations faictes de nouveau au couvant des Cordelliers dudict Niort.

Premièrement ay trouvé les murailles du renclos et clousture dudict couvant faictes de nouveau de la longeur de deux cens toizes et de haulteur douze piedz hors terre et d'épesseur deux piedz massonné de varenne.

Plus ay trouvé devant la grand porte de l'église une muraille de unze toizes de longeur et de haulteur six piedz hors terre d'épesseur deux piedz massonnés de varenne, et est besoing hosser ladicte muraille de six piedz.

Plus ay trouvé une aultre muraille joignant le dortouer dudict couvant jusques à la muraille cy-dessus, ayant ladicte muraille six piedz de haulteur et d'épesseur deux piedz, laquelle il est besoing rehausser de six piedz.

Plus ay trouvé qu'il a esté faict de neuf la charpante de l'entien dortouer, lequel a en tout sans trante piedz, laquelle est garnye de quatre poultres, sçavoir deux au bas estage de longeur de trente piedz hors les murailles et douze poulces en ung sans et unze en l'aultre et celle du hault estage de mesme longeur ayant en ung sans dix poulces et neuf en l'aultre, garnye de solliveaux de cinq à six poulces en carré, planchonnée de boys de sapin, et ladicte charpante garnye de cheverons avecq lattes et contrelattes et bien couvert de tuille.

Plus ay trouvé trois portes, sçavoir une estant dans l'allée contre ledict dortouer pour sortir vers la ville et ung aultre à l'aultre bout pour sortir dans ung jardin et l'aultre pour sortir dans l'estage d'ambas dudict dortouer, estant celle-cy une simple porte de boys de sapin garnye de bandes et serrure et les deux aultres de bois de chesne doublée de sapin, garnyes de cloux mis à lozanges, bandes, verroux et serrures.

Plus ay trouvé avoir esté faict de neuf les cheminées et tuiaux d'icelles estans dans ledict dortouer tant en bas que haultz estages jusques par-dessus la haulteur de la couverture.

XXII

Devis des réparations faictes et nécessaires à faire sur le grand chemin de Niort à Sçainct-Jehan-d'Angély jusques à Grip.

Premièrement ay veu sortant dudict Niort par la porte nommée Sçainct-Jehan, ay trouvé proche ladicte porte le chemin pavé de nouveau de la longeur de sept cens quatre-vingtz-trois toizes et de large quize piedz qui n'a à présent besoing de réparation, et seroit besoing continuer ledict pavé de la longeur de cinquante toizes parce que le chemin est extraimement mauvais pour estre en terres argilleuses, graces et bourbeuses, et vault bien par chascune toizes la somme de trois livres, qui seroit pour six vingtz-cinq toizes qu'il y fault faire tant en longeur que largeur à faire et fournir la somme de trois cens soixante et quize livres, cy . . . . IIIe LXXV l.

Plus ay passé tout joignant et au bout dudict lieu cy-dessus, où ay trouvé une chaussée et levée nommée la Clie près Sçainct-Florend, qui a de longeur quarante-six toizes et de largeur sept piedz et de haulteur par le millieu six piedz, à laquelle y a une arche qui a d'ouverture trois piedz et de hault cinq piedz avecq ung petit ouvreau à chascun bout de ladicte chaussée pour évacuer les eaues et deux petites murailles de chascun costé ayant d'espesseur ung pied pour tenir les terres de ladicte chaussée, et ay trouvé qu'il est besoing sur lad. arche et millieu de ladicte chaussée paver six toizes de longeur et largeur qui n'ont jamais esté pavée, et sur le reste de ladicte chaussée seroit nécessaire la paver en pleusieurs endroictz jusques au nombre de vingtz-cinq toizes, et refaire les murailles des deux costés et les massonner à chaux et sable, et aura ladicte chaussée sa pante des deux costés au niveau du chemin, et vault bien toutes les réparations cy-dessus la somme de cens cinquante livres, cy. . . . . cl l.

Plus ay passé à ung pont nommé Boutinet, lequel a quatre toizes de long et de large quize piedz entre les deux parapelz avecq deux arches de quatre piedz d'ouverture chascune et de haulteur six piedz, et les parements dud. pont sont faictz de pierre de taille et à chascun bout dudict pont y a une levée et chaussée de la longeur de vingtz-une toize revestues de muraille d'ung pied et demy d'épesseur, et ay trouvé qu'il est nécessaire repaver et refaire le pavé desdictz pons et chaussée en plusieurs endroictz, qui se montra bien en nombre tant en longeur que largeur dix-huictz toizes, qui vauldra bien chascune trois livres, qui seroit pour le tout la somme de cinquante-quatre livres, cy . . . . liv l..

Plus est nécessaire de continuer le pavé depuis la chaussée qui est au bout dudict pont cy-dessus en tirant vers Sçainct-Jehan-d'Angelly jusques au nombre de mil toizes de long sur la longeur de quize piedz, à cause qu'il y a ung mauvais chemin en terre fortes et marescageuses, où les chevaux et charrois ne peuvent passer que avecq grand paine, et se trouvera de pavé tant en longeur que largeur deux mil cinq cens toizes, qui vallent bien chascune à faire et fournir trois livres dix solz, qui sera pour le tout la somme de huict mil sept cens cinquante livres par ce, cy. viii^m vii^c l l.

Plus ay trouvé à viron de deux cens toizes du lieu cy-dessus ung très mauvais chemin au droict d'une maison nommé le Portal, distant de Niort d'une lieue et demye, qui est ung lieu fort enfondrant et bourbeux et difficille à passer aux charrois et chevaux y croupissant des eaux, et seroit nécessaire y faire une levée de la longeur de six vingtz toizes et la paver sur quize piedz de large et ung pied et demy de hault, et contiendroit en tout tant en longeur que largeur trois cens toizes, qui vallent bien chascune toize trois livres dix solz, par ce pour le tout la somme de mil cinquante livres, cy. . . . . ML l.

Plus environ trois cens toizes oultre le lieu cy-dessus nommé du Portal est ung pont nommé le Pont-de-Méré, où ay trouvé une fosse et fondrière proche ledict Méré, où croupist des eaues et traverse ledict chemin, et contient de long trente toizes, que cause que ledict chemin est entierement gasté et qu'il s'y pert au temps d'hiver des chevaux et enfondrent des charrois, et seroit nécessaire y faire ung pont de la longeur de deux toizes et demye et haulteur de six piedz et deux parapelz de haulteur ung pied et demy, ayant une arche au millieu de haulteur cinq piedz et large quatre piedz, et à chascun bout dudict pont une chaussée et levée de quatorze toizes de longeur pavée sur quize piedz de large entre les murailles avecq un ouveau pour escouller les eaues, revestue de murailles à chaux et sable de ung pied et demy d'épesseur, qui coustra bien tant led. pont, chaussées que pavé la somme de neuf cens livres, cy. IXe l.

Plus me suis transporté en ung lieu où cy-davant il y a ueu ung pont que on nommoit le Pont-de-Méré, distant de Niort de deux lieues, lequel avoit de long soixante toizes avecq ses chaussées et levées, et m'a on dict qu'il est ordonné qu'il y en sera basty ung de nouveau et que bail en a esté faict au rabais pardavant Messieurs les trésoriers à Poictiers.

— 375 —

Plus ay passé en ung lieu nommé la Sanguinière distant du lieu cy-dessus d'ung quart de lieue, où ay trouvé ung très mauvais chemin situé en ung fons de terres marescageuses et bourbeuses fort difficille à passer pour chevaux et charrois et s'y en pert souvant, et seroit besoing pour y obvier y faire ung pont ayant de long quatre toizes et de haulteur six piedz et de large quize piedz sans les murailles qui seront à chaux et sable qui ayt deux arches de chascune trois piedz de large et cinq piedz de hault avecq deux parapelz de haulteur ung pied et demy et ung pied d'épesseur, et faire aux deux boutz dudict pont une chaussée de quatre toizes de long pavée sur quize piedz de large avecq ung petit ouvreau, revestue de deux murailles d'ung pied et demy d'épesseur à chaux et sable, vallant bien le tout cinq cents livres à faire et fournir par ce, cy. . . . . . . v^c l.

Plus dudict lieu de la Sanguinière ay passé à ung village nommé Grip où il y a ung pont de la longeur de cens vingtz-cinq toizes avecq ses levées et chaussées, ayant sept arches desquelles y en a trois de rompues, et m'a on dict sur le lieu qu'il y a bail au rabais faict pardavant Messieurs les trésoriers à Poictiers, et ay trouvé des mathériaux sur le lieu pour cest effaict.

XXIII

Devis des réparations qui sont nécessaires faire sur le grand chemin de Niort à Frontenay-Labatu qui est le chemin le plus droict de la Rochelle et pays de Sçainctonge.

Premièrement ay trouvé depuis le dict Niort jusques à ung quart de lieue de chemin jusques au droict d'une maison nommée Pied-de-Fons, il y a très mauvais chemin pour estre dès terres graces, marescageuses, enfondrantes, où il est fort difficile passer mesmes les charrois tant à deux que à quatre rouhes y enfondrent, et seroit bien besoing paver tout led. chemin qui contient de longeur huict cens toizes sur quize piedz de large, qui vaudroit bien trois livres dix solz chascune toize, qui seroit pour douze cens toizes qu'il y a tant en longeur que largeur tant à faire et fournir la somme de quatre mil deux cens livres, cy. . . . . iiii^m ii^c l.

Plus au bout de la longeur du chemin cy-dessus au droict dudict Pied-de-Fons, ay trouvé ung vieil pont de longeur quatre-vingtz toizes et de largeur de sept à huict piedz, lequel il est besoing repaver en pleusieurs endroictz pour obvier au dépérissement et y auroit à repaver tant en longeur que largeur le nombre de quarentes toizes, qui vaudroict bien trois livres chascune, qui seroit pour tout la somme de six vingtz livres, cy. . . . . . . vi^{xx} l.

Plus depuis ledict pont cy-dessus à prendre dès le bout d'icelluy suivant ledict grand chemin, est besoing paver la longeur de cinq cens cinquante toizes et faire des levées en pleusieurs lieux de deux piedz de hault sur dix-huict piedz de large, et reviendroict en tout tant en longeur que largeur au nombre de mil trois cens soixante et quize toizes, qui vaudroict bien à faire et fournir chascune toize la somme de quatre livres, qui seroit pour tout la somme de cinq mil cinq cens livres, cy. . . . . . . v^m v^c l.

Plus ay passé depuis ledict lieu cy-dessus l'espace de trois quars de lieue, où j'ay trouvé le chemin assès bon et n'est besoing y faire de réparation.

Plus au droict d'ung pré nommé le Pré-Reneau, distant dudict Niort de une lieue, ay trouvé ung chemin enfondrant pour estre pays marescageux et difficille à passer, et seroit besoing le faire paver de la longeur de cinquante toizes sur quize piedz de large, qui vaudroict bien à faire et fournir trois livres dix sols chascune toize, qui seroit pour cens vingts-cinq toizes tant en longeur que largeur la somme de quatre cens trente-sept livres dix sols, cy iiii^c xxxvii l. x s.

Plus ay passé à ung lieu nommé Chair-de-Cou, distant dudict Reneau de demye-lieue, où ay trouvé estre nécessaire d'y faire une levée de cens toizes de large et de deux piedz de hault et paver par dessus sur quize piedz de large avecq quatre petis ouvreaux pour escouller les eaux qui croupissent audict lieu qui rendent le chemin très mauvais, et vault bien ladicte levée et pavé la somme de trois livres dix solz pour chascune toize, qui seroit pour deux cens cinquante toizes tant en longeur que largeur à faire et fournir la somme de huict cens soixante et quize livres, cy. . . . . viii^c lxxv l.

Plus ay passé à ung lieu marescageux où passe une rivière nommée la Guironde, distant dudict Chair-de-Cou de ung quart de lieue, laquelle rivière j'ay trouvée s'estendre dans le chemin viron cens toizes en la longeur du chemin, qui rend le passage très difficile estant les terres argilleuses et graces y ayant de grandes fondrières, et seroit besoing y faire ung pont de la longeur de six toizes et de hault sept piedz et demy et de largeur quize piedz de dedans en dedans avecq deux parapelz de ung pied et demy de hault et autant d'épesseur avecq trois arches ayant chascune quatre piedz de large et six de hault, et faire une levée et chaussée à chascun bout dudict pont de vingts-sept toizes de long, et les paver sur mesme largeur que ledict pont revéstue de muraille faicte de moëllon à chaux et sable d'épesseur de deux piedz, qui vauldra bien le tout ensemble à cause qu'il fault travailler en l'eau, ce qui se fera avecq grand paine et dépence, la somme de deux mil six cens livres, cy.. . . . . ii^m vi^c l.

Plus ay trouvé que audict lieu et au bout du pont et chaussée cy-dessus designée tirant vers Frontenay, il seroit nécessaire faire paver depuis le bout de la chaussée qui seroit de deux cens toizes sur quize piedz de large, qui reviendroit tant en longeur que largeur au nombre de cinq cens toizes, et vaudroit bien chascune toize trois livres cinq solz à cause que le chemin n'a point de fons pour estre en terres marescageuses, et vaudroit bien le tout à faire et fournir la somme de mil six cens vingtz-cinq livres, cy . . . . M VIe XXV l.

Plus ay veu au lieu d'ung lieu nommé Sçainct-Gaudin, distant du lieu mentionné en l'article cy-dessus de viron cens cinquante toizes, où ay trouvé estre nécessaire faire ung pont de la longeur de trois toizes avecq deux petites arches de chascune trois piedz d'ouverture et quatre piedz et demy de hault ayant led. pont de large quize piedz entre les deux parapelz, lesquels parapelz auront de haulteur ung pied et demy et d'épesseur ung pied, et faire aux deux boutz dud. pont une levée et chaussée de la longeur de vingtz toizes et paver dessus sur ladicte largeur de quize piedz tant sur led. pont que levée revestues de deux murailles d'espesseur d'ung pied et demy à chaux et sable, et vault bien le tout à faire et fournir la somme de sept cens cinquante livres, cy . . . . VIIe L l.

Plus ay passé à viron cinquante toizes plus oultre que le lieu cy-dessus, où ay trouvé ung très mauvais chemin pour estre en pays de terre graces, argilleuses et qui n'ont point de fons, où il passe ung ruisseau venant des marais de la rivière de Cèvre, et ay trouvé estre nécessaire ung petit pont de la longeur de deux toizes et demye de largeur quize pieds avecq deux petis arceaux de deux piedz et demy chascun et trois piedz de hault, et ledict pont aura de haulteur quatre piedz, et fault faire une petite chaussée et levée du costé de Sçaint-Gaudin ayant de longeur huict toizes de mesme largeur que led. pont, et du costé de vers Frontenay y fault une levée et pavé de la longeur de cens quarente toizes sur quize piedz de large et lesdictes levées revestues de muraille ayant ung pied d'épesseur à chaux et sable et paver dessus lesd. pons et chaussée, et vaudra bien ledict pont à faire et fournir la somme de deux cens quarente livres et lesdictes deux levées contenant en tout tant en longeur que largeur trois cens soixante et quize toizes, qui vallent bien en ce comprins les murailles desd. levées et pavé de dessus quatre livres à faire et fournir, qui est pour tout la somme de quize cens livres, cy. xv^c l.

XXIV

Devis des réparations faictes et qui sont nécessaires à faire sur le chemin à aller de Niort à Fontenay-le-Compte et Maillezais.

Premièrement sortant de la ville de Niort sur ledict chemin de Niort à Fontenay, ay trouvé qu'il est nécessaire de paver depuis ladicte porte jusques à une chapelle nommée Nostre-Dame-de-Recouvrance, distant de ladicte porte de cinq cens toizes, sur la largeur de dix-huict piedz de large à cause que le chemin est très mauvais et gasté par les charrois qui y passent journellement venant et allant à la Rochelle, Fontenay et aultres lieux audict Niort, et vaudroit bien chascune toize trois livres dix solz, qui seroit pour quize cens toize que contiendroit ledict pavé tant en longeur que largeur à faire et fournir la somme de cinq mil deux cens cinquante livres, cy. . . . . . v^m ii^c l l.

Plus à une petite demye-lieue de Niort ay trouvé une vallée en rocher nommé Tourfou, où est nécessaire eslargir le chemin de quatre piedz de chascun costé et de longeur quatre-vingtz toizes à cause qu'il est par trop estroict, et le fault aussy aplanir à cause que les aisieulx des charrois y touchent des deux costés et ne peuvent les chevaux tirer, et vault bien ladicte réparation la somme de cens cinquante livres, cy.. . . . . cl l.

Plus ay passé depuis ledict lieu de Tourfou jusques au Pont-d'Homme, distant dudict Tourfou de deux lieues et demye, où ay trouvé le chemin assès bon et qui a assès de fons, et n'est besoing d'aulcune réparation.

Plus estant audict lieu du Pont-d'Homme, ay trouvé qu'il a de longeur quatre-vingtz-douze toizes et de large six piedz ayant huict arches, à sçavoir six grandes et deux petites ayant la plus grande neuf piedz de large et les aultres huict, sept et six, et les plus petites de quatre, et la plus haulte a unze piedz de hault et les aultres baisant au niveau des terres, est besoing resaper tous les pilliers desd. arches en pleusieurs lieux dès le fondement, et faire des bastardeaux qui ne se peuvent faire sans grande despance, et en refaire trois ou quatre presque toutes à neuf et eslargir ledict pont de quatre piedz, à cause que à présant une charrette n'y peult passer, et y fault faire deux parapelz de la longeur de quarente toizes de chascun costé ayant deux piedz de hault et d'épesseur ung pied et demy le tout faict à chaux et sable, et oultre seroit nécessaire continuer le pavé dudict pont du costé de Niort de la longeur de cinquante toizes sur quize piedz de large et du costé de Fontenay dix toizes sur mesme largeur, et vallent bien toutes lesdictes réparations dudict pont et pavé à faire et fournir la somme de quatre mil livres, cy. . . . . IIII^m l.

Plus dudict lieu cy-dessus suis allé jusques à Fontenay, distant de deux lieues, durant lesquelles ay trouvé le chemin assès bon n'estant besoing y faire aulcune réparation.

Plus suis aussi transporté dudict Pont-d'Homme sur le chemin à aller à Maillezais, auquel n'ay trouvé aulcune réparation à faire fors en ung lieu qui est viron cens cinquante toizes de longeur d'ung village nommé de l'Ille, distant de Maillezais de viron ung quart de lieue, où ay trouvé la longeur de cens cinquante toizes de chemin qui aultresfoys a esté pavé n'ayant de large que six piedz, lequel est du tout ruiné pour n'avoir esté entretenu, et est nécessaire le refaire sur quize piedz de large, et vaudroict bien chascune toize trois livres tant à faire que fournir, qui seroit pour trois cens soixante-quize toizes que contient ledict pavé tant en longeur que largeur la somme de mil cens vingtz-cinq livres, cy. . . . . MCXXV l.

Plus au bout dudict pont ay trouvé le chemin passant au-travers le bourg d'Ille jusques au chasteau de Maillezais avoir esté cy-davant pavé sur la largeur de six piedz, mais à faulte d'entretien il est presque tout ruiné, et seroit besoing le refaire en pleusieurs lieux jusques à la longeur de sept cens toizes sur quize piedz de large, et se trouveroit que pourroit servir la valleur de cens toizes tant en longeur que largeur, tellement qu'il en faudroict refaire en tout tant en longeur que largeur le nombre de seize cens cinquante toizes, qui vaudroict bien à faire et fournir chascune toize trois livres, revenant pour le tout la somme de quatre mil neuf cens cinquante livres, cy. . . . . $IIII^m IX^e L$ l.

XXV

Devis des réparations qui sont nécessaire faire au chasteau de Maillezais.

Premièrement antrant audict chasteau, ay veu ung bastion dans le fossé et marais revestu de pierres de taille par ung costé ayant de longeur trante-huict toizes de haulteur seize piedz jusques au cordon et de l'aultre costé qui n'est revestu a longeur de vingtz-six toizes sur seize piedz de hault, et seroit besoing pour obvier à la ruine dudict bastion le revestir d'une muraille ayant d'épesseur par le bas sept piedz revenant à quatre par le hault, massonné à chaux et sable, et le parement de pierre de taille, et que ladicte muraille aye en sa longeur vingtz-six toizes, à cause que les terres se laissent aller et tumber, et faire des parapelz tant sur le revestissement jà faict que celluy qui est à faire, et que lesd. parapelz ayent de hault cinq piedz et ung pied et demy d'épesseur et de pierre de taille à chaux et sable, et vaudroit bien le tout la somme de six cens livres, cy. VIe l.

Plus derrière led. bastion est le coing de la place qui renferme ung cavallier faict en forme de bastion, ayant ledict cavallier trente-quatre toize de longeur de chaiscune courtine et est ellevé du costé du fossé dès le fons d'icelle de la haulteur de huict toizes, duquel les terres ont crevé la muraille de la place devers les marais et y ont faict une brèche de la longeur de quatorze toizes et de haulteur cinq toizes, et est besoing pour obvier à plus grande ruine réparer lad. brèche et y faire une muraille de moëllon massonné à chaux et sable ayant d'épesseur de sept piedz par le bas revenant par le hault à quatre piedz sans les parapelz qu'il fault faire tout autour dudict cavallier qui auront de haulteur cinq piedz et d'épesseur vingtz poulces, et reviendroit la réparation de la brèche au nombre de soixante-dix toizes tant en longeur que largeur, qui vaudroit bien à faire et fournir vingtz livres, et les parapelz de la longeur, haulteur et espesseur cy-dicte reviendroit à soixante-huict toizes, qui vauldroit bien chascune toize à faire et fournir cinq livres, qui seroit pour le tout tant ladicte brèche que parapelz la somme de mil sept cens quarante livres, cy. . . . . M VIIe XL l.

Plus à l'aultre costé vers soleil couchant et vers la fontaine, ay trouvé que les terres ont faict fondre la muraille et courtine dudict chasteau de la longeur de quize toizes et demye et quatre toizes de haulteur et d'épesseur sept piedz par le bas revenant par le hault à quatre piedz, laquelle muraille il est très nécessaire faire refaire pour empescher plus grande ruine au reste de la muraille dudict chasteau, et reviendroit tout ladicte brèche au nombre de soixante-deux toizes tant en longeur que largeur, qui vaudroict bien à faire et fournir de bon moillon à chaux et sable avecq les paremens de pierre de taille la somme de vingtz livres pour chascune toize, qui seroit pour le tout la somme de mil deux cens quarante livres, cy. . . . . . . M IIe XL l.

Plus en ung aultre endroict où anciennement estoient les religieuses, y a deux brèches en la muraille dudict chasteau, une de huict toizes de longeur sur quatre de hault et l'aultre sept toize de long sur quatre toize de hault, desquelles brèches est nécessaire refaire sur l'espesseur de sept piedz par le bas et quatre par le hault et fault que ce soit de bon moillon avecq le parement de pierre de taille à chaux et sable, et se trouveroit tant en longeur que largeur pour lesdictes deux brèches le nombre de soixante toizes, qui vallent bien chascune toize vingtz livres, qui seroit pour le tout la somme de douze cens livres, cy. . . . xiie l.

Plus à une tour nommée la tour de la Carrière, fault refaire ung tallis de la haulteur de deux toizes et d'épesseur deux piedz et demy, et se trouve tout autour de ladicte tour le nombre de vingtz toizes qu'il fault faire de pierre de taille à chaux et sable, qui vault bien pour chascune toize sept livres, qui seroit pour le tout la somme de cens quarente livres, cy. . . . . cxl l.

Plus de la courtine qui vient de ladicte tour à celle du portail il y a deux aultres brèches, l'une de la longeur de quatre toizes sur la haulteur de cinq et l'aultre de trois sur cinq de hault, lesquelles brèches il est besoing refaire de sept piedz d'épesseur par bas revenant à quatre par hault avecq de bon moillon et les paremens de pierre de taille à chaux et sable, et vaudroit bien la toize vingtz livres, qui seroit pour trante-cinq toizes que contiennent lesdictes brèches tant en longeur que largeur la somme de sept cens livres, cy. . . . . viie l.

Plus y a en quatre divers endroictz de la muraille dudict chasteau quatre commancemens de brèches, à cause que les pluies et gellées ont gasté et enfondré le couridour et dessus de ladicte muraille, et se trouve qu'il faudroit ausdictz quatre endroictz pour réparer lesdictz commencemens de brèches la valleur de dix toizes de massonnerye, vallant chascune desdictes toizes, à cause qu'il ne fault que resaper en pleusieurs endroictz, la somme de dix livres, qui seroit pour le tout la somme de cens livres, cy . . . . . . c l.

Plus ay trouvé que la première porte du grand espron de davant le chasteau est entièrement ruiné, et la basculle estant au second fossé et le pont-levis de la porte estant dans ledict chasteau pour entrer dans icelluy de la porte de la Fontaine pour sortir vers les marais sont tout gastés et pourris, et coustroit pour refaire ce que dessus, sçavoir pour ladicte grande porte cinquante livres, pour le grand pont-levis deux cens livres, pour la basculle soixante et dix livres, et pour le petit pont-levis quatre-vingtz livres, qui seroit en tout la somme de quatre cens livres, cy. iiii^c l.

Plus ay passé tout le chemin depuis ledict Maillezais jusques à Fontenay, où n'ay trouvé aulcune réparation à faire pour estre ledict chemin assès bon.

XXVI

Devis des réparations que j'ay trouvées avoir esté faictes de nouveau au chasteau de Fontenay.

Premièrement ay trouvé à l'entrée du donjon du chasteau sur la main droicte une plate-forme faicte de nouveau de terre de la haulteur de neuf piedz et neuf toizes de longeur et de largeur quatre toizes revestue d'ung costé de pierre seiche de haulteur de neuf piedz, laquelle plate-forme a esté faicte pour placer une coulleuvrine bastarde qui est logée pour deffandre l'entrée dudict chasteau du costé de la ville.

Plus ay trouvé aussy faict de nouveau une aultre petite plate-forme derrière la susdicte de la longeur de six toizes et largeur cinq toizes de haulteur de cinq piedz, laquelle a son aspec du costé des Moulins.

Plus ay trouvé que le puys a esté chaussé de six piedz de massonnerye de pierre de brelouze à chaux et sable et d'épesseur de deux piedz, ayant ledict puys par le dedans quatre piedz de diamètre, et oultre ay trouvé ledict puy couvert de cherpante pour la conservation tant des murailles dudict puys, rouhe, aissieuil et câble d'icelluy, estant ferré aux endroictz où il est besoing.

Plus ay trouvé une muraille près ladicte tour Sçainct-Martin qui a esté reparée et refaicte à neuf à une brèche qui cy-davant y estoit de la longeur de quatre toizes et demye et de haulteur une toize et demye et d'épesseur quatre piedz, estant ladicte muraille massonnée avecq du mortier bastard qui est moictyé chaux et moictyé terre.

Plus ay aussy trouvé avoir esté faict de neuf une plateforme de boys derrière la brèche mentionnée en l'article cy-dessus d'une toize et demye en tout sans avecq des solliveaux de la longeur de ladicte platteforme et largeur sept poulces en ung sans et six en l'aultre, y ayant sur ladicte plateforme une pièce d'artillerye pour flanquer une des courtines dudict chasteau joignant le fort de Chipault, et pour cest effaict faut ouvrir ung flang dans ladicte muraille laquelle a quatre piedz et demy d'épesseur.

Plus ay trouvé avoir esté faict de neuf une guérite size sur vingtz courbeaux de pierre tout joignant la tour proche du petit corps de garde ayant son regard sur le fort de Chupault, laquelle guérite a d'espace par le dedans une toize en carré et de haulteur d'ung costé neuf piedz et sept vers le costé de la pante, laquelle est faicte de coullombage garnye de bricque et chantille couverte de thuille, et au-dedans de la tour cy-dessus, proche de ladicte guérite laquelle estoit massive, a esté la muraille rompue et creusée et faict en forme de cassematthe ayant de longeur quatoze piedz et largeur dix piedz, affin d'y pouvoir loger du canon, sy besoing estoit, y ayant esté faict ung flanc pour flancquer la courtine et muraille dudict chasteau tirant vers la tour du vieux corps de garde et fort de Guinefolle.

Plus oultre ay veu dans une chambre estant dans ladicte tour au-dessus de la susdicte cassemate, ay trouvé qu'elle a esté racommodée en pleusieurs endroictz, où les murailles, planchon et pavés estoient gastés, ayant ladicte chambre deux toizes en carré.

Plus ay trouvé avoir esté faict de neuf une guérite suportée de solliveaux en la muraille près la tour du vieux corps de garde, ayant ladicte guérite par le dedans une toize en carré et de haulteur sept piedz d'ung costé et neuf de l'aultre avecq une huisserye de pierre de taille fermée avecq une porte de menuzerye ferrée de bandes et cloux et aultres choses nécessaires, et ay trouvé qu'il a esté faict de pierre de taille ung carveau près ladicte guérite dans la courtine de ladicte muraille d'ung pied en carré.

Plus ay trouvé une dessante pour aller dans les flans de la tour du corps de garde, et a esté nécessaire de rompre la muraille de ladicte tour du costé de la grande plateforme pour y faire une porte de pierre de taille ayant de largeur quatre piedz et demy pour passer commodément les pièces d'artillerye pour les pauser aux flancs, et avoit ladicte muraille d'épesseur sept piedz par le davant et à l'endroict où sont faictz les trois flans dans ladicte cassematte il a fallu rompre la muraille de l'épesseur de deux toises, ayans lesd. flancs d'ouverture par le dedans six piedz et demy, et l'entredeux desdictes cassemattes jusques au second estage garnye de solliveaux passans de la longeur de douze piedz et de sept poulces en ung sans et huict en l'aultre et planchonné de madriers de trois poulces d'épais; plus pour entrer dans ladicte cassematte ay trouvé une porte double de bois de chesne brizée qui est dans la dessante d'icelle ferrée avecq ses cadenacs et bandes, et au costé de ladicte dessante y a des contremurs de la longeur de trois toises et demye de chascun costé et haulteur trois toises, en ce comprins ce qui est dans les terres, et d'épesseur cinq piedz en bas revenant à quatre en hault pour soustenir les terres qu'il a convenu faire aporter audict lieu pour remplir le vide qui estoit contre lesdictes murailles.

Plus près ledict corps de garde du fort de Guinefolle, ay trouvé avoir esté faict une muraille au lieu de parapel pour couvrir les terres de la longeur de trois toizes et demye et de haulteur six piedz et demy et d'épesseur ung pied et demy, en laquelle y a une canonnière de pierre de taille ayant d'ouverture par le dedans de trois piedz.

Plus ay trouvé une double guérite au bout d'une antienne muraille dudict chasteau au costé de la grosse tour Boullaire, l'une desquelles a son aspec à la porte et pons-levis de derrière ledict chasteau, l'autre a son aspec sur la grand tour dudict chasteau, ayant d'espace toutes lesdictes deux guérites ensemble une toize quatre piedz de longeur en ung sans et de largeur sept piedz et demy l'une et l'aultre deux toizes et demye et de haulteur six piedz à l'embatement, garnyes de leurs canonnières et fenestres où besoing est, estant faictes de coulombages et de chantille et bricque et couvertes de tuille courbes.

Plus ay trouvé qu'il avoit esté refaict douze toizes de murailles de longeur à costé de ladicte guérite tirant vers la grand tour dudict chasteau sur la vieille muraille qui estoit antiennement, ayant de haulteur une toize et d'épesseur ung pied et demy et le tour massonné de mortier bastard.

Plus ay trouvé une muraille au-dessoubz de celle cy-dessus et ung peu à costé tirant vers le petit pont-levis estant dans le chasteau, laquelle a trois toizes de haulteur et deux de large et trois piedz d'épesseur, joignant celle où repose ledict pont-levis.

Plus ay trouvé quatre-vingtz-deux toizes de ratelliers de boys posés sur le hault des parapelz des murailles dud. chasteau et iceux garnis de pierre pour la deffance de la courtine.

Plus ay trouvé qu'il a esté faict de neuf vingtz ratelliers de bois pour poser les armes des soldatz de la garnison dudict chasteau, lesquels sont posés en divers endroictz.

Plus ay trouvé avoir esté faict ung apenty au-davant d'une chambre près la grand platte forme ayant neuf piedz en ung sans et unze en l'aultre, estans lesdictes murailles de pierre sèche ayant d'épesseur deux piedz et led. apenty couvert de tuille creuze.

Plus ay trouvé la couverture de six pièces de canon pour la conservation desdictz canons et affus couvert de planche de sapin clouée de bon cloux.

Plus ay trouvé vingtz madriers de la longeur de sept piedz et trois poulces d'espais pour servir à faire la plateforme à metre les canons.

XXVII

Devis des réparations qu'il est nécessaire faire au chasteau dudict Fontenay-le-Conte.

Premièrement est nécessaire de faire bastir ung lieu de magazin pour y loger les pouldres et toutes aultres munitions de guerre pour le service du roy, n'y ayant dans la ville et chasteau aulcun lieu basty pour cest effaict, et n'y a lieu plus propre que dans la cour dudict chasteau au pied de la plate-forme au costé de la grosse tour Boullaise, qui est l'espace plus commode, et fauldroict pour construire et bastir ledict lieu la haulteur de six piedz dans terre de ladicte platte-forme pour poser les fondemens de la muraille de ce costé-là et pour cest effaict convient :

Premièrement que ledict bastiment soit de la longeur de douze toizes de dehors en dehors et de largeur de vingtz-six piedz, et fault faire ung estage en terre au-dessoubz dudict lieu qui sera réservé pour metre les pouldres ayant de profondeur huict piedz sans les fondemens des murailles, et est nécessaire les murailles des deux costés dudict bastimens ayent seize piedz de haulteur à prendre depuis le rais de terre jusques à l'entablement sans les pignons des deux bous et deux murailles de refan qui sont entre deux, et que ledict estage soit doublé à la haulteur de sept piedz sobz poutres et garnye de bons soulliveaux de six à la toize de cinq et six poulces de haulteur, et faire dans ledict bastiment des croisées, demyes croisées, abas jours et portes sellon le proget convenable à tel bastiment, la couverture avecq sa montée à tier poinct et couverte à double rang de tuille courbe, et les tirans de la cherpante soient de neuf à dix poulces en carré, et qu'il y en aye six qui soient de la longeur sellon la largeur dudict bastiment, lesdictz tirans garnis de leurs sablières, fillières, faictz avecq aiguilles et liens, cheverons, lattes et contrelattes, et depuis les fondemens jusques au rais de terre il est nécessaire que les murailles soient faictes à chaux et sable ayans trois piedz d'épesseur dans terre et hors terre deux piedz et demy, et les murailles de refan ne seront conduites que jusques à la haulteur de seize piedz, lesquelles auront deux piedz d'épesseur, et l'estage qui sera soubz le lieu où sera logé la pouldre ains sera faict de solliveaux de brin de six poulces en tout sans et de la longeur de douze piedz et de six à la toize, et fauldra aussi metre deux poultres de la longeur de vingtz-cinq piedz ayant quatorze poulces en ung sans et douze en l'aultre, convient aussy faire une desante par degrés de pierre de taille pour aller à l'estage d'ambas avecq ung ballet pour couvrir ladicte dessante, comme aussy faire ung escallier par le dedans de la longeur de cinq piedz pour monter au second estage, et vaudra bien le tout la somme de deux mil huict cens livres, cy. . $II^m VIII^c l.$

Plus est nécessaire de bastir et construire ung corps de garde à l'entrée dudict chasteau par le dedans d'icelluy vis-à-vis du grand et petit pons à ung endroict qui est commode pour cest effaict, laquelle place a de longeur quatre toizes et deux de large, et pour cest effaict il fault

faire une muraille de quatre toize et haulteur neuf piedz depuis le rais de terre jusques à l'entablement, et dans le millieu de ladicte muraille y aye une porte de pierre de taille de largeur de quatre piedz et demy et trois fenestres d'ung pied en carré [1] . . . .
de pierre de taille et que la muraille. . . . . .
d'épesseur et faire dans ledict corps de garde. . . . .
largeur de six piedz et couvrir ledict corps de garde et apenty de thuile courbe, et vauldroict la somme de cens dix livres, cy. . . . . cx l.

Plus seroit nécessaire de faire deux arcades, en allant par le dedans dudict chasteau à la grand court d'icelluy de la haulteur du plain du grand corps de logis pour d'icelluy passer à ung aultre corps de logis, et entre les deux y faire une chambre foncée de solliveaux passans et planchonnée par le dessus, et faire une cheminée en icelle et une croisée et une demye-croisée où besoing sera pour retirer clarté en ladicte chambre, et les deux pans de murailles qui seront sur lesd. arcades doibvent estre ellevés de dix piedz jusques à l'entablement et la cherpante de trois pièces portant de huict à neuf poulces d'épesseur et dix-huict pièdz de long avecq deux sablières garnyes de cheverons et de lattes et couvrir de tuille courbe, et vault bien le tout la somme de quatre cens livres à faire et fournir, cy. . . . . iiii^c l.

Plus au-dessoubz de la première arcade est nécessaire de faire des portes de fers en formes de barreaux à clervoises qui seront brisées, l'une desquelles aura son guichet avecq la serrure, lesdictes portes de la haulteur de six piedz, et qu'il y ayt une poultre d'ung pied en carré traversant ladicte arcade à la haulteur de six piedz pour tenir lesdictes portes, et vauldra bien le tout la somme de trois cens livres, cy. . . . . iii^c l.

---

1. Le coin du feuillet a été rongé par les rats.

Plus fault faire le chapeau en dos d'asne de ladicte tour Boulaise de la longeur de dix-huict toizes de la haulteur de cinq piedz et de la largeur d'une toize, et vaudroit bien le tout la somme de quatre cens cinquante livres, cy. iiii^cl l.

Plus fault racommoder les parapelz et courtines d'ung lieu nommé le faulxbourg du Marchou dans ledict chasteau de la longeur de quize toizes et trois piedz de haulteur et deux piedz d'épesseur, et vaudroict bien le tout la somme de soixante et quatorze livres, cy. . . lxxiiii l.

Plus du costé du fort de Chaspault et deshors tournant les moullins du dedans du chasteau, fault refaire les parapelz et courtines qui sont tombées de la longeur de vingtz toizes et de haulteur de quatre piedz et deux piedz d'épesseur, le tout massonné à chaux et sable, et vault bien la somme de deux cens livres, cy. . . . . . . ii^c l.

Plus est besoing faire un degré près la tour Sçainct-Martin de haulteur de dix piedz avecq une muraille pour soustenir les marches d'icelluy, et contiendra ladicte muraille viron six toizes en carré et son espesseur de trois piedz et les marches de pierre de brelouze de la longeur de trois piedz pour monter au hault des murailles, et vault bien le tout la somme de deux cens livres, cy. . . . . . ii^c l.

Plus est nécessaire de continuer la muraille de davant et joignant le pont dormant tenant la contrescarpe du fossé dudict chasteau de la longeur de neuf toizes et demye tirant vers le fort de La Motte de quatre [1]. . . . . .

---

1. La fin manque.

Lettre du roi autorisant le changement d'un chemin tendant de la Péruse a Verteuil, proche les Houlmes en la paroisse de Saint-Laurent-de-Céris [1].

Mars 1614.

Louis, par la grâce de Dieu roy de France et de Navarre, à tous présens et advenir salut. Nostre cher et bien amé Jacques de Lescours, escuyer, s^r du Repaire et des Houlmes, nous a très humblement faict dire et remonstrer qu'il y a un bois taillis proche de sad. maison des Houlmes, scize en la parroisse de St Laurent de Céry en nostre pays de Poictou, et que dans led. bois taillis il y a un grand chemin qui va du bourg de la Péruse à celluy de Verteuil par lequel passent les rouilliers, charretiers et autres personnes qui vont et viennent aud. pays ; et qu'accause que led. boys taillis est fort espais plusieurs larrons et volleurs se retirent et cachent dans icelluy et commettent plusieurs meurtres et volleries à l'endroit desd. chartiers, rouilliers et passans, recevans mesmes beaucoup d'incommoditez desd. volleurs qui s'attroupent pour le surprendre et voller sad. maison, comme ilz ont essayé de faire plusieurs foys ; que sans l'assistance qu'il faict donner journellement ausd. passans, il se commettroit journellement des meurtres et volleries, et aussy qu'accause des mauvais chemins qui sont dans led. boys taillis dans la saison de l'yver, lesd. passans reçoivent beaucoup d'incommoditez oultre celles qu'il reçoit en sond. bois par lesd. chartiers et rouilliers, il désireroit qu'il nous pleut

---

1. Bien que cette pièce ne se rattache pas directement à la mission d'Androuet du Cerceau, il a paru bon de la publier à la suite, vu la pénurie de documents sur la voirie à cette époque.

luy permettre de faire changer led. grand chemin dans une pièce de terre esloignée dud. bois de cinq cens pas seullement, aussy à luy appartenante et deppendant de sad. terre des Houlmes, pour estre plus ayse et commode pour le publicq et commerce des marchands dud. pays. Nous requérant humblement noz lettres sur ce nécessaires. A ces causes, désirans subvenir aud. exposant et le gratiffier en ce qu'il nous sera possible, de l'advis de la royne régente nostre très honnorée dame et mère, nous luy avons par ces présentes, signées de nostre main, et de noz grâces, plaine puissance et aulthorité royal permis, accordé et octroyé, permettons, accordons et octroyons de faire changer led. grand chemin qui passe dans led. boys taillis en lad. pièce de terre, apprès toutteffois que les habitans des parroisses desd. bourgs de la Péruse et Verteuil l'auront consenty et accordé, et nostre procureur appellé. Mandons à notre sénéchal dud. Civray ou son lieutenant qu'apprès qu'il luy sera apparu du consentement desd. habitans que led. changement de chemin soyt pour l'utillité publicque, il fasse lire, publier et enregistrer ces présentes, et du contenu en icelles jouir et user plainement et paisiblement led. s^r du Repaire, sans permettre qu'il luy soict faict, mis ou donné aucun trouble ou empeschement au contraire, en mandant au premier huissier ou sergent de faire tous exploictz nécessaires pour l'exécution des présentes. Car tel est nostre plaisir, sauf nostre droit et l'aultruy en touttes, et affin que ce soyt chose ferme et stable à tousjours nous avons faict mettre nostre scel à cesd. présentes. Donné à Paris au mois de mars, ... de grâce mil six cens quatorze et de nostre reigne le quatriesme. LOUIS.

Sur le repli : Par le roy, la royne régente sa mère présente : DE LOMÉNIE. — Contentor. GAVEAU.

(Arch. de la Vienne, C^n 1.)

MÉMOIRE DU SIEUR DES ROCHES-BARITAULT, GABRIEL DE CHASTEAU-BRIANT [1], LIEUTENANT EN POITOU, CONTRE LES MALVERSATIONS ET VIOLENCES DU SIEUR DE VILLEMONTÉE [2], INTENDANT DE JUSTICE EN ICELLE PROVINCE.

(1643.)

AU ROY.

Sire,

Comme j'ay parlé à Vostre Majesté sur le subject des affaires de vostre province de Poictou dans le pur sentiment de la vérité, par l'ardeur du zelle que ma naissance et ma condition m'obligent d'avoir au bien de vostre service, aussi ay-je eu pour seul object le bien et le soulagement de cette province sans aucun desseing de malignité ou d'envie contre personne en particulier; et quand au-

---

1. Gabriel de Chasteaubriant, sgr des Roches-Baritault, lieutenant-général pour le roi en Bas-Poitou. Son fils, Gabriel de Chasteaubriant, IIe, fut nommé à sa place le 9 avril 1653. Par lettres patentes de novembre 1648, registrées en Parlement le 7 septembre 1649, le roi avait érigé en marquisat sa terre du Plessis-Chasteaubriant. (Beauchet-Filleau, *Dict. des Fam. de l'ancien Poitou*, 2e éd., t. II, p. 273.)

2. François de Villemontée, intendant de justice et finances en Poitou, Saintonge, Angoumois et Aunis, de 1631 à 1644, puis de 1646 à 1648. Administrateur habile et très zélé pour le service du roi, il avait su gagner la confiance du monarque et du cardinal de Richelieu, comme l'attestent les lettres publiées dans le tome XV des *Archives historiques du Poitou* (v. App. XIX et XXIV), mais son crédit à la Cour ne put le sauver des attaques de ses ennemis. Les dénonciations du seigneur des Roches-Baritault avaient sans doute produit leur effet, puisque Villemontée fut remplacé l'année suivante (1644). Il fut rétabli en 1646 dans les fonctions d'intendant du Poitou, mais pour peu de temps, la charge ayant été supprimée en 1648, et devint ensuite évêque de Saint-Mâlo.

jourd'huy pour satisfaire au commandement qui m'a esté faict par Monsieur Desnoyers de la part de Vostre Majesté, on m'oblige de représanter par escrit ce que la liberté et la franchise de l'azille sacré de la personne de mon Roy m'avoit permis de luy expliquer de vive voix, je suis trop asseuré de sa bonté pour croire que par là le sieur de Villemontée, qui se déclaret ouvertement mon ennemy, puisse se donner cet advantage de m'engager dans un combat si inesgal par un desmellé de procédures de dénonciation ou d'accusation ou d'autres termes de chiquanes, bien esloigné de ma cognoissance et de ma profession.

Il est vray que j'ay recogneu quelques maulx trop publics, trop visibles et trop sensibles, qui affligent la province dans laquelle Vostre Majesté m'a faict la grâce de m'establir son lieutenant, pour les pouvoir dissimuler sans quelque espèce de crime ou de honte.

Entre ces maulx la voix publique rendra tesmoignage que l'on lève tous les ans plus de quatres cens mille livres par l'ordre et en vertu des commissions du sieur de Villemontée pour luy entretenir une compagnie des gardes de cent carabins et quatres compagnies de gens de pied, que cette levée est une surcharge à l'oppression des subjects de Vostre Majesté, et que la cause en est du tout inutille à son service.

Aussi n'est-ce qu'un vain apareil de vanité, d'orgueil et de terreur en la personne de l'intendant de la justice, une marque honteuse pour faire croire que le peuple n'obeist que par force, au lieu que dans la campagne il n'y a pas une seule exécution de contraincte que deux et trois officiers ordinaires de vostre justice ne puissent faire avec autant de seureté et pareil effect. Et partout où il y auroict la moindre résistance, le secours apellé des prévostz, des mareschaux ou mesmes des gouverneurs et lieutenantz de roy est un remède prompt, efficace, honnorable et sans despence.

Sy l'on prend prétexte d'entretenir ces trouppes pour les
Isles et les Sables d'Ollonne, Vostre Majesté, qui cognoist la
force et l'assiette des lieux, qui les a recogneus et forcés par
la fuite et le désordre de ses ennemys, sçait sy dans une résistance ilz seroient accesibles aux trouppes du sieur de
Villemontée quand il seroit à la teste de ses gens.

Mais qui ne sçait que la compagnie, que l'on apelle des
Combisans par le nom de leur chef, produict une semence
fertile d'oppressions, viollances, concussions et volleries;
leur seul logement dans une paroisse est une creue de la
taille ou de la subsistance à leur abord, ceux qui sont dans
l'impuissance de payer cherchent leur salut dans la fuite ;
et ceux de qui les facultés sont espuisée par le payement trouvent une nouvelle surcharge de misères et de dés-
espoir en les recevant dans leurs maisons, lors qu'ilz esti-
ment pouvoir respirer avec un peu de liberté, et de là vient
enfin que les villages sont désertés, et que la substance du
peuple estant dévorée par ces coureurs on ne trouva plus
les moyens d'asseoir ny subsistance, ny contribution, ny
taille.

Et ce qui doibt passer pour plus estrange est qu'en général toutes les paroisses sont taxées par contributions
pour fournir à l'entretenement des trouppes de Monsieur
l'intendant; ce qui se faict par taxes renouvellée de quartier
en quartier sans autre mesure ny proportion que celle de
la volonté dont on ne void jamais de raport des parties
au total, de sorte que cela produict un revenu infiny, sans
qu'il y ait pourtant aucun employ ny véritable, ny nécessaire, puisqu'au mesme temps ces gens divisés dans l'envoy
de leurs commissions sont encores nourys et entretenus
par les paroisses dans lesquelles ilz se rencontrent et se
logent.

Que Vostre Majesté commande de se faire apporter les
charges et informations faictes par un esleu de Fontenay,
nommé Fradet, de l'ordonnance de la Cour des Aydes

contre les gardes du sieur de Villemontée et le recepveur de vostre eslection de Fontenay-le-Comte, elle verra quelle désolation ces gens causent dans la province, elle verra que les gémissemens publics forcent quelques foys la vérité de descouvrir ce que la malice des hommes cache, elle verra qu'un des conseillers de vostre Cour des Aydes, beau-frère du sieur de Villemontée, s'estoit saisy de cette information, qu'entre ses mains l'œil perçant de la justice perdoit sa lumiere et sa vigueur, qu'ayant par artifice faict emprisonner celuy qui en poursuivoit le raport et le jugement on a tasché d'estouffer une preuve importante, laquelle aprandra à Vostre Majesté que dans l'occasion de la faveur et de la grâce que le pauvre peuple avoit receue en la remise des restes des années 1637 et 1638, ces satellites, destinés au seul ministère d'iniquité, armés seullement pour la violence, l'oppression et l'injustice, ont conduit les recepveurs dans les paroisses et villages, ont contrainctz les habittans de changer leurs acquietz, affin de supposer qu'ilz avoient moins payé, et affoyblissant et diminuant le payement, augmenté le reste deub à Vostre Majesté. Et par cette haulte imposture si hardiement et si publiquement exécutée, si une paroisse estoit peult-estre en reste d'un cinq° ou six° de sa taille ou autres contributions, on l'a rendue redevable d'un tiers ou d'un quart, et l'effect de la bonté de Vostre Majesté n'a servy que de matiere au vol et au brigandage de ces prétandus protecteurs de l'auctorieté royalle, dont le proffict en la seulle eslection de Fontenay, qui n'est composée que de cent soixante paroisses, a esté pour l'année 1638 de plus de m^{xx} à c^m l. : ce qui doibt à proportion faire juger du reste dans toutte l'estandue de la province.

Cette nouvelle milice de l'intendant de justice n'a autre employ plus ordinaire qu'à despouiller tous les pauvres paysantz de la pocession de leurs bestiaux, ausquelz consistent leur principalle richesse, par une infinité d'exécutions et de ventes de rigueur, où en un moment ce qui vaudra mille ou xiie l. est vendu et livré pour deux et iiie l. à des personnes affidées qui partagent ensuitte le buttin.

Ce sont ceux qui estants porteurs des contrainctes pour la taxe des aysés, en font un roolle infiny qui jamais n'est remply, dont la somme n'est jamais certaine, ni le nombre des personnes limité, dont Vostre Majesté reçoit peu, le peuple paye beaucoup et avec excedz, et les exécutteurs proffittent seuls et moissonnent cette triste récolte de doulleur, de sang et de larmes.

Enfin par la vaine apparence de cette force assistance dont l'establissement a pour prétexte la facilité d'exiger le payement des deniers de Vostre Majesté, les receveurs couvrent impunément le vol et le divertissement, et l'on void par chascune année qu'ilz font passer en pure perte plusieurs paroisses, lesquelles de vérité impuissantes de satisfaire à toute la charge qui leur est imposée en aquictent pourtant une partie, qui demeure la proye et le prix d'un artifice et d'une tromperie punissable, par laquelle on arrache à Vostre Majesté sur les trois eslections de Fontenay, des Sables et de Mauléon plus de deux millions de livres.

Ces vérités, Sire, ne sont point des mistères cachés dont j'aye seul la révélation, que Vostre Majesté tesmoigné seullement de n'en avoir pas désagréable la parole, et les plaintes de tant de voix retenues ou par la crainte ou par la difficulté de se faire entendre esclatteront, et l'on verra que le sentiment public et universel purgera le soubçon de la calomnie; que l'on s'informe du sieur comte de Jonzac, vostre lieutenant en Xainctonge et Angoumois, que Vostre Majesté en aprene le secret par sa bouche, par celle des sieurs marquis de Clermont et de La Noue qui sont à présent dans Paris, que l'on publie dans la province que Vostre Majesté veult retirer le sieur de Villemontée, que le peuple perde la frayeur de ses gardes, et que dans un moment qui sera donné pour respirer quelque air de liberté, un commissaire non suspect paroisse, alors on verra si les bénédictions ou les imprécations seront attachées à son nom, alors par les crys et les transports de la joye présante on jugera des justes subjectz de la tristesse et de l'affliction passée, alors les esprits, destachés des liens d'une crainte servile, s'afranchiront avec courage et avec le respect et la submission deue à Vostre Majesté pour lui rendre les tesmoignages de la vérité de leurs maulx et de leurs souffrances.

Le sieur de Villemontée luy-mesme n'a point d'apréhansion plus vive ny plus forte que celle de l'opinion conceue qu'il soit permis de l'accuser ; et quand il a esté mandé par Vostre Majesté, bien que la cause en fust sécrette, il a tremblé sitost qu'il s'est imaginé que tout le monde prandroit facilement l'impression conforme au vœu commun de la deschéance de son crédit, de son employ et de son auctoricté, il a veu dans l'aversion géneralle le soulèvement universel de tous les espritz, si bien que pour les retenir il a préféré sa seureté à la loy de l'honneur et du respect deub aux oracles sacrés du souverain, il a par un mespris insurportable trahy le secret de son Roy et de son maistre, il a faict de vostre lettre un placard public imprimé, il l'a faict publier par toutte la province comme un advertissement que Vostre Majesté l'avoit asseuré de n'adjouster aucune foy à mes parolles, qu'il estoit mandé seullement parce qu'il l'avoit désiré et demandé, et que le véritable subject de son voyage estoit pour m'accuser et me perdre, affin que par mon example, en faisant passer pour criminel celuy qui parlet le langage de vérité, chascun se retient dans le silence, la patience et l'adoration de son ministère.

Mais ces artifices seront bien tost effacez, s'il plaist à Vostre Majesté de se souvenir que, en désirant de m'aquicter de ce à quoy ma naissance m'oblige, j'ay esté si heureux de rencontrer des occasions, et du temps du feu Roy et sous vostre règne, Sire, où dans le royaume et dehors en Itallie et Allemagne mon sang a esté espandu et ma liberté perdue, à quoy je puis adjouster la vie de mon filz aisné[1], heureux de l'avoir finie pour le service de son prince et d'avoir tesmoigné qu'il suyvoit et les loix de son debvoir et les vestiges de son père, mais avec cet advantage que vos ennemis ont tousjours esté battus : aussi estoit-ce sous les heureux auspices de Vostre Majesté que mes actions estoient produites et n'avoient pour object que sa gloire et les preuves de ma fidélité.

Après cela, Sire, Vostre Majesté ne croira pas que je cherche un si bas employ que celuy de l'inquisition et de la censure de la vie du sieur de Villemontée; parlant sans intérest, je ne me suis rendu ny partial ny partie. La candeur de mon zelle garentist la vérité de mes parolles, mon tesmoignage peult bien porter assez de poids et d'auctoricté pour faire naistre le desir de tirer d'ailleurs l'esclarcissement par les voyes qui en sont assez faciles et ouvertes, et non pas que Vostre Majesté souffre que l'on exige de moy comme par un combat esgal avec une personne si inesgalle, qui prent pour advantage que dedans la province les misères du peuple luy servent de matière de rys et de jeux, et les satellites de sa garde, dont les mains impures, sanglantes et funestes ont trempé dans des actions deshonnestes par des violements et dans le sang par des assassinatz et dans la ruyne des familles par des brigandages, servent de pompe, de lustre et d'ornement à sa magnificence dans les balletz et les festins qu'il donne aux dames, jusques à avoir faict passer en spectacle par un ballet magnifique, au premier dimanche de ce caresme, le subject de la réunion de Mesdamoiselles de Chémerault et de Bussy comme un entretien digne des soings et des veilles qu'il

---

[1]. Philippe de Chasteaubriant, maréchal des camps et armées du roi, tué le 7 octobre 1642 à la bataille de Lérida.

doibt au service de Vostre Majesté, bien heureux de recuellir de si doux fruictz d'une intendance de douze années qu'il voudroict bien faire passer en espèce de dictature perpétuelle.

Et d'autant que le sieur de Villemontée se vante d'avoir apporté des plaintes et informations contre moy, je suplie très humblement Vostre Majesté qu'il en donne son mémoire signé de luy, et j'y respondray sur le champ et feray veoir à Vostre Majesté que ce sont pures supositions et que c'est seulement en hayne d'avoir dict à Vostre Majesté les désordres qui sont venus à ma cognoissance, qui se font en sa province de Poictou, j'aimerois mieux mourir que de passer devant Vostre Majesté et de Messieurs vos ministres pour un fripon, et en cas qu'il se trouve que j'aye mal uzé de l'auctoricté de Vostre Majesté, je me soubzmetz à recevoir tous les chastimens qu'il plaira à Vostre Majesté d'ordonner [1].

---

[1]. L'original de cette pièce fait partie de la collection de M. Arthur Labbé, de Châtellerault, qui a offert cette copie à la *Société des Archives historiques du Poitou*.

UN SYNODE EN HAUT-POITOU

AU XVIIe SIÈCLE.

Dans l'*Histoire de Châtelleraud et du Châtelleraudais*, l'abbé Lalanne, curé d'Oyré et membre de la Société des Antiquaires de l'Ouest, a donné en quelques pages des extraits du procès-verbal du Synode tenu à Châtellerault du 27 juin au 7 juillet 1663. Si l'on y trouve la substance de cet acte important, il s'y rencontre des lacunes qui enlèvent au document, considéré dans son ensemble et sa portée, son caractère d'originalité et son intérêt local. Ainsi les noms suggestifs des Pasteurs et des Anciens qui les assistaient manquent. Nous réparons aujourd'hui ce vide en publiant un texte complet tiré par nous des archives du Château de la Fontaine-Dangé où il nous a été communiqué il y a quelques années avec une extrême obligeance.

Définir ici le but et l'essence d'un Synode nous semble inutile ; mais nous avons à rappeler que pour la province du Haut et du Bas-Poitou, il y eut soixante-deux assemblées de ce genre de 1561 à 1683, de Charles IX à Louis XIV, en traversant les règnes des trois Henri et celui de Louis XIII. Elles furent surtout nombreuses et multipliées à Fontenay (13), à Niort (8), à Saint-Maixent (5), à Pouzauges (5), à Thouars (4), à Châtellerault (4). — Cette énumération nous permet de constater les lieux où les Réformés tenaient de préférence leurs assises.

L'Eglise de Châtellerault existait depuis 1559. L'esprit vif et indépendant, le caractère prime-sautier des habitants de la petite ville bourgeoise et industrieuse, avaient accepté sans résistance les nouvelles doctrines qui s'y étaient infiltrées dès la fin du règne de François Ier. Sous l'influence du comte d'Arran, fils de l'Ecossais Jacques Hamilton, duc de Châtellerault (1549-1559), elles s'y étaient rapidement développées. Ce prosélytisme étranger des Hamilton les brouilla avec la Cour de France. Leur faveur se changea bientôt en discrédit. On comprend dès lors que Châtellerault ait été un milieu favorable au protestantisme où, de longue main, il avait de nombreux adhérents. Il s'y tint quatre Synodes en 1597, 1604, 1640, et le dernier, celui de 1663, est précisément l'objet de ces pages. Cette assemblée importante eut lieu après celle de

Saint-Maixent (août 1662) et avant celle de Fontenay (avril 1664); elle présente sous une forme relativement modérée l'esprit des Eglises de la province de Poitou, leurs plaintes, leurs revendications, leurs besoins, sans ménager les réprimandes aux pasteurs qui les avaient encourues. L'idée principale qui se détache avec vigueur sur ce tableau affligeant de nos discordes religieuses est une invocation pressante à la liberté du culte et à celle de la conscience. C'est une page d'histoire que la Société des Archives, jalouse de conserver avec une louable impartialité les textes de nature à éclairer l'histoire locale, ne pouvait laisser échapper.

Nous ne dirons que quelques mots du procès-verbal signé de J. Carré, modérateur, et de Bonenfant, scribe adjoint, l'un et l'autre d'origine Châtelleraudaise.

Nous y constatons tout d'abord la haute intervention d'un gentilhomme du pays, Maximilien Aubéry, chevalier, seigneur du Maurier et de la Fontaine-Dangé, commissionné par le duc de Rouannais, alors gouverneur du Poitou, pour surveiller en qualité « d'homme du Roy » les actes du Synode et en rendre compte à la Cour. La liberté dont jouissaient alors les protestants était plus apparente que réelle et l'autorité royale, en tolérant leurs réunions dans certaines places, n'entendait pas être discutée sous quelque prétexte que ce fût. Les colloques sur « la discipline ecclésiastique » étaient seuls tolérés. Il était difficile de se maintenir dans une limite aussi étroite. Cependant il faut reconnaître que les Ministres furent prudents et respectueux de l'autorité ; d'ailleurs le *Modérateur* était là tout prêt à réfréner les élans d'une exaltation qui aurait tourné à mal.

L'attention du lecteur s'arrête parfois à des noms qui ont besoin d'être commentés. Ils sont nombreux dans le procès-verbal du Synode de Châtellerault et trouvent, pour la plupart, une explication suffisante et autorisée dans l'*Histoire des protestants du Poitou* de M. Lièvre. Il nous a paru dès lors inutile de surcharger notre texte de notes biographiques dont l'isolement et la diffusion enlèveraient l'intérêt et qui ne s'enchaînent bien qu'avec le récit des faits auxquels elles se rapportent. C'est donc au livre de M. Lièvre que nous renvoyons ceux qui étudient ou désirent étudier l'histoire du protestantisme dans notre province pendant les seizième et dix-septième siècles. L'opinion de chacun se formera ainsi librement et discernera dans quelle mesure elle doit admettre ou rejeter celle que l'auteur émet lui-même.

Nous reviendrons plus loin sur ce sujet en parlant d'un voyage plein d'intérêt que Maximilien Aubéry fit à la Cour en 1668 et qu'il raconte lui-même avec autant de bonhomie que de franchise.

Alfred Barbier.

SYNODE DE CHATELLERAULT

27 juin au 5 juillet 1663 [1].

Au nom de Dieu,

« Actes du Synode de la Province de Poitou assemblé par permission du Roy à Chastelleraut, le vingt septiesme jeung mil six cens soixante trois et jours suivans.

Auquel sont comparus :

Pour l'Eglise d'Aunay et Chizay, Maistre Nicollas Chagneau, pasteur et Mr Georges Courtin, entien, avecq lettres.

Pour l'Eglise de Melles, Maistre Abraham Gilbert, pasteur et Pierre David, escuier, sieur de Chasteauneuf, avecq lettres.

Pour l'Eglise d'Exoudun, Maistre Elizée Prioulleau, pasteur et Mr Jean Gastineau, entien, avecq lettres.

Pour l'Eglise de la Mothe, Maistre Benjamin Chaufepied, pasteur et M. Ferroujau, entien, avecq lettres.

Pour l'Eglise de Cherveux, Me Jacques Chalmot, pasteur et Mr Jacques Hoissart, entien, avecq lettres.

Pour l'Eglise de Niort, Me Pierre Plassay, pasteur et Mr Nau Collin, entien, avecq lettres.

Pour l'Eglise de Pezay le Chapt, maistre Simon Pairaut, pasteur et Pierre Chalmot, escuier, entien avecq lettres.

---

1. *Arch. du château de la Fontaine-Dangé.* — L'original est signé : Carré, modérateur, et Bonenfant, ancien, scribe adjoint. Sur le verso du dernier feuillet du manuscrit on lit ces mots écrits de la main de Maximilien Aubéry : « *Actes du Synode provincial du Poitou tenu à Chastelleraud le 27 juin 1663, où je fus l'homme du Roy.* »

Pour l'Eglise de Saint Maixant, M° René Demédicis, pasteur et Phelipes Ingrand, entien avecq lettres.

Pour l'Eglise de Chandenier, St-Cristophle et la Bouschetière, M° Jean Mitaut, pasteur et Messire Phelipes Janvre, chevallier, sieur de la Bouchetière, entien.

Pour l'Eglise de Mougon, M° Jacques Champion, pasteur et Pierre de Voullon, escuier, S' du Breil de Praille, entien, avecq lettres.

Pour l'Eglise de Chef Boutonne, Louis Rivaut, S' des Verdonnières, entien, avecq lettres ; le pasteur excuzé pour sa vieillesse.

Pour l'Eglise d'Aigres et Marcillac, M° Jean Courault, pasteur sans entien, ladite Eglise censurée.

Pour l'Eglise de Benet et Saint Massire [1] a comparu par lettres seullement.

Pour l'Eglise de la Brossardière et de la Chasteigneraie, M° Louis Rocas, sieur de la Barinière, pasteur et Salomon Huliot, sieur de la Pénicière, entien, avecq lettres.

Pour l'Eglise de Saint Gilles et de la Morinière, M° Charles Mallet, pasteur sans ancien, l'Eglise censurée.

Pour l'Eglise de Montaigu, Salomon Maillart, pasteur et René Dugast, escuier, sieur du Fresne, entien, avecq lettres.

Pour l'Eglise de Némy, M° Samuel Poictevin, pasteur et Phelipes de Rion, chevallier, sieur de Bois Rimbert, entien, avecq lettres.

Pour l'Eglise de St Benoist et le Givre, M° François Prevost, sieur du Pouet et M'° Gaspart de Goulaine, escuyer s' de Boiseloux, entien, avecq lettres.

Pour l'Eglise de la Forest sur Sèvre, M° David Pigoust, sieur de la Grand Noue, pasteur, sans entien.

Pour l'Eglise de Lezay et Breil Barret, M° Phelipes Couppé, pasteur et M° Jacques Perraut, entien, avecq lettres.

---

1. St Maxire (Deux-Sèvres.)

Pour l'Eglise de Saint Hilaire, la Buardière et Foussay, Pierre Brossard, entien, l'Eglise estant destituée de pasteur.

Pour l'Eglise de Saint Feulgent, M⁰ Jean Martin, sʳ de la Puigarnière, pasteur et Hélie Royaut, chevallier, seigneur de la Roussière, entien, avecq lettres.

Pour l'Eglise de Vaudoré et Prigné, M⁰ Pierre Thalas, pasteur et M⁰ René Branchu, entien, avecq lettres.

Pour l'Eglise de Coulonges, M⁰ Estienne Palardy, pasteur et M⁰ François Masson, entien, avecq lettres.

Pour l'Eglise de Pousauges et le Boupère, M⁰ Jacques Vergnon, pasteur et Mʳᵉ Jacques Dumas, chevallier, seigneur de Puipapin, entien, avecq lettres.

Pour l'Eglise de Fontenay le Compte, Mʳ Yzac Du Sou, pasteur, et Mʳ Jean de Lavalade, advocat en Parlement, entien, avecq lettres.

Pour l'Eglise de la Chappelle Chenay et Sainte Hermine, Mʳ Louis Dartois, pasteur et André Gaudireau, entien, avecq lettres.

Pour l'Eglise de Mouschamps, M⁰ Jean Grelaut, pasteur et Daniel Soulart, docteur en médecine, entien, avecq lettres.

Pour l'Eglise de Bournezeau et Lande Blanche, M⁰ Michel Cornuau, pasteur et Messire Pierre de Patras, chevallier, seigneur de la Roche Patras, entien, avecq lettres.

Pour l'Eglise de Talmond et la Chaume, M⁰ Jean Gromard, entien, avecq lettres, le pasteur absent et excusé.

Pour l'Eglise de Belleville et Aizenay, M⁰ Théodore Tireau, pasteur, sans entien, avecq lettres, ladicte Eglise censurée.

Pour l'Eglise de Mouilleron et la Jouidinière et les Touches, M⁰ Yzac Ranfray, sʳ de la Judairie, entien, avecq lettres.

Pour l'Eglise de Chantaunay, Sigournay et Puybelliard, Messire François Prévost, chevallier, seigneur de la Bouttetière, entien, avecq lettres, le pasteur absent et excuzé.

Pour l'Eglise de Maroeil et Lusson, M⁰ Gédéon Rocheteau, pasteur et Claude Bialle, sieur de Grillemont, entien, avecq lettres.

Pour l'Eglise de Rochebernard, aucun n'a comparu.

Pour l'Eglise de Luzignan, M° Phelipes Braut, docteur en médecine, entien, avecques lettres, l'Eglise estant destituée de pasteur.

Pour l'Eglise du Vigent et de Courtillé, M° René Maillot, pasteur et Mr Jean Babaud, advocat en parlemant, entien, avecq lettres.

Pour l'Eglise de Poitiers, M° Daniel Barbier, pasteur et M° René Duport, entien, avecq lettres.

Pour l'Eglise de Sauzay et Aubanie, M° David Perdriau, pasteur et M° Yzac Geuny, sieur de la Chambaudrie, entien, avec lettres.

Pour l'Eglise de Touars, M° Jean Chabrol, pasteur et M° Yzaïe Bonneau, entien, avecq lettres.

L'Eglise de Champagne Mouton a comparu par lettre.

Pour l'Eglise de Bellabre, la Trimouille et Romefort, M° François Ramete, pasteur et Estienne Huet, sieur de Gerueil, entien, avecq lettres.

Pour l'Eglise de Partenay, M° Joseph Chagneau, entien, avecq lettres, l'Eglise destituée de pasteur.

Pour l'Eglise de Chauvigny et Saint-Savin, M° Pierre Forant, entien, avecq lettres.

Pour l'Eglise de Civray, M° Phelipes Masson, pasteur et Paul Chen, sieur de Périssac, entien, avecq lettres.

Pour l'Eglise de Coué, M° Jouachin de Cuville, pasteur et Yzacq Boutet, sieur de Perpinas, entien, avecq lettres.

Pour l'Eglise de Montreuil Bonnin, M° Claude Ripault, entien, avecq lettres, estant destituée de pasteur.

Pour les provinces d'Anjou, Touraine et Le Maine, M° Jaques Brissac, pasteur de l'Eglise de Loudun, avecq lettres du Sinode desdites provinces assemblées à St Aignan le vingt deux de ce présent mois de jeung.

Pour les provinces de Xaintonge, Aulxnis et Angoumois,

Mᵉ Théophille Rossel, pasteur de l'Eglise de Cougnac, avecq lettre du sinode desdites provinces assemblées à Jarnac-Charente, au huitième du présent mois.

Après la lecture desd. lettres ont esté nommez par billet pour modérateur Mᵉ Jean Carré, pasteur de l'Eglise de Chastelleraut, pour adjoint Mᵉ Jean Chabrol, pasteur de l'Eglise de Touars.

Pour recueillir les actes Mᵉ Abraham Gilbert, pasteur de l'Eglise de Melles.

Pour scribe Mᵉ Jacques Bonenfant, entien, de l'Eglise de Chastellerault.

Ladicte nomination estant faite, s'est présanté Messire Maximillien Aubéry, chevallier, seigneur du Maurier et de la Fontaine Dangé pour assister en cette compagnie avecq la commission de Monseigneur le duc Rouannais, gouverneur pour Sa Majesté en cette province dont la teneur s'ensuit :

Le duc de Rouannais, pair de France, gouverneur et lieutenant général pour le Roy au Haut et Bas Poitou, Chastelleraudois et Ludounois,

Sur ce qui nous a esté représanté par les ministres et anciens de la religion prétendue réformée de Chastelleraut que le sinode des Eglises de Poitou se doibt tenir le vingt-septiesme du mois de jeung prochain en la ville dud. Chastelleraut, nous suppliant de nommer ung commissaire pour assister aud. sinode conformément aux éditz de Sa Majesté pour nous randre tesmoignage qu'il ne s'y traitera d'autre chose que de ce qui concerne leur discipline ecclésiastique, nous avons commis et commettons le sieur du Maurier pour estre présant à tout ce qui se passera audit sinode dont il fera son procès verbal qu'il nous envoyra pour nous en informer plus particulièrement. En tesmoing de quoy nous avons signé les présantes que nous avons fait contresigner et y apposer le sceau de nos armes. A Paris, le quinzième may mil six cent soixante trois. Signé le duc de Rouannais et plus bas, par monseigneur : Garçonnet.

La Compagnie approuvant les raisons qui ont obligé l'Eglise de Chastelleraut à convoquer cette assemblée eust pourtant bien désiré que ladicte Eglise se fust tenue à la taxe faite au sinode dernier faict à Pousauges pour les taxes des frais des députez, enjoint aux Eglises qui seront cyaprès chargées de la convocation de nos assemblées d'observer ponctuellement le règlement dud. sinode, afin que nos Eglises qui se trouvent tous les jours engagées à tant de frais nécessaires ne soient consommées par des dépenses inutiles et superflues.

Plusieurs Eglises n'ayant point député de leur part des enciens en cette compagnie, le sinode les juge dignes de grandes censures, les exhorte de faire tout debvoir pour entretenir entre nous cette sainte correspondance et enjoint tant aux pasteurs que aux enciens de se rendre précisément au commencement des assemblées.

Pour travailler aux comptes ont esté nommez Mess. Plasain, Perdriat et Cornuau, pasteurs et Mrs Ingrant, de la Boinetière, de la Claudière et de la Peninère, enciens.

L'Eglise d'Aigres n'ayant teneu aucun compte de satisfaire aux arrestez des sinodes précédans par les quels il luy est tant de fois enjoint de payer ce quelle doibt à Monsr Clémanceau, la somme de cent cinquante livres qu'elle avoit offerte dès le sinode dernier, moyennant que led. sieur Clémanceau sera exhorté de luy faire un notable relachemant pour le surplus eu esgard à la pauvreté toute cognue de lad. Eglise, Monsr de Cuville ayant rendeu compte [à la] compagnie de la commission qui luy avoit esté donnée avecq Monsr Barbier de se transporter en l'Eglise de Montreuil pour lever la suspension prononcée au sinode de Saint Maixant contre le sieur Haudoyer au cas qu'il leur apparut par bons tesmoignages qu'il en eust fait son prosfit de lad. censure, le sinode approuve et ratifie tout ce qui a esté fait par led. sieur de Cuville, louant le zèle et la diligence qu'il y a apportée à exécuter les ordres qu'il avoit receus de cette compagnie, excusant au reste led. sieur Barbier de ce qu'il n'a peu se trouver audit lieu de Montreuil au temps qui luy avoit esté marqué, et parceque ladite Eglise n'a teneu aucun compte de satisfaire aux arrérages dues aud. sieur Haudoyer, et qu'elle ne se met point en debvoir de se pourvoir d'ung pasteur pour remplir sa place, charge est donnée ausd. sieurs de Cuville et Barbier de s'y transporter au plustôt, afin d'obliger ladite Eglise de payer ce quelle doibt aud. sieur Haudoyer et à pourvoir à l'establissemant du saint ministère au milieu d'Elle.

L'Eglise de Chastelleraut ayant présanté à la compagnie la coppie des sinodes de cette province depuis 1640 jusques au sinode dernier, elle a esté louée et remerciée.

Les Eglises qui n'ont point encor contribué pour la rédemption de nos pauvres frères qui sont retenus captifs parmi les infidèles sont exhortés de recueillir leur charité afin que ces pauvres gens qui sont d'un mesme corps que nous et qui gémissent soubs les fers d'une dure et cruelle servitude reçoivent à la fin quelque soulagement à leur misère.

Le sieur Dusou, cy devant pasteur de l'Eglise de Partenay, s'est aujourdhuy présanté en cette compagnie, tesmoignant le déplaisir qu'il a de ses fautes passées et demandant avecq grande instance qu'il nous pleut le restablir en l'honneur de son ministère. Le sinode touché de compassion et désirant d'user de grâce envers ledict sieur Dusou eust bien voulleu dès à présant pourvoir à sa consolation, mais le temps qui s'est escoulé depuis le sinode dernier n'estant pas suffizant pour satisfaire à l'édification publique et pour nous donner une plaine assurance de la vérité de sa conversion, la compagnie a nommé Mrs de la Barrinière, de Cuville et Prioullau, pasteurs et Messrs de la Bouttetière, de Chasteauneuf, du Fief et Duport, enciens, ausquels charge est donnée de veiller soigneusement sur sa conduite et selon la congnoissance qu'ils prendront de ses déportemans, pouvoir leur est donné de juger de son rétablissement en l'authorité de cette compagnie, et cependant ladicte Eglize de Partenay aquittera tous les arrérages deubs aud. sieur Dusou.

Le synode voyant depuis longtemps paroistre du Ciel les marques du juste courroux de Dieu a souvent exhorté et vivement pressé toutes les Eglises de s'humilier sous la puissante main du Seigneur et à prendre le sacq de la cendre afin qu'il destourne de dessus nous les fléaux dont il nous a chastiez en son ire ; et cependant son visage paroist tousjours enflammé contre son peuple et l'on voit partout les effets de son indignation : les troupeaux sont espars, leurs pasteurs frappés, le flambeau de sa parolle estaint en plusieurs lieux, et la plus part de ses Eglises en ung estat déplorable, ce qui nous fait voir que nostre humiliation ne luy est pas tout à fait agréable ny les larmes que vous versez devant luy assez abondantes pour esteindre le feu de son indignation, car le bras du Seigneur n'est point raccourci ni ses oreilles bouschées. Pourtant le sinode exhorte, prie et conjure tous les fidèles à penser sérieusement à eux mesmes et à présanter à ce Grand Dieu que nous avons offensé, de nouveaux sacrifices de nos cœurs froissez et brisez du sentiment de nostre misère. De s'abstenir de tous blasphèmes, de renoncer au luxe, à la vanité, à l'ivrognerie, aux dissolutions et à toutes les souillures qui deshonorent la profession des chrestiens et nous met en opprobre parmi les estrangers, enjoint aux pasteurs d'estre les patrons de leurs trouppeaux par l'exemple d'une véritable humilité, d'une vie sainte et d'une conversation modeste, et ensuite d'eslever leur voix, choisissant pandant quatre divers dimanches des textes exprès pour reveiller les peuples et leur annoncer leurs forfaits, afih que tous ensemble, touchez d'une sérieuse repentance, nous nous présentions à brèche des jugemens de Dieu et nous jettant entre ses bras, ne le laissons point qu'il ne nous ayt bénis ; que d'ung mesme cœur nous lui présentions nos vœux et nos prières pour la conservation de la personne sacrée du Roy, nostre Souverain Seigneur, pour la prospérité de toute la Maison Royale et pour la paix et la gloire de son Estat, et sera le présent acte leu publiquement en toutes les Eglises et sont les consistoires octorisez à procéder par toutes sortes de censures contre ceux qui contreviendront à ung si saint et pieux réglement.

Il est derechef enjoint à l'Eglise de Niort de satisfaire ce qu'elle doibt pour les arrérages de l'Académie.

Les députez de l'Eglise de Marreil ayant demandé à cette Compagnie qu'ayant esgard aux diverses instances qu'elle a faites pour avoir le ministère de Monsieur Rochetteau, enfin il lui fut affecté. Le sinode veu les tesmoignages des Eglises de Treignac et du Sigoulez qu'il a cy devant servies et du sinode de la Basse Guyenne, veu aussy l'acte de la libération dud. sieur Rochetteau de ladite province, affecte son ministère à ladite Eglise au service de la quelle elle l'exhorte de s'employer avecq soin, prenant garde soigneusement à ses voyes, en édifiant les peuples qui sont commis à sa conduite et par la pureté de sa doctrine et par la lumière de son exemple, neanmoings les commissaires nommez au Synode de Saint Maixant pour s'informer de ses mœurs et de sa manière de destailler la parolle de Dieu et de toute sa conduite, ayant fait leur rapport à cette compagnie, il a paru au Synode que la conduite dud. sieur Rochetteau n'a pas esté tout à fait judicieuse ny son innocence entière à l'esgard de la plainte portée contre luy par le sieur Lalardière au Synode dernier pour laquelle il est jugé digne de griefves censures.

Le Consistoire de Cherveux n'ayant peu jusques icy

descouvrir la naissance d'ung ensfant qui est nourry au milieu d'elle, ny luy administrer le baptesme selon l'ordre qui en avoit esté donné au dernier Synode, le Synode exhorte ledit Consistoire de faire encore de nouveaux efforts pour ceste descouverte ; et puisque la personne qui est chargée de la nourriture dudit ensfant est de la Religion, de s'employer envers elle à ce que led. ensfant soit administré par le saint baptesme en l'Eglise de Nostre Seigneur.

Sur la demande de l'Eglise de Chastelleraut d'estre deschargée de sa contribution pour l'Académie, attendeu qu'elle entretient une escolle pour l'instruction de ses ensfans ; la Compagnie n'a peu trouver bon que ladite Eglise ayt encor aporté en ceste Compagnie une plainte dont elle a esté tant de fois débouttée par les synodes précedtens.

L'Eglise de Poitiers ayant demandé à ceste Compagnie qu'il luy pleut pourvoir à ce qu'elle feust remboursée de la somme de cinquante livres qu'elle a donné à Monsr Couraut pour les affaires urgentes de l'Eglise d'Aigres, ledit sieur Couraut ayant esté ouy sur l'employ qu'il a fait de ladite somme, le Synode louant le zèle et la charité de l'Eglise de Poitiers à secourir les Eglises affligées, a arresté que lad. somme sera payée à ladite Eglise de Poitiers des plus clairs deniers de la Province, et quant aud. sieur Couraut, la Compagnie ne peut approuver qu'il ayt destourné ladite somme à d'autres usages que ceux pour qui elle luy avoit esté donnée et luy enjoint d'en compter par devant les commissaires des comptes.

Plainte ayant esté portée en cette Compagnie par les députez de l'Eglise de Poitiers que de ce que despuis longtemps l'Eglise de Chastelleraut entretient en son escolle ung régent incapable de l'instruction de la jeunesse, la Compagnie jugeant que c'est à l'Eglise de Chastelleraut à faire les reiglemans nécessaires pour la subsistence de son escolle puisqu'elle l'entretient de ses deniers, luy renvoye la congnoissance de ceste affaire, l'exhortant d'avoir esgard à l'utilité publicque.

Le Synode voyant avecq une sensible doulleur que la pluspart des Eglises n'ont point encor executé l'arresté des deux derniers Synodes par lequel il leur est enjoint de faire faire des copies ou des extraits exacts des tiltres qu'elles ont entre leurs mains et de les envoyer à Monsieur Gilbert pour les mettre en ordre, afin que chaque Eglise les peust trouver à son besoing, juge lesdites Eglises dignes de censures et leur enjoint de s'employer à la recherche desdits tiltres avecq plus de soing et de dilligence qu'elle n'en n'a apporté par le passé, afin que comme nous voions tous les jours que nos ennemis s'échaufent à chercher les moiens de travailler nos Eglises, elles ne manquent pas aussy de leur part à touttes les choses qui peuvent servir à leur commune desfance. Ordonne que conformément à l'acte du Synode de Saint Maixant, lettres seront escriptes au Consistoire de l'Eglise de la Rochelle pour le prier de nous faire part des tiltres qu'elle a entre les mains ; que nos députez au Synode de Saintonge et d'Anjou suppliront de nostre part lesdites Compagnies d'enjoindre la mesme chose à chaque Eglise de leur droit, que les sieurs Greslaud et Doray s'emploiront aussy envers les sieurs Dalleau et Marigaut pour tirer des papiers qu'ils ont entre les mains, afin que toutes ces pièces estant ramassées en ung corps par ledit Gilbert, chaque Eglise puisse trouver les tiltres pour sa conservation.

La Compagnie ayant veu les lettres et mémoires de M. Bailly par lesquels il se plaint que l'Eglise de Melles n'a point satisfait à l'arresté du Synode dernier, et considérant la grande nécessité de lad. Eglise, n'a peu faire autre chose que d'ordonner de nouveau qu'après que leurs comptes auront esté réglés — l'Eglise de Melles envoyra le plustot qu'elle pourra la somme de cent livres aud. Bailly lequel est aussy prié de faire quelques notables remises et lui donner du temps pour ce qu'elle lui debvera de reste.

L'Eglise de Foussay demandant qu'il lui fut permis de faire choix d'ung proposant ou d'ung-pasteur receu pour l'édifier par son ministère, la Compagnie luy accorde sa demande à la charge qu'elle ne pourra procéder audit choix que par l'advis des Consistoires de Poitiers, Niort et la Chasteigneraie.

Le Synode louant le zèle et la piété de Madame la Duchesse de la Trimouille et de l'Eglise de Touars, en voulant contribuer tout ce qui sera de son pouvoir à leur édification, approuve la recherche que ladite Eglise fait d'ung autre pasteur pour le joindre à celluy qui la sert maintenant.

L'Eglise de Montauban ayant escript à ceste Compagnie, a députté le sieur Gorrisolles pour demander le ministère du sieur Charles, fondant sa demande sur son estat affligé et sur le droit que la naissance et l'éducation luy donne sur son ministère ; le Synode, considérant l'importance de lad. Eglise et son estat présant eust bien voulleu lui accorder cette consolation, mais considérant aussy les fortes oppositions de l'Eglise de Chastelleraut et la nécessité qu'il y a que le ministère dudit sieur Charles lui soit conservé n'a peu accorder à ladite Eglise sa demande.

Despuis la résolution cy dessus ledit sieur Garrisolles s'est aussy présanté demandant à cette Compagnie qu'il luy plaise accorder par prest le ministère dudit sieur Charles, à quoy ladite Eglise de Chastelleraut s'estant aussy opposée, le Synode n'a pas consenty audit prest pour les mesmes raisons que dessus.

Sur la plainte portée par Monsieur de Boisragon contre l'Eglise de Saint Maixant de ce que despuis certain temps ses pasteurs ne luy ont point fourny les exercices ausquels ils sont obligez par les Synodes préceddens et ladite Eglise aussy de sa part se plaignant de ce que ledit sieur de Boisragon n'a point payé la contribution qu'il luy avoit promise pour l'entretien du saint ministère, la Compagnie n'a pas approuvé les raisons qui a meu ladite Eglise à refuser audit de Boisragon les exercices de piété qu'elle avoit appris luy donner, ny aussi les excuses dudit sieur Boisragon pour ne pas acquitter les arrérages qu'il doibt à ladite Eglise ausquels il satisfera au plus tost, et quant à la demande dudit sieur Boisragon d'estre auctorizé par cette Compagnie dans le desseing qu'il a de conserver audit lieu de Boisragon le saint ministère par l'establissement d'ung pasteur moyennant qu'il nous plaise de destacher de l'Eglise de Saint Maixant les quartiers de Brelou, Cerzeau, Ori et le bourg de Sainte Néomaye, les députez de ladite Eglise ayant déclaré que ceste proposition n'ayant point esté faitte en leur Eglise ils n'ont point esté chargés de mémoires pour y respondre, la Compagnie a renvoyé la congnoissance de cette affaire aux commissaires du Colloque du Milieu Poitou pour l'establissement des annexes, les quels s'informeront de l'estat des lieux, dresseront un rolle des contribuables et metteront toutes choses en estat pour le tout estant rapporté il y soit pourveu selon sa prudence.

Les commissaires donnez à Monsieur Maillot pour ouir et examiner ses comptes des deniers qu'il a receus tant du quartier du Vigeant que des charitez de diverses Eglises ayant fait leur rapport, la Compagnie plainement satisfaite de ce que lesdits commissaires ont faict, a déclaré audit sieur Maillot qu'elle ne peut approuver les longueurs qui se remarquent de sa part en cette affaire, et quant aux comptes il paroist par iceux qu'il luy est deub pour quatre années depuis mil six cens cinquante jusques à mil six cens cinquante quatre, à raison de quatre cens livres par an, la somme de seize cens livres et pour huit années jusqu'en septembre mil six cens soixante deux, depuis l'adjonction du Vigean et de Courteilles à raison de deux cens cinquante livres par an que la Province lui donne, sur quoi il a reçu du quartier du Vigean la somme de deux mil livres sept cens quatre vingts quinze livres trois sols, et des charitez de plusieurs Eglises la somme de huit cens cinquante une livres dix sols et ainsy il se trouve que ledict sieur Maillot est payé pour tous ses gages pour le quartier du Vigeant jusques au mois de septembre dernier et que mesme il a receu cinquante livres sur l'année courante et que partant il ne luy est rien deub par la Province pour ce qu'elle luy a promis par les Synodes préceddens, sans préjudice toutefois audit sieur Maillot de poursuivre le payement des arrérages qui luy peuvent estre deubs par le quartier de Courteille.

Et d'autant que lesdits commissaires des comptes de l'Eglise du Vigean ont représenté qu'il y a entre les mains de Monsieur Desloges et de quelques autres plusieurs deniers appartenant à lad. Eglise, la Compagnie ne pouvant se satisfaire de ce que ledit sieur Desloges a toujours différé par plusieurs délais de randre ledit compte, ne s'estant point trouvé aux divers rendez-vous qui luy avoient esté donnez par lesd. commissaires, ordonne que ledit compte sera rendu pardevant le Consistoire de l'Eglise de Civray fortifié par la présence de M. de Cuville, et au cas qu'il refuse d'y comparoir, charge est donnée au Consistoire de l'Eglise de Sauzé d'en cognoistre et de procéder contre eux par toutes sortes de censures jusques à la suspension de la Cène, et le mesme sera observé à l'esgard des autres comptables et charge est donnée à toutes les Eglises d'envoyer audit Consistoire de Civray ung extrait de leurs contributions.

L'Eglise de Poitiers est exhortée de dispenser avec sa prudence ordinaire les deniers qui luy seront envoyez pour le soulagement des Eglises et des pasteurs affligez, et sy elle s'aperçoit que nos besoings croissent et que le fond diminue, elle en donnera advis à toutes les Eglises qui seront obligées de luy envoyer sans délay leurs contributions.

La Compagnie ne pouvant assez dévoiler l'ingratitude de

l'Eglise de Couay (*sic*) qui est redevable d'une grosse somme à Monsieur de Cuville, ordonne que ladite Eglise fera tous ses efforts pour acquitter lesdits arrérages, à faute de quoy elle sera privée du saint ministère.

La décision de l'appel du jugement du Consistoire de l'Eglise de Mouschamps auquel Mʳ Liège, advocat, estoit veneu s'opposer est renvoyée aux commissaires nommez par le Colloque du Bas Poitou pour l'establissement des annexes.

Messieurs d'Orfeuille, de Cumont et de Pransac ayant demandé à ceste compagnie qu'ayant esgard à l'estat où est leur Eglise de Partenay, il luy plaise de pourvoir à sa consolation, le Synode voyant avec desplaisir les désordres qui sont dans ladite Eglise, leur a déclaré qu'ayant desjà estably des commissaires pour ce qui regarde le sieur Dusou, charge leur a esté donnée de faire tout ce qui leur sera possible pour l'édification de ladite Eglise suivant les règlemens de la discipline.

Sur la demande du député de l'Eglise de Lusignan le Synode accorde au nommé Bonsens la somme de cent cinquante livres pour certaine affaire qui a esté icy représantée, la quelle somme l'Eglise de Lusignan en payera le tiers, le Colloque du Haut Poitou le tiers et l'autre tiers sera payé par les deux autres Colloques.

Monsieur de Vezençay ayant demandé à cette compagnie la révocation de l'arresté du dernier Synode qui ordonne qu'elle partagera sa contribution par égale portion entre les Eglises de Melles et de Pezay le Chapt, la Compagnie a estimé qu'elle ne doibt point touscher audit arresté adjugeant néanmoings les contributions extraordinaires à l'Eglise de Melles de la quelle il a fait le choix.

Sur les plaintes portées en cette Compagnie contre le sieur Maillot de ce que nonobstant les règlemens de la discipline confirmés par tant d'arrestez des Synodes nationaux, il ne tient aucun compte de résider en son Eglise et prend souvent la liberté de s'absenter et de manquer à l'édification qu'il luy doibt, le Synode luy enjoint d'establir son domicile en ladite Eglise qu'il sert et luy desfend de s'en absenter que pour causes urgentes et selon l'advis du Consistoire, et quant à sa subsistance, la Compagnie ne voullant plus estre obligée à luy faire valloir sa pension, renvoye aux commissaires pour les amener à establir le mesme ordre pour l'Eglise de Courteilles que pour les autres.

L'arresté du Synode de Melles qui deffend à l'Eglise de la Mothe de recepvoir sans tesmoignages les membres des quartiers de Mougon et particulièrement les membres de l'Eglise de Crouzon, Molay et Luzaudière est dereschef confirmé.

Il est permis à l'Eglise de Chizay de se pourvoir du ministère du sieur Haudouyer jusques au prochain Synode.

La Compagnie eut bien désiré que l'Eglise de Niort eust observé les ordres prescrittes par nos Synodes en la recherche qu'elle a faite du ministère du sieur Derelincourt, néanmoings sur la congnoissance que nous avons de la probité et de la suffisence dudit sieur, la Compagnie approuve ladite recherche et trouve bon qu'elle traite avecq luy louant le soing et la diligence de ladite Eglise et souhaite qu'il se détermine tout à fait en sa faveur.

Nostre député au prochain Synode de Saintonge est chargé de prier très humblement ledit Synode d'ordonner aux Eglises de Saveilles, Villefagnan et Verteuil de ne point recevoir à la communion sans tesmoignage les membres des Eglises d'Aubanie et Sauzay.

Monsieur Masson est deschargé de la somme de deux cens deux livres qui avoit resté entre ses mains des contributions cydevant faittes pour l'Eglise du Vigeant, et ladite somme est mise entre les mains du consistoire de l'Eglise de Chastelleraut pour estre employée selon le besoing de ladite Eglise du Vigean, et en cas que l'employ n'en soit pas faict seront lesdits deniers envoyez au consistoire de Poitiers pour estre employez aux affaires communes de la Province.

Monsieur Maillot ayant demandé d'estre séparé de son Eglise de Courtillé et l'encien de ladite Eglise ayant déclaré que ladite demande n'ayant point esté portée en leur Consistoire, il n'a point esté chargé de mesmoires pour y respondre, la Compagnie n'a peu toucher à cette affaire.

Touttes les Eglises ayant représanté d'une mesme voix les grandes vexations qu'elles souffrent par les diverses infractions des édits de Sa Majesté contre l'intention desquels elles sont rigoureusement travaillées à l'esgard de leurs petittes escoles et la liberté des enterremans de leurs morts et principallemant par les deffences aux pasteurs de prescher hors du lieu de leur résidence et dans les Eglises annexées, à raison de quoy ils sont tirez en cause par devant divers juges, condemnez en de grosses amandes, interdits des fonctions de leurs ministères et travaillez en plusieurs autres sortes quoyque suivant leur vocation ils ne preschent que dans les lieux qui leur sont permis par les édits, le Synode, considérant que les afflictions ne s'élèvent point de la poussière et que Dieu est juste quand il chastie, exhorte comme cydevant tant les pasteurs que les trouppeaux à lever les yeux à Dieu à ce que selon les infinies compassions il tourne sa face vers nous et ne lui aut [ôte] le cœur du Roy, nostre souverain seigneur, et nous maintienne en la liberté qui nous a esté accordée par les édits des Rois ses prédécesseurs, confirmez par Sa Majesté mesme ; que pour cest effet sera dressé ung cahier de nos plaintes et envoyé à Monsieur le député général pour estre porté aux pieds de Sa Majesté et pour solliciter et appuyer de ses soings une affaire si importante. La Compagnie a jetté les yeux sur la personne de noble Pierre Moret, sieur de la Fayolle, advocat en parlement, qu'elle nomme dès à présent pour faire et gérer en son nom tout ce qu'il jugera nécessaire selon l'advis de Mʳ le député général, de Monsieur des Gallinières et du Consistoire de l'Eglise de Paris, ausquels lettres seront escriptes pour cest effet, cependant le Synode exhorte tous les pasteurs de s'employer avec une sainte prudence et une vigueur vrayement chrestienne à l'édification desdites Eglises annexées jusques adceque Dieu se tournant vers nous nous fasse la grâce de nous présanter les moyens de pourvoir à leurs subsistances.

Le Synode espérant tousjours de la bonté de Dieu qui n'abandonne point ses enffans que nos pauvres Eglises recepvront à la fin quelque soullagemant aux maux qui les pressent, mais craignant que nos péchez ne retardent les effets de ses compassions et que cependant les pasteurs qui prescheront selon leur vocation dans les Eglises annexées ne soient exposées à des vexations extraordinaires ou que lesdites Eglises abandonnées par leurs pasteurs, ne tombent en une extrême désolation ;

Arreste que lesdites Eglises seront pourveues de pasteurs qui résideront sur les lieux, paissent les fidèles qui y seront recueillis, les consolent en leurs afflictions et les conduisent par leurs enseignemans et par leur exemple; que pour cest effet des commissaires de la part de cette Compagnie se transporteront en chaque Eglise pour recueillir et animer puissemmant la charité de ceux qui les composent, faire et dresser des roolles des contribuables, establir des enciens dans les lieux ou il n'y en a point et enfin pour pourvoir selon leur prudence à toutes les choses qu'ils jugeront nécessaires pour l'establissement du saint ministère, et d'autant que la plus part de ladite Eglise sont povres et foibles et que ce qui se recueillera des contributions des particuliers ne suffiroit pas à l'entretien d'ung pasteur, la Compagnie ordonne que les Eglises contribueront le plus promptemant qui leur sera possible la somme de deux mil quatre cens trante sept livres dix sols dont la taxe se fera selon le pied de la contribution de l'Académie qui revient à chaque Eglise à deux années et demie, de laquelle somme de deux mil quatre cens trante sept livres dix sols, sera mise à part celle de six cens livres pour estre employée aux frais du député que l'on envoye pour la sollicitation des affaires desdites Eglises et le surplus sera destiné à l'entretien desdites annexes selon le roolle qui en a esté dressé et mis entre les mains des commissaires, et pour les pasteurs qui sont ou seront cy après vexez et travaillez pour cause de leur ministère, et sera le roolle attaché à ses presantes avecq les noms des commissaires employez en chaque Eglise et les contributions envoyées à l'Eglise de Poitiers pour en faire la distribution selon l'ordre cydessus.

L'Eglise de Lusignan ayant présanté à cette Compagnie Mr Jean de Brissac, Proposant en théologie, et l'Eglise de Fontenay Mr Daniel Pain, aussy Proposant en théologie, pour estre examinez et, en cas qu'ils soient jugez capables, leurs ministères soit affecté ausdites Eglises; le Synode voyant les bons et louables tesmoignages qui leurs sont rendus par les Eglises où ils ont demeuré et par les Académies où ils ont fait leurs études, après les avoir ouis en propositions sur les textes qui leurs ont esté donnez dans les langues grecques et hébrayques et sur toutes les parties de la philosophie et de la théologie les a jugez capables d'exercer le saint ministère à l'édification desd. Eglises ausquelles la Compagnie les affecte pour pasteurs, leur donnant pouvoir de prescher la parolle, y administrer les sacremans, y exercer la discipline et y faire toutes les fonctions de cette sainte charge, après toutefois qu'ils auront fait les trois propositions d'espreuves selon la discipline et receu l'imposition des mains qui leur sera donnée savoir audit sieur de Brissac par Mr Desloges, son père, qui en a accepté la commission à la prière de la Compagnie et par M. de Cuville et subsidiairement par M. Barbier audit sieur Pain par Monsieur Thalas et par Monsr Dusou et subsidiaire Mr Palardy, et lecture ayant été faite des Synodes nationaux d'Alençon, Charenton et Loudun, ils ont promis de les observer et ont signé la confession de foy de la discipline.

Mademoiselle Fautras s'estant plainte à cette compagnie de ce que nonobstant tant d'exhortations cy devant faites à l'Eglise Saint Benoist et le Givre de luy payer ce qui luy est deub pour les arrérages, dus à feu Monsieur Fautras son mary, conformément à l'arresté du Synode de Chastelleraut, le Synode juge ladite Eglise digne de grandes censures, l'exhorte et luy enjoint de faire tous ses efforts pour acquitter ce qu'elle doibt despuis sy longtemps et pour en faciliter les moiens charge est donnée à M. Bausatran de se transporter en ladite Eglise et d'y travailler en l'octorité de cette Compagnie.

Les commissaires aux comptes ont esté louez et remerciez de leur administration, leurs comptes approuvez et eux deschargez de toutes les quittances qu'ils ont donnez et de l'argent qu'ils ont receu.

Le Consistoire de Chastelleraut ayant prié cette Compagnie de prendre cognoissance du savoir du sieur Roiffé et de ses autres quallités pour l'instruction de la jeunesse, ouy le rapport des commissaires nommez pour cest examen, le Synode ayant esgard aux bons tesmoignages qui sont rendus à sa probité eust bien voulleu ne le point contrister, mais faisant considération principallement sur l'utilité publique, estime que ledit Consistoire doibt faire recherche d'ung autre régent pour luy commettre le soing et la conduite de son escolle, en laquelle jusques adce ledit Roiffé pourra demeurer et faire les fonctions de sa charge, et cepandant la Compagnie exhorte puissamment et autant qu'il se peut ladite Eglise de Chastelleraut d'avoir esgard aux longs temps que led. sieur Roiffé a demeuré au milieu d'elle et pourvoir à sa consolation selon sa charité.

La Compagnie prenant encore cognoissance de l'affaire que le sieur Vergnon a portée en d'autres Synodes a déclaré qu'il eust bien désiré que l'appel eust esté porté et vuidé au Synode de Lusignan et confirmant l'arresté du Consistoire de Chastelleraut lieu des oppositions qui ont esté formées à la réception dudit Vergnon à la charge d'ancien, et confirmant en tant que besoing l'arresté du Synode de Pousauges, ordonne que le Consistoire de Chastelleraut à la première nomination d'anciens fera grande considération de la personne dudit Vergnon auquel le présent jugement ayant esté prononcé, il a déclaré qu'il prioit le Consistoire de ne jetter point les yeux sur luy pour cette charge.

La Compagnie a chargé l'Eglise de Fontenay de la somme de trois cens trante deux livres du revenant bon des contributions faites en ce Synode.

Pour député en la Province d'Anjou a esté nommé M\(^r\) David Pigoust, sieur de la Grande Noue, pasteur de la Forest, et pour subsidiaire M\(^r\) Daniel Couppé, pasteur de Lezay et du Breuil Barret, avecq lettres à la Province.

Et pour député en la Province de Saintonge a esté nommé M\(^r\) Salomon Maillart, pasteur de Montaigu et pour subsidiaire M. Jean Dusou, pasteur de Fontenay, avecq lettres dudit Synode de ladite Province.

Le droit de convoquer prochain est donné à l'Eglise de Fontenay qui gardera ponctuellement le règlement qui a esté fait au Colloque du Bas Poitou pour la dépence des députez.

L'Eglise de Fontenay est chargée de deux volumes des Synodes nationaux et des dix sept cayers de nos Synodes et particulièrement en cettuy cy.

Faict et arresté à Chastelleraut le cinquième juillet mil six cens soixante trois.

J. Carré, modérateur. P. Bonenfant, ancien, scribe adjoint.

Estat des Eglises annexes que le Synode a jugées dignes d'assistance pour les faire subsister, des sommes qui leur sont ordonnées, et des commissaires qui leur sont ordonnés.

Il y a deux Eglises dans le Colloque du Haut Poitou qui ne peuvent subsister seules et qu'on a jugées dignes de l'assistance des Eglises de la Province qui sont celles de la Trimouille et Courtillé.

Le Synode a ordonné que l'Eglise de la Trimouille sera assistée de la somme de deux cens livres, cy . . . II^c l.

Celle de Courtillé de pareille somme de deux cens livres par ce, cy. . . . . II^c l.

Et pour prandre cognoissance de l'estat de ces deux Eglises et y establir un bon ordre pour les faire subsister ont esté nommez Monsieur Ferrand de Champagne et Monsieur Masson pour l'Eglise de Courtillé, et pour celle de la Trimouille Monsieur Barbier et Monsieur Charles.

Et pour celle d'Aubanie et Sauzay, Monsieur de Cuville et Mr Masson.

Dans le Colloque du Milieu Poitou il y a aussy deux Eglises qui ont besoing de secours qui sont celles de Cherveux et celle de Chizay.

Celle de Cherveux sera assistée de la somme de cent livres, cy . . . . c l.

Celle de Chizay de deux cens livres, cy. . . II^c l.

Et pour prandre cognoissance de l'estat de ces deux Eglises et y establir ung bon ordre ont esté nommez MM^{rs} Prioulleau et Gilbert qui prandront aussy soing de celle de Chizay le Château et des autres qui les en requerront.

Dans le Colloque du Bas Poitou il y a cinq Eglises qui ont besoing d'assistance qui sont celles de Chantaunay, Puybelliard, Saint Hillaire, Lezay et Breuil Barret.

Les Eglises de Chantaunay et Puybelliard seront assistées de la somme de cent livres, cy . . . . . . c. l.

Celle de Saint Hilaire de cent cinquante livres.   cl. l.
Celle de Lezay de la somme de cens livres .   .   c. l.
Celle de Breuil Barret de la somme de cent cinquante livres par ce, cy. . . . . cl. l.

Les commissaires nommez pour travailler à la subsistance de ces Eglises sont M^{rs} de La Barrinière et Bernardeau pour celle de Lezay et de Breuil Barret ; pour celle de   Mrs Couppé et de la Grande Noue ; pour celles de Chantaunay et Puybelliard, Mrs de la Pingarnière et Bobineau ; pour celles de Saint Hilaire et Foussay, Messieurs Dusou et Palardy ; pour celle de Mareille et Messieurs Cornuau et Dartois ; pour celle de Sainte Hermine Mrs Cornuau et Vergnon ; pour celle de Mouilleron Mrs de la Barinière et Couppé ; pour celle de la Jaudouinière, Mrs Robineau et Dartois.

La Compagnie a trouvé à propos que la despence de celluy qui ira en Cour soit réglée à trois livres par jour et qu'outre cela la somme de cent cinquante livres luy sera donnée pour son voiage, c'est-à-dire pour l'aller et pour le retour.

Les Eglises qui seront en paine prendront bien garde de ne faire aucunes choses qui leur puissent préjudicier, ny aux autres Eglises et, pour le bien conduire, celles du Haut Poitou conféreront avecq Mr Barbier et Mr Charles, celles du Bas Poitou avecq Mr de la Barinière et Monsr de la Puigarnière et celles du Milieu Poitou avecq Mr Prioulleau et Mr Gilbert.

J. Carré, modérateur. Bonenfant, scribe adjoint.

VOYAGE

DE

MAXIMILIEN AUBÉRY

A LA COUR DE LOUIS XIV

(26 janvier — 30 mars 1668)

publié par

M. Alfred BARBIER

INTRODUCTION

Nous avons moins à faire dans cette introduction la biographie de Maximilien Aubéry, auteur d'un voyage à la cour de Louis XIV, qu'à exposer les réflexions que nous suggèrent la forme originale et la portée religieuse d'un document marqué au coin de la sincérité et d'une rare franchise.

L'abbé Lalanne, dans son *Histoire de Châtelleraud*, a reproduit des extraits de ce voyage ; mais il ne semble pas en avoir saisi l'esprit, non plus que l'humeur caustique d'un gentilhomme du xviie siècle imbu des nobles et austères traditions de ses aïeux.

La situation politique de Maximilien Aubéry était difficile. Elevé dans la religion protestante, il était dès lors suspect aux catholiques, et, avant d'accepter, des Eglises réformées, le mandat d'intercéder auprès de la cour en faveur de ses coréligionnaires, il avait hésité. On comptait pourtant beaucoup sur les résultats de ses démarches auprès du roi ; son influence dans le Châtelleraudais, où il était un des représentants les plus en vue de la noblesse, semblait en devoir assurer le succès ; mais il n'avait pas en lui-même la confiance que lui accordèrent ses amis. Si, comme son père, « il se tint au gros de l'arbre », resté fidèle à son roi, il ne mentit pas à ses convictions religieuses. Avant de se rendre à la cour, ayant demandé son avis à un certain ministre, celui ci lui répondit avec feu : « Allez ! allez ; marchez au nom de l'Eternel des armées ; vous remporterez la victoire sur nos ennemis ». Maximilien, esprit froid et pondéré, ne partageait pas cet enthousiasme. Il était aussi difficile alors d'aborder le Grand Roi, absorbé par de graves préoccupations, que de changer les idées de la cour, empreinte d'une flagrante hostilité à l'égard des protestants. La résistance de ces derniers était d'autant plus vive que les obstacles apportés à l'exercice de leur culte se multipliaient davantage. De part et d'autre il y avait des exagérations nées de la foi religieuse profondément divisée. Telles sont, en quelques mots, les causes primordiales qui empêchèrent Aubéry de réussir dans sa mission. Pourtant il ne manqua « ny de bon vouloir ny de charité pour ses prochains, ny de pitié pour la souffrance des Eglises désolées » ; mais il jugea « que leurs fractures ne pouvoyent estre réparées avec de la boue et du crachat come luy, sans miracle ».

Maximilien ne déguise pas sa pensée; il l'exprime en termes qui font déjà mal augurer de l'issue d'une mission qu'il accomplit cependant avec un zèle et une adresse dignes de l'homme qui comprend son devoir.

Le député des Synodes, qui n'était pas le seul, mais il faut dire le principal, s'en vint à la Cour le 26 janvier 1668, et arriva à Paris le 1er février suivant. Le lendemain, le roi quittait Saint-Germain avec la partie militante de son entourage. Cette coïncidence était d'un mauvais augure pour Maximilien. Sans se décourager, soutenu par l'importance de son mandat, il commença immédiatement ses démarches auprès des personnages influents de la Cour. Le ministre Le Tellier, alors tout-puissant auprès de Louis XIV, devait être l'objectif des sollicitations du gentilhomme châtelleraudais ; y avait-il beaucoup à attendre d'un personnage qui signa « avec joie » la révocation de l'Edit de Nantes ? Le comte de Grammont, le voyant sortir d'un entretien particulier avec le roi, s'écria : « Je crois voir une fouine qui vient d'égorger des poulets, se léchant le museau encore plein de leur sang ». C'était vrai, et Aubéry eût pu en dire autant si la retenue de son caractère ne l'en eût empêché.

Notre auteur s'adressa tout d'abord à M. de Turenne, maréchal général des camps et armées du roi, alors tout-puissant par les services qu'il avait rendus et devait rendre à la France. La prudence extrême de cet illustre guerrier l'éloigna de Maximilien qu'il tint à distance, ne voulant pas se compromettre ; puis le député des Synodes rendit visite au président Barentin, alors intendant du Poitou, l'effroi des religionnaires et des usurpateurs des titres de noblesse, sur le concours duquel il ne pouvait guère compter, puisqu'il refusa net de parler de l'objet de sa mission à M Le Tellier. Il vit également M. Pussord, baron des Ormes-Saint-Martin, directeur général des finances, oncle de Colbert et voisin du château de la Fontaine, dont il ne tira pas davantage ; çà et là il ne reçut que des réponses polies sans aucun résultat. Maximilien n'est pas toujours bien secondé dans ses efforts ; il critique en passant l'intervention maladroite de Mlles d'Aumale et de la Grye, et surtout le zèle ardent et peu mesuré de Mme de Régné. « Il falloit, dit-il, estre pauvre d'esprit pour se mettre en teste qu'il pust naistre quelque avantage aux Esglises de ce trium-féminat. »

L'arrêt du 6 août 1665 avait ordonné la démolition des temples protestants. L'intendant Barentin, chargé dans le Poitou d'exécuter cette mesure violente et précipitée, l'accomplit avec la ponctualité rigoureuse qu'il apportait dans ses hautes fonctions, encore plus politiques qu'administratives. Le commissaire départi commença par le temple d'Exoudun qui fut rasé le 10 janvier 1667. C'était la place forte de Mme de Régné, qui résista en ameutant la population contre l'intendant. Elle fut plus tard enfermée à la Bastille, dont elle ne sortit qu'au bout de trois ans, après avoir promis de ne point retourner en Poitou.

Maximilien, résolu à poursuivre la mission dont il assumait pour ainsi dire seul la responsabilité, s'était décidé à attendre le retour du roi de la Franche-Comté. N'ayant pu voir le maréchal de Villeroy, il se résout à s'adresser au duc de Grammont, qui lui facilita une entrevue avec M. Le Tellier, tout-puissant dans ces conjonctures. Ce dernier ajourna Aubéry ainsi que le marquis de Vérac dans l'attente du roi. Les courtisans se dérobaient devant le député des Eglises, persuadés qu'il défendait une mauvaise cause. Il l'avoue lui-même : « Tous ceux généralement que je vis de la Cour me dirent d'une voix unanime que l'affaire qu'on m'avait commise estoit la plus délicate qui eust esté maniée il y a longtemps et qu'il n'y avoit aucune apparence de la faire réussir à notre contentement. » Les résultats du voyage d'Aubéry vinrent affirmer ces prévisions. Nous n'aurions pas à y insister davantage si nous ne devions appeler l'attention du lecteur sur la sûreté des jugements, le style pittoresque, les adresses diplomatiques et la vivacité entraînante du récit de l'envoyé des Synodes auprès de Louis XIV. C'est un petit monument littéraire et historique dont nous avons, bien entendu, respecté le fond, la forme et l'orthographe.

Le roi revint à Saint-Germain après avoir conquis la Franche-Comté en un mois. Les députés des Eglises conçurent alors l'espoir que la joie causée par ce brillant succès rendrait le grand monarque moins hostile à leur cause. Il n'en fut rien. Toutefois le ministre Le Tellier reçoit en audience Maximilien, qui lui expose les doléances des réformés. Il est écouté avec une certaine impatience. Le secrétaire d'Etat rappelle à son interlocuteur les griefs du monarque contre les actes et les prétentions des Synodes, puis s'animant et branlant la tête, le ministre lui dit sèchement en parlant de Mme de Régné, « que ceste dame qui est à la Bastille prenne garde de ne sortir de là plus courte qu'elle n'y est entrée ». Ce langage violent ne présage rien de bon. Maximilien n'en prend aucun ombrage et continue ses démarches ; il retourne à Grammont, d'une bienveillance relative et qui oscille entre les protestants et les catholiques. Dans un entretien presque intime, le maréchal avec la franchise du soldat lui avoue « qu'après tout le roy aimoit tous ses sujets, mais qu'il préféroit sa religion à celle des autres ». Cette manière d'entendre la liberté de conscience était la condamnation de la R. P. R. en France.

Dans la conversation, Mme de Régné, « ceste dame qui preschoit », est de nouveau « mise en cause. Maximilien n'ose la défendre ; il pense toutefois que la mode ne seroit pas désagréable qui accorderoit la chaire aux belles personnes avec pouvoir d'y lire quelques pièces galantes de proze ou de poezie ». Cette saillie est non moins adroite que piquante, et le gentilhomme châtelleraudais ne manquait ni d'esprit ni de repartie. Grammont était railleur, Aubéry tout autant.

Cependant le seigneur du Maurier et de la Fontaine-Dangé ne perd pas de vue « que le seul canal par lequel on pourroit arriver au bon succès », est Le Tellier. Il agit en conséquence ; mais ses démarches n'obtinrent que cette réponse décourageante du ministre : « Monsieur, j'ai parlé au roi de vostre affaire; il m'a donné ordre exprès de vous dire que vous ayiez à vous retirer et que vous ayez à faire retirer ceux qui peuvent estre icy pour la mesme cause ».

Avec une ténacité digne d'un meilleur sort, La Planche et Aubéry reviennent à la charge près de Le Tellier. Le premier se tient à distance et « n'est pas trop assuré de sa personne ». Le second, confiant en lui-même, prend seul l'initiative et s'étonne de ce que le roi ne l'autorise pas à séjourner à Paris « sept ou huit jours » pour y terminer une affaire personnelle.

Le 17 mars 1668, Aubéry écrit à M. de La Fenestre pour lui notifier, ainsi qu'à l'avocat Pierre Moussyau de la Pouzaire, une des lumières du parti, qu'ils eussent à quitter Paris. Le choix de ces députés n'avait pas été agréable à la Cour, « et il y a paru au biais avec lequel on les a traités ». C'est alors que Maximilien, voulant compléter son récit et en résumer la pensée et le but, y insère le texte de son placet. Le ton respectueux d'un sujet soumis et obéissant ne cesse d'y régner; mais les revendications des réformés n'y sont pas moins exposées avec fermeté et une parfaite convenance. C'est presque une supplication au monarque, un dernier appel à sa justice mieux informée. Louis XIV voulut l'ignorer. Tous ceux qui avaient connu l'écrit longuement médité par Aubéry, le maréchal d'Aumont, de Béringhen, le duc de la Vieuxville, de la Vrillière, Pussord, Barentin, Conrard et Chapelain l'avaient approuvé, pour la forme sans doute! On dit même à l'auteur qu'on voyait « qu'il estoit fils de maistre », allusion flatteuse à son père Benjamin qui, sous la minorité de Louis XIII, avait été ambassadeur en Hollande de 1613 à 1624. Aubéry ne se dissimule pas qu'il est le jouet des belles paroles des courtisans, sa perspicacité naturelle l'en avertit, et il s'en venge avec bonhomie en dévoilant l'ignorance d'un conseiller d'Etat « qui lui demanda ce que c'estoit que le jugement de Salomon » !

Ayant épuisé à l'accomplissement de son mandat de député des Synodes du Poitou toutes les ressources de son influence personnelle à la Cour, Maximilien quitta Paris et revint à son château de la Fontaine-Dangé, où il était le 30 mars 1668; son voyage avait duré deux mois, et il dépensa dans la capitale, pour les frais de sa députation, quatorze cents livres. C'eût été peu de chose si le succès avait couronné ses efforts.

Les pages que nous venons d'effleurer ont l'intérêt qui s'attache au récit circonstancié et pittoresque des entrevues d'Aubéry avec de grands personnages de la Cour. Mais dans la seconde partie du curieux et suggestif manuscrit, l'auteur met son cœur à nu et, se repliant sur lui-même, synthétise ses vues, et ses convictions en religion comme en politique. Avec un langage élevé, digne d'un homme d'Etat, il conseille la soumission à ses coreligionnaires, alors que la résistance aux ordres absolus du roi ne ferait qu'aggraver leur situation et précipiter la ruine des Eglises. « On ne peut, dit-il, révoquer en doute la fidélité des sujets qui ne respirent que la seule liberté de prier Dieu publiquement pour la prospérité de leur Souverain. » Ce n'est pas ainsi que Louis XIV entend cette liberté ; il lui semble que la division de ses sujets, ne serait-elle qu'apparente, jetterait une ombre fâcheuse sur son omnipotence aux yeux de l'étranger ; le concours des catholiques lui est seul agréable, et pour le Grand Roi il n'y a pas de foi religieuse en dehors de la sienne. Ces idées longuement mûries devaient nécessairement engendrer la révocation de l'Edit de Nantes. Le récit de Maximilien est un des mille prodromes de ce grand événement.

Dans ses dernières réflexions, notre auteur constate que le roi est plus entouré de courtisans « que de véritables François » ; que de simples arrêts viennent « abolir pied à pied » les édits qui protègent le culte des réformés; que la destruction des temples « a bouleversé le courage de beaucoup de fidèles sujets et rendu plus audacieux les adversaires des Eglises, que l'autorité royale aurait peine à retenir dans les bornes de la modestie et de l'obéissance »; par ces odieux procédés « on sème plutôt le divorce entre les sujets d'un même royaume qu'on ne travaille à leur réunion ». D'autres considérations, vraiment justes, sont encore développées par Aubéry, qui essaie d'expliquer le rôle des Politiques, et il résume sa pensée dans cette phrase : « Il est plus raisonnable et naturel de prendre confiance aux sujets qui croient ne pouvoir être dispensés par qui que ce soit de l'obligation de leur fidélité qu'aux autres ».

Enfin on est frappé, en lisant ce voyage, de l'aisance et de la liberté d'allures de Maximilien Aubéry lorsqu'il s'entretient avec les plus illustres personnages de la cour : le ministre Le Tellier, père du marquis de Louvois, — le duc de la Vieuxville, gouverneur du Poitou, — le vicomte de Turenne qui allait abjurer, — les maréchaux de Villeroy, — de Grammont, — d'Aumont, — Pussord, oncle de Colbert, — Béringhen, etc.

Le gentilhomme poitevin aborde tour à tour chacun d'eux de

front, sans hésiter, et cherche avec une prudence voulue, insinuante même, à rendre sa cause digne d'intérêt. Ce n'est donc pas sans raison que le synode attendait beaucoup de son représentant. Elevé dans l'aristocratie, rompu aux grandes manières, fils de diplomate, influent dans le pays Châtelleraudais, il offrait à ses coreligionnaires toutes les garanties pouvant assurer le succès de sa délicate mission auprès de Louis XIV. Le choix de « L'homme du Roy » au synode de Châtellerault en 1663 était excellent, les circonstances mauvaises. La question religieuse, une des plus brûlantes de l'époque, déjà résolue sinon tranchée, rendait importunes les sollicitations, de quelque part qu'elles vinssent. Dans cette occurrence il fallait s'incliner et attendre. Maximilien s'y résigna avec la maturité d'esprit et le calme qu'il tenait de l'âge, de l'expérience et du devoir accompli.

Telle est l'esquisse rapide du manuscrit que nous publions ici. On n'en appréciera la valeur qu'après une lecture attentive suivie d'une méditation profonde sur la relativité de la justice dans les affaires où la politique et la religion se trouvent mêlées.

Le père de l'auteur du *Voyage à la Cour*, Benjamin Aubéry, seigneur du Maurier, appartenait à une famille originaire de la province du Maine. Il vit le jour au Maurier en 1566. Sa mère, Madeleine Froger, l'éleva dans les principes de la religion réformée. Il avait épousé en 1600 Marie Madalène, fille d'un gentilhomme génois réfugié en France.

De ce mariage vinrent onze enfants : six garçons et cinq filles, dont nous indiquerons sommairement les lieu et date de naissance : 1° Marie, Paques 1606 ; — 2° Benjamin, 1607, mort en Hollande en 1614 ; — 3° Maximilien, 1608 ; — 4° Louis, 24 juillet 1610, converti au catholicisme, présenté au baptême par de Maupeou, intendant des finances ; il écrivit les *Mémoires pour servir à l'histoire de Hollande* ; — Daniel, 9 décembre 1612, tué à la bataille de Nordlingen, 1648 ; — 6° Louise, la Haye, 13 février 1614 ; son parrain fut Barneveldt, célèbre diplomate hollandais ; — 7° Maurice, à la Haye, le 11 février 1615, filleul du prince de Nassau et connu sous le nom de La Villaumaire ; — 8° Eléonore, la Haye, 19 mars 1616, présentée au baptême par le prince d'Orange ; — 9° Madeleine, à la Haye, 30 mai 1617 ; — 10° Benjamin, à la Haye, 20 septembre 1618 ; — 11° Amélie-Catherine, la Haye, 9 novembre 1620.

Nous ne saurions omettre ici que le chef de cette brillante et nombreuse famille, Benjamin Aubéry du Maurier, avait été investi dès 1587 de la confiance du roi de Navarre, plus tard Henri IV, et comblé de faveurs par ce grand prince. En 1613, sous la minorité de Louis XIII, il fut nommé ambassadeur en Hollande.

Son second fils, Maximilien, sans jouer un rôle politique aussi marqué et d'ailleurs mal servi par les circonstances, s'est révélé, dans le Mémoire que nous publions, par le zèle intelligent et loyal qu'il consacra à la défense de ses coreligionnaires.

Benjamin Aubéry avait acheté la terre de la Fontaine-Dangé en 1610, après la vente forcée qui en avait été opérée sur Honorat de Benais, à la requête de Jean Sain, contrôleur des tailles à Châtellerault. Elle échut en héritage à l'aîné par un partage du 31 janvier 1637. L'origine de l'émigration des Aubéry en Haut-Poitou s'explique ainsi. Maximilien épousa le 11 octobre 1640 Louise de Beauvau, fille de Jean et d'Anne d'Angennes. Décédé le 4 novembre 1668, à l'âge de soixante ans, à son château de la Fontaine-Dangé, il y fut enterré. (*Arch. Vienne*, E⁸ 651.)

Cette famille est donc, au double point de vue généalogique et historique, une des plus notables du Haut-Poitou, où elle s'est éteinte récemment dans la personne du marquis Louis-Marie-Gaspard d'Aubéry. (Cf. Lalanne, *Histoire de Châtelleraud*, t. I, p. 493 et s. ; t. II, p. 315, et Beauchet-Filleau, *Dictionnaire des familles du Poitou*, nouv. éd. t. I, p. 138.)

Alfred Barbier.

MÉMOIRE ABRÉGÉ

DE CE QUI S'EST PASSÉ EN MON VOYAGE DE LA COUR

1668,

Par Maximilien AUBÉRY [1]

Ayant esté pressenty, avant la tenue du Synode de Pouzoges, si j'accepterais la députation des Esglises, en cas qu'on me la décernast (à quoy les esprits donoyent unanimement la pente) je fis response de bouche à M' Charles, qui m'estoit venu trouver exprèz, que je ne m'y pouvois résoudre pour plusieurs raizons domestiques que je luy alléguay, sans parler des politiques qui estoyent les plus fortes et ensuite luy escrivis dès le lendemain, 18 novembre 1667, que la choze m'estoit impossible après y avoir bien pensé et qu'il avoit esté malaizé, dans une si courte visite, de luy bien estaler toutes mes pensées et toutes mes réflexions et je concluois par le prier de tout mon cœur de destourner de moy ceste amertume. La connoissance que j'avois des humeurs de la Cour enflée de tant de prospéritez et mon expérience du passé lorsque j'avois esté député en 1656 pour une affaire plus plausible à la quelle toute la Noblesse, le Clergé et le Peuple des deux religions de beaucoup de provinces considérables estoient esgualement inté-

---

1. Sur le verso de la dernière feuille originale du manuscrit, on lit la mention suivante de la main de l'auteur : « abrégé de ce qui s'est passé en mon voyage de la Cour pour les Eglises du Poitou en 1668 ».

ressez pour la comune conservation de leurs drois et privilèges et fondez en un contract solemnel passé entre le Roy Henry II et les Estatz assemblez par son ordre pour cet effet m'avoyent suffisenment apris le péril qu'il y a de comettre le plus foible avec le plus puissant et les sujets avec leur prince dans une affaire toute dissemblable dont la cause n'estoit pas favorable et contre la quelle on avoit desja enguagé l'autorité supresme. Joint qu'il y avoit quelques précédentes démarches qui pouvoyent n'estre pas aprouvées par ceux qui donent plusieurs visages à une mesme affaire selon leur intérest particulier ; à quoy j'adjouste le besoin que la Cour avoit de contenter le nouveau Pape,[1] duquel on avoit besoin come médiateur de la paix et pour en obtenir une permission de s'accomoder d'une partie du revenu du Clergé de France, ce qui pourra estre acordé pourveu qu'on ne presse pas la restitution du duché de Castres et qu'on luy laisse prendre des racines dans la Chambre Apostolique.

J'escrivis aussy à M. de Villarnoul qui m'avoit envoyé une lettre fort pressante (come si j'avois esté un home capable de relever les brèches de nos Temples) du 15 novembre 1667, et lui manday en substance par ma responce du 20 du mesme moys et an que je ne manquois ny de bon cœur ny de charité pour mes prochains, ny de pitié pour la soufrance de nos Esglises dézolées, mais que je jugeois que leurs fractures ne pouvoyent estre réparées avec de la boue et du crachat, come moy, sans miracle ; que la conoissance de ma foiblesse, l'expérience du passé et les apparences presqu'assurées de ne pas réussir avec ce que j'estois aagé, environé d'infirmitez et désormais hors d'œuvre et tout desconcerté me rebuttoyent de ceste pensée, sans mettre en ligne de compte quantité d'obstacles domestiques qui m'estoyent presque insurmontables ;

---

1. Clément IX, élu pape en 1667, mort en 1669.

qu'un prince vainqueur des enemis sous le quel fleschissoyent toutes les puissances de l'Estat (sans en excepter celles qui avoyent porté la qualité de Souveraines) ne se résoudroit jamais à capituler avec ses sujets que leur obéissance n'eust aplany le chemin de leurs supplications, et cæt.

Je croyois par ce moyen m'estre mis à couvert de cest orage et que mes amis m'ayderoyent à destourner ma mauvaise constellation, mais je fus tout surpris d'aprendre par une visite de Mr Addée (qui m'aporta une lettre du Synode) que bien que l'assemblée eust esté avertie de mon refus, elle n'avoit pas laissé de me nommer député. Ceste lettre datée du 3 décembre 1667 estoit accompagnée d'une autre du 4 du mesme moys de Mr de Villarnoul (laquelle il m'escrivoit à la prière du Synode) pour me persuader d'accepter la députation par la considération de l'estat déplorable de nos Esglises ; que si je surmontois les difficultez que ma prudence m'avoit dictées, leurs plus grands malheurs seroyent surmontez ; qu'il n'y avoit que moy qui pusse prendre le timon d'un vaisseau battu et entrouvert de tous costez et que si on ne faisoit qu'un demy naufrage j'en aquerrois toute la louange ; que si leurs espérances estoyent ruinées par mon refus on le reguarderoit come la cause de leur perte et qu'on me reprocheroit de n'avoir daigné les sauver.

Nos besoins et les persuasions d'un amy de qualité et de confiance furent des puissans solliciteurs au dedans de moy et j'advoue que le chatouillement des louanges n'y eut aucun pouvoir. Toutes fois la conoissance que j'avois de l'estat de la chose, des dispositions de la Cour et du crédit du Clergé m'empeschèrent encor de me laisser fléchir, n'estimant pas qu'il fust de la prudence de m'embarquer dans un vaisseau abandoné des hommes contre vent et marée, esloigné de tout autre port que du Ciel, flottant dans une plage agitée toute pavée de sables et d'escueils, tellement que toutes ces lettres et leurs coups ne firent que blanchir et ne produisirent aucun autre effet en moy que de me plonger dans un profond chagrin cauzé par la nécessité de ceux de ma profession et par l'impuissance de mes remeddes, de sorte que je m'en dispensay par un refus formel.

Quelque quinze jours aprez M. Pain de la Fenestre prit le temps du jour de jeusne pour me prier de la part des comissaires du Synode d'axcepter ceste députation et faire un dernier effort sur mon esprit. Me sentant pressé, je ne pus m'empescher de luy marquer quelques fautes dans la conduite de ces messieurs, come de n'avoir pas apuyé leur députation sur l'absence de M. de Ruvigny, selon les reigles, puisque le Roy l'avoit envoyé en Portugal et delà en Angleterre où il estoit encores ; qu'ils avoyent mal fait de n'avoir pas déféré à mon premier refus et de m'avoir voulu obliger d'axepter une députation sans m'avoir doné de conoissance de leurs premières actions et des actes du Synode de Pouzoges et de celuy qui l'avoit précédé, come si j'estois home à playder une cause que je ne trouverois peut estre pas soutenable. A quoy j'adjoutay que quelque bonne opinion que j'eusse de leur doctrine en chaire, il pourroit ariver que je n'aprouverois pas leur conduite en choses temporelles et mesmes je luy fis comprendre que si j'avois eu à faire le voyage j'aurois mieux aymé le faire seul que d'avoir des compagnons qui peut estre me nuyroient. Sur quoy M. Pain m'ayant respondu que j'avois raison et qu'il n'y avoit rien si juste que de me communiquer le tout, je luy répartis qu'il estoit désormais trop tard et que puisqu'ils avoyent fait ceste faulte à mon esguard, je ne les désirois pas voir de crainte d'y trouver quelque chose qui ne me plairoit pas et que ceste ignorance me serviroit peut estre d'excuse dans leur affaire pour pouvoir dire avec vérité que je n'en avois pas de conoissance ; que puisque nos Esglizes ne pouvoyent estre dissuadées que je ne fusse utile à leur soulagement, je me rezolvais, quelque préjudice que ma santé et mes affaires domestiques en pussent recevoir, de faire un voyage à la Cour contre mon propre sentiment, à mes despends sans leur estre à charge et sans axepter leur députation afin de sonder le gué et veoir s'il y avoit lieu d'espérer quelque suxès sans m'adstreindre à aucune limitation de temps ny de sesjour et sans vouloir me rendre comptable de ma gestion à qui que ce soit qu'à Dieu seul et à moymesmes. Sur cela il persista fort à m'offrir de l'argent de leur part come aux autres, lequel je refuzay toujours de mesmes et quant au temps de mon départ je ne luy pus fixer à cause d'un enguagement de parole où j'estois il y avoit desja quatorze moys par ordre de Son Altesse R. Madamoyselle. De sorte que je fus obligé de m'en aller à Poitiers où je fus treize jours et mesmes perdis des erres que j'avois donées au carosse, tant j'avois haste de les satisfaire n'ayant pu prendre mes mesures si justes pour mon départ que je ne me trompasse de quelques jours. Pendant mon séjour à Poitiers Mr de la Pouzaire l'un des députez y arriva qui me conta les raisons qu'il avoit de ne pas entreprendre ce voyage, m'assurant qu'il ne s'estoit acheminé jusques la que pour sçavoir si j'irois à la Cour, pour ce que, si je ny alois point il estoit rezolu de s'en retourner sur ses pas. Je luy dis que j'avois promis de partir et le suivrois au plustot ; sur quoy il continua sa route. Il m'a dit depuis qu'ayant conféré partout où il passoit avec les ministres ou anciens des lieux, un certain ministre (auquel il avoit demandé son advis) luy respondit après avoir fait deux ou trois tours de chambre à grands pas et sans dire mot haussant tout d'un coup sa voix : « Allez ! allez ! marchez au nom de l'Eternel des armées, vous remporterez la victoire sur nos ennemiz ». Tant le zèle de la cauze l'avoit emporté loin de la modération. Je vizitay aussy pendant mon sejour à Poitiers Mʳ L'Evesque [1] qui tesmoigna me plaindre du fardeau qu'on m'avoit impozé, m'assura que je n'obtiendrois rien et adjousta qu'il avoit envoyé déclarer au greffe qu'il n'estoit pas nostre partie, si ce n'estoit à l'esguard des infractions de l'Edit de Nantes.

En attendant le jour de mon partement et en chemin faisant, je m'en retournay chez moy où je trouvay mon fils unique malade, qui avoit desja esté saigné quatre fois et en mauvais estat des fatigues de la dernière campagne [2]; tout autre homme que moy eust encore sursis son voyage, mais par bonheur on y trouva de l'amandement et le médecin m'ayant assuré qu'il n'y avoit plus de danger pour sa vie, je partis de chez moy pour la Cour le 26 janvier 1668 et arrivay à Paris le 1ᵉʳ de febvrier justement pour mon malheur, la veillé du partement du Roy pour la Franche Comté [3].

Peu de jours avant mon arivée, Madame de Regnier (qui avoit escrit à ses amis en province que Mʳ Le Tellier luy avoit doné parole qu'elle auroit permission de s'en retourner chez elle) fut arrestée et mise à la Bastille à cauze de quelques lettres et d'un zeele qui avoit trop peu de circonspexion au gré de la Cour.

D'abord que je fus arivé Mʳˢ de la Planche et de la Pouzaire députez du Synode et qui avoyent accepté la députa-

---

1. Gilbert de Clérambault, frère du maréchal de ce nom, nommé à l'évêché de Poitiers en 1657, sacré à Paris le 21 juillet 1658; il prit possession de son siège le 15 mars 1659 et mourut le 3 janvier 1680.
2. Maximilien eut un fils nommé Louis, marié à une fille de M. de Nettancourt et qui a été par conséquent beau-frère du baron de l'Echelle. Ce Louis mourut avant 1686, et laissa un fils nommé comme lui, qui est un jeune homme d'environ trente ans; « c'est le seul et dernier du nom, mais on peut dire qu'il renferme dans sa personne tout le mérite de sa famille, dont il semble qu'il ait hérité aussi bien que des terres très considérables qu'ils lui ont laissées. » (*Mémoires concernant les vies et les ouvrages de plusieurs modernes célèbres*, etc., par Ancillon, publiés à Amsterdam en 1709.)
3. Le roi partit de Saint-Germain le 2 février avec toute la partie militante de la Cour et arriva le 7 à Dijon. (H. Martin, t. XIII, p. 334. — Charton, II, p. 251.)

tation me vinrent voir et ils me dirent qu'en mon absence craignans le dépérissement de nos affaires, ils avoyent préparé les matières et acheminé la députation et que Mr de Cumont qui estoit à Paris s'estoit joint à Mr de la Planche et fait avec luy quelques visites ; qu'ils avoyent rendu leurs civilités à M.^r le duc de la Vieuxville nostre gouverneur qui leur avoit fait espérer de les présenter au Roy, mais que depuis l'arrivée de l'Intendant de la province [1], il les en avoit refusé tout net, disant qu'il ne faizoit aucun doute qu'ils ne fussent mal traitez et qu'on ne luy en sceust mauvais gré ; qu'ils avoyent aussi veu M. de Tureyne qui leur avoit dit qu'il en avoit par ci-devant parlé au Roy et à M^r Le Tellier, mais qu'a prézent il ne s'en pouvoit mesler ; qu'il ne leur pouvoit donner d'advis et désiroit qu'ils ne parlassent de luy en aucune manière ; qu'ils avoyent veu cetuy-cy et cetuy-là, Mesdamoyzelles de la Grèze et d'Aumale et qu'ils esperoyent quelque bon effet de la médiation de la dernière qui avoit axès à M.^r Le Tellier, mais qu'estant tombée malade ils estoyent à bout et ne trouvoyent aucune entrée à la négociation.

Tout cela me fit remarquer que j'avois enfilé un bon sentier dès la province et assez esloigné du grand chemin qu'ils avoyent tenu et que je devois prendre le contrepied de leur conduite, par le moyen duquel je pourrois entrer en matière et voyant la froideur de ceux des nostres mesmes à nous secourir, je pris rezolution de ne les voir que par civilité et de n'employer que des Catholiques Romains pour tascher d'ariver à mon but.

Come ces Messieurs avoyent veu Mr de Tureyne, je creus en devoir faire de mesme, mais d'une méthode diférente ; et après l'avoir salué et avoir esté enquis de luy quelle affaire me menoit à Paris, je lui contay le sujet de mon voyage et dez qu'il m'eut dit come aux

---

1. Barentin, de 1665 à 1668.

autres qu'il en avoit parlé il y avoit quelque temps à M^r Le Tellier et au Roy, mesmes, sans attendre qu'il me tint les mesmes discours du refus de s'employer qu'il avoit tenu aux autres, je luy dis que je croyois qu'il ne désapprouveroit pas la rézolution que j'avois prise de n'employer aucune personne de ma religion à la Cour pour plusieurs bones considérations que sa prudence pénétreroit aizement ; de sorte qu'il aprouva fort ma méthode qui s'accordoit en perfexion à son humeur qui est de ne se rendre importun au Roy, n'y pour luy mesme ny pour qui que ce soit.....

Je rendis aussy vizite au Prézident Barentin, nostre Intendant de Poitou, non pas tant dans l'espérance d'en tirer du secours que de peur qu'il ne me nuizist. Après m'avoir félicité de mon arrivée, il me dit que j'estois venu, député en Cour et sur ce que l'ayant nié, il s'opiniastra que je l'estois ; je l'esclaircis de son doute luy dizant qu'il estoit bien vray qu'on m'avoit nommé, mais que je ne l'avois pas encore axepté, ne le voulant estre qu'en cas que le Roy l'eust agréable. Il aprouva fort ma conduite ; mais au bou du fait, il me refuza d'en parler à M^r Le Tellier, m'alléguant qu'ayant esté juge de ces affaires là, il ne pouvoit de bonne grâce s'en mesler, et que toutes fois, en cas qu'on parlast de moy, il me rendroit tous les bons tesmoignages auxquels ma réputation l'obligeoit ; et ensuite me monstra une carte qu'il me dizoit avoir faite avec grand soin et de la quelle il avoit doné autant à M^r Le Tellier : c'estoit une carte de Poitou dans la quelle estoyent marquées nos Esglizes conservées, les interloquées et les supprimées et me communiqua des procès verbaux et nomément celuy de la dépozition du gentilhomme mesmes qui avoit esté l'home du Roy au Synode, la quelle je trouvois nous estre désavantageuze.

Je fus aussy veoir Mr Pussord, oncle de Mr Colbert auquel je comptay et le sujet de mon voyage et l'estat de l'affaire. Il s'estona que Mr Barentin m'eust refuzé d'en parler à Mr Le Tellier et me dit qu'il ny avoit que Mr Le Tellier qui se meslast de cest affaire ; qu'il seroit inutile d'en parler ny de faire vizite à Mr Colbert sur ce sujet ; que si l'affaire estoit portée au conseil, il s'y employeroit selon la raison et la justice ; qu'il aprouvoit fort ma conduite, mais qu'il tenoit mon voyage inutile et ne croyoit pas que je réussisse tant à cauze de l'affaire mesme qui estoit fascheuse en soy s'agissant d'inéxecution et de désobéissance aux arrestz qui avoyent esté donez, le Roy prézent ; qu'à cause de la conjoncture d'une grande ligue de plusieurs Estats de ma relligion [1] contre les desseins de Sa Majesté et qui ne seroit pas bien reçeue. Ensuite de quoy il changea de propos et me dit que si j'avois leu le Code, j'y aurois pu remarquer des articles de ma façon qui avoyent esté tirez des mémoires que je luy avois envoyez et cæt.

Je fis ainsi plusieurs vizites en attendant le retour de Sa Majesté, ne pouvant assez m'estonner de la foiblesse de ceux qui prétendoyent ariver à leurs fins par le moyen de Mesdamoyzelles d'Aumale et de la Grèze et par le zeele ardent que Madame de Régnier faizoit paroistre, déplorant la crédulité de ceux qui ne remarquoyent pas qu'on tournoit à la Cour sa fermeté non seulement en ridicule, mais mesmes qu'on la criminalizoit sans charité. Elle m'escrivit quelques lettres de la Bastille auxquelles je ne fis de response que verbale par leur porteur qui m'estoit inconnu, luy faizant dire que ce n'estoit pas faute de conoissance ni de respect pour sa personne, mais que je craindrois que ce commerce ne fist tort à l'affaire générale et à la sienne particulière. Après tout, il falloit estre pauvre d'esprit pour se mettre en teste qu'il pust naistre quelque avantage à nos Esglizes de ce triumféminat, ny qu'il fut bien séant de

---

1. Allusion au traité de triple alliance conclu entre l'Angleterre, la Suède et la Hollande le 28 janvier 1668.

leur laisser mettre la main au gouvernail pour en attendre des merveilles, come de Judict, d'Ester et de Debora qui firent des choses grandes pour ce que leur foiblesse estoit apuyée du Tout Puissant.

J'avois pris résolution d'attendre le retour du Roy, afin de tascher, par le moyen de mes amis, de luy présenter un petit placet par lequel je luy demanderois respectueusement permission de luy parler de ses sujets de la Religion de Poitou et m'adresserois directement à mon Roy dans l'espérance que sa bonté royale le recevant, il pourroit estre suivy d'un autre plus ample et d'un mémoire abrégé qui porteroit son cœur à nous accorder tous les favorables tempéramens que nostre nécessité requéroit. Mais je changeai de rezolution sur les remontrances qui me furent faites par plusieurs personnes et par les autres députez que si je ne prévenois le départ de l'Intendant, qui pourroit estre chargé de quelques ordres sévères, nos Eglizes tomberoyent dans la dernière consternation et leurs ministres prisonniers demeureroyent embourbez, sur le sujet desquels entretenant l'Intendant je luy avois dit qu'un bon politique feroit tousjours plustost pendre dix innocens qu'un homme d'Esglize qui a tort, à cauze de l'effet que produit cette nature d'exécution dans les âmes des peuples sujetz qui s'estend jusques aux pays estrangers.

L'advis des autres députez et de plusieurs autres me fit donc changer la résolution d'attendre le Roy, de sorte que je fus chercher Mr le mareschal de Villeroy (quoy qu'il ne s'empresse pas infiniment des affaires de ceste qualité) en dessein de luy rendre compte de mon voyage et de ma conduite pour tascher de le porter à s'employer pour ma satisfaction ; mais ne l'ayant pas trouvé par trois fois que je le cherchay, je m'advisay d'aller voir Mr le mareschal duc de Grammont qui me fit l'honneur d'approuver ma conduite et de me dire que j'avois fait un coup digne de ma teste et pris l'air de la Cour et qu'il croyoit qu'un homme qui ne vouloit parler de ceste affaire là au Roy qu'en cas qu'il luy plust et qui ne vouloit estre que ce qu'il luy plairoit pourroit peut estre estre escouté, ce qu'un autre n'obtiendroit pas, et poussa si avant qu'il s'offrit d'en parler à Mʳ Le Tellier selon mon souhait, ce que j'acceptay, le plus difficile estant à la Cour d'avoir un bon ange qui vous jette dans le lavoir, mon but estant en cela de sçavoir s'il n'avoit pas d'ordre du Roy de travailler à ceste affaire pendant son absence. En effet, le mareschal me tint parole et me fit veoir la responce par écrit de Mʳ Le Tellier dont la substance estoit : que le Roy n'avoit pas sceu que je fusse député du Synode ; qu'il falloit attendre pour cela son retour de la Comté pour luy en parler et qu'il ne manqueroit de luy rendre un fidèle compte de la conduite que je devrois tenir à la suite de Sa Majesté. Je fis bravement le courtizan de mon costé ceste fois là, et feignis de le croire quoique je fusse assuré que Roy estoit bien informé de ma nomination, puisque M. le duc de la Vieuxville, gouverneur de la Province avoit tiré du secrétaire de l'assemblée tous les résultats du Synode et les avoit envoyez ou portez à la Cour.

Environ ce temps-là Mʳ le marquis de Vérac arriva à Paris pour obéir à la lettre de cachet qu'il avoit receue et vit M. Le Tellier qui le remit (aussy bien que moy) au retour du Roy.

Un gentilhomme de considération de mes amis m'ayant escrit de la Province que le bruit estoit que si je fusse arrivé deux jours avant l'arrest de Madame de Régnier, on ne l'eut pas mize à la Bastille ; cela m'obligea de luy escrire comme il falloit sur ce chapitre là que ceux de la Province et les plus clairvoyans ne voyoient aujourdhuy goutte à la Cour ; que quand tous les huguenots du royaume ensemble auroyent esté à Paris, ils n'eussent pu empescher ceste dame (qui avoit parlé et escrit d'un style qui n'estoit pas au goust de la Cour) de faire son voyage de la Bastille ;

qu'avant partir de chez moy je m'estois préparé à faire mon devoir et à souffrir et les commentaires et mesmes l'ingratitude de ceux qui m'avoyent cajolé pour m'embarquer dans la députation, et que tout cela ne faisoit pas dans moy un grain de regret de la perte de mes pas, de ma peine et de mon argent, pour ce que j'estois rézolu en m'en rendre bon compte à moymesme : sur quoy on me fit des répliques d'adoucissement et d'excuses.

Tous ceux généralement que je vis de la Cour et de la ville d'une et d'autre religion me dirent tout d'une voix que l'affaire qu'on m'avoit commise estoit la plus délicate qui eust été maniée il y avoit longtemps et qu'il n'y avoit aucune apparence de la faire réussir à nostre contentement ; toutesfois que si on en pouvoit espérer un favorable suxès, ce devoit estre par la voye que j'avois choizie.

Sur ces entrefaites, je receus une lettre de mon frère de la Villaumaire qui est lieutenant colonel d'un régiment d'infanterie en Hollande, lequel me prioit de rendre visite à Mr Van Beuninghen, ambassadeur des Provinces Unies auprez du Roy pour luy tesmoigner quelque reconnoissance par mes civilitéz du support qu'il recevoit de son amitié ; mais je le priay de m'en dispenser par des raisons d'Estat, ne voulant rendre ma conduite suspecte dans la conjoncture de nos affaires et de la ligue des puissances du Nord. Sur quoy l'abbé de Francheville qui est de ses amys luy voulant rendre vizite quand il fut arrivé, me dit qu'il n'y auroit rien à dire et qu'il m'y mesneroit si je voulois ce mesme soir. Je l'en remerciay ne voulant pas qu'il y eust d'ombre ny de soupçon de ma part que si j'avois à luy rendre vizite je le ferois plustot à midi que la nuict. De sorte que je me contentay de prier Mr Hubert, zéélandois de ma connoissance, de luy faire civilité de ma part, laquelle il reçeut obligeamment, adjoustant qu'il n'y avoit pas de danger à le voir.

Le Roy estant de retour de la Comté avec le surprenant

suxcès que toute l'Europe a sceu et dans la belle humeur qu'on se peut imaginer d'avoir si bien endormy les compères avec des pourparlers de neutralité et de ce que le marquis de Castel Rodrigo avoit appris contre son attente et aux despens du roi d'Espagne, son maistre, que le nostre estoit vainqueur sans distinction de saisons, je creus que la rencontre pouvoit estre favorable pour mon envoy si quelque rencontre y pouvoit estre favorable dans les préoccupations où la Cour estoit contre nous, ou pour me mieux exprimer dans des rézolutions deja prizes contre nos avantages dès avant son départ, les bons suxès rendant ordinairement l'axès de nos plaintes plus difficiles. Si bien qu'ayant laissé quelques jours évaporer les transports de joye des uns et les encensemens des autres, je fus à Saint Germain me ramentevoir à M^r le mareschal de Grammont et ensuite à M^r Le Tellier qui me donna audience paisible dans sa chambre.

Je luy parlay peu, sans faire trop de résistance à ses raisonnemens, de crainte que mon abord me faisant connoitre on ne m'interdisist une seconde communication et me resserray à ce que M^r le marquis de Grammont lui avoit dit du sujet de mon voyage et à la modestie de mon déportement qui aboutissoit à demander à Sa Majesté, avec tout respect, qu'il luy plust agréer que ses sujets de la religion P. R. de Poitou se voyans en un mesme temps accusez et poussés et despourvus du ministère de Mr de Ruvigny, leur député général, il luy plust trouver bon que je misse à ses pieds les protestations de leur inviolable fidélité et quelques supplications de leur part pour en attendre les favorables octrois de sa bonté paternelle et royale avec une parfaite résignation de ma part aux ordres que j'en recevrois, ne voulant rien entreprendre qu'avec le bon plaizir de Sa Majesté ny agir qu'en la qualité qu'il lui plairoit me permettre.

M^r Le Tellier m'ayant escouté avec attention me respondit avec des civilitez à mon esguard et peu après haussant le ton doux de sa voix en un accent plus eslevé et changeant son maintien rassis en une contenance plus esmeue, il se mit à blasmer la conduite des Synodes ; il accusa d'imposture ceux qui avoyent semé le bruit qu'il avoit fait entendre que le Roy donneroit d'autres lieux d'establissemens fixes pour y restablir des temples au lieu de ceux qu'on avoit supprimez et qu'il n'y avoit rien si faux. Il me dit tout cela (sans que je lui disse une seule parole sur ce sujet) me voulant prévenir de ceste opinion et adjousta qu'il estoit bien vray que le Roy avoit fait paroistre assez de bonté pour nous pour souffrir que ceux des Esglises condamnées s'assemblassent à l'avenir chez quelques gentilshommes qui ont droit de fief pour y faire baptizer leurs enfans ; mais que la désobéissance manifeste à ses ordres et aux arrestz du conseil donnéz avec connoissance de cauze et contradictoirement; l'attachement de vouloir qu'on presche à Exoudun contre la volonté du Roy et d'avoir introduit dans leurs Synodes des ministres dont les temples avoyent esté suppriméz ne méritoyent rien moins qu'une punition exemplaire pour instruire les autres provinces ; qu'il n'y avoit rien si aizé que de les mettre à la raison en chastiant les peuples désobéissans par l'envoy de gens de guerre, faisant pendre trois ou quatre coquins qu'on tenoit desja dans les prisons qui avoyent porté les esprits foibles à la désobéissance. Et puis rehaussant la main et branlant la teste il acheva par dire : que ceste dame qui est à la Bastille prenne garde de ne sortir de la plus courte qu'elle n'y est entrée et m'assura qu'il parleroit de moy au Roy.

Je ne fis autre réponse sinon que je n'estois pas encore instruit à fonds de tout ce détail ; que j'estois marry qu'on eust donné de si mauvaises impressions au Roy de nos Esglises ; qu'il pouvoit y avoir en apparence quelque chose à redire à leur conduite ; mais qu'ayant mis au pressoir tout çe qui estoit venu à ma connoissance de leurs déportements je n'en avois peu tirer aucune goutte de venin, de rebellion ny d'infidélité, et crus ne me devoir pas roidir devantage de peur de m'attirer un refus d'audiance pour l'avenir.

J'advoue que je fus fort surpris de cette conduite, M. Le Tellier estant en réputation d'estre le plus habile homme de France et qui a le don de ne se monstrer qu'autant qu'il veut. Je m'estonnois de ce que le ministre d'un si grand roi qui pouvoit faire des grandes menaces en termes plus doux s'estoit servy de termes de penderie, de couper les testes et d'exécutions militaires, ces messieurs là ne devant pas engager si fort l'authorité de leur prince qu'on ne puisse ensuite prendre une voye plus humaine sans desroger à ce qu'ils ont avancé. Mais enfin je creus qu'il avoit dessein de m'espouvanter le premier pour faire après peur aux autres en respandant ce bruict et que son intention estoit d'aller au devant de la proposition que je pouvois faire de nous accorder d'autres lieux pour nous desdomager des temples supprimés. J'en dis quelque choze à Mr de la Bessière que je rencontray dans la cour du chasteau à la sortie de chez M^r Le Tellier qui m'avoit accompagné jusqu'à la porte de son quartier. Il m'assura qu'estant deputé l'année passée avec Mr de Venours, M^r Le Tellier avoit dit la choze (qu'il nioit présentement) à Mrs de Tureyne et de Ruvigny et à luy mesme et m'offris de me le justifier par un placet qu'ils avoyent lors présenté et qui avoit esté respondu, si bien que tant plus j'allois en avant, tant plus je descouvrois d'obstacles et diminuois mon espérance, remarquant que quelque mine qu'on nous fist, la résolution estoit prize de ne nous pas soulager et de laisser les chozes au mesme et mauvais estat qu'on les avoit réduites.

A quelques jours de là, me trouvant chez M^r le mareschal de Grammont et luy disant un mot de mon affaire, il me dit qu'il rendroit bientost compte de celle de Béarn qui n'estoit pas fondé dans l'Edit de Nantes et que quand le Roy le lui commanderoit il chasseroit les Huguenots de Béarn ; mais que tant que le Roy luy commanderoit d'exercer justice, il n'endureroit pas qu'on les traitast injustement comme le Clergé et le Parlement avoyent voulu faire en beaucoup d'occazions, qu'il les avoit maintenus et les maintiendroit. Qu'après tout le Roy aymoit tous ses sujez, mais que ceux de ma religion ne se devoient pas estonner s'il aymoit plus sa religion et préferoit ceux de la sienne aux autres. Je luy repartis qu'il n'y avoit pas d'apparence que jamais le Roy lui fist ce commandement et qu'au contraire il seroit nécessaire en bonne politique de semer de la greine de ces gens là et d'en enter des greffes au pied des Pyrénées et des Alpes contre les entreprises de la Cour de Rome et de Madrid et que si on en venoit jamais là, ce ne seroit pas abatre un des monts Pyrénées pour faciliter nostre passage de France en Espagne, mais bien celui d'Espagne en France, pour ce que l'aversion que nous avions pour l'Inquisition estoit une bonne frontière pour les Provinces où il y avoit beaucoup de personnes de nostre créance.

De ce discours passant à un autre, il me demanda qui estoit une dame qu'on avoit depuis peu mise en prizon. Je me doubtay sur le champ qu'il entendoit parler de Madame de Régnier ; toutesfois je luy respondis qu'il y avoit tant de dames en France qu'il n'y avoit presque plus de damoizelles et tant de prisons que s'il ne me particularizoit davantage la choze je ne pouvois deviner de la quelle il me parloit. Cela l'obligea de s'ouvrir davantage et de me dire que c'estoit une dame qui preschoit. Je luy respondis que la choze estoit nouvelle et toute contraire à nostre uzage, la Sainte Escriture nous enseignant que les femmes ne doivent point parler dans l'esglize ; que toutes fois que la mode ne seroit pas désagréable qui accorderoit la chaire aux belles personnes avec pouvoir d'y lire quelques pièces galantes de proze ou de poezie ; qu'elles auroyent infailliblement grand nombre d'auditeurs et les satisferoient mieux que ses prédicateurs et les nostres quand ils leur preschent la pénitence. — Vous tournez l'affaire en raillerie me répartit lors le mareschal, mais je ny adjouste rien du mien et vous assure que M^r Le Tellier me l'a dit et l'a dit au Roy qui ne la nomme plus, quand il parle d'elle, que « ceste femme qui presche ». Je ne doute pas lui répliquay-je lors plus sérieuzement que M^r Le Tellier ne vous l'ait dit et mesmes au Roy, mais je vous oze assurer qu'il a esté très mal informé : on nous fera bientost passer pour des fanatiques et des Quakers. Je ne m'estonne pas que des crocheteurs soyent capables de croire et du mal et des extravagances de nous, mais je ne me mettray jamais dans l'esprit que les personnes esclairées soyent capables de semblables vizions. Puis changeant de ton, je continuay en raillant, — J'ay creu dabord, Monsieur, que ceste dame avoit esté mise à la Bastille pour quelque crime d'Estat, mais je m'aperçois présentement de la mesprize de ceux qui l'accuzent de folie et vois bien qu'ils ont pris une maison pour une autre et qu'ils l'ont conduite à la Bastille au lieu de la mener aux Petites Maisons. Vous raillez toujours, me dit le Mareschal, je vous prie donc de me dire pourquoy on l'a arrestée. Je vous assure, luy répliquai-je, Monsieur, que je ne sçaurois vous le dire pour ce que ne la connoissant que de réputation, quelques uns de ses amis m'ont dit qu'elle ne le sçait pas encores elle mesmes. Il faut pourtant bien, me dit-il, qu'il y ayt quelque chose, car on ne met pas là les gens pour rien, qu'en pensez-vous ? Puisque vous me l'ordonnez lui dis-je, Monsieur, je crois que ceste dame qui est personne de qualité a receu un si sensible desplaizir de ce qu'on luy a osté son Temple d'Exoudun (où elle avoit la liberté et la commodité de prier Dieu pour le Roy publiquement avec quatre ou cinq mille communians) qu'elle aura exagéré sa douleur en termes trop exprèz et qui n'ont pas esté pesez au trébuchet ; mais ceste faute semble pardonnable tant que la douleur s'arreste aux paroles et principalement en matière de religion, les juges ayans souvent souffert les injures et les emportemens de ceux qui avoient perdu leur procèz. L'arrivée de M. l'archevesque de Paris interrompit enfin cet entretien qui n'avoit desja que trop duré.

M^r le marquis de Vérac estant aussy à Saint Germain me vint voir pour me dire qu'ayant ramentu son affaire à M^r Le Tellier, il avoit trouvé à propos qu'il en fist un petit mémoire et le lui donast ; de sorte que le mémoire fut fait dans ma chambre et donné après avoir esté communiqué à Mr Pelisson qui l'approuva.

Cependant je ne cessois de me monstrer à M^r Le Tellier en toutes occasions pour luy ramentevoir la promesse qu'il m'avoit faite et réitérée à plusieurs et diverses reprises d'en parler au Roy, jusqu'à ce qu'il me dit une fois que de quatre ou cinq jours on ne pouvoit parler de mon affaire. Cela me renvoya à Paris pour me raccomoder un peu du Quaresme et me délasser n'estant plus en haleine et ayant perdu l'habitude de faire le pied de grue depuis le matin jusqu'au soir. Je me doutay que l'affluence des ambassadeurs et des envoyéz des Princes d'Allemagne qui estoyent en foule à Saint Germain, occupoit tellement la Cour sur les affaires du temps et de la ligue nouvelle, qu'elle n'avoit pas le loisir de penser aux affaires du dedans.

Quelques dix jours après, je m'en retournay à Saint Germain où quelques gaillards disoient on fera chanter le *Te Deum* à loizir, nous avons toujours la Franche Comté par devers nous. Enfin il fut chanté et les esprits du commun ne s'attachèrent qu'aux préparatifs du baptesme de Monsieur le Dauphin qui se faizoient dans la cour du vieux chasteau et à faire des commentaires sur la ligue et les moyens de la désunir pour se venger des Hollandois contre lesquels on ne trouvoit point d'instrument plus propre que l'évesque de Munster.

J'appris par voye indirecte que Mr de la Planche et de de la Pouzaire avoyent obligé MM. de Charenton d'envoyer M. de Massane avec un billet de créance pour M. de Tureyne sans ma participation, afin de pressentir s'il pourroit ou voudroit faire quelque effort qui pust accélérer ou favoriser mon expédition, et j'ay sceu qu'il n'en tira autre choze sinon qu'il n'y avoit que la voye que j'avois choizie et que M^r Le Tellier estoit le seul canal par lequel on pouvoit arriver au bon suxès.

Entrant un matin dans la chambre de M^r le Mareschal de Grammont qui estoit pleine de compagnie, il me dit d'abord tout haut, demy en riant, demy en colère, qu'il venoit de luy arriver une plaisante avanture et que l'agent du Clergé avoit eu l'imprudence de luy reprocher dans la chambre du Roy qu'il estoit huguenot, mais que comme il l'avoit piqué avec aigreur, il luy avoit dit ses véritéz sur le mesme ton et avoit ensuite fort drappé sa cafarderie. J'avoue que je fus marry de le voir se défendre de cette bourde comme si on l'eust accuzé de magie. Ce qui m'en fascha le plus fut qu'estant obligé par la bienséance de mon employ de me communiquer à Mr de la Planche, je remarquay qu'il y avoit rarement du secret dans mon affaire et craignois que ce manque de silence ne guastast tout le mystère et que l'accuzateur du Mareschal lui reprochast qu'il ne se mesloit pas seulement des affaires des huguenots de son Gouvernement mais aussi de celles du Poitou auxquelles il n'avoit aucune obligation. Ma crainte n'estoit pas sans fondement car presque en mesme temps je descouvris par une lettre qu'on escrivoit de la Province à Mrs de la Planche et de la Pouzaire, ce qu'ils ne leur devoyent pas avoir escrit, qui estoit qu'on avertiroit tous les commissaires du Poitou de la négociation de M^r le Mareschal de Grammont. Cela m'obligea de m'en plaindre à eux par une espèce d'avertissement que je leur en donnai et de leur dire en une autre occazion par laquelle on leur propozoit d'envoyer d'autres deputéz avec eux (qui y consentoient par escrit, sur l'advis qu'on leur en demandoit) que nous estions desja trois et que nous estions trop de deux. Ils continuèrent pourtant à faire un certain journal qu'ils avoyent desja commencé et qui ne pouvoit estre que tout creux.

Parmy ceux que je voyois, je disois aux uns qui nous blasmoyent qu'il n'y avoit que l'intention par laquelle il falloit juger des axions des hommes; que si le Pape mesmes en sacrant des évesques n'a pas l'intention de les sacrer ils ne sont pas évesques et que si les prestres en proférant les paroles sacramentelles n'avoyent pas l'intention de consacrer, il ny avoit point de corps; que nous lisions dans nos histoires que le roy Henry II avoit pardonné sa mort à Mongoméry pour ce qu'il l'avoit blessé innocemment et que Dieu mesmes dans la vieille Loy (qui avoit ordonné qu'on ne laissast pas vivre les meurtriers) avoyt ordonné des azyles à ceux qui tuoyent quelqu'un par mégarde. Et j'alléguois tout cela et encore autres à M. de la Vrillière, secrétaire d'Estat, pour prouver par un principe de religion dont ils conviennent, que bien qu'il y eust quelque choze à dire la conduite de ceux de la Religion et qui pust estre mal interprétée, si estce que leur intention estant toute innocente au fonds, ils sembloyent n'estre pas indignes de la grâce de Sa Majesté. Mais enfin quoiqu'ils tombassent d'accord avec moi de la majeure et de la mineure et que par conséquent la concluzion fust infaillibles, si est ce qu'on me respondoit qu'il estoit vrai qu'on ne voyoit en eux que soumission et aucune marque de rébellion, mais que le Roy n'avoit que faire de leurs intentions et qu'il s'attacheroit à leurs actions.

Je disois aux autres que leur Esglize prononçant une grande malédiction contre les enfans qui mouroient sans baptesme, il n'y avoit aucune apparence que le Roy qui portoit le titre de Roy très chrestien et qui estoit reconnu pour tel à la cour des princes infidèles, voulust réduire nos enfans à vivre sans baptesme ou à mourir en chemin de le recevoir ; à quoi ils voyoient bien et avouoient une grande nécessité, mais enfin ils me dizoyent dans ceste extrémité, qu'ils devroient les faire baptizer par des sages femmes ou par des prestres, sans considérer que nous ne tombons pas d'accord de leur créance.

Ceux à qui je representois qu'il estoit malaizé d'accorder le traitement qu'on nous faisoit, avec la liberté de conscience qu'on disoit que nous avions et qu'on brouilloit tellement le spirituel avec le temporel qu'on ne les pourroit séparer, me respondoient que c'estoit une chose estrange qu'un homme d'esprit comme moi ne se fist pas catholique ; et lorsque je me défendois sur ce chapitre, M. de Béringhen fut assez estrange pour me dire que pour le moins mon fils le devroit faire, à quoi je ne respondis rien autre choze sinon, mon fils fera de son âme ce qu'il voudra, mais je crois l'avoir nourri dans la plus pure et à n'en pas changer comme de chemise. — Je devrois pourtant estre juge compétant, me répliqua-t-il, car j'ai esté des vostres. Je n'ai garde de vous en croire lui répondis-je, puisque je n'en veux pas mesmes croire le Pape ; mais vous estiez partie quand vous estiez des nostres et à prézent vous estes plus suspect.

Enfin, après plusieurs sollicitations mesnagées, sans me rendre trop importun, M. Le Tellier (m'ayant rencontré dans l'escalier, comme je descendois du quartier du Roy et lui montoit au sien) me dit : Monsieur j'ai parlé au Roy de vostre affaire, il m'a donné ordre exprèz de vous dire que vous ayiez à vous retirer et que vous ayiez à faire retirer ceux qui peuvent estre ici pour la mesme chose. Je lui respondis que j'avois esté nourri du lait d'obéissance ; que pour un tel commandement je ne voulois demander conseil qu'à moi mesme et que je sçavois aussi bien obéir qu'homme du royaume ; que je lui avouois pourtant que j'avois espéré d'adoucir l'esprit du Roy s'il lui avoit plu souffrir la lecture d'un placet que j'avois désiré lui présenter. Il me répartit en haussant les espaules : aprèz ce que je vous ai déclaré de sa part, je n'ai plus rien à vous dire. J'ajoustai lors : je n'aurois pas eu la témérité de le lui prézenter, Monsieur, sans auparavant l'avoir soumis à vostre judicieux examen ; ce n'est pas un placet dressé dans la province, ni qui m'ait esté donné, je vous puis assurer que c'est un enfant de Saint Germain. J'eusse bien désiré par là pouvoir rentrer en matière et lui communiquer dans ceste extrémité le placet que ma première visée avoit destiné au Roy sans sa participation, afin du moins que s'il avoit envie de voir mon placet sa lecture pust produire quelque bon effet et justifier nostre soumission, mais comme il me réitera qu'il n'avoit plus rien à me dire sur cela, nous nous séparâmes et je fus de ce pas en avertir Mrs de la Planche et de la Pouzaire avec une douleur aussi pénétrante que si on m'eust planté une dague dans le sein, ayant peine à digérer par raison qu'on me refusast la liberté de la plainte et d'implorer la miséricorde de mon Prince.

Sur quoi M. de la Planche m'ayant prié de reparler d'eux obliquement à M. Le Tellier, nous montasme ensemble dans la salle des Gardes du Corps pour l'attendre au sortir du Conseil ; c'est à dire que M. de la Planche se chauffoit incognito comme un homme qui n'est pas trop assuré de sa personne et qui n'avoit entretenu aucun des ministres d'Etat. De sorte qu'il avoit tousjours les yeux sur moi pour voir ce que je ferois et tacher d'en ouïr une partie, s'il pouvoit, en suivant de loin.

J'abordai donc M. Le Tellier et lui dis que j'avois receu l'ordre qu'il m'avoit donné de la part du Roy avec tout le respect que je devois et avec la douleur qu'il se pouvoit figurer ; que je lui avouois que j'avois esté tellement estourdi du coup que je n'avois pas pensé à lui dire que je croyois que Sa Majesté ne trouveroit pas mauvais que.sans m'ingérer plus longtemps dans l'affaire pour la quelle j'estois venu je restasse à Paris sept ou huit jours pour une affaire dont un de mes particuliers amis m'avoit prié. Il faut que j'en parle au Roy me dit-il, je vous promets que je lui en parlerai. Et lors je lui dis : il me semble, Monsieur, que vous m'avez chargé de dire à ceux qui peuvent estre ici pour la mesme affaire que moi qu'ils se retirent ; il le faut bien me dit-il (haussant sa voix à un point que M. de la Planche l'entendit clairemen) car il n'y a rien à faire ici pour eux.

Le lendemain je le rabordai et lui dis que lorsque je lui avois fait la proposition d'un petit séjour à Paris, ce n'avoit esté que pour lui en donner connoissance, afin qu'on ne conçeust aucun ombrage de ma demeure au préjudice de mon obéissance, et que je m'en fusse abstenu si j'eusse creu qu'il en eust fallu parler au Roy. Il s'arrestà tout court et puis me dit : il n'y a rien à craindre de ce costé là, je lui en parlerai. Et, en effet, à huit heures du soir à la sortie du conseil, il me dit qu'il en avoit parlé au Roy et que je pouvois demeurer non seulement à Paris le temps que je désirois, mais mesmes à la Cour et à St Germain si j'y avois à faire ; et me fit beaucoup d'offres civiles pour mon particulier auxquelles je répartis par des protestations de fidélité au service du Roy et me retirai le lendemain, ayant escrit à Mr Pain de la Fenestre la lettre suivante dont j'envoyai copie à M$_r$ de Villarnoul, afin que toutes les Esglises estans averties par le moyen des commissaires du Synode, elles advisassent à prendre leurs mesures pour le mieux. Et [sur] quelque advis qu'une certaine personne me donnast de leur conseiller positivement ce qu'elles avoient à faire, bien que mon advis fust qu'on devoit obéir et se soumettre par toutes raisons de conscience et mesme par le manque de ressource, si est-ce que je respondis toujours que je n'estois ni leur maistre pour leur en faire faire d'autorité ce que je voulois, ni leur conseiller.

Copie de la lettre que j'escrivis à M^r de La Fenestre, de Paris, 17 mars 1668.

M^r, Le peu d'expérience que j'ai des choses du monde m'a longtemps fait refuser ouvertement de faire le voyage de la Cour que le Synode de Pouzoges me vouloit faire entreprendre, et je ne me suis laissé aller à tant de persuasions qui m'ont attaqué de toutes part que par le seul désir de faire connoître mon intérieur à la Cour et à nos Esglises. A la Cour en faisant paroistre ma soumission, demandant avec très humble respect si le Roy auroit agréable que je prisse la liberté de parler de leurs intérests, et à nos Esglises en m'efforçant de faire voir qu'il n'y a point de venin dans leur conduite quelle qu'elle soit et qu'il n'y a que les seules intentions des hommes qui rendent leurs actions innocentes ou criminelles. Mais enfin j'ai receu ordre exprès et précis de Sa Majesté de me retirer, par un de M^{rs} ses principaux ministres. Je l'ai receu avec une douleur très soumise, ne pouvant en attribuer la cause qu'aux mauvais offices qu'on leur a rendus dans l'esprit d'un Roy qui veult estre obéi avant qu'on lui demande des grâces et aux conséquences que les autres sujets pourroient tirer de ceste souffrance qui n'est pas à la mode. C'est à quoi je n'ai rien eu à dire ni à faire qu'à penser sérieusement à ma retraite et dont je vous prie de faire part à M^{rs} les commissaires de toutes les classes de Poitou, leur envoyant des copies de la présente. Je prie Dieu qu'il les inspire et les assiste de ses saintes grâces et consolations dans l'estat où il a mis les Esglises condamnées pour nos péchés et qu'il leur donne un salutaire conseil. Quoi qu'il ait déterminé sur leurs afflictions, mon sentiment est et a tousjours esté qu'il se faut humilier pour se mettre en estat d'espérer les bontés du Ciel et celles du Roy. Quant à moi je ne sçay ce qu'on pensera de ma conduite par delà, mais je sçay bien que je n'ai rien à me reprocher, c'est par où finit, Monsieur, votre et cæt.

Ayant monstré ceste lettre à Mrs de la Planche et de la Pouzaire, le premier me fit grande instance afin que j'adjoutasse qu'on m'avoit donné ordre de les faire retirer, ce que je fis par cette apostille :

J'oubliois à vous dire qu'on ma chargé moi mesme de porter l'ordre de se retirer à ceux qui peuvent estre ici pour la mesme affaire et qu'il ny a rien à faire pour eux, ce que j'ai fait. J'ai esté deux jours à obtenir permission de demeurer ici quelque peu pour des affaires qui reguardent un de mes proches parens et il en a fallu parler au Roy.

J'ai omis de dire que ce qu'il fallut parler au Roy de si peu de chose me surprit infiniment, car pour tout le reste je m'y estois bien attendu : j'en fus enfin relevé par le bruit qui court que le Roy qui se pique autant que prince du monde de prendre connoissance de ses moindres affaires veult sçavoir tout, de sorte que M^{rs} les ministres l'en informent jusques aux plus petites, mais que lorsqu'il est question des plus importantes ils leur donnent un certain tour qu'il est malaisé que Sa Majesté quelle qu'esclairée qu'elle soit ne donne dans leurs sentiments.

J'ai aussi oublié de dire qu'avant partir de St Germain M^r le comte de Roye m'ayant porté à donner advis à Mr de Tureyne de l'ordre que j'avois receu de me retirer, je fus pour prendre congé de lui et que je creus remarquer qu'il pratiqua toutes adresses pour éviter mon abord n'estant pas apparemment bien aise qu'on me vist conférer avec lui, comme je l'avois remarqué visiblement en mes visites précédentes. Mais je le rembarrai d'un biais qu'il ne s'en put défendre et lui dis que j'avois eu le malheur de trouver l'esprit du Roy préoccupé et qu'il m'avoit fait ordonner de me retirer et cæt.

Je voudrois bien me dispenser, par modestie, de mettre que beaucoup de personnes de la Cour me dirent leur sentiment des autres députés, en parlant d'un air qui n'estoit pas avantageux ni pour ceux qui les avoient envoyés, à cause de leur choix, ni pour leurs personnes, comme n'estans pas propres à cet emploi et il y a paru au biais avec lequel on les a traités, joint que les Ministres mesmes disoient de l'un d'eux en le choisissant qu'ils l'avoient nommé pour ce qu'il estoit d'un esprit doux, zélé et de bon naturel ; ce qui est pitoyable.

Quant au placet que j'avois eu dessein de présenter au Roy pour lui demander permission de parler, s'il m'en eust donné la liberté, je lui eusse présenté celui ci-après transcript en lui disant que Sa Majesté estant pleine du désir de rendre justice à ses sujets et se donnant tous les jours la patience de lire les placets qui ne reguardoient que les intérests de quelque particulier, je me promettois que sa bonté royale se feroit faire la lecture de celui-ci et lui donneroit une audience favorable puisqu'il regardoit le repos de plusieurs milliers de ses fidèles sujets, et cela afin d'obtenir des commissaires pour l'examen du détail, lorsque l'esprit du Roy auroit esté imbu de l'abrégé de nostre affaire. Mais elle a tourné tout autrement et je fus assuré que je n'avois pas perdu au change pour ce que Sa Majesté donne la plus part des placets à Mr de Louvois qui en fait tels extraits qu'il juge à propos, de sorte que des gens de Cour m'assurèrent que la voie de M^r Le Tellier estoit la plus courte et la plus assurée. Et je reconnus par son premier discours que la permission qu'on avoit projetée de nous laisser prescher dans les fiefs estoit ne nous rien donner en toutes sortes ; premièrement pour ce qu'elle nous estoit desjà acquise, secondement pour ce qu'il pouvoit arriver des accidens par la vente des maisons à des catholiques, par le changement de religion des propriétaires et autres tels désordres qui fussent demeurés sans remède.

Copie du placet à présenter au Roy.

Au Roy.

« Sire !

Je bénis Dieu de ce qu'il a mis au cœur de Vostre Majesté de donner audience aux larmes et très humbles supplications de plusieurs milliers de familles de ses sujets de la Religion P. R. de Poitou, dont les malveillans se sont efforcés de rendre la conduite suspecte et de la faire paroistre aux yeux de Vostre Majesté tachée du reproche de quelque désobéissance à ses ordres qui leur doivent estre sacrés, et cela ne peut que leur causer la plus cuisante de toutes les douleurs.

Ils ne sont pas si téméraires, Sire, que de contester contre le Roy que Dieu leur a donné qui règne si souverainement sur tant de peuples, qui dompte les nations et commande tant d'armées victorieuses. Ils trouvent plus raisonnable de passer condamnation qu'il ne se peut qu'ils ne soyent coupables, s'il est vrai qu'ils ont eu le malheur de lui desplaire.

Mais, Sire, ils ne se peuvent despouiller de bonne espérance dans leur infortune lorsqu'ils considèrent que leur Roi règne en personne, qu'il manie de ses propres mains les reines du gouvernement des peuples que la providence a soumis à sa domination, qu'il a la bonté de vouloir estre leur juge et que les vives lumières dont il est esclairé pénétreront jusqu'au fond une affaire si importante qu'un autre prince se contenteroit de conoistre par le rapport des yeux et des aureilles d'autrui qui en altèrent souvent la constitution.

Ils se fondent en ceste espérance sur la croyance qu'ils ont que Vostre Majesté est persuadée qu'il n'y a que la seule intention des hommes qui doit rendre leurs actions innocentes ou criminelles ; qu'on ne peut accuser les leurs d'aucun venin d'aucun reproche réel ni d'aucun indice de rebellion et que ceste vérité qui les doit absoudre de tout mauvais soubçon les doit quant et quant renvoyer justifiés ; qu'ils sont fondés en tant d'Edits qui leur donnent et confirment la liberté de conscience que Vostre Majesté tesmoigne leur vouloir continuer et ne les pas réduire à l'impossibilité d'exercer leur religion ; qu'ils se sont trouvés accusés et poussés par leurs parties dans le temps que Vostre Majesté a envoyé Mr de Ruvigny hors du royaume qui pouvoit présenter leurs justifications et leurs plaintes ; que quelques uns d'entr'eux ont employé leurs propres mains à la démolition de leurs Temples pour sceller d'une façon si soumise et si estonnante leur obéissance aveugle aux ordres de Vostre Majesté qui ne reguardent pas leur créance ; qu'il y en a qui se sont abstenus plusieurs mois des exercices de piété en attendant le secours Royal de Vostre Majesté qui n'a esté retardé que par l'addresse des dits malveillans et qu'enfin se voyans réduits à l'une ou à l'autre des extrémités ou de laisser vivre leurs enfans sans baptesme ou de les exposer au hasard de mourir pour le recevoir à cause de la distance des lieux, de la rudesse des chemins et des inclémences de l'air ; voyans leurs jeunes gens sans instruction et leurs personnes caduques finir leurs jours sans consolation, ils ont creu pouvoir (sans offenser leur devoir ni Sa Majesté) rendre à Dieu leurs hommages, recevoir les sacrements et faire des vœux publics dans les champs, dans les prés et dans les bois pour la prospérité de son Auguste Personne et pour la durée de son resgne ; croyans qu'on ne leur pourroit imputer comme un forfait ce qui n'est qu'un acte pur de leur religion. — Voila, Sire, la naïve simplicité de leurs intentions et de leurs déportemens qu'ils soumettent avec une profonde résignation aux discernemens de sa haute prudence; espérans que comme ils sont instruits à ne se détacher jamais de l'amour qu'ils ont pour leur Dieu et pour son Oinct, et leur Dieu et leur Roy leur donneront tousjours une forte et assurée protection.

Ils n'imputent, Sire, toutes leurs disgrâces qu'à leurs seuls péchés envers leur Créateur et attendent avec une parfaite soumission de sa divine bonté et de la justice de leur aimable Souverain les équitables tempéramens qui peuvent adoucir leurs amertumes par la prononciation d'un jugement aussi fameux et applaudi des gens de bien que le fut celui du sage Salomon, qui restreindra les doubles nœuds de leur amour et de leur fidélité de la quelle ils ne peuvent estre dispensés par aucune puissance ni par aucun scrupule. »

Je crus estre obligé de monstrer copie du placet que j'avois eu dessein de présenter à quelques uns de mes amis à la Cour et à quelques personnes de considération, afin du moins que si on parloit de moi et de nostre affaire on pust dire comment j'avois l'âme faite et pour nos Esglises et pour la Cour et rendre tesmoignage de l'innocence de ma conduite. Je le monstrai entre autres à M^r le Mareschal d'Aumont, de Béringhen, duc de la Vieuxville, de la Vrillère, Pussord, Barentin et mesmes Mr Conrad me pria d'en faire lecture à Mr Chapelain qui se rencontra chez lui. Les uns me dirent qu'il paroissoit que j'estois fils de Maistre, les autres qu'il estoit beau et avoit quelque chose de pathétique et cæt. Et Mr Pussord entre autres me dit que la pièce estoit bonne et pouvoit estre présentée au Roy et au Conseil ; que peu de personnes de la Province auroient si bien pris l'air de la Cour pour tascher de réussir et de ne pas desplaire, mais qu'il m'avoit prédit d'abord que je ne pouvois réussir et que mon voyage seroit inutile. Je fus mesmes estonné de l'ignorance d'un Conseiller d'Estat qui me demanda ce que c'estoit que le Jugement de Salomon.

Pendant mon sesjour à la Cour je me trouvai quelques fois parmi des catholiques qui ne me connoissoient pas qui parloient de nos affaires avec quelque pitié, les uns disans qu'il seroit bon de ne nous pas faire de tort si on ne vouloit pas nous faire de grâce, les autres qu'on donnoit d'estranges entorses à l'Edit de Nantes et que dans quelque temps on en retorqueroit encore le sens de quelques articles contre nous et qu'on trouveroit le moyen de nous donner les estrivières avec nos propres Edits. Ce qui me fit remarquer que tous ceux qui ne sont pas avec nous ne sont pas portés d'un mesme esprit contre nous.

Messrs de la Planche et de la Pouzaire consultèrent leurs amis et mesmes ceux de Charenton sur leur retour qui leur fut conseillé tout d'une voix. Quant à moi, je pris de moi mesme résolution, conforme à ce que j'avois dit à M^r Le Tellier et partis de Paris pour m'en revenir chez moi où j'arrivai le 30 mars 1668, ayant esté plus de deux mois en mon voyage avec la satisfaction particulière de n'avoir pas esté maltraité, d'avoir esté expedié sans estre arresté à la Cour, ni consumé en frais, mon voyage m'ayant cousté plus de deux mille livres des quelles la députation même absorba quatorze cens livres pour son seul sujet.

Je laissai M^r le marquis de Vérac à Paris et madame de Régnier à la Bastille sans apparence d'en partir que les affaires de Poitou ne fussent terminées, à quoi je ne voyois pas d'apparence que le traité de paix ne fust signé et ratifié et que tous les moyens de douceur n'eussent perdu leur vertu avant que de nous entreprendre sur un autre ton. Je me trouvai forcé de faire ce voyage pour contenter l'imagination de ceux d'une Province de nostre Religion qui ne connoissoient ni l'humeur de la Cour, ni la nature de leur affaire et qui croyoient qu'il n'y avoit qu'à partir du pays, s'en aller à Paris, heurter à la porte du Louvre et demander à parler au Roy pour obtenir justice et qui s'estoient mis dans l'esprit qu'il n'y avoit rien tel que d'arborer la qualité de Député, qui est présentement devenue odieuse, quelques courtisans des plus raffinés m'ayant fait entendre que quand mesme j'aurois esté catholique et employé par des catholiques romains, mon personnage de Député ne seroit pas agréable. Et puis je n'avois garde que je ne prisse patron sur les ambassadeurs des plus grands princes qui n'oseroient se présenter à l'audience sans l'avoir demandée de crainte des conséquences, estant impossible de faire escouter un roy s'il ne lui plaist. Si mes souhaits avoyent eu lieu on ne m'eut pas esconduit sans m'avoir escouté, ne pouvant gouster que l'intérest de l'Estat et du service du roy ne se trouve enguagé à ceste façon d'agir, estant une chose rude aux sujets d'estre refusés sans sçavoir ce qu'ils avoient dessein de demander. Ceste hauteur de croire qu'on est infaillible (lors mesme qu'on nie que le Pape le soit) ne pouvant compatir avec l'humanité, me paroissoit qu'il n'y a que la divinité seule qui par sa prescience et prévoyance infinie peut envoyer et les biens et les maux à tous les hommes sans avoir besoin de leurs très humbles remontrances et mesme avec une nécessité obliguatoire d'en estre béni pour ses chastimens aussi bien que pour ses grâces.

Mon sentiment que je n'ai dit ouvertement à personne (pour ce qu'il ne fait pas bon s'advanturer de conseiller un public) est que nos affaires sont humainement en piteux estat; que nous sommes comme David plus heureux d'estre désormais entre les mains de Dieu, pourveu que nous nous convertissions, que si nous demeurions en celles des hommes; que nos Esglises doivent obéir à la volonté du Roy et s'y résoudre comme on se résout à la mort, généreusement et de bonne grâce, pour ce qu'entre quantité d'autres bonnes raisons il n'y a point de ressource et qu'on ne la peut esviter. Il y va sans doute du service et de la réputation des affaires du Roy, que la vérité et la fidélité de ses sujets soit avérée au dedans et au dehors, car cela retient plus les entreprises des estrangers que la renommée qui se peut espandre ; qu'ils sont plus tôt maintenus au devoir par la force que par leur obéissance naturelle et par leur amour pour le Prince. Et on peut dire certainement que les maladies de l'Estat qui sont causées par l'adheurtement des peuples à leur religion ne peuvent estre traitées avec une main trop légère et des remèdes trop doux, principalement en une affaire comme celle-ci dans laquelle on ne peut révoquer en doute la fidélité des sujets qui ne respirent que la seule liberté de prier Dieu publiquement pour la prospérité de leur souverain, ne mettans rien d'humain dans le soutien de leur cause, estans destitués visiblement et de toute mauvaise volonté et de tout autre support que de celui de Dieu et du Roy. Et cette considération m'avoit rendu moins circonspect à défendre leur cause et leur innocence, reconnaissant que leurs actions ne leur sont inspirées que par un pur mouvement de leur conscience dont la fermeté est toute soumise et ne va qu'à souffrir selon les véritables reigles du christianisme.

Que si j'avois pu trouver jour de dire à M^r Le Tellier des sentimens ingénus que personne n'ose lui dire et qui ne viendront peut-estre pas à sa connoissance sans mon organe, pour ce que le Roy est plus environné de courtisans que de véritables Françoys, je lui représenterois que le zèle de ces pauvres gens là (qui paroist inconsidéré aux yeux de leurs parties) se trouve plus conforme au christianisme que celui des autres qui se servent contre eux de voies qui ne sont ni si douces ni si légitimes et qui travaillent à faire abolir pied à pied des Edits si solennels par l'obtention de quelques arrestz obtenus sur requeste ou par surprise, afin de les faire déchoir de la protection de leur Roy qui leur doit estre si justement et si naturellement acquise et de les exposer ensuite à une plus grande infraction. Que cette méthode qu'on a tenue de faire abattre des Temples a bouleversé les courages de beaucoup de fidèles sujets et a acharné celui de leurs ennemis que l'autorité royale auroit peut estre peine en telle occasion à retenir dans les bornes de la modestie et de l'obéissance. Et qu'à l'examiner de plus près on pourroit dire qu'on démolit une partie du Royaume sans en tirer profit pour l'autre ; qu'on l'affoiblit sous couleur de le fortifier et que ces bastimens pouvoient estre employés plus utilement à l'usage de quelques particuliers ou à quelque autre utilité publique ; qu'il semble par ces odieux procédés que leurs malveillans sèment plutôt le divorce entre les sujets d'un mesme roy qu'ils ne travaillent à leur réunion ; qu'il y a beaucoup de Politiques qui travailleroyent à peupler leur pays de personnes de ceste créance, puisqu'elles sont naturellement ennemies de l'inquisition de Rome et de la tyrannie de la Maison d'Austriche et que par conséquent leur inclination naturelle (jointe à leur devoir) les porte à s'opposer aux deux puissances qui paroissent les plus formidables de la Chrestienté ; à maintenir l'autorité royale et à donner un salutaire contrepoids aux téméraires qui voudroient attenter ; qu'il est plus raisonnable et naturel de prendre confiance aux sujets qui croient ne pouvoir estre dispensés par qui que ce soit de l'obligation de leur fidélité, qu'aux autres. Que les procédés passionnés de leurs malveillans les peuvent faire soubçonner de les pousser en quelque pire intention que celle qu'ils font paroistre, puis qu'ils les veulent réduire à une impossibilité qu'ils tesmoignent eux mesmes désapprouver, comme si on ne se devoit pas plustost prendre à la violence de leurs instances qu'à l'apparente désobéissance de ceux qu'ils poussent. Que cela ne paroist que trop manifestement en ce que si leur politique condamnable estoit approuvée on se trouveroit nécessité par l'attachement que tant de peuples ont fait paroistre à continuer de se faire instruire et à prier Dieu pour le Roy ou à pousser tant de milliers de personnes aux extrémités ou à leur laisser la liberté qu'eux mesmes font mine d'approuver qu'on leur conserve ; que Dieu a illuminé l'esprit du Roy de tant de vives lumières qu'il ne lui seroit pas difficile de pénétrer le secret de ceux qui le veulent porter à destruire ces pauvres gens là, en ce qu'ils désunissent les cœurs de ses sujets sous couleur de les réconcilier ; qu'ils affoiblissent son autorité et son royaume sous prétexte de les fortifier, qu'ils s'affermissent dans une assiette et dans des maximes qui ne sont pas toujours accompagnées de l'innocence de ceux qu'ils veulent descrier et descréditer dans l'esprit de Sa Majesté, mais que la Providence ne lui a pas confié son espée et sa balance qu'elle ne lui ait quant et quant eslargi les vertus dispensatrices d'un si sacré déport, et la prudence nécessaire à connoitre que la balance penchant tout de nostre costé et marquant visiblement nostre poids et nostre humilité, il est à propos de se servir du remède des grains pour la justesse de l'équilibre.

Qu'il semble qu'on ne leur peut refuser en équité et en conscience de prier Dieu pour leur Roy dans les lieux ouverts, ni d'y respirer avec seureté leur air natal qui n'est pas interdit aux animaux mesmes qui ne sont pas nuisibles aux hommes et principalement puisqu'ils sont persuadés qu'ils seront innocens tant qu'on ne les rendra criminels que pour ce qu'ils ont prié Dieu pour leur Roy, que les vœux et les espées de leurs devanciers ayans eu le bonheur d'estayer la couronne que les loix du ciel et de la terre ont voulu mestre sur la digne teste du Grand Henry malgré les desreiglemens du siècle et d'une rebellion travestie en religieuse, les vœux et les espées de leurs descendans feront toute leur gloire de servir de solide base au marchepied du trône du roy, son petit-fils.

Que bien qu'il y ait eu des actions de la Reine Catherine

de Médicis qui ont desplu au Ciel et à la pluspart de la Terre, elle a souvent respondu à ceux qui lui vouloient rendre les Huguenots odieux, qu'elle les connoissoit bien et qu'ils ne feroient jamais de mal tant qu'on leur donneroit des presches tout leur saoul.

Qu'en effet leur condition a beaucoup de rapport avec l'estat présent des affaires des Pays Bas et à la persuasion par laquelle don Louis d'Haro taschoit de détacher le baron de Mérode (qui estoit ambassadeur des Estats des Provinces Unies à la Cour de Madrid) des intérests de la France pour lui faire embrasser ceux du roi, son maistre. La confession que je vous vois faire, lui dit-il, est bien honteuse à un Espagnol et au ministre d'un si grand roi que le mien, mais je vous advoue, Monsieur, à vostre confusion, que la fortune a mis Sa Majesté catholique tout à fait hors d'estat de vous nuire et qu'elle a mis le roy de France en estat d'entreprendre sur vous; ce qui peut estre approprié présentement aux protestants et aux catholiques de France.

Qu'au reste les affaires des princes subsistant autant ou plus par la réputation que par l'effet, tant au dedans qu'au dehors, il semble expédient d'apporter une triple circonspection aux traitemens qu'on fera aux Ministres prisonniers à cause du tintamarre que des affaires pareilles peuvent faire dans les cours des princes estrangers et des effets qu'il peut produire dans l'esprit des protestans de l'assistance desquels la France peut avoir besoin et d'en raffermir les alliances qui nous ont esté assurées et fidèles.

Voilà à peu près ce que j'aurois représenté, si on m'avoit *permis* de parler pour des gens qui sont *fidèles* et humbles et qui sont persuadés que leur cause est bonne, que leur résolution est innocente et chrestienne et qui ne peuvent se départir de l'espérance qu'ils ont dans la bonté de Dieu et du Roy et qui croient estre en droit d'en prétendre la protection et le restablissement de leur joie. Mais désormais, je me vois réduit à lever et les yeux et les mains en haut et à dire les paroles du Pseaulme septante deuxième en prière : « O Dieu, donne tes jugemens au Roy et ta justice au fils du Roy. »

PROCÈS-VERBAL D'UNE SÉANCE DU CONSISTOIRE

DE CHATELLERAULT TENUE LE 11 FÉVRIER 1685 [1].

L'onziesme jour de février 1685, M. le Sénéchal [2] est allé au consistoire de Châtellerault et a parlé ainsy :

« Je ne puis mieux vous informer, Messrs, des intentions du roy et des ordres que j'ay receus de sa part que vous faisant la lecture de la déclaration de Sa Majesté et des lettres de cachet quy nous ordonnent, et en nostre absence à M. le procureur du Roy, d'assister à vos consistoires.

« Je ne doutte pas, Messrs, qu'ayant le malleur d'estre nays, d'avoir esté eslevez et instruicts dans une religion contraire à celle de notre auguste et invincible monarque, vous ne regardiez touttes les démarches de ce grand et religieux prince pour le soutien de l'accroissement de sa religion dans ses estatz comme des choses très rudes, estant opposées à des sentimens quy nous sont comme naturels et à vos possessions et praticques ordinaire de discipline ; mais je suis persuadé sy vous vous estiez deffaits de ces

---

1. Document communiqué par M. Arthur Labbé, de Châtellerault, d'après une note manuscrite trouvée dans les papiers de la famille Creuzé.
2. Claude Fumée, lieutenant général de la sénéchaussée de Châtellerault de 1663 à 1710. Le 20 novembre 1687, l'intendant du Poitou, Nicolas Foucault, demanda pour lui au roi une pension de 800 liv., « en considération de tous les soins qu'il avait pris et des dépenses qu'il avait faites pour les conversions, ayant une nombreuse famille et peu de bien. » (*Mémoires de Foucault*, p. 209.) Il mourut à Châtellerault le 1er décembre 1710, à l'âge de 80 ans, et eut pour successeur son fils Pierre-Claude Fumée.

malleureuzes préventions de naissance, quy font presque tout l'entestemant de tant de fausses religions quy reignent dans le monde, vous recepvriez touttes ses déclarations de Sa Majesté et tous les arretz de son Conseil comme des marques de son amour paternelle pour tous ses sujetz et comme des voyes salutaires que le ciel vous ouvre pour votre conversion. Je le souaitte de tout mon cœur, et de vous trouver toujours dans les mesmes dispositions où je vous ay veu jusqu'à présent de respect et de soumission pour tous les ordres de Sa Majesté, afin que je puisse rendre de bons tesmoignages de votre conduitte. »

Et après la lecture de la déclaration de Sa Majesté et de la lettre de petit cachet, M. du Vignaux [1], l'un de nos ministres, a répondu en ses termes :

Monsr

« Puisque c'est icy un ordre du Roy, nous ferons tous nos efforts pour vous recevoir avec le respect quy est deub à Sa Majesté même, et à votre propre personne.

Cnarle Dumoulin

« Ceux quy ont receuilly quelques faicts illustres de Louis douze, quy par une très juste reconnaissance remporta le surnom glorieux de père de son peuple, nous disent que quelques-uns de notre religion ayant esté accuzez devant se redoutable monarque de crimes les plus énormes, Sa Majesté ordonna sagement qu'une personne de votre nom se transportroit chez ses misérables et qu'il y feroit les perquisitions nécessaires, ce quy leur réussit heureusement.

Fumée

« Par la grâce de Dieu, M^r, nous ne passons pas aujourd'huy pour des séleratz ny pour des incestueux, votre

---

1. Benjamin de Brissac, sieur du Vignau, ministre à Châtellerault de 1677 à 1685. Forcé de quitter la France après la révocation, il se refugia en Hollande, puis en Angleterre.

authorité qui sçait sy bien distribuer la justice dans sa ville nous y auroit desjà très sévèrement punis ; mais à bien examiner les termes de la déclaration que vous nous présentez, nous n'avons que trop de lieu de conjecturer que des personnes puissantes nous accuzent très fortement auprès du plus grand et du plus débonnaire de tous les rois, et certe c'est une chose assez estonnante que des compagnies, qu'on a autrefois louée et parmy lesquelles on a distribué de très abondantes récompenses, ne soient désormais plus envisagéez que comme suspectes et à quy on fait de terribles menaces.

« Jamais pourtant, M^r, et j'en puis jurer saintement devant vous, on a rien proposé icy contre le service de Sa Majesté ny contre le repos de son estat, et Dieu soit bénit qu'au millieu de tous les soupçons qu'on a de nous, la sainte providance a mis au cœur de notre auguste monarque de faire chois de votre personne pour nous observer comme un sage et prudant successeur de l'incomparable maistre des requestes de Louis douze. Vous remarquerez la grande simplicité qui règne dans nos assemblées, et nous pouvons bien prandre la liberté de vous dire que vous aurez besoin de toutte votre patiance pour nous voir dans nos manières d'agir sy naïves et sy famillières ; nous vous la demandons pourtant, s'il vous plaist, M^r, cette patiance quy nous est sy nécessaire ; et avec tout le respect que nous vous devons, nous vous supplions que votre rapport ne soit exprimé que dans les règles de votre justice ordinaire et quy est sy naturelle à ceux de votre sang, affin que Sa Majesté, appuiée sur la véritté de votre témoignage, puisse affirmer par sermand que sy nous ne sommes pas les plus aimez de ses peuples, nous devons au moins estre mis au nombre de ses sujets les plus fidelles et quy nous consacrons le plus volontiers au bien de son service.

« Nous ne commançons jamais nos séances que nous n'ayons auparavant demandé à Dieu l'assistance de son

Saint-Esprit, et ainsy, M`r`, avant que d'enregistrer aucunes choses sur nos livres, donnez-nous, s'il vous plaist, la liberté, élevant nos yeux et nos cœurs à Dieu, de luy dire :

« Seigneur, notre bon père, touttes choses aydent ensemble à ceux quy, comme autant d'enfans fidelles et resclament et se soumettent entièrement aux ordres de ta sainte providance ; tu le sçais au juste, juge du monde et sévère vengeur de ceux quy parlent faussement sous tes yeux, tu le sçais que ny nos prédécesseurs ny nous n'avons jamais eus d'autres inclinations qu'ensuivant ta parolle, de te servir religieusement et de rendre à notre invincible monarque ce quy luy appartient ; et pourtant, ô souverain protecteur des âmes quy sont dans l'affliction, nous avons la douleur de voir qu'on nous soupçonne aujourd'huy, et qu'oustre les suffisantes limites de nos propres consiances et de notre religion, Sa Majesté establit un commissaire sur nous pour nous observer. Prens toy-mesme, ô notre divin maistre, prens toy-mesme notre cause en main ; faitz éclatter notre inocence comme la lumière du plus beau jour ; et selon que ton évangille nous l'ordonne, aye pour agréable que nous te présentions nos très humbles supplications pour la personne sacrée du Roy ; donne-luy tes jugemant et ta justice, aux princes quy sont issus de luy ; fay qu'il réponde favorablement à nos justes demandes et qu'il n'inspire aux puissances supérieures qu'il employe que des sentimans de dousseur et d'amour pour nous ; particulièrement, ô Dieu, très bon père parfaitement miséricordieux, prand en ta sainte et divine garde M`r` quy assiste au millieu de nous de la part de Sa Majesté, comble-le dans ce mesme momant et tous ceux de son illustre maison de tes plus précieuses bénédictions, et de ton ciel en hault et de notre terre en bas ; enrichis-le de plus en plus de ces belles et excellantes lumières quy ont jusque icy resplandy avec tant d'éclat.

« Et puis, Seigneur, qu'après une assez longue cessation de nos congrégations consistoriales, tu nous faitz la grâce de nous voir présentement rassemblez pour continuer à vacquer aux affaires importantes de ta maison, nous te supplions par les entrailles bruiantes de tes infinies miséricordes, de nous assister des vives lumières de ton Saint-Esprit ; illumine nos entendemens ; eschauffe nos vollontez ; purifie nos affections ; amenne touttes nos pancées prisonnières à l'obéissance de ton filz unicque, affin que les choses quy seront arrestées dans le temps de cette séance, puissent réussir à ta grande gloire, à l'édification du trouppeau que tu as confié à notre conduitte, à la décharge de noz consiances, et à notre propre salut éternel que tu nous a mérité par Jésus-Christ, à quy comme à toy, père, et au Saint-Esprit, un seul et vray Dieu bénit à jamais que nous adorons, soit tout honneur et toutte gloire aux siècles des siècles. Amen. »

Au dos de cette pièce on lit :

« Ce quy ce passa dans la première entrée de M. le sénéchal de Châtellerault au consistoire dud. lieu en vertu de la déclaration du roy, le 11 février 1685. »

Et au-dessous :

« Ce quy n'a pas duré longtemps. »

« ÉTAT DES MEUBLES QUI EXISTENT

DANS LE CHATEAU DE RICHELIEU

au 1ᵉʳ mars 1788. » (1).

Premièrement dans la chapelle.

Huit chassubles anciennes garnies de leurs étolles et manipules. Savoir :

Une de velours rouge ciselé.	66 l.
Une de satin fond rouge et violet à bouquets verts.	48 l.
Une de moire d'or, galon et dentelle d'or faux.	96 l.
Une violette de satin des Indes à petits bouquets	56 l.
Une de moire couse avec une dentelle d'argent.	75 l.
Une de satin blanc	52 l.
Une de soye verte et argent.	100 l.
Une de satin violet.	48 l.
Idem un pulpitre.	6 l.
Un calice d'argent et sa pateine . . .	200 l.

---

1. Une expédition notariée de cet inventaire, qui n'a jamais été publié, croyons-nous, faisait partie d'un lot de vieux papiers appartenant à M. Daget, de Châtellerault, et communiqués à notre confrère M. Labbé, il y a une dizaine d'années. Depuis lors M. Daget étant décédé, cette pièce n'a pas été retrouvée, mais une copie intégrale en avait été prise par les soins de M. Labbé, qui a bien voulu en faire profiter la Société des Archives historiques du Poitou. Cet inventaire avait dû être dressé en vue du partage des biens du maréchal-duc Louis-François Du Plessis, mort peu de temps après, le 8 août 1788, à l'âge de 92 ans. L'estimation totale, en dehors des tableaux, statues et bustes qui ne sont pas prisés, s'élève à la somme de 113746 livres.

Deux barettes d'argent et le bassin de même.	300 l.
Deux chandeliers de bois dorés.	9 l.
Un crucifix d'ivoire monté sur son bois noir.	40 l.
Sept vases dont deux de faïence et cinq de porcelaine.	20 l.
Quatre vieux devants ou parements d'autel de différentes couleurs.	32 l.
Cinq chaises et trois fauteuils tapissés très anciens.	105 l.
Un tabouret pliant couvert de vieux tapis de Turquie.	9 l.
Deux tapis l'un sur le marchepied de l'autel et l'autre sur le prie-Dieu.	96 l.
Plus deux prie-Dieu en bois ussés et sans tapis.	36 l.

Linge à l'usage de la chapelle, savoir :

Dix amicts.	5 l.
Six lavabos.	
Trois voiles.	12 l.
Dix huit tours de cols d'étolles.	
Sept aubes très mauvaises	100 l.

Nº 1. — Cuisine.

Trois grandes tables et trois mauvais bancs.	8 l.
Un tourne-broche garni de ses deux poids en plomb.	48 l.
Deux chenets à boulons.	16 l.
Un tissonnier.	4 l.
Un cramaillon à deux bras courts.	3 l.
Trois pelles dont deux à manche de bois et l'autre est la pelle à fourneau.	4 l.

Une pincette à tenaille	5 l.
Sept chevrettes	6 l.
Un raclos	1 l. 5 s.
Deux couteaux à hacher la viande. . .	4 l.
Cinq broches	12 l.
Deux grix	4 l.
Deux trépieds	3 l.
Deux couteracliers	10 l.
Six broches de fer.	9 l.
Un rouable en fer servant au petit four, qui est garni de son bouche-four en fer, traversé par un bande de fer pour le soutenir.	7 l.
Et les fourneaux du potager garnis de leur grille en fer.	

Batterie de cuisine.

Quarante-trois casserolles de cuivre rouge	466 l.
Vingt couvercles de idem, matière idem	66 l.
Huit casseroles à jus	75 l.
Dix-neuf marmittes de cuivre rouge avec leurs couvercles	640 l.
Six tourtières de cuivre idem. . . .	96 l.
Cinq plafons, dont un de cuivre jaune.	112 l.
Un égoutoir de cuivre idem.	16 l.
Une passoire idem	12 l.
Trois écumoires	9 l.
Trois cuillières à pot.	9 l.
Deux chaufrettes de cuivre	21 l.
Trois cuillières à dresser.	7 l.
Quatre idem à dégraisser.	6 l.
Trois poissonnières de cuivre rouge. .	70 l.
Un bassin de idem rouge.	27 l.
Quatre chaudrons de différente grandeur en cuivre jaune	110 l.
Un four de campagne en cuivre rouge. .	20 l.

Trois poëlons, dont un de cuivre jaune	20 l.
Quatre poëles de fer.	12 l.
Deux lampions	1 l. 4 s.
Deux braisières en cuivre rouge avec leurs couvercles.	70 l.
Une chaudière à cheminée pour laver la vaisselle	160 l.
Vingt-quatre moules à petits patés en cuivre rouge.	30 l.
Une cuillier à aroser le rôt en fer	1 l. 4 s.
Six chandeliers de cuisine en cuivre.	20 l.
Deux fourneaux de campagne.	8 l.
Vingt-sept plats d'étain commun.	200 l.
Trente-cinq assiettes idem.	60 l.
Un mortier de marbre garni de son pilon	30 l.
Une grande lèchefrite de cuivre rouge.	40 l.
Les dits effets désignés ci-dessus et de l'autre part supportés par deux tablettes.	6 l.
Six mauvaises tables.	24 l.
Un plat en cuivre.	8 l.
Dix-huit cuillières d'étain et vingt-trois fourchettes de fer	8 l.

N° 2. — Rotisserie.

Une vieille armoire	15 l.
Un table et plusieurs planches et tablettes	9 l.
Et une lanterne à chassis en bois garnie en verre sur trois faces.	8 l.

N° 3. — Salle où mangent les gens.

Une grande table garnie de ses bancs supportée sur une espèce d'établi.	16 l.
Deux établis de menuisier.	15 l.
Deux gros chenets.	16 l.
Une tenaille garnie en cuivre.	6 l.
Et une lanterne pareille à celle du n° 2	8 l.

Nº 4. — Office.

Huit poëles à confiture de différente grandeur en cuivre rouge.	287 l.
Trois poëlons à caramel en cuivre rouge.	30 l.
Trois cuvettes en idem	40 l.
Une coquemare idem	36 l.
Une chocolatière idem.	12 l.
Deux écumoirs idem.	3 l.
Une cuillier à sucre. } Une en fer blanc. . }	3 l.
Un moulin à café.	10 l.
Une poële à idem.	7 l.
Une idem à châtaignes.	4 l.
Un four de campagne en cuivre rouge.	20 l.
Huit feuilles en cuivre idem	70 l.
Un gauffrier	12 l.
Deux grilx à fruits secs en fil de fer.	1 l. 4 s.
Quatre autres idem.	2 l. 8 s.
Un rechauf à l'esprit de vin en cuivre argenté	12 l.
Trois chaufferettes à brique idem.	20 l.
Une aiguière d'étain, une pinte et une chopine de même matière.	8 l.
Deux tables	20 l.
Deux armoires.	96 l.
Un coffre en bois de chêne.	27 l.
Deux vieilles armoires	24 l.
Deux étuves.	30 l.
Un mortier et son pillon.	30 l.
Deux vieux chenets, pelle et deux tenailles.	10 l.
Trois tables, deux bancs et deux lanternes	27 l.
Vingt-quatre tasses à café avec leurs soucoupes en faïance	8 l.

Deux theyères. . . . . 1 l. 5 s.
Quarante verres à patte. . . . . . 6 l.
Quatorze petites caraffes à l'eau. . . 4 l.
Une cuillier platte en cuivre jaune. . . 3 l.
Plusieurs moules à pâtisserie en fer blanc 4 l.
Une salière en cuivre rouge avec son couvercle en fer battu. . . . . . . 8 l.
Une passette à chapelure aussi en fer avec son couvercle. . . . . 2 l. 10 s.
Une grande table. . . . . 15 l.

N° 5.

Un coffre de bois de chêne. . . . . 12 l.
Une plaque de cuivre jaune et une lanterne 12 l.

N°s 6 et 7.

Vingt-cinq douzaines d'assiettes de service et six de plus. . . . . 133 l.
Quarante-neuf plats ovales . . . . . 60 l.
Quarante-deux plats ronds . . . . . 45 l.
Six carafes de verre . . . . 3 l.
Douze soupières tant rondes qu'ovales. 48 l.
Deux seaux de pied dont un fendu . . 12 l.
Onze seaux à rafraichir le vin en faïance 12 l.
Huit salières en cristal dont quatre ovales et quatre rondes. . . . . 5 l.
Quatre compotiers de verre. . . . . 3 l.
Cinq bassins de faïance de forme ovale. 6 l.
Trois corbeilles aussi de faïance. . . 7 l.
Un grand plat de dessert cannelé et trois petites jattes en idem ovales. . . . . 6 l.
Sept saussières en idem . . . . . . 7 l.
Huit plats . . . . 9 l.
Deux saladiers. . . . . 3 l.

Sept compotiers	6 l.
Et huit assiettes à fleur.	4 l.

N° 8. — Chambre du maître d'hôtel.

Un lit de damas de Cauz à impérial garni de galon bleu, les rideaux de même, la couchette garnie d'une paillasse, de deux matelas, d'un lit de plume, d'un traversin, d'une couverture vieille en laine et d'une courte-pointe de damas de Cauz. . . .   287 l.

Quatre tableaux en dessus de porte et cheminée. . . . .

Deux chenets, pelle, pincette et tenailles.   12 l.
Un soufflet. . . . .   1 l. 4 s.
Une table volante. . . . .   1 l. 10 s.
Un pot à l'eau avec sa cuvette. . . .   1 l. 10 s.
Un rideau de fenêtre en vieille toile ouvrée. . . . .   6 l.
Deux chaises de paille . . . . . .   3 l.
Deux vieilles chaises couvertes de serge bleue et une table. . . . .   24 l.
Dans l'un des cabinets une chaise percée garnie de son bassin de faïance. . . .   4 l.

N° 9. — Rez-de-chaussée.

Un lit à l'impérial, le fond petit et grand dossier, dossière chantournée, courte-pointe de satin cramoisi piquée, deux bonnes grâces, trois pentes et trois soubassements de damas cramoisi, la housse de serge de même couleur de treize lays, la couchette garnie d'une paillasse, deux matelas, un lit de plume, un traversin. . . . . . .   400 l.

Deux fauteuils de commodité, couverts de damas cramoisi . . . .   57 l.
Six chaises à la reine couvertes d'indienne. . . . .   96 l.
Une commode avec un dessus de marbre   86 l.
Un miroir de toilette. . . . . . .   16 l.
Deux rideaux de fenestre de toile damassée . . . .   21 l. 10 s.
Un pot à l'eau et sa cuvette. . . . .   1 l. 10 s.
Deux chenets . . . .   7 l.
Pelle, pincette et tenaille . . . . .   4 l.
Un soufflet . . . .   1 l. 4 s.
Deux pots de chambre et une table volante   3 l.

Suite du n° 9. — Garde-robe.

Une table de toilette. . . . . . .   7 l.
Une idem volante. . . . .   1 l. 4 s.
Une chaise percée. . . . .   4 l.
Une table de nuit. . . . .   3 l.
Un bidet . . . .   4 l.
Deux fauteuils . . . .   6 l.
Et un miroir de toilette. . . . . .   16 l.

Garde-robe à coucher *idem* n° 9.

Une couchette garnie d'une paillasse, de deux matelas, d'une couverture de cotonade blanche, un traversin, deux rideaux de damas de Cauz au devant de la niche et trois chaises de paille. . . . . . .   111 l.

Nos 10, 11 et 12.

Un bénitier, un petit piédestal entouré d'une balustre en marbre, un établi de menuisier avec son valet en fer, une grande

labstane de verre montée en plomb et un
métier à matelas . . . . 32 l.

N° 13. — Cuisine du concierge.

Un vieux bois de lit à colonnes, le fond
en planches, une couverture de mulet, et
un morceau de Bergame servant de rideau
au dit lit, deux vieux matelas, une paillasse,
un traversin, deux vieilles couvertures . 86 l.
Trois vieilles armoires. . . . . . . 60 l.
Une grande table de sapin. . . . . 9 l.
Deux autres petites . . . . 7 l.
Un établi avec son valet en fer. . . . 8 l.
Un dressoir à vaisselle . . . . . . 3 l.
Une fontaine de plomb. . . . . . 60 l.
Deux chenets. . . . ⎫
Pelle, pincette, tenailles. ⎬ . . . . 12 l.
Une crémaillière. . . ⎭
Six chaises de paille . . . • . . . 9 l.
Une met à pétrir . . . . 15 l.

Petit cabinet près la cheminée.

Une petite armoire sans assemblages ⎫
formant le derrière du placard où l'on ⎬
tient les clefs. . . . . ⎬ 9 l.
Un vieux pied de bas d'armoire. . . ⎬
Et une table. . . . . ⎭

Idem n° 13. — A côté de la cuisine, chambre du concierge.

Une tapisserie de plusieurs morceaux de
haute lisse et Bergame. Deux lits à impérial
de damas de Caux, rideaux, pentes et courte-
pointe de même, une courte-pointe de
vieille indienne, soubassements de damas
de Caux, les couchettes garnies de chacune

une paillasse, de deux matelas, deux traversins, deux couvertures de laine. . . . 425 l.
Une armoire de bois blanc.. . . . . . 20 l.
Un bas d'armoire en bois de chêne fermant à clefs. . . . . 13 l.
Deux vieilles tables à pieds tournés. . . 12 l.
Trois chaises de paille. . . . . . . 4 l.
Une portière de damas de Caux. . . . 8 l.
Deux tableaux à bordure noire, dont l'un représente la Samaritaine et l'autre la Madelaine. . . . .
Un autre idem à cadre doré. . . . . .
Et sept portraits. . . . .
Deux tablettes à mettre des livres. . . 9 l.
Une vieille table de nuit. . . . . . 2 l. 10 s.
Et un poêle de fonte avec tuyaux en taule. 52 l.

N° 14. — Lingerie.

Une grande armoire renfermant plusieurs effets. . . . . 80 l.

Savoir :

Douze bouillottes en cuivre rouge, dont deux à l'office. . . . . 160 l.
Quatorze maraboux ou caffetières du Levant. . . . . 96 l.
Un petit coquemar. . . . . . . 12 l.
Deux bassines de cuivre rouge, grande et moyenne. . . . . 64 l.
Deux idem, comme dit, est en étain. . 50 l.
Trente-deux flambeaux de garde-robe en cuivre jaune. . . . . 60 l.
Dix autres flambeaux à pieds quarrés et ronds en idem. . . . . 27 l.

Une jatte de porcelaine avec son assiette garnie en argent godronné, avec son coffre de cuir noir. . . . . 128 l.
Huit plateaux ronds de cuivre pour mettre les chandeliers. . . . . 32 l.
Cinq cabarets de différens bois peints. 27 l.
Quatre-vingt-dix-neuf tasses à café et leurs soucoupes d'une ancienne porcelaine. 320 l.
Soixante-trois autres idem, sans soucoupes, de faïance fine . . . . 32 l.
Quatre theyères et deux sucriers de même faïance. . . . . 12 l.
Deux armoires de sapin peintes en vert. 48 l.
Deux grandes idem en chêne à quatre battans, dans lesquelles est le linge suivant. 240 l.

Savoir :

Vingt-huit draps de maître, toile fine. . 2400 l.
Trois draps de mousseline double garnis d'une petite campagne. . . . . 288 l.
Dix-huit draps de maître, toile un peu ronde. . . . . 1000 l.
Trente draps de maître un peu rapiécés. 1000 l.
Quatre grands draps de maître hors de service. . . . . 100 l.
Trente-deux petits draps pour les lits à tombeau, lesquels sont tous rapiécés. . . 506 l.
Quatre-vingt-quatre draps d'officiers, tous raccomodés . . . . 1500 l.
Quarante-cinq draps de différentes toiles, hors de service. . . . . . . 613 l.
Quarante draps de domestiques, tous racomodés. . . . . 480 l.
Trente-et-une napes ouvrées, toutes rapiécées. . . . . 560 l.

Neuf napes de buffet très mauvaises. .	120 l.
Vingt-six napes damassées tant bonnes que mauvaises.	600 l.
Vingt-quatre douzaines de serviettes ouvrées passablement bonnes.	693 l.
Seize douzaines de serviettes, qui ne peuvent tout au plus servir que pour les domestiques pour servir à table. . . .	256 l.
Vingt serviettes damassées, dont partie hors de service.	32 l.
Trente douzaines de serviettes ouvrées hors de service.	400 l.
Onze autres mauvaises serviettes. . .	12 l.
Sept grosses napes ouvrées hors de service.	48 l.
Trois autres napes idem.	20 l.
Vingt-quatre housses pour les chaises percées, le tout de futaine à grain d'orge .	96 l.
Trente-six frotoirs de toile unie pour les bains.	70 l.
Deux housses de traversin de toile. .	6 l.
Deux bourses de velours cramoisi brodées en or et argent, où il y a cent quatre-vingt-dix-neuf jettons en argent. .	250 l.
Deux gobelets de cocot doublés en argent.	40 l.
Trois petits plateaux de cuivre vermeillé, un étui de cuir en icelui. . . .	24 l.
Deux burettes de fer blanc émaillées.	4 l.

Linge des bains.

Six fourreaux de baignoire.	80 l.
Quatre chemises de bain. . . .	64 l.
Six linges à barbe.	40 l.

Quatorze douzaines de serviettes petite
Venise, un garde meuble. . . . . . . 448 l.
Six napes damassées. . . . . . . 192 l.
Six napes petite Venise. . . . . . 160 l.

Linge de cuisine.

Vingt-quatre napes de cuisine. . . . 288 l.
Huit vieilles hors de service. . . . . 60 l.
Cinquante tabliers de cuisine. . . . 220 l.
Vingt-deux douzaines de torchons. . 176 l.
Deux douzaines idem. . . . . 15 l.

Dans la lingerie.

Deux grandes tables longues, dont une
sur des tréteaux. . . . . 36 l.
Deux chenets. . . . . 12 l.
Pelle, pincette et tenailles. . . . . 6 l.
Un coffre couvert de cuir. . . . . 16 l.
Six chaises de paille. . . . . 8 l.
Une autre petite table. . . . . . . 3 l.
Un cadre de bois doré, en icelui les
Tables de la Loi . . . . 15 l.

Cabinet de la lingerie.

Deux tables. . . . . 12 l.
Une met. . . . . 15 l.
Une petite cassette couverte de cuir. . 8 l.
Une armoire de bois de pouple, assem-
blage de chêne. . . . . 24 l.
Une troisième petite table. . . . . 5 l.
Dix-sept couvertures de lit en laine et
coton, dont majeure partie sont mauvaises. 112 l.

N° 15. — Chambre de maître.

Un lit de damas bleu à impérial, grand dossier et petites pentes, dossier chantourné et courte-pointe, la housse de serge bleue, la couchette garnie d'une paillasse, de deux matelas, un lit de plume, un traversin, une couverte de coton. . . . . 525 l.

Une commode avec son dessus de marbre. . . . . 96 l.

Une table de toilette. . . . . . 7 l.

Une idem volante. . . . . . . 4 l.

Quatre chaises de paille. . . . . 6 l.

Quatre chaises à la reine couvertes d'indienne. . . . . 80 l.

Deux chenets.
Pelle.
Pincette. . . . . 16 l.
Tenaille.
Soufflet.

Sur la cheminée une armoire à bordure de glace. . . . . 32 l.

Un petit miroir de toilette. . . . . 6 l.

Un rideau de fenêtre de toile damassée. 20 l.

Une cuvette de faïence et son pot à l'eau.
Un pot de chambre. . . . . . . } 4 l.

Garde-robe du n° 15.

Une chaise percée. . . . . . . 7 l.
Une tapisserie de Bergame. . . . 8 l.

N° idem. — Garde-robe à coucher.

Un lit à tombeau, housse de damas de Caux, la couchette garnie d'une paillasse, de deux matelas, d'un traversin et d'une couverture de laine. . . . . 136 l.

Une tapisserie de Bergame, provenant de la salle à manger de chez M. de la Falluère. . . . . 25 l.

Une table. . . . . 4 l.

Une chaise de paille et un pot de chambre. . . . . 1 l. 4 s.

N° 10. — Chambre du secrétaire.

Un lit de damas vert à impérial, grandes et petites pentes, grand dossier chantourné, courte-pointe et soubassement de même, la housse de serge verte, la couchette garnie d'une paillasse, de deux matelas, d'un lit de plume, d'un traversin et une couverture de coton. . . . . . 480 l.

Une commode avec son dessus de marbre. . . . . 96 l.

Une ancienne table à écrire, dont le dessus s'élève. . . . . 10 l.

Une table volante. . . . . 3 l.

Un petit miroir à toilette. . . . . 6 l.

Un rideau de fenêtre de toile damassée. 20 l.

Trois fauteuils de paille, trois chaises de même. . . . . 12 l.

Deux chaises à la reine couvertes d'indienne. . . . . 36 l.

Deux chenets.\
Pelle.\
Pincette. . . . . 16 l.\
Tenaille.\
Un soufflet.

Une cuvette de faïence et son pot à l'eau. . . . . 3 l.
Une table de nuit.
Une chaise percée. . . . . 9 l.
Et un pot de chambre.

N° 17. — Chambre de maître.

Un lit de damas jonquille à impérial, grandes et petites pentes, grand dossier chantourné, bonne grâce, courte-pointe, soubassement de même, les rideaux de serge jonquille, la couchette garnie d'un sommier de crin, deux matelas, un lit de plume, un traversin et une couverture. . 525 l.

Deux fauteuils couverts de velours jonquille. . . . . 48 l.

Quatre chaises de même. . . . . . 64 l.

Deux chaises à la reine couvertes d'indienne. . . . . 36 l.

Deux chaises de paille fine. . . . . 4 l.
Une commode à dessus de marbre. . 90 l.
Un miroir de toilette. . . . . . . 6 l.
Deux chenets.
Pelle.
Pincettes . . . . 16 l.
Tenailles.
Un soufflet.

A la cheminée, deux bras de cuivre argentés. . . . . 16 l.

Une table volante. . . . . 3 l.
Une cuvette de faïence avec son pot à l'eau. . . . . 3 l.
Un rideau de fenêtre de toile damassée. 20 l.
Une table de nuit. . . . . 4 l.

Une chaise percée.	6 l.
Un bidet. . . . . } Et un pot de chambre. }	6 l.

Chambre à côté de la précédente.

Un lit de Damas cramoisi à impérial, grandes et petites pentes, bonnes grâces, grand dossier chantourné, courte-pointe et deux soubassements de même, les rideaux de serge cramoisie, la couchette garnie d'un sommier, de deux matelas, d'un lit de plume, d'un traversin et d'une couverture	600 l.
Une table volante.	3 l.
Un miroir de toilette.	6 l.
Un rideau de fenêtre de toile damassée.	20 l.
Une table de toilette.	6 l.
Une cuvette et son pot à l'eau de faïence.	3 l.
Un pot de chambre. } Et une table de nuit. }	6 l.

Garde-robe du n° *idem.*

Un lit à tombeau, la housse de messeline en serge, la couchette garnie d'une paillasse, de deux matelas, d'un traversin et d'une couverture.	176 l.
Une tapisserie de Bergame.	16 l.
Une table.	4 l.
Deux chaises de paille. } Un pot de chambre. }	3 l.

N° 18. — Chambre de maître.

Dans la niche, un lit à impérial garni d'étoffes de soye à cartouches cramoisie et verte, la courte-pointe, la pente et le soubassement de velours cramoisi encadré d'une platte-bande en broderie d'or, deux rideaux de gros de Naples cramoisi, la couchette garnie d'une paillasse, de deux matelas, d'un lit de plume, de deux traversins et d'une couverture. . . . . 1280 l.

Une commode à dessus de marbre. . . 96 l.

Trois fauteuils à bras de bois couverts de tapisserie de la Savonnerie. . . . . . 100 l.

Deux chaises à la reine couvertes d'indienne. . . . . 36 l.

Sur la cheminée un petit miroir à bordure dorée . . . . 48 l.

Deux chenets.
Pelle . . .
Pincette . .   12 l.

Tenaille. . . . . 3 l.
Un soufflet. . . . . 1 l. 4 s.
Une cuvette avec son pot à l'eau de faïence. . . . . 3 l.
Une table volante. . . . . 3 l.
Un rideau de fenêtre de toile damassée. . 20 l.
Une table de nuit. 4
Une chaise percée. . . . . . . , 6 l.
Un bidet . . . . 4 l.
Et deux pots de chambre. . . . . 1 l. 4 s.

Cabinet de toilette y attenant.

Un petit miroir . . . . 10 l.

Deux chaises de paille	3 l.
Et une table de toilette.	6 l.

Suite du n° 18. — Appartement donnant à côté.

Un lit à impérial d'étoffe de soie couleur de rose pâle, des découpures vertes et platte-bandes de velours cramoisi, les deux bonnes grâces, le grand dossier et dossière chantournés de même, les deux pentes et soubassemens à cartouches garnies d'un galon d'argent, les rideaux de serge cramoisie, la couchette garnie d'une paillasse, de deux matelas, d'un lit de plume, d'un traversin et d'une couverture . . .	1140 l.
Une table de marbre, le pied à console .	60 l.
Un petit miroir de toilette.	10 l.
Une table volante.	3 l.
Une chaise percée.	6 l.
Trois fauteuils de paille.	6 l.
Deux chaises de même.	3 l.
Un rideau de fenêtre de toile damassée .	20 l.
Une cuvette avec son pot à l'eau en fayance . . . . Et un pot de chambre.	3 l.

Garde-robe du n° 18.

Un lit à tombeau, la housse de messeline, la couchette garnie d'une paillasse, de deux matelas, d'un traversin et d'une couverture.	160 l.
Une table	3 l.
Une chaise couverte de serge bleue. . .	15 l.
Une idem de paille. . Et un pot de chambre.	1 l. 10 s.

N° 19. — Chambre de maître.

Un lit à chassis, garni d'une étoffe de soie rouge en broderie façon des Indes, le grand dossier, bonnes grâces, petites et grandes pentes, courte-pointe et ses soubassements de même, les rideaux de serge cramoisi, la couchette garnie d'un sommier, de deux matelas, d'un lit de plumes, d'un traversin, d'une couverture d'indienne piquée et d'une autre de coton. . . . . 480 l.

Trois fauteuils à bras de bois couvert d'une tapisserie de la Savonnerie. . . . 100 l.

Quatre chaises à la reine couvertes d'indienne. . . . . 60 l.

Une commode avec son dessus de marbre. 90 l.

Un miroir avec sa bordure de bois et placage en argent à trois des coins, il y manque une tête. . . . . 160 l.

Deux chenets. . . . ⎫
Pelle, pincette, tenaille. ⎬ . . . . 16 l.
Un soufflet . . . . ⎭

Une table volante. . . . . 3 l.
Une idem de nuit. . . . . 4 l.
Deux rideaux de fenestre de Bassin. . . 24 l.
Une chaise percée. . . . . 6 l.
Un bidet et deux pots de chambre. . . 6 l.

Cabinet de toilette du n° *idem*.

Quatre fauteuils de paille. . . . . 8 l.
Deux chaises de même . . . . . 3 l.
Une table de toilette. . . . . . . 6 l.
Une cuvette avec son pot à l'eau en faïence. 3 l.
Un rideau de fenêtre en toile de coton . 15 l.

Une table volante.	3 l.
Et un petit miroir de toilette. . . .	9 l.

Garde-robe à coucher du n° *idem.*

Un lit à tombeau, la housse de messeline, la couchette garnie d'une paillasse, de deux matelas, d'un traversin et d'une couverture.	160 l.
Une table	4 l.
Deux chaises de paille. } Et un pot de chambre. }	3 l.

N° 1 du 1er étage. — Chambre dite Moyse.

Un lit à chassis à quatre colonnes, le fond, les pentes et le dedans du grand dossier d'un satin fond jaune en mosaïque, les rideaux en dessous à bandes de velours cramoisi, bandes de satin jaune et découpées de velours, pentes, bonnes grâces et soubassements de même, la courte-pointe de satin blanc piqué, la housse de serge rouge, la couchette garnie d'un sommier, de deux matelas, d'un lit de plume, d'un traversin et d'une couverture de coton.	1133 l.
Sept pièces de tapisserie à bandes de velours et satin pareil au lit.	600 l.
Six fauteuils couverts d'une cartouche de satin jaune et découpures encadrées de velours cramoisi	192 l.
Un fauteuil de commodité couvert de tapisserie à l'aiguille, garni d'un carreau couvert de tapisserie.	24 l.
Une commode avec son dessus de marbre.	90 l.
Deux chaises à la reine couvertes d'indienne.	30 l.

Un miroir à bordure dorée.	60 l.
Deux chenets. . . . . ⎫	
Pelle, pincette, tenaille. ⎬	16 l.
Un soufflet. . . . . ⎭	
Quatre rideaux de fenêtre de toile damassée	60 l.
Deux tableaux en dessus de porte, un sur la cheminée représentant Mre Antoine Duplessis dit Le Moine.	
Une table volante.	3 l.
Une cuvette en fayance avec son pot à l'eau	3 l.
Un écran de gros de Naples cramoisi. .	12 l.
Une table et un miroir de toilette. . .	20 l.

Garde-robe dite de Moyse.

Une table de nuit.	4 l.
Une chaise percée, un bidet et deux pots de chambre	10 l.

Garde-robe à coucher de *idem* Moyse.

Un lit à chassis, à baldaquin de toile peinte, la tapisserie de même, deux matelas, un traversin, une paillasse, une couverture. .	192 l.
Une table avec son tapis de toile peinte. .	16 l.
Deux chaises de paille. ⎫	
Un pot de chambre. . ⎬	3 l.

Dans la soupente.

Un tabouret pliant.	3 l.
Un lit à tombeau, la housse de messeline, la couchette garnie d'une paillasse, deux matelas, un traversin, un couverture. . .	160 l.

Une table, deux chaises de paille.
Et un pot de chambre. . . . } . . . 7 l.

Chambre de Mre Jean Duplessis ou de Mgr le Dauphin.

Un lit à impérial de velours cramoisi, dossier brodé en or, grandes et petites pentes, aussi brodées en or, avec frange d'or, courte-pointe brodée et garnie de frange d'or, soubassements garnis idem, rideaux même velours, garnis d'une petite frange d'or, doublés d'une moire d'or, bonnes grâces en velours doublées de même moire et garnies d'une frange en or, rideaux en dessus de taffetas même couleur garnis d'un petit bord d'or, quatre plumets garnis d'or en velours cramoisi et plumage blanc, trois matelas, un lit de plume, trois courtes-pointes de taffetas blanc piquées, dont une est sur le lit de Moyse, à cause que l'ancienne est hors de service. . . . . . 9600 l.

Huit pièces de tapisserie de Flandre, avec les armoiries de feu Mgr le cardinal duc de Richelieu, la d^e tapisserie en grands personnages. . . . . 600 l.

Quatre fauteuils à cartouches d'une étoffe fond or et bouquets rouges encadrés d'un velours bleu cizelé. . . . . . 270 l.

Deux autres fauteuils à manchettes couverts d'une étoffe de soie verte et argent, la cartouche gris de lin à bouquets détachés en argent. . . . . 120 l.

Quatre chaises à la reine couvertes d'indienne . . . . 56 l.

Une commode et son dessus de marbre. 96 l.

Un miroir à bordure doré fond vert.	120 l.
Deux chenets.	
Pelle, pincette, tenaille.	24 l.
Un souflet.	
Deux bras dorés.	60 l.
Une cuvette et son pot à l'eau en faïence.	3 l.
Deux rideaux de fenestre en toile de coton.	48 l.
Trois tableaux en dessus de portes.	
Celui de la cheminée représente le portrait de Mre Jean Duplessis.	
Un écran de cheminée à petits points, encadré en velours cramoisi.	36 l.
Et une table volante couverte en maroquin noir.	6 l.

Idem. — Garde-robe à coucher.

Un lit de damas de Caux, à impérial, grandes et petites pentes, grande dossière et dossière chantournée, bonnes grâces, rideaux, courte-pointe et soubassement de même, la couchette garnie d'une paillasse, de deux matelas, d'un traversin et d'une couverture	192 l.
Quatre pièces de tapisserie de Flandre à grands personnages.	160 l.
Six chaises couvertes de moquette rouge	120 l.
Une table couverte d'un tapis de moquette à fleurs	20 l.
Une cuvette et son pot à l'eau de faïence	3 l
Un miroir de toilette	20 l.
Un rideau de fenestre en toile de coton	12 l.
Une table volante	3 l.
Et un pot à l'eau.	2 l. 10 s.

Garde-robe *idem.*

Elle est garnie en toile peinte. . . . 36 l.

Une table de nuit, une chaise percée, un bidet et deux pots de chambre. . . . 15 l.

Chambre de l'alcôve.

Un lit à colonne, le dedans de damas bleu, les rideaux en dessous de même, les bonnes grâces et l'entounoir de velours bleu ciselé, les grandes pentes et soubassements de même, le tout garni de franges et molettes argent et or, le rideau en dessus de serge bleue, la courte-pointe de satin blanc piqué, la couchette garnie d'un sommier de crin, de deux matelas, d'un traversin et d'une couverture . . . . 4800 l.

Six fauteuils couverts d'une étoffe de soye fond rouge et en or, encadrés d'un velours bleu cizelé . . . . 387 l.

Trois chaises à cartouches de tapisserie, encadrées d'un velours vert. . . . . 80 l.

Deux fauteuils de commodité, couverts d'une moire blanche encadrée d'un damas cramoisi, les carreaux de même. . . . 96 l.

Quatre pièces de tapisserie à grans personnages avec les armoiries de feu Mgr le Cardinal . . . . 330 l.

Une commode avec son dessus de marbre. . . . . 96 l.

Un miroir à bordure de glace. . . . 160 l.

Un écran . . . . 4 l.

Deux chenets.
Pelle, pincette . . . . 15 l.
Un souflet.

Deux rideaux de fenêtre de toile damassée. . . . . 36 l.

Une table volante . . . . 3 l.

Deux tableaux de dessus de porte, et un sur la cheminée représentant le portrait de M^ro François Duplessis. . . . . .

Cabinet de toilette.

Un lit de repos garni de son matelas et traversin, couvert d'un velours bleu ciel cizelé. . . . . 120 l.

Deux chaises de paille fine. . . . . 4 l.

Une table de toilette. . . . . . . 6 l.

Un miroir de idem. . . . . 20 l.

Un rideau de fenestre de toile damassée 16 l.

Garde-robe à côté de l'alcôve.

Une tapisserie de toile peinte bleue. . 64 l.

Un rideau de fenestre de toile de coton. 12 l.

Une table avec un tapis de même que la tapisserie. . . . . 12 l.

Une cuvette et son pot à l'eau de faïence 3 l.

Une table de nuit. . . . . 4 l.

Une chaise percée. . . . . 6 l.

Un bidet . . . . 6 l.

Deux pots de chambre et une table volante . . . . 3 l.

Garde-robe à coucher.

Un lit à deux tombeaux de toile peinte en bleu et blanc, une paillasse, deux matelas, un traversin, une couverture. . . 200 l.

Une table et un tapis dessus pareil au lit. . . . . 10 l.

Une tapisserie de toile peinte en bleu.	48 l.
Trois chaises de paille.	4 l.
Une cuvette et son pot à l'eau en faïence	3 l.
Un miroir de toilette. Et un pot de chambre.	12 l.

Chambre de la Reine.

Un lit à impérial de velours cramoisi avec des cartouches en or et soie représentant divers animaux, le grand dossier chantourné, grandes et petites pentes, courtepointe et soubassemens de même, ainsi que les bonnes grâces, les rideaux de popeline cramoisie, la couchette garnie d'un fond sanglé, d'un sommier de crin, de deux matelas, d'un lit de plume, d'un traversin et d'une couverture	3200 l.
Cinq pièces de tapisserie représentant les fureurs de Rolland, avec les armoiries de Mgr le Cardinal.	330 l.
Six fauteuils de velours cramoisi, dont quatre ont des cartouches fond vert et or	320 l.
Six chaises à la reine couvertes d'indienne.	80 l.
Une bergère couverte idem.	36 l.
Une commode avec son dessus de marbre.	96 l.
Un miroir à bordure dorée	120 l.
Un écran en soye à fleurs.	12 l.
Deux chenets. Pelle, pincette, tenaille. Un souflet.	16 l.
Deux rideaux de fenêtre de toile damassée	36 l.

Sur la cheminée un tableau représentant le portrait de Marie-Thérèse de Vignerot, seconde duchesse d'Aiguillon.

Cabinet de toilette.

Ci-devant il y existait un lit de repos, la housse hors de service mise au garde-meuble.

Quatre chaises à cartouches de soie fond blanc et fleurs d'or, encadrées de velours pareil au lit de repos	192 l.
Un fauteuil de toilette en canne. . .	8 l.
Une table volante à écritoire couverte en maroquin noir.	8 l.
Une petite commode à dessus de marbre	56 l.
Un miroir de toilette.	16 l.
Une cuvette avec son pot à l'eau en faïence	3 l.
Une table de toilette	7 l.
Un rideau de croisée de toile damassée	12 l.

Garde-robe.

Une table de nuit.	4 l.
Une chaise percée.	6 l.
Un bidet et deux pots de chambre . .	6 l.

Garde-robe à coucher.

Un lit à deux tombeaux, la housse de toile peinte en bleu, la couchette garnie d'une paillasse, de deux matelas, d'un traversin et d'une couverture.	190 l.
La tapisserie de toile peinte idem . .	48 l.
Une table de toilette	6 l.
Un miroir idem.	12 l.
Une cuvette et son pot à l'eau en faïence	3 l.

Trois chaises de paille. } Un pot de chambre. }	4 l.
Deux chenets. } Pelle, pincette } Un souflet. }	10 l.
Et une petite table volante.	3 l.

Salle des Gardes de la Reine.

Sept pièces de tapisserie des Gobelins représentant l'histoire de Diane.	480 l.
Dix-huit chaises couvertes de moquette rayée rayes vertes et rouges.	290 l.
Une table couverte d'un tapis de Turquie	40 l.
Deux chenets, pelle, pincette et tenaille	20 l.
Un lustre de bois doré à huit branches	24 l.
Quatre rideaux de croisée de toile ouvrée	56 l.
Un tableau sur la cheminée représentant le portrait de Marie-Magdeleine de Vignerot, première duchesse d'Aiguillon.	

Cabinet du Roi.

Une grande table de marbre de pièces de rapport d'agathe, de porphire, de lapis, de jaspe et de différens marbres sur un pied doré [1].	
Quatre tables de cadrille couvertes d'un velours vert.	96 l.
Dix fauteuils couverts de velours cramoisi.	320 l.
Six chaises à la reine couvertes d'indienne	100 l.

---

1. Cette magnifique table en mosaïque a été transportée au Louvre dans la galerie d'Apollon ; c'est la première en entrant par le vestibule. (Bonnaffé, *Recherches sur les collections des Richelieu*, p. 111.)

Trois rideaux de croisée de toile damassée.	48 l.
Quatre petites statues de marbre. . .	
Sept bustes	
Deux vases anciens de faïence. . . .	12 l.
Quatre boulles de marbre sur pied de cuivre.	
Deux chenets à pommes de cuivre dorées. Pelles, pincettes, tenailles. . . . . . Un souflet.	60 l.
Et un écran en soie à cartouche. . .	15 l.

Dans l'armoire du cabinet du Roi.

Vingt-deux petits flambeaux argentés	88 l.
Trente-trois plus grands	240 l.
Six grands idem pour la table avec leurs bobèches dont deux cassées	60 l.
Six coureurs	20 l.
Deux petits chandeliers de bureau avec leurs bobèches	8 l.
Quatre porte-mouchettes garnis de leurs mouchettes dont une a le bout cassé, le tout de cuivre argenté, et trois autres mouchettes argentées.	20 l.

Petit appartement de Mgr le Maréchal à l'entresol.

Dans la niche, un lit garni de deux dossiers chantournés de tafetas blanc piqué, la courte-pointe, les deux rideaux et la niche de même, les soubassemens de damas cramoisi, un sommier de crin, deux matelas, un lit de plume et deux traversins	420 l.
Huit chaises couvertes de damas cramoisi.	120 l.

Un rideau de croisée de toile damassée.	16 l.
Deux bras dorés à doubles branches	28 l.
Deux chenets à pommes de cuivre dorées	48 l.
Pelle, pincette, tenaille.	6 l.
Un souflet	1 l. 4 s.
Une petite table volante à pieds tournés à écritoire	3 l.
Une glace sur la cheminée.	120 l.
Un écran	3 l.
Une chaise percée	6 l.
Une cuvette avec son pot à l'eau en faïance.	3 l.

Dans le cabinet à écrire.

Un sopha de maroquin noir	80 l.
Une table longue, le dessus de noyer .	15 l.
Une autre petite table volante de bois idem.	3 l.
Une idem fermant à clef.	6 l.
Un bureau couvert de maroquin vert garni de son tiroir	24 l.
Une poudrière et une écritoire de cuivre argenté	15 l.
Un bougeoir et un couteau d'ivoire. .	3 l.
Deux carrés de cuivre dorés pour mettre sur le papier	9 l.
Dans l'armoire une boite d'encre de la Chine.	16 l.
Un rideau de croisée de toille damassée et deux petits guéridons de bois unis. .	20 l.

Garde-robe à coucher.

Un lit à tombeau, la housse de messeline, la couchette garnie d'une paillasse, de

deux matelas, d'un traversin et d'une couverture............ 160 l.
Un petit bureau à placage garni de plusieurs tiroirs........... 20 l.
Une tapisserie de Bergame..... 16 l.
Un fauteuil à bras de bois couvert d'une étoffe de soye rougeâtre....... 15 l.
Deux chaises de paille...... 3 l.
Un petit miroir de toilette.... 10 l.
Un pot à l'eau.
Un pot de chambre. } ..... 2 l. 10 s.
Dans l'armoire, une garniture de toilette en toile garnie de mousseline et quatre boëtes de toilette.......... 16 l.

Garde-robe de Monseigneur.

Une table de nuit en bois des Indes. . 16 l.
Un bidet couvert......... 8 l.
Une fontaine de faïance ancienne.
Une cuvette de faïance.... } ... 8 l.
Un seau idem à laver les pieds.... 6 l.
Deux cuvettes et deux pots à l'eau de faïance.
Un pot de chambre...... } 6 l.
Une theyère et deux cafetières de cailloux........... 8 l.
Un rideau de croisée de toile damassée. 12 l.
Autre rideau de toile de coton à la petite croisée qui donne jour à la petite garde-robe............ 6 l.

Salon des Bains.

Une baignoire de cuivre rouge... 112 l.
Une table volante........ 3 l.

Un tambour pour chauffer les linges,
garni de réchaufs de toilette. . . . . 4 l.
Deux chenets.⎫
Pelle, pincette.⎭ . . . . 10 l.
Et un trumeau sur la cheminée. . . 120 l.

Appartement du Roi ou de Monseigneur.

Un lit à colonne à impérial garni en dedans de satin gris glacé de violet, broderie à bouquets de soie détachés, profil d'un petit cordonnet d'or, grand dossier, dossière chantournée et courte-pointe de même, les pentes garnies d'une frange d'or, le chantourné garni autour d'une molette d'or, les rideaux dessous d'un velours violet avec une broderie d'or à cartouche et platte-bandes, les deux chantournés et bonnes grâces de même garnis de franges et molettes d'or, les rideaux en dessus de soye couleur de feu, la couchette garnie d'un sommier, de deux matelas, d'un lit de plume, d'un traversin et d'une couverture. . . . . 7433 l.
Huit fauteuils à bras à manchettes, cartouches de broderie d'or, encadrées de velours ray violet. . . . . 640 l.
Un sopha de même avec une platte-bande autour. . . . . 333 l.
Deux chaises à la reine, couvertes d'indienne. . . . . 36 l.
Un écran en papier de la Chine. . . 8 l.
Trois rideaux de croisée en toile damassée. . . . . 48 l.
Cinq pièces de tapisserie de Bruxelles en

grans personnages, représentant la guerre
des Troyens. . . . . 480 l.
 Une table de marbre. . . . . . 120 l.
 Un miroir à bordure de glace et placage
en cuivre doré. . . . . 270 l.
 Deux tables volantes en bois de pallisandre avec écritoire. . . . . . 24 l.
 Une autre idem en bois de noyer. . . 4 l.
 Deux chenets à pommes de cuivre
dorées. . . . .
 Pelle, pincette. tenaille . . . . . 60 .
 Un soufflet.". . . . .
 Sur la cheminée est le portrait de Mad^e
Elisabeth Sophie de Lorraine, princesse
de Guise. . . . .
 Deux autres tableaux en dessus de porte,
représentant les portraits d'Anne-Catherine de Noailles, de M^e la marquise du
Châtelet et de M^e l'abbesse du Trésor,
toutes deux sœurs de Mgr le Maréchal. .
 Et deux guéridons à côté de la table de
marbre. . . . . 36 l.

Salle des Gardes du Roi.

 Cinq pièces de tapisserie de Bruxelles
représentant la guerre des Troyens, pareilles à la tenture de l'appartement du Roi. 480 l.
 Une table avec un tapis de Turquie. .. 96 l.
 Dix-huit chaises couvertes d'une moquette rouge. . . . . 288 l.
 Quatre rideaux de croisée en toile
ouvrée. . . . . 60 l.
 Deux chenets à pommes de cuivre.
 Pelle, pincette et un souflet. .   48 l.

Chapelle donnant dans la salle des Gardes du Roi.

Deux prie-Dieu avec leurs tapis de Turquie.	120 l.
Un autre tapis idem sur le marche-pied de l'autel.	100 l.
Six carreaux de velours vert garnis en faux.	96 l.
Deux petits chandeliers de bois noir. .	8 l.
Un Christ de bronze sur son pied de bois d'ébeine.	120 l.
Un reliquaire à bordure dorée sur l'autel.	36 l.
Un tapis de toile peinte en bleu et blanc.	12 l.
Quatre vases en fayance comportant des fleurs artificielles.	10 l.

Vestibule ou Grand Escalier.

Deux banquettes couvertes de moquette rouge.	80 l.
Une grande lanterne de taule bronzée, les vitraux de glace.	96 l.
Et deux autres petites idem en fer blanc.	8 l.

Salle du Buffet.

Une grande table couverte d'un tapis à aiguille.	48 l.
Quatre rideaux de croisées de toile damassée.	50 l.
Deux chaises couvertes de moquette rouge.	24 l.
Une fontaine de cuivre rouge avec sa cuvette.	48 l.
Un petit cabaret à pied noir, le dedans verni en rouge.	20 l.

Deux chenets. . . . }
Pelle, pincette, tenaille. } . . . . 16 l.
Et quatre bustes de marbre. . . .

Salle à manger.

Un dais de velours vert en cartouches et découpures d'étoffe d'or fin, la queue de ce dais de même avec les armoiries de Mgr le Maréchal et de feue M^e la Duchesse, la frange et les galons d'or faux. . . . 1200 l.
Trois rideaux de croisée en toile ouvrée. 48 l.
Un lustre à huit branches de bois doré. 60 l.
Vingt-cinq chaises de table couvertes de moquette gauffrée rayée verte et rouge.
Quatre chenets garnis en cuivre. }
Pelle, pincette, tenaille. . . } . . . 120 l.
Dix-sept tableaux de la famille de Richelieu ; sur une des cheminées est le portrait de Mgr le Maréchal. . . . . .

Appartement de Mad^e la Maréchale.

Un lit à impérial, petites pentes, grand dossier, dossière chantournée, grande pente, bonnes grâces, courte-pointe et soubassements d'un velours vert avec des découpures et cartouches d'étoffe or et argent, garnis de galons, franges, molettes et milanaises d'or faux, les rideaux en dessus d'un velours vert, doublé de satin vert et le dessus d'une serge de soie verte, la couchette garnie d'un sommier de crin, de deux matelas, d'un lit de plume, d'un traversin et d'une couverture. . . . . 4800 l.
Dix fauteuils de bois doré, les housses

de velours vert avec des cartouches et découpures d'étoffe or et argent, les galons d'or faux............	480 l.
Deux tabourets de même........	60 l.
Une table de marbre avec son pied doré à console............	160 l.
Deux glaces, l'une sur la table de marbre et l'autre sur la cheminée......	800 l.
Un fauteuil de bois doré en toutes ses parties, couvert de satin fond blanc à rayes broché en or............	120 l.
Un coussin et un rondin.......	36 l.
Deux chaises à la reine couvertes d'indienne.............	36 l.
Deux rideaux de croisées de toile damassée.............	36 l.
Deux chenets à pommes dorées... Pelle, pincette, tenaille et un souflet.	66 l.
Un écran............	12 l.

Garde-robe.

Un pied de table doré et à console avec un dessus de marbre........	66 l.
Une fontaine de faïence avec sa cuvette.	6 l.
Une cuvette avec son pot à l'eau en faïance............	3 l.
Un bidet couvert........	8 l.
Une table de nuit........	6 l.
Une chaise percée........	8 l.
Plusieurs pots de chambre.....	4 l.

Cabinet de toilette.

Une table de toilette........	8 l.
Une idem volante.........	3 l.

Deux chaises à la reine couvertes d'in-
dienne. . . . . 25 l.
Un fauteuil de toilette en canne. . . 8 l.
Un rideau de croisée en toile de coton. . 13 l.
Deux carrés de toilette, quatre autres petites boëtes. . . . .
Une vergette. . . . .
Une brosse à peigne. . . . . . } 56 l.
Et un miroir de toilette, le tout verni de rouge. . . . .

Garde-robe à coucher ou Entresole.

Dans l'alcôve, une couchette garnie d'une paillasse, de deux matelas, d'un traversin et d'une couverture, les deux rideaux de toile peinte de bleu et blanc, la pente, la courte-pointe et soubassemens de même. . . . . 160 l.
Une petite table en encoignure. . . 8 l.
Une autre idem volante, deux chaises de paille. . . . . 4 l.
Un miroir de toilette. . . . . . 12 l.
Un rideau de croisée, de toile de coton. 10 l.
Une cuvette de faïance avec son pot à l'eau. . . . . 3 l.
Un pot de chambre.
Une table de nuit. } . . . . . . 6 l.

Boudoir entre le sallon de compagnie et l'appartement de Mad° la Maréchale.

Une glace sur la cheminée. . . . 200 l.
Un sopha. . . . .
Deux chaises pareilles au meuble } . . 288 l.
de l'appartement. . . . . .

Deux chenets. . . . . ⎫ Pelle, pincette, tenaille. ⎬ Un souflet. . . . ⎭	16 l.
Une table de bois de pallissandre, couverte de maroquin noir.	24 l.
Deux rideaux de croisée en toile damassée.	28 l.
Un petit écran en papier de la Chine. .	6 l.

Entresole au-dessus.

Un lit de repos à deux dossiers couverts d'un satin fond blanc broché en or et soie.	320 l.
Deux chaises pareilles.	100 l.
Une table volante à couterre de bois de pallissandre, couverte de maroquin noir.	20 l.

Deuxième Entresole.

Une couchette, une paillasse, deux matelas, un traversin et une couverture. .	120 l.
Trois chaises de paille.	6 l.
Une table volante.	4 l.
Deux chenets, pelle, pincette, tenaille.	12 l.
Une chaise percée et un pot de chambre.	6 l.
Une table de toilette.	6 l.
Et deux petits rideaux de toile peinte à la croisée.	12 l.

Sallon de compagnie.

Deux bustes de marbre blanc représentant feu M^r le duc de Richelieu et Mgr le Maréchal.	
Deux pieds de table à console dorés avec leur dessus en marbre.	320 l.
Sur la cheminée est le portrait de Mgr le Cardinal de Richelieu.	

Vingt chaises à la reine couvertes d'indienne.. . . . . 480 l.
Quatre tables de piquet. . . . . . 96 l.
Deux chenets à pommes de cuivre.
Pelle, pincette. . . . . } . . 48 l.

Grande galerie après le Salon doré.

Quatre tables à cadrille. . . . . 80 l.
Deux idem de berland. . . . . . 96 l.
Deux d'ombre. . . . . 66 l.
Deux piquets. . . . . 48 l.
Huit tables de marbres, les pieds unis. 512 l.
Dix banquettes. . . . . 666 l.
Trente-six tabourets, le tout couvert de tapis de Turquie. . . . . 880 l.
Dix-huit bustes de marbre. . . . .
Et quatre statues idem. . . . .

Sallon du billard.

Un billard, une housse de toile dessus, plusieurs masses, queues et billes d'ivoire. 600 l.
Six bustes de marbre avec des draperies de jaspe et de porphire. . . . .
Une table à pieds tournés couverte d'un drap vert. . . . . 28 l.
Et dix fauteuils de paille. . . . . 30 l.

Appartement du n° 20, 2ᵉ étage au-dessus de Moyse, dit Arlequin.

Un lit en baldaquin en velours de différentes couleurs, garni de cannetille et de clinquant en argent faux, ledit lit à impérial, petites et grandes pentes, grand dossier, dossière chantournée, bonnes grâces, courte-pointe et soubassemens, les rideaux de popeline, la couchette garnie

de son fond sanglé, un sommier de crin, deux matelas, un lit de plume et deux traversins..........	960 l.
Six pièces de tapisserie à grans personnages, dont cinq ont les armoiries de feu Mgr le Cardinal et l'autre pièce est la tenture de Rolland..........	373 l.
Un fauteuil de commodité couvert d'un velours vert ciselé.......	40 l.
Trois chaises couvertes idem....	60 l.
Cinq chaises couvertes de damas vert.	80 l.
Deux chaises à la reine couvertes d'indienne............	32 l.
Deux rideaux de croisée de toile unie.	25 l.
Une commode avec son dessus de marbre cassé...........	48 l.
Deux chenets....... Pelle, pincette, tenaille.... Un souflet......	12 l.
Un miroir de toilette......	12 l.
Une table volante........	3 l.

Cabinet de toilette.

Une table de toilette......	6 l.
Une tapisserie de toile peinte en bleu et blanc............	48 l.
Un fauteuil de paille......	3 l.
Quatre chaises de même......	6 l.
Et une cuvette avec son pot de faïance.	3 l.

Garde-robe.

Une tapisserie de Bergame provenant de l'antichambre de Mr de Veirac...	24 l.
Deux chaises couvertes d'un tapis de Turquie..........	27 l.

Une chaise percée. . . . . 6 l.
Une table de nuit. . . . . 4 l.
Et un bidet. . . . . 6 l.

Chambre à coucher.

Une tapisserie de toile peinte en bleu et blanc. . . . . 100 l.
Le lit à tombeau de même, la couchette garnie d'une paillasse, de deux matelas, d'un traversin et d'une couverture. . . 200 l.
Une table à pieds tournés avec un tapis dessus de même que le lit. . . . . 16 l.
Deux chaises de paille. . . . . . 3 l.
Un miroir de toilette. . . . . . 12 l.
Une table volante. . . . . . . 3 l.
Une idem de nuit. . . . . . . 4 l.
Et une chaise percée. . . . . . 6 l.

Antichambre du n° 20.

Quatre pièces de tapisserie en grans personnages vieille haute lisse. . . . 100 l.
Six tabourets. . . . . 60 l.
Une banquette, le tout couvert de mouquette à rayes rouges et vertes. . . . 24 l.
Et un tableau en dessus de porte représentant S‍t Sébastien. . . . .

N° 21. — Antichambre.

Quatre chaises de paille. . . . . . 6 l.

L'appartement de maître du n° 21.

Un lit à colonnes, le dedans de satin cramoisi piqué, les rideaux et pentes de velours ciselé, une courte-pointe de satin blanc piquée, la couchette garnie d'une paillasse, de deux matelas, d'un lit de plume, traversin et couverture. . . . 1200 l.

Deux rideaux de croisée de toile damassée. . . . . 32 l.
Une commode de bois de noyer. . . 27 l.
Un miroir de toilette. . . . . . 15 l.
Une table volante. . . . . . . 4 l.
Une vieille tapisserie de haute lisse à fleurs avec des animaux. . . . . . 120 l.
Un fauteuil et deux chaises couvertes de moquette. . . . . 36 l.
Dix chaises de velours cramoisi. . . 96 l.
Deux chenets. . . .⎫
Pelle, pincette, tenaille.⎬ . . . . 16 l.
Un souflet. . . . .⎭
Une table de nuit. . . . . . . 4 l.
Une chaise percée. . . . . . . 6 l.
Un bidet. . . . . 6 l.
Deux pots de chambre. . . . . 1 l.
Et trois tableaux en dessus de porte. .

Nota. — Les deux matelas de maître sont de vieille laine usée.

Garde-robe du n° *idem.*

Un lit à tombeau, la housse de messeline, la couchette garnie d'une paillasse, de deux matelas, d'un traversin et d'une couverture. . . . . 172 l.
Une table et son tapis en toile garnie d'une frange en soie verte. . . . . 20 l.
Deux chaises. . . . . 3 l.
Un tabouret pliant. ⎫ . . . . 1 l. 4 s.
Et un pot de chambre.⎭

Cabinet de toilette.

Une tapisserie de messeline.	24 l.
Une table de toilette.	6 l.
Une jatte. . . . . }	
Un pot à l'eau de faïance. }	1 l. 4 s.
Et trois chaises couvertes d'un tapis de Turquie.	48 l.

N° 22. — Appartement.

Une tapisserie de damas de Caux, dont une partie est usée et gâtée, le lit à impérial garni de ses rideaux, pentes, courte-pointe et soubassement de même que la tapisserie, la couchette garnie d'une paillasse, de deux matelas, d'un lit de plume, d'un traversin et couverture. . . 320 l.

Une commode et son dessus de marbre. 60 l.

Deux chenets. . . . }
Pelle, pincette, tenaille. } . . . . 15 l.
Un souflet. . . . }

Quatre fauteuils en paille, deux chaises de même. . . . . 12 l.

Un miroir à toilette taché. . . . . 10 l.
Une table volante. . . . . . 3 l.

Une cuvette avec son pot à l'eau de }
faïancé. . . . . } 4 l.
Deux pots de chambre. . . . . }

Deux tableaux en dessus de porte, représentant le Jugement Universel et l'autre une Nuit. . . . .

Une chaise percée, une table de nuit, et un bidet. . . . . 15 l.

Garde-robe n° 22.

Un lit à tombeau, la housse de messeline, la couchette garnie d'une paillasse, de deux matelas, d'un traversin et d'une couverture. . . . . 172 l.
Trois morceaux d'une vieille Bergame. 12 l.
Deux chaises de paille.
Un pot de chambre. . . . . . 3 l.
Et un tableau en dessus de porte. . .

Chambre donnant dans le n° *idem*.

Deux morceaux de tapisserie de damas de Caux usés et en partie gâtés.
Le lit à impérial, les rideaux, pentes, courte-pointe et soubassement de damas de Caux, une couchette garnie d'une paillasse, de deux matelas, d'un lit de plume, d'un traversin et d'une couverture. . . 320 l.
Deux chaises de paille. . . . . . 3 l.
Quatre fauteuils de même. . . . . 8 l.
Une commode en bois de noyer. . . 27 l.
Une cuvette avec son pot de faïance. . 3 l.
Un miroir de toilette, dont le cadre est vermoulu et cassé. . . . . 12 l.
Une table volante. . . . . . . 3 l.
Une chaise percée. . . . . . . 6 l.
Une table de nuit. . . . . . . 4 l.
Deux tableaux en dessus de porte, représentant un Martyr et une Magdeleine.
Un pot de chambre. . . . .

Garde-robe à côté.

Un lit à tombeau, la housse de messeline, la couchette garnie d'une paillasse,

de deux matelas, d'un traversin et d'une couverture . . . . 172 l.
Trois chaises de paille . . . . . . 4 l.
Un tabouret pliant . . . . 1 l. 4 s.
Une table avec son tapis de messeline . 8 l.
Un pot de chambre . . . . ⎫
Et un seul morceau de tapisserie en ⎬ 9 l.
Bergame. . . . . ⎭

Chambre n° 23.

Une tapisserie de damas de Caux, le lit à impérial, rideaux, pentes, courte-pointe et soubassemens pareils à la tapisserie, la couchette garnie d'une paillasse, de deux matelas, d'un lit de plume, d'un traversin et d'une couverture. . . . . 320 l.
Une commode en bois de noyer . . . 27 l.
Un rideau de croisée de toile unie. . . 12 l.
Quatre chaises de paille fine. . . . . 8 l.
Quatre fauteuils de paille . . . . . 10 l.
Une table volante . . . . 3 l.
Deux chenets. . . . ⎫
Pelle, pincette, tenaille. ⎬ . . . . . 16 l.
Un soufflet. . . . . ⎭
Un miroir de toilette . . . . 16 l.
Une cuvette et son pot de faïence . . 3 l.
Deux tableaux en dessus représentant une Invocation à la Vierge et une Descente de Croix. . . . .
Une table de nuit. . . . . 4 l.
Un pot de chambre. ⎫
Une chaise et un bidet. ⎬ . . . . . 6 l.

Chambre donnant dans celle du n° 23.

Une tapisserie de damas de Caux, le lit à impérial, les rideaux, pentes, courtepointe et soubassemens de même . . .	270 l.
La couchette garnie d'une paillasse, de deux matelas, d'un lit de plume, d'un traversin et d'une couverture.	
Une table de toilette.	6 l.
Une cuvette avec son pot de faïance. .	2 l.
Une table volante.. ⎫ . . . . . . Un pot de chambre.⎭	4 l.
Trois chaises et un fauteuil de paille. .	7 l.
Une table de nuit.	4 l.
Deux tableaux en dessus de porte, représentant un Chevalier de Malthe martyre anglais, et l'autre une Vierge avec l'enfant Jésus et S¹ Jean-Baptiste	
Une chaise percée	6 l.
Un petit miroir de toilette et une table de toilette au-dessous	16 l.

Garde-robe du n° *idem.*

Un lit à tombeau, la housse de messeline, la couchette garnie d'une paillasse, de deux matelas, d'un traversin et d'une couverture	172 l.
Une table avec son tapis de messeline .	8 l.
Deux chaises de paille et un pot de chambre.	3 l.

Chambre du n° 24.

Une tapisserie de damas de Caux, le lit à impérial, les rideaux, pentes, courte-pointe et soubassemens de même, la couchette garnie d'une paillasse, de deux matelas, d'un lit de plume, d'un traversin et d'une couverture. . . . . 188 l.

Une commode avec son dessus de marbre . . . . 72 l.

Deux fauteuils de paille à pieds tournés, couverts de damas de Caux. . . . . 20 l.

Quatre chaises de paille fine . . . . 8 l.

Un miroir de toilette . . . . . . 16 l.

Une table volante . . . . 3 l.

Une cuvette avec son pot à l'eau de faïance . . . . 3 l.

Deux chenets. . . .}
Pelle, pincette, tenaille.} . . . . 16 l.

Une table de nuit . . . . 4 l.

Une chaise percée . . . . 6 l.

Trois tableaux, dont deux en dessus de porte, une autre petite gravure représentant une Résurrection. . . . . . 6 l.

Garde-robe du n° 24.

Un lit à tombeau, la housse de messeline, la couchette garnie d'une paillasse, de deux matelas et d'un traversin . . . 172 l.

Une table avec son tapis de messeline . 8 l.

Et trois chaises de paille . . . . . 4 l.

Chambre n° 25.

Une tapisserie de damas de Caux, partie usée et gâtée, le lit à l'impérial, les rideaux, pentes, courte-pointe et soubassemens pareils à la tapisserie, la couchette garnie d'une paillasse, de deux matelas,

d'un lit de plume, d'un traversin et d'une couverture . . . . 200 l.
Une table volante. . . . . 3 l.
Un bureau à pieds tournés et dorés en partie. . . . . 24 l.
Un miroir de toilette . . . . . . 16 l.
Une cuvette avec son pot à l'eau en faïance . . . . 3 l.
Six chaises de paille. . . . . . . 8 l.
Une table de nuit. . . . . 4 l.
Une chaise percée .⎫
Un pot de chambre⎭ . . . . . . 6 l.
Deux chenets. . . .⎫
Pelle, pincette, tenaille.⎭ . . . . . 12 l.
Deux tableaux représentant un pape et un cardinal . . . .
Un bidet . . . . 6 l.

Garde-robe du n° *idem.*

Un lit à tombeau, la housse de messeline, garnie d'une paillasse, de deux matelas, d'un traversin et d'une couverture . 172 l.
Trois vieilles chaises de paille . . . 4 l.
Une table. . . . . ⎫
Et un pot de chambre.⎭ . . . . . 3 l.

Chambre. n° 26.

Un lit à colonnes, le dedans du lit d'un damas bleu, garni de franges et molettes d'or, les bonnes grâces, cantonnières et pentes de velours bleu cizelé avec franges et molettes, la courte-pointe de damas bleu, la couchette garnie d'une paillasse, de deux matelas, d'un lit de plume, d'un traversin et d'une couverture . . . . . 800 l.

Cinq pièces de tapisserie vieille Flandre à petits personnages . . . . 160 l.

Deux fauteuils à cartouches fond rouge et or, encadrement de velours ciselé. . . 80 l.

Trois chaises à la reine couvertes d'indienne. . . . . 40 l.

Six chaises de paille fine . . . . . 12 l.

Une commode avec son dessus de marbre. . . . . 66 l.

Une table volante . . . . . . 3 l.

Sur la cheminée un trumeau en glace, bordure dorée . . . . 160 l.

Un rideau de croisée de toile damassée. 12 l.

Deux chenets. . . . \
Pelle, pincette, tenaille. } . . . . . 16 l.
Un soufflet. . . . /

Une cuvette avec son pot à l'eau de faïance . . . . 3 l.

Une table de nuit . . . . . . 4 l.

Une chaise percée . . . . . . 6 l.

Un bidet. . . . } . . . . . 6 l.
Un pot de chambre . /

Et deux tableaux à bordure dorée . .

Garde-robe du n° idem.

Un lit à tombeau . . . . . . \
La housse de damas de Caux. . . . \
La couchette garnie d'une paillasse, de } 172 l.
deux matelas, d'un traversin et d'une \
couverture. . . . . /

Une table de toilette . . . . . 7 l.

Quatre pièces de tapisserie de damas de Caux. . . . . 30 l.

Deux chenets. . . . } . . . . . 12 l.
Pelle, pincette, tenaille. /

Un miroir de toilette. . . . . 15 l.
Deux tableaux en dessus de porte, l'un représentant un chevalier de l'ordre de St Jean-de-Jérusalem, et l'autre des religieux avec la croix du même ordre. . . .
 Quatre chaises de paille . . . . . 6 l.
 Un pot de chambre . . .⎫
 Et une petite table volante.⎭ . . . . 3 l.

Chambre du n° 27.

Un lit à impérial, le dedans de taffetas citron piqué, les bonnes grâces de tapisserie doublées de taffetas, les soubassemens de tapisserie, la courte-pointe de toile blanche piqûre de Marseille, les rideaux de serge jaune, la couchette garnie d'une paillasse, de deux matelas, d'un lit de plume, d'un traversin et d'une couverture . . . . 266 l.
 Une commode de bois de noyer . . . 27 l.
 Huit chaises à la reine couvertes d'indienne . . . . 104 l.
 Deux rideaux de croisée ouvrant en deux parties de toile damassée . . . . . 27 l.
 Une table volante . . . . 3 l.
 Deux chenets. . . .⎫
 Pelle, pincette, tenaille.⎬ . . . . . 16 l.
 Un souflet . . . .⎭
 Trois tableaux de dessus de porte . .
 Une table de toilette . . . . . . 6 l.
 Un pot à l'eau et sa cuvette en faïance.⎫
 Et un pot de chambre . . . . . .⎭ 3 l.

Garde-robe n° *idem.*

Une chaise percée, une table de nuit, un bidet et un pot de chambre . . . . 15 l.

Cabinet de toilette du n° 27.

Une table de triolet.	6 l.
Deux chaises de paille fine	3 l.
Un miroir de toilette	15 l.
Et une table de nuit.	4 l.

Garde-robe à coucher.

Un lit à châssis, le fond, dossière et rideaux de messeline, la couchette garnie d'une paillasse, de deux matelas, d'un traversin et d'une couverture.	170 l.
Une table avec son tapis de messeline .	8 l.
Deux chaises de paille. Et un pot de chambre. }	3 l.

Chambre des coureurs, n° 28.

Deux lits à tombeau, les housses de messeline, les lits garnis de chacun une paillasse, de deux matelas, d'un traversin et d'une couverture	340 l.
Une table avec un tapis de messeline .	8 l.
Trois tabourets	8 l.
Deux chaises de paille et un pot de chambre.	4 l.

Chambre du n° 29.

Un lit à impérial en damas aurore, grande dossière chantournée, pentes, courte-pointe, soubassemens de même, les rideaux de serge jaune; la couchette garnie d'une paillasse, de deux matelas, d'un lit de plume, d'un traversin et d'une couverture	320 l.

Une commode avec son dessus de marbre	72 l.
Cinq pièces de tapisserie, vieille Flandre, à petits personnages.	180 l.
Deux fauteuils à cartouche fond rouge et or, encadrés de velours ciselé. . .	80 l.
Trois chaises de paille.	4 l.
Deux chaises à la reine couvertes d'indienne	28 l.
Un miroir de toilette.	16 l.
Une cuvette avec son pot à l'eau en faïance	3 l.
Deux chenets . . . ⎫ Pelle, pincette, tenaille.⎬ . . . . Un souflet . . . . ⎭	16 l.
Un rideau de croisée de toile. . .	10 l.
Une petite table volante.	3 l.
Un tableau peint sur bois, représentant J. C. que l'on a revêtu d'un manteau de pourpre	

Garde-robe du n° 29.

Une couchette garnie d'une paillasse, de deux matelas, d'un traversin et d'une couverture	96 l.
Un chassis garni en damas de Caux, un rideau, bonne grâce, et pente de même.	
Plusieurs morceaux de damas de Caux servant de tapisserie	36 l.
Une table.	3 l.
Une chaise couverte de serge⎫ rouge, une autre idem de paille.⎬ . . Et un tabouret pliant. . . ⎭	8 l.

Antichambre n° 30.

Cinq morceaux de tapisserie, vieille Flandre, à grans personnages.	110 l.
Sept tabourets couverts en messeline.	48 l.

Chambre n° *idem*.

Un lit à impérial de damas cramoisi, grand dossier, dossière chantournée, bonnes grâces, courte-pointe, et soubassement de même, les rideaux de serge cramoisie.	373 l.
La couchette garnie d'un sommier, de deux matelas, d'un lit de plume, d'un traversin et d'une couverture. . . .	256 l.
Une commode avec son dessus de marbre.	80 l.
Un miroir de toilette.	16 l.
Six chaises couvertes d'un gros de Naple cramoisi.	120 l.
Trois chaises à la reine couvertes d'indiennes	36 l.
Une table volante.	3 l.
Cinq pièces de tapisserie de Flandre en grans personnages	147 l.
Deux fauteuils à cartouche fond rouge et or, encadrés de velours ciselé. . . .	80 l.
Deux rideaux de croisée de toile damassée.	28 l.
Deux tableaux en dessus de porte représentant Psiché et l'Amour.	
Un autre idem sur la cheminée représentant les Forces d'Hercule	
Deux chenets. . . . ⎫ Pelle, pincette, tenaille. ⎬ . . . . Un souflet. . . . . ⎭	16 l.

Une cuvette et son pot à l'eau de faïance.	3 l.
Une table de nuit.	4 l.
Une chaise percée	6 l.
Un bidet. . . . .} Et un pot de chambre.}	6 l.

Garde-robe du n° *idem*.

Un lit à tombeau, la housse de damas de Caux, deux matelas, une paillasse, un traversin et une couverture.	170 l.
Une table de toilette.	6 l.
Un fauteuil à pieds tournés couvert de damas de Caux.	12 l.
Trois chaises de paille.} Un pot de chambre. .}	4 l.
Deux grands tableaux servant de tapisserie, l'un représentant le combat de Naple et l'autre la ville de Marseille. .	

Seconde garde-robe au-dessus du réservoir des Bains.

Un lit à tombeau, la housse de messeline, la couchette garnie d'une paillasse, de deux matelas, d'un traversin et d'une couverture.	170 l.
Une table de toilette.	6 l.
Deux chaises de paille.} Et un tabouret pliant.}	4 l.

N° 31. — Bibliothèque n° 32.

Deux armoires en sapin, peintes en vert, où sont les livres, une grande table, deux chaises de paille.	160 l.
Trois cent soixante-seize volumes, dont cent cinquante-neuf in-folio, quatre-vingt dix-neuf in-4°, et le reste en petit format.	1160 l.

Garde-robe à coucher n° 33.

Un lit à tombeau, la housse de serge bleue, la couchette garnie d'une paillasse, de deux matelas et d'une couverture.	160 l.
Une table de toilette dont deux pieds cassés.	2 l.
Une idem de nuit.	4 l.
Une cuvette et son pot à l'eau en faïance.	3 l.
Deux chaises de paille.	3 l.
Une idem couverte de serge bleue.	8 l.
Deux tabourets plians, couverts de serge idem.	6 l.

Chambre n° 34.

Un lit à châssis, le dedans de velours vert ciselé, le fond, les petites pentes, grand dossier et dossière chantournée, les bonnes grâces à cartouche de tapisserie de soye et or, les pentes et soubassements de même garnis de franges et molettes d'or fin en partie, les bonnes grâces garnies de molettes en devant et au bas, les rideaux de soie verte ; la couchette garnie d'une paillasse, de deux matelas, d'un lit de plume, d'un traversin, et d'une couverture, une courte-pointe piqure de Marseille brodée en soie couleur de paille.	1000 l.
Une commode de bois de noyer.	27 l.
Deux fauteuils à cartouche fond rouge et or, encadrés d'un velours vert ciselé.	70 l.
Six chaises à la reine couvertes d'indienne	80 l.
Une table volante, un miroir de toilette, un rideau de croisée en toile unie.	30 l.

Deux chenets. . . .⎫
Pelle, pincette, tenaille.⎬. . . . . 16 l.
Un souflet. . . . .⎭
Et une cuvette avec son pot à l'eau en faïance . . . . 3 l.

Cabinet de toilette du n° *idem*.

Une table de toilette. . . . . . . 4 l.
Un miroir idem . . . . 15 l.
Cinq chaises de paille. . . . . 6 l.
Une table volante. . . . . . . 3 l.
Une cuvette et son pot à l'eau en faïance. 3 l.

Garde-robe *idem*.

Une chaise percée. . . . . . . 6 l.
Une table de nuit. . . . . . . 4 l.
Deux pots de chambre.⎫ . . . 6 l.
Un bidet. . . . .⎭
Et deux tabourets pliants. . . . . 1. 1. 5 s.

Chambre n° 35.

Un lit à impérial, le fond, les petites pentes, grand dossier, dossière chantournée, bonnes grâces, courte-pointe d'une étoffe de soie jaune, les pentes et soubassemens de damas jaune, les deux rideaux de serge de même couleur, la couchette garnie d'un sommier, de deux matelas, d'un lit de plume, d'un traversin et d'une couverture. . . . . 420 l.
Une commode avec son dessus de marbre . . . . 72 l.
Un fauteuil et six chaises couvertes de velours jonquille et cizelé. . . . . . 140 l.

Deux chaises à la reine couvertes d'indienne . . . . 27 l.
Une table volante. . . . . . . 3 l.
Un miroir à bordure d'écaille aux quatre coins et à placage de fleurs en argent. . . . . 160 l.
Deux rideaux de croisée de toile damassée. . . . . 27 l.
Deux chenets à pommes argentées.
Pelle, pincette, tenaille . . . . } . . 15 l.
Une cuvette et son pot de faïance . . 3 l.
Sur la cheminée un tableau représentant un homme avec un casque en tête. .
Sur la porte d'entrée un tableau représentant une femme ayant la main sur un livre . . . .
Deux autres tableaux en dessus de porte en papier de la Chine . . . . .
Une chaise percée . . . . 6 l.
Un bidet . . . . 6 l.
Un pot de chambre, une table de nuit. 4 l.

Cabinet de toilette du n° *idem*.

Une table de toilette . . . . . 6 l.
Un miroir idem. . . . . 12 l.
Une table volante . . . . 3 l.
Quatre chaises de paille. . . . . 6 l.
Un fauteuil idem . . . . 3 l.
Un rideau de croisée de toile damassée. 12 l.
Et à la porte vitrée idem de moire cramoisie. . . . . 15 l.

Garde-robe à coucher du n° 35.

Un lit à tombeau, la housse de damas de Caux, la couchette garnie d'une pail-

lasse, de deux matelas, d'un traversin et d'une couverture.. . . . . 160 l.
Quatre pièces de vieille tapisserie haute lisse. . . . . 96 l.
Une table de toilette. . . . . . . 6 l.
Deux chaises et un fauteuil à bras de bois, couverts de tapis de Turquie. . . 56 l.
Un rideau de croisée en toile de coton. 15 l.
Deux tableaux en dessus de porte. . .
Une cuvette avec son pot à l'eau en faïance. . . . . 3 l.
Un miroir de toilette.}
Et un pot de chambre.} . . . . 12 l.

Bouge vis-à-vis la garde-robe ci-dessus.

Un lit de sangle, deux matelas, un traversin et une couverture. . . . . . 60 l.
Deux tabourets pliants. . . . . 6 l.
Une table. . . . .}
Et un pot de chambre.} . . . . . 4 l.

Chambre n° 36.

Un lit à chassis, de taffetas vert piqué, les bonnes grâces, pentes et soubassements de même, la courte-pointe de satin vert piqué, les rideaux de serge verte, la couchette garnie d'une paillasse, de deux matelas, d'un lit de plume, d'un traversin et d'une couverture. . . . . 210 l.
Sept pièces d'une vieille tapisserie haute lisse à personnages. . . . . . . 100 l.
Une commode avec son dessus de marbre . . . . 60 l.
Un miroir de toilette cassé . . . . 4 l.

Deux fauteuils à cartouche fond rouge
et or, encadrés d'un velours bleu cizelé. . 72 l.

Deux chaises à la reine couvertes d'indienne. . . . . 28 l.

Cinq fauteuils de paille. . . . . . 7 l.

Quatre chaises idem fines . . . . . 8 l.

Deux chenets. . . . .⎫
Pelle, pincette, tenaille.⎬. . . . . 16 l.
Un souflet . . . .⎭

Une table volante . . . . 3 l.

Une idem de nuit et son pot de chambre⎫
ou bidet . . . .⎬
Et une cuvette avec son pot à l'eau en⎬ 9 l.
faïance . . . .⎭

Chambre donnant dans celle du n° 36.

Un lit à chassis, de taffetas vert piqué,
bonnes grâces, pentes et soubassemens de
velours vert, les rideaux de serge verte,
la couchette garnie d'une paillasse, de
deux matelas, d'un lit de plume, d'un traversin et d'une couverture . . . . . 440 l.

Trois chaises et un tabouret couvert de
tapis de Turquie. . . . . 48 l.

Un rideau de croisée en toile unie . . 12 l.

Une cuvette et son pot à l'eau de faïance. 3 l.

Un miroir de toilette. . . . . . . 15 l.

Une chaise de paille, une table volante. 4 l.

Et un tableau en dessus de porte . .

Chambre n° 37.

Un lit à chassis, de taffetas jaune piqué,
bonnes grâces, pentes et soubassemens de
damas vert, la courte-pointe de taffetas
jaune piqués, la couchette garnie d'une

paillasse, de deux matelas, d'un lit de plume, d'un traversin et d'une couverture. 400 l.
Cinq pièces de tapisserie vieille haute lisse à grands personnages. 100 l.
Une commode de bois de noyer. 27 l.
Quatre fauteuils de paille. 8 l.
Huit chaises de idem fines. 12 l.
Un miroir de toilette. 12 l.
Deux chenets.
Pelle, pincette, tenaille. 16 l.
Un souflet.
Une table volante. 3 l.
Une idem de toilette. 6 l.
Un rideau de croisée en toille damassée. 16 l.
Un tableau en-dessus de porte représentant la Vierge tenant l'enfant Jésus.
Sur la cheminée le portrait en grand de Mgr le Cardinal duc de Richelieu.
Une cuvette avec son pot à l'eau en faïance. 3 l.
Une chaise percée, un bidet. 12 l.
Une table de nuit et un pot de chambre. 4 l.

Chambre n° 38.

Un lit à chassis, d'un vieux damas jaune, les rideaux de même. 240 l.
Un autre lit idem de serge grise, les couchettes garnies de leurs paillasses, de deux matelas de chaque lit, traversins et couvertures. 300 l.
Une vieille tapisserie de messeline. 28 l.
Cinq chaises de paille. 8 l.
Deux tabourets plians. 1 l. 5 s.

Deux chenets.
Pelle, pincette } . . . . 13 l.

Une table couverte d'un tapis de messeline. . . . . 10 l.

Une cuvette avec son pot à l'eau en faïance. . . . . }
Et deux pots de chambre. . . . . } 3 l.

Chambre n° 39.

Un lit à chassis, en damas de Caux, les rideaux, pentes, courte-pointes et soubassemens de même . . . . }
Une vieille tapisserie de messeline, la couchette garnie d'une paillasse, de deux matelas, d'un lit de plume, d'un traversin et d'une couverture. . . . . . . } 166 l.

Une table couverte d'un tapis de Turquie.. . . . . 20 l.
Une idem de toilette. . . . . . . 6 l.
Un miroir idem. . . . . 15 l.
Six chaises de paille. . . . . . . 8 l.
Une table volante. . . . . . . 3 l.
Un tabouret. . . . . 1 l. 5 s.
Une cuvette et son pot à l'eau en faïance. 3 l.
Un ancien bureau à placage à dessus de marbre. . . . . 48 l.

Garde-robe n° *idem*.

Une chaise percée, une table de nuit. . 9 l.
Une idem couverte d'un tapis de messeline et un pot de chambre. . . . . 5 l.

Idem petite garde-robe à coucher.

Un lit de sangle, une paillasse, un matelas, une couverture et un traversin. . . 40 l.

Une table avec son tapis de messeline. 12 l.
Une chaise. . . . . 1 l. 4 s.
Une plaque de cuivre jaune.⎫
Et un pot de chambre. . .⎭ . . . 1 l. 5 s.

Chambre du n° 40.

Trois bois de lit garnis chacun d'une paillasse, de deux matelas, traversins et couvertures. . . . . 180 l.
Une table. . . . . 3 l.
Quatre chaises de paille . . . . 6 l.
Une plaque de cuivre jaune.⎫
Et deux pots de chambre. .⎭ . . . 1 l. 5 s.

Chambre n° 41.

Deux couchettes garnies de leurs paillasses, de deux matelas chaque couchette, traversins et couverture. . . . . . 130 l.
Une table avec son tapis en messeline . 12 l.
Trois tabourets. . . . . 3 l.
Une chaise couverte en toile. . . . 8 l.
Une idem de paille. . .⎫
Et deux pots de chambre.⎭ . . . 2 l.

N° 42. — N¹⁴. — Chambre n° 43.

Trois lits à tombeaux, les housses de messeline, les couchettes garnies de chacune une paillasse, de deux matelas, traversins et couvertures. . . . . . . 387 l.
Une vieille tapisserie de cuir argentée sur trois faces. . . . . 48 l.
Une table. . . . . 3 l.
Quatre chaises de paille . . . . . 6 l.
Trois vieux fauteuils couverts de broca-

telle et un à pieds tournés couvert de
serge rouge. . . . . 80 l.
    Trois pots de chambre. . . . . 1 l. 4 s.
    Et un mauvais secrétaire couvert d'un
tapis en laine. . . . . 20 l.

Chambre n° 44.

Un lit à tombeau, la housse de messeline, la couchette garnie de sa paillasse,
de deux matelas, d'un traversin et d'une
couverture. . . . . 120 l.
    Une vieille tapisserie en Bergame. . . 24 l.
    Une table avec son tapis à fleurs . . . 10 l.
    Trois chaises de paille. . . . . 4 l.
    Un pot à l'eau avec sa cuvette.
    Un pot de chambre. . . . . . 2 l.
    Et une chaise percée. . . . . . 6 l.

Chambre n° 45.

La couchette garnie d'une paillasse, de
deux matelas, d'un traversin et d'une
couverture. . . . . 72 l.
    Une tapisserie de Bergame. . . . 18 l.
    Une table avec son tapis en laine verte. 9 l.
    Une chaise.
    Un tabouret.
    Et un pot de chambre. . . . . 3 l.

Chambre n° 46.

Une tapisserie de messeline. . . . . 20 l.
Un lit à chassis, le fond, dossière, pentes, rideaux, courte-pointe et soubassemens de damas de Caux, la couchette garnie d'une paillasse, de deux matelas, d'un
traversin et d'une couverture. . . . 160 l.

Quatre chaises de paille.	6 l.
Une autre idem couverte de serge rouge.	12 l.
Un miroir de toilette cassé.	4 l.
Une chaise percée.	4 l.
Une table de nuit	4 l.
Une cuvette et son pot à l'eau en faïance.	
Un pot de chambre.	3 l.
Une table volante.	3 l.
Et une idem de toilette.	6 l.

Chambre n° 47.

Une tapisserie de messeline.	20 l.
Un lit à colonne, le fond, dossière, pentes, rideaux, courte-pointe et soubassemens de damas de Caux, la couchette garnie d'une paillasse, de deux matelas, d'un traversin et d'une couverture.	170 l.
Une table couverte d'un tapis de messeline.	9 l.
Une petite table volante	3 l.
Trois chaises de paille, une idem percée.	8 l.
Une cuvette avec son pot à l'eau de faïance.	
Un pot de chambre.	4 l.
Et un tabouret couvert de messeline jaune.	

Chambre n° 48.

Une tapisserie de messeline.	20 l.
Un lit à tombeau, la housse de messeline, la couchette garnie d'une paillasse, de deux matelas, d'un traversin et d'une couverture.	132 l.
Une table couverte d'un tapis de drap vert.	10 l.

Trois chaises.	4 l.
Deux chenets.	
Pelle, pincette.	10 l.
Sur la cheminée, un tableau représentant trois mariages.	
Une chaise percée.	6 l.
Une cuvette avec son pot à l'eau en faïance.	
Un pot de chambre.	3 l.
Une table volante.	3 l.
Et une idem de nuit.	4 l.

Chambre n° 49.

Une tapisserie de brocatelle à bandes.	48 l.
Un lit à impérial de damas bleu, fond, grande dossière, dossière chantournées, pentes, courte-pointe et soubassemens de même, la couchette garnie d'une paillasse, de deux matelas, d'un lit de plume, d'un traversin et d'une couverture.	420 l.
Un fauteuil de paille, cinq chaises idem.	10 l.
Une commode de bois de noyer.	27 l.
Un miroir de toilette.	16 l.
Deux chenets.	
Pelle, pincette, tenaille.	15 l.
Deux tables volantes.	6 l.
Une cuvette et son pot à l'eau en faïance.	3 l.
Une chaise percée.	6 l.
Une table de nuit.	
Et un pot de chambre.	4 l.

Première chambre du n° 50.

Une couchette garnie d'une paillasse, deux matelas, un traversin et une couverture.	60 l.

Une petite table couverte d'un tapis de Turquie.	12 l.
Deux chaises couvertes de messeline. Et un pot de chambre.	15 l.

Seconde chambre du n° *idem*.

Une tapisserie de messeline.	24 l.
Le lit à colonnes de même. Le fond, grande dossière et rideaux. La couchette garnie d'une paillasse, de deux matelas, d'un traversin et d'une couverture.	140 l.
Deux chaises de paille.	3 l.
Un tabouret pliant de même que le lit.	3 l.
Une table couverte d'un tapis de messeline.	8 l.
Un miroir de toilette cassé.	3 l.
Une cuvette avec son pot à l'eau de faïance.	3 l.
Une chaise percée.	4 l.
Une table de nuit et un pot de chambre.	3 l.

Garde-robe au-dessous de la baignoire de Monseigneur.

Un lit à tombeau, la housse de vieille étoffe de soie, et un lit à tombeau et bandes de tapisserie, la couchette garnie d'une paillasse, de deux matelas, d'un traversin et d'une couverture.	240 l.
Une table.	3 l.
Une armoire.	40 l.
Une chaise couverte de messeline.	6 l.
Une chaise de paille.	1 l. 5 s.
Un miroir de toilette.	12 l.
Une cuvette et son pot à l'eau en faïance, et un pot de chambre.	3 l.

Garde-Meuble.

Trois malles et un vieux coffre, dans l'une il y a un ancien lit en blanc à gros rézeaux de dentelle.	120 l.
Huit feuilles de paravent couvertes d'un côté d'un vieux drap rouge.	60 l.
Le corps d'un petit carosse dégarni en pointe de ses clous dorés.	36 l.
Quatre piédestaux de cuivre doré avec leurs pieds d'appui aussi en cuivre doré.	160 l.
Quatre vases de faïance.	10 l.
Cinq bassins de idem.	6 l.
Cinq seaux de faïance pour raffraichir le vin.	8 l.
Deux grands verres.	15 l.
Un prie-Dieu fermant à clefs. . .	20 l.
Onze grands et moyens tapis de pied de Turquie.	2050 l.
Une idem de tapisserie.	160 l.
Deux autres petits idem de Turquie hors de service.	24 l.
Un bois de sopha.	20 l.
Deux fauteuils de paille en bergères.	6 l.
Une grande table représentant une Descente de Croix.	
Et cinq autres idem de différente grandeur.	
Deux dossiers à cramailler pour les malades.	20 l.
Six oreillers de différens coutils, dont quatre vieux.	40 l.
Dix-sept lits de sangle.	72 l.
Quinze paillasses.	60 l.
Vingt-cinq matelas.	1000 l.

Vingt-trois traversins.	256 l.
Trois oreillers en coutil.	36 l.
Vingt vieilles couvertures de laine.	100 l.
Quinze bassinoires de cuivre rouge, dont une est chez l'intendant.	148 l.
Deux petits canons de fonte de six pouces de long.	40 l.
Quatre gros chandeliers de cuivre argenté avec leurs globes de verre.	48 l.
Quatre grands chandeliers et plusieurs bras des bois dorés.	40 l.
Plusieurs tabourets pliants.	20 l.
Six vieilles chaises anciennes couvertes de moquette rouge.	48 l.
Deux vieux fauteuils tapissés et usés.	16 l.
Huit feuilles de paravent en papier.	12 l.
Huit feuilles de paravent d'étoffe de soie à cartouche doublées de cotonnade.	48 l.
Deux courte-pointes très anciennes.	30 l.
Vingt-quatre plaques, tant bonnes que mauvaises, en cuivre.	48 l.
Deux flacons en plomb.	24 l.
Deux aiguières en forme de théyères avec leurs couvercles.	24 l.
Et quatre autres en cuivre argenté.	48 l.
Quatre vieux robinets de fonte.	12 l.
Dix-sept plats à barbe.	20 l.
Trois jattes avec leurs couvercles.	8 l.
Neuf petits pots de chambre.	6 l.
Trois grands plats, dont un ébréché et deux couverts, le tout en faïance et filés en majeure partie.	4 l.
Plusieurs guéridons et un assez grand nombre de pièces de boiseries et encadrements dorés.	160 l.

TOME XXXI.

Plusieurs anciennes tables volantes, et autres chaises percées très mauvaises. . . 24 l.

Une armoire de bois blanc, en icelle six fusils simples et un double antique, et en outre il existe le petit fusil de Monseigneur qui est entre les mains de M^r le Gouverneur. . . . . 530 l.

Un grand coffre antique presqu'entièrement rempli de différens linges usés et remis au rebus. . . . . 30 l.

Trois vieilles poëles à lessive en cuivre. 96 l.

Plusieurs mauvais chenets en fer. . . 20 l.

Quatre lanternes en fer blanc garnies en verre. . . . . 12 l.

Et au surplus, dans ledit garde meuble sont plusieurs autres effets et meubles de rebut. . . . . 160 l.

ÉTAT DES MEUBLES QUI SONT DANS LE LOGEMENT DE Mr GOUSSÉ, INTENDANT DU DUCHÉ DE RICHELIEU.

Dans la chambre de l'alcove, un lit à impérial garni en damas de Caux, rideaux, courte-pointe de même étoffe, une couchette garnie de sa paillasse, d'un lit de plume, de deux matelas, d'un traversin et d'une couverture de laine blanche et deux cotonnades. . . . . 288 l.

Une tapisserie aussi de damas de Caux. 36 l.

Une table à pieds tournés. . . . . 4 l.

Un petit miroir de toilette, bordure de bois uni. . . . . 6 l.

Une chaise percée. . . . . . . 6 l.

Une table de nuit. . . . . 4 l.

Dans la cheminée deux chenets.
Pelle, pincette, tenaille. . . . } . . . 12 l.

Quatre tableaux représentant une Sainte-Famille. . . . .

Au-dessus de la porte, un S¹ François dans le désert. . . . .

Un portrait de Louis Onze et un de Moÿse. . . . .

Une armoire à deux battans en bois de chêne. . . . . 60 l.

Un pot de chambre pour la chaise percée et un autre pour la table de nuit. . . . 1 l. 5 s.

De plus un oreiller. . . . . . . 9 l.

Dans le cabinet vitré du couloir.

Une petite tapisserie bleu et blanche. 16 l.

Une table à écrire avec des tablettes dessus, deux petits rideaux de toile peinte. 12 l.

Dans le couloir.

Une armoire de bois de chêne. . . 60 l.

Dans la chambre à côté sans cheminée.

Une tapisserie d'indienne bleu et blanc. 48 l.

Un lit de damas de Caux complet à impérial. . . . .
. La couchette garnie d'une paillasse, deux matelas de laine, un traversin, une vieille couverture de laine. . . . . . } 140 l.

Aux deux portes qui se regardent, une portière à chacune ou rideaux de damas de laine en mosaïque. . . . . . . 18 l.

Dans la même chambre, un lit de repos garni de son matelat et traversin. . . . 48 l.

Et une table à pieds tournés. . . . 4 l.

Sallon de compagnie.

Une tapisserie point d'Hongrie. . . .	60 l.
Deux chenets, pelle, pincette et tenaille.	12 l.
Sur la cheminée un grand tableau représentant Lucrèce.	
Et une table à pieds tournés.	4 l.

Dans le cabinet à côté.

Une tapisserie de damas d'Abeville. .	20 l.
Une grande armoire à quatre battans, garnie de serrrure et clefs.	100 l.
Une table longue garnie dessus de velours vert.	40 l.
Et un bureau à écrire garni de son écritoire.	25 l.

Dans la cuisine.

Un établi servant de table de cuisine.	6 l.
Un tourne-broche, une broche. . .	15 l.
Un dressoir ou vaiselier de bois blanc avec son bas d'armoire.	9 l.
Une table de bois de chêne. . . .	6 l.
Deux chenets, pelle, pincette, tenaille et un souflet.	8 l.

Dans la petite chambre qui donne dans la cuisine.

Une couchette garnie d'une paillasse, de deux matelas de laine, d'un traversin, de deux vieilles couvertures de laine et deux vieux rideaux de damas de Caux. . . .	70 l.

Dans le sallon à manger.

Un grand buffet remplissant le bout dudit sallon.	80 l.

Deux tables à manger en bois blanc, une de quatre couverts et l'autre de douze. . . . . 24 l.
Une petite table volante. . . . . . 3 l.
Deux chenets avec un souflet. . . . 9 l.
Une selle de cheval couverte en cuir, siège de velours. . . . . 12 l.
Une autre petite selle anglaise couverte en velours cramoisi. . . . . . . 12 l.
La housse de même garnie d'un galon d'or . . . . 40 l.
Une pièce de bouquettes en sacoches. 3 l.
Trois douzaines de chaises de paille. . 50 l.
Cinq fauteuils de même. . . . . . 10 l.
Une bassinoire de cuivre rouge. . . 10 l.
Plus M. Goussé a pris au château un lit de sangle, deux couvertures de laine, un oreiller et un lit de plume. . . . . 96 l.

Dans les corridors et escaliers du château.

Dix-sept lanternes, chassis en fer blanc, garnies de verre sur trois faces. . . . 48 l.
Quatre autres lanternes, chassis de bois, aussi garnies de verre sur trois faces. . . 10 l.
Dix-sept plaques de cuivre. . . . 25 l.

Dans la cour du donjon du château.

Huit canons, dont deux aux armes de feu M. le Cardinal, et six autres aux armes d'Angleterre, montés sur leurs affuts en très mauvais état.

Dans les deux serres en face du château, et en celle pratiquée dans l'une des granges de la basse-cour ensuite du jeu de paulme.

Quatre-vingt-deux tant orangers que citronniers, assez bien vivans.

Et quatre presque morts.
Quatre morts sans ressource.
Les caisses du tout anciennes et majeures parties jouissent de vétusté.

Sous le dôme de l'horloge.

Deux anciens arrosoires en cuivre, et un autre chez le concierge. . . . . . 24 l.

ÉTAT DES EFFETS QUI SONT DANS LA FONDERIE APPARTENANTE A Mgr LE MARÉCHAL.

Une ancienne mauvaise voiture, garnie de quelques restes de harnais sans considération ; laquelle voiture était à l'usage des Intendans . . . . 80 l.

Premièrement.

Trois saumons entiers et un demi saumon de plomb, pezant ensemble cinq cent cinquante livres.
Plus vingt-six livres de soudure.

Nota. — Ces deux articles s'employent journellement, et depuis le commencement de la présente vérification à la clôture, ils se trouvent employés pour majeure partie.

Plus une grande pleine de cuivre jaune et une partie aussi de cuivre.
Plus neuf fers à souder.
Plus un oiseau de cuivre rouge.
Plus une cuillière à priser le plomb fondu.
Plus deux cuillières à soudure.
Plus une chaudière à fondre le plomb.
Plus deux moules de fonte pour fondre des tuyaux.
Plus quatre raclettes.
Plus cinq goujes.

Plus six gratoires.
Plus trois petits fers à ornemens.
Plus une marmitte cassée.
Plus une petite paire de pinces.
Plus un cramaillon.
Plus une paire de grandes balances ou plateaux en bois à fléau de fer.
Plus neuf poids de fonte de fer, de cinquante livres chacun.
Plus deux autres idem, de chacun vingt cinq livres.
Plus un de douze et l'autre de six livres, aussi de fer.
Plus six poids de plomb pesant en tout huit livres trois quarts.
Plus un établi garnie de deux colliers.
Plus un moule à couler les tables de plomb.
Plus cinq planches à échafauder.
Plus deux manteaux de fontainerie.

« ÉTAT DES STATUES ET BUSTES DE MARBRE

DU CHATEAU DE RICHELIEU » [1].

1. Deux statues de marbre blanc, un Bacchus et un Mars endomagé.

   Sur l'extérieur du pont, en entrant au château.

2. Deux Enfans debout, en marbre blanc, tenant des urnes.

   Sur les deux pavillons extérieurs du château.

3. Deux bustres en bronze, Mercure et Bacchus sur leur pié douche en marbre.

   Pavillon du petit dôme en entrant au château sur le pont.

4. Une Renommée, figure en bronze par Berthelot, à gauche et à droite du petit dôme.

   Au bout du pont.

5. Deux statues en marbre blanc, Jupiter et un Mars.

   Sur les côtés du petit dôme, intérieur et extérieur.

6. Deux colonnes raustrales en marbre.
7. Deux obélisques en marbre sur leur base.

---

[1]. Cet état, distinct de l'inventaire qui précède, en forme le complément. Nous avons conservé l'orthographe fantaisiste de la copie que nous avons eue entre les mains. Pour ce qui concerne les objets d'art qui décoraient le château de Richelieu, on trouve d'utiles renseignements dans les ouvrages suivants : *Le chasteau de Richelieu*, par Vignier, 3ᵉ édition, Saumur, 1684. — *Histoire de Richelieu*, par l'abbé Bossebœuf, Tours, 1890. — *Recherches sur les collections des Richelieu*, par Edm. Bonnaffé, Paris, 1883.

Intérieur de la cour, à gauche et à droite de la porte du château.
Dans les niches.

8. Vénus et l'Amour.
9. La statue d'Apollon.

A droite.

10. Une figure thèreme.
11. Vertumna, figure en marbre blanc.
12. Une figure drapée de dame romaine.
13. Un therme représentant Hercule.

Sur la térasse intérieur, pavillon à droite.

14. La statue de Sylla, figure en marbre blanc.

Au-dessus.

15. Un bustre d'Auguste.

Intérieur de la cour; à droite.

16. La statue d'une Muse, Euterpe, figure en marbre blanc.

Au-dessous.

17. Un buste, Barbia Orbiassa, avec draperie d'albâtre.
18. La statue de Néron, figure en marbre blanc.

Au-dessous.

19. Un buste en marbre blanc, Galeris Valeria.
20. Une figure en marbre blanc, tenant un enfant représentant Julie, femme de Pompée, qu'on suppose être Agrippine.

Au-dessous.

21. Un buste en marbre blanc, Cucius Domitius père et Néron.
22. Un jeune héros, très belle figure en marbre blanc, mais mutilée.

Au-dessous.

23. Un buste d'Octavie, fille d'Octavius.
24. La statue de Julie, fille d'Auguste, sous la forme d'une vestale désignée sous le nom d'une muse.

Au-dessous.

25. Le buste de Brutus en marbre blanc.
26. La statue de Mars en marbre blanc.

Au-dessous.

27. Le buste de Scipion l'Africain.
28. Une très belle figure drapée de dame romaine, dont la coiffure ressemble à Matidia.

Au-dessous.

29. Le buste de Sallustia, en marbre blanc, corsage d'albâtre.
30. La statue de Mercure en marbre blanc, mais mutilée.

Au-dessous.

31. Lucius Aurelius Verus.
32. Vénus Anadiomène, figure en marbre blanc.

Au-dessous.

33. Agrippine, mère de Néron, buste en marbre blanc.
34. Apollon Pythien, statue en marbre.

Au-dessous.

35. Un buste de Vitellius en marbre blanc.
36. La statue de Mercure, tenant la bourse et le caducée.

Au-dessous.

37. Un buste de Lucille, le corsage en albâtre.
38. La Vénus pudique, statue en marbre blanc.

Au-dessous.

39. Le buste de l'empereur Probus, à draperie d'albâtre.

40. La statue de Mars en marbre blanc.

Au-dessous.

41. Le buste de Sillanus consul.

Sur la face du pavillon, toujours à droite.

42. La statue de Louis treize en marbre blanc.

Sur les côtés, dans des niches.

43. Le buste de l'empereur Calligula, et Tibère Auguste.
45. Une très belle figure extrêmement mutilée.

Après le pavillon, à gauche.

46. La statue de Méléagre.

Au-dessous.

47. Le buste de Cornélius Scipion, avec draperie d'albâtre rubanée.
48. La statue de Vénus, figure en marbre blanc.

Au-dessous.

49. Le buste de Marc Antoine, draperie d'albâtre.
50. La statue de Mercure en berger.

Au-dessous.

51. Un buste de dame romaine, à draperies de rapports.

En tournant à gauche, après le 3me pavillon.

52. La statue de Faustine, femme de Marc Aurèle.

Au-dessous.

53. Un bustre en marbre blanc, Floria Domitille, femme de Vespasien.
54. La statue de Bacchus et un jeune faune.

Au-dessous.

55. Un bustre en marbre blanc, Junia Claudia, femme de Caligula.
56. La statue de Julia Nomméa, figure bien rupée.

Au-dessous.

57. Un bustre moderne.
58. Une statue en marbre blanc, figure consulaire restaurée.

Au-dessous.

59. Le bustre de Brustille, fille de Hermanicus et d'Agriptine.
60. La statue de Claudia, fille de Claudius et de Falvia.

Au-dessous.

61. Un très beau bustre d'Hercule.
62. La statue d'Esculape en marbre blanc.

Au-dessous.

63. Un bustre moderne caractérisant Mr Lemercier, architecte, qui a fait construire le château de Richelieu.
64. La statue de Vénus pudique en marbre blanc.

Au-dessous.

65. Le bustre d'Aquilia Severa.
66. La statue de Diane en marbre blanc.

Au-dessous.

67. Le bustre d'Antonia Gota.
68. La statue d'Agrippius, bien drapée.

Au-dessous.

69. Un bustre de jeune femme.
70. La statue de Marius en marbre blanc.

Au-dessous.

71. Le buste d'Antonin le Pieux.
72. La statue de Sabine, femme d'Adrien.

Au-dessous.

73. Le bustre de Claudius, mari d'Agrippine.

A gauche, du côté du petit dôme, demi-lieue de l'entrée du pont, dans l'intérieur.

78. La statue de Vénus en marbre blanc.

Au-dessous.

79. Un bustre d'Elysandre en marbre blanc.
80. Une statue en marbre blanc, figure debout caractérisant le Sommeil.

Au-dessous.

81. Celius Adrianus, bustre en marbre blanc à draperie de rapports de différens genres.

Façade du château. Pavillon du Roi sur le parterre.

82. La statue de Bacchus.

Au-dessous.

83. Un bustre de l'empereur Comode.
84. La statue d'Apollon.

Au-dessus.

85. Un bustre d'Agrippa.

Sur la terrasse.

86. Un vase de Médicis en marbre blanc sur son piédouche avec cents Espris et dans la Musse.

Pavillon du milieu sur le parterre.

87. La statue d'Hercule en marbre blanc.

Sur les côtés.

88. Le bustre de Lucius Octavius, père d'Auguste, et celui de Licinius Galienus.

Pavillon du côté du parterre.

89. Un bustre d'Apollon.
90. Deux bustes d'Empereur mutilés.

Du côté de la ville. Pavillon à gauche en entrant.

91. La statue d'Apollon Pythien.

Au-dessus.

92. Un bustre d'Empereur en marbre blanc.

Vestibule du grand escalier, en entrant dans le château.

93. Quatre figures de femme, bien drapées, en marbre blanc sur pied d'estal dans des niches.

Au haut de l'escalier au-dessus des portes.

94. Deux médaillons, têtes de medus, et deux autres médaillons, le portrait d'Auguste.

A gauche et à droite du grand escalier dans des niches.

95. Trois belles statues en marbre blanc, une Vestale et un Pâris.
96 Trois autres statues, un sacrificateur de Mars, une prêtresse de Junon et un Apollon Pythien.

Salle du buffet.

97. Un bustres de jeune faune.
98. Un bustre d'Hercule restaurée.
99. Un bustre consulaire.
100. Un bustre de Trajan.

Cabinet du Roi.

101. Esculape et Thelesphore.
102. Deux bustres consulaires.
103. Un Amour.
104. Néron.
105. Caligula avec draperie de rouge antique et sculptures.
106. Le dieu Pan.
107. Achille, tête en marbre blanc, le corsage en albâtre.
108. Hercule avec les pommes hespérides.
109. Didon et Arianne.
110. Une très belle table en marbre de rapport de Florence : le milieu présentant un médaillon ovale, travaillée à feston avec cartouche en agatte rubannée ; l'encadrement enrichi de vingt-quatre panneaux en jaspe, lapis, brocatelle et autres marbres rares, avec moyens cartouche en agatte : le pourtour à bordure quarré de divers desseins en albâtre oriental rubané, avec floron et ornemens tant en lapis qu'en jaspe, grand antique et autres avec car de ron en marbre vers antique, sur un riche pied en bois sculpté et doré.

Galerie.

112. Un bustre en marbre blanc de Jean Armand Duplessis.
113. Un bustre en marbre blanc du maréchal de Richelieu.

En entrant dans la galerie à droite entre deux colonnes.

114. La statue d'Apollon, sur pied d'estal en marbre rouge.
115. Un buste de Pertinax.
116. Un bustre d'Hercule.
117. Un bustres de Septime Sévère.
118. Un bustre de Lépide.
119. Un bustre de Maximin.
120. Un bustre la déesse Rome.
121. Un bustre d'Octavie, femme de Marc Antoine.
122. Un bustre de Vespasien.
123. Un bustre de Julia.

Entre les deux colonnes à droite.

124. La statue de Vénus et Cupidon, ouvrage grec.

Dans la rotonde à droite.

125. Un bustre d'Entiochus, tête en marbre blanc, le corps en albâtre oriental sur gaîne en marbre rouge.
126. Le bustre de Lucius Verus.
127. Le bustre de Capien.
128. Le bustre de Macrin.
129. Le bustre d'un consul.
130. Le bustre d'Epaminondas, aussi sur gaîne du même genre.

En entrant dans la galerie à gauche entre les deux colonnes.

131. La statue de Bacchus, sur pied d'estal en marbre rouge.
132. Un bustre de Vénus.
133. Un bustre moderne représentant une des filles de Niobé.
134. Un bustre de consul.
135. Un bustre d'Ania Faustine.

136. Un bustre de Coccus Nerva.
137. Un bustre de Julia Brustille, fille de Caligula.
138. Un bustre de Claudin Herculanilla.
139. Un bustre de Vénus.
140. Un bustre la déesse Rome.

Entre les deux colonnes à gauche.

141. La statue d'une prêtresse sur pied d'estal en marbre rouge.

Dans l'atellier des charpentier et menuisier du côté des écuries.

142. Un ensemble de fragment de statues, bustres et colonnes de marbre.

TABLE

DES NOMS DE PERSONNES [1] ET DE LIEUX

A

Achaio (G. de), 9.
Achart (Pierre), 9.
Adam, vicomte de Melun, sr de Montreuil-Bellay, 33.
Addée (Mr), 438.
Adrier, Adriers, 150. *Vienne.*
Agia (de), 203.
— (A. de), 236.
Agialaci (Johannes), 200, 201, 202, 222, 231, 236. Voy. Angialaci.
Agullun (Symon), 13.
Aigres (Eglise réformée d'), 405, 409. *Charente.*
Ailly (Charles d'), guidon, 85.
Aimeri de Vihiers, chevalier, 10.
— Sr d'Argenton, 30.
Airon (Vallée d'), 362. *Près de Brelou, Deux-Sèvres.*
Aizenay, Aizenois (Eglise réformée d'), 406. *Vendée.*
— (Paroisse d'), 147.
Alaire (Girard), le Vielz, marchand d'Albigois, 164.
Alarz (Petrus), 7.
Aleardis, uxor Petri Achart, 9.
Alençon (Duc d'), 129.
Alo, senescallus Thoarcii, 7.
Amboise (Louis d'), vicomte de Thouars, 1.

Amboise (Pierre d'), vicomte de Thouars, 55.
Andegavis (Johannes de), 6.
Androuet (Voy. du Cerceau), 312.
— Elisabeth, 315.
Angialaci (Johannes de), 197, 216. Voy. Agialaci.
Angle, 149. *Vienne.*
Anjac-sur-Charente, 84. *Charente.*
Anjou (Synode d'), 414.
— Province (d'), 424.
Anthoine, sgr de Saint-Amand, 264.
Anthougné, 330. *Antoigné, cne de Châtellerault, Vienne.*
Apostolle (Pierre de l'), peintre-verrier, 249.
Archiepiscopi (Willelmus), dominus Partiniaci, 8.
Arciaque (François d') et de Bellevue, 98.
Arembert (Jehan), conseiller du roi en Poitou, 143.
— Mathurin, procureur du roi en Poitou, 149, 171.
— (Philippe), 65.
Argentine, 16. *Cne de Saint-Généroux, Deux-Sèvres.*
Argenton (Ville et châtellenie d'), 134, 146. *Deux-Sèvres.*

---

1. On a négligé : 1° les noms contenus dans les rôles de Montres et Revues (1387-1673) publiées pages 81 à 116 inclus, sauf ceux des capitaines, lieutenants, enseignes, guidons et sergents de compagnies qui nous ont semblé présenter un double intérêt historique et généalogique ; 2° il en a été de même pour les noms reproduits dans les pages 152 à 156 qui nous ont paru devoir être supprimés de la table sans inconvénient.

Argentonis (Gaufridus de), senescallus Thoarcencis, 17.
Armenjote, sœur de Guillaume Vraire, 49.
Arran (Comte d'), fils de Jacques Hamilton, duc de Châtellerault, 402.
Aspremont (Ville et châtellenie d'), 147. *Vendée.*
Aubanie (Eglise réformée d'), 407, 419.
Aubéry (Mr*e*Maximilien), chevalier, sg*r* du Maurier et de la Fontaine-Dangé, 403 à 471 *passim.*
— Daniel, 434.
— Louise, 434.
— Maurice, 434.
— Eléonore, 434.
— Madeleine, 434.
— Benjamin, 434.
— Amélie-Catherine, 434.
Aubineau, notaire, 244, 245.
Aubouineau (Jehan), 314.
Aubry (Louis), 66.
Audren (Michael), 35.
Augereau (François), 140, 141.
Aulonne (Ville et châtellenie d'), 140. *Olonne, Vendée.*

Aumale (M*lle* d'), 430, 442, 444.
Aumeli (A.), 123.
Aumont (Jacques d'), 246.
— (Ferry d'), 246.
— (Jean d'), baron de Conches, 246.
— (Blanche d'), 246, 249.
— (d'), 251.
— (M*me* d'), Françoise de Maillé, 265.
— (Pierre d'), le jeune, sg*r* d'Estrabonne, 267.
— (le maréchal d'), 432, 433, 464.
Aunay (Ville et châtellenie d'), 136, 148. *Charente-Inférieure.*
— (Eglise réformée d'), 404.
Aveline, prieur-curé de Saint-Laon, 71.
Aymeri VII vicomte de Thouars, 1, 5.
— Aymericus de Lezegnaco, miles, 8.
— vicecomes Thoarcii, 8, 15.
— de Viheriis, miles, 10.
— dominus de Argentonio, miles, 44.
Aymont (Jehan), 141.
Azay (Vallée d'), 360. *Azay-le-Brûlé, Deux-Sèvres.*

B

Babaud (M. Jean), avocat au parlement, ancien, 407.
Bacon (François), 194.
Bados (Aimeri), 39.
Bailly, 414.
Balendin, 297, 300, 301.
Baraut (Jehan), 138.
Barbe (Gaufridus), miles, 19.
— (Jehan), avocat du roi, 142.
Barberet (Jehan), 137.
Barberie (Logis du s*r* de la) à Niort, 365.
Barbier (Alfred), 203, 403, 409, 410, 422, 425, 426, 427.
— (M*e* Daniel), pasteur, 407.
Barbière (Guillaume), 141.
Bardolin (Jehan), 138.
Bareniarz (Gualterius), 7.
Barentin (Le président), intendant du Poitou, 430, 432, 442, 443, 444, 464.
Bareteau (Jehan), 139.

Barneveldt, diplomate hollandais, 434.
Barrinière (de la), pasteur, 410, 426.
Bas-Poitou (Colloque du), 418.
Bastart (J.), 127.
Basti (Colas), 139.
Bastier (Jehan), receveur, 118, 127, 129, 131, 132, 134, 157, 167, 180.
Bastille (La), 430. *Paris.*
Baugé, 264, 265. *Maine-et-Loire.*
Bausatran, 423.
Baussay, 253.
Bayonne, 266. *Pyrénées-Orientales.*
Beaulieu (Jean de), prieur de l'Aumônerie de Saint-Michel, 53.
Beaupoil, avocat à Chatellerault, 182, 317.
Beaupreau (de), 69.
Beaussay (Guyart de), 61.
— (Jeanne de), vicomtesse, 51.
Beauveau (Louise de), 434.

Beauvilliers (Claude de), lieutenant, 83.
Beauvoir-sur-Mer (Ville et châtellenie de),.140, 147. *Vendée.*
Belàbre (Ythier), 136.
Belhéan, 333. *Bellian, c de Châtellerault, Vienne.*
Bellâbre (L'Eglise réformée de),407, *Indre.*
Bellecourt (Erard de)...
Belle-Jouanne, 348. C^ne *de Poitiers, Vienne.*
Belleville (L'Eglise réformée de), 406. *Vendée.*
Bellineau (Jehan), 135.
Belon (Marguerite), 314.
Benais (Honorat de), 435.
Benavent (Jean), clerc, 26.
Benet (L'Eglise réformée de), 405. *Vendée.* Voy. Bennez
Benez (Etienne), chanoine et chantre de St-Hilaire, 202.
Bennetz (Jehan), licencié en lois, 145, 147, 171.
Bennez (Ville et châtellenie de), 145. *Benet, Vendée.*
Benot (Jehan), 139.
Bercheure (Pierre), poitevin, 248.
Bergerac, 279. *Dordogne.*
Béringhen (de), 1er écuier de la petite écurie du roi, 432, 433, 456, 464.
Bernard (Jehan), procureur des aides en Poitou, 142.
Bernardeau, 426.
Berria (Raginaldus de), 8.
Bersuire, Bersuyre, 134, 145. *Deux-Sèvres.*
Berthelot (Jehan), 129, 158.
— sculpteur, 556.
Berthonnier (Jehan), 136.
Bessière (de la), 450.
Besuchet (Jehan), notaire et secrétaire du roi, 173.
Béthines, 149. *Vienne.*
Beuninghen (Van), ambassadeur des Provinces-Unies, 447
Bialle (Claude), sieur de Grillemont, ancien, 407.
Biesse (Me Jacques), commis en l'élection de Châtellerault, 335.
Bignet (Thomas), 138.
Bilazaio (Villa de), 26. *Bilazay, Deux-Sèvres.*
Billette Petrus), 13.
Billon, 260, 261.

Bilotus (P.), miles, 15.
Binet (Robert), 167.
Blainville (de), 122.
Blanchon, 305.
Blandin (Henry), élu en Poitou, 143, 145, 169.
Blacwood (Adam), conseiller du roi, juge magistrat au présidial, échevin de la ville de Poitiers, 281, 308, *passim.*
— (Jacques), avocat au parlement, 281 à 308, *passim.*
Blézy (Suzanne de), 249.
Blodio (Jodoinus de), 8.
Bobineau, 426.
Bochet (Villa de), 26. *Le Bouchet, cne de Louzy, Deux-Sèvres.*
Bodet (Mathias), 66.
Boelesve (Jehan), 143.
Boesé (Jacques), écuyer, sgr de Courcenay, 184.
Boezeau (Jehan), *alias* dit Maigner, 183.
Boinetière (de la), ancien, 409.
Bois-Grollier, 355. C^ne *de Rouillé, Vienne.*
Boisragon, 415, 416. C^ne *de Brelou, Deux-Sèvres.*
Bois-Sire-Amé, 116, 119. C^ne *de Varly, Cher.*
Bonet (Aymericus), 12.
Boniface (Jehan), 164.
Bodinus Guegnars, 13.
Bonnières (Domaine de), 249.
Bonnivet (L'amiral), 248.
Bonneau (Me Yzaïe), ancien, 407.
Bonenfant, scribe adjoint de l'Eglise de Châtellerault, 403, 408, 424, 426.
Bonnyn (André), 15.
Bonsens (L.), 418.
Borco (Petrus de), 232, 235.
Bordes (Le sr), 256.
Borreau (Raginaldus), 12.
Borsard (Jean), chevalier, 41.
Bosco (Laurentius de), dominus de Prisec, decanus artium, 231, 233, 235.
— (Laurentius de), canonicus Ecclesiè Pictavensis, 216, 221.
Botin (Pierre), marchand de la Rochelle, 171.
Boucher (Pierre), 140, 177.
Boucheron, notaire à Poitiers, 304.
Bouchet (Jehan), contrôleur extraordinaire des guerres, 65, 88.

— 566 —

Bouchetière (Eglise réformée de la), 405. C^ne de Saint-Lin, Deux-Sèvres.
Bougaut (André), 138.
Boullaire (Tour), 387, 388, 391. Fontenay-le-Comte, Vendée.
Boullereau (Jehan), 134.
Boupère (Eglise réformée du), 406. Vendée.
Bournezeaux, 147. Vendée.
— (Eglise réformée de), 406.
Bourbon (Gabrielle de), dame de la Trémoille, 249.
Bourceau (Etienne), 140.
Bourdet (Le), 256. Deux-Sèvres.
Bourdillière, capitaine, 91.
Bourduille (Pétronille la), 21.
Bourges, 124-126. Cher.
Bourguegnon (Guillaume), 140.
Bourgueneuf, 176. Bourganeuf, Creuse.
Bourneuf, 149. C^ne de Vicq-sur-Nahon, Indre.
Bourreau (Guillaume), 137.
Bourry (Phelipon), 140.
Boutet (Jehan), 135.
— (Yzacq), sieur de Perpinas, ancien, 407.
Bouttetière (de la), ancien, 411.
Boyer (Méry), 162.
Bragelongne (Jhérosme), trésorier de l'extraordinaire des guerres, 88, 90.
Branchu (Jehan), 137.
— (Me René), ancien, 406.
Brandois, 144. C^ne de Saint-Nicolas-de-Brem, Vendée.
Brandon (Claude de), enseigne, 83.
Brault, docteur en médecine, ancien, 407.
Breil Barret (Eglise réformée du), 405. Vendée. Voy. Breuil-Barret.
Breszé (Pierre), conseiller et chambellan du roi, 166.
Brethet (Guillaume), 137.
Breuil-Barret, 425, 426. Vendée.
Breuil de Puigny, 146.
Brichun (Johannes), 26.
Bridiers, 149. C^ne de La Souterraine, Creuse.
Briendus, 6.
Brie, 45. Deux-Sèvres.
Brigueil-la-Grève, 150. Brigueil-le-Chantre, Vienne.
Brissac (Me Jacques), pasteur de l'Eglise réformée de Loudun, 407.
— (Jean de), proposant en théologie, 422.
Brium, 15, 19. Brion, Deux-Sèvres.
— (Novellæ de), 35.
Brossard (Pierre), ancien, 406.
Brossardière (Eglise réformée de la), 405. C^ne de Saint-André-d'Ornay, Vendée.
Brosse (Jacques de la), guidon, 83.
Brulart (Pierre), 161.
Brun (Jacques), 133.
— (Jehan), 138.
Ruardière (Eglise réformée de la), 406. Près Foussais, Vendée.
Bueil (Jehan de), s^r de Fontaines, lieutenant, 85.
Bugnetier (Guillaume le), clerc, 131, 132, 175.
Bureau (Gaspar), maître de l'artillerie du roi, 166, 178.
— (Jehan), Burellus, conseiller et trésorier de France, 117 à 181.
Busseria (Johannes de), 201, 232.
Bussière, Buxière, 328. C^ne de Dangé, Vienne.
Bussy d'Amboise, 260.
Bussy (Mlle de), 400.
Butaud (Guillaume), 139.

C

Caffin (Marie), supérieure de la maison de la Providence, à Thouars, 71.
Cailleau (Laurens), clerc, 179.
Caillen (Jehan), 139.
Caillonneau (Pierre), 137.
Calabre (Marguerite de la), 21.
Campis (Harbertus de), miles, 16.
Campus Robini, 32. Vers Louzy, Deux-Sèvres.
Camus, 275. Voy. Pontcarré.
Capella (Gaufridus de), miles, 13.
Capella Gaudini, paroisse, 11. La Chapelle-Gaudin, Deux-Sèvres.
Carmes (Terre des), 150. L'Isle-Jourdain, Vienne.

Carré (M⁰ Jean), pasteur de l'Eglise réformée de Châtellerault, modérateur, 315, 403, 408, 424, 426.
Carreau (Méry), 134.
—. (Jehan), 257, 266.
Carrière (Tour de la), à Maillezais, 383. *Vendée.*
Carronneau (Guillon), 134.
Cartaneau (Pierre), 139.
Castel Rodrigo (Le marquis de), 448.
Castille (Mʳ), 279.
Castra (Anthonius de), 197, 202, 216, 222, 235.
Castres (duché de), 437.
Castro Murio (Alfredus dominus de), 17.
— (Willelmus, filius Alfredi de), 17.
Catherine d'Alençon, duchesse de Bavière, 165.
Catherine de Médicis (La reine), 469.
Caudin (Jehan), 140.
Cellebereau (Pierre), 141.
Cerceau (Jacques Androuet du), 314.
— (Charles Androuet du Cerceau), architecte et ingénieur du roi, 313 et *passim.*
—. (René du), 309 et *passim.*
Cessac (Antoine de), recteur de l'Université de Poitiers, 197, 200, 201, 202, 233, 235. Voy. Sessac.
Chabot (Léonor), chev., sᵍʳ de Moulien, lieutenant, 97, 101.
Chabouril (P.), 123.
Chabout (Jehan), 134.
Chaboz (Fulco), miles, 17.
Chabrol (M⁰ Jean), pasteur de l'Eglise réformée de Thouars, 407, 408.
Chaenie (Fons de), 35. Lieu-dit dans le Thouarsais.
Chagneau (M⁰ Nicollas), pasteur, 404.
Chaillac, paroisse, 189. *Haute-Vienne.*
Chaillou (Jean), maître ordinaire en la Chambre des comptes, 301.
Chaligaut (K.), 131.
Chalmot (M⁰ Jacques), pasteur, 404.
— (Pierre), écuyer, ancien, 404.
Chambret (Jehan), 137.
Champaigné-Mouton, 148. *Charente.*
— (Eglise réformée de), 407.
Champaigné (Ville et châtellenie de), Champaigné-Saint-Ylaire, 141, 150. *Champagné-Saint-Hilaire, Vienne.*
Champdeniers (Eglise réformée de), 248, 405. *Deux-Sèvres.*
Champeigné, 145. *Champagné-les-Marais, Vendée.*
Champeniaco (Rolandus de), 16.
Champion (M⁰ Jacques), pasteur, 405.
Chandenier. V. Champdeniers.
Chantaunay, Chantonnay (Eglise réformée de), 144, 406, 425. *Vendée.*
Chantemerle, 145. Cⁿᵉ *de Moutiers, Deux-Sèvres.*
Chanu (Loys), clerc, 174.
Chapelain, 432, 464.
Chapelle (Jean de Luxembourg, sʳ de la), enseigne, 108.
Chappelle-Chenay (L'Eglise réformée de la), 406. *La Chapelle-Thémer, Vendée.*
Charles VII, roi de France, 117, 118, 120, 124, 129, 186, 192.
Charles VIII, roi de France, 246, 247.
Charles (M⁰), 415, 425, 426, 435.
Charlot (Jehan), 140.
Charpentier (Jehan), 133.
Charretier (Jean), 201, 202, 232, 233, 236.
Charron (Guillaume), trésorier général de l'extraordinaire des guerres, 111, 113.
— (Jehan), contrôleur ordinaire des guerres, 108.
Charreyron (Pierre), 281.
Charroux (Ville et châtellenie de), 138, 150, 256. *Vienne.*
Chaslet, 255.
Chaspault (Fort de), Chipault, Chupault, 385, 391. *Fontenay-le-Comte, Vendée.*
Chassay (Jehan), 139.
Chasteau-Briant (Gabriel de), sʳ des Roches-Baritault, lieutenant général en Poitou, 394.
— (Philippe de), maréchal des camps et armées du roi, 400 note.
Chasteaulerault. Voy. Châtellerault.
Chasteaumur, 138, 146. *Vendée.*
Chasteauneuf (de), ancien, 411.
Chasteigner (Antoine), sʳ de la Blouère, capitaine, 103, 104.
— (Alexis de), 271.

Chasteigneraie (Eglise réformée de la), 405. *Vendée.*
Chastelachier (Ville et châtellenie de), 138, 150. *Château-Larcher, Vienne.*
Chastelleraud. Voy. Châtellerault.
Chastillon (François de), cornette, 112.
— — (La dame de), 130, 157.
Chastre (Mr de), Hardouin de Maillé, baron de Châteauroux, 263.
Châteauroux, 257. *Indre.*
Châtellerault, Chastellerault, Chastelleraud, 105, 149, 324, 404, 424. *Vienne.*
— Consistoire, 424, 472.
— Eglise réformée, 410, 413, 419.
— Faubourg de Chasteauneuf, 338.
— Couvent des Minimes, 335.
— Pont d'Estrée, 338.
— Porte Saint-Jacques, 338.
— Porte de Sainte-Catherine, 324.
— Forêt, 339.
— Sénéchal 476.
— Synode, 402, 404, 408, 423.
Chatres (Antoine de), Voy. Castra (de).
Chaudron, 355. *Chaudey,* cne de *Rouillé, Vienne.*
Chaufepied (Benjamin), pasteur, 404.
Chaulmond, 349. Cne de *Fontaine-le-Comte, Vienne.*
Chaulnes (Anthoine de), trésorier de la reine d'Ecosse, 292, 308.
Chaume, Chausme (Château de la), 114, 115. Cne *des Sables-d'Olonne, Vendée.*
— Eglise réformée, 406.
Chaunay (Anne de), 246.
Chauvigny, 149. *Vienne.*
— Eglise réformée, 407.
Chazeray (Loys de), 185.
Cheblanc (Jehan), 136.
Chef-Boutonne, Chevetonne, Chiefvoultonne, 136, 148. *Deux-Sèvres.*
— Eglise réformée, 405.
Chémerault (Mlle), 400.
Chen (Paul), Sr de Périssac, ancien, 407.
Chêne (Barthélemy du), prêtre, 35.
Chenis (Petrus de), capellanus, 13.
Cherue, Cherve, 202, 236.

Cherveux (Consistoire de), 412. *Deux-Sèvres.*
— Eglise réformée, 404, 425.
Chessé (Colas), 135.
Chevalier (Estienne), secrétaire du roi, 122, 160.
Chevetonne. Voy Chef-Boutonne.
Chevredens (Jehan), procureur du roi en Poitou, 143, 145, 160, 162.
Cheze le Viconte (Ville et châtellenie de la), la Chesze, 139, 144. *Vendée.*
Chiefvoultonne. Voy. Chef-Boutonne.
Chinon, 166, 178. *Indre-et-Loire.*
Chisec Chizay, Chiset, 135, 148. *Chizé, Deux-Sèvres.*
— Château, 425.
— Eglise réformée, 404, 419, 425.
— Ville et châtellenie, 136.
Chissé (de), commissaire des guerres, 88, 90.
Cholet (Jehan), 138.
Cicoteaulx (Jehan), 139.
Citien (Jehan), sergent, 92.
Civray (Ville de), 149, 173.
— Eglise réformée, 407.
— Ville et châtellenie, 136. *Vienne.*
Claudière (de la), ancien, 409.
Clauzet (Jehan), 134.
Claveurier (Maurice), lieutenant général de la sénéchaussée à Poitiers, 118, 142.
— (Guillaume), élu en Poitou, 143.
Clayré, 38. Vers *Thouars, Deux-Sèvres.*
Cléland (Jacques), procureur spécial du duc de Lenox, 292, 294, 295.
Clémanceau, 409.
Clermont (Marquis de), 398.
Clément IX, pape, 437.
Clyda (Antonius de), 201, 232, 236.
Clye (La), 202.
Cocheteau (Guillaume), 137.
Coderot, 275. *Capdrol, Dordogne.*
Cognart (M.), 279.
Colart, fourrier du roi, 173.
Colbert, ministre de Louis XIV, 430, 444.
Colet (Jehan), 139.
Collinet (Jehan), 140, 141.
Collon (Simon), trésorier général de l'extraordinaire des guerres, 110.

— 569 —

Combisans (les), 396.
Costantius, 13.
Courtillé, Courteillet (Eglise réformée de), 407, 419, 420. C*ne* de Benest, *Charente.*
Coussiron (Benoît), 201.
Commiquiers (Ville et châtellenie de), 140, 147. *Commequier, Vendée*
Commines (Phelipes de), 188.
Compaignon (Jehan), 183.
Compain (Simon), 138.
Compost, 146.
Confolant (Pierre), chanoine de l'Eglise de Poitiers, 60.
Conrad (M.), Conrard, 432, 464.
Contamyna (J. de), 236.
Conzay (Hugues de), lieutenant du sénéchal de Poitou, 160.
Corbeau (Emery), 138.
Cornillart (Colas), 139.
Cornu, 273.
Cornuau (Me Michel), pasteur, 406, 409, 426.
Corquilleau (Gaufridus), 14.
Cosne, 264. *Nièvre.*
Coué, Couay, 150.
— Ville et châtellenie, 137, 138.
— Eglise réformée, 407, 418.
Couhe d'Asne, 331. C*ne* de Châtellerault, *Vienne.*
Couillaut (Colas), 138.
— (Pierre), 138.
Coulches, 263. *Saône-et-Loire.*
Coullombiers, 327. C*ne* des Ormes, *Vienne.*
Coulonges (Eglise réformée de), 406. *Coulonges-sur-l'Autize, Deux-Sèvres.*
Couppé (Phelipes), pasteur, 405.

Couppé (Daniel), pasteur de Lezay et du Breuil-Barret, 424, 426.
Courault (Me Jean), pasteur, 405, 413.
Coursier (Raoulet), 133.
Courtil (Philippe), ci-devant receveur du domaine de Vermandois, 287-288.
Courtin (Georges), ancien, 404.
Cousdries (les), 147.
Cousin (Nicolas), lieutenant, 92, 95.
Coussiron (Benedictus), 232.
Contamine (de la), 202.
Craon, 185. *Mayenne.*
Crémone (Chasteau de), 261. *Italie.*
Crestard (Charles), payeur de la compagnie du duc de Montpensier, 85.
Crestiens (Guibertus), 11.
Creuse (la), rivière, 325.
Critton, gendre de Blacwood, 295.
Croco (De), *aliàs* de Azoreto, 202, 236.
Croix du Bourdon (La), 346. C*ne* de *Poitiers, Vienne.*
Croix des Aubues (La), 329. C*ne* de *Châtellerault, Vienne.*
Creuzé (Pierre), 315.
Crochier (Guillaume), 141.
Crouart (Nau), 151.
Croustelle, 345, 347. *Vienne.*
Crouzon (Eglise de), 419. C*ne* de *Beaussais, Deux-Sèvres.*
Culan (Guillaume de), examinateur au Châtelet de Paris, 149, 170.
Cumbenbelin (La), 35. Vers *Thouars, Deux-Sèvres.*
Cumont (de), 418, 442.
Curzay (Louis Odart, s^{gr} de), 254, 255.
Cuville (Joachim de), 407, 409, 410, 417, 418, 422, 425.

D

Dalleau (M^r), 414.
Damas (Georges), s^{gr} de Marolles et de Thianges, 249.
Dangé, 328. *Vienne.*
Daniel (Jean), 7.
— (Pierre), 139.
— (Loys), 161.
Darsse (René), 251.
Dartois (Louis), pasteur, 406, 426.
Daussy (M^r), 111, 114.

Davaillolles (Hector), chevalier, s^{gr} de Roncée, 82, 84, 87.
David (Pierre), écuyer, s^r de Chasteauneuf, 404.
David de Curia, 6.
— (Johannes), 7.
Dechaulmes (Anthoine), trésorier de l'extraordinaire des guerres, 104.
Deffans (les), 146. *Vendée.*

Delage (Jehan), clerc, 194.
Demaza (J.), 238.
Demedicis (René), pasteur, 405
Derelincourt, 419.
Desaivre (Léo), 251.
Descartes (René), 193, 194.
Deseffrie (Jehan), écuyer, 158.
Des Hayes (Mlle), supérieure de la Providence à Thouars, 71.
Deslandes (François), marchand, 314.
— (Elisabeth), 314.
Desloges, 417, 422.
Desmaisons (Barthélemy), 197.
— (Michel), recteur de l'Université de Poitiers, 201, 202.
Desmons (Pierre), 197.
Desnop (Laurens), marchand de la Rochelle, 171.
Desnoyers (Sublet), surintendant des bâtiments, 395.
Desjardins (Antoine), 201, 202.
Dissaudeau, notaire royal, 312.
Domibus (Michael de), 232, 233, 236.
Du Bec (Gieffroy), élu sur le fait des aides en Poitou, 142, 143, 168.
Dufort (Antoine), 200.
Du Gard (Jehan), clerc, 175.
Du Laurier (Anthoine), 141.
Du Mesnil, intendant du duc de la Trémoille, 73.
Du Sault (Guillaume), 40.
— (Pierre), 47.
Doboe (Symon), 9.
Dompierre sur Voultonne, 148.
Dompierre, Charente-Inférieure.
Doray, 414.
Doré, notaire, 244, 245.
Doridice (Raginaldus), 35.
Doriole (Me Pierre), 169.
Dormillon (Guillaume), 140.
Douin (Nicolas), marchand, 304, 305.
Dourat (Jomelin ou Josselin), 137.

Dousset (Pierre), 139.
Doyneau (François), lieutenant général à Poitiers, 66.
Drée (de), 266.
Drot, Dropt, rivière, 275. *Dordogne.*
Drye en Poitou, 91.
Dubois (Guillaume), 135.
— (Laurent), chanoine de l'Église de Poitiers, 197, 198.
— doyen de la Faculté des arts, 200.
— sg^r de Prisec, 201, 202.
Dubourg (Pierre), 201, 202.
Du Fief, ancien, 411.
Duflot (Jacques), bachelier ès loix, 147.
Dufour (Laurent), 201, 202.
Dugast (René), écuyer, s^r du Fresne, ancien, 405.
Dulac (Jehan), enseigne, 105.
Dumas (Jacques), chevalier, s^{gr} de Puipapin, ancien, 406.
Dumont (Louis), s^r de Granché, 111, 112, 114.
Duplessis (Me Antoine), dit le Moine, 498.
— (Jean), 499, 500.
— (François), 502.
— (Jean-Armand), 564.
Duport (Me René), ancien, 407, 411.
Durandus (Leonardus), 201, 232, 236.
— (Petrus), *aliàs* de Monte, 200, 201, 202, 231, 232, 235.
— (Johannes), 201, 202, 231, 232, 233.
— Magister scolarum Beati Hylarii Pictavensis, 6, 8.
— d'Oyrum, 37, 45.
Durand (Jehan), sergent du roi, 167.
Durant, 135.
Dusou (Jean), pasteur de Fontenay, 418, 423, 424, 426.
— (Yzac), pasteur, 406, 410.

E

Edimbourg, 283, 284. *Ecosse.*
Elphinstone (Me Jacques), secrétaire d'Etat de Jacques VI, roi d'Ecosse, 283, 288.
Emans (Jean), notaire et tabellion royal à Londres, 298.

Erard, 111.
Eromdeau (Guillaume), 139.
Ervau (Ville et châtellenie d'), 135. *Airvault, Deux-Sèvres.*
Essars, Exars (Ville et châtellenie des), 140, 146. *Vendée.*

Estrabonne (Catherine d'), 246.
Etambe (Geoffroy d'), chanoine de Saint-Laon de Thouars.

Exoudun, (Eglise réformée d'), 404. *Deux-Sèvres.*
— Temple, 430, 452.

F

Fabry (Jehan), 105.
Famie (Pierre), 140.
Farroles (Johannes de), 7.
Faudoas-Barbazan, 249.
Faulcon (Mathurin), 189.
Faure (Jehan), 133.
Fautras (Mr), 423.
— (Mlle), 423.
Fenestre (de la), 432.
Fenios (Gaufridus de), clericus, 13.
Feron (Raoul), prieur des Icry, 184.
Ferrand de Champagne, 425.
Ferrant (Jehan), 141.
Ferrier (Simon), 200, 201, 202, 231, 232.
— (Louis), 236.
Ferrières (Françoise de), 245.
Ferron (Geoffroy), prestre, 184.
Ferroujau, ancien, 404.
Fief-Franc, 145. *Deux-Sèvres.*
Fief l'Evesque, 146. *Vendée.*
Fismes, 305. *Marne.*
Flocelière (La), 146. *Vendée.*
Fons-de-Cé (La), fontaine à Lusignan, 354. *Vienne.*
Fontaine-Dangé, château, 402, 404, 430, 435. *Cne de Dangé, Vienne.*
Fontarabye, 268. *Espagne.*
Fontenay-le-Comte, Fontenay, 144, 289. *Vendée.*
— Faubourg du Marchiou, 391.
— Fort de Guinefolle, 386, 387.
— Fort de la Motte, 391.
— Tour Saint-Martin, 385, 391.
— Château, 384.
— Eglise réformée, 406, 422.
— Election, 398.
— Synode, 403.
Fontmorreau, en Berry, 256. *Cne de Plou, Cher.*

Forant (Me Pierre), ancien, 407.
Forest-sur-Sèvre (Eglise réformée de la), 138, 145, 405. *Deux-Sèvres.*
Forget (Jacques), 139.
Forget, 285.
Forren, capitaine, 92, 95.
Fors, 148. *Deux-Sèvres.*
Fortis (Anthonius), 231.
Foucaud (Petrus), Foucaudi, 197, 221. Voy. Lozelorgio.
Foucault Saint-Germain (Henri), 114. Voy. Saint-Germain.
Foulchier (Hugues), 135.
Fouquault (Jehan), 137.
Foureau (Françoise), veuve de feu Nicolas Grimaudet, 274.
Fourest-sur-Foyennée. Voy. Forest-sur-Sèvre.
Fourneli (L.), 232, 236.
Fournier (Marcel), 194.
Foussay, (glise réformée de), 406, 415. *Vendée.*
Fradet, eslu à Fontenay, 396.
Franche-Comté, 431, 441.
Francheville (L'abbé), 447.
Franchin (Pierre), 135.
François Ier, roi de France, 247.
— II, roi de France, 285.
Frères Prêcheurs, 194, 197, 200.
Frigida Valle (Molendinus de), 13, 17. *Frétevault, cne des Hameaux, Deux-Sèvres.*
Froger (Gaufridus), 13.
— (Madeleine), 434.
Fromental, 111. *Haute-Vienne.*
Frontenay-Labatu, 251, 253, 375, 377. *Deux-Sèvres.*
Funz Chaudele (Campus de la), 34. *Près Lerné, Indre-et-Loire.*

G

Gaborin (Jehan), 141.
Gadus (Petrus), capellanus, 17, 18.

Galinet (Etienne), trésorier ordinaire des guerres, 97, 102, 103.

Gallinières (Des), 421.
Galterius (Antonius), 216.
— (S.), 236.
Ganasche (La), 147. *La Garnache, Vendée.*
Garçonnet, 409.
Garnac, 148. *Jarnac, Charente.*
Garnier (Aimeri), 10, 24.
— (Jacques), abbé de Bonnevaux, 192.
— (Jacques), trésorier de Saint-Hilaire-le-Grand et chancelier de l'Université, 239, 242, 244, 245.
Garrisolles (Le s^r), 415.
Gascoignolle, 147. *C^{ne} de Vouillé, Deux-Sèvres.*
Gastineau (Jean), ancien, 404.
Gaudin (Gilles), 66.
Gaudireau (André), ancien, 406.
Gaultereau, 185.
Gaulthier (Jehan), 140.
Gauthier (Antoine), 197, 202.
Gauvain (Petrus), 201, 202, 232, 236.
Gaveau, 393.
Gaydun (Andreas), 6.
Gençay, Gensay, ville et châtellenie, 139, 151. *Vienne.*
Gendret (Estienne), 137.
— (Jehan), 137.
Georgon (Jehan), 138.
Georgonne, gué et pont près Niort, 362, 363. *Deux-Sèvres.*
Gersonio (Johannes de), 234.
Gervain (Jamet), 142.
Gervezeau (Jehan), 135.
Geuny (Me Yzac), s^r de la Chambaudrie, ancien, 407.
Gilbert (Me Abraham), pasteur de l'Eglise réformée à Melle, 404
Gilbert, 414, 425, 426.
Gillier (Françoise), dame du Puygarreau, 202.
Giraudère (La), 34. *C^{ne} de Saint-Martin-de-Sanzais, Deux-Sèvres.*
Giraudières (Les), 271, 272, 273. *C^{ne} d'Ingrande, Vienne.*
Giraut (Pierre), 138.
Gironde, 275. *Gironde.*
Gironette (Johannes), *alias* de Pressaco, 200, 202, 216, 217, 221, 231.
— (Anthonius), 201, 232, 233, 236.
Givre (Le), (Eglise réformée du), 405, 423. *Vendée.*
Goincelinère (La), 47. *Vers Thouars, Deux-Sèvres.*

Gonnor (Catherine de), 289.
Gorin (Guillaume), 36.
Gorrand, représentant le fermier du domaine de Fontenay-le-Comte, 288, 290.
— (Jehan), commissaire ordinaire des guerres en Poitou, 289.
— (Marguerite), 289.
Gorrichiumus, sacerdos, 7.
Gouffier de Bonnivet (L'amiral Guillaume), 267, 268.
Goujaut (Thomin), 138.
Gouge de Charpaignes (Guillaume), évêque de Poitiers, 117, 127.
Gouillaud (Pierre), principal du collège de Montanaris, 192, 242, 244.
Goulainé (Me Gaspart de), écuyer, s^r de Boiseloux, ancien, 405.
Goupil (Guillaume), écuyer, 130, 157.
Gousse, 556.
Gradet (Dame), 264.
Grammont (Maréchal duc de), 431, 433, 445, 448, 450, 454.
— (Le comte de), 430.
Grande Noue (M. de la), 426.
Graterie (Gautier), 23.
Gratin (Georges de), lieutenant, 112.
Gromard (Jean), ancien, 406.
Grégeaudière, 333. *C^{ne} de Targé, Vienne.*
Gregorius Sancte Virgane, 41.
Grelaut (Me Jean), pasteur, 406.
Grenet (Hilaire), 23.
Greslaud, 414.
Grève (La), 144. *Vendée.*
Grèze (Mlle de la), 430, 442, 444.
Grimaudet (Nicolas), receveur des tailles à Châtellerault, 274.
Grip, Gript, 375. *Deux-Sèvres.*
Groulon (Guillaume), 139.
Groussin (Jehan), dit la Soulleure, lieutenant, 105.
Gruyer (Jehan), 260.
Grye (Mlle de la), Voy. Grèze.
Gué de Landain, 334, 335. *C^{ne} d'Availles près Châtellerault, Vienne.*
Guérin (Guillaume), 138.
— (Jehan), 138.
— (P.), 118.
Guiart (Pierre), 139.
Guignart (Mathurin), 140.
— (Regnault), 140.
Guillaume, évêque de Poitiers, 127.

Guillon (Berthomé), 136.
— (Jacques), 134.
— (Jean), dit Joyeux, 200, 201.
Guillon (Johannes, *aliàs* Jacobus), 231, 232.
Guion (Vincent), 140.
Guorrichuns (Armandus), 11.

H

Habites (Les), 147. *Vendée.*
Hamelle (Jehan), sergent royal, 177.
— (Pierre de), 185.
Hamilton, 402. Voy. Arran.
Hardy (Charles), 292.
Hadfox (Richard), écuyer, 302.
Haro (Louis de), 470.
Haudoyer (Le s^r), 409, 410, 419.
Henin (Pierre), principal du collège des Deux-Frères, 242, 244.
Henri II, roi de France, II, 417.
— IV, roi de France, 265, 281, 284, 434.
Hervé, 202.
Hervé le Chasseur, 24.

Herbertus. archidiaconus Thoarcensis, 19.
Hervoct (Georges), trésorier des guerres, 82.
Hoissart (Jacques), ancien, 404.
Hollande, 432.
Hommes Sçaint-Martin (Les), 327. *Les Ormes, Vienne.*
Hortes (Anthonius), 232, 236.
Hubert, Zéélandais, 447.
Hubertus, prior, 9.
Huet (Estienne), s^r de Gerueil, ancien, 407.
Huliot (Salomon), s^r de la Pénicière, ancien, 405.

I

Imbert (Hugues), cité, 1.
Ingrande, 271, 329. *Vienne.*
Ingrand (Phelipes), ancien, 405, 409.

Isle-Jourdain, ville et châtellenie, 137, 150. *Vienne.*

J

Jacobus rex. Jacques VI, roi d'Ecosse, 281, 283, 285.
Jagain (André), 139.
Jaifarde (Maria), 10, 11.
Jamelot (Pierre), prêtre, 53.
Janvre (Mr Phelipes), chevalier, s^r de la Bouchetière, ancien, 405.
Jarnac (de), capitaine, 97, 101.
Jart, ville et châtellenie, 140, 144. *Vendée.*
Jaunay, 341, 342. *Vienne.*
Javarzay, 248, 257, 265, 267, 268. *C^{ne} de Chef-Boutonne, Deux-Sèvres.*
Jersonio. Voy. Gersonio.
Joanin (Loys), 134.
Jobertus, prior, 6, 7, 10,
— sacerdos, 9.
Jobin (Jamet), 138.

Jocelins (P.), 11.
Jocosus (Johannes), 233, 236.
Jodoynus, decanus Thoarcii, 35, 37.
Jonzac (Le s^r comte de), lieutenant en Saintonge et en Angoumois, 398.
Joubert (Louis), notaire juré, 97, 101.
— Guillaume), aumônier de la Maison-Dieu, 63.
— (Guillaume), 137.
Jouidinière (Eglise réformée de la), 406. *La Jaudonnière, Vendée.*
Joyeux (Guillaume), 136.
Juvénal des Ursins, patriarche d'Antioche, évêque de Poitiers, 60.
Juvenel des Ursins (Guillaume), chancelier de France, 169.

K

Kalo (Hugo), senescallus, 6.

L

Labbé (Arthur) 182, 309, 401, 471, 472.
La Blouère (de), capitaine, 103, 183.
Lafons (Pierre), sergent royal, 168.
La Caussade (de), évêque de Poitiers, 71.
Lagarenne, sergent, 88.
Lagode (Theobaldus), 11.
La Haye (Nicolas de), prêtre, trésorier de N.-D. du château de Thouars, 74.
La Haye (René de), s^{gr} de la Bordelière, capitaine, 88, 90.
— (Urbain de), 66.
La Jarrye, enseigne, 88.
Lalanne (L'abbé), curé d'Oyré, 402, 430.
La Lardière, 412.
La Marre (Nicolas de), maître queux de la reine Marie Stuart, 304, 305.
— (Antoinette), 305.
La Marre (Marie), 305.
Lande-Blanche (Eglise réformée de), 406. *Vendée.*
La Noue (Marquis de), 391.
Lanvigne, rivière, 338. *Vienne.*
Larcher, maître ordinaire en la chambre des comptes, 301.
Larizillun (Campus de), 34. *Vers Thouars, Deux-Sèvres.*
La Salle, lieutenant, 88.
Lateria (Stephanus de), 202, 235.
Latillé, 107. *Vienne.*
La Tousche (Guillaume de), 138.
Lauge Fougerouse, 145. *Vendée.*
Laurens (Pierre), s^r de Belleville, 64.
Laurentii (Gaufridus), 13.
Lavalade (Jean de), avocat en parlement, ancien, 406.
Lavallée (Laurent), 201.
Lavau (Jehan de), 137.

La Ville (Le s^r de), 70.
Le Bascle (Pierre), 138.
Le Baud (Jehan), licencié, 147.
— Lebaut (Jehan), 151, 162.
Lebeau, doyen du chapitre de N.-D. de Châtellerault, 273.
Le Blanc en Berry, 149, 176, 178. *Indre.*
Le Blanc (Jehan), sergent royal, 168.
— (Jehan), chevaucheur de l'écurie du dauphin, 176.
Ledain (Bélisaire), cité, 1, 2.
Le Febvre (Olivier), président à la Chambre des comptes, 301.
Le Fèvre (Louis), trésorier de l'extraordinaire des guerres, 92.
Le Gendre (Michel), doyen de la Faculté des arts, 192, 242, 244.
Legrant (Martin), homme d'armes, 174.
Lejay (Jehan), 138.
Le Mée, chanoine de Chartres, 69.
— (Augustin-Claude), prieur de Saint-Michel, 74.
Lenglée (de), 275.
Lenox (Ludovic, duc de), comte de Dernelie, 285, 287, 292, 295, 298, 303.
Léonart (Valentin), 137.
Lerber (Daniel), bourgeois de Thouars, 30.
Lerbergement, 144. *Vendée.*
Le Régent (Claude), auditeur en la Cour des comptes, 300.
Lernay, 27, 28, 33. *Lerné, Indre-et-Loire.*
Lescoingsonee (Campus de), 34. *Lieu-dit, vers Thouars, Deux-Sèvres.*
Lescours (Jacques de), écuyer, s^r du Repaire et des Houlmes, 392.
Le Sor (Jehan), 135.

Lespaulard (Jacques), recteur du collège des Jésuites, 192, 242, 245.
Lesperè Charseau (Campus de), 34. *Vers Thouars, Deux-Sèvres.*
Lesrungnaus, 34. *Idem.*
Le Tellier, ministre d'Etat, 430, 442, 443, 444, 446, 448, 450, 452, 453, 454, 456, 457, 461, 465, 467.
Le Tenneur (Jacques), Le Tourneur, 97, 102, 103.
Le Vasseur (Mathurin), s^r de Mortesve, contrôleur extraordinaire des guerres, 103, 104.
Lezay (Eglise réformée de), 138, 150, 405, 425, 426. *Deux-Sèvres.*
Lezignen. Voy. Lusignan.
Lhuillier, procureur général en la Cour des comptes, 301.
Liborlière (M^r de la), 193.
Lièvre, auteur de l'*Histoire des protestants du Poitou*, cité, 403.
Liège (M^r), advocat, 418.
Liguz (Terra de), 36. *Vers Thouars, Deux-Sèvres.*
Lodant (Jacques), 142.
Loelli (Johannes), 8.
— (Willelmus), 49.
Loménie (de), 393.
Londres, 297. *Angleterre.*
Longesve, 340. *Vendée.*

Longueville (de), 264.
Lorier (Bastard du), 141.
Lorraine (Jehan de), 130.
Loubeau (Estienne), 140.
Louis XI, roi de France, 188.
— XII, roi de France, 473, 474.
— XIII, roi de France, 393, 432, 434.
— XIV, roi de France, 429, 430, 432.
Louviers, 166. *Eure.*
Louvois (Marquis de), 433, 461.
Loteilli, 149.
Lozelergio (Petrus de), *aliàs* Foucaudi, 217.
Luc (Benedictus de), 12.
— (Gaufridus de), 49.
— (Haymericus de), 49.
Lucas (Guillaume), licencié en lois, 271, 272, 273.
Luçon, Lusson, ville et châtellenie, 140, 144. *Vendée.*
— Eglise réformée, 419.
Lude (Le comte du), lieutenant général en Poitou, 88, 92, 103.
Lusignan, Lézignen, 135, 150, 173, 352, 353, 407, 422, 424. *Vienne.*
Lussac, ville et châtellenie, 135, 150. *Vienne.*
Luzaudière (Eglise réformée de), 419. *Lussaudière, c^{ne} de Prailles, Deux-Sèvres.*

M

Macé (Petrus), Lemovicensis diocesis, in artibus licenciatus, 203, 237.
Magalonne (L'évêque de), 129, 158.
Magé, 7. *C^{ne} de Louzy, Deux-Sèvres.*
Maillard (Michel), contrôleur extraordinaire des guerres, 103, 104.
Maillart (Salomon), pasteur de Montaigu, 405, 424.
Maillé (Sire de), chambellan du roi, 126, 159.
— (Febovoise de), 246, 250.
Maillrançis (Symon), 197, 216.
Maillezais, châtellenie et île, 134, 144. *Vendée.*
Maillot, 416, 417, 418, 420.
— (René), 407.

Maingny (Pierre), 138.
Mains d'Oiron (Aimeri), 37.
Mairevant, 148. *Mervant, Vendée.*
Maissime (Johannes de), vicarius Thoarcii,...
Mallet (Me Charles), pasteur, 405.
Manceau (Jehan), 177.
Manso (Bartholomeus de), 200, 216, 222, 231.
Marandeau (Jehan), 134.
Marchandeau (Estienne), 141.
Marchant (Jehan), 139.
— (Jehan), clerc.
Marcillac (Eglise réformée de), 405. *Charente.*
Marcilly (Georges-Damas, sg^r de), 257.

Mareschal (Guillaume), 133.
Marguerite la Calabresse, 49.
Margot (Pierre), 135.
Maria la Borgnone, 11.
Marie d'Escosse, reine douairière de France, 281, 284, 285.
Marigaut, 414.
Marignan (Camp de), 258. *Italie.*
Mareuil, Marœil, Maruueil, 144. *Mareuil-sur-le-Lay, Vendée.*
— Eglise réformée, 406, 412.
— Ville et châtellenie, 139.
Marsillac, 148. *Charente.*
Martin (Colin), 151.
Martin (Mᵉ Jean), sʳ de la Puygarnière, pasteur, 406.
Marthineau (Jehan), 140.
Martineau (Perrot), 139.
Martinon (Jehan), de la Compagnie de Jésus, 242, 244, 245.
Massane (de), 454.
Massolin (Colas), 137.
Masson (Mᵉ François), ancien, 406.
— (Mᵉ Phelipes), pasteur, 407, 419, 425.
Mathé, commis du greffier, 189.
Matignon (Maréchal de), 275.
Mauclerc (Nicolas de), 115, 116.
Mauléon, Maulléon, 146. *Châtillon-sur-Sèvre, Deux-Sèvres.*
— élection, 398.
— ville et châtellenie, 138.
Maupas (de), 122.
Maupeou, intendant des finances, 434.
Mauprevoir, 150. *Vienne.*
Mauricius (Magister), 7.
Maurier (Le sʳ du), 408. Voy. Aubéry.
Maurier (Le), province du Maine, 433, 434.
Mauseio (Ecclesia sancti Petri de). Voy. Mauzé.
Maussion (Jehan), 134.
Mauzé, 17, 18. *Mauzé-Thouarçais, Deux-Sèvres.*
Mégnem (Petrus), 13.
Meigné, 149.
Meleun (Phelippe de), sᵍʳ de la Borde, 165.
Melle, ville et châtellenie, 134, 139. 147. *Deux-Sèvres.*
— Eglise réformée, 404, 414, 418.
— Synode, 418.
Melon, capitaine, 275, 276.

Ménard, 193.
Méré (Pont de), près Niort, 374. *Deux-Sèvres.*
Mérichon (Jehan), conseiller du roi, 143.
— (Jehan), 163.
Merlet (Jehan), 136.
Merlin (J.), 236, 202.
Mérode (Baron de), ambassadeur des Provinces-Unies à Madrid, 470.
Mervant, 97, 135. *Vendée.*
Mesma (Jamet), 141.
Mesnil (Phelippes de Launoy, sʳ du), lieutenant, 108.
Méreau (Jacques), 162.
Micheau (Guillaume), 139.
Milan, Millan, 258, 261, 262. *Italie.*
Militis (Johannes), 230, 339.
Milleti (Mathurinus), 201, 202, 232, 236.
Missé (Gillaume), 66.
Mitaine (Campus), 34. *Vers Thouars, Deux-Sèvres.*
Mitaut (Mᵉ Jean), pasteur, 405.
Miuns d'Oyrum (Aymericus), 37.
Mohy, 360.
Molay (Eglise réformée de), 419. *Moulé, cⁿᵉ de Fressine, Deux-Sèvres.*
Molem (Willelmus de), 9.
Monstereul Bonyn, 150. *Montreuil-Bonnin, Vienne.*
Montagu, Montaigu, 146, 405. *Montaigu, Vendée.*
Montauban (Eglise réformée de), 415. *Tarn-et-Garonne.*
Monte (Petrus de), 216, 217, 221.
Montebruni (Bernardus de), 13.
Montet (de), gentilhomme écossais, 297, 300, 301.
Montfort (Geoffroy de), 27, 28.
— (Renaud de), 27, 28.
Montignac, 277. *Dordogne.*
Montilz lès Tours, 117, 128, 131, 157, 166, 173, 178. *Indre-et-Loire.*
Montjehan, Montjohan (Guillaume de), 182.
Montmorency (Claude de), sᵍʳ de Fosseuse, 270.
Montmorillon, ville et châtellenie, 134, 151, 189. *Vienne.*
Montpensier (Mᵍʳ de), capitaine, 85, 89.
Montreuil-Bellay Mosterolium, 9. *Maine-et-Loire.*
Montreuil, Montreuil-Bonnin (Eglise

— 577 —

réformée de).407,409,410. *Vienne.*
Mosnier (Foucaldus), 197, 201, 216, 222, 232.
— Petrus, 197, 216, 221.
Mosnier de la Génessie (Gabriel de), chanoine du Mans, 66.
Mosterolium. Voy. Montreuil-Bellay.
Mordon (Jehan), receveur du domaine de Poitou, 30.
Moreau (Antoine), 137.
— (Jean), 289.
— (Jean), 44.
— (Jean), contrôleur extraordinaire des guerres, 92, 95.
— (Marguerite), 289.
— (Martin), receveur des domaines du roi en Poitou 289.
Morellon (Guillaume), 141.
Moret (Pierre), s^r de la Fayolle, 420.
Moricq (de), conseiller du roi, maître des requêtes, 313.
Morillet, prêtre, chanoine, receveur et procureur des chapelains de Saint-Michel de Thouars, 73.
Morin (Aimeri), chevalier, 24.
— (Jehan), 140.
Morinière (Eglise réformée de la), 405. *Vendée.*

Moriz (Jehan), 135.
Mortaigne, 135, 146. *Vendée.*
Mortemer, 150. *Vienne.*
Mouchamp, Mouchamps, ville et châtellenie, 139, 145. *Vendée.*
— Consistoire, 418.
— Eglise réformée, 406.
Mouzon (Eglise réformée de), 405. *Deux-Sèvres.*
Mouilleron, Mouilleron en Poitou, 96, 97, 103. *Vendée.*
— Eglise réformée, 406.
Mouraut (Jehan), élu en Poitou, 143.
Moussyau de la Pouzaire (Pierre), 432.
Mote (Salomon), 16.
Mothe-Achart (La), ville et châtellenie, 144. *Vendée.*
Mothe de Bauçay (La). Voy. Mothe-Chandenier (La).
Mothe-Chandenier (La), Mothe de Bauçay (La), château, 247, 249. *C^{ne} des Trois-Moutiers, Vienne.*
Mothe (La), Mothe-Saint-Eraye (La), 136, 148. *Deux-Sèvres.*
— Eglise réformée, 404, 419.
Moyrat (Jehan), 136.
Mulot (Jehan), 134.

N

Naillac (Marguerite de), 189.
Nainot (André), 139.
Nancey (M^r de), Philippe de Lenoncourt, s^{gr} de Loches, Chaufour, Marolles et Bueil, 262.
Nantes (Edit de), 441.
— Révocation de l'édit, 430.
Nassau (Prince de), 434.
Nau (Collin), ancien, 404.
Némy (Eglise réformée de), 405. *Vendée.*
Noirmoutier (Ile de), Nermoutier, 147, 182, 183.
Neufville, fief, 271, 272. *C^{ne} d'Ingrande, Vienne.*
Nevers (Mgr de), Charles de Clèves, comte de Nevers, 251.
Nicolas (de), enseigne, 92.

Niort, Nyort, 103, 147, 177, 363. *Deux-Sèvres.*
— Couvent des cordeliers, 371.
— Conciergerie, 364.
— Jeu de paume, 366.
— Moulins du roi, 364.
— Porte Saint-Jean, 372.
— Tour de la Fontaine, 364, 368, 369.
— Tour, fort et pont Foucault, 366, 369, 370.
— Tour de Lespingolle, 364, 369.
— Tour du Maire, 364, 366.
— Tour du Moulin, 368, 369.
— Tour de Pelle, 365.
— Le Portail, 374.
— Synodes, 402.
— Eglise réformée, 402, 404, 412, 419.

TOME XXXI.

O

Oirevau, 145. *Airvault, Deux-Sèvres.*
Oiron (Dîme d'), 32.
Olivier (Colas), 134.
Ollonne, 144. *Vendée.*
Orbe (Petrus de), 32, 33.

Ordonneau (Colas), 136.
Orfeuille (d'), 418.
Oudart (Jehan), 161.
Oyrum (Willelmus de), 8.

P

Palardy, 423.
— (Me Estienne), pasteur, 406, 426.
Paluau, Parluyau, ville et châtellenie, 136, 146. *Vendée.*
Paillère (La), 346. C^{ne} *de Poitiers, Vienne.*
Pain (Daniel), proposant en théologie, 422.
Pain de la Fenestre, 437, 458, 459.
Paincuit (Rainland), 139.
Pairault (Me Simon), pasteur, 404
Paris, 430, 441. *Seine.*
— le Châtelet, 285.
— (Consistoire de l'Eglise de), 421.
Parisius (Willelmus de), 6.
Parluyau. Voy. Paluau.
Parthenay, ville et châtellenie, 134, 148. *Deux-Sèvres.*
— Eglise réformée, 407, 418.
Partiniaci dominus. Voy. Archiepiscopi.
Pasler (Jehan), sergent du roi, 167.
Pasquier (Jehan), greffier du Poitou sur le fait des aides, 143.
Passay (Chapellenie de), 15. C^{ne} *de Saint-Martin-de-Sanzais, Deux-Sèvres.*
Patoulet, commissaire et contrôleur de la marine à Rochefort, 115, 116.
Patras (Mre Pierre de), chevalier, sg^r de la Roche-Patras, ancien, 406.
Peiroux, Peiroulx, 141, 144. *Vendée.*
Pélisson (Pierre), 141, 453.
Pennière (de la), ancien, 409
Perault (Michau), 141.
Perdriat, Perdriau (Me David), pasteur, 407, 409.

Pereteau (Colas), 178.
Perraut (Me Jacques), ancien, 405.
Perrière (La), Peyrère (La), 38. *Vers Genneton, Deux-Sèvres.*
Persenne (Méry), 138.
Persons (Daniel), secrétaire du duc de Lenox, 302.
Péruse (La), 392. *Charente.*
Pétronille, abbesse de Saint-Jean-de-Bonneval, 53.
Petrus, decanus, 49.
Petrus de Molem, 9.
Peyré (Pierre du), 136.
Peyraut (Pierre), 141.
Pezay-le-Chapt (de) (Eglise réformée), 404, 418. *Deux-Sèvres.*
Phelippon, notaire royal, 312.
Phorien (Le capitaine), 92.
Pilepain (Andreas), 14.
Pilotelle, 193, 194.
Pied-Moreau, 361. C^{ne} *d'Azay-le-Brûlé, Deux-Sèvres.*
Pierre, abbé d'Airvault, 60.
— archidiacre de Thouars, 22.
— recteur de l'aumônerie de Saint-Michel de Thouars, 41.
Pignon (Pierre), 66.
Pigoust (Me David), s^r de la Grand-Noue, pasteur de la Forest, 405, 421.
Pingarnière (de la), 426.
Piry (Jacobus), 216, 221, 231.
— (Claudius de), 244, 251.
— (Guillaume), recteur du collège de Puygarreau, 192, 242.
— (de), 260.
Planche (M^r de la), 432, 441, 442, 454, 457, 458, 460, 465.
Planche-à-Robin (La), 350. C^{ne} *de Coulombiers, Vienne.*
Plassay (Pierre), pasteur, 404, 409.

— 579 —

Podiogarelli (Collegium). Voy Poitiers, Puygarreau (collège de).
Podros (Michael), 45.
Poictevin (Guillaume), 136.
— (Jehan). 136..
— (Robert), trésorier, 239.
— (Me Samuel), pasteur, 405.
Poirier (Jacques), 200.
Poitevinière (La), 52. Cne des Hameaux de Thouars, Deux-Sèvres.
Poitiers, 133, 142, 150, 173, 176, 177, 188, 288, 289, 291, 303, 343, 344, 407, 413, 417, 440. *Vienne.*
— Chapelle de Saint-Jacques, 346.
— Collège de Lautiers, 201.
— Collège de Puygarreau, 202, 233.
— Collège de Sainte-Marthe, 233.
— Collège de Saint-Savin, 235.
— Collège de la Serenne, 233.
— Collège de la Vicane, 201, 233.
— Couvent des Jacobins, 194, 216, 221, 231.
— Evêque, 441. Voy. Clérambault.
— Faubourg Montbernage, 344.
— Grandes-Ecoles, 194, 199.
— Marché-Vieil, 344.
— Porte de la Tranchée, 344, 345.
— Saint-Hilaire-le-Grand, 192.
Poitou (Colloque du Haut-), 418.
— Intendant de la province, 442. Voy. Barentin.
— (Province et pays de), 103, 117, 118, 129, 131, 181, 187, 188, 309, 323, 392, 394, 404, 430.
— (Synode du Haut-), 402.
Pomerii (Nicolaus), 200, 231.
Pontcarré (Camus de), 275.
Pont-de-Vaux, 361. *Pont sur la Sèvre, cne de Brelou, Deux-Sèvres.*
Porcheron (François), 65.
Pornii, 202, 236.
Port de Pille, 325. *Vienne.*
Potensac, 215.
Pousauges, ville et châtellenie, 137, 146. *Vendée.*
— Synode, 402, 424, 436, 439.
— Eglise réformée, 406.
Pouzaire (de la), 440, 441, 454, 457, 460, 465.
Poyraut (Mathelin), 140.
— (Thomas), 136.
Pradeau (Pierre), 138.
Prahec, ville et châtellenie, 135, 148. *Deux-Sèvres.*
Pransac (de), 418.
Préau (Hector de), capitaine, 105.
Précigny, Pressigny (Le sire de), 127, 130, 159.
Prepositi (Anthonius), 221.
Prestre (Esmé le), sr du Gast, 97, 101.
Pretere (Pierre), 138.
Prévost (Renaud, 29, 188.
— (Me François), sr du Pouet, 405.
— (François), sgr de la Boutetière, ancien, 406.
Prigné (Eglise réformée de), 406. *Pugny, Deux-Sèvres.*
Prioulleau (Me Elizée), pasteur, 404, 410, 425, 426.
Pulcripili (Johannes), 221.
Punguet ou Pinguet (Jehan), 164.
Pussord, baron des Ormes-Saint-Martin, directeur général des finances, 430, 432, 433, 443, 464.
Puybelliard, Puy-Béliart, 425. *Vendée.*
— Eglise réformée, 406.
— Ville et châtellenie, 139, 144.

Q

Quéraut (Adrien), sr du Croteau, commissaire extraordinaire des guerres, 92, 95.
Quéraut (Jehan), 137.
Quinteine (Terra de la), 14. *Vers Thouars.*

R

Rabateau (Jean), président en la cour de parlement, 117, 118, 119, 120, 123, 124, 125, 131, 169.

Rabeau, avoué à Châtellerault, cité, 311, 313.
Rabereul (Jacques), recteur de l'Université, 244.
Raboton (Mathé), 139.
Ragot, Raguot (Raginaldus), 35, 42.
— (Willelmus), presbiter, 42, 43.
Ramete (M⁰ François), pasteur, 407.
Ranfray (M⁰ Yzac), sʳ de la Judairie, ancien, 406.
Raoul (Guillaume), 135.
Razilly, château, 166, 178. Cⁿᵉ de la Celle-Guénand, Indre-et-Loire.
Ré (Esmar de), 139.
— (Pierre de), 134.
Recund (Campus), 37. Vers Oiron, Deux-Sèvres.
Redon (Pierre-Joseph), procureur ducal, maire de Thouars, 75.
Reginaudus (Magister), sacerdos, 6.
Régnier (Mᵐᵉ de), 430, 431, 441, 446, 451.
Reguin, aliàs Resuin (Marguerite), femme de Charles Androuet du Cerceau, 313.
Rembert (Laurent), peintre, 249.
Remoulu (Jehan), 135.
Renaus (Petrus), 37.
Renou (Jehan), 136, 139.
Réolle (La), 275. Gironde.
Revers (Huguet de), sergent de la ville de Poitiers, 176.
Ribaut (Colin), 134.
Ribier (Michelet), 138.
Richard (Alfred), 238.
— (Nicolas), 216, 221.
Richardon (Simon), 200, 202, 231, 233.
Richart (Jehan), 134.
Richelieu, château, 477. Indre-et-Loire.
— (Cardinal de), 499.
— Portraits du cardinal, 516, 539.
— Buste du duc, 516.
— Buste en marbre du maréchal, 564.
— (Statues et objets d'art décorant le château de) :
— Achille, tête en marbre blanc, 563.
— Ælius Adrianus, buste en marbre blanc, 561.
— Agrippa, buste, 562.
— Agrippine, mère de Néron, buste en marbre blanc, 558.

Richelieu. — Agrippius, statue drapée, 561.
— Amour (l'), buste, 557.
— Amour (Un), 563.
— Ania Faustine, buste, 565.
— Antonia Gota, buste, 361.
— Antonin le Pieux, buste, 561.
— Apollon Pythien, statue en marbre, 558, 562, 563.
— — buste, 562.
— — statue, 564.
— Aquilia Severa, buste, 561.
— Auguste, buste, 557.
— — portrait en médaillon, 562.
— Bacchus, statue, 556, 560, 561, 564.
— — buste en bronze, 556.
— Barbia Orbiana, buste, 557.
— Bergame (tapisserie de), provenant de l'antichambre de M. de Veirac, 518.
— Brustille, fille de Germanicus, buste, 560.
— Brutus, buste, 558.
— Caligula, buste, 559, 563.
— Canons aux armes du cardinal et à celles d'Angleterre, 552.
— Cassien, buste, 564.
— Châtelet (marquise du), portrait, 510.
— Claudia, statue, 560.
— Claudia Herculanilla, buste, 565.
— Claudius, mari d'Agrippine, buste, 561.
— Coccus Nerva, buste, 565.
— Commode, buste, 562.
— Cornelius Scipio, buste, 559.
— Consul (buste de), 564, 565.
— Cucius Domitius père (buste de), 558.
— Dame romaine (figure drapée d'une), 558.
— Diane, buste, 560.
— Descente de Croix, tableau, 524, 547.
— Diane (7 pièces de tapisserie des Gobelins représentant l'histoire de), 505.
— — statue en marbre, 561.
— Didon et Ariane, 563.
— Elysandre, buste, 561.
— Enfants en marbre blanc, 556.
— Entiochus, buste, 564.
— Epaminondas, buste, 564.
— Esculape et Thélesphore, 563.

Richelieu. — Esculape, statue en marbre blanc, 560.
— Euterpe, statue en marbre blanc, 557.
— tapisserie de Bergame provenant de M. de la Falluère, 491.
— Faune, buste, 563.
— Faustine (statue de), femme de Marc-Aurèle..
— Flavia Domitilla, femme de Vespasien, 560.
— François (saint) dans le désert, tableau, 549.
— Galeria Valeria, buste en marbre blanc, 557.
— Guise (portrait de Mme Elisabelh-Sophie de Lorraine, princesse de), 510.
— Hercule, buste, 560, 563, 564.
— — statue, 562.
— — terme, 557.
— — (travaux d') tableau, 532.
— Jesus-Christ, tableau sur bois, 531.
— Jugement universel (tableau représentant le), 522.
— Julie, femme de Pompée, marbre blanc, 557.
— — fille d'Auguste, statue, 558.
— Julia, fille de Caligula, buste, 564, 565.
— Julia Nommea, buste, 560.
— Junia Claudia, femme de Caligula, buste, 560.
— Jupiter, statue en marbre, 557.
— Lemercier, architecte du roi, constructeur du château de Richelieu, buste, 560.
— Lépide, buste, 564.
— Libère Auguste, buste, 559.
— Licinius Gallienus, buste, 562.
— Louis XI, roi de France, portrait, 559.
— Louis XIII, roi de France, statue en marbre blanc, 955.
— Lucile, buste...
— Lucius Aurelius Verus, buste, 558, 564.
— — Octavius, père d'Auguste, buste, 562.
— Magdeleine (tableau représentant la), 486.
— Marc-Antoine, buste, 559.
— Macrin, buste, 564.
— Madeleine (tableau représentant une), 523.

Richelieu. — Mariages (tableau représentant trois), 544.
— Mars (statue de), 556, 557, 558, 559.
— Marius, statue en marbre blanc, 561.
— Martyr (tableau représentant un), 523.
— Maximin, buste, 564.
— Médicis (vase de), 562.
— Méduses (têtes de), médaillons, 562.
— Méléagre, statue, 559.
— Mercure, buste en bronze, 556.
— — statue, 558.
— — tenant la bourse et le caducée, statue, 559.
— — statue en bronze, 559.
— Niobé (une des filles de), buste, 565.
— Néron, statue en marbre blanc, 557.
— — buste, 558, 564.
— Noailles (Anne. Catherine de), son portrait, 510.
— Nuit (tableau représentant la), 522.
— Pan (le dieu), 563.
— Pâris, statue, 563.
— Pertinax, buste, 564.
— Probus, buste, 559.
— Psyché et l'Amour, tableau dessus de porte, 532.
— Prêtresse de Junon, statue, 563, 565.
— Renommée, bronze par Berthelot, 556.
— Rolland (pièce de tapisserie représentant les fureurs de), avec les armoiries du cardinal, 503.
— Rome (la déesse), buste, 564, 565.
— Sabine, femme d'Adrien, statue, 561.
— Sacrificateur de Mars, statue, 563.
— Sainte Famille (quatre tableaux représentant une), 549.
— Sallustia, buste, 558.
— Salomon (jugement de), 432, 465.
— Samaritaine (La), tableau, 486.
— Scipion l'Africain, buste, 558.
— Septime Sévère, buste, 564.
— Sillanus, consul, buste, 559.

Richelieu. — Sommeil (le), statue, 561.
— Sylla, statue en marbre blanc, 557.
— Trajan, buste, 563.
— Vénus, buste, 557.
— — Anadiomène, statue, 558.
— — Pudique, statue, 559, 560, 561.
— — et Cupidon, statue, 564.
— — buste, 565.
— Vertumna, figure en marbre blanc, 557.
— Vitellius, buste, 559.
— Vignerot (Marie-Magdeleine de), première duchesse d'Aiguillon, portrait, 504, 505.
— Vierge (Invocation à la), tableau, 524.
— Vierge à l'enfant Jésus, tableau, 539.
— Vespasien, buste, 564.
— Vestale, statue, 563.
Rion (Phelipes de), chevalier, s^r de Bois-Rimbert, ancien, 405.
Ripault (Me Claude), ancien, 407.
Ripaut (Andrée), 35.
Ripeing (Willelmus), 20, 38.
Rivaut (Louis), s^r des Verdonnières, ancien, 405.
Rivière (Jehan), 178.
Robertet (Flormant, Florimond), baron d'Alluie, secrétaire d'Etat, 253.
Robin (Alexandre), architecte, 248.
Robini (Campus), 43. *Près de Louzy, Deux-Sèvres.*
Robineau, 426.
Rocas (Me Louis), s^r de la Barinière, pasteur, 405.
Rochais (J. de), 202, 236.
Roche-Bernard (Eglise réformée de la), 407.
Rochechouart (François de), s^r de Champdeniers, 245, 251, 253.
— (Jean), chevalier, 246.
— (Hector), 246.
— Pontville (s^r de), 247.
Rochelle (La), consistoire de l'Eglise réformée, 414. *Charente-Inférieure.*
Rocher (Renaud), chevalier, 18, 27.

Rocheservière, 146. *Vendée.*
Rocheteau (Gédeon), pasteur, 406, 412.
Rochers (Raginaldus de), miles, 19.
Roder (Pierre), 139.
Rogier, 187.
Roiffé, 423. *Vienne.*
Roigne (Jehan), contrôleur ordinaire des guerres, 97, 101.
Roygne (Nicolas), 135.
Rolins (Etienne de), 140.
Rolland (Jehan), Rolant, 140, 134.
Rollant (Raoulet), 138.
Romefort (Eglise réformée de), 407. *C^{ne} de Ciron, Indre.*
Rommaigne, 150. *Romagne, Vienne.*
Rondeau (Pierre), 139.
Romay, 149.
Rosny (Marquis de). Voy. Sully.
Rossel (Théophile), pasteur de l'Eglise réformée de Cognac, 408.
Rouannais (Le duc de), gouverneur, lieutenant général en Haut et Bas-Poitou, Châtelleraudais et Loudunais, 403, 408, 409.
Rouaudi (Johannes), 221.
Rouillard (Simon), 201, 202, 232, 236.
Rouille (Guillaume), procureur des fiefs en Poitou, 142.
Roully, Rouilly, bourg, 354, 355. *Rouillé, Vienne.*
Rourie (La), 349. *C^{ne} de Fontaine-le-Comte, Vienne.*
Rousseau, (Guillaume), 137.
— (Jean et Guillaume), 6.
— (René), trésorier provincial de l'extraordinaire des guerres, 104.
Roussy (Pierre de), licencié en lois, 143, 163.
Roux (Jehan), 134, 138.
Roy (Guillaume), 137.
Royaut (Hélie), chevalier, sg^r de la Roussière, 406.
Roye (Le comte de), 460.
Rozet (Jean), 133.
Rubeneia (Johannes), 14, 19.
Ruvigny (de), 439, 448, 450.
Ryé, ville et châtellenie, 141. *Vendée.*
— (L'isle de), 147.

S

Sables (Les), élection, 105, 114, 396, 398. *Vendée.*
Sabron (Pierre), 136.
Saillart (de), gentilhomme, 278.
Sain (Jean), contrôleur des tailles à Châtellerault, 435.
Sainct Germain, ville et châtellenie, 138, 151, 430, 431. *Saint-Germain-sur-Vienne, Charente.*
Sainct Michiel en Lai, ville et châtellenie, 139, 145. *Saint-Michel-en-Lherm, Vendée.*
Sainct Prye, en Lymosin, 98.
Saincte Soine, abbaye, 264. *Saint-Seine, Côte-d'or.*
Saint-Amand en Puisaye, 258. *Nièvre.*
— Seigneurie, 246, 258, 264, 269.
Saint-Aubin-du-Plain, 145. *Deux-Sèvres.*
Saint-Avy (François de), prêtre, protonotaire aspostolique, 63.
Saint-Benoist-du-Sault (Eglise réformée de), 149, 176, 179, 405, 423. *Indre.*
— Ville et châtelleine, 133, 134.
Saint-Christophe (Eglise réformée de), 405. *Saint-Christophe-sur-Roc, Deux-Sèvres.*
Saint-Feulgent (Eglise réformée de), 406. *Saint-Fulgent, Vendée.*
Saint-Florent, 372. *Deux-Sèvres.*
Saint-Germain-Beaupré (M^r de), 111.
Saint-Généroux, 9. *Deux-Sèvres.*
Saint-Gilles (Eglise réformée de), 405. *Saint-Gilles-sur-Vie, Vendée.*
Saint-Hilaire (Eglise réformée de), 406, 425, 426. *Saint-Hilaire-le-Vouhis, Vendée.*
Saint-Laurent de Céris, 392. *Charente.*
Saint-Loup, Saint Lou, ville et châtellenie, 135, 145. *Deux-Sèvres.*
Saint-Maixent, 147, 177, 179. *Deux-Sèvres.*
— Synodes, 402, 403, 414.
— Eglise réformée, 405.
— Ville et châtellenie, 135, 358, 359.
Saint-Martin-de-Mâcon, 39. *Deux-Sèvres.*
Saint-Massire (Eglise réformée de), 405. *Saint-Maxire, Deux-Sèvres.*
Saint-Mesmin, 145. *Vendée.*
Saintonge (Synode de), 414, 419.
— Province, 424.
Saint-Pol près Pousauges, 146. C^{ne} de Saint-Martin-des-Noyers, *Vendée.*
Saint-Porchaire, 146 *Deux-Sèvres.*
Saint-Savin, ville et châtellenie, 133, 149. *Vienne.*
— Eglise réformée, 407.
Saint-Ventriguen, 150. *Saint-Vertunien, Charente.*
Sainte-Bazille, 277.
Saincte Catherine, porte de Châtellerault, 324. *Vienne.*
Sainte-Foy, 276.
Sainte-Gemme, fille de Charles du Bouchet, 259.
Sainte-Hermine, ville et châtellenie, 142, 144. *Vendée.*
— Eglise réformée, 406.
Sainte-Verge, 40. *Deux-Sèvres.*
Salagnac (La généalogie des), sg^{rs} de la Roche-Gaudon, 182.
— (Jehan de), 182, 183, 185.
— (Philebert de), 188.
Salaut (Etienne), 140.
Salemon, 136.
Sancerre (Le comte de), Charles de Bueil, 261.
Sancti Maximini (Guillelmus de), 13.
Sancto Martino (Reginaldus de), 9.
Sarlaboy (de), 95, 96.
Sarra (Petrus), *aliàs* Bastier, 197, 216, 222.
Saulnier (Charles), notaire royal, 287.
— (Perrin), 271, 272.
Sautereau (Jehan), 140.
Sauvaige (Jehan), 136.
Sauzay (Eglise réformée de), 146, 407, 419. *Sauzé-Vaussais, Deux-Sèvres.*
Savari (Geoffroy), chevalier, 11.
— (Jehan), 130.
— (Jacques), 197, 216.
Saveilles (Eglise réformée de), 419. C^{ne} de Paisay-Naudouin, *Charente.*

Savignat (Jacques de), et de Beauregard, guidon, 97.
Séchum (Wuillelmus), 7.
Selle (La , 325.
Selles Levesquault, 151. *Celles-l'Evescault, Vienne.*
Senlis (Comte de), 299.
Sérans (Claude de Launoy, s^r de), capitaine. 107, 108, 109.
Serisay, 146. *Cerisay. Deux-Sèvres.*
Sermenton (Jehan), 137.
Sessaco (Anthonius de), rector Universitatis Pictavensis, 216, 231.
Seuffrie (Jehan de), 130.
Sforza (Maximilian), Maximilien, duc de Milan, 261.
Sigournay (Eglise réformée de), 406. *Vendée.*
Sobier (Jean), fermier, 305.
Sossais, 18. *Soussais, c^{ne} de Sainte-Verge, Deux-Sèvres.*
Soubaudin (Jehan), chevaucheur de l'écurie du roi, 175.
Souchart (Pierre), 137.
Soudan, bourg, 356. *Deux-Sèvres.*
Soulart (Daniel), docteur en médecine, ancien, 406.
— (Jehan), 140.
Sourdis (Cardinal de), archevêque de Bordeaux, 192, 239.
Soutinier (Mathelin), 133.
Subleau (Olivier), trésorier général de la marine, 115.
Sully (Le duc de), gouverneur du Poitou, 185, 311, 312, 324.
Supply (Jehan), sergent, 92.
Suschayo (Raginaldus de), 6.
Synonys (Yves), chanoine de Poitiers, 60.

T

Taisum (Pont de), 8. *C^{ne} de Bagneux, Deux-Sèvres.*
Tallemondois, 174. *Pays du Poitou.*
Tanbe (Campus de), 43. *Vers Louzy, Deux-Sèvres.* Voy. Etambes.
Tapissier, notaire à Poitiers, 304.
Tendron (Jehan), 136.
Texier (Germain), maître ordinaire en la chambre des comptes, 301.
Thalas (Pierre), pasteur, 406, 422.
Thalemond, ville et châtellenie, 141. *Talmond, Vendée.*
— Eglise réformée, 406.
Thierry (Nicolas), commissaire ordinaire des guerres, 107.
Thiffauges, ville et châtellenie, 140, 146. *Tiffauges, Vendée.*
Thollet (Francois de), s^r de Beauchamp, 114, 115, 116.
Thors (de), chevalier banneret, 82.
Thouars, (abbé de Saint-Laon de), 7.
— Moulins du vicomte, 59.
— Ville et châtellenie, 137, 145.
— Synodes, 402.
— Eglise réformée, 407.
— Vicomte de),...
— (Guido de), Guy Ier, 1.
Thouars (Guido de), Guy II, 1, 15, 29, 95.
— (Ludovicus de), 1, 15.
Thures (Guillaume), 137.
Tireau (Me Théodore), pasteur, 406.
Touches (Eglise réformée des), 406. *Près Chavagnes, Vendée.*
Touffou (Le capitaine de), 160.
Tour d'Auvergne (Marie-Victoire-Hortense de la), duchesse douairière de la Trimouille, 75.
Tourraut (Jehan), 134, 137.
Tours, 166, 173, 187, 269. *Indre-et-Loire.*
Tonnay-Botonne (François de Maumont, s^r de), 254, 255.
Tremblay (Pierre de), 105.
Trémoille (Duc de la), 2.
— (Duchesse de la), 415.
- (Mgr de la), 82, 83, 84, 182, 183.
— (Jean de la), bâtard, sg^r de l'Hébergement, 185.
— (Loys de la), 186.
Trémoille (Eglise réformée de la), 407, 425. *Vienne.*
Trenchant (J.), 128.
— (Jehan), bourgeois de Poitiers, 119, 124, 162.
— notaire, 147.

Tricherye (La), 339. C^{ne} de Beaumont, Vienne.
Trouillart (Jehan) l'aîné, 139.
— (Jehan) le jeune, 139.
Tucé (Jehanne de), 129, 159.

Turenne (Le vicomte de), maréchal général des camps et armées du roi, 430, 433, 442, 450, 454, 460.
Tusson, 148. Charente.

V

Vacherie (La Petite), 348. C^{ne} de Poitiers, Vienne.
— 352. C^{ne} de Lusignan, Vienne.
Valibus (Guido de), 200, 231.
Valins (Landrius), 33.
Valle (Laurentius de), 232, 236.
Valleron (Bernard), 135.
Varenne (Le sire de la), 127.
Varennes (Pierre de), 134.
Vau d'Esguillon en Puisaye, seigneurie, 246.
Vaudoré (Eglise réformée de), 406. C^{ne} de Saint-Jouin-de-Milly, Deux-Sèvres.
Vauguion (M^r de la), 278.
Veillasseur (Jehan), 130.
Veillon (Jehan), 140.
Velut (Guillaume de), sergent de la ville de Poitiers, 176.
Venise, 264. Italie.
Venours (M^r de), 450.
Venyers (M^r de), 266.
Vérac (Marquis de), 431, 446, 453, 465.
Vergnon (Me Jacques), pasteur, 406, 426.
— (Le s^r), 424.
Verteuil, 392. Charente.
— Eglise réformée, 419.
Vete (M^r de), 260.
Vezençay (M^r de), 418.
Viaire (Guillaume), 49.
Viander (Pierre), 135.
Viaut (Jehan), 133.
Vienne (Madeleine de), 249.
Viers (Aymericus de), miles, 11.
Vieuxville (Le duc de la), gouverneur du Poitou, 432, 433, 442, 446, 464.
Vigent (Eglise réformée du), 407, 419, 420. Le Vigean. Vienne.
Vignaus (Les), 27. Vers Lernay, Indre-et-Loire.
Vignaux (Benjamin de Brissac, s^r du), 473.
Villarnoul (M^r de), 437, 438, 458.

Villaumaire (La), 447. Voy. Aubéry du Maurier.
Villedieu (La), 362. C^{ne} de Brelou, Deux-Sèvres.
Villefagnan (Eglise réformée de), 419. Charente.
— 148.
Villefavard (François de), maréchal des logis), 85.
Villemontée, intendant de justice en Poitou, 394 note, 395, 397, 398, 399, 400.
Villeneau (Jérôme), avocat ducal, 75.
Villeneufve, Villeneufve la Contesse, ville et châtellenie, 137, 148. Villeneuve-la-Comtesse. Charente-Inférieure.
Villeroy (Maréchal de), 431, 433, 445.
— (de), conseiller d'Etat et premier secrétaire du roi, 275, 280.
Villers (Jehan de), sergent royal à Poitiers, 178.
Villiers (Le Galoys de), 185.
Villevert, 331. C^{ne} de Châtellerault, Vienne.
Vincentii (Johannes), 200, 231.
Violeau (Jacques), 140.
Vitalis (Petrus), decanus Thoarcii, 38, 39.
Vitry, 305. Vitry-le-François, Marne.
Vivonne, 137, 150. Vienne.
— (Savary de), 81.
— (Jehan de), écuyer, 158.
Voisin (M^r du), 276.
Voullon (Pierre de), écuyer, s^r du Breuil de Prailles, ancien, 405.
Voulort (Guy de), chevalier, s^{gr} de Meules, 52.
Vouvant, Voulvent, Vouvent, 97, 135, 147, 177. Vendée.
Vrillière (de la), 432, 455, 464.
Vulles Chères (Terræ de), 37. Vers Oiron, Deux-Sèvres.

W

Withehall, 285, 287, 297. *Angleterre.*
Willelmus, capellanus Auree Vallis, 6, 8.

X

Xaincoins (Jean de), receveur général des finances du royaume, 118, 129, 157, 159.

Xaintes, 266. *Saintes, Charente-Inférieure.*
Xaintonge, 97.

Y

Ymberkourt (Le s^r d'), 260, 261.

ERRATA

Quelques incorrections typographiques s'étant glissées dans le texte des *Statuts de la Faculté des Arts de Poitiers*, nous croyons devoir les signaler :

Page 201, ligne 32, au lieu de 1598, lire *1498*.

Page 205, avant-dernière ligne du chapitre II, au lieu de tenebantur, lire *tenebuntur*.

Page 206, seconde ligne du chapitre IV, au lieu de quorum, lire *quod*.

Page 207, septième ligne, le manuscrit porte consuevere, mais il faudrait lire dans l'intérêt du sens *consecrare*.

Page 209, quatrième ligne du chapitre VIII, au lieu de psisicali, lire *pfisicali*.

Page 216, ligne quatorze, au lieu de cadem, lisez *eadem*.

Page 217, ligne dix-huit, au lieu de exitit, lisez *extitit*.

Page 220, dernière ligne du chapitre XXIV, au lieu de excercuerint, lire *exercuerint*.

TABLE DES MATIÈRES

CONTENUS DANS CE VOLUME

	Pages.
Liste des membres de la Société des Archives historiques du Poitou.	I
Extraits des procès-verbaux des séances de la Société pendant les années 1899 et 1900.	V
Avant-propos.	VII
Cartulaire et chartes de l'Aumônerie de Saint-Michel de Thouars (1206-1253).	1
Rôles de Montres et Revues (1387-1673).	81
Lettres d'abolition (1447).	117
Statuts de la Faculté des Arts de l'Université de Poitiers (1484-1488-1494).	190
Lettres de Maître-ès-arts (1495).	237
Transaction entre les Pères de la Compagnie de Jésus, le trésorier de Saint-Hilaire-le-Grand et la Faculté des Arts de Poitiers pour la collation des grades (1616).	239
Lettres de François de Rochechouart (1521-1524).	246
Anoblissement de la terre des Giraudières, près Châtellerault (1619).	271
Lettre de Camus de Pontcarré à M. de Villeroi, conseiller d'Etat et premier secrétaire du roi (1586).	275
Liquidation du douaire de la reine Marie Stuart (1602-1612)	281
Etat des chemins et châteaux du Poitou dressé en 1611 par René Androuet Du Cerceau, architecte et ingénieur du roi à Châtellerault.	309
Lettre du roi autorisant le changement d'un chemin tendant de la Péruse à Verteuil, proche les Houlmes, en la paroisse de Saint-Laurent-de-Céris (1614).	392
Mémoire du sieur des Roches-Baritault, lieutenant du roi en Poitou, contre les malversations et violences du sieur de Villemontée, intendant de justice dans cette province (1643).	394

	Pages.
Synode de Châtellerault (27 juin-5 juillet 1663). . . .	402
Voyage de Maximilien Aubéry à la cour de Louis XIV (1668)	427
Procès-verbal d'une séance du Consistoire tenue à Châtellerault en 1685.	472
Etat des meubles existant dans le château de Richelieu au 1er mars 1788.	477

www.ingramcontent.com/pod-product-compliance
Lightning Source LLC
Chambersburg PA
CBHW060411230426
43663CB00008B/1447